Robert Hutchison

Die heilige Mafia des Papstes

Der wachsende Einfluß des Opus Dei

Aus dem Amerikanischen
von Harald Stadler

Droemer Knaur

Redaktion: Boris Heczko

Die Folie des Schutzumschlages sowie die Einschweißfolie
sind PE-Folien und biologisch abbaubar.
Dieses Buch wurde auf chlor- und säurefreiem Papier gedruckt.

Titel der Originalausgabe: Their Kingdom Come
Originalverlag: Doubleday, London
Umschlaggestaltung: Agentur Zero, München
Umschlagfoto: Bildagentur Luck, München
Satz: Ventura Publisher im Verlag
Druck und Bindung: Clausen & Bosse, Leck
Printed in Germany
ISBN 3-426-26738-1

8 7 6 5 4

Für Lucia,

Dawne und Ian

Inhalt

V. Teil: Geheime Ziele

VI. Teil: Mobiles Corps

VII. Teil: Gerechter Krieg

Anhang

Es ist leicht, sich über das Opus Dei zu informieren. Es operiert international in aller Öffentlichkeit und mit der vollen staatlichen und kirchlichen Anerkennung. Die Namen seiner Leiter sind bekannt. Wer Informationen wünscht, erhält sie ohne weiteres.

Josemaría Escrivá de Balaguer
7. Januar 1966

Der Zehnte Kreuzzug

Im Laufe der Geschichte gab es zahlreiche Kreuzzüge gegen den Islam. Nur neun der Kreuzzüge gen Osten wurden vom Heiligen Stuhl voll anerkannt. Grob gesagt bedeutete dies, daß ihre diplomatischen und militärischen Ziele päpstliche Unterstützung erfuhren, daß der Papst all jenen Teilnehmern, die sich tapfer und den christlichen Tugenden gemäß verhielten, Absolution gewährte und daß das Unternehmen selbst durch die Gegenwart eines päpstlichen Legaten abgesegnet wurde, der die Kreuzfahrertruppen manchmal selbst in die Schlacht führte. Durch die Zunahme des Fundamentalismus auf beiden Seiten des »Spirituellen Vorhangs« – der Grenze zwischen den Religionsblöcken – und die verstärkte islamische Präsenz in Europa sind wir am Ausgang des zweiten Jahrtausends mit der Gefahr eines neuen Kreuzzugs konfrontiert. Ob es ein Zehnter Kreuzzug sein wird, hängt davon ab, wie der rechte Flügel innerhalb der römisch-katholischen Kirche, und insbesondere das Opus Dei, die Bedrohung durch die islamische Erneuerung einschätzt und auf diese reagiert.

(Den Bibelzitaten liegt die Einheitsübersetzung zugrunde.)

Einführung:
Die heimlichen
Krieger des Papstes

Wenngleich die Christen danach streben, sich jeder
Form von Krieg zu enthalten und zu erwehren ... so
haben sie das Recht und sogar die Pflicht, ihre Existenz und ihre Freiheit mit geeigneten Mitteln gegen
einen ungerechten Angreifer zu verteidigen.

Papst Johannes Paul II.

Ein Mohammedaner darf nicht als erster Gewalt
üben, doch er darf mit Gewalt antworten, wenn ein
anderer damit anfängt.

Dr. Hassan al-Turabi

Im Februar 1993 stattete Papst Johannes Paul II. der
sudanesischen Hauptstadt Khartum einen neunstündigen Besuch ab. Im
Sudan, dem größten Land Afrikas, sind fast achtzig Prozent der Bevölkerung – etwa 26 Millionen Seelen – Anhänger des islamischen Glaubens.
Der Papst befand sich auf der letzten Etappe seiner zehnten Rundreise
durch Afrika. Nachdem er niedergekniet war und den Boden geküßt hatte,
verkündete er eine Botschaft, bei der er sich von keinerlei diplomatischer
Rücksicht leiten ließ: Seine arabischen Gastgeber sollten die »schreckliche Ernte des Leids« beenden, die sie durch die Verfolgung der christlichen Minderheit gesät hätten, und den zehn Jahre währenden Bürgerkrieg einstellen, der den Süden des Landes verwüstete. Später zelebrierte
er vor der Kathedrale von Khartum eine Messe und verglich das Schicksal
der sudanesischen Christen mit den Leiden des gekreuzigten Christus:
»In diesem Teil Afrikas erinnert mich das Los der meisten Christen ganz
deutlich an Golgatha.«[1]
Seine Ermahnungen richteten sich an den sudanesischen Präsidenten,
General Omar Hassan al-Bashir, der knapp vier Jahre zuvor durch einen
Militärputsch die Macht an sich gerissen hatte, und an Dr. Hassan al-Tura-

bi, den Chefideologen des Regimes und wahren Machthaber hinter dem Militärrat. Als Generalsekretär der Nationalen Islamischen Front war Dr. Turabi einer der Gründer der modernen Allianz zwischen den extremistischen sunnitischen und schiitischen Kräften. Eine solche Allianz hatte es seit den Anfängen des Islam nicht mehr gegeben, als die Anhänger des Propheten ein Reich eroberten, das sich vom Pamir bis zu den Pyrenäen erstreckte.

Doch wer hatte dem Papst zu diesem kühnen Vorstoß oder dieser »aussichtslosen Konfrontation«, wie manche es nannten, geraten?

Die engsten Berater von Johannes Paul II. waren die Männer des Opus Dei, Mitglieder einer spirituellen Organisation, die von ihm zur einzigen Personalprälatur der Kirche erhoben worden war, das heißt, einer privilegierten Diözese ohne Territorium. Die Konfrontation zwischen Johannes Paul II. und den Anführern des radikalen Islam war Teil der jüngsten Etappe im modernen Kreuzzug des Opus Dei. Es handelte sich um eine Doppelstrategie, die zugleich clever und simpel war: Halte einen Ölzweig hin und schlage mit der Rute. Mit anderen Worten: Man führt einen Dialog mit der liberaleren Strömung des Islam – eines Islam, den der Westen tolerieren und respektieren kann – und begegnet gleichzeitig der Militanz des radikalen Islam mit einem geeigneten Maß an christlicher Militanz, denn andernfalls würde man das Christentum zu einem traurigen Los verdammen. Die Strategie war flexibel und zugleich aggressiver, als es jeder andere Zweig der katholischen Kirche gutzuheißen bereit war. Und die Strategie war hochriskant.

Wenn kein *modus vivendi* gefunden werden konnte, sollte der Westen nach den Plänen des Opus Dei moralisch auf eine Kraftprobe mit dem Islam vorbereitet werden. Nun haben wir es aber beim Opus Dei nicht mit irgendeiner Randgruppe zu tun, sondern mit einer mächtigen Organisation, die seit Mitte der achtziger Jahre im Zentrum der Machtstruktur des Vatikans steht. Und auf der christlichen Seite des »Spirituellen Vorhangs« ist das Opus Dei um nichts weniger fundamentalistisch, als es Turabi auf islamischer Seite ist. Zu den Mitgliedern des Opus Dei gehören der persönliche Sekretär des Papstes, sein Sprecher und einige Kurienkardinäle. Hinter diesen Köpfen stehen die Strategen und Ideologen am römischen Zentralsitz des Opus Dei sowie weltweit 80 000 Mitglieder, die bis auf zwei Prozent allesamt einflußreiche, eigens geschulte Laien sind.

Wenn der Mann auf der Straße noch nie etwas über das Opus Dei gehört hat, so überrascht das kaum, denn das »Werk Gottes« operiert tatsächlich wie eine religiöse Fünfte Kolonne. Seine Mitglieder sind überall und nirgends. Ihr Selbstverständnis stellt einen Widerspruch in sich dar. Sie behaupten, ihre Bestrebungen seien rein geistlicher Natur, obgleich sie gemeinsam mit dem Papst dessen politische Prioritäten ausarbeiten. Und obwohl sie Meister auf dem Gebiet der modernen Technologie sind, ist der Geist des Opus Dei zweifellos im Mittelalter verwurzelt.

Zum ersten Mal hörte ich vom Opus Dei in den sechziger Jahren. Damals berichtete mir ein befreundeter Schweizer Bankier, daß das Opus Dei einer der wichtigsten Akteure auf dem Eurodollarmarkt sei. Eine religiöse Vereinigung, die mit Tagesgeld und Termingeld in Franken und Dollar spekuliert? Das klang alles andere als überzeugend. Seit damals wurden einige Bücher über die Organisation geschrieben, die meisten von Insidern. Keines enthüllt jedoch, daß sich das Opus Dei als Prätorianergarde traditioneller katholischer Dogmen etabliert hat und inzwischen die mächtigste Interessengruppe innerhalb der Römischen Kurie darstellt. Die konkreten Ziele des Opus Dei bleiben zwar im dunkeln, doch dieses Buch soll aufzeigen, daß es der Bewegung nicht nur um »spirituellen Beistand für ihre Gläubigen« geht, sondern auch um die Infiltration der politischen und finanziellen Infrastruktur sowie des Bildungswesens zahlreicher Länder, um die Kontrolle der Finanzen und damit der Politik des Vatikans, um den Kampf gegen die Befreiungstheologie in Lateinamerika und den Marxismus in Europa und um die Neuformung der Welt in der Zeit nach der Perestroika. Ein Hauptanliegen in jüngster Zeit ist die Abwehr einer »Ostachse« – genauer gesagt einer zentralen islamischen Achse –, der Nordafrika, der Nahe Osten, Afghanistan, Pakistan und die sechs islamischen Republiken der ehemaligen Sowjetunion angehören.[2] Die Türkei bildet, ob sie will oder nicht, den Angelpunkt dieser Achse.

Pater Vladimir Felzmann, ein enger Mitarbeiter von Kardinal Basil Hume, dem Erzbischof von Westminster, behauptet, das Opus Dei knüpfe wie keine andere Institution der römisch-katholischen Kirche an die Traditionen der Militärorden des Mittelalters an. Was die Konzentration von Kapital und Macht betrifft, ist das Opus Dei tatsächlich die erfolgreichste katholische Vereinigung seit den Tempelrittern. Im dreizehnten Jahrhundert waren die Templer die führenden Bankiers in Europa. Die weltlichen Schätze der Tempelritter weckten jedoch den Neid der europäischen Fürsten, und der Templerorden wurde schließlich zerschlagen. Das Opus Dei hat die Strukturen des Ordens genau studiert und sogar kopiert, war aber stets darauf bedacht, einem ähnlichen Schicksal zu entgehen.

Trotz seiner derzeitigen Bedeutung innerhalb der Kirche blickt das Opus Dei auf relativ bescheidene Anfänge in jüngerer Zeit zurück. Als Unternehmen ist das Opus Dei jünger als General Motors, doch angeblich verfügt es über ein weitaus größeres Kapital. Der Reichtum, den die Organisation mit ihren weltlichen Aktivitäten erwirtschaftet, hat Ressentiments geweckt, und ihre traditionalistischen Praktiken werden von den progressiven Kräften innerhalb der Römischen Kurie heftig angeprangert. Andererseits hat das Opus Dei durch die Entschiedenheit und Beharrlichkeit, mit der es seine geistlichen Ziele verfolgt, einflußreiche Verbündete gewonnen.

Das Opus Dei reagiert mit Verwunderung auf den Vorwurf, es beherrsche ein riesiges weltliches Imperium mit Tentakeln, die sich in vielen Ländern bis auf die höchste Regierungsebene erstreckten. Die einzige Mission, so wird behauptet, bestehe darin, »alle Menschen daran zu erinnern, daß sie zur Heiligung berufen sind, besonders durch die Arbeit und ein einfaches Leben«.

Man gelangt zwangsläufig zu dem Schluß, daß das Opus Dei seine tatsächlichen Ziele vor der Welt geheimhalten will. Andererseits gibt es gewisse Vorzeigeprojekte, die sogenannten korporativen apostolischen Werke, mit denen man sich öffentlich brüstet. Diese Projekte sind hauptsächlich im Sozial- und Bildungsbereich angesiedelt. Das Opus Dei betreibt zum Beispiel weltweit acht Universitäten und acht höhere Bildungseinrichtungen und verfügt über ein Netz von Sendern und Verlagen – ein Medienimperium, das sich durchaus mit Rupert Murdochs News Corporation vergleichen läßt.

Die Vorstellung, das Opus Dei könnte auf eigene Faust eine neue islamische Allianz bekämpfen, wirkt natürlich auf den ersten Blick absurd. Es ist und bleibt jedoch eine Tatsache, daß sich das Opus Dei nicht in die Karten sehen läßt. Seine Führungsspitze zieht es vor, sich bedeckt zu halten. Seine Mitglieder sind von einem religiösen Scheuklappendenken geprägt. Und sie befolgen die Worte der Heiligen Schrift und ihres Gründers mit demselben unbeugsamen Dogmatismus, mit dem sich islamische Fundamentalisten an den Koran halten.

Es ist nicht leicht, etwas über das Opus Dei in Erfahrung zu bringen; es hüllt seine Aktivitäten in einen Mantel religiösen Hochmuts, der eigentlich im Widerspruch zu den ursprünglichen Geboten des christlichen Glaubens steht. Es soll allerdings darauf hingewiesen werden, daß der Prälatur viele vortreffliche und bemerkenswerte Menschen angehören. Sie sind allerdings darauf programmiert, die Ziele der Leitung nicht in Frage zu stellen und ihren Vorgesetzten bedingungslos zu gehorchen. Einem Außenstehenden mag dies alarmierend erscheinen. Das Opus Dei versucht jedoch die Skeptiker zu beruhigen, indem es nachdrücklich versichert: »Wir verfolgen keinerlei Ziele außerhalb der Seelsorge und der Dogmatik. Insbesondere verfolgen wir keinerlei politische oder wirtschaftliche Ziele, noch verfügen wir über die Mittel, solche zu verwirklichen.«[3]

In aller Objektivität möchte ich darlegen, daß diese Behauptung nicht zutrifft. Zunächst soll jedoch die Entwicklung des Opus Dei von der Gründung im Jahre 1928 bis in die Gegenwart nachgezeichnet werden, um die Organisation in einen historischen und sozialen Kontext zu stellen. Dabei soll auf jegliche Voreingenommenheit genauso verzichtet werden wie auf die Hagiographie und die Schönfärberei der »offiziellen« Dokumentation, die von der Prälatur lanciert wird.

Bei meinen Recherchen für dieses Buch überraschte mich unter anderem die Furcht, der einige ehemalige Mitglieder der Organisation und ihre Angehörigen Ausdruck verliehen, als sie über »das Werk« sprachen. Man warnte mich, daß es für mich gefährlich werden könnte, wenn ich bei meinen Nachforschungen zu weit gehen würde. Nie war ich mir jedoch einer Bedrohung bewußt; meine Beziehungen zur Prälatur waren stets höflich und verbindlich, wenn auch reserviert. Trotzdem hatte ich das Gefühl, mich in einer Welt der Täuschung und der Heuchelei zu bewegen, die von frommen Manipulanten bevölkert und von skrupellosen Interessen geleitet wird. Im Laufe meiner Nachforschungen stieß ich auf zahlreiche plötzliche, vorzeitige und oft gewaltsame Todesfälle. Zu den Opfern gehören ein spanischer Nationalist, der einen der ersten Anhänger des Gründers wegen Verrats anklagen wollte, ein Schweizer Priester, der die finanziellen Machenschaften des Vatikans aufzudecken drohte, ein ehemaliger spanischer Außenminister, sechs Bankiers, ein dubioser Londoner Antiquitätenhändler, ein russischer Metropolit, der der Spionage für den KGB verdächtigt wurde, ein Kardinal, der sich gegen die Umwandlung des Opus Dei in eine Personalprälatur aussprach, und ein Papst, der für die Geburtenkontrolle eintrat. Einige dieser Todesfälle scheinen geklärt, andere überhaupt nicht.

Nun bin ich kein öffentlicher Ankläger, und den Nachforschungen einer Privatperson sind klare Grenzen gesetzt. Doch ich habe Berichte von Familien gehört, die durch die Rekrutierungspraktiken der Prälatur auseinandergerissen wurden, und Berichte ehemaliger Mitglieder, die nach dem Ausscheiden aus der Organisation schikaniert wurden und unter ernsten »Entzugsproblemen« zu leiden hatten. Die Versuche der Organisation, sich bei diesen Fällen herauszureden, klangen weder überzeugend noch besonders mitfühlend. Die Zeugnisse und eidlichen Erklärungen, die mir zur Verfügung gestellt wurden, hinterließen in mir das ungute Gefühl, daß das Opus Dei aufgrund von Aktivitäten, die normalerweise nicht mit religiösen Organisationen in Verbindung gebracht werden und sich einer Kontrolle weitgehend entziehen, letztlich eine Gefahr für die Kirche darstellt. Menschen, die von einer fundamentalistischen Ideologie getrieben werden, sind noch nie »von Verantwortung, von verantwortungsvoller Liebe geleitet« worden, sondern von starken und tiefen Gefühlen und von der unerschütterlichen Überzeugung, daß sie auf *alles* die richtige Antwort parat haben.

I. Teil: Vision

1 De Causis Sanctorum

Seht, ich sende euch wie Schafe mitten unter die
Wölfe; seid daher klug wie die Schlangen und arglos
wie die Tauben.   *Matthäus 10,16*

Selten hatte Rom einen so gewaltigen Zustrom von
Pilgern erlebt wie Mitte Mai 1992 anläßlich einer feierlichen Seligspre-
chung, die tagelang den Verkehr lahmlegte und ein weitaus größeres
Chaos verursachte, als es die Stadt ohnehin schon gewohnt ist. Sämtliche
Hotelzimmer waren bereits Monate im voraus ausgebucht. Alle paar
Minuten landeten auf dem Flughafen Fiumicino Chartermaschinen mit
Katholiken aus sechzig Ländern. Allein aus Spanien trafen über zweihun-
dert Flüge ein. Gleichzeitig sammelten sich auf der Via della Conciliazione,
die von der Engelsburg zum Petersplatz führt, 2500 Busse aus allen
Winkeln Europas. Und vor Ostia waren ein paar Kreuzschiffe vor Anker
gegangen, deren Passagiere – Pilger aus Südamerika – eine Woche lang
täglich mit Bussen nach Rom befördert wurden.

Der Zustrom zur Beatifikation eines der engagiertesten Diener der Kirche hatte selbst die Insider überrascht; für den rechten Flügel des Vatikans lieferte er den ermutigenden Beweis, daß der konservative Katholizismus blühte und gewaltigen Zulauf hatte. Seit Juni 1944, als Rom im
Freudentaumel seine Befreiung von den Legionen Hitlers feierte, hatte
der Petersplatz keine so große Menschenansammlung mehr erlebt. Die
gegenwärtige Feier galt nicht dem *defensor urbis et salvator civitatis*,
Pius XII., der 1958 gestorben und noch immer nicht seliggesprochen
worden war, sondern einem seiner geringeren Prälaten. Es handelte sich
um Josemaría Escrivá de Balaguer, den Gründer des Opus Dei. Escrivá
hatte sein Leben im Dienst der Kirche als gewöhnlicher spanischer
Priester begonnen. Er starb 1975 im Alter von dreiundsiebzig Jahren in
seinen Diensträumen in der Villa Tevere in der Viale Bruno Buozzi, kaum
fünf Kilometer vom Vatikan entfernt. Er war nicht einmal Bischof, doch er
besaß mehr Macht als die meisten Kardinäle.

Am dritten Sonntag im Mai 1992 erhob Johannes Paul II. den spanischen Prälaten zum Seligen, eine Auszeichnung, die diesen in das Wartezimmer der Heiligen *in spe* einließ. Diese geistliche Würdigung sorgte für begeisterten Jubel unter den 80 000 Mitgliedern des Opus Dei und weiterer Tausenden von Christen – dem Opus Dei zufolge waren es Millionen –, die dank des Gründers zu Christus gefunden hatten. Zu seinen Lebzeiten hatte sich Escrivá von seinen Anhängern als »Vater« anreden lassen. Nun war er ihr Vater im Himmel, und dort, so versicherte Bischof Alvaro del Portillo, Escrivás Nachfolger als Prälat des Opus Dei, »sorgt er weiterhin für all seine Kinder«.[1]

Zahlreiche hohe Geistliche haben behauptet, seit dem heiligen Ignatius von Loyola habe niemand so viel für die Erneuerung und Stärkung des katholischen Glaubens getan wie dieser mit übernatürlichen Gaben ausgestattete, ja sogar wundertätige Priester. Diesen Geistlichen erschien es nur recht und billig, daß Josemaría Escrivá in Rekordzeit – knapp siebzehn Jahre nach seinem Tode – seliggesprochen wurde, denn noch nach seinem Ableben stärkte er durch Wunder die Aura des Mysteriums, die die katholische Kirche umgibt. Zudem war Johannes Paul II. angeblich fest entschlossen, Escrivás Kanonisation noch während seines Pontifikats durchzusetzen.

Wieso aber solche Eile? Den Rekord unter den rasanten Heiligsprechungen hält Thomas Becket, der Erzbischof von Canterbury, der 1170 ermordet und ganze 26 Monate später zum Heiligen gemacht wurde. »Das war jedoch eindeutig ein politischer Akt«, bemerkt Professor Terence Morris, der sich eingehend mit eiligen Heiligsprechungen beschäftigt hat. Dasselbe ließe sich auch über den Fall Escrivá sagen. Auch das war ein »politischer Akt«.

Johannes Paul II. glaubte allen Ernstes, daß die römisch-katholische Kirche sich in ihrer tiefsten Krise seit der protestantischen Reformation befand. Die Autorität des Papstes wurde in Frage gestellt. Für einen Großteil der Differenzen machte er das Zweite Vatikanische Konzil verantwortlich. Seither herrschten Ungehorsam und Auflehnung innerhalb des Klerus. Die linke Befreiungstheologie und die Idee eines Kosmischen Christus bedrohten die etablierte Orthodoxie. In vielen einflußreichen Diözesen wurde die Befugnis des Papstes, Bischöfe seiner Wahl zu ernennen, scharf angegriffen. Die Rolle der Frau wurde gegen seinen Willen neu überdacht, der Gebrauch von Kondomen von einigen Bischöfen offen empfohlen und das Gebot des Zölibats hinterfragt. Während im Inneren

Uneinigkeit herrschte, sah er im weltweiten Wiedererwachen des Islam eine äußere Gefahr.

Unter diesen Umständen war das Opus Dei ein wertvoller Verbündeter. Und so akzeptierte Johannes Paul II. die These, Escrivá habe sein *Obra* mit göttlichem Beistand ins Leben gerufen, und zwar dank seiner Befähigung, mit Gott zu kommunizieren. Die »göttliche Eingebung« kam ihm 1928, in einer Zeit, als dem gesellschaftlichen Gefüge Spaniens massive Erschütterungen drohten. Ideologisch betrachtet hatte diese Vision einen ausgesprochen autoritären Charakter. Das Opus Dei blühte unter Franco auf. Die Führung der Vereinigung, so darf man wohl schließen, war sich nur allzu bewußt, daß selbst die geschickteste Strategie allein nichts nützt, wenn ihre Umsetzung nicht durch Macht und Autorität unterstützt wird.

Das Opus Dei hat beträchtliche Macht angehäuft und weiß genau, wie man eine Legende schafft. Die Seligsprechung des Gründers – in der Hoffnung auf eine spätere Heiligsprechung – trug zu dieser Legende bei, denn sie demonstrierte die päpstliche Unterstützung und bewies, daß die Organisation im Zentrum der Macht innerhalb der Kirche stand. Es war daher verständlich, daß die Stimmung im Zentralsitz des Opus Dei in der Viale Bruno Buozzi an Verzückung grenzte, als sich die Vorbereitungen für die Feier an jenem Sonntag ihrem Höhepunkt näherten. Nur ein lästiges Problem beunruhigte die Gemüter. Laut Informationen der italienischen Polizei plante der militärische Arm der baskischen Separatistenorganisation ETA, die sterblichen Überreste von Vater Escrivá zu entführen und ein Lösegeld dafür zu erpressen. Die ETA war immerhin die routinierteste Untergrundorganisation Europas. Der rein militärische Flügel, ETA militar, war knapp bei Kasse, und so schien das Opus Dei, dem die ETA schamlose Protzerei vorwarf, ein naheliegendes Angriffsziel.[2]

Die italienische Polizei nahm die Drohung ernst. Die Liste der Greueltaten der ETA war lang, doch ihr spektakulärster Gewaltakt war ein Bombenattentat kurz vor Weihnachten 1973 im Zentrum von Madrid. Admiral Luis Carrero Blanco, der spanische Regierungschef, sein Chauffeur und sein Leibwächter kamen ums Leben, als ihr Fahrzeug von der Wucht der Explosion über ein fünfstöckiges Gebäude auf einen Balkon in der dahinterliegenden Straße geschleudert wurde. Carrero Blanco war ein Gönner des Opus Dei gewesen und hatte zehn Mitglieder des Werkes in sein letztes Kabinett berufen; weitere fünf seiner neunzehn Minister galten als Anhänger der Organisation. Durch seine Ermordung wurde der politische Einfluß des Opus Dei – wenn auch nur für kurze Zeit – eingedämmt.

Wenige Monate später bestimmte General Franco Juan Carlos de Borbón zum künftigen Herrscher Spaniens.

Trotz der neuerlichen Drohung seitens der ETA wurden die Überreste des Gründers an jenem Donnerstag vor der feierlichen Seligsprechung aus der Prälaturkirche in der Villa Tevere in die imposante Basilika von San Eugenio am westlichen Ende der Viale Bruno Buozzi überführt. Der schlichte Holzsarg, der in ein rotes Tuch gehüllt und von einem Dickicht frisch geschnittener Rosen umgeben war, wurde vor dem Altar auf einem Katafalk aufgestellt, wo er die ganze Festwoche hindurch für die Öffentlichkeit zugänglich war. Anschließend wurde er in einer Prozession wieder in die Villa Tevere überführt und in einem Reliquienschrein unter dem Altar der Prälaturkirche beigesetzt. Die ETA hat ihre Drohung nicht wahr gemacht.

An dem festgesetzten Sonntag füllte sich der Petersplatz bereits bei Morgengrauen mit Pilgern. *L'Osservatore Romano*, die Zeitung des Vatikans, schätzte ihre Zahl auf 300000. Das sechsstufige Podium des Papstes wurde von einem goldenen Baldachin überdacht, der der gebrechlichen Gestalt Schatten spendete. Nicht weniger als sechsundvierzig Kardinäle und mehr als dreihundert Bischöfe standen dem Heiligen Vater zur Seite. Unter den Pilgern befanden sich Santiago Escrivá, der jüngere Bruder des Gründers, Giulio Andreotti, der italienische Senator und sechsmalige Ministerpräsident, sowie Mutter Teresa. Der zweieinhalbstündige Festakt wurde vom italienischen Fernsehen live in dreißig Länder, darunter vor allem lateinamerikanische Staaten, übertragen.

Gemeinsam mit Vater Escrivá wurde die ehemalige Sklavin Josephine Bakhita seliggesprochen, deren heroische Tugenden der Welt bis dahin unbekannt gewesen waren. Sie war eine Dinka aus dem südlichen Sudan, Jahrgang 1869. Als sie im Alter von zehn Jahren von Sklavenhändlern verschleppt und verkauft wurde, begann ein Leben in Not und Elend. Der letzte ihrer vier Herren, ein türkischer Offizier, hatte sie dem italienischen Konsul in Istanbul zum Geschenk gemacht. Der Konsul brachte sie nach Venedig, wo sie Nonne wurde und bis zu ihrem Tod im Jahre 1947 in einem Kloster lebte. Im selben Augenblick, als der Papst die beiden seligsprach, wurden an der Fassade des Petersdoms riesige Gobelins mit ihren überlebensgroßen Porträts entrollt. Ein Beifallssturm brach los, und die Menge begann spontan, *Christus vincit* zu psalmodieren.

Hinter der pompösen Zeremonie stand eine äußerst bedeutsame Botschaft. Wo immer die römische Kirche nach neuen Seelen Ausschau hielt, sah sie sich mit einem erstarkenden Islam konfrontiert, dessen Führer zwar gespalten, aber ziemlich reich und zielbewußt waren. Der Islam hatte mit 1200 Millionen Anhängern gegenüber 965 Millionen Katholiken einen rapiden Zuwachs verzeichnet. In Frankreich, Italien und Spanien waren die Mohammedaner zur zweitgrößten Religionsgemeinschaft geworden. Durch Einwanderung und Bekehrung gewann der Islam in ganz Europa und Amerika täglich neue Anhänger. In den Vereinigten Staaten lebten mehr als fünf Millionen Mohammedaner, in Frankreich waren es fünf Millionen, in Deutschland 3,5 Millionen, zwei Millionen in Großbritannien, und in Italien war es eine Million. Diese Zahlen beruhten jedoch mehr oder weniger auf Schätzungen, da die Behörden aufgrund der zahlreichen illegalen Einwanderer nicht genau feststellen konnten, wie viele Mohammedaner in die Zentren Europas und Amerikas strömten.

Die Bedeutung der Botschaft des Vatikans bestand darin, daß ausgerechnet diese beiden Personen für eine Seligsprechung auserkoren worden waren. Schwester Josephine Bakhita hatte unter arabischen Sklavenhändlern gelitten, war gewaltsam zum Islam bekehrt worden und hatte sich nach ihrer Freilassung für den christlichen Glauben entschieden. Die Christen im Südsudan, insbesondere die Dinka, wurden von den islamischen Fundamentalisten aus dem Norden verfolgt. Die Regierung in Khartum hatte jegliche Berichterstattung über die Seligsprechung Schwester Bakhitas untersagt. Die selige Josephine wurde ein Symbol der Hoffnung für unterdrückte Christen und eine Warnung an Khartum, daß sich die »Ernte des Leidens« im Süden als Bumerang erweisen könnte. Neun Monate später besuchte der Papst Khartum.

Was den seligen Josemaría betrifft, so dürfte auch er den Islam nach dem Kommunismus als größte Bedrohung für die Kirche angesehen haben. Für den Priester aus dem oberen Aragonien gehörte die Furcht vor den Mauren zum kulturellen Erbe. Escrivás Nachfolger, Alvaro del Portillo, sah im Ausbruch von Konfessionskriegen auf dem Balkan ein Zeichen dafür, daß der Islam erneut nach Westen vorstieß und Europa an den Rand des Abgrunds drängte.

Betrachtet man die Sache aus einem anderen Blickwinkel, so fügte sich die überstürzte Seligsprechung des Opus-Dei-Gründers perfekt in die Vorbereitungen für das große Jubeljahr ein, das Johannes Paul II. zum Ende des zweiten Jahrtausends plante. Er war der Meinung, daß Kanonisierungen die Vitalität der Kirche in der modernen Zeit bekundeten. Indem er Escrivá zu einem Heiligen der letzten Tage machte, bot er gleichsam Christus eine Trophäe als Zeichen dafür dar, daß es auch zweitausend Jahre nach seiner Himmelfahrt noch Gläubige gab, die konsequent in seine Fußstapfen traten. Diese abgehobene Logik war nicht für jedermann einsichtig beziehungsweise annehmbar. Vielen Außenstehenden mag der Brauch, verstorbene Diener der Kirche in ein himmlisches Konzilium zu erheben, ein wenig seltsam, um nicht zu sagen wirklichkeitsfremd und für die Verehrung Gottes unwesentlich erscheinen. Doch innerhalb des Vatikans und des katholischen Klerus ist das Küren von Heiligen ein ernstes Geschäft. Wer seliggesprochen oder – in der Sprache des Vatikans – zur Ehre der Altäre erhoben wird, wird zu einer Ikone des Glaubens. In einer Zeit, in der die Kirche immer mehr Priester verliert, werden Glaubensikonen dringend benötigt. Seit 1969 haben mehr als 100 000 Männer ihr Priesteramt aufgegeben, so daß Anfang der neunziger Jahre 43 Prozent aller katholischen Pfarrgemeinden verwaist waren.[3]

Im frühen Christentum war ein Heiliger ein Mensch, der für seinen Glauben gestorben war. Der erste war Stephanus, ein griechischsprachiger Jude, den die Apostel auserwählt hatten, sich in der Kirche von Jerusalem um arme Witwen zu kümmern. Stephanus wurde wegen Ketzerei festgenommen und vor das Sanhedrin gestellt, das oberste Gericht der Juden. Am Ende einer kühnen, wenn auch vielleicht etwas unbedachten Verteidigungsrede beschuldigte er die jüdische Obrigkeit, Gottes Sohn getötet zu haben. Für diese Lästerung wurde er gesteinigt.

Mit Kaiser Konstantins Mailänder Edikt von 313 wurde der christliche Glaube im gesamten Reich uneingeschränkt zugelassen, wodurch die Zahl der Märtyrer drastisch zurückging. Und so erfuhren die Kriterien für die Heiligsprechung eine erste grundlegende Revision. Fortan wurden die Heiligen vornehmlich aus den Reihen führender Patriarchen ausgewählt. Neben einigen verdienten Mönchen und einigen wenigen Eremiten wurden die ersten sechsunddreißig Päpste allesamt heiliggesprochen. Im Mittelalter wurde es Mode, die Gründer religiöser Orden zu Heiligen zu machen. Doch erst im 14. Jahrhundert entwickelte man schließlich das Prozedere, das als »Kanonisation« – die Eintragung eines Namens in den Kanon, die Liste der Heiligen – bezeichnet wird. Und hier tauchte die Unterscheidung auf zwischen den *beati* – die regional oder innerhalb eines religiösen Ordens verehrt werden – und den *sancti* – die der Papst der allgemeinen Verehrung für würdig befindet.

24

Der Prozeß der Heiligsprechung wurde 1588 weiter verfeinert, als Sixtus V., der sogenannte »Eiserne Papst« und Begründer der modernen Kurie, die zentrale Verwaltung der römischen Kirche umgestaltete und fünfzehn Kongregationen bildete. Jede dieser Kongregationen, die staatlichen Ministerien entsprachen, wurde fortan von einem Kardinal geleitet. Sechs dieser neugebildeten Kongregationen überwachten die säkulare Verwaltung der Kirche, die übrigen regelten geistliche Angelegenheiten. Zu den letzteren gehörte auch die Kongregation für die Sakramente und den Gottesdienst, die auch für Kanonisationen zuständig war. Unter Urban VIII. (1623–44) war die Macht des Papstes so stark geworden, daß jegliche Verehrung, die nicht sein Votum *nihil obstat* – im Sinne von »kein Einspruch« – erhielt, verboten war. Erst 1917 wurde das Reglement der Kanonisation formell in das Kirchenrecht aufgenommen. In der jüngsten Zeit waren Heiligsprechungen eher selten und wurden stets einer sorgfältigen Überprüfung unterzogen. In den letzten fünfhundert Jahren wurden nicht mehr als dreihundert neue Heilige in den Kanon aufgenommen, und das Verfahren wurde kaum verändert, bis Johannes Paul II. es 1983 vollständig revidierte.

Mit der Umsetzung seiner Reform beauftragte Johannes Paul II. seinen engen Vertrauten, den ultrakonservativen Kardinal Pietro Palazzini, einen treuen Anhänger des Opus Dei. Jener hatte mit Vater Escrivá zusammengearbeitet und war häufiger Gast beim Nachfolger des Gründers. Daß Johannes Paul II. ausgerechnet Palazzini zum Präfekten der Kongregation für die Selig- und Heiligsprechungen ernannte, war insofern ungewöhnlich, als Escrivás Anwärterschaft für den Kanon bekanntermaßen ein dringliches Anliegen war. Der abgebrühte Kurienmann Palazzini schien bereits seit Ewigkeiten dem Vatikan anzugehören. Unter Pius XII. war er der Kurie beigetreten, Johannes XXIII. hatte ihn zum Erzbischof ernannt, und er stieg weiter in der Hierarchie auf, bis er von Paul VI. den Kardinalshut empfing. Die Reform, mit der Johannes Paul II. ihn 1983 betraute, verfolgte dreierlei Ziele: Sie sollte dafür sorgen, daß das Verfahren der Kanonisation billiger, zügiger und für die Kirche produktiver wurde.

Zu der Zeit, als Vater Escrivá starb, verlangte das Verfahren der Heiligsprechung, daß zwischen dem Tod und der Nominierung eines Kandidaten fünf Jahre lagen. Jeder Kandidat für eine Heiligsprechung braucht einen Befürworter (Aktor), welcher einen Postulator einsetzt, der dem Ortsbischof (Ordinarius) während des sogenannten Erhebungsverfahren all das Material liefert, das für ein endgültiges Urteil nötig ist. Wenn der Ordinarius die *Causa* für begründet hält, leitet er dieses Erhebungsverfahren ein. Neben einer Biographie und einer Liste von Zeugen gehören zu der Antragsschrift auch eine Reihe von Bittgesuchen, in denen hohe Persönlichkeiten aus Kirche und Staat die Verdienste des Kandidaten würdigen. Dieses Material wird dann an die Kongregation in Rom weitergeleitet, die den Fall prüft. Doch das Opus Dei hatte es eilig.

Kaum waren Escrivás sterbliche Überreste in der Prälaturkirche beigesetzt, da rief Alvaro del Portillo einen der erfolgreichsten Medienexperten des Opus Dei, Pater Flavio Capucci, zu sich und bat ihn, Generalpostulator – mit anderen Worten, Koordinator des Verfahrens – zu werden. In weiser Voraussicht hatte das Opus Dei längst dafür gesorgt, daß Capucci von der Kongregation in die Liste berufungsfähiger Postulatoren aufgenommen worden war. Pater Capucci hatte den Gründer persönlich gekannt; als ehemaliger Redakteur der *Studi Cattolici*, eines in Mailand erscheinenden religiösen Magazins des Opus Dei, hatte er Karol Wojtyla interviewt, als dieser noch Erzbischof von Krakau war. Portillo gab Capucci zwei Jahre Zeit, um einen Seligsprechungsantrag auszuarbeiten, die dem Ordinarius nach dem offiziellen Beginn des Verfahrens vorgelegt werden sollte. Das Opus Dei hoffte, Escrivás Seligsprechung bis 1990 unter Dach und Fach zu bringen und seine Heiligsprechung vor dem Ende des Jahrtausends in der Tasche zu haben.

Kurz nach Capuccis Ernennung machten sich Opus-Dei-Priester auf die Reise, um Bischöfe und Kardinäle in aller Welt zu Bittgesuchen für Escrivá zu veranlassen. Gleichzeitig wurde entschieden, bei welchem Ordinariat der Seligsprechungsantrag eingereicht werden sollte. Normalerweise ergeht dieser Antrag an das Ordinariat in der Heimatdiözese des Kandidaten. In Escrivás Fall wäre das Saragossa gewesen, wo er ordiniert, das heißt zum Priester geweiht wurde. Er war dort jedoch nur wenige Wochen tätig gewesen. Die ersten zwanzig Jahre seiner seelsorgerischen Mission verbrachte er in Madrid. Im Jahre 1947 hatte das Opus Dei seinen Zentralsitz jedoch nach Rom verlegt, und so entschied sich die Führungsspitze des Werkes für eine Eingabe beim Ordinariat von Rom. Dieses Vorgehen hatte sicherlich gute Gründe. Der Ordinarius von Rom ist der Papst, und dieser war dem Opus Dei wohlgesinnt. In Diözesanangelegenheiten läßt sich der Ordinarius von Rom durch seinen Vikar vertreten. Der damalige Vikar von Rom war Kardinal Ugo Poletti, ein langjähriger Freund Vater

Escrivás. Und so geschah es, daß Don Alvaro del Portillo am 14. Februar 1980 – fünf Monate vor Ablauf der fünfjährigen Mindestfrist – Kardinal Poletti förmlich darum ersuchte, den Prozeß der Seligsprechung einzuleiten. Der Seligsprechungsantrag wurde begleitet von den Unterlagen, die Pater Capucci zusammengestellt hatte. Die Akte umfaßte die sieben Bücher und Sammlungen von Homilien, die der Gründer zu seinen Lebzeiten verfaßt hatte, sowie sechstausend Bittgesuche von hohen Persönlichkeiten aus Kirche und Staat, darunter 69 Kardinäle, 241 Erzbischöfe und 987 Bischöfe – ein Drittel des Weltepiskopats. Zu den weltlichen Persönlichkeiten, die Escrivás Heiligmäßigkeit würdigten, zählte der führende italienische Staatsmann der Nachkriegszeit, Giulio Andreotti.

Vater Escrivás Seligsprechung wurde offiziell am 19. Februar 1981 beantragt. Da die meisten Mitglieder des Opus Dei in Spanien lebten, mußte der Großteil der Untersuchungen von Madrid aus durchgeführt werden. Der Vikar von Rom beantragte daher, das Seligsprechungsverfahren in beiden Hauptstädten gleichzeitig einzuleiten. Dies geschah im Mai 1981. Das Opus Dei reichte eine Liste von Zeugen ein, die den Gründer persönlich gekannt hatten und die die Frage seiner Heiligmäßigkeit »von der Geburt bis zum Tode« beurteilen konnten. Der Generalpostulator legte außerdem eine Liste von Personen vor, die als »ausgesprochene Gegner der Sache« und somit nicht als objektive Zeugen galten. Die Diözesangerichte in Rom und Madrid hielten insgesamt 980 Sitzungen ab und hörten 92 Zeugen an, die Hälfte davon Mitglieder des Opus Dei. Die Protokolle beliefen sich auf elftausend Seiten.

Um sich als Heiliger zu qualifizieren, muß ein Kandidat mindestens zwei postume Wunder gewirkt haben. Beglaubigt die Kongregation ein erstes Wunder, so kann der Kandidat seliggesprochen werden. Eine Heiligsprechung kann nur erfolgen, wenn auch ein zweites Wunder als gültig anerkannt ist. Mit der Beglaubigung von Wundern wurde in den vergangenen Jahren die Consulta Medica, eine Gruppe von sechzig medizinischen Fachleuten, beauftragt. Die Mitglieder der Consulta Medica sind allesamt Männer, alle sind Italiener und alle leben in Rom; die eine Hälfte sind praktizierende Fachärzte, die andere Leiter medizinischer Fakultäten. Im Durchschnitt prüfen sie vierzig Fälle pro Jahr; weniger als die Hälfte davon wird anerkannt. Die Sachverständigen sind eidlich zur Verschwiegenheit verpflichtet. Jeder erhält ein Honorar von etwa 750 DM pro Gutachten.

Im Fall Escrivá sichtete zunächst eine Gruppe spanischer Fachärzte die

Berichte über Tausende angeblicher Wunder – Berichte, die das Opus Dei gesammelt und im Regionalvikariat in Madrid hinterlegt hatte. Ein Wunder wurde ausgewählt. Es hatte sich 1976, ein Jahr nach dem Tod des Gründers, ereignet. Bei diesem schicksalhaften Vorkommnis, das den Ausschlag für die Seligsprechung des Gründers gab, handelte es sich um die »plötzliche, vollständige und dauerhafte Heilung« einer Karmeliterin, Schwester Concepción Boullón Rubio. Der Opus-Dei-Akte zufolge stand sie an der Schwelle des Todes, bedingt durch mehrere schmerzhafte, sich ausbreitende Tumoren, von denen einer in der linken Schulter die Größe einer Orange hatte. Die damals siebzigjährige Patientin hatte sich bereits aufgegeben, doch ihre Mitschwestern fingen an, täglich zu Escrivá zu beten und um Hilfe zu bitten. Auf wissenschaftlich unerklärbare Weise wurde sie in einer einzigen Nacht geheilt, konnte wieder ein ganz normales Leben führen und bedurfte keiner besonderen ärztlichen Versorgung. Im Jahre 1982 wurde sie von den Experten untersucht. Am 22. November 1988 starb sie im Alter von zweiundachtzig Jahren an anderweitiger Ursache. Die Consulta Medica billigte die Darstellung des Madrider Gremiums bedingungslos.

Als die Ermittlungsphase abgeschlossen war, mußte die Kongregation die *Positio super vita et virtutibus* verfassen, ein sechstausend Seiten umfassendes Dokument, für das man drei Jahre brauchte. Ein Drittel des Dokuments befaßt sich mit den Aussagen von Zeugen. Fast die Hälfte der vorgebrachten Zeugnisse stammten von Portillo und Javier Echevarría, dem Generalvikar des Opus Dei, der seit seinem fünfzehnten Lebensjahr Mitglied des Werkes war. Escrivás Kritikern wurden ganze zwei Seiten eingeräumt. Trotz dieser offenkundigen Voreingenommenheit der Belege verkündete die Kongregation für die Selig- und Heiligsprechungen am 9. April 1990 ihre Anerkennung der heroischen Tugenden Vater Escrivás. Dies war ein wichtiger Schritt auf dem Weg zur Heiligkeit. Unterzeichnet hatte das Dekret der neue Kardinalspräfekt der Kongregation, Angelo Felici, da der inzwischen fast achtzigjährige Kardinal Palazzini in den Ruhestand getreten war. Der Heilige Stuhl gab bekannt, daß die Erkenntnisse der *Positio super vita* ein Betreiben des Prozesses »in aller Serenität« erlaube.

Nicht jeder war dieser Auffassung. Ein paar Wochen später erfuhr das Pressecorps beim Vatikan durch reine Indiskretion, daß zwei der neun Richter des Kollegialgerichts die Einstellung des Verfahrens beantragt hatten. Diese Enthüllung wurde eine Woche vor der Seligsprechung im

Osservatore Romano bestätigt; dort hieß es jedoch ergänzend, der Generalrelator habe die Anträge nach Prüfung der Motive und unter Berücksichtigung »umfassender und erschöpfender« Zusatzinformationen abgelehnt. Das Durchsickern dieser Information an die Presse brachte Pater Capucci in Rage. In einer Äußerung kurz vor der Seligsprechung betonte er, die zehnjährigen Ermittlungen der Kongregation für die Heiligsprechungen hätten »den absoluten Beweis heroischer Tugendhaftigkeit«[4] erbracht und jegliche Behauptung widerlegt, die Prälatur habe Escrivás Seligsprechung erkaufen wollen – davon könne keine Rede sein, denn die Kosten des Verfahrens hätten 450 000 DM nicht überschritten.[5] Capucci ärgerte sich vor allem über einen *Newsweek*-Artikel von Kenneth L. Woodward.[6] Woodward hatte behauptet, das Opus Dei hätte gegen das Reglement verstoßen, indem es das Verfahren so eilig durchgezogen hatte; und er hatte zu verstehen gegeben, daß der Gründer kaum die Art von Mensch war, der man seine Seele anvertraute. Die Frage, ob es ratsam war, eine solch umstrittene Seligsprechung durchzuführen, ließ sich nicht so ohne weiteres von der Hand weisen. Gestellt wurde die Frage von Kardinälen und Erzbischöfen sowie von anerkannten Theologen. Der prominenteste dieser Skeptiker war der ehemalige Erzbischof von Madrid, Kardinal Vicente Enrique y Tarancón, in dessen Amtszeit die Grundlagen für die *Positio ordinario* geschaffen worden waren. Da Tarancón sich bestenfalls halbherzig für die Angelegenheit eingesetzt hatte, übertrug Johannes Paul II. im Jahre 1983 dessen erzbischöfliche Aufgaben dem neu ernannten Kardinal Angel Suguia Goicoechea. Der ehemalige Bischof von Santiago de Compostela war ein unerschrockener Förderer des Opus Dei. Tarancón konnte keinen Grund für »solch unziemliche Eile« erkennen, insbesondere da die Seligsprechung von Johannes XXIII., den er für eine weitaus charismatischere und gottbegnadetere Figur hielt, nicht annähernd so schnell vonstatten ging. Mit seinem Verweis auf Papa Roncalli traf Tarancón den Kern des Problems. Roncalli, den viele Katholiken als einen ausgesprochen humanen Papst ansehen, war der Initiator des Zweiten Vatikanischen Konzils gewesen, und es war wohlbekannt, daß Escrivá ernsthafte Einwände gegen das Konzil gehegt hatte. Insofern betrachtete man Escrivás rasche Erhebung in den Heiligenstand als Werbefeldzug für die vorkonziliare Orthodoxie, als Signal für das weitere Abrücken von den Reformen des gütigen Roncalli und seines Nachfolgers Paul VI. Kardinal Tarancóns Äußerungen vergrößerten einen tiefen Spalt innerhalb der Kirche, und Professor Juan Martín Velasco, einer der führenden Theologen Spaniens, beeilte sich, noch etwas Salz in die Wunde zu streuen. Die Seligsprechung Escrivás sei ein »Skandal«, warnte er, der »die Glaubwürdigkeit der Kirche schwächen« würde.[7] »Wir können nicht jemanden als Vorbild für ein christliches Leben hinstellen«, erklärte Velasco, »der der Macht des Staates gedient und diese Macht benutzt hat, um sein Opus zu fördern, das er nach obskuren Kriterien leitete – wie eine in Weiß gehüllte Mafia –, und der die päpstliche Autorität mißachtete, wenn sie nicht mit seiner eigenen Denkweise übereinstimmte. Die derzeitigen Führer des Opus Dei mögen sich als Paladine der päpstlichen Obrigkeit darstellen, unter Paul VI., zur Zeit des Konzils, war es jedoch anders. Den ›Vater‹ seligzusprechen hieße, das Opus des Vaters mit all seinen negativen Aspekten zu heiligen: seine Winkelzüge, Dogmen, seine Rekrutierungsmethoden und die Art und Weise, Christus mitten in die politische und ökonomische Arena zu stellen.«

Velasco zog auch die Glaubwürdigkeit des an Schwester Concepción Boullón Rubio geübten Wunders in Zweifel; er wies darauf hin, daß die Familie Rubio eng mit dem Opus Dei verbunden war. (Ein Cousin von Schwester Concepción, Mariano Navarro-Rubio – unter Franco Finanzminister und Präsident des Banco de España – war Supernumerarier des Opus Dei.) Velasco streute noch mehr Salz in die Wunde, als er bekanntgab, daß »das Gremium medizinischer Fachleute, die das Wunder beglaubigen sollten, von der Universität Navarra stammten, die dem Opus Dei gehört«.[8]

Das Opus Dei erklärte, die Äußerungen des Professors diffamierten nicht nur das Opus Dei, sondern auch den Papst. »Alle Schritte, die in den anwendbaren Vorschriften vorgesehen sind, wurden gewissenhaft befolgt [und] jeder, der angehört werden wollte, mußte nur einen schriftlichen Antrag an den Gerichtshof schicken«, hieß es in einer Erklärung des Opus Dei. Die Behauptung, daß der Medizinerausschuß dem Opus Dei »gehöre«, ginge zu weit. »Kein Mediziner der Universität von Navarra war Mitglied des Beglaubigungsausschusses, der zur Kongregation für die Selig- und Heiligsprechungen gehört. Zwei Experten der Universität von Navarra wirkten in der Tat an dem medizinischen Dossier mit [das der Consulta Medica vorgelegt wurde], ihre Arbeit beschränkte sich jedoch auf rein technische Aspekte und bezog sich in keiner Weise auf die Beurteilung der unerklärlichen Heilung«, hieß es in der Verlautbarung.[9]

Diese Darstellung war eine geschickte Verdrehung der Tatsachen. Beispielsweise versäumte man zu erwähnen, daß es sich bei dem Vorsitzenden der Consulta Medica um Raffaello Cortesini, ein römisches Mitglied des Opus Dei, handelte. Dr. Cortesini war nicht nur Professor für Experimentelle Chirurgie an der Universität von Rom, sondern auch Leiter eines Projekts, bei dem es um die Einrichtung eines Opus-Dei-Lehrkrankenhauses in der italienischen Hauptstadt ging. Im Jahre 1975 hatte ihn der Tod von Vater Escrivá so bewegt, daß er für die italienische Zeitung *Il Popolo* einen Nachruf verfaßte, in dem er den Gründer als einen »freiheitsliebenden Menschen« bezeichnete.[10]

Die Enthüllungen in *Newsweek* waren fast zu bizarr, um glaubwürdig zu erscheinen. Woodward hatte Pater Vladimir Felzmann, einen ehemaligen Opus-Dei-Priester, interviewt. Felzmann war britischer Staatsbürger tschechischer Abstammung und kannte Escrivá aus seiner Studienzeit in Rom. Felzmann wohnte damals in der Villa Tevere und arbeitete an der tschechischen Übersetzung von *Der Weg*, einer Sammlung geistlicher Maximen, die der Gründer als junger Priester niedergeschrieben hatte. Felzmann hatte zweiundzwanzig Jahre seines Lebens dem Opus Dei gewidmet; inzwischen war er Jugendkaplan der Erzdiözese von Westminster in London.

Felzmann berichtete, daß er in einem Schreiben vom November 1991 an den vatikanischen Pronuntius in London, Erzbischof Luigi Barbarito, den Wunsch geäußert habe, der Kongregation für Heiligsprechungen Informationen zu senden, die seiner Meinung nach die Seligsprechung zumindest verzögern würden. Ein paar Tage später teilte Barbarito Felzmann schriftlich mit, sein Brief sei nach Rom weitergeleitet worden. Felzmann hörte nichts weiter von Barbarito und auch nichts von der Kongregation für Heiligsprechungen.

Drei Aussagen Felzmanns waren besonders interessant, denn sie offenbarten eine merkwürdig verdrehte Geisteshaltung bei jenem Menschen, der die Tugenden Glaube, Hoffnung, Barmherzigkeit, Besonnenheit, Gerechtigkeit, Mäßigung und innere Stärke angeblich so heroisch verkörpert hatte. Escrivá hatte Felzmann gegenüber einmal geäußert, »so schlecht sei Hitler nicht gewesen. … wenn die Leute behaupteten, Hitler habe sechs Millionen Juden getötet, dann übertrieben sie. Er könne nicht mehr als drei oder vier Millionen Juden getötet haben.«[11] Felzmann berichtete ferner, Escrivá sei über die liturgischen Neuerungen des Zweiten Vatikanischen Konzils so empört gewesen, daß er erwog, zur orthodoxen Kirche überzutreten, bis er einsah, daß deren Kirchen und Gemeinden »zu klein für uns« waren. Felzmanns dritte Enthüllung – daß Escrivá eine »ganz eigene Vorstellung« von der Wahrheit hatte – war so überraschend, daß sie beinahe abstrus wirken mußte. Felzmann behauptete, Escrivás Ethik hätte der Institution einen unauslöschlichen Stempel aufgedrückt. Als Beispiel führte er an, die Eltern seien bezüglich der Berufungen ihrer Kinder systematisch »getäuscht« worden. Er erklärte auch, daß geschäftliche Vereinbarungen einschließlich dessen, was der Gründer als *pillería* – schmutzige Tricks – bezeichnete, erlaubt gewesen seien, weil »unser Leben ein Krieg der Liebe ist, und für das Opus Dei ist im Krieg und in der Liebe alles erlaubt«.

Im Zusammenhang mit einer Seligsprechung waren dies ernsthafte Beschuldigungen. Doch Felzmanns Enthüllungen wurden übergangen. Das Opus Dei bezeichnete sie als Werk eines Außenseiters, der damit sein Ausscheiden aus einer wohlwollenden und fürsorglichen Familie rechtfertigen wolle. Das Pressebüro des Opus Dei nannte zwei Gründe, weshalb Felzmann nicht als Prozeßzeuge angehört worden sei. Erstens habe er Escrivá gar nicht richtig gekannt. Zweitens sei Felzmann »wankelmütig«, denn »es existieren Dokumente (das letzte stammt von 1980, als Felzmann 41 Jahre alt war), in denen er die außergewöhnlichen Tugenden des Gründers bezeugt: Liebe, Bescheidenheit, Ergebenheit gegenüber dem Papst, usw. ›Er ist‹ laut Felzmanns eigenen Worten ›ein Heiliger für die Gegenwart, ein Heiliger für die Ewigkeit‹.«

Das Opus Dei folgte der Maxime des Gründers, der da meinte, »im Krieg und in der Liebe ist alles erlaubt«, und wandte jeden nur denkbaren Trick an, um die Seligsprechung durchzupeitschen. Man schreckte auch nicht vor Rufschädigung zurück. Der Fall von Dr. John Roche, einem Dozenten für Wissenschaftsgeschichte am Lincare College in Oxford, macht deutlich, wie weit das Opus Dei dabei ging. Roche war 1959, im Alter von zweiundzwanzig Jahren, dem Opus Dei beigetreten und blieb bis 1973 Mitglied.

Im September 1985 schrieb Roche an Kardinal Bernardin Gantin, den Leiter der Kongregation für die Bischöfe, und äußerte sich besorgt – »der Skandal, den eine Seligsprechung von Monsignore Escrivá auslösen würde, könnte der Glaubwürdigkeit des gesamten Verfahrens der Seligsprechung schaden«. Er erbot sich, seine Äußerungen durch Belege zu erhärten.

Gantin forderte daraufhin die vatikanische Nuntiatur in London auf, Nachforschungen über Roche einzuleiten. Der Geschäftsträger des Vatikans in

London, Erzbischof Rino Passigato, meldete dem Sekretär der Kongregation am 14. Oktober 1985, Roche leide unter »ernsthaften psychischen Störungen«, und höchstwahrscheinlich benutzten ihn »Dritte, die die perfide Absicht verfolgen, der Kirche und dem Heiligen Stuhl durch Angriffe auf das Opus Dei und seinen Gründer zu schaden«. Roche war Monsignore Passigato nie begegnet, er hatte nie auch nur ein Wort mit ihm gewechselt; man kann sich also nur schwer vorstellen, wie der Erzbischof zu dieser Ansicht gelangt sein will.

Da Roche keine Antwort erhielt, schrieb er am 27. Mai 1986 an Kardinal Palazzini, der zu jener Zeit noch die Kongregation für die Heiligsprechungen leitete. Er teilte dem Kardinal mit, er habe ein »Dossier über Leben und Werk des Gründers des Opus Dei. Es enthält Aussagen vieler ehemaliger Mitglieder, die wie ich Monsignore Escrivá persönlich kannten.«

Palazzini antwortete umgehend und wies darauf hin, daß Roche seinen Brief an die falsche Adresse gerichtet habe, da der Fall noch nicht bei seiner Kongregation anhängig sei. Er empfahl Roche, sich an Monsignore Oscar Buttinelli beim Regionaltribunal für Latium im Vikariat von Rom zu wenden. Wie sich herausstellte, hatte Palazzini bereits an Buttinelli geschrieben und ihn darauf vorbereitet, daß Roche an ihn herantreten werde. »Seit Jahren beteiligt sich Signor Roche an einer Verleumdungskampagne gegen das Opus Dei; jegliche Information, die er Ihnen über den Diener Gottes zukommen lassen mag, muß auf ihre Verläßlichkeit hin überprüft werden«, erklärte Palazzini.[12]

Roche wußte nichts von Palazzinis Korrespondenz mit Buttinelli und war daher mehr als erfreut über das scheinbare Interesse des Kardinals. Voller Zuversicht legte er seinem Brief an Buttinelli eine kurze biographische Notiz über seine eigene Person bei sowie eine Auflistung mehrerer Äußerungen, die Escrivá zugeschrieben wurden und die als Kostprobe für die Informationen dienen sollten, die er liefern konnte. Roche zufolge hatte Escrivá seinen engen Vertrauten gegenüber häufig geäußert, er »glaube nicht mehr an Päpste und Bischöfe, nur an den Herrn Jesus Christus« und »der Teufel nehme in der Kirche einen sehr hohen Rang ein«. Als Beleg für Escrivás Verachtung gegenüber der nachkonziliaren Kirche zitierte er einen Artikel, der in *Crónica*, einer vertraulichen internen Publikation, erschienen war und in dem es hieß: »Es gibt eine wirkliche Fäulnis [innerhalb der Kirche], und zur Zeit scheint es, als sei der Mystische Leib Christi ein Leichnam in stinkender Verwesung.«[13]

Roches Brief wurde höflich beantwortet. Man teilte ihm mit, es bestehe keine Notwendigkeit, weiteres Material zu schicken, denn die Kongregation für die Heiligsprechungen »weiß über Sie Bescheid«.[14]

Acht der neun Mitglieder des Kollegialgerichts, das sich mit Escrivás Seligsprechung befaßte, waren Italiener. Dies widersprach dem Brauch, wonach die Mehrheit derselben Nationalität angehören soll wie der Kandidat. Monsignore Luigi de Magistris, der Direktor des vatikanischen Gefängnisses, war einer der beiden, die die Aussetzung des Verfahrens beantragten, um größere Klarheit über Escrivás spirituelle Erkenntnis zu gewinnen. »Gewisse protokollierte Aussagen schienen übertrieben. Insbesondere ein Zeuge erklärte, Escrivá hätte sich häufig in einem Zustand der Ekstase befunden, vor allem wenn er per Eisenbahn reiste«, erklärte er. De Magistris betrachtete es außerdem als Amtsmißbrauch, daß Alvaro del Portillo, der dreißig Jahre lang Escrivás Beichtvater gewesen war, Zeugnis ablegen durfte, und forderte – ohne Erfolg –, daß Don Alvaros achthundert Seiten langer Bericht unberücksichtigt bleiben sollte.

Das zweite »andersdenkende« Mitglied des Kollegialgerichts und der einzige Spanier war Monsignore Justo Fernández Alonso, Pfarrer an der Spanischen Kirche in Rom. Er forderte eine Aussetzung, weil es ihn irritierte, daß »viele Zeugen nicht angehört« worden waren.[15] Der Generalrelator lehnte beide Anträge ab. Der Vatikan hatte beschlossen, den Prozeß voranzutreiben, und so geschah es denn auch.

Trotz der Zielstrebigkeit des Opus Dei entwickelte sich das, was auf den ersten Blick wie eine simple Beförderung einer aragonesischen Kultfigur in den Heiligenstand aussah, zu einem regelrechten Alptraum. Keine Seligsprechung in jüngster Zeit hatte solche Kontroversen ausgelöst. Für Tausende war Escrivá ein wahrhaftiger Wundertäter, für andere dagegen ein Scharlatan. Um diese Widersprüche um Escrivás Person und die von ihm gegründete Bewegung besser zu verstehen, wollen wir nun seine prägenden Jahre betrachten.

2 Barbastro

Um das Opus Dei zu verstehen, muß man sich mit
dem Gründer befassen.   *Alvaro del Portillo*

Das Wappen von Barbastro, Escrivás Geburtsort,
zeigt den abgetrennten Kopf eines bärtigen Mauren, umgeben von fünf
Schilden unter der Krone Aragons.

Barbastro liegt verkehrsgünstig nahe der Mündung des Rio Vero in den
Cinca, einen Nebenfluß des Ebro, auf einer weiten hügeligen Ebene mit
goldenen Weizenfeldern und grünen Obstplantagen. Jahrhundertelang
war der Ort ein blühendes Handelszentrum. Im Laufe der unruhigen
Geschichte Spaniens wuchs Barbastro unauffällig. Im Sommer 1898, als
Don José Escrivá mit María de los Dolores Albás y Blanc vermählt wurde,
zählte die Stadt siebentausend Seelen, allesamt Katholiken und keiner
besonders arm oder unterdrückt.[1]

Don Josés Familie stammte ursprünglich aus dem französischen Narbonne und hatte sich in der Zeit, als die Christen Spanien von den Mauren
zurückeroberten, in Balaguer, einer Stadt in der Provinz Lérida, unweit
von Barbastro niedergelassen. Im 19. Jahrhundert war sein Großvater, ein
Arzt, nach Fonz gezogen, einem Bergdorf über dem Cinca. Die Familie
von Doña Dolores besaß ein Bekleidungsgeschäft in Barbastro. Als Don
José 1894 von Fonz nach Barbastro zog, wurde er einer der drei Teilhaber
der Firma. Außerdem eröffnete er im Keller eine Konfiserie. Nett verpack-
te Pralinés schienen überhaupt seinem Wesen zu entsprechen, denn er
war heiter und optimistisch, stets frisch rasiert, trug einen gepflegten
Schnauzbart und kleidete sich ausgesprochen wählerisch.

Das frischvermählte Paar zog in ein schmales, dreistöckiges Haus unweit
vom Argensola Palais, einem der ältesten Gebäude der Stadt. Ein Jahr
später kam das erste Kind, Carmen, zur Welt. Kaum hatte Doña Dolores
aufgehört, Carmen zu stillen, erwartete sie bereits ihr zweites, das am
9. Januar 1902, dem Tag des heiligen Julian, geboren wurde. Vier Tage
darauf wurde das Kind in der Kirche Unserer Lieben Frau von der
Himmelfahrt (»Nuestra Senora de la Asunción«) auf den Namen José
María Julian Mariano getauft. Sein Taufpate war Mariano Albás, einer der

Vettern von Doña Dolores, der wie Don Josés älterer Bruder Teodoro Priester war.

Das Wappen von Barbastro

Noch um die Jahrhundertwende war Spanien tief im Mittelalter verwurzelt. Das Land wurde vom übrigen Europa nicht nur durch die Pyrenäen getrennt, sondern auch durch eine Kluft wirtschaftlicher Rückständigkeit. Unglaublich reiche Landbesitzer mit den Rechten von Feudalherren lebten inmitten landhungriger Bauern. Die Landwirtschaft, in der mehr als die Hälfte der Bevölkerung arbeitete, war in den meisten Regionen noch immer von mittelalterlichen Strukturen geprägt. Auch durch die Kirche ging ein tiefer sozialer Riß: Gemeindepriester hausten wie Bettler in Löchern, während ihre Bischöfe in fürstlichen Palästen residierten. Dasselbe Phänomen war in der Armee sichtbar; fünfhundert Generäle strichen ein königliches Salär ein, wohingegen sich Offiziere niedrigeren Rangs kaum ernähren konnten. Die medizinische Versorgung war primitiv und begrenzt, doch die Kirchen waren voll.

Als José María im Alter von zwei Jahren hohes Fieber bekam, rief man den Arzt des Ortes und einen Homöopathen ins Haus. Keiner der beiden war in der Lage, die Ursache der Erkrankung zu diagnostizieren und ein Medikament zu verschreiben. Sie gaben dem Kind nur noch wenige

Stunden und meinten, ein Priester wäre dienlicher. Doña Dolores weigerte sich jedoch, ihr Urteil zu akzeptieren. In unerschütterlichem Glauben wandte sie sich an Unsere Liebe Frau von Torreciudad, die sie besonders verehrte, flehte um Fürbitte für den Kleinen und gelobte, das Kind dem Dienst der Gottesmutter darzubringen, sollten ihre Gebete erhört werden. Stunden später, so berichten Escrivás Biographen, schlummerte der kleine José María friedlich.

Nach José Marías Genesung stand Doña Dolores in der Schuld der Jungfrau. Um ihr Gelübde einzulösen, packte sie das Kind warm ein und machte sich zusammen mit ihrem Mann zu Pferde auf den mühsamen Weg nach Torreciudad, das 24 Kilometer entfernt in den Bergen lag, um das Kind Unserer Lieben Frau darzubieten. Im Damensattel und mit dem Kind auf dem Arm durchquerte sie den Cinca und erklomm den steilen Berg, auf dem sich ein mittelalterlicher Wachturm und die einfache Klause befanden. Torreciudad war einst ein Vorposten der Mauren zur Verteidigung der Nordflanke von Barbastro gewesen. Einst war das Gebäude unter dem Turm eine Moschee gewesen. Als König Sancho Ramírez von Aragonien 1084 Torreciudad zurückeroberte, stellte man in der Moschee eine hölzerne Madonnenstatue auf, die mit dem Jesuskind im Schoß auf einem schlichten Thron sitzt. Fortan war die Moschee ein Marienschrein, und Unsere Liebe Frau von Torreciudad wurde in den folgenden neunhundert Jahren von der einheimischen Bevölkerung inbrünstig verehrt.

Im Laufe der nächsten fünf Jahre brachte Doña Dolores drei weitere Töchter zur Welt: María Asunción; María de los Dolores; und María del Rosario, die ein Jahr nach ihrer Geburt an Fieber starb. Zwei Jahre darauf starb auch Dolores. Als zwei seiner Schwestern im Himmel waren, glaubte der Junge José María, durch Gebete an die Schutzengel würden seine Eltern und die übriggebliebenen Schwestern geschützt bleiben. Doch im Jahre 1913 erkrankte Asunción und starb kurz nach ihrem achten Geburtstag. Dies hinterließ einen tiefen Eindruck bei dem elfjährigen José María. Er wurde schwermütig und fürchtete, er müsse als nächstes sterben. Seine Mutter beruhigte ihn jedoch. »Sei unbesorgt. Du bist der Obhut Unserer Lieben Frau von Torreciudad anempfohlen.«[2] Sie erzählte ihm oft, wie die Muttergottes ihn einst gerettet habe. »Die Jungfrau muß dich in der Welt gelassen haben, um irgend etwas Großes zu tun, denn du warst schon mehr tot als lebendig«, pflegte sie zu sagen.[3] Wenn nun ein kleiner Junge hört, wie seine Mutter diese Auffassung immer wieder mit der größten Überzeugung vertritt, bleibt sie ihm ein

Leben lang im Gedächtnis haften, ob er die daran geknüpfte Erwartung nun erfüllt oder nicht.

Ein paar Häuser weiter wohnte die Grundbesitzerfamilie Otal de Valdeolivos. Ihre Tochter, eine Spielkameradin von Asunción, erinnerte sich später, daß sie und einige Freunde José Marías eines Nachmittags in der Wohnung der Familie Escrivá Kartenhäuser bauten. Alle saßen um den Tisch und hielten den Atem an, während die letzten Karten aufgestellt wurden, als José María das Bauwerk plötzlich mit der Hand umfegte. »So macht es Gott mit den Menschen«, rief er; »du baust dir ein Haus, und wenn es so gut wie fertig ist, wirft Er es um.«[4]

War dies die Vorahnung eines schwermütigen Kindes mit mystischen Anwandlungen? Seltsamerweise sollte das Haus, in dem die Familie Escrivá wohnte, ein ähnliches Schicksal ereilen. In den 1960er Jahren wurde es abgerissen. Es mußte einem Frauenhaus und einem Kulturzentrum des Opus Dei weichen. Einer der Biographen Escrivás, Peter Berglar, machte die aufschlußreiche Feststellung, der Abriß des Hauses (und drei angrenzender Gebäude) geschah »zur Zufriedenheit Escrivás, der keinen musealen Kult mit seiner Person wünschte«.[5] Die Tatsache, daß an der Stelle seines Geburtshauses eine weitaus größere Villa im Stil des benachbarten Argensola Palais errichtet wurde, kann aber auch so gedeutet werden, daß Escrivás Person in einem eindrucksvolleren Licht erscheinen sollte, als es seiner eher bescheidenen Herkunft im Grunde entsprach.

Heutzutage erinnert sich in Barbastro niemand mehr an den jungen Escrivá. Von den Jugendfreunden des Gründers starb der letzte, Martín Sambeat, im Jahre 1993. Das detaillierteste Bild, das wir von ihm haben, vermitteln uns daher die offiziellen Biographien. Aus ihnen erfahren wir, daß José María ein munterer Knabe war, der sogar etwas Schelmisches an sich hatte, und daß er trotz des Todes dreier Schwestern beharrlich daran glaubte, daß Familien, die die Heiligen verehrten, unter dem besonderen Schutz Gottes standen. Um ganz sicherzugehen, betete die Familie gemeinsam den Rosenkranz, manchmal in einer Privatkapelle der Familie Otal. Am Samstag pflegte sie in der Kirche San Bartolomé das Salve Regina aufzusagen. Anschließend spazierte man die breite Promenade El Coso in der Nähe der Kathedrale entlang, wo sich die Einwohner von Barbastro auch heute noch an Sommerabenden einfinden und in den Straßencafés unter dem Blätterdach der Platanen einheimische Weine trinken.

Barbastro war bekannt für seine religiösen Feste. An Fronleichnam drängten sich Prozessionen und tanzendes Volk durch die engen Straßen, die mit Blumen, roten Teppichen und besonders geschmückten Altären dekoriert waren. Dieselben Akteure versammelten sich, nur mit anderen Kostümen, auch zu den Prozessionen der Karwoche und im Juni zum Fest des Heiligen Ramón, des Schutzpatrons der Stadt. Escrivás Biographen stellen fest, daß die Bürger von Barbastro bei diesen Anlässen besondere Frömmigkeit an den Tag legten. In Barbastro lebten aber auch Menschen, die diese frommen Ergüsse abstoßend fanden, wie etwa die späteren Revolutionäre Eugenio Sopena und Mariano Abad, die beide ungefähr im gleichen Alter waren wie José María.

Es ist unwahrscheinlich, daß José María je ihre Pfade kreuzte, denn Sopena und Abad lebten in einer anderen Welt. Sie hätten den Opferstock geplündert, wenn sie gekonnt hätten. Im Gegensatz dazu war José María fromm wie eine Kirchenmaus. Für ihn war seine kindliche Frömmigkeit indes nichts Besonderes. Im Alter von sechs Jahren, als er anfing, zur Beichte zu gehen, hatte ihm seine Mutter längst die Sakramente erklärt. Seine erste Eucharistie, die Feier des heiligen Abendmahls, erlebte er in der Kathedrale. Bei jedem Besuch dieses Gotteshauses staunte er über die Wunder, die es barg: Schätze, bei denen es einem Jungen schwindlig werden konnte. In der Apsis, hinter dem großen Altarbild, hatte der Architekt Juan de Segura eine ovale Öffnung konstruiert. José Marías Mutter erklärte dem Knaben, daß hinter dem Buntglas Jesus gegenwärtig sei und immerwährend der Verehrung des Jungen harre.[6]

Wie in jeder anderen ländlichen Stadt im Spanien jener Zeit wurde der Rhythmus des weltlichen Lebens in Barbastro vom religiösen Kalender bestimmt, doch die Zeiten änderten sich allmählich. In der Stadt entstand eine Freimaurerloge – Triángulo Fermín Galán –, deren Mitglieder dafür eintraten, aus Spanien eine Republik zu machen. Die sozialen Spannungen verstärkten sich im selben Maß wie die wirtschaftliche Unsicherheit. Dies war die Folge der verheerenden Niederlage im Spanisch-Amerikanischen Krieg von 1898, durch die Spanien seine letzten kolonialen Besitzungen eingebüßt hatte. Gleichzeitig war die Arbeitslosenzahl durch die Heimkehr aufgelöster Einheiten aus den verlorenen Kolonien sprunghaft angestiegen.

Trotz der wachsenden Spannungen war das gesellschaftliche Leben der Mittelschicht von Barbastro weiterhin geprägt von der tiefverwurzelten spanischen Tradition der *tertulia*, der zwanglosen Zusammenkünfte von Freunden gleichen Standes und gleicher Interessen. Der Freundeskreis der Kirchengemeinde veranstaltete jeden Mittwochabend solch ein Treffen. Es bot den angesehenen Kaufleuten der Stadt Gelegenheit, im Gemeindezentrum zusammenzukommen, um Karten zu spielen oder über Gemeindepolitik zu diskutieren. Don José erschien stets elegant gekleidet, mit Melone und Spazierstock und einem Mantel in der kälteren Jahreszeit. Weder er noch ein anderes Mitglied des Zirkels wäre je auf die Idee gekommen, sich in eine der engen Tavernen im Viertel von San Hipólito zu wagen, wo die Arbeiterklasse trank. San Hipólito war ein anderes Spanien, eine Sphäre für sich, eine Welt, die ihnen unbekannt war.

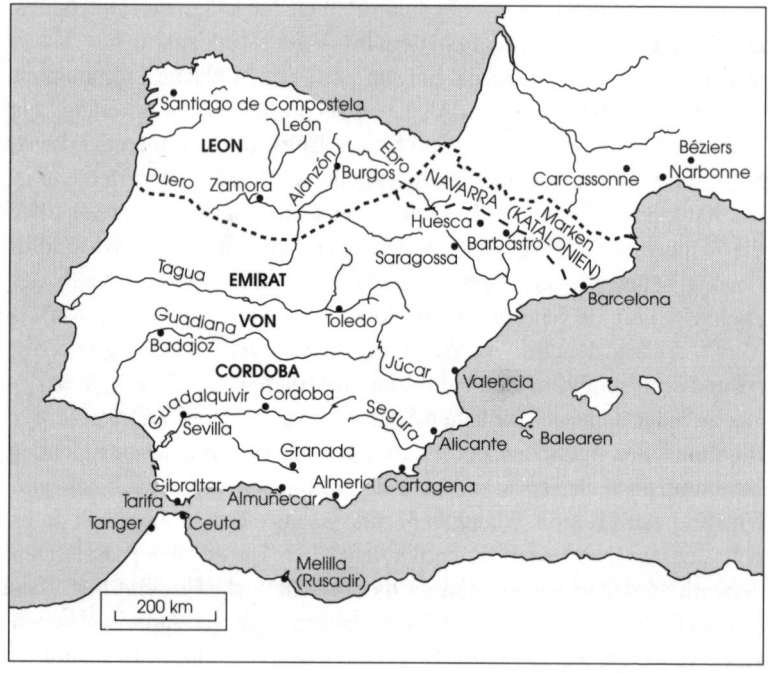

Die Iberische Halbinsel im
zehnten Jahrhundert

3 Feinde des Kreuzes

Denn viele ... leben als Feinde des Kreuzes Christi.
Ihr Ende ist das Verderben ...

Philipper 3,18–19

José María Julian Mariano Escrivá y Albás empfing seine erste heilige Kommunion am 23. April 1912 in der kleinen Kirche San Bartolomé. Drei Monate zuvor hatte er seinen zehnten Geburtstag gefeiert. Seit seinem siebten Lebensjahr hatte er das Piaristenkolleg, die einzige höhere Schule in Barbastro, besucht. Ein alter Piaristenpater – »ein frommer, einfacher, gütiger Mensch«, wie er sich später erinnerte – hatte ihn auf seine Erstkommunion vorbereitet und die entsprechende Formel gelehrt: »Ich möchte Dich empfangen, Herr, mit jener Reinheit, Demut und Andacht, mit der Deine Heiligste Mutter Dich empfing, mit dem Geist und der Inbrunst der Heiligen.«

Die Worte »Geist und Inbrunst der Heiligen« waren von besonderer Bedeutung für ihn, denn er und die anderen Kinder in seiner Klasse waren erfüllt von einem inbrünstigen Glauben an die großen spanischen Heiligen wie Dominikus und Ignatius von Loyola.

Wir sind alle in unterschiedlichem Maße von der Kultur geprägt, in die wir hineingeboren wurden. José María Escrivá war vor allem ein Sohn Aragons. Da er in einer streng katholischen Umgebung aufwuchs, offenbarten sich die Freuden und die Einseitigkeit seiner traditionsverhafteten Erziehung in allem, was er tat. Seine Gedankenwelt wurde unter anderem von dem uralten Trauma der maurischen Besetzung Aragons geprägt. Außerdem wurde die Kreuzfahrerbewegung, die so wichtig für das Verständnis mancher seiner Motive ist, in gewissem Sinne in Barbastro geboren. Die Krieger Aragons waren rauhe Bergbewohner, doch ihr Wesen wurde gemildert durch die innige Verehrung der Muttergottes, deren Kult auf der Südseite der Pyrenäen weit verbreitet war. Auch Escrivás bisweilen schroffe Art wurde durch seine übersteigerte Ehrfurcht vor der Jungfrau Maria gemäßigt. Vor allem prägte ihn die Sorge um die Reinheit des Glaubens und des Blutes, die das Spanien der Renaissance beherrschte. Das hieß nicht, daß er sich anderen Rassen und Religionen verschloß, doch er setzte seinen Glauben ganz in die Heilige Dreifaltigkeit und war fest davon überzeugt, daß es nur einen Schlüssel zum Tor der Erlösung gab.

Ein guter Ausgangspunkt, um die Welt des José María Escrivá zu erkunden, ist das Piaristenkolleg, an dem er seine erste Schulbildung erhielt. Mit einem Dutzend Priester im Kollegium und weniger als vierzig Schülern war es nicht besonders groß, doch es genoß ein ausgesprochen hohes Ansehen. José María glänzte in Mathematik. Dem örtlichen Jugendmagazin *Juventud* zufolge teilte sich Escrivá im ersten Jahr mit einem Mitschüler den *Bachillerato*-Preis in Arithmetik und Geometrie. Im zweiten Jahr erhielt er eine lobende Erwähnung in Religion, Arithmetik und Geometrie.[1] Er entwickelte ein leidenschaftliches Interesse an den Legenden der heroischen Geschichte Spaniens, ein Interesse, das mit zunehmendem Alter noch wuchs.

In seiner Aufgeschlossenheit gegenüber der spanischen Kultur blieb der junge Escrivá jedoch eher wählerisch. Unter den gegebenen Umständen mag das sogar natürlich erscheinen, man fragt sich aber dennoch, was die Piaristenpater ihre Zöglinge über die Geschichte Spaniens lehrten. Erzählten sie ihnen auch, daß in Barbastro 1064 ein Massaker an den Mohammedanern stattgefunden hatte, einzig und allein aus Habgier und trotz der feierlichen päpstlichen Zusage des sicheren Geleits? Wahrscheinlich nicht.

Bevor die Mauren nach Aragon kamen, hatten die Westgoten dreihundert Jahre lang von ihrer Hauptstadt Toledo aus mit einer Militäroligarchie die Iberische Halbinsel beherrscht. Ihr Reich wurde aber im Laufe der Zeit immer bedeutungsloser, da der westgotische Adel stets zerstritten war. Im Süden des westgotischen Königreichs, in Nordafrika, lag der westlichste Vorposten des Byzantinischen Reiches, das Gebiet um Ceuta und Tanger. Anfang des achten Jahrhunderts wurde es von Graf Julian verwaltet. Er war offiziell mit Roderich, dem westgotischen König Spaniens, verbündet. Als Julian durch den Vorstoß der Mauren nach Nordafrika von Konstantinopel abgeschnitten wurde, schickte er seine Tochter zur Erziehung an den Hof Roderichs. Roderich war von ihrer Schönheit verzaubert und warb um sie. Sie wies ihn jedoch ab. Eines Nachts, nach einem Festmahl im Palast, vergewaltigte Roderich sie.

Als Julian von der Entjungferung seiner Tochter erfuhr, wandte er sich an

Musa, den Emir von Kairuan, der Hauptstadt des Maghreb, und schlug diesem einen gemeinsamen Vormarsch gegen das westgotische Königreich vor. Musa verlangte, daß Julian zuvor die Durchführbarkeit des Plans unter Beweis stellte, indem er auf eigene Faust einen bewaffneten Vorstoß gegen die Westgoten unternahm. Julian folgte diesem Wunsch und warb ein kleines Heer von Berbern an, mit dem er nach Tarifa übersetzte. Als sie Ende des Sommers nach Tanger zurückkehrten, waren ihre Galeeren bis oben mit Kriegsbeute gefüllt.

Ein Jahr später knüpfte Musa an Julians Erfolg an. Unter Führung General Tariks schickte er ein zwölftausend Mann starkes Heer über die Meerenge ins Feld. Diesmal landeten die Mauren weiter östlich, im Windschatten eines Felsen, den sie zu Ehren ihres Feldherrn *Dschebel al Tarik* – Berg des Tarik – (später Gibraltar) nannten. Roderich, den die Ankunft der Mauren völlig unvorbereitet traf, zog mit einem angeblich 100000 Mann starken Heer eilig nach Süden. Im Jahre 711 besiegten Tariks zahlenmäßig unterlegene Verbände die Truppen Roderichs in einer Schlacht am Guadalete, und das Reich der Westgoten trat von der Bühne der Geschichte ab.

In der Folge strömten einhunderttausend Mauren nach Spanien und verbreiteten die Lehre des Islam. In kürzester Zeit waren die moslemischen Verbände in Frankreich eingefallen. Im Jahre 732 erreichten sie die Loire, wo Karl Martell ihnen schließlich eine vernichtende Niederlage bereitete. Aus Frankreich waren die Mohammedaner vertrieben worden, aber in Spanien behielten sie weiterhin die Oberhand. Cordoba wurde ihre Hauptstadt. Sie setzten einen Standard an Toleranz, der in keiner anderen europäischen Gesellschaft (außer vielleicht im Byzantinischen Reich) seinesgleichen fand. Unter dem Emirat von Cordoba erstarkte das maurische Spanien. Sein Herrschaftsgebiet erstreckte sich bis in die Pyrenäen, und die Städte Cordoba, Sevilla, Malaga und Toledo stellten seinerzeit angeblich jede andere westeuropäische Metropole in den Schatten.

Um die Mitte des zehnten Jahrhunderts marschierte Emir Abd Ar Rahman III. in die letzten christlichen Gebiete Nordspaniens – die Marken (Katalonien), Navarra und León – und erzwang jährliche Tributzahlungen. Nach seinem Tod im Jahre 961 verweigerten die christlichen Fürsten den Tribut. Rahmans Nachfolger, Muhammad Ibn Abi Amir mit dem Beinamen Al Mansur, »der Siegreiche«, war darüber so sehr erzürnt, daß er 996 die Hauptstadt León und ein Jahr später Santiago de Compostela plünderte – eine unverzeihliche Freveltat, denn

Santiago galt nach kirchlicher Überlieferung als Begräbnisort des Apostels Jakobus und war eine der bedeutendsten Kultstätten des Christentums. Damals war Santiago nach Jerusalem und Rom der drittwichtigste Wallfahrtsort.

Im Mittelalter brachen viele Verbindungen ab, und die Kirche im Westen wurde zunehmend regionalisiert. Viele entlegene Bistümer, fern jeder päpstlichen Aufsicht, führten ein unabhängiges Dasein und waren oftmals tief verstrickt in Korruption und Vetternwirtschaft. Edward Gibbon zufolge hatte die römisch-katholische Kirche im zehnten Jahrhundert ihren absoluten Tiefpunkt erreicht.[2] Die Reform, die schließlich einsetzte, kam aus der Mönchsbewegung, die der heilige Benedikt (um 480 – um 550) ins Leben rief. Er war der erste, der den Begriff *opus Dei* allgemein gebräuchlich machte.

Benedikt glaubte, persönliche Heiligkeit könne erlangt werden, indem man Gottes Werk – *opus Dei* – befördere und die Mönchsgelübde – Gehorsam, Enthaltsamkeit und Armut, die er als vollständigen Verzicht auf Besitz definierte – streng befolgte.[3] Die Regel des heiligen Benedikt machte im Mittelalter viele Klöster, die zu Horten der Engstirnigkeit verkommen waren, zu Zentren der Gelehrsamkeit und der Aufgeschlossenheit. Die Ordensregel der Benediktiner übertrug dem Abt ein hohes Maß an Verantwortung. Er wurde in einem demokratischen Verfahren gewählt. War er jedoch einmal im Amt, verfügte er über eine beinahe unbeschränkte Machtfülle. Es blieb dem Abt weitgehend freigestellt, die Regel den örtlichen Verhältnissen anzupassen. Die Äbte wurden nicht auf Lebenszeit gewählt, sondern für eine bestimmte Zeit. Der Gefahr des Machtmißbrauchs begegnete man dadurch, daß man die Äbte auch nach dem Ausscheiden aus dem Amt zur Rechenschaft zog. Durch Benedikts Reformen bildete die Mönchsbewegung den Kern der Erneuerung innerhalb der Kirche.

Fast fünfhundert Jahre nach Benedikts Tod begann Sancho der Ältere, König von Navarra, mit der christlichen Gegenoffensive gegen die Mauren in Spanien. Inzwischen hatten die Benediktiner die Pilgerfahrt als politisches Instrument entwickelt. Die Mönche von Cluny hatten festgestellt, daß man mit Massenreisen an die heiligen Orte – beim Opus Dei spricht man heute von »Religionstourismus« – den christlichen Glauben in jenen Ländern stärken konnte, die von einer islamischen Vorherrschaft bedroht waren. Und so begannen die Cluniazenser, Pilgerfahrten als Mittel der Christianisierung einzusetzen. Zu Beginn des elften Jahrhunderts unterhielt Cluny die Straßen, die durch ganz Europa zu den großen spanischen Wallfahrtsorten Saragossa (nach wie vor in maurischer Hand) und Santiago de Compostela führten. Außerdem fing man an, organisierte Pilgerreisen nach Jerusalem populär zu machen. Cluny übernahm somit eine konkrete Rolle bei der Verteidigung des spanischen Christentums und der Bewahrung des christlichen Zugangs zum Heiligen Grab in Jerusalem. Die Umwandlung friedlicher Wallfahrten in militärische Unternehmungen bereitete jedoch theologische Probleme, die die Philosophen des Cluniazenserordens in den ersten hundert Jahren seines Bestehens immer wieder beschäftigten.

Christliche Fürsten aufzufordern, dem Kreuz in einem kriegsähnlichen Unternehmen zu folgen, verstieß gegen grundlegende Fragen der Ethik und der Moral. Hatte ein Christ aber nicht das Recht, für seinen Glauben zu kämpfen? Im Jahre 1063 sammelte der Sohn Sanchos des Älteren, Ramiro I. von Aragon, in Graus, unweit von Barbastro, eine christliche Streitmacht für einen Angriff gegen Emir Ahmed von Saragossa. Ramiros erstes Ziel war Barbastro, das von einer kleinen maurischen Garnison verteidigt wurde. Bevor man zum Angriff blasen konnte, wurde Ramiro von einem Mohammedaner erstochen, der sich in das Lager der Christen eingeschlichen hatte. Europa war in Aufruhr. Papst Alexander II. (1061–1073) versprach allen, die in Spanien für das Kreuz kämpften, den Ablaß und stellte ein Heer auf, um das Werk Ramiros fortzuführen.

Der Feldzug gegen den Emir von Saragossa erfolgte mehr als dreißig Jahre vor dem Ersten Kreuzzug gen Osten. Den Truppen von Sancho Ramírez, dem Sohn des ermordeten Ramiro, schlossen sich Ritter aus Aquitanien, Burgund, der Lombardei, der Normandie und der Toskana an. Der Feldzug begann und endete 1064 mit einer vierzig Tage währenden Belagerung von Barbastro. Die Belagerung hätte sich noch länger hingezogen, doch sie endete im August, weil Alexander II. den Einwohnern der Stadt Schonung versprach, falls sie ihre Waffen niederlegten. Nachdem der Papst ihnen freien Abzug zugesichert hatte, ergab sich die zahlenmäßig unterlegene Garnison. Man befahl den Mohammedanern, sich mit ihrer Habe vor den Stadttoren zu versammeln, um sie nach Saragossa zu geleiten. Doch als die christlichen Soldaten sahen, welche Schätze ihnen entgehen würden, fielen sie über die Mohammedaner her, metzelten Männer, Frauen und Kinder nieder und machten sich mit der Beute davon. Das Massaker von Barbastro bewog die mohammedanischen Fürsten in den übrigen Regionen Spaniens, Vergeltung zu üben.

Rache führte zu Gegenrache. Intoleranz erzeugte weitere Intoleranz. Es war eine Eskalation fundamentalistischen Wahns.

Sancho Ramírez stellte Aragon unter den Lehnsschutz von Papst Alexander II. und erhielt somit die notwendige Militärhilfe. Die militärischen Operationen seines Bruders Alfons VI. von Kastilien und León fanden die rückhaltlose Billigung Papst Gregors VII., der von der Vorstellung besessen war, zu einem Kreuzzug in den Orient aufzurufen, aber starb, bevor er den Plan verwirklichen konnte.

Gregor hatte mit einer Doktrin geliebäugelt, die die europäischen Ritter dazu anspornen sollte, zu den Grenzen des christlichen Herrschaftsbereichs aufzubrechen und gegen den Islam zu kämpfen. Als Belohnung dafür, daß sie das Kreuz nahmen, durften sie jegliches Land behalten, das sie mit Waffengewalt eroberten. Dies wurde zu einem Vorwand für gottgefälligen Raub in großem Stil. Außerdem wurde ihnen himmlischer Lohn versprochen. Ausschlaggebend war jedoch, daß der Papst die Leitung der Heiligen Kriege selbst übernahm und sie als Instrument der vatikanischen Außenpolitik einsetzte. Er ernannte die Befehlshaber und unterstellte sie einem päpstlichen Legaten.

Fünf Jahre nach dem Massaker von Barbastro tauchte fast viertausend Kilometer weiter östlich, an den Grenzen Armeniens, der Stamm der Seldschuken auf und schlug den byzantinischen Kaiser Romanos IV. bei Mantzikert in die Flucht. Kleinasien, die wohlhabendste Provinz des Christentums, fiel an die eindringenden Türken, deren Vormarsch nach Westen in den folgenden fünfhundert Jahren nicht aufzuhalten sein sollte.

Das Ausmaß der Katastrophe von Mantzikert war damals kaum vorstellbar. Kein Reich war auch nur annähernd so mächtig wie das christliche Byzanz. Dessen Hauptstadt, Konstantinopel, lag an den reichsten Handelsstraßen und war somit die führende Finanz- und Wirtschaftsmetropole der Welt. Mit einer unvergleichlichen Flotte beherrschte es das Mittelmeer und das Schwarze Meer. Und es verfügte über eine treue und tüchtige Beamtenschaft, die Gebiete von Kalabrien bis zum Kaukasus verwaltete.

Die Quelle des Reichtums von Byzanz war Anatolien. Die Region war reich an Rohstoffen, und die einheimischen Bauern waren frei und arbeitsam. In den Städten lebten Händler und Handwerker, die ihre Erzeugnisse nach Konstantinopel verkauften, von wo aus sie in die ganze Welt exportiert wurden. In Anatolien wurden die meisten Steuern und Abgaben im ganzen Reich eingenommen und die größten Truppenkontingente ausgehoben.

Nach dem Verlust seines wirtschaftlichen Rückgrats war das Schicksal des Byzantinischen Reiches besiegelt. Der endgültige Untergang sollte jedoch noch vierhundert Jahre auf sich warten lassen.

Die Seldschuken hatten den islamischen Glauben bereits vor der Schlacht bei Mantzikert angenommen. Ihnen folgte eine Horde turkstämmiger, mit leichten Waffen ausgerüsteter Nomaden, die mit ihren Familien und Viehherden zu den ausgedehnten Hochebenen zogen, welche einen Großteil Kleinasiens einnehmen. Die Christen verließen ihre Dörfer und Höfe, die von den Eindringlingen niedergebrannt wurden. Da ihnen niemand Widerstand leistete, führten die Seldschuken ihre eigenen Gesetze und Bräuche ein. In kürzester Zeit fielen sie in die Küstenstädte Smyrna und Ephesus und in das weiter nördlich liegende Nikäa ein. Das Schwert des Islam schnitt Kleinasien von der christlichen Welt ab. Die Veränderung war abrupt. Nur wenige Jahre zuvor hatte es den Anschein gehabt, als sei der christliche Mittelmeerraum sicher und blicke in eine friedliche Zukunft. Trotz der Kriege gegen die Ungläubigen in Spanien hatten Mohammedaner und Christen im östlichen Mittelmeerraum gelernt, miteinander zu leben und Handel zu treiben. Zur selben Zeit hatten die Mönche von Cluny das große Zeitalter der Pilgerfahrten eingeläutet und alljährlich Tausende europäischer Christen ins Heilige Land geschickt. Mit dem Vorstoß der Seldschuken nach Kleinasien wurde dieser religiöse Fernverkehr jedoch buchstäblich lahmgelegt. Der Sieg der Seldschuken bei Mantzikert hat das Aufkommen der Kreuzzüge mehr als alles andere beschleunigt.

Die Cluniazenser hatten die Sehnsucht der Christen nach den Heiligen Stätten des Abendlandes geweckt und dachten nun über Mittel und Wege nach, den Pilgerverkehr wieder aufzunehmen. Schließlich kamen sie zu der Überzeugung, daß eine Kreuzfahrerbewegung ein gerechtes und moralisch angemessenes Mittel sei, dem Aufschwung des Islam zu begegnen, und sie legten ihre Auffassung Papst Urban II. dar, der selbst Prior in Cluny gewesen war.[4]

Kurz bevor Urban II. 1095 zu einer Reise nach Frankreich aufbrach, empfing er eine Delegation von Alexios I., dem neuen byzantinischen Kaiser. Alexios, der von den Seldschuken immer stärker bedrängt wurde, bat Urban, ihm eine Streitmacht westlicher Ritter zu schicken. Urban antwortete nicht unmittelbar. Auf der Reise nach Clermont, wo er eine kirchliche Synode einberufen hatte, erwog er, einen Heiligen Krieg zu proklamieren, um den Weg nach Jerusalem frei zu machen. In Cluny erörterte er den Plan mit dem Abt Hugo I. von Semur. Auf der Synode von Clermont im selben Herbst rief er zum Ersten Kreuzzug auf, der als bewaffnete Pilgerfahrt gedacht war, mit der man die Heiligen Stätten wieder in christliche Hand bringen wollte.

Urban II. starb 1099, zwei Wochen nach der Eroberung Jerusalems durch die Kreuzfahrer. Fast acht Jahrhunderte später, nämlich 1881, wurde er von Leo XIII. seliggesprochen. Urban wäre jedoch kaum erfreut gewesen, wenn er noch erfahren hätte, wie die christlichen Heere in der Heiligen Stadt wüteten. Nachdem die Kreuzfahrer die Stadtmauern niedergerissen hatten, stürmten sie durch die Straßen, drangen in Häuser und Moscheen ein und töteten Männer, Frauen und Kinder. Das Massaker dauerte die ganze erste Nacht an. Jene Einwohner, die in der Al-Aksa Moschee auf dem Tempelberg Zuflucht suchten, wurden wie Schafe abgeschlachtet.

Als die Kreuzfahrer sämtliche Mohammedaner und Juden getötet hatten, zogen sie in die Grabeskirche und dankten Gott. Einige Jahre später wurden die Ritterorden gegründet. Die Idee einer Bruderschaft, die sowohl religiösen als auch militärischen Zwecken diente, stammte von Hugo von Payens, einem burgundischen Ritter, der 1118 den Entschluß faßte, sein Leben dem Schutze von Pilgern zu widmen. Gemeinsam mit einem Kameraden legte er das Keuschheitsgelübde ab und warb Rekruten an. Zur selben Zeit, als Alfons I. von Aragon Saragossa zurückeroberte, überredeten die beiden den König Balduin von Jerusalem, ihnen einen Flügel des Königspalastes auf dem Tempelberg als Zentralsitz zu überlassen. Die »Arme Ritterschaft Christi vom Salomonischen Tempel«, wie sie sich nannte, wurde von dem Zisterzienserabt Bernhard von Clairvaux unterstützt, der in seinen Predigten für den Zweiten Kreuzzug warb.[5] Die Tempelritter erwarben durch ihre militärischen Leistungen großen Ruhm. Sie hatten ihren eigenen Klerus, der nicht der Jurisdiktion der Diözesanbischöfe unterstand, sondern nur dem Großmeister der Templer zum Gehorsam verpflichtet war, welcher wiederum dem Papst unterstellt war.

Die Templer waren an den meisten großen Schlachten der Kreuzfahrer beteiligt. Ihre Unbesonnenheit führte jedoch zu einer verheerenden Niederlage. Im Jahre 1187 wurden die Truppen der Kreuzfahrer unter König Guido von Lusignan und Großmeister Gerhard von Ridfort von dem mohammedanischen Heerführer Salahad-Din (Saladin) bei den Hörnern von Hattin in Galiläa eingeschlossen. Der König und der Großmeister wurden gefangengenommen und gegen ein Lösegeld freigelassen. Alle

Tempelritter, die die Schlacht überlebten, wurden jedoch enthauptet. Drei Monate später fiel Jerusalem, das sich nur 88 Jahre lang in christlicher Hand befunden hatte, an Saladin. Nicht ein einziges Gebäude wurde geplündert, keinem einzigen Menschen wurde ein Haar gekrümmt. Nach Bezahlung einer Ausreisegebühr durften die christlichen Bewohner die Stadt verlassen. Sie zogen mit ihrer Habe unversehrt zur Küste, in krassem Gegensatz zu den Mohammedanern von Barbastro.

Die Darstellungen zur Geschichte des Opus Dei lassen uns im unklaren darüber, wie der junge Escrivá über diese Ereignisse urteilte. Wir wissen jedoch, daß er ein Bewunderer der Tempelritter war. Einige ihrer Praktiken sollten in die Regeln des Opus Dei aufgenommen werden. Zweifellos war ihm bekannt, daß die Templer einmal beinahe die Herrschaft über Aragon übernommen hätten. Der spanische Hauptsitz der Tempelritter befand sich in Monzón, einer kleinen Stadt unweit von Barbastro.

Aragon fiel im zwölften Jahrhundert beinahe in die Hand der Templer, weil Alfons I. ohne Nachkommen starb und das Königreich der Armen Ritterschaft vom Tempel überließ. Der spanische Adel erkannte die Templer jedoch nicht als Landesherren an, sondern überredete Alfons' Bruder, Ramiro den Mönch, den Thron zu besteigen. Die erste Pflicht des neuen Königs Ramiro II. bestand darin, zu heiraten und für Nachwuchs zu sorgen; noch im selben Jahr zeugte er eine Tochter, Petronila. Nachdem er also im Ehebett seine Pflicht gegenüber dem Vaterland erfüllt hatte, wollte sich der fromme Ramiro wieder dem mönchischen Leben zuwenden. Der Adel bestand indes darauf, daß er mindestens so lange wartete, bis seine Tochter ein Alter erreicht hatte, in dem man sie verheiraten konnte. Dies war kurz nach ihrem zweiten Geburtstag der Fall. Petronila wurde mit Raimund Berengar IV. von Barcelona vermählt, einem kriegserprobten Grafen, der die Vierzig weit überschritten hatte. Die Trauung fand in Barbastro statt. Erst danach kehrte Ramiro ins Kloster zurück. Kurz nach seiner Abdankung wurde Katalonien mit dem Königreich Aragon vereinigt.

Als neuer König von Aragon entschädigte Raimund Berengar die Tempelritter, indem er ihnen die Stadt Monzón überließ. Die Templer bauten die ehemals maurische Festung der Stadt zu einer der größten militärischen Anlagen Spaniens aus. Diese Festungsanlagen kannte der junge Escrivá sehr gut; er besichtigte sie während seiner Besuche bei seiner Großmutter im nahe gelegenen Fonz. Ihn faszinierte die Vorstellung von keuschen christlichen Kriegern, die Gehorsam und Verschwiegenheit gelobten.

Nach dem Fall Jerusalems wurden nur noch sieben weitere Feldzüge der Kreuzfahrer mit einer numerischen Zählung als Zeichen päpstlicher Zustimmung gewürdigt. Der Dritte Kreuzzug (1189–92) wurde von Richard I. von England, Philipp II. von Frankreich und Kaiser Friedrich I. Barbarossa angeführt. Er endete in einem militärischen Fiasko, führte aber zu einem fünfjährigen Waffenstillstand. In dieser Zeit hatten unbewaffnete Pilger freien Zugang zu den Heiligen Stätten.

Der Vierte Kreuzzug (1202–04) war der schlimmste. Sein Ziel sollte Ägypten sein, doch im Interesse Venedigs wurde er nach Konstantinopel umgeleitet. Die Kreuzfahrer eroberten, plünderten und brandschatzten die Hauptstadt des christlichen Reichs von Byzanz. Die Welt war entsetzt. Nach dieser Greueltat dachten die Kreuzfahrer gar nicht mehr an Jerusalem, sondern machten sich daran, das Oströmische Reich untereinander aufzuteilen.

Das Desaster des Vierten Kreuzzugs schwächte die Wehrhaftigkeit des Christentums. Der Landweg von Europa ins Heilige Land wurde vollständig abgeschnitten; keine Streitmacht aus dem Westen sollte je wieder die Reise durch Anatolien in Angriff nehmen. Ziel des Fünften Kreuzzugs unter Herzog Leopold V. von Österreich und dem päpstlichen Legaten Pelagius war Ägypten, das als Machtzentrum des Islam galt. Im November 1219 wurde Damiette eingenommen, aber nach einem erfolglosen Angriff auf Kairo handelte Pelagius einen achtjährigen Waffenstillstand aus und kehrte nach Hause zurück. Auf dem Sechsten Kreuzzug (1228–29) gelang es Kaiser Friedrich II. durch einen Vertrag, Jerusalem auf kurze Zeit für die Christen zurückzugewinnen. Auf dem Siebten Kreuzzug (1248–54) eroberte Ludwig IX. von Frankreich erneut Damiette, doch der Versuch, Kairo einzunehmen, scheiterte abermals, und der französische Monarch geriet in Gefangenschaft. Er wurde erst freigelassen, als die französische Staatskasse dem Sultan ein Lösegeld von achthunderttausend Goldstücken zahlte.

Im August 1270 segelte Ludwig IX. erneut nach Nordafrika. Dieser Achte Kreuzzug wurde jedoch abgebrochen, als der Monarch vor den Toren von Tunis an der Pest starb. Der Neunte und letzte offizielle Kreuzzug wurde von Prinz Eduard von England angeführt. Er landete im Mai 1271 mit ganzen tausend Mann in Akkon an der Küste Palästinas. Während er Pläne für einen Vorstoß nach Galiläa schmiedete, wurde er von einem fanatischen Anhänger des mohammedanischen Assassinenbundes verletzt und lag mehrere Monate lang auf dem Krankenlager, bevor er nach England zurückkehrte, um den Thron zu besteigen. Inzwischen war der Kreuzzug als Glaubenskampf vollständig pervertiert worden. War der Kreuzzug anfangs dem Kampf gegen den Islam vorbehalten gewesen, so war er inzwischen längst für andere Interessen des Papstes mißbraucht worden. Himmlischer Lohn wurde jedem versprochen, der bereit war, auf seiten Roms jeden Gegner der päpstlichen Politik zu bekämpfen, ob es sich nun um Griechen, Albigenser oder Türken handelte.

Nach dem Fall von Akkon im Jahre 1291 zogen die Templer nach Zypern. Dort widmeten sie sich dem Finanzwesen und wurden zu den wichtigsten Geldverleihern des Okzidents. Als Bankiers waren die Templer gewissenhaft und ehrlich. Sie wußten um den Wert von Kapitalgewinn und knallharter Risikoabschätzung. Sie errichteten, wie das Opus Dei sieben Jahrhunderte später, innerhalb erstaunlich kurzer Zeit ein gewaltiges Finanzimperium. Keine christliche Gesellschaft und kaum ein Staat verfügte seinerzeit über so viel Macht und Reichtum. Philipp IV. von Frankreich war indes bestrebt, die Templer und deren Rivalen, die Johanniter (Hospitaliter), unter seinen Einfluß zu bringen und sie zu einem einzigen Orden, den Rittern von Jerusalem, zu vereinigen. Im Jahre 1307 wurden der Großmeister der Templer, Jacques de Molay, und sechzig seiner Ritter in Schutzhaft genommen. Papst Clemens V. gab dem Druck Frankreichs nach und löste den Orden auf. Er verfügte jedoch, daß sämtliche Besitztümer der Templer dem Johanniterorden übereignet wurden, der den Intrigen des französischen Königs nicht zum Opfer gefallen war und seine Unabhängigkeit bewahrt hatte. Diese Entscheidung des Papstes behagte Philipp ganz und gar nicht, denn er hatte das Vermögen der Templer in Frankreich bereits konfisziert und dachte nicht daran, es an die Johanniter abzutreten. Philipp verhängte über den Großmeister des Tempelordens die traditionelle Strafe für Ketzer und ließ ihn auf dem Scheiterhaufen verbrennen. Als die Flammen an ihm emporzüngelten, verfluchte de Molay König und Papst für ihren Verrat an Gott und weissagte, daß sie vor Ablauf des Jahres gemeinsam mit ihm vor Gott treten würden, um sich für ihr Verbrechen zu verantworten. Clemens V. starb noch im selben Monat. Philipp folgte sieben Monate später. Die Zerstörung des Templerordens erwies sich als weiterer ernster Schlag für die Wehrhaftigkeit des Christentums. Es dauerte kaum mehr als ein Jahrzehnt, bis die Türken erstmals in Europa auftauchten, und der Weg nach Jerusalem war für die Pilger fortan versperrt.

Nachdem die Osmanen ganz Thrakien erobert hatten und auf den Balkan

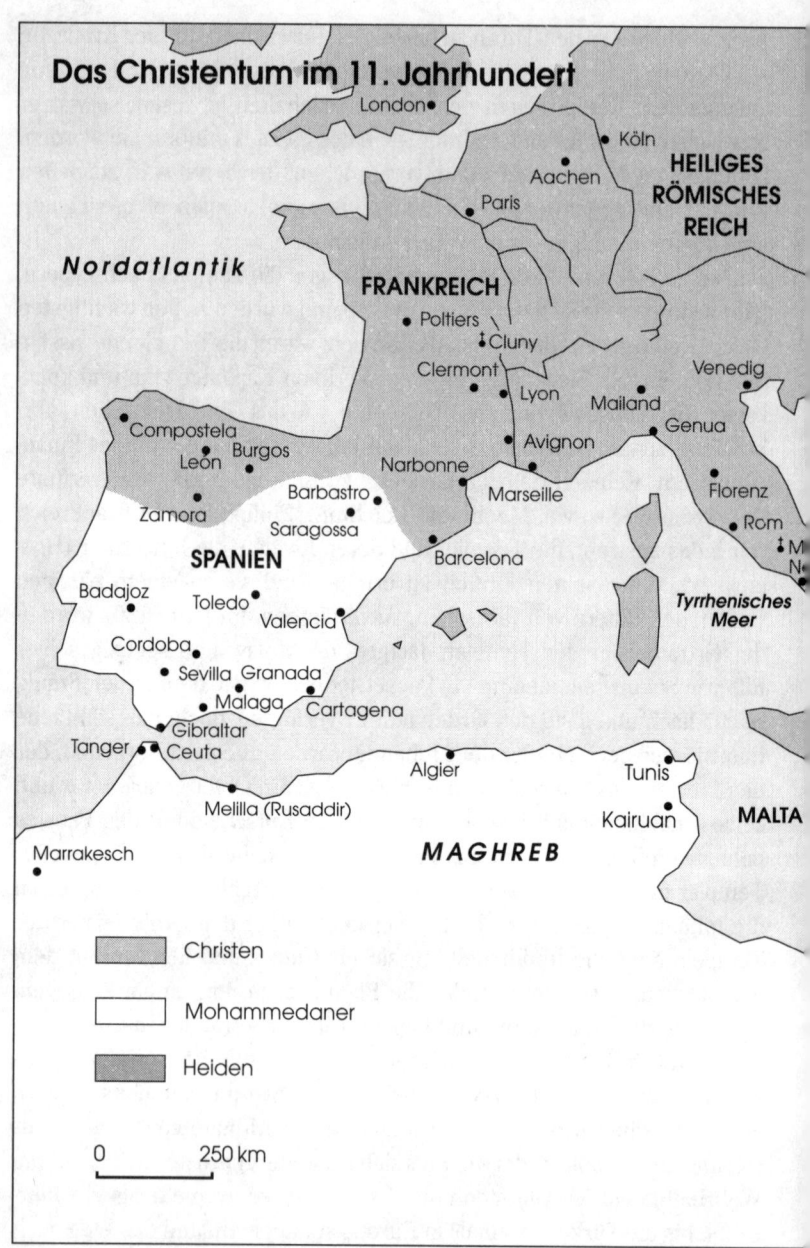

Das Christentum im 11. Jahrhundert

London

Köln

HEILIGES
RÖMISCHES
REICH

Aachen

Paris

Nordatlantik

FRANKREICH

Poitiers

Cluny

Clermont

Lyon

Venedig

Mailand

Genua

Compostela

Avignon

Leon   Burgos

Narbonne

Florenz

Zamora

Barbastro

Marseille

Rom

Saragossa

M
N

SPANIEN

Barcelona

Badajoz

*Tyrrhenisches
Meer*

Toledo

Valencia

Cordoba

Sevilla Granada

Malaga

Cartagena

Tanger   Gibraltar
         Ceuta

Algier

Tunis

Melilla (Rusaddir)

Kairuan

MALTA

Marrakesch

MAGHREB

Christen

Mohammedaner

Heiden

0   250 km

vorgedrungen waren, richtete Sultan Mehmet seine Aufmerksamkeit im Jahre 1453 auf Konstantinopel und setzte zu einem letzten Angriff an. In der Nacht zum 29. Mai durchbrachen seine Janitscharen die Theodosianische Stadtmauer, und innerhalb weniger Stunden befand sich die Metropole in der Hand der Osmanen. Mehmet sorgte dafür, daß seine Soldaten keine Greueltaten begingen und kein einziges Mahnmal entweihten. Die größte Kirche des Christentums, die Hagia Sofia, verwandelte Mehmet in eine Moschee. Auch den Namen der Stadt änderte er. Sie hieß fortan Istanbul.

Nach der Zerschlagung des Tempelordens war der einzige christliche Dorn in der Flanke der Osmanen der Ritterliche Orden des heiligen Johannes vom Spital zu Jerusalem, der auch als Johanniterorden (und später auch als Malteserorden) bezeichnet wurde. Seine Mitglieder waren an die Gelübde der Armut, der Keuschheit und des Gehorsams gebunden. Das achtspitzige Kreuz auf ihren scharlachroten Waffenröcken symbolisierte die acht Seligpreisungen; seine vier Arme standen für die vier Tugenden – Klugheit, Gerechtigkeit, Besonnenheit und Tapferkeit. Wie die Templer waren auch die Johanniter aus Akkon geflohen; zunächst hatten sie sich nach Zypern zurückgezogen, bevor sie ihren Ordensstaat auf Rhodos gründeten. Mehr als zwei Jahrhunderte später vertrieb sie Sultan Suleiman der Prächtige von der Insel. Als Entschädigung überließ ihnen König Karl I. von Spanien, der spätere Kaiser Karl V., die Insel Malta als letzten Zufluchtsort. Doch auch dort waren sie vor den Türken nicht sicher.

Inzwischen standen die osmanischen Heere vor den Toren Wiens. Die Beis des Sultans herrschten in Budapest und Belgrad. Im Jahre 1570 besetzten die Türken Zypern. Papst Pius V. forderte Spanien auf, einer Heiligen Liga zum Schutz Italiens beizutreten. Die Liga stellte eine Flotte auf, die unter dem Kommando von Don Juan d'Austria, einem unehelichen Sohn Kaiser Karls V., stand. Zuvor hatte Don Juan für den »Statthalter Gottes«, wie sein Vater bisweilen genannt wurde, die Mauren aus der Gegend von Granada vertreiben müssen; dies bewerkstelligte er durch eine *guerra a fuego y a sangre* (Krieg durch Feuer und Blut) – so ein Euphemismus des 16. Jahrhunderts für ethnische Säuberungen. Und nun errang er in der Seeschlacht von Lepanto seinen legendären Sieg über die Türken.

Hätten sich die Osmanen bei Lepanto behauptet, so hätten sie die Vorherrschaft über das Mittelmeer erlangt. Der Sieg der Christen war die Rettung für Rom. Doch um welchen Preis? Unter Kaiser Karl V. zählte Spanien kaum mehr als sechs Millionen Einwohner. Auch wenn aus der Neuen Welt immense Reichtümer nach Spanien flossen, waren die Bürger überfordert durch die Steuern für eine kaiserliche Politik, die Spanien zum Vorkämpfer und Vollstrecker der Interessen des Papstes machte. Es hatte die spanische Staatskasse über vier Millionen Dukaten gekostet, die Heilige Liga für die Offensive von Lepanto auszurüsten. Die damaligen Profite aus den südamerikanischen Minen werden dagegen auf lediglich zwei Millionen Dukaten im Jahr geschätzt.[6] Es war ein Glück für den Westen, daß das osmanische Reich nun an Stärke einbüßte und allmählich seine Truppen zurückzog. Daß der Zusammenhalt und die Macht der mohammedanischen Welt geschwächt wurde, hing zum Teil auch mit der Spaltung des Islam in einen schiitischen und einen sunnitischen Zweig zusammen.

Lepanto markierte auch in anderer Hinsicht einen entscheidenden Wendepunkt. Spanien stand damals auf dem Gipfel seiner Macht. Es verfügte über Gewicht und Einfluß in Italien und hatte zu Hause die Reinheit von Blut und Glauben beinahe vollständig hergestellt. Dieser Prozeß hatte lange vor Lepanto begonnen, etwa zu der Zeit, als Christoph Columbus in die Neue Welt aufbrach und als Granada, das letzte Bollwerk des Islam in Andalusien, von den Truppen Kastiliens erobert wurde. Der Großinquisitor Tomás de Torquemada setzte jenen Apparat in Bewegung, der aus Spanien ein rein katholisches Land machen sollte. Zunächst waren die Juden an der Reihe. In der Verfügung ihrer Ausweisung gab man ihnen drei Monate Zeit, zu konvertieren oder zu gehen. Ein ähnliches Schicksal erwartete die letzten Mauren, auch wenn ihnen eine hundertjährige Gnadenfrist gewährt wurde. Don Juan hatte bereits 60 000 spanische Mohammedaner vernichtet, was den Staat drei Millionen Dukaten gekostet hatte, doch seine Bemühungen hatten nicht ausgereicht. Fünfzig Jahre später, im Jahre 1609, wurden die letzten Mohammedaner mit Gewalt vertrieben. Inzwischen hatte Spanien andere Feinde. Es führte nicht nur mit Frankreich Krieg, auch britische Freibeuter waren eine ständige Plage, denn sie überfielen und plünderten Spaniens Gold- und Silberflotten und störten den Überseehandel. Die Vollstreckung der päpstlichen Politik hatte Spanien in den Ruin getrieben. Karl V. zog sich in ein Kloster zurück und überließ seinem Sohn Philipp II. nicht nur den spanischen Thron, sondern auch eine Staatsschuld von 20 Millionen Dukaten und den Krieg mit Frankreich, der so teuer war, daß er beide Länder an den Rand des

Bankrotts trieb. Und schließlich beging Philipp den entscheidenden Fehler, seine »unbesiegbare Armada« gegen England einzusetzen. Die katastrophale Niederlage erhöhte den Schuldenberg Spaniens auf 100 Millionen Dukaten. Spanien büßte seine Stellung als Seemacht ein. Der allmähliche Niedergang des Landes hatte begonnen.

Am Ende des 16. Jahrhunderts hatte sich Spanien in eine solch mißliche Lage gewirtschaftet – der Schuldendienst schluckte zwei Drittel des Bruttoinlandsprodukts –, daß die Währung rapide verfiel. Die Gold- und Silberimporte aus Südamerika gingen drastisch zurück. Ohne neues Kapital verkamen auch die Landwirtschaft und die Industrie. Der Handel stagnierte zunächst und ging bald deutlich zurück. Da die Auftragsbücher leer blieben, mußten Werften schließen, und die Handelsflotte, zur Zeit von Lepanto weltweit führend, schrumpfte um drei Viertel.

Als José María Escrivá zur Welt kam, hatten die sozialen Spannungen in Spanien zu einer explosiven Lage geführt. Die Ursachen des Unfriedens konnten bis zur Herrschaft Kaiser Karls V. zurückverfolgt werden. Ihre Wurzeln lagen in einer Reichspolitik, die Spanien zum Protektor des Heiligen Stuhls gemacht hatte. Die Rolle des Statthalters Gottes auf Erden hatte das Volk für Jahrhunderte mit einer schweren Hypothek belastet.

4 Bankrott

Seid ... geduldig in der Bedrängnis, beharrlich im
Gebet.   *Römer 12,12*

Im Jahre 1902 – dem Geburtsjahr von José María
Escrivá – bestieg der sechzehnjährige Alfons XIII. den spanischen Thron.
Alfons war sechs Monate nach dem Staatsbegräbnis seines Vaters zur
Welt gekommen und hatte für einen zukünftigen Monarchen eine völlig
unzureichende Erziehung genossen. Seine Mutter, eine religiöse Hyste-
rikerin, hatte einen ultra-traditionalistischen, durch und durch antilibera-
len Priester zu seinem Erzieher berufen. Nach der damaligen spanischen
Verfassung wurde die Regierung nicht durch das Volk gewählt, sondern
vom König eingesetzt. Alfons berief die Regierungen und entließ sie, wie
es ihm gerade gefiel. In den ersten 21 Jahren seiner Regierungszeit – von
1902 bis 1923 – ernannte er dreiunddreißig verschiedene Kabinette.[1]
Die Liberalen waren darum bemüht, den Bildungssektor der Kontrolle
der Kirche zu entziehen, was sie beim Klerus nicht besonders beliebt
machte. Als José María in die Schule kam, waren immerhin etwa sechzig
Prozent der Bevölkerung Spaniens Analphabeten. Die Liberalen setzten
allmählich die Einführung der allgemeinen Grundschulbildung durch und
schafften den freien Zugang zu den Universitäten. Die religiösen Orden
verlagerten daraufhin ihre pädagogische Arbeit in die höheren Schulen.
Die Arbeiterschicht sah darin den Beweis, daß die Kirche nur die Sprößlin-
ge der Reichen erziehen wolle, während die Söhne der Armen, wenn sie
Glück hatten, zur Kinderarbeit verdammt waren.
Der Papst, der während José Marías Kindheit amtierte, Pius X., war als
Sohn eines Dorfpostboten und einer Näherin aus der Nähe von Venedig
zur Welt gekommen. Er soll schon zu Lebzeiten Wunder bewirkt haben
und wurde vierzig Jahre nach seinem Tod heiliggesprochen. Er führte
jedoch einen regelrechten Krieg gegen den »Modernismus« und zettelte
eine antiliberale Hetze innerhalb der Kirche an. 1907 erklärte er in der
Enzyklika *Pascendi*, daß jeder, der vom Modernismus behaftet sei, von
öffentlichen Ämtern und von der Lehrtätigkeit ausgeschlossen werde.

»Räte der Wachsamkeit« und Netze von Spitzeln wurden gebildet. Wer gegen *Pascendi* opponierte, wurde exkommuniziert.

Im selben Jahr ernannte König Alfons XIII. Antonio Maura, einen überzeugten Konservativen, zum Ministerpräsidenten. Maura galt als Mann von hoher Integrität, doch bedauerlicherweise war sein Innenminister, Juan de la Cierva, ein Meister der bösartigen machiavellistischen Staatskunst. La Cierva gab sich zwar als frommer Katholik, aber gleichzeitig hielt er Folter und Mord an Schuldigen wie Unschuldigen für zulässige politische Mittel.

Aus Enttäuschung über die Unfähigkeit der Regierung in Madrid wählte das katalanische Volk in den Regionalwahlen von 1907 mit überwältigender Mehrheit die Lliga Regionalista, eine neugegründete nationalistische Partei. Der katalanische Nationalismus stellte eine ernste Gefahr für den spanischen Föderalismus dar. Madrid stand vor einem Problem. La Ciervas Lösung bestand darin, die Provinz der direkten Kontrolle des Innenministeriums zu unterstellen. Innerhalb weniger Wochen explodierten in Barcelona etwa zweitausend Bomben. Die katalanischen Behörden beauftragten einen englischen Detektiv mit der Untersuchung; in den meisten Fällen, so stellte dieser fest, waren die Bombenanschläge das Werk von *agents provocateurs*, die im Sold des Madrider Innenministeriums standen. La Cierva verhängte das Kriegsrecht über Barcelona. Die Kirche zeigte sich unterdessen in keiner Weise bemüht, die drohenden sozialen Unruhen abzuwenden, sondern goß oft sogar Öl in die Flammen.

Um den liberalen Einflüssen auf allen Ebenen des öffentlichen Lebens entgegenzuwirken, gründete ein Jesuitenpriester, Pater Angel Ayala, die ACNP, die Asociación católica nacional de propagandistas. Ayala hoffte, daß seine sorgsam ausgewählten ACNP-Aktivisten durch die Infiltration der wichtigsten Bereiche der Gesellschaft die öffentliche Meinung gegen die liberale Reform einstimmen würden. Die *Propagandistas*, wie sie auch genannt wurden, waren Absolventen von Jesuitenkollegs, Laien mit einem apostolischen Drang, die aber keine Gelübde religiöser Art ablegen mußten. Ihr Präsident in den folgenden fünfundzwanzig Jahren war der Anwalt und Journalist Angel Herrera Oria. Die Propagandistas zählten nie mehr als tausend Mitglieder, und dennoch gewannen sie einen immensen Einfluß hinter den Kulissen.

Die Propagandistas wurden schnell Meister der Öffentlichkeitsarbeit. Sie bauten ein landesweites Presseimperium auf, dessen Mittelpunkt die

Tageszeitung *El Debate* bildete. Herrera war ein brillanter Stratege und letzten Endes weitaus liberaler, als es Pater Ayala recht gewesen sein dürfte. Es ist nicht bekannt, wann der junge Escrivá erstmals von der Existenz der ACNP erfuhr. Immerhin lieferten ihm die Propagandistas ein Modell für die Organisation, die er selbst zwanzig Jahre später gründen sollte.

Mit dem Familienbetrieb der Escrivá ging es unterdessen bergab. Im August 1914 kam Escrivás Vater dahinter, daß sein Partner Gelder der Firma veruntreut hatte und daß Betriebsverluste nicht bilanziert worden waren.[2] Die Firma machte Bankrott. Dieses Ereignis brachte den jungen José María, der bereits den Tod dreier jüngerer Schwestern verarbeiten mußte, gänzlich durcheinander. Nun gab es keine Bediensteten mehr, dafür aber Probleme in der Schule und Demütigungen.

Einige Bewohner Barbastros deuteten an, daß Escrivás Vater schon einige Zeit von den Machenschaften seines Geschäftspartners gewußt hatte und für den Ruin der Firma mitverantwortlich war. José María muß diese Gerüchte gehört haben. Wer den Schaden hatte, brauchte für den Spott nicht zu sorgen.[3]

Don José mußte in einer anderen Stadt – im 220 Kilometer entfernten Logroño – eine Stelle als Verkäufer in einem Bekleidungshaus annehmen. Das Geschäft hieß »La Gran Ciudad de Londres«. Logroño war für seine Größe relativ wohlhabend. Es war ein Zentrum der Textil- und Konservenindustrie und die Hauptstadt der Weinbauregion Rioja. Im Jahre 1915 war die Stadt fast viermal so groß wie Barbastro.

Die folgenden fünf Jahre in Logroño waren eine unglückliche Zeit für José María. In diesen Jahren schloß er nur eine einzige dauerhafte Freundschaft. Die Familie lebte in beinahe ärmlichen Verhältnissen in einer kleinen Mietwohnung. Die offiziellen Biographen beschreiben die Familie als geduldig in der Bedrängnis und beharrlich im Gebet; der Vater wird fast als genauso fromm geschildert wie der Sohn.

»Man sah, daß er ein zufriedener Mensch war und ausgesprochen systematisch und pünktlich. Er kleidete sich sehr elegant« – mit diesen Worten zitiert ein Biograph Don Josés Kollegen Manuel Ceniceros, der sich daran erinnerte, wie der adrette Señor Escrivá sonntags mit Melone und Stock in der Stadt spazierenging. Der Opus-Dei-Numerarier Salvador Bernal zeichnet den edlen Ladengehilfen in fast schon klebrigsüßlichen Farben: »Er ... lernte, in der Nüchternheit zu leben, die ihm die Umstände auferlegt hatten. Zur nachmittäglichen Pause aß er nur ein Bonbon. ...

Und Don José rauchte wenig; pro Tag sechs Zigaretten, die er in einem silbernen Etui bei sich trug. ... Er drehte sie sich selbst.«[4]

José María ging auf eine staatliche Oberschule, das Logroño Instituto, wo er nach drei Jahren sein *Bachillerato* abschloß. Die Opus-Dei-Literatur beschreibt ihn als einen außergewöhnlichen Schüler. Andere, wie zum Beispiel einige seiner Klassenkameraden, behaupteten dagegen, er sei eher durchschnittlich gewesen. Ob er nun außergewöhnlich war oder nicht, José María war nie ganz das hehre Vorbild, das seine Biographen aus ihm machten. Er neigte zum Schmollen und zu gelegentlichen Wutanfällen. Einmal warf er Kreide und Schwamm gegen die Tafel, weil er sich von seinem Mathematiklehrer zu Unrecht getadelt fühlte.[5] Der Junge hatte Charakter. Die Mädchen fanden ihn attraktiv. Und – darin stimmen alle überein – selbst im Alter von dreizehn oder vierzehn Jahren war er überaus penibel. Nachmittags nahm er Privatunterricht im St. Antonius-Kolleg, wo er sich mit dem aus Argentinien stammenden, gleichaltrigen Isidoro Zorzano anfreundete. Wie Isidoro machte sich auch José María Gedanken über seine berufliche Zukunft. Weil er gut in Mathematik war, dachte José María zunächst an Architektur, doch sein Vater legte ihm eine juristische Laufbahn nahe. Isidoro hingegen sollte Ingenieur werden.

Die ablehnende Haltung gegenüber dem Vater, die Identifikation mit der Mutter und nagende Sorge über die Zukunft prägten José Marías wachsende Spiritualität. Allmählich legte er die Gegenstände der Kindheit beiseite und wandte sich jenen zu, die ihn in seinem Mannesalter begleiten sollten – dem »Bußgürtel« *(cilicio)*, einem mit Dornen bestückten Metallband, das um den Oberschenkel gelegt wird, und der »Geißel« *(disciplina)*, einem geflochtenen, peitschenartigen Bußinstrument. José María war überzeugt, Gott habe ihn für eine Mission auserwählt, auch wenn er noch nicht wußte, worin diese bestand. Und so beschloß er kurz nach seinem sechzehnten Geburtstag, seinen Vater von seiner Berufung zu unterrichten.

»Es war das einzige Mal, daß ich meinen Vater weinen sah. Er hatte etwas anderes mit mir vor, doch er lehnte meinen Plan nicht ab. Er sagte: ›Mein Sohn, überlege es dir gründlich ... Priester müssen heilig sein‹«, erinnerte sich Escrivá später.[6]

Die finanzielle Lage der Familie blieb nach wie vor prekär. José María und Carmen verbrachten den Sommer bei ihrem Onkel in Fonz. In Rußland wurden die Romanows ermordet, was Winston Churchill zu der Bemerkung veranlaßte, dieses Massaker habe eine neue Form der Barbarei entfesselt. Sie trug den Namen »Kommunismus«. Der Kampf gegen die Ausbreitung des Kommunismus sollte eine der wichtigsten Lebensaufgaben für Escrivá werden. Zu jenem Zeitpunkt bemühte er sich indes darum, als Externer in das Priesterseminar von Logroño aufgenommen zu werden. Im Oktober 1918 war es soweit.

Einen Monat später endete der Erste Weltkrieg mit einem Waffenstillstand, der Hoffnung schöpfen ließ. Kurz darauf teilte José Marías Mutter der Familie mit, daß sie schwanger sei. Die künftige Kultfigur hatte inständig zu Gott gebetet, er möge seinen Eltern einen zweiten Sohn schenken, der seinen Platz in der Familie einnehmen könne. Er war sich sicher, daß der Heilige Geist ihm auch diesmal ein Zeichen geben würde. »In dieser Nachricht hatte ich tatsächlich die Gnade Gottes gespürt. Ich sah darin die Hand des Herrn«, bekannte er.[7]

José Marías Bruder Santiago kam im Februar 1919 zur Welt. Für den Seminaristen war dies die Bestätigung, daß ihm eine Laufbahn als Diener Gottes bestimmt war. Für viele Denker der Zeit war Gott jedoch eines der ersten Opfer der veränderten Weltordnung. Friedrich Nietzsche hatte bereits dreißig Jahre zuvor geschrieben: »Das größte neuere Ereignis – daß ›Gott tot ist‹, daß der Glaube an den christlichen Gott unglaubwürdig geworden ist – beginnt bereits seine ersten Schatten über Europa zu werfen.«[8] Spanien stand vor einer langen Wanderung in finsterer Schlucht, als José María beschloß, fortan im Hause Gottes zu wohnen.

5 »Mach, daß ich sehe«

Gott, der Herr, nahm also den Menschen und setzte
ihn in den Garten von Eden, damit er ihn bebaue
und hüte.

Genesis, 2,15

Im September 1920 trat »Gottes Geschenk an die
Kirche unserer Zeit«[1] in das Königliche Priesterseminar San Carlos in
Saragossa ein. Damit begann sein systematisches Streben nach spirituel-
lem Glück. Die folgenden sieben Jahre sollten eine Zeit der inneren
Prüfung werden, in der sein Traum, Gott zur Ehre zu gereichen, viele
Tiefschläge erleiden sollte. Als Ausgleich für alle Not erfuhr er seine
ersten inneren Eingebungen, die er als Bestärkungen seitens seines
Schöpfers bezeichnete, vorerst jedoch für sich behielt.

José María war sich bewußt, daß Saragossa ein wichtiges Sprungbrett war.
Es war bei weitem die größte Stadt, die er bis dahin kennengelernt hatte.
Saragossa war die Hauptstadt Aragons, und ihre Geschichte war ganz dazu
angetan, den Seminaristen ins Schwärmen zu bringen. Die Stadt war von
den Römern gegründet und von den Goten geplündert worden; im Jahre
712 nahmen die Mauren sie ein und errichteten ein unabhängiges Emirat.
1118 wurde sie von Alfons I. von Aragon für das Christentum zurückerobert. Alfons verlegte seinen Hof von Barbastro nach Saragossa. Die Stadt
besaß zwei Kathedralen: die ältere war »La Seo«, eine ehemalige Moschee, die größere und berühmtere aber war die »Metropolitana del Pilar«.
Letztere befindet sich am Ufer des Ebro, genau dort, wo der Legende nach
die Jungfrau Maria dem Apostel Jakobus erschienen ist. Maria soll auf
einer Säule aus Jaspis gestanden haben, die sie als Beweis für ihr Kommen
zurückließ und die heute, geschützt von einer Hülle aus Bronze und einer
weiteren aus Silber, unter den elf bunten Kuppeln der Wallfahrtskirche
aufragt und von einer Marienstatue gekrönt wird.

Für das Studium in Saragossa, bei dem José María sowohl Theologie als
auch Zivilrecht belegen konnte, hatten etliche zusätzliche Hebel in Bewegung gesetzt werden müssen. Zwar lebte ein Onkel, der Domherr Carlos

Albás, ebenfalls in der Stadt, doch schien der nichts mit José María zu tun haben zu wollen. Onkel Carlos zeigte kein Verständnis für die Geschäftsmoral von José Marías Vater; er machte seinen Schwager dafür verantwortlich, daß seine Schwester die Schande des Bankrotts ertragen mußte.[2]

An das alltägliche Leben im Seminar mußte man sich erst gewöhnen. Viele Schüler brachten bei ihrer Ankunft Stallgeruch in ihrer Kleidung mit. Manche hielten Escrivá für affektiert. Sie tadelten ihn wegen seiner ostentativen Frömmigkeit. Ein Mitschüler bemerkte: »Bis dahin hatte ich noch keinen Seminaristen kennengelernt, der sich während der Freizeit in die Kirche begab.«[3] José María verbrachte viele Stunden damit, vor dem Altar zu knien, den Blick fest auf den Tabernakel gerichtet, als wolle er tief in die heiligen Mysterien eindringen. Es dauerte nicht lange, bis seine Klassenkameraden ihn die »mystische Rose«[4] nannten.

Wenn junge Männer in einem gemeinschaftlichen Schlafsaal untergebracht sind, bleiben wenige Geheimnisse verborgen. Einer der Studenten kam dahinter, daß José María einen Bußgürtel benutzte. Dieses mittelalterliche Bußinstrument ist so unbequem, daß es nur jeweils ein oder zwei Stunden getragen werden kann. Die Stacheln des Bandes waren jedoch nichts im Vergleich zu den Spitzen, die seine Kommilitonen ihn spüren ließen, als sie entdeckten, daß er solch ein Instrument besaß.

Von den Ereignissen außerhalb der Mauern von San Carlos bekamen die jungen Priesterschüler wenig mit. José María dürfte sich kaum darum gekümmert haben, daß die Welt von einer Inflation heimgesucht worden war, wie man sie seit dem 16. Jahrhundert nicht mehr erlebt hatte. Oder daß sich die spanische Armee in Marokko auf ein katastrophales Unternehmen eingelassen hatte, bei dem etwa siebentausend spanische Soldaten von Partisanen der Berber niedergemetzelt werden sollten. Major Francisco Franco, der stellvertretende Kommandeur der kurz zuvor aufgestellten spanischen Fremdenlegion, machte Schlagzeilen, weil er einer der wenigen Offiziere war, die sich im Kampf auszeichneten.

In José Marías zweitem Studienjahr wurde der Erzbischof, Kardinal Juan Soldevila y Romero, auf den jungen Seminaristen aufmerksam. Der Kardinal verfolgte José Marías Entwicklung und sorgte dafür, daß er zu Beginn seines dritten Studienjahres zum Superioren ernannt wurde. Dazu war es notwendig, daß er als Novize in den Klerus aufgenommen wurde, und dies bedeutete, daß ihm die Tonsur erteilt werden mußte.[5] Der Kardinal persönlich schor ihm in einer privaten Zeremonie im erzbischöflichen Palais das Haupt. Der Novize war zwanzig Jahre alt und mußte fortan die Soutane tragen. Als Superior war er für die Wahrung der Disziplin verantwortlich – was zu einem ganz neuen Verhältnis zu den Konseminaristen führte. Als besonderes Privileg erhielt er außerdem die Erlaubnis des Rektors, sich an der Juristischen Fakultät der Universität von Saragossa einzuschreiben.

Sechs Monate später – im März 1923 – wurde Salvador Seguí, ein gemäßigt anarchistischer Gewerkschaftsführer, von gedungenen *pistoleros* in Barcelona auf offener Straße ermordet. Buenaventura Durruti, ein Eisenbahnarbeiter aus León, und Francisco Ascaso, ein einheimischer Kellner, schworen Rache und beschlossen, einen Schlag gegen das Establishment zu führen, der die Nation in Aufruhr versetzen würde. Am 4. Juni 1923 kam der achtzigjährige Soldevila in einem Kugelhagel ums Leben. Durruti und Ascaso entkamen. Die Polizei hat sie nie gefunden. Sie flohen in der Nacht aus Saragossa und blieben zehn Jahre lang verschwunden. Als Bankräuber, Buchhändler und Revolutionäre tauchten sie gelegentlich irgendwo zwischen La Paz und Paris auf, beraubten die Reichen und beschenkten die Armen und stachelten Arbeiter zu Revolten auf. Der Gewaltakt in Barcelona war kein Einzelfall, sondern Teil einer Entwicklung, die Spanien in den Bürgerkrieg führte. Die Lage spitzte sich zu, und im September 1923 ergriff General Miguel Primo de Rivera y Orbeneja, der Generalkapitän von Katalonien, die Macht.

José María war erschüttert über die Ermordung Soldevilas. Ein Jahr vor seiner Priesterweihe empfand er den Verlust eines solch einflußreichen Gönners schmerzlicher als die Nachricht vom plötzlichen Tod seines Vaters im selben Herbst. José María gestand, daß er nie von »kindlicher Zuneigung« erfüllt gewesen war. Als Haupt der Familie mußte er nun neue Pflichten übernehmen, auf die er kaum vorbereitet war. Kurz vor Weihnachten zog er mit Mutter, Schwester und Bruder in eine kleine Wohnung in Saragossa, in der man ein trauriges Weihnachtsfest feierte.

Am 28. März 1925 wurde José María zum Priester geweiht. Drei Tage später trat er in Perdiguera, einer Gemeinde mit 870 Seelen etwa dreißig Kilometer von Saragossa entfernt, sein erstes Seelsorgeramt an. Der Pfarrer des Ortes war krank, und so wurde José María zu seinem Vertreter bestimmt. Er war jedoch nicht sonderlich begeistert, da er fürchtete, seine juristischen Examen zu versäumen.

José María blieb nicht lange in Perdiguera. Nur sechs Wochen später erlaubte ihm sein Ordinarius, nach Saragossa zurückzukehren und sich auf seine Prüfungen vorzubereiten, wofür er zwei Jahre Zeit hatte. Kaum hatte er den Abschluß in der Tasche, wurde er für zwei Jahre an die Diözese von Madrid-Alcalá versetzt, um an der Zentraluniversität in Zivilrecht zu promovieren. Im April 1927 traf er in der Hauptstadt ein, mit wenig mehr als einem starken ländlichen Dialekt und dem Staub Aragons auf seiner Soutane. Unterkunft fand er in einem Priesterwohnheim der »Apostolischen Damen vom Heiligsten Herzen Jesu« unweit der Juristischen Fakultät. Dort wohnten ungefähr ein Dutzend Priester. Der fünfundzwanzigjährige Escrivá war der jüngste. Für ein Zimmer mit Vollpension zahlte er fünf Peseten am Tag.

Während der vergangenen zwei Jahre erfuhr man nichts über seinen sehnsüchtigen Wunsch, Gottes Plan zu erkennen. Spanien erlebte eine Phase relativer Blüte unter der Diktatur Primo de Riveras, der mit Zustimmung des Königs den korrupten Politikern den Laufpaß gegeben hatte. Primo de Rivera war eine paradoxe Persönlichkeit. Obwohl er sich nie ganz von seinen Bindungen an Spaniens traditionelle Vergangenheit lösen konnte, versprach er ständig, eine neue Verfassung auszuarbeiten, die das Land in das 20. Jahrhundert führen sollte. Gleichzeitig wollte er die korrupte Bürokratie reformieren und das Vertrauen in die Armee stärken. Sein Motto lautete »Vaterland, Monarchie, Religion« – sämtliche Institutionen, denen sich Escrivá verbunden fühlte und die nach seinem Wunsch blühen und gedeihen sollten.

Um den Krieg in Spanisch-Marokko zu beenden, folgte Primo de Rivera dem Vorschlag des jüngst beförderten Oberst Franco, das Bollwerk des Berberführers Abd-el-Krim in den Bergen anzugreifen. Dazu mußten Verbände in der Bucht von Alhucemas an Land gehen. Bei den Vorbereitungen zu diesem Feldzug wurde Franco bei der Marine eingesetzt, um mit Booten die Landung zu üben. Eines Morgens wurde ihm auf dem Kanonenboot, das man ihm zugeteilt hatte, das Frühstück von einem jungen Marineleutnant namens Luis Carrero Blanco serviert. Die Begegnung war ebenso zufällig wie günstig, denn in den folgenden Jahren sollte Carrero Blanco Francos engster Mitarbeiter werden. Außerdem wurde er der überzeugteste Förderer des Opus Dei. Doch das lag noch in ferner Zukunft, und niemand hätte voraussagen können, welche Wendungen die Geschicke der drei Männer – *caudillo*, Priester und zukünftiger Ministerpräsident – in der Zwischenzeit nehmen sollten. Der Schlachtplan in Marokko gelang: Abd-el-Krims Hauptstadt Agadir wurde eingenommen, und sechs Monate später ergab sich der Berberführer den Franzosen.

Franco wurde zum Brigadekommandeur befördert und war mit dreiunddreißig Jahren der jüngste General Europas seit Napoleon. Primo de Rivera stand auf dem Gipfel seines Ansehens.

Die Weltmärkte boomten, und Spaniens Rohstoffe waren gefragt. Primo de Rivera hatte gute Beziehungen zur Arbeiterbewegung aufgebaut, und so konnte die Industrie die Produktivität steigern. Er führte auch ein Arbeitsprogramm ein, mit dem die Arbeitslosigkeit fast völlig abgeschafft wurde.

Primo de Rivera gelang es jedoch nicht, in einer sinnvollen Weise die Verfassung zu reformieren. Wie Escrivá später in einer seiner Maximen darlegen sollte, läßt sich ohne Plan keine Ordnung schaffen. Primo de Rivera hatte keinen Plan – im Gegensatz zu Escrivá. Dazu angeregt hatte ihn unter anderem seine Begegnung mit den Damas Apostólicas. Deren Zentrale – das Patronato de Enfermos, ein Krankenstift – war am 14. Juli 1924 vom König eingeweiht worden, woran sich zeigte, welche gesellschaftliche Bedeutung den Damas Apostólicas zukam. Als Escrivá mehr über sie erfuhr, sichtete er eine freie Stelle und bot seine Dienste an. Es hieß, die Damen seien von seiner Freundlichkeit entzückt gewesen. Im Juni 1927 wurde er ihr Kaplan.

Das Stift versorgte etwa fünftausend Kranke und Schwache in meist erbärmlichen Verhältnissen mit Nahrung, Medikamenten, Kleidung und seelischem Beistand. Durch eine Schwesterorganisation betrieben die Damas Apostólicas außerdem eine Reihe von Suppenküchen sowie sechzig Schulen in den ärmeren Vierteln der Stadt. Escrivá übernahm nicht nur das Amt des Kaplans; er wurde auch mit der Katechismusunterweisung an den Schulen und der seelsorgerischen Betreuung von Kranken betraut.

Als Beichtvater wählte er den Jesuitenpater Valentín Sánchez Ruiz, der in einem anderen Wohnheim des Stifts arbeitete. Sobald es die Zeit erlaubte, schrieb er sich in die ersten Seminare an der Juristischen Fakultät ein. In jenen ersten Monaten in der Hauptstadt bewies José María, daß er ein tüchtiger Organisator war. Er gestaltete sein Leben so, als müsse er »Feuer auf die Erde werfen«. An den meisten Tagen verließ er das Haus, noch bevor die anderen zum Frühstück kamen. Zuerst ging er zum Stift, um die Messe zu zelebrieren, dann besuchte er die Vorlesungen an der Universität. Am Abend machte er seinen Rundgang bei den Kranken. Er nahm die Beichte ab und bereitete Kinder auf die Erstkommunion vor. Und wenn er seinen geistlichen Auftrag bei den Armen ausgeführt hatte, zelebrierte er Messen für seine Gönnerinnen, die Damas Apostólicas.

Zwei Jahre zuvor hatte Angel Herrera ACNP-Anhängern mitgeteilt, höhere Bildungseinrichtungen seien »ein Gebiet, von dem sich die Katholiken faktisch zurückgezogen« hätten. Er bezeichnete die Universität als die Elite der Gesellschaft. Nach einer Begegnung mit Herrera erkannte Escrivá die Notwendigkeit geistlichen Engagements an den Universitäten. Er sprach davon, »fähige Köpfe als wahre Quelle des Guten zu beeinflussen«. Intellektuelle, so fügte er hinzu, »sind wie schneebedeckte Gipfel; wenn der Schnee schmilzt, fließt das Wasser in die Täler hinab und macht sie fruchtbar«.[6] Dieses Bild veranschaulicht seine Vorstellung von einem heiligen Herabsickern, einem stetigen Wirken von oben nach unten – die Vorstellung, daß eine neue Verehrung der Kirche an der höchsten Spitze beginnen und allmählich durch die Schichten aus Fels und Erde in die fruchtbaren Senken hinabfließen müsse. Wenn die Gipfel geheiligt seien, würden die Täler Saat tragen.

Doch während Escrivá seinen Blick ganz auf intellektuelle Höhen richtete, drohte er in den sumpfigen Niederungen der Madrider Armenviertel unterzugehen. Die Kranken, denen er sich dort widmete, waren eine geistig träge Masse. Die ideologischen Ursachen dieser Einöde bekümmerten ihn nicht, doch die kirchenfeindlichen Vorurteile, die dort herrschten, lasteten schwer auf seinen Schultern. Darüber hinaus schlichen sich dieselben Vorurteile in die Hallen und Vortragssäle der Universität ein. Die feindselige Haltung dort verunsicherte ihn. Trotzdem absolvierte er im September 1928 seine ersten Prüfungen. Unmittelbar danach hielten die Vinzentiner Exerzitien für Priester ab. Da die Priester der Diözese mindestens einmal im Jahr an solchen Besinnungstagen teilnehmen mußten und dies die letzte Gelegenheit vor dem Beginn des neuen Semesters war, beschloß Escrivá, diese Chance zu nutzen. Man gab ihm ein Zimmer unter dem Dach, wohin er sich jeden Morgen nach der Messe zurückzog, um sich seinen Tagebüchern zu widmen.

Am Dienstag, den 2. Oktober 1928, dem Tag der heiligen Schutzengel, saß er in seinem Zimmer im Wohnheim des heiligen Vinzenz von Paul und dachte über die Worte des Bartimäus, des blinden Bettlers von Jericho, nach, der Jesus bat: »Herr, mach, daß ich sehe!«[7] Da »gefiel es Gott, ihn zu erleuchten: er *sah* das Opus Dei so, wie der Herr es wollte und wie es im Laufe der Jahrhunderte sein würde«.[8] Das ist zumindest die Version, die die Postulation für die Seligsprechung José María Escrivás mehr als fünfzig Jahre später der Welt offenbarte. Zu seinen Lebzeiten sprach Escrivá jedoch nur ungern über die Vorkommnisse an jenem Oktobertag. »Bitte fragen Sie mich nicht nach Einzelheiten über die Anfänge des Werkes. ... Sie sind aufs engste mit der Entfaltung meiner Seele verknüpft und gehören in mein Innenleben«, teilte er einem Interviewer Ende der 60er Jahre mit.[9]

Für Escrivá, der damals im dritten Jahr seiner Priesterschaft stand, war diese Vision – es war nur eine von mehreren »grundsteinlegenden« Visionen, die er in den nächsten drei Jahren haben sollte – ein Augenblick der höchsten Gnade. Die Botschaft war einfach: »Heilige deine Arbeit, heilige dich selbst in dieser Arbeit und heilige andere in ihrer Arbeit.«

Aus seiner Deutung der Schöpfungsgeschichte – und insbesondere dem fünfzehnten Vers des zweiten Kapitels, in dem es heißt, Gott habe den Menschen in den Garten Eden gesetzt, »damit er ihn bebaue und hüte« – zog er den Schluß, Gott habe den Menschen für die Arbeit erschaffen. Diese Folgerung schien ihm gerechtfertigt, weil der Hinweis auf die Arbeit des Menschen – das Bestellen des Gartens – vor dem Sündenfall erfolgte. Deshalb stand für ihn die Arbeit im Mittelpunkt der menschlichen Existenz. Sie war ein Teil des göttlichen Plans. Sein »Lehrsatz Genesis 2,15« folgte einer leichtverständlichen Argumentation und war in einfache Worte gefaßt. Jeder konnte ihn verstehen und sich damit identifizieren. Wäre der junge Priester aus dieser Welt geschieden und hätte nur diesen Lehrsatz hinterlassen, er hätte einen bleibenden Beitrag zum katholischen Gedankengut geleistet. Doch Escrivá tat mehr. Im Laufe der Jahre überhöhte er diese grundlegende Aussage mit diversen Schichten von Dogmen, denen nach einer längeren Inkubationszeit ein faszinierendes kirchliches Machtinstrument entschlüpfte, das die endgültige Anerkennung dieser Lehre seitens der Kirche gewährleisten sollte.

Escrivás Genesis 2,15-These bildete eine wichtige Korrektur der theologischen Grundsätze, die Thomas von Aquin im 13. Jahrhundert aufgestellt hatte. Thomas glaubte, Arbeit in all ihren Formen sei eine Folge des Sündenfalls des Menschen und damit ein Hindernis auf dem Weg zur Heiligkeit. Da Arbeit aber notwendig sei, müsse sie geduldet werden, solange Waren und Dienstleistungen zu einem gerechten Preis veräußert würden. Dieser Grundsatz war durch das Konzil von Trient (1545–63) bestätigt und 1879 von Leo XIII. zur offiziellen katholischen Doktrin erklärt worden. Escrivás Offenbarung zufolge hatte sich Thomas von Aquin jedoch geirrt. So wie Jesus Zimmermann war, so war Petrus Fischer und Paulus Zeltmacher.

Nun hatte Escrivá nicht bloß irgendeinen obskuren Mythos aus den Angeln gehoben. Mit der Feststellung, daß die Arbeit im Leben des Christen im Vordergrund stehen solle und daß ein Laie durch berufliche Leistung Vollkommenheit im Glauben erlangen könne, höhlte er die Fundamente der Kirche aus, um ihre theologischen Lehrgebäude neu auszurichten und neu zu untermauern. Escrivá glaubte, dieser Irrtum in der thomistischen Philosophie hindere die Kirche daran, die spirituellen Bedürfnisse einer modernen Industriegesellschaft zu berücksichtigen.[10]

An jenem Oktobermorgen pflanzte der göttliche Säer einen Samen, der vierzig Jahre später eine Änderung der Kirchenlehre bewirken sollte. Es dauerte lange, bis der Same keimte. Erst viele Monate später begann er sich zu regen, und es dauerte ein Dutzend Jahre, bis die ersten Blüten aufgingen. Dabei bestritt Escrivá beharrlich, daß das Opus Dei *seine* Schöpfung sei. Er beteuerte immer wieder, er wäre nur der Gärtner. Dies ist eine wichtige Unterscheidung. Wird diese Deutung als gültig anerkannt, so erhält das Opus Dei eine Art göttlicher Lizenz, wodurch das Werk in den Augen seiner Anhänger in einer Sphäre jenseits der Gesetze des Menschen zu operieren vermag. Um als Mitglied aufgenommen zu werden, mußte man daher von Anfang an ohne Einschränkung akzeptieren, daß dieses *Opus* wahrhaftig das Werk Gottes war und daß Escrivá lediglich Gottes Willen ausgeführt hatte. Wurde diese Deutung nicht anerkannt, blieben die Tore verschlossen.

Für Escrivá hatte an jenem Morgen alles eine göttliche Bedeutung. Wenn Gottes Werk am Fest der heiligen Schutzengel geboren wurde, so mußten diese eine besondere Rolle in seiner Entwicklung spielen. Er sah sie als mächtige Verbündete an, und es schien ihm geboten, ihren Schutz zu suchen. Im selben Augenblick, da ihm die Offenbarung zuteil wurde, vernahm er das Läuten der Glocken der Gemeindekirche Unserer Lieben Frau von den Engeln unweit des Vinzentiner-Wohnheims. Auch dies deutete er als göttlichen Fingerzeig, der den marianischen Charakter des Werkes bestätigte.

»Seit diesem Augenblick hatte ich keine Ruhe mehr und fing an zu arbeiten, wenn auch mit Widerstreben, denn innerlich wehrte ich mich dagegen, etwas zu gründen. ... Ich war damals sechsundzwanzig Jahre alt, hatte die Gnade Gottes, gute Laune und weiter nichts. Während wir Menschen aber mit einer Feder schreiben, gebraucht der Herr ein Tischbein, damit man sieht, daß Er derjenige ist, der schreibt: Das ist das Unglaubliche, das ist das Wunderbare«, erklärte er.[11]

Vielleicht wunderbar, gewiß aber auch irreführend. Escrivá vermied es, die volle Tragweite des göttlichen Plans, den er empfing, zu umreißen. Was er der Welt verkündete, war seinen späteren Äußerungen zufolge nicht die vollständige Botschaft. Denn diese konnte nur Eingeweihten kundgetan werden, je nachdem, wie sehr sie sich in das Werk vertieften. Somit bestand das Opus Dei seit Anbeginn in unterschiedlichen Schichten, und nur die äußere Schicht eignete sich für die große Masse; die inneren Schichten blieben den höheren Rängen innerhalb der Hierarchie vorbehalten.

Escrivás Hauptanliegen war es, der Kirche wieder eine zentrale Rolle in der Gesellschaft zu sichern. Dies bildet nach wie vor den Kern des Werkes – »das Bestreben, Jesus [d. h. die Kirche] überall auf der Welt an die Spitze aller menschlichen Tätigkeiten zu stellen«. Dieses Anliegen erfordert eine engagierte und disziplinierte Miliz – Streiter mit unterschiedlichen Rängen und Posten, die durch das Heiligen ihrer Arbeit den Arbeitsplatz und andere Menschen heiligen (d. h. bekehren). Escrivá hat die innerste Schicht nicht unbedingt vor der Welt verborgen – im Grunde hat er sie wiederholt auf die eine oder andere Weise zur Sprache gebracht –, betont hat er jedoch immer die Heiligung der Arbeit. »Was habe ich davon, wenn man zum Beispiel von einem meiner Söhne sagt, er sei zwar ein guter Christ, aber ein schlechter Schuhmacher? Wenn er kein guter Schuhmacher ist – was nützt er mir dann? In Wirklichkeit ist er dann nämlich auch kein guter Sohn, weil er nicht die Mittel angewandt hat, um in seinem Beruf besser zu werden ... Ein Mensch ohne Begeisterung für seinen Beruf nützt mir nichts«, erklärte Escrivá wiederholt. Nur wer seine Arbeit gründlich lerne und aufmerksam ausführe, könne sie Gott weihen und heiligen. Gewöhnliche Arbeit so gut wie möglich zu verrichten sei eine Voraussetzung für wahre Spiritualität.

Im Grunde gibt es also eine öffentlich bekannte Version über die Gründung des Werkes – es soll die Heiligung der Arbeit fördern – und eine geheimgehaltene Version, aus der sich erklärt, weshalb eine katholische Miliz für eine »tiefgreifende Durchdringung« der Gesellschaft erforderlich ist, um die Kirche zu schützen und an die Spitze der menschlichen Tätigkeiten zu stellen. Die öffentliche Version läßt sich folgendermaßen zusammenfassen: Gott zeigte Escrivá, was Er wollte – nämlich eine Initiative, die gewöhnliche Christen ermutigt, auf individuelle Weise und je nach beruflicher Befähigung, mit einem persönlichen Apostolat in Bereichen zu wirken, die Priestern normalerweise nicht zugänglich sind. Schön und gut. Aber das war nicht alles. Die Organisation hatte weder einen Namen – anfangs jedenfalls nicht –, noch hatte der Bevollmächtigte Gottes irgendwelche Statuten festgehalten oder ihr einen formalen Aufbau gegeben. Sie entwickelte sich ohne jeglichen Plan, abgesehen von der Erinnerung an eine Vision, die sich dem Gedächtnis des Gründers eingeprägt hatte. Tagelang, ja sogar wochenlang erzählte er niemandem etwas davon.

Jener Dienstag war auch der erste Tag des neuen Semesters an der Universität. War dies die Bestätigung dafür, daß dem Werk auch ein besonderer geistlicher Auftrag an den Universitäten oblag? Außerdem kehrte etwa zur selben Zeit, als die Glocken Unserer Lieben Frau von den Engeln zu läuten begannen, General Primo de Rivera von einer Reise durch die baskische Provinz in die Hauptstadt zurück. Kaum war der Eilzug aus Irun in den Nordbahnhof eingefahren, eilte der General zu einer Kabinettssitzung. Sollte dies bedeuten, daß das Werk auch einen politischen Auftrag hatte? Escrivá behauptete, alles an jenem Oktobervormittag sei von besonderer Bedeutung gewesen.

Der erste, den er in seine Offenbarung einweihte, war sein Beichtvater, Pater Sánchez, der ihn ermutigte, daran festzuhalten. Escrivá sprach auch mit einigen anderen Priestern innerhalb und außerhalb der Diözese. Allmählich wuchs seine Zuversicht, und er fing an, Freunde und zukünftige Anhänger aufzusuchen und Briefe zu schreiben, um andere für seine Mission einzunehmen. Zu Beginn hatte er wenig Erfolg. Es gab keine Infrastruktur, keine Tradition, auf die man sich stützen konnte. Außerdem mußte er seinen Pflichten als Kaplan des Stifts, als Juradozent an einer privaten Akademie und als Doktorand nachkommen. Schließlich gab er die beiden letzteren Verpflichtungen auf, um sich verstärkt dem Werk Gottes zu widmen.

Die nächste »grundsteinlegende« Vision folgte am St. Valentinstag 1930. Eine der Gründerinnen des Ordens der Damas Apostólicas hatte Escrivá gebeten, für ihre achtzigjährige Mutter, die Marquesa de Onteiro, in der Hauskapelle der Familie eine Messe zu zelebrieren. Während er die Kommunion austeilte, so berichtete Escrivá, habe Gott ihn angewiesen, innerhalb seines noch immer namenlosen Werkes eine Abteilung für Frauen einzurichten.

Ein paar Wochen später unterzog sich Escrivá wieder einer Gewissensprüfung bei Pater Sánchez. Zu der Begebenheit existieren zwei unterschiedliche Auffassungen. Laut der vom Opus Dei übernommenen Darstellung fragte der Jesuit begeistert: »Nun, wie steht es denn mit diesem *Werk Gottes?*« Escrivá suchte noch immer nach einem Namen für seine Initiative. Der Name, den die offenbar unschuldige Frage von Pater Sánchez nahelegte, schien ein Wink des Schicksals zu sein. Er paßte wie angegossen: ein durch Gott gefördertes Werk – *Opus Dei.*[12] Endlich hatte sich alles zusammengefügt. Der zweiten Darstellung zufolge stahl Escrivá das Konzept für das durch göttlichen Willen geschaffene Werk von einem anderen Priester, Pedro Poveda Castroverde, der im Jahre 1912 eine ähnliche Vereinigung für Laien gegründet hatte. Pater Povedas Theresianerinnen waren vor allem an der geistigen und seelsorgerischen Bildung von Lehrern interessiert. Sie erhielten 1917 die bischöfliche Approbation als fromme Vereinigung und wurden 1924 von Rom anerkannt, vier Jahre vor der Geburt des Opus Dei.

Pater Poveda war fast dreißig Jahre älter als Escrivá und hatte als königlicher Kaplan in Madrid eine hohe Stellung inne. Er schien die Probleme und Ambitionen des jüngeren Priesters sehr gut zu verstehen und versuchte zu helfen, wo immer er konnte. Poveda pflegte sein Theresianisches Institut als *Obra*, das heißt »Werk«, zu bezeichnen, und Escrivá verwendete einfach die lateinische Bezeichnung. Als er Pater Sánchez nach dessen Meinung fragte, soll der Jesuit den Namen als prätentiös empfunden und ihm eine Änderung empfohlen haben. Escrivá behielt indessen den Namen bei und wählte einen anderen Beichtvater.

Sieben Wochen nach der zweiten »grundsteinlegenden« Offenbarung verfaßte Escrivá einen ersten Hirtenbrief für seine Handvoll Anhänger. Das Werk war inzwischen zwei Jahre alt. Es verfügte über einen Namen, aber kaum mehr. Escrivá selbst hatte lediglich einen einzigen »hauptamtlichen« Jünger, Pater José María Somoano Verdasco, der ungefähr im selben Alter war.

Somoano stammte aus Asturien. Nachdem er als junger Priester in die Hauptstadt gekommen war, wurde er Kaplan in einem Heim für jugendliche Straftäter und Waisen, in dem Escrivá Katechismusunterricht erteilte. »Sie pflegten mit laufender Nase zu kommen. Zuerst mußte man ihnen die Nase putzen, bevor man ihre armen Seelen ein wenig läutern konnte«, berichtete Escrivá Jahre später auf öffentlichen Vortragsreisen. Pater Somoano spielte in der anfänglichen Entwicklung des Opus Dei ebenfalls eine wichtige Rolle und mag die Pläne vielleicht sogar etwas rascher vorangetrieben haben, als es Escrivá recht war.

Escrivás erstes Lehrschreiben datiert vom 24. März 1930. Es war ganz im Stile päpstlicher Bullen verfaßt und wurde später als *Singuli Dies* tituliert. Es legte das grundsätzliche Programm des Werkes in Begriffen dar, die als »klar und durchsichtig wie die Sprache der Apostel«[13] bezeichnet wurden. *Singuli Dies* sah vage die Bildung eines Corps christlicher Streiter voraus, die sich zwar genau wie alle anderen in ihrer jeweiligen Lebensstellung kleideten, sich aber dennoch von diesen unterschieden. »Der übernatürliche Auftrag, den wir erhalten haben, führt nicht dazu, uns von den anderen zu unterscheiden und zu trennen; er treibt uns an, mit allen eins zu werden, denn wir sind den anderen Bürgern unseres Landes gleich. Wir sind, ich wiederhole es, den anderen gleich, obzwar wir nicht so wie die anderen sind –, und wir haben mit ihnen die Sorgen des Bürgers, des Berufs oder des uns eigenen Pflichtenkreises gemein, dazu die übrigen Beschäftigungen, das jeweilige Milieu, die Art sich zu kleiden, die Weise zu arbeiten. Wir sind ganz gewöhnliche Männer und Frauen ...«[14]

Der Brief bestand aus zweiundzwanzig Abschnitten. Hieraus entwickelten sich laut einem Kirchenrechtler des Opus Dei die ersten Statuten der Organisation.[15] Aus dem Text schien hervorzugehen, daß das Opus Dei eine nationale Mission verfolgte und daß der Gründer im Jahre 1930 noch nicht an ein weltweites Apostolat dachte. Dennoch behauptete Escrivá siebenunddreißig Jahre später: »Das Werk war vom ersten Augenblick an weltumfassend. ... Es entstand nicht, um die konkreten Probleme im Europa der zwanziger Jahre zu lösen, sondern um Männern und Frauen – egal welchem Land, welcher Rasse, Sprache und Schicht oder welchem Familienstand (ledig, verheiratet, verwitwet oder Priester) sie angehören – zu vermitteln, daß sie Gott lieben und ihm dienen können, ohne ihre gewöhnliche Arbeit, ihr Familienleben und ihre normalen sozialen Beziehungen aufgeben zu müssen.«[16]

Einige ehemalige Mitglieder des Opus Dei betrachten *Singuli Dies* mit Mißtrauen; sie vermuten darin einen Versuch, die Geschichte der Anfänge des Opus Dei umzuschreiben. Merkwürdigerweise wollte das Opus Dei keine vollständige Kopie des Textes zur Verfügung stellen; als Begründung hieß es: »... dieser Brief und verschiedene andere werden derzeit genau studiert, denn man hegt die Absicht, sie später mit Kommentaren zu veröffentlichen ...«

Der Gründer war zu jener Zeit darum bemüht, Anhänger zu werben. Im Frühsommer des Jahres 1930 schrieb er an Isidoro Zorzano, den er jahrelang nicht gesehen hatte. Am 24. August 1930 hatte Escrivá auf dem Heimweg eine andere Route eingeschlagen und begegnete dabei zufällig Isidoro Zorzano.

»Ich wollte dich gerade besuchen«, erzählte Isidoro, »und weil ich dich nicht antraf, wollte ich ein Restaurant aufsuchen, bevor ich mit dem Nachtzug zu meinen Eltern fahre.« Er fügte rasch hinzu, daß er geistlichen Rat suche. Da sich die beiden aber nur wenige Schritte von Escrivás Büro trafen, hatte diese Begegnung nichts Spektakuläres an sich.

»Was bedrückt dich?« fragte José María, nachdem sie sich gesetzt hatten. Isidoro erklärte dem Freund, er glaube, daß Gott einen aktiveren Einsatz von ihm verlange und daß er nicht wisse, was er tun solle. Seine Arbeit als Ingenieur bereitete ihm Freude, und er wollte sie nicht aufgeben. Escrivá wußte natürlich eine Lösung.

»Uns hat der Herr zu seinem Werk gerufen, damit wir heilig seien«, erläuterte er Isidoro, »indes, wir werden nicht heilig sein, wenn wir uns nicht mit Christus am Kreuz vereinigen: es gibt keine Heiligkeit ohne Kreuz, ohne Abtötung« [Kasteiung].

Zorzano mußte zum Zug. Doch bevor er aufbrach, bat er um Aufnahme in das Opus Dei. José María improvisierte die Oblatio, das Ritual der vorläufigen Eingliederung; Isidoro mußte vor Gott geloben, sein Leben dem Apostolat zu widmen und die kirchlichen Gebote von Armut, Keuschheit und Gehorsam treu zu befolgen.[17]

Isidoro Zorzano wurde somit das erste Laienmitglied des Opus Dei. Fortan sprach er seinen Jugendfreund als »Vater« an.[18]

6   Dios y Audacia

Ihr sollt niemanden auf Erden euren Vater nennen;
denn nur einer ist euer Vater, der im Himmel.
Matthäus 23,9

Im Januar 1930, inmitten einer Weltwirtschaftskrise,
einer Rekordarbeitslosigkeit und einer Welle von Studentenunruhen und
Arbeiterprotesten, erklärte Primo de Rivera y Orbaneja Spanien für unre-
gierbar und ging ins Exil. Sechs Wochen später starb er einsam und
verlassen in einem Pariser Hotel.

Der König ignorierte die sich ausbreitende Unruhe und hielt den Augenblick für gekommen, sich durch landesweite Gemeindewahlen seiner
Popularität zu vergewissern, doch in allen größeren Städten erlitten die
monarchistischen Kandidaten eine vernichtende Niederlage. Die Republikaner gewannen haushoch. Am folgenden Tag war die Nation zu überwältigt, um zu reagieren. Doch am Dienstag versammelten sich riesige
Menschenmassen auf den Straßen. Am Nachmittag teilte man dem König
während einer Kabinettssitzung mit, falls er die Hauptstadt vor dem Abend
nicht verlasse, »könnte es zu spät sein«.[1] In jener Nacht wurde die Zweite
Republik ausgerufen. Am nächsten Morgen – es war der 15. April 1931 –
erfuhr das Volk, daß Niceto Alcalá Zamora, der unter dem König Kriegsminister gewesen war, eine provisorische Regierung gebildet hatte.

Daß Alcalá Zamora ein konservativer Großgrundbesitzer war, trug wenig
zur Beruhigung der Rechten bei. Zum Außenminister ernannte er Alejandro Lerroux, den Führer der Radikalen Republikanischen Partei, der
aufgrund seiner Erziehung alles verabscheute, was mit Religion zu tun
hatte. Der ebenso antiklerikale Manuel Azaña von der Republikanischen
Aktion wurde Kriegsminister. Diese drei waren die treibende Kraft in der
Verfassunggebenden Versammlung, die zwei Monate später gewählt
wurde.

Der Primas, Erzbischof Pedro Segura y Sáenz von Toledo, zögerte nicht,
eine Parallele zwischen den Ereignissen in Madrid und der Französischen
Revolution von 1789 zu ziehen, die nicht nur die Monarchie zu Grabe
getragen, sondern auch die Kirche enteignet hatte; er verfaßte einen

militant antirepublikanischen Hirtenbrief, der in ganz Spanien Empörung auslöste. Nach diesem Eklat wurde die Stimmung im Lande düster und verdrossen. Anfang Mai 1931 gründeten einige rechte Offiziere und Monarchisten eine Vereinigung, deren Ziel die Rückkehr des Königs war. Bald sprach sich herum, daß eine Gruppe von Verschwörern am Werk sei, und vor dem Gebäude versammelte sich eine Menschenmenge. Kurz darauf kam es zu Ausschreitungen, der Mob steckte abgestellte Fahrzeuge in Brand und verwüstete die nahe gelegenen Büroräume der rechten Zeitung *ABC*.

Am folgenden Tag kam es zu vereinzelten Tumulten. Ein Wohnheim der Jesuiten im Zentrum von Madrid ging in Flammen auf. Dann wurden weitere Kirchen und Klöster in der ganzen Stadt angezündet. Einen Augenblick stand zu befürchten, daß der heranrückende Pöbel das Krankenstift stürmen würde. José María stürzte in die Kapelle und schlang Unmengen von Hostien herunter, damit sie nicht entweiht wurden. Da er nicht alle schlucken konnte, wickelte er das Ziborium in eine Zeitung, brachte es per Taxi in die Wohnung eines Freundes im Militärlager in der Nähe der Cuatro Caminos Plaza und versteckte sich dort. Der Mob verschonte das Stift, und Escrivá tauchte Tage später tief verstört wieder auf. Bald darauf legte er das Amt des Stiftkaplans nieder.[2]

Escrivá fürchtete, nach Saragossa zurückkehren zu müssen. Er sprach mit Pater Poveda, der ihm die Ernennung zum ehrenamtlichen Hofkaplan anbot. Escrivá schlug Povedas Angebot jedoch aus, weil er wußte, daß die Inkardination nicht für Ehrentitel galt.[3] Die Inkardination gleicht einer Nabelschnur; sie bindet einen Priester an seinen Superior, der für sein Wohlergehen und seinen Aufstieg innerhalb der Kirche verantwortlich ist. Pater Poveda suchte weiterhin nach einer Lösung und schlug schließlich seinem Bischof, dem Königlichen Ordinarius, vor, Escrivá zum Kaplan des Stifts Santa Isabel zu machen. Zu dem Stift, das neben dem Allgemeinen Krankenhaus lag, gehörten ein Kloster der Augustinerinnen, eine Kirche und ein Frauenkolleg. Das Patronato de Santa Isabel war eine königliche Pfründe; es unterstand daher der Zuständigkeit des Königlichen Ordinarius und war somit unabhängig von der Diözese Madrid.

Der Pfarrer und der Kaplan von Santa Isabel waren gemäß einer Regierungsverordnung zur Auflösung des königlichen Vikariats von ihren Ämtern zurückgetreten. Diese Verfügung wurde später widerrufen, und Poveda sorgte dafür, daß Escrivá als neuer Kaplan eingesetzt wurde. Das Problem der Inkardination war schließlich gelöst, als der Patriarch die

Ernennung im September 1931 bestätigte. Der Ordinarius von Saragossa hatte nun keine andere Wahl, als der Versetzung zuzustimmen.

Noch bevor die Ernennung bestätigt worden war, begann Escrivá die Kirche von Santa Isabel und ihre Beichtstühle zu nutzen, um seinem wachsenden Kreis von Anhängern geistliche Anleitung zu erteilen. Seine einzige anderweitige seelsorgerische Tätigkeit zu jener Zeit bestand darin, daß er am Wochenende mit seiner kleinen Gefolgschaft die Schwerkranken in den Hospitälern der Stadt besuchte. Primo de Rivera mag Spanien eines der besten Straßennetze Europas in der damaligen Zeit beschert haben, doch das öffentliche Gesundheitswesen hatte er unverändert gelassen. Die Madrider Krankenhäuser – allesamt überbelegt, personell unterbesetzt und voll von Bakterien und tödlichen Bazillen – waren so etwas wie die Wiege des Opus Dei.

Escrivás engster Mitarbeiter in jener Zeit, Pater José María Somoano, soll der erste gewesen sein, der den Geist des Werkes voll erkannte. Der andere Jünger, der Escrivá bei seinen wöchentlichen Runden durch die Krankenstationen begleitete, war Luis Gordon, ein junger Ingenieur und Neffe der Marquesa de Onteiro. Er wurde das zweite Laienmitglied des Opus Dei – nach Isidoro Zorzano, der nach wie vor in Malaga bei der Andalusischen Eisenbahn arbeitete. Jahre später berichtete Escrivá folgendes über Gordon: »Eines Tages holte er den Nachttopf eines Tuberkulosepatienten, und es war ekelhaft! Ich sagte zu ihm: ›Das ist die richtige Einstellung, geh und mach ihn sauber!‹ Dann tat er mir ein wenig leid, denn ich sah, daß es ihm den Magen umgedreht hatte. Ich ging ihm nach und sah, wie er mit einem Ausdruck himmlischer Freude den Topf mit bloßen Händen säuberte.« Aufgrund dieses Vorfalls sollte Escrivá später in einer seiner berühmten Maximen schreiben: »Nicht wahr, Herr, Du freutest Dich sehr über die ›Pfiffigkeit‹ jenes großen kindlichen Mannes, der zu spüren bekam, wie schwer das Gehorchen in einer lästigen und abstoßenden Angelegenheit fällt, und Dir mit leiser Stimme sagte: Jesus, laß mich ein freundliches Gesicht dabei machen!?«[4]

Somoano hingegen verfügte über die Gabe, Patienten das Gefühl zu geben, sie würden gebraucht, selbst wenn sie im Sterben lagen. Ende 1931 beteuerte er einer unheilbar Kranken im »Hospital del Rey«, einer jungen Frau namens María Ignacia Garcia Escobar, er brauche ihre Hilfe. Sie hatte Darmtuberkulose und litt unter ständigen Schmerzen. Somoano sagte zu ihr: »Wir müssen viel für ein Anliegen beten, das zum Heil aller gereicht. Und das nicht nur für ein paar Tage – es geht um ein hohes Gut für die ganze Welt, das der Gebete und Opfer bedarf, heute, morgen und immer.«[5] Später teilte er ihr mit, daß es um das Opus Dei ging. Im April 1932 bat sie darum, in das Werk aufgenommen zu werden. María Ignacia wurde das erste weibliche Mitglied. Sie sollte nur noch fünf Monate leben. Somoano überschüttete sie mit Zuwendung. In ihr Tagebuch schrieb sie, das Opus Dei habe »eine neue Ära der Liebe« eingeläutet.[6]

Somoanos Beliebtheit bei den Patienten stellte selbst Escrivás Charisma in den Schatten. Somoano wollte das Opus Dei der größtmöglichen Zahl von Menschen näherbringen, ganz gleich ob sie notleidend, straffällig oder todkrank waren. Mit seiner grenzenlosen Energie lief er Gefahr, mit der Erfindung Gottes auf Wegen davonzustürmen, die Escrivás »grund-steinlegende« Visionen nicht aufgezeigt hatten. Escrivá hatte eine andere Vorstellung vom Apostolat des Werkes; er ging von einem heiligen »Her-absickern« aus und muß – seinen späteren Schriften nach zu urteilen – Somoanos Bemühungen als einen Versuch betrachtet haben, das Opus Dei von seiner ursprünglichen Bestimmung zu entfernen. »So wie Jesus seine Lehre vom Vater empfing, so ist auch meine Doktrin nicht die meine, sondern stammt von Gott, und daher soll nie auch nur ein Wort oder ein Punkt daran geändert werden«, schrieb Escrivá fast vierzig Jahre später in *Crónica*.[7] War er neidisch auf Somoano? Wir werden es nie erfahren. Wir wissen nur, daß Escrivá ein paar Jahre darauf einem seiner ersten Anhänger gegenüber bemerkte: »... am Anfang gelobte [Somoano] Ge-horsam, doch bald wurde er ungehorsam ...«[8]

Am 13. Juli 1932 wurde Somoano plötzlich krank. Vier Tage später starb er unter schrecklichen Schmerzen. Escrivá hatte Stunden betend an seinem Krankenbett verbracht, im Augenblick des Todes war er indes nicht zugegen. Der junge Priester soll angeblich von antiklerikalen Ele-menten in einem der Krankenhäuser vergiftet worden sein, aber offen-sichtlich wurde keine Autopsie vorgenommen, und es wurde auch nie eine Anklage erhoben.

María Ignacia Garcia starb im September 1932, und zwei Monate darauf erkrankte und verstarb auch Luis Gordon. Dazu Escrivá: »Wir haben nun schon zwei Heilige: einen Priester und einen Laien.«[9] Diese Bemerkung legt nahe, daß der Gründer María Ignacia nie als richtiges Mitglied betrachtete. Im Fall Luis Gordon scheint sich niemand gefragt zu haben, ob sein frühzeitiger Tod nicht auch damit zusammenhängen mochte, daß man einen Bauingenieur dazu ermuntert hatte, seine Sonntage mit der Pflege von ansteckenden Patienten in Madrider Hospitälern zu verbringen, ohne ihn darüber aufzuklären, wie er sich schützen konnte. Escrivá gab seine seelsorgerische Tätigkeit in den Krankenhäusern jedenfalls bald danach auf.

Da ihm nun nur noch die Pflichten als Kaplan von Santa Isabel oblagen, konnte Escrivá mehr Zeit auf die Werbung von Anhängern verwenden. Als Stützpunkt diente ihm die Wohnung der Familie in einem schmalen, viergeschossigen Haus in der Calle Martínez Campos Nr. 4. Die Wohnung lag relativ nahe bei den wichtigsten Fakultäten der Universität und war groß genug, um jeweils zehn bis zwölf Personen zu einer *tertulia* einzuladen. Doña Dolores und seine Schwester Carmen halfen in der Küche. Der kleine Santiago soll über den Appetit der Studenten gestaunt haben. Escrivá hielt es jedoch für wichtig, daß seine Anhänger ein Gefühl der familiären Zusammengehörigkeit entwickelten. Isidoro Zorzano, sein erster Apostel, hoffte, nach Madrid versetzt zu werden, um den Vater bei der Gewinnung neuer Anhänger zu unterstützen.

Juan Jiménez Vargas, ein Medizinstudent, der zu einer der *tertulias* in der Calle Martínez Campos gekommen war, bat im Januar 1933 um Aufnahme und wurde der zweite Apostel. Der Chemiker José María González Barredo trat wenige Wochen später als dritter Jünger bei. Er war ein großer Gewinn, weil er wie Zorzano ein eigenes Einkommen erzielte, das er an die Kasse des Werkes abführte. Ricardo Fernández Vallespín, ein Architekturstudent, wurde im Juni 1933 als vierter Apostel aufgenommen.

Dies waren zwar erste Erfolge, doch Escrivá war bald der Meinung, die Wohnung sei wohl gemütlich und sauber, aber nicht nobel genug, um seinen Anhängern das Gefühl zu vermitteln, einer auserlesenen, eng verbundenen Familie anzugehören. Das Gebäude war recht schäbig, und das Erdgeschoß war an ein Geschäft und eine Arbeiterkneipe vermietet, was Escrivás Meinung nach dem allgemeinen Ambiente der Örtlichkeit eher abträglich war. Er wollte in ein »passenderes« Quartier umziehen, das sich besser als Stützpunkt für die Werbung von Mitgliedern eignete.

Allmählich entwickelten sich die Strukturen, die das Opus Dei in eine starke sektenähnliche Organisation verwandeln sollten. Novizen mußten einen Initiationsritus durchlaufen. Schon in jener Anfangszeit besaß das Opus Dei, einem seiner ersten Mitglieder zufolge, einen ausgeprägten Kreuzfahrergeist, der die Organisation für manche noch geheimnisvoller und anziehender machte. Das Opus Dei sollte drei Hauptapostolate haben, jedes unter dem Schutz eines Erzengels. Das »Werk von St. Raphael« sollte die Werbung neuer Mitglieder überwachen; es entwickelte sich rasch zum Mittelpunkt des Opus Dei. Anfangs zielte man speziell auf Hochschulstudenten vor dem Beginn ihrer beruflichen Laufbahn. In dieser Phase zählte das Opus Dei ausschließlich unverheiratete, zölibatäre Mitglieder, die als Numerarier bezeichnet wurden. Nach ihrer Aufnahme in die Bewegung wurden ihre Unterweisung und weitere Entwicklung dem Erzengel Michael, dem Schutzengel des von Gott erwählten Volkes, anvertraut.

Das »Werk von St. Gabriel«, dem Sendboten Gottes, folgte später. Es sollte sich um das Seelenheil verheirateter Mitglieder und Mitarbeiter *(cooperadores)* – den zukünftigen Grundstock der Organisation – kümmern. In den dreißiger Jahren war der Zölibat jedoch Voraussetzung für die Mitgliedschaft. Supernumerarier – nichtzölibatäre Mitglieder – wurden erst in der Zeit nach dem Bürgerkrieg zugelassen, parallel zu der Entwicklung der weiblichen Abteilung.

Im Dezember 1933 war Escrivá so weit, das erste korporative Werk des Opus Dei zu gründen. Er ließ Zorzano eine Wohnung im ersten Stock des Hauses Nr. 33 in der Calle Luchana anmieten. In der Wohnung wurde ein privates Institut eingerichtet, das Universitätsstudenten zusätzliche Kurse anbot und den Namen DYA-Akademie erhielt – die drei Buchstaben standen angeblich für *Derecho y Arquitectura*, Recht und Architektur. Im vertraulichen Gespräch erfuhren einige Studenten – jene, die als Rekruten in Frage zu kommen schienen –, daß DYA in Wirklichkeit für *Dios y Audacia*, »Gott und Kühnheit«, stand.

Ricardo Fernández, der vierte Apostel, wurde Leiter der DYA-Akademie. Zu den Räumlichkeiten in der Calle Luchana gehörten ein Besucherzimmer, zwei kleine Klassenzimmer, ein Studierzimmer, ein kleines Wohnzimmer und ein Büro für den Gründer, in dem ein nacktes Holzkreuz hing. Die Beichte hörte Escrivá in der Küche, die außerdem José María González als Chemielabor diente. Das Mobiliar hatte man von Doña Dolores geborgt oder auf dem *Rastro*, dem Madrider Flohmarkt, besorgt.

Bei den Wahlen, die nach Inkrafttreten der neuen Verfassung im November 1933 stattfanden, erlitt Azañas Republikanische Aktion eine empfindliche Niederlage. An die Macht kam eine rechte Koalition unter Führung von José María Gil Robles, dem Nachfolger Angel Herreras an der Spitze der Propagandistas. Herrera war von seinem Posten bei der ACNP zurückgetreten und hatte den Vorsitz der *Acción Católica* übernommen, doch er übte nach wie vor großen Einfluß auf seinen Nachfolger bei der ACNP aus.

Gil Robles hatte sich als Leitartikler der ACNP-Zeitung *El Debate* profiliert. Er hatte die Tochter eines der reichsten spanischen Granden geheiratet; auf Hochzeitsreise fuhren die Neuvermählten nach Deutschland, wo sie Hitlers ersten Nürnberger Parteitag besuchten. Robles kam mit Informationen über die Propagandatechniken der Nazis nach Spanien zurück. Er bewies sein Organisationstalent mit der Gründung einer landesweiten Vereinigung rechter und katholischer Parteien, der CEDA *(Confederación Espanola de Derechas Autónomas)*. Zu seinem Stellvertreter ernannte er José Calvo Sotelo, der unter Primo de Rivera Finanzminister gewesen war. Robles behauptete, die CEDA zähle über 700 000 Mitglieder und sei damit die größte politische Gruppierung Spaniens.

Gil Robles einigte sich mit dem gottlosen Lerroux von der Radikalen Partei auf eine Koalition mit dem zentralen Ziel, die antikirchlichen Gesetze abzuschaffen. Zunächst verzichtete er auf einen Kabinettsposten und gab sich damit zufrieden, daß die Kirche – solange Lerroux sich an seinen Teil der Abmachung hielt – »in der Spanischen Republik in Würde existieren könne und in ihren Rechten und in der Ausübung ihrer göttlichen Mission geachtet würde«.[10] Dies interessierte Escrivá natürlich, zumal die Regierung unter Azaña im April 1933 die Gesetze für das Königliche Ordinariat aufgehoben hatte, wodurch der kürzlich ernannte Kaplan von Santa Isabel plötzlich ohne Ordinarius dastand – ein kirchliches Versehen, das acht Jahre lang bestehen blieb. Dies mochte eine ungewöhnliche Situation gewesen sein, doch immerhin gewährte sie Escrivá den größtmöglichen Spielraum, sich auf die Entwicklung des Opus Dei zu konzentrieren. Die Umstände hielten ihn auch nicht davon ab, die neue Regierung unter Lerroux zu ersuchen, ihn auf die unbesetzte Stelle des Pfarrers von Santa Isabel zu berufen. Wie es das neue Kongregationsgesetz verlangte, wurde seine Ernennung im Dezember 1934 vom Präsidenten der Republik bestätigt. Zu diesem Zeitpunkt hatte er seine Familie längst im Pfarrhaus einquartiert.

Wenige Monate nach der Eröffnung der DYA-Akademie beschloß Escrivá, die Lehreinrichtung in ein Studentenwohnheim umzuwandeln, da sich auf diese Weise eine bessere Atmosphäre für die Gewinnung von Mitgliedern schaffen ließ. In der Calle Ferraz Nr. 50 fand man drei größere Wohnungen, in denen Unterkünfte für zwanzig Studenten eingerichtet wurden. Dort hatte Escrivá auch ein Büro (es wurde als »Zimmer des Vaters« bezeichnet) mit einem Badezimmer, dessen Wände häufig blutbespritzt waren – von der »gottergebenen Geißelung«, die er sich aufzuerlegen pflegte. Im März 1935 ersuchte er bei der Diözese von Madrid um die Genehmigung, in dem Haus auch eine Kapelle einrichten zu dürfen. Die Genehmigung wurde erteilt.

Kurze Zeit nachdem die erste Messe in der neuen Kapelle zelebriert worden war, kam ein Bauingenieurstudent namens Alvaro del Portillo zu Escrivá. Seine Tante, eine der Damas Apostólicas, hatte ihm davon erzählt, daß der Vater mit Studenten zusammenarbeite. Portillo traf sich in den folgenden Monaten mehrmals mit Escrivá, schien sich aber nicht zu einem Beitritt entschließen zu können. Escrivá bat daher einen anderen Bewohner des DYA-Heims, Francisco Pons, der seit kurzer Zeit Mitglied war, sich mit Portillo anzufreunden und mitzuhelfen, ihn stärker in das Werk einzubinden. Pons erzählte Portillo, ein Mitglied sei so etwas wie ein »Kreuzfahrer mit Mantel und Schwert«.[11]

Im Juli 1935 wurde Portillo der fünfte Apostel. Der sechste, José María Hernández de Garnica, ebenfalls ein Bauingenieurstudent, wurde zwei Wochen später aufgenommen. Ihm folgten Pedro Casciaro und Francisco Botella, die beide Architektur studierten. Ihr Kommilitone Miguel Fisac war als nächster an der Reihe.

Es dauerte eine ganze Weile, bis man den einundzwanzigjährigen Fisac zum »Pfeifen« brachte – die interne Bezeichnung dafür, daß ein Kandidat sich zum Beitritt entschließt. Er mußte den allwöchentlichen Vorträgen beiwohnen, in denen der Vater Betrachtungen über Texte aus dem Evangelium anstellte und die Wichtigkeit der Beachtung gewisser christlicher Gebote betonte, wie zum Beispiel Opfer für einen guten Zweck, Gebete, wöchentliches Beichten und Gewissensprüfung. All das, so erfuhr Fisac später, war obligatorisch für Mitglieder des Opus Dei.

Bei keinem dieser Gespräche fiel je der Name »Opus Dei«. Die Angeworbenen wurden ganz persönlich und jeder einzeln eingeführt. Eines erschien Fisac von Anfang an als Paradox: Escrivá beteuerte, es bestehe kein Grund zur Verschwiegenheit, nur zur Diskretion – man posaunte seine innersten Gedanken schließlich auch nicht in alle Welt hinaus. Unter dem Vorwand, mehr über seine Studenten wissen zu wollen, bat der Vater alle, die ihn interessierten, ein Formular auszufüllen und vollständige biographische Angaben über sich zu machen, einschließlich ihrer liebsten Hobbys und Sportarten.

Als Fisac zum Beitritt aufgefordert wurde, fühlte er sich regelrecht überrumpelt. »Ich traute mich nicht, nein zu sagen – eine Schwäche, die ich noch am selben Tag zu bereuen begann«, schrieb er viele Jahre später an einen Freund.[12]

Trotz seiner Vorbehalte wurde Fisac der neunte Apostel. Er mußte schriftlich um Aufnahme ersuchen. Dann schickte Escrivá ihn für drei Tage zu Exerzitien. Die folgenden zwanzig Jahre hat er die internen Vorgänge des Opus Dei genauestens beobachtet. Er erinnerte sich, wie Escrivá einmal gegenüber Casciaro und Juan Jiménez Vargas die Absicht äußerte, er wolle die Mitglieder bei gewissen internen Zeremonien weiße Umhänge mit einem roten Kreuz tragen lassen, dessen vier Balken wie Pfeilspitzen aussehen sollten.[13]

Fisac folgten 1936 der Philosophiestudent Rafael Calvo Serer, der Geschichtsstudent Vicente Rodríguez Casado und der international bekannte Chemiker José María Albareda Herrera, der im Gegensatz zu den anderen Anhängern im selben Alter war wie Escrivá.

Fisac berichtet, in der Zeit, als er dem Opus Dei beitrat, habe die Atmosphäre religiöser Verfolgung in Madrid unter den strenggläubigen Katholiken eine »echte Begeisterung« ausgelöst, die ihren Glauben stärkte. Selbst Angel Herrera trat von seinem Posten zurück und wurde Priester. Anfang 1936 wurden Wahlen ausgeschrieben. Gil Robles, Calvo Sotelo und José Antonio Primo de Rivera, der Sohn des Exdiktators und Gründer der Falange-Bewegung, taten sich zusammen und bildeten als Gegengewicht zur linken Volksfront eine Nationale Front. Damit war Spanien vollständig gespalten. Die Volksfront erzielte 34,5 Prozent der Stimmen und die Nationale Front 33,2 Prozent. Gil Robles kommentierte die Ergebnisse mit scharfen Worten und sprach von einer »Revolution gegen Gesetz, Ordnung und jeden Respekt vor Religion, Besitz, Familie und nationaler Einheit«.[14]

Im Mai 1936 hatte sich die Lage unter der Regierung der Volksfront so zugespitzt, daß Escrivá sich in einem Zustand nervöser Erschöpfung befand, weil er nie wußte, wann er auf der Straße angegriffen werden würde. Ein paar Wochen zuvor war ein Priester beinahe gelyncht worden, weil es hieß, er habe an Fabrikarbeiterkinder vergiftete Bonbons verteilt. Immer mehr Kirchen und religiöse Einrichtungen wurden geplündert, und Escrivá fühlte sich im Patronato de Santa Isabel bald nicht mehr sicher. Für Mutter, Schwester und Bruder fand er eine andere Wohnung am anderen Ende der Stadt.

Der DYA-Akademie wurde es in ihren Räumlichkeiten bald zu eng. Dann jedoch fand man in der Calle Ferraz ein leerstehendes Gebäude. Da Onkel

Madrid - Juli 1936

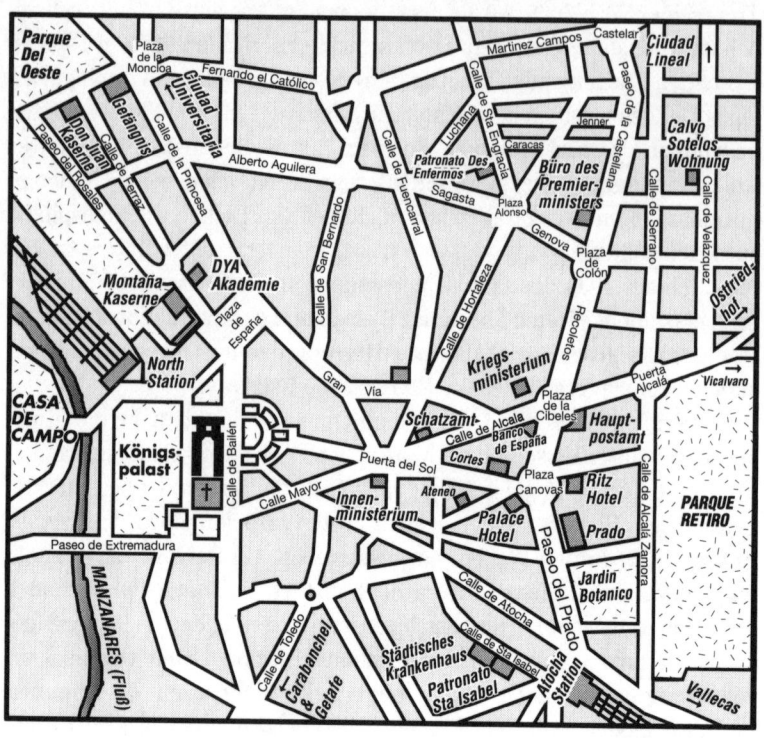

Teodoro kurz zuvor gestorben war, überredete Escrivá seine Mutter, den Grundbesitz der Familie in Fonz zu verkaufen und mit dem Erlös das Gebäude Calle Ferraz Nr. 16 zu erwerben. Es lag günstig – direkt gegenüber der Montaña-Kaserne. Das Haus war Eigentum des Conde de Real, der nach Frankreich geflohen war. Doña Dolores konnte ihrem Sohn nichts ausschlagen, und so ging das Anwesen in den Besitz einer Firma namens »Fomento de Estudios Superiores« über, deren Geschäftsführer Isidoro Zorzano war. Escrivá verfaßte sofort einen Brief an die Diözese von Madrid und bat um die Erlaubnis, die »halb-öffentliche« DYA-Kapelle an die neue Adresse verlegen zu dürfen. Wie bereits in früheren Schreiben wurde das Opus Dei auch diesmal mit keinem Wort erwähnt; die Rede war nur von dem Wohnheim der Akademie. Offiziell existierte das Opus Dei gar nicht. Es war weder bei der Diözese noch bei den staatlichen Behörden gemeldet.

Als die Lage Anfang Juli noch angespannter wurde, teilte der bedrückte Vater Escrivá seinen »Kindern« mit, daß er die Mission des Werkes erweitern und eine Niederlassung in Paris gründen wolle.[15] Dies soll die Anhänger »zutiefst überrascht« haben. Escrivá hatte bereits Reisevorbereitungen getroffen, doch die politischen Ereignisse entwickelten sich schneller als erwartet.[16]

Am 12. Juli 1936 wurde Leutnant José del Castillo, der den republikanischen *Guardias de asalto* angehörte, von Falangisten erschossen. Unmittelbar darauf kam es zu Vergeltungsmaßnahmen. Ein prominenter Rechter wurde getötet, und der dadurch ausgelöste Aufruhr ermutigte die nationalistischen Generäle, die bereits einen Putsch planten, sich gegen die Republik zu stellen. Doch selbst für sie begann der Bürgerkrieg einen Tag früher als geplant. Am frühen Abend des 17. Juli 1936 erschossen einige Verschwörer in Melilla, der östlichsten Stadt in Spanisch-Marokko, aus Angst vor Verhaftung ihren Kommandeur. Wenige Stunden später erhoben sich die Garnisonen in Tetuán und Ceuta. Als Franco von den Aufständen erfuhr, flog er von den Kanarischen Inseln, wo er als Militärgouverneur eingesetzt worden war, nach Afrika, übernahm das Kommando und forderte sofort bei Hitler und Mussolini Militärhilfe an.

Einer der engsten Freunde Francos, Oberst Juan de Yagüe, der damals die Spanische Fremdenlegion befehligte, war wohl der erste, der die nationale Erhebung als »Kreuzzug« bezeichnete. Ob nun Yagüe oder ein anderer den Begriff des Kreuzzuges prägte, er entsprach genau den

Intentionen der Verschwörer und ging rasch in den allgemeinen Sprachgebrauch der nationalistischen Propaganda ein. Die Wiederentdeckung des Heiligen Krieges wurde begleitet von demselben Hang zur Barbarei, der die ursprünglichen Kreuzzüge beherrscht hatte.

Sämtliche Mitglieder des Opus Dei unterstützten die nationalistische Sache. Jene, die beim Ausbruch der Revolte in republiktreuen Gegenden wohnten, wurden jedoch in die republikanische Armee eingezogen. Im Norden und Nordwesten Spaniens sowie in vereinzelten Regionen im Süden des Landes hatte der Aufstand auf Anhieb Erfolg. In den übrigen Gebieten behielten die Republikaner die Oberhand; in Madrid hatten sie die Lage allerdings kaum unter Kontrolle.

Im Morgengrauen des 20. Juli skandierte eine Menschenmenge auf der Plaza de España »Waffen für das Volk« und »Tod den Faschisten«. Da bemerkte einer der Agitatoren, daß der Panzerhandschuh der Don-Quixote-Statue, die in der Mitte des Platzes stand, in Richtung Montaña-Kaserne deutete. Die Menge sah darin das Signal zum Sturm der Kaserne. Auf zwei bunten Bierwagen schafften die Anarchisten drei veraltete Artilleriegeschütze herbei, die man in einem nahe gelegenen Armeedepot aufgetrieben hatte.

Durch das Fenster der Akademie auf der gegenüberliegenden Straßenseite beobachtete Escrivá den Angriff auf die festungsartige Kaserne. Die drei Feldgeschütze eröffneten aus kürzester Entfernung das Feuer. Sie waren den Granatwerfern im Inneren der Kaserne mehr als gewachsen. Nach stundenlangem Bombardement meuterten die Soldaten in der Kaserne gegen ihre Offiziere und trieben sie im Innenhof zusammen, wo Dutzende von ihnen mit Maschinengewehren liquidiert wurden. Der wilde Mob drang durch die niedergerissenen Mauern ein und jubelte, als ein riesiger Soldat die übrigen Offiziere von der obersten Brüstung hinunterstieß.

Als der Rauch verflogen war, zog sich der Vater einen Arbeitsanzug über und schlich aus dem Gebäude. In Begleitung von Zorzano und González eilte er zur Wohnung seiner Mutter. Da die *milicianos* Priester auf der Straße wie Freiwild niederschossen, blieb er in der Wohnung, während sich Juan Jiménez Vargas am Nachmittag mit Alvaro del Portillo traf, um Informationen über die Lage in den anderen Teilen des Landes auszutauschen. In den Nachrichten war von einer regionalen Revolte die Rede, die der Regierung zufolge bald niedergeschlagen sein würde. Diesen Berichten nach hatten Regierungstruppen bereits Sevilla zurückerobert, und loyale Kriegsschiffe beschossen die Garnisonen in Nordafrika. Nichts davon war jedoch wahr.

In Barcelona hingegen war der Aufstand jämmerlich gescheitert, nicht aufgrund des entscheidenden Einschreitens seitens der Regierung, sondern weil Durruti und Ascaso – die inzwischen in vier Ländern zum Tode verurteilt worden waren, im republikanischen Spanien jedoch als Nationalhelden galten – das Arsenal überfallen hatten und mit den dort erbeuteten Waffen einen Angriff auf die Atarazanas-Kaserne anführten, bei dem Ascaso umkam. Der Militärgouverneur, General Manuel Goded, wurde gefangengenommen und hingerichtet, und die Stadt wurde einem Revolutionskomitee unterstellt. Durruti bildete die »Ascaso-Kolonne«, die aus sechstausend anarchistischen »Freiwilligen« bestand. Sie sollte Saragossa befreien, das in die Hand der Nationalisten gefallen war. Sein Stellvertreter war Domingo Ascaso, der Bruder des gefallenen Francisco.

In Saragossa war die *Virgen del Pilar* zur Oberbefehlshaberin der Stadt ernannt worden. Während die Vierte Division in Barcelona zusammengebrochen war, blieb die Fünfte Division in Saragossa unter ihrem neuen Kommandeur als Streitmacht bestehen. Außerdem waren die Einwohner der Stadt empört darüber, daß ein einzelnes republikanisches Flugzeug eine Bombe auf die Basilica del Pilar abgeworfen hatte. Die Bombe schleuderte Unsere Liebe Frau tatsächlich von ihrer Säule, doch – Wunder über Wunder – sie explodierte nicht.

Nachdem Franco von den Achsenmächten mit Transportflugzeugen ausgestattet worden war, begann er am 5. August 1936, über eine Luftbrücke Verbände von Ceuta nach Salamanca zu verlegen und gen Norden vorzurücken. Neun Tage später metzelten Wärter des Gefängnisses in Madrid als Vergeltung für die Massenhinrichtungen nach der Eroberung von Badajoz durch die Spanische Fremdenlegion alle Insassen nieder, darunter auch Fernando Primo de Rivera, den Sohn des Exdiktators. Wenige Tage darauf durchsuchten Milizionäre auf der Jagd nach Spionen das Gebäude in der Calle de Sagasta, in dem sich Escrivá versteckt hielt. Sie fanden niemanden, doch noch in derselben Nacht begaben sich Escrivá und Jiménez Vargas in die Wohnung des Vaters von José María González, wo sie die folgenden Wochen blieben.

Am 28. September 1936 traf die nationalistische Junta in Salamanca zusammen und erkannte Franco als *generalísimo* an. Sie hatte kaum eine andere Wahl. Franco hatte sämtliche Trümpfe in der Hand. Seine deutschen und italienischen Verbündeten brachten klar zum Ausdruck, daß sie nur ihn unterstützen würden. Drei Tage später verlegte Franco sein Hauptquartier nach Burgos. Bei seinem feierlichen Einzug läuteten überall in der Stadt die Kirchenglocken. Er bildete eine Militärregierung, die mit mittelalterlichem Pomp und einer Messe in der alten Abtei von Las Huelgas vereidigt wurde.

II. Teil:
Prüfungen

7 Säbel und Meßgewänder

Unser Krieg ist kein Bürgerkrieg ..., sondern ein Kreuzzug ... Ja, unser Krieg ist ein religiöser Krieg. Wir, die
kämpfen, ob Christen oder Mohammedaner, sind
Soldaten Gottes, und wir kämpfen nicht gegen
Menschen, sondern gegen Atheismus und Materialismus.

Generalissimo Francisco Franco

Egal wie viele Faschisten es in Spanien geben mag,
es wird kein faschistisches Regime geben. Sollte die
Gewalt über die Republik triumphieren, werden wir
wieder eine Militär- und Kirchendiktatur der traditionellen spanischen Art haben. ... Dann gibt es Säbel
und Meßgewänder, Militärparaden und Prozessionen zu Ehren der Virgen del Pilar. In dieser Hinsicht ist
das Land zu nichts anderem fähig.

Manuel Azaña

Bei Ausbruch des Bürgerkriegs legte Vater Escrivá
seine Soutane ab. Solange Spanien Republik war, zog er sie nicht wieder
an. Auch ließ er seine Tonsur auswachsen und fing an, den Ehering seiner
Mutter zu tragen. Seinen Jüngern teilte er mit, er wäre zwar bereit, ein
Märtyrer zu werden, er sei jedoch mit einer göttlichen Mission betraut.
Daher sei es seine Pflicht, alles nur Denkbare zu tun, um zu überleben.
Wohl kaum ein Ort in Spanien litt so unter dem Bürgerkrieg wie Escrivás
Geburtsort Barbastro, der damals als Stadt der Soldaten und Priester
bekannt war. Die Stadt hatte ein Benediktinerkloster, ein Missionarskol-
leg, eine Piaristenschule, ein Priesterseminar und ein mächtiges Domka-
pitel aufzuweisen, die allesamt Zielscheibe linker Agitation unter Führung
des Anarchisten Eugenio Sopena wurden. Das Seminar wurde zerstört,
und auf Anordnung Sopenas wurden alle Mitglieder des Ordens der
Claretiner verhaftet. »Tod den Schwarzdrosseln«, lautete der Schlachtruf.
Doch Sopena soll leise eingelenkt haben: »Wir können hier kein Blutbad

Spanien nach Ausbruch des Bürgerkriegs
Juli 1936

Oviedo

La Coruna

Lugo

Pontevedra

Leon

Palencia

Orense

Zamora

Vallad

Atlantischer Ozean

Salamanca

Avila

Portugal

Caceres

Tc

Badajoz

Cordoba

Huelva

Sevilla

Cadiz

Malag

Golf von Cadiz

Meerenge von Gibraltar Ceuta

Go

Frankreich

Golfe du Lyon

caya

Guipuzcoa

Alava

Navarra

Logrono

Soria

Saragossa

Huesca

Lledia

Andorra

Gerona

Barcelona

Tarragona

adalajara

Teruel

Castellon

Menorca

Mallorca

Cuenca

Valencia

Ibiza

B a l e a r e n

Albacete

Alicante

Formentera

Murcia

Mittelmeer

Almeria

Nationalisten

Republikaner

0   100 km

zulassen.« Dann befahl er seinen Männern, sämtliche Diözesanpriester und Seminaristen zusammenzutreiben und im Stadtgefängnis beziehungsweise im Saal der Piaristen festzuhalten. Unter den Betroffenen befanden sich der Bischof, Don Florentino Asensio Barroso, und der Domdechant Mariano Albás, José María Escrivás Pate.

Die aus sechstausend Anarchisten bestehende »Ascaso-Kolonne« rückte von Barcelona aus vor und teilte sich in zwei Flügel. Der südliche Flügel unter Durruti zog das Ebrotal hinauf nach Saragossa. Der nördliche Trupp unter Domingo Ascaso traf am Nachmittag des 25. Juli in Barbastro ein; am Tag zuvor hatte er den Innenraum der im 13. Jahrhundert erbauten Kathedrale von Lérida verwüstet. Die ersten Männer trafen mit der Eisenbahn ein; sie kleideten sich wie Jakobiner und trugen Tücher um den Kopf. Begleitet wurden sie von Prostituierten aus Barcelona und dem Gesindel, das sie unterwegs aus Gefängnissen befreit hatten. Gegen Abend folgte ihnen ein Lastwagenkonvoi mit Maschinengewehren und Geschützen. An jenem Nachmittag wurden 350 Gefangene aus dem Stadtgefängnis in das Kapuzinerkloster verlegt, das in aller Eile in ein Gefängnis umfunktioniert worden war. Stunden später fanden die ersten Hinrichtungen statt.

Der Kommandant der Kaserne, Oberst José Villalba Rubio, empfing die Anführer der Ascaso-Kolonne mit Begeisterung und ließ seine Truppen an ihrer Seite durch die Stadt paradieren. Am folgenden Tag sandte er einen gemeinsamen Stoßtrupp nach Huesca, der jedoch von einem rebellierenden Kommando der Guardia Civil aus dem Hinterhalt überfallen wurde und starke Verluste erlitt. In jener Nacht wurde Barbastro von einer Orgie der Gewalt heimgesucht. Aus den Kirchen wurden Statuen und andere Insignien entfernt und auf der Straße verbrannt. In der Kathedrale rissen die Aufrührer den Hochaltar nieder; sie stahlen sämtliches Silber und warfen das Taufbecken in den Rio Vero. Die Kirchen San Bartolomé und San Hipólito wurden völlig zerstört.

Als Durruti erfuhr, daß fünf abgebrühte Anarchisten erschossen worden waren, weil sie wertvolles Beutegut geplündert hatten, für das sie in Barcelona Waffen erwerben wollten, kam er persönlich nach Barbastro, um Vergeltung zu üben. Seine zwölf schwerbewaffneten Leibwächter trommelten das Antifaschistische Komitee zusammen. In einer Brandrede klagte er das Komitee an, fünf treu ergebene Anarchisten hingerichtet zu haben, während das Gefängnis in Barbastro von Schwarzdrosseln und Blauhemden überquoll. Das eingeschüchterte Komitee beschleunigte das Tempo der Hinrichtungen.

An jenem Abend tauchte der Anarchist Mariano Abad mit dem Beinamen »der Totengräber« in dem Kapuzinerkloster auf und händigte der Wache ein unterzeichnetes und gestempeltes Stück Papier aus. Darauf stand »Gültig für 20«. Er sollte unter den etwa vierhundert Gefangenen nach Belieben zwanzig aussuchen und hinrichten. Die zwanzig wurden zusammen mit einer weiteren Gruppe aus dem Rathaus zum Friedhof geführt. Die Belegschaft des Spitals sah zu, wie sie an der Außenmauer des Friedhofs aufgestellt und erschossen wurden.

Nach siebzehn Tagen Arrest wurde Bischof Asensio im Stadtgefängnis dem Komitee vorgeführt. Als erstes erklärte man ihm: »Seien Sie unbesorgt. Wenn Sie richtig gebetet haben, werden Sie in den Himmel kommen.« Das Verhör dauerte ein paar Minuten. Man sah es als erwiesen an, daß er ein Kollaborateur der Nationalisten war, band ihm die Hände hinter dem Rücken zusammen und führte ihn in die Zelle zurück, während weitere Gefangene verhört wurden. Als die nächtliche Quote erfüllt war, wurde Bischof Asensio wieder in den Raum gebracht. Als er sich weigerte, weitere Fragen zu beantworten, wurde er in die Lenden getreten, kastriert und auf den Friedhof abgeführt. Einer seiner Peiniger rief: »Beeilt euch, ihr Schweine.« Der Bischof erwiderte: »Macht, was ihr wollt. ... Ich werde im Himmel für euch beten.« Ein zweiter Wärter meinte: »Hier, da hast du deine Kommunion«, und stieß ihm einen Backstein in den Mund.

Damit war die Marter des Bischofs noch nicht zu Ende. Er überlebte den Kugelhagel des Hinrichtungskommandos und wurde auf einen Leichenberg geworfen, wo er über eine Stunde lang lag, bevor er den Gnadenschuß erhielt. Am nächsten Morgen beschwerte sich der Chefarzt des Krankenhauses bei dem Komitee, daß die Hinrichtungen die Nachtruhe seiner Patienten störten. Aus Rücksicht auf den Arzt wurden weitere Hinrichtungen außerhalb der Stadt vollstreckt. Dort wurden im Laufe des August die übrigen Priester, einschließlich Dechant Albás, zu nächtlicher Stunde erschossen.[1] Insgesamt waren es zweihundert. Über sechshundert weitere Bürger Barbastros – etwa zehn Prozent der Einwohnerschaft – wurden ebenfalls getötet. In Madrid wurde während der Schreckensherrschaft ungefähr jeder dritte Priester umgebracht. In Barbastro kamen neunzig Prozent aller Priester ums Leben.

Mariano Albás starb den Märtyrertod, während er den jungen Seminaristen, die mit ihm hingerichtet wurden, die Sterbesakramente erteilte. Er wurde indes weder seliggesprochen, noch findet sein Schicksal in den »offiziellen« Escrivá-Biographien Erwähnung. Während Barbastro sein

Golgatha erlebte, fand Escrivá Unterschlupf in einer Psychiatrischen Klinik am Stadtrand von Madrid, wo er lernte, das Verhalten von Geisteskranken zu simulieren. Fünf Monate lang tat er sein Bestes, den Verrückten zu spielen. Doch eines Tages kamen die *milicianos* und durchsuchten das Gebäude. Als der Simulant vernommen werden sollte, trat einer der echten Patienten zu dem Offizier, zeigte auf dessen Gewehr und fragte: »Ist das ein Streichinstrument oder ein Blasinstrument?« Der Offizier dachte einen Augenblick über die Frage nach, wandte sich dann an Escrivá und fragte: »Und wer sind Sie?«

»Ich bin Dr. Marañón«, erwiderte dieser.

Das reichte dem Offizier. Er brach die Durchsuchung auf der Stelle ab.

Anfang Oktober 1936 setzten die Nationalisten ihren Vormarsch fort. Madrid stand kurz vor dem Fall, als die ersten Einheiten der kommunistischen Internationalen Brigaden eintrafen, gefolgt von viertausend Anarchisten unter der Führung von Durruti. Nach einem Zusammenstoß mit Hitlers Elitelegion Condor mußten die Anarchisten in den Parque del Oeste fliehen, verfolgt von einer *bandera* der Spanischen Fremdenlegion. Durruti wurde verwundet – möglicherweise durch einen Schuß aus den eigenen Reihen – und starb fünf Tage später. Als Vergeltungsakt tötete die Volksfront José Antonio Primo de Rivera, den Gründer der Falange, der seit März 1936 in einem republikanischen Gefängnis einsaß. Die Nationalisten verschanzten sich bis zum Ende des Krieges am westlichen Stadtrand von Madrid. Nahrungsmittelknappheit und häufige Stromausfälle drückten die Stimmung in der Hauptstadt. Straßenhinrichtungen waren an der Tagesordnung. Allmählich wurde das Personal in der Irrenanstalt mißtrauisch gegenüber »Dr. Marañón«; drei Monate später wurde Escrivá aufgefordert, die Klinik zu verlassen.

Gemeinsam mit seinem Bruder Santiago, Juan Jiménez Vargas, Eduardo Alastrué und José María Albareda fand Escrivá Zuflucht in der Gesandtschaft der mittelamerikanischen Republik Honduras. Albareda hatte sich bis dahin in der chilenischen Botschaft versteckt gehalten, die aber zu unsicher geworden war. Auch Alvaro del Portillo, der in der finnischen Botschaft verhaftet und drei Monate lang eingesperrt worden war, schloß sich ihnen an. Die sechs teilten sich ein Zimmer, das zweieinhalb auf drei Meter maß und ein winziges Fenster zum Innenhof besaß. Sie nannten es den »Honduranischen Käfig«. Die folgenden fünf Monate diente ihnen dieser Raum als Wohnung, Büro und Kapelle. Sie hatten kaum etwas zu essen. Das Mittag- und Abendessen – Frühstück gab es nicht – bestand gewöhnlich aus altem Johannisbrot, angereichert mit »Proteinen« – dem Ungeziefer in den Bohnen. Um nicht den Verstand zu verlieren, führte der Vater ein Programm aus Gebet, Arbeit und Meditation ein.

Vater Escrivás zwölf Apostel

		Aufnahme	
1.	Isidoro Zorzano	1930	(gestorben 1943)
2.	Juan Jiménez Vargas	1933	
3.	José María González Barredo	1933	(gest. 1993)
4.	Ricardo Fernández Vallespín	1933	(gest. 1988)
5.	Alvaro del Portillo	1935	(gest. 1994)
6.	José María Hernández de Garnica	1935	(gest. 1972)
7.	Pedro Casciaro	1935	(gest. 1995)
8.	Francisco Botella Raduan	1935	(gest. 1987)
9.	Miguel Fisac	1935	
10.	Rafael Calvo Serer	1936	(gest. 1988)
11.	Vicente Rodríguez Casado	1936	(gest. 1990)
12.	José María Albareda Herrera	1937	(gest. 1966)

Quelle: Informationen des Opus Dei. Über Miguel Fisac liegen keine offiziellen Daten vor; er gilt als Unperson, da er 1955 aus dem Werk austrat.

In den folgenden fünf Monaten wurde Albareda ein enger Vertrauter des Vaters. Er erzählte Escrivá von José Ibáñez Martín, einem Gymnasiallehrer, den er nach seinem Untertauchen in der chilenischen Botschaft kennengelernt hatte. Wie Escrivá und Albareda war auch Ibáñez ein Sohn Aragons. Er gehörte Angel Herreras Propagandistas an und war Funktionär der CEDA gewesen. José Ibáñez und Albareda waren verwandte Seelen. Sie führten stundenlange Gespräche über das Neue Spanien, das nach dem Ende des Bürgerkriegs entstehen würde.

Als Escrivá erfuhr, daß der Vatikan das nationalistische Regime in Burgos als offizielle spanische Regierung anerkannt hatte, beschloß er, in die Blaue Zone überzuwechseln. Albareda hatte inzwischen erfahren, daß seinem Bruder mit Hilfe einer Untergrundorganisation, die Menschen über die Pyrenäen nach Andorra schleuste, die Flucht aus der Republik gelungen war. Kontaktperson war ein Mann in Barcelona, der unter dem Decknamen »Milchmann« bekannt war.

Escrivá überredete den Generalkonsul, ihm eine Bestätigung zu schreiben, daß er Hauptgeschäftsführer der honduranischen Gesandtschaft sei. Anfang Oktober 1937 erhielten Escrivá, Albareda, Tomás Alvira und Manuel Sainz de los Terreros – ein Straßenbauingenieur, in dessen Wohnung der Vater im Jahr zuvor Unterschlupf gefunden hatte – von den Sicherheitsbehörden die Genehmigung, nach Valencia zu reisen. Juan Jiménez fuhr voraus, um mit Miguel Fisac und Francisco Botella Kontakt aufzunehmen. Die anderen nahmen den Nachtzug. Isidoro Zorzano, Vicente Rodríguez, José María González und Alvaro del Portillo blieben in Madrid.

In Valencia traf man sich in der Wohnung von »Paco« Botella. Botella und Pedro Casciaro waren gezwungen worden, in die republikanische Armee einzutreten. Doch als sie nun den Vater wiedersahen, beschlossen sie, am selben Abend mit ihm in das 350 Kilometer weiter nördlich gelegene Barcelona zu fahren. Albareda zufolge betete Escrivá fast während der gesamten Reise, die zwölf Stunden dauerte. Die folgenden sechs Wochen warteten sie auf weitere Reisedokumente. In dieser Zeit nahmen sie Kontakt mit dem »Milchmann« auf. Er bestand auf einer Bezahlung mit Noten der Bank von Spanien, die vor dem 18. Juli 1936 ausgegeben worden waren – die provisorische nationale Junta in Burgos hatte bekanntgegeben, daß sie nach Kriegsende nur diese, nicht aber die später in der Madrider Republik gedruckten Scheine anerkennen werde. Das Häuflein mußte zusammenlegen, damit es reichte. Sie teilten sich in zwei Gruppen auf; Alvira und Sainz blieben zurück, um auf Portillo zu warten, der noch nicht genügend Geld zusammengekratzt hatte, um ihnen zu folgen.

Mitte November 1937 bestiegen Escrivá, Albareda, Juan Jiménez, Botella, Casciaro und Fisac einen Bus nach Seo de Urgel, einer Stadt etwa neun Kilometer südlich der andorranischen Grenze. Je näher man den Bergen kam, desto häufiger wurden die Straßenkontrollen der Polizei. Die Flüchtlinge sollten an einer Kreuzung in der Nähe von Peramola, einem kleinen Dorf abseits der Hauptstraße südlich von Seo de Urgel, aussteigen. Dort erwartete sie ihr erster Führer. Von hier aus brachen sie in Richtung Grenze auf. Sie schliefen auf einem Heuboden und sogar in einem großen, im Freien stehenden Backofen, in dem sie mit Müh und Not Platz fanden. Escrivá wollte umkehren. Er hatte ein schlechtes Gewissen, weil er Portillo in Madrid zurückgelassen hatte. Beim Abendessen hatte er Streit mit

Juan Jiménez, der zu ihm sagte: »Wir bringen dich in die andere Zone, und wenn ich dich an den Haaren dorthinschleppe.«[2] Der Vater schluchzte und betete die ganze Nacht über zur Muttergottes und bat um ein Zeichen als Bestätigung dafür, daß er dem Weg Gottes folge. Dieses Zeichen sollte eine Rose sein, die im Spätherbst in den Pyrenäen blühte.

Bei Morgengrauen stieg Escrivá aus dem Ofen und ging zum Gebet in die Ruinen der nahe gelegenen Kirche. Der Altar war zerstört, doch unter den Trümmern fand Escrivá eine holzgeschnitzte Rose, die anscheinend zu einem Marienbild gehört hatte. Er deutete sie als das erwünschte Zeichen, zeigte sie seinen Anhängern und rief sie zu einer Messe zusammen.

In den folgenden vier Nächten setzten sie den Marsch fort und überquerten vier hohe Gebirgszüge. Alvira und Sainz hatten sie inzwischen eingeholt. Ihr neuer Führer, Antonio, hatte eine robuste Konstitution und einen Betonmischer als Verdauungstrakt. Er furzte mit Genuß, und zwar so übel, daß Fisac sich an den Vater wandte und klagte: »Wenn der so weitermacht, ersticke ich noch.«[3]

In der letzten Nacht ging der Nieselregen in Schnee über. Mehrere Male mußten sie den Rio Arabell durchwaten. Fisac trug Escrivá auf dem Rücken. Ihre Kleider waren durchnäßt. Der Boden war eiskalt. Schließlich versagten Escrivás Kräfte. Mit klappernden Zähnen klagte er über steifgefrorene Glieder. Er konnte kaum noch gehen. Wenn sie Rast machten, massierte Juan ihm die Beine. Doch Antonio drängte zur Eile. Er sagte, eine Grenzpatrouille befinde sich in der Nähe. Sie überquerten einen weiteren Fluß und sahen ein Haus, in dem Licht brannte. Hunde bellten. Sie stiegen in ein Tal hinab. In dem Wald am gegenüberliegenden Hang teilte Antonio ihnen mit, sie seien in Andorra, und verschwand.

Mitte Dezember 1937 erreichten sie schließlich San Sebastian im nationalistischen Spanien. Escrivás »Söhne« meldeten sich zum Militärdienst. Der Vater feierte Weihnachten bei einem Freund, dem Bischof von Pamplona. Escrivá war noch immer im Besitz der geschnitzten Rose, die später zum Emblem der weiblichen Abteilung des Werkes wurde. Am 8. Januar 1938 – dem Tag vor seinem 36. Geburtstag – kam er in Burgos an und zog mit Albareda, Casciaro und Botella in ein bescheidenes Hotel. Albareda traf sich erneut mit José Ibáñez Martín, der einige Wochen vor ihm in die Nationale Zone übergewechselt war. Der aragonesische Chemielehrer war inzwischen stellvertretender Erziehungsminister im Kabinett Francos. Für Albareda fand man eine Stelle im nationalen Kultusministerium. Escrivá sorgte dafür, daß Casciaro und Botella auf Schreibtischposten im militärischen Hauptquartier von Burgos eingesetzt wurden, während Fisac und die anderen an die Front geschickt wurden.

In Burgos machte sich Escrivá als erstes daran, das Werk wiederzubeleben. Er reiste unverzüglich nach Salamanca und bemühte sich, die Unterstützung der Hauptwohltäterin des Theresianischen Instituts, María Josefa Segovia, zu gewinnen. Pater Poveda, der Gründer der Theresianerinnen, war gleich zu Beginn des Roten Terrors in Madrid erschossen worden.

»Ich bin wieder mit Don José María zusammen«, schrieb María Josefa in ihr Tagebuch. »Er hat mich zutiefst aufgewühlt. Er sieht aus wie ein Gespenst, und er weint … Er sprach von seiner letzten Unterredung mit Pater Poveda ein paar Tage vor dem Martyrium unseres Gründers. Durch seine Worte durchlebten wir den ganzen Schrecken der Verfolgung von neuem. Abgesehen davon ist er voller Pläne.«[4]

Bei dieser Begegnung scheint es Escrivá mit der Wahrheit nicht so genau genommen und mit den Gefühlen der wohlhabenden Aristokratin gespielt zu haben. Wir wissen von seinen Biographen, daß er Pater Poveda nach Ausbruch des Bürgerkriegs nicht mehr gesehen hat und von dem Martyrium des älteren Priesters erst etwa drei Monate später erfuhr. Poveda wurde am 27. Juli 1936 von den *milicianos* umgebracht.[5]

Es ist nicht bekannt, ob María Josefa Segovia die leere Kasse des Werks ein wenig auffüllte. Wir wissen allerdings, daß er nach seiner Rückkehr aus Salamanca einen neuen Anlauf zu seiner Doktorarbeit nahm, nachdem er ein neues Thema gewählt hatte – eine Studie über die Äbtissin von Las Huelgas. Über die Änderung des Themas hatte er bereits ein Jahr zuvor nachgedacht; damals hatte er Pedro Casciaro gegenüber bemerkt, daß die künftige juristische Lösung für das Werk unter zwei Grabsteinen lag, die in den Boden der Kirche Santa Isabel in Madrid eingelassen waren. Es handelte sich um die Grabplatten zweier Königlicher Ordinarien, die dem Kirchengesetz zufolge die Stellung von *prelates nullius* innehatten, das heißt, von Ordinarien ohne Diözese, aber mit eigenem Territorium, eigener Kongregation und eigenem Klerus.[6]

Die mittelalterliche Abtei Las Huelgas – nur zwanzig Minuten zu Fuß von seinem Hotel entfernt – war für Escrivá ein einzigartiges Studienobjekt. Gegründet wurde die Abtei im Jahre 1187 von Alfons VIII. auf Geheiß seiner Gattin Eleonore, der Tochter Heinrichs II. von England. Sie sollte das Klosterleben von Frauen fördern, besaß eigene Ländereien und eine eigene Ordensgemeinschaft und war daher keinem Bischofssitz unterstellt, sondern einer eigenen Prälatin, der Äbtissin von Las Huelgas. Diese genoß einen ähnlichen Status wie ein Königlicher Ordinarius und war somit die ranghöchste Frau in der Kirche. Und das faszinierte Escrivá. Las Huelgas war lange Zeit eine *prelatura nullius*; erst Mitte des 19. Jahrhunderts wurde die rechtliche Stellung geändert.

Während Escrivá an seiner Dissertation arbeitete, wurde das Werk Gottes jäh in seiner Existenz bedroht. Ein Beamter des Finanzministeriums der Nationalisten, Don Jorge Bermúdez, der ursprünglich aus Albacete stammte, wo auch die Familie Casciaro lebte, machte Pedro Casciaros Vater, einen Freimaurer und republikanischen Offizier, für den Tod zahlreicher nationalistischer Frontkämpfer in Albacete verantwortlich. Er behauptete außerdem, daß der Sohn die politische Überzeugung des Vaters teile und daß er selbst gesehen habe, wie Pedro vor der Wahl im Februar 1936 in Albacete marxistische Traktate verteilt habe. Bermúdez bezichtigte Pedro, ein republikanischer Spion zu sein. Er hatte nicht die geringsten Beweise, doch das focht ihn in keinster Weise an, obwohl solch eine Beschuldigung eine Untersuchung von Escrivás Aktivitäten und Casciaros Hinrichtung durch ein Exekutionskommando zur Folge haben mußte.

Escrivá und Albareda suchten Bermúdez im Finanzministerium auf und appellierten an das christliche Gewissen des Mannes. Doch sie stießen damit auf taube Ohren. Selbst wenn der Sohn unschuldig wäre, was er bezweifelte, so müsse Pedro für die Verbrechen seines Vaters einstehen, betonte Bermúdez. Als die beiden schließlich Bermúdez' Büro verließen, hatte Escrivá eine schicksalhafte Vorahnung. Während sie die Treppe hinuntergingen, wandte er sich an Albareda und prophezeite mit fast geschlossenen Augen: »Morgen oder übermorgen wird es ein Begräbnis in dieser Familie geben.«[7]

Sie kehrten in das Hotel zurück und Escrivá erklärte den anderen, was vorgefallen war. »Wir begaben uns zum Mittagessen hinunter, und anschließend ging jeder seinen Geschäften nach. Der Vater und ich blieben allein im Raum. Wir lehnten am Balkongeländer und sahen auf den Fluß. Da sagte er leise zu mir: ›Morgen wird es eine Beerdigung in dem Haus geben.‹ Mir wurde angst und bange, und wir sprachen kein weiteres Wort«, erinnerte sich Fisac später.

»Kurze Zeit darauf schlug der Vater vor, in die Kathedrale zu gehen und mit dem Heiligen Geist zu sprechen. Wir gingen unter dem Bogen der Jungfrau hindurch in die Kathedrale und verließen sie nach stundenlanger

Meditation durch den Seiteneingang. Wir stiegen die Treppe hinab und hielten, bevor wir auf den Platz kamen, an einer Anschlagtafel inne. Eine der schwarz umrandeten Bekanntmachungen war neueren Datums. Der Vater las sie und war plötzlich ganz erregt. ›Was ist geschehen?‹ fragte ich. Er erwiderte: ›Der Herr, den ich heute früh aufgesucht habe, ist tot.‹ Ich war zutiefst bestürzt. Wir gingen ein paar Meter weiter, setzten uns in ein Café und bestellten einen Fruchtsaft. Da ermahnte mich der Vater, kein Urteil über den Dahingeschiedenen zu fällen. Ich glaube mich zu erinnern, daß wir für ihn beteten. Anschließend meinte der Vater, es wäre vernünftig, wenn Pedro und ich Burgos für ein paar Tage verließen, und er riet uns, noch am selben Abend mit José María Albareda nach Vitoria zu fahren. Wir gingen direkt von dem Café zum Oberkommando. Ich trat ein und bat Pedro und Paco, für einen Augenblick hinauszukommen; draußen erklärten wir ihnen, was vorgefallen war. Der Vater sagte, es wäre besser, wenn Pedro für zwei Tage verschwände, bis die Beerdigung vorbei war. Also ersuchte Pedro um Urlaub, um nach Vitoria zu fahren, wo an jenem Wochenende das Fest La Blanca stattfand.«[8]

Als Fisac drei Tage später nach Burgos zurückkehrte, forderten die anderen ihn auf, eine Erklärung zu den Vorkommnissen nach dem Diktat des Vaters zu unterschreiben. Er beteuerte, er sei überzeugt gewesen, der Vater habe den Sohn an der Front gemeint, als er sagte: »Morgen wird es eine Beerdigung geben.« Nach einigem Zögern unterschrieb er die Erklärung schließlich, und es wurde nie wieder über die Angelegenheit gesprochen.

Papst Pius XI. starb am 10. Februar 1939. Sein Nachfolger wurde Kardinal Eugenio Pacelli, der den Namen Pius XII. annahm. Vier Wochen nach Pacellis Wahl war der Bürgerkrieg zu Ende. Als Escrivá am 28. März 1939 mit den ersten nationalistischen Kolonnen nach Madrid zurückkehrte, war die Embryonalphase des Opus Dei beendet. Pius XII. schickte unverzüglich ein Telegramm an Franco und gratulierte ihm zu seinem »katholischen« Sieg.[9]

Eine von Francos ersten Maßnahmen war eine Kampagne von Repressalien gegen jeden, der als Sympathisant der Republikaner verdächtigt wurde. Die »Säuberung« der Gesellschaft nach dem Sieg der Nationalisten erhöhte die Zahl von über 500000 Bürgerkriegsopfern um weitere 200000 Opfer nationalistischer Hinrichtungskommandos.[10] Um die Verhaftung von Staatsfeinden zu erleichtern, gab Francos Polizei spezielle blaue Formulare aus, mit denen die Bürger ihre Nachbarn denunzieren oder Hinweise geben konnten, die zur Entlarvung von Kollaborateuren der Volksfront führten.[11]

Escrivá begann sofort damit, das Werk wieder zusammenzuflicken und es zum Bannerträger einer Idee zu machen, die als »autoritärer Klerikalismus« bezeichnet wurde. Mit Ricardo Fernández Vallespín, Juan Jiménez Vargas und seinem Bruder Santiago inspizierte er das DYA-Wohnheim. Das Gebäude war in der Schlacht um Madrid im Jahre 1937 völlig zerstört worden und mußte abgeschrieben werden. Da der Fomento de Estudios Superiores keine weiteren Zahlungen geleistet hatte, war das Gebäude wieder in die Hände des Eigentümers übergegangen. Escrivá war jedoch fest entschlossen, vor Beginn des Studienjahres im Oktober ein neues Studentenwohnheim zu eröffnen.

Während sich das übrige Europa auf den Weltkrieg vorbereitete, erlebte Spanien im April und Mai 1939 eine Reihe von Siegesfeiern, deren Höhepunkt Francos Einzug in Madrid am 28. Mai war. Die Hauptstadt erstrahlte im Rot und Gold des neuen Spanien. Etwa 200 000 Soldaten waren zu einer großen Siegesparade in die Stadt gekommen. Die Parks waren zu Militärlagern umfunktioniert worden, die Straßen blockiert von Panzern, Truppenfahrzeugen, Geschützen und motorisierten sowic von Maultieren gezogenen Fuhrwerken. Der Aufmarsch der dreißig Kilometer langen Parade dauerte fünf Stunden. Die Menschen sollen tief beeindruckt gewesen sein von der protzigen Zurschaustellung militärischer Macht. Zu sehen waren italienische und deutsche Eliteeinheiten, Artillerie, Panzertruppen, motorisierte Infanterie, Militärkapellen und endlose Züge spanischer Soldaten in bis zu zwanzig Mann breiten Reihen, darunter die Blauhemden der Falangisten, karlistische *Requetés* mit riesigen Kruzifixen, das vom Kampf gezeichnete Armeekorps von Navarra, maurische Soldaten in Pluderhosen und die Spanische Fremdenlegion.

An jenem Sonntag wohnte Franco einer feierlichen *Te-Deum*-Messe in der königlichen Basilica Santa Bárbara bei. Der Weg zur Basilika war gesäumt von jungen Falangisten mit Friedenspalmen. Der Chor des Klosters des heiligen Dominikus von Silos begrüßte Franco mit einem mozarabischen Gesang aus dem zehnten Jahrhundert, der für den Empfang von Fürsten verfaßt worden war. Umgeben von militärischen Relikten aus der spanischen Kreuzfahrerzeit, darunter Don Juan d'Austrias Standarte aus der Schlacht von Lepanto, die speziell zu diesem Anlaß von Burgos nach Madrid gebracht worden war, überreichte Franco sein »Siegesschwert« dem Primaten von ganz Spanien, Kardinal Isidoro Gomá, der es auf den

Hochaltar vor das große Kruzifix des Christus von Lepanto aus der Kathedrale von Barcelona legte.[12] Dann bat Franco um göttlichen Beistand, um das spanische Volk »zur vollen Freiheit des Reiches Deiner Gnade und Deiner Kirche« zu führen.[13]

Ende September 1939 veröffentlichte Escrivá seine 999 Maximen unter dem Titel *Der Weg*. »Wenn diese Gedanken in dir leben werden«, hieß es in der Einführung, »dann wirst du ein vollkommener Nachahmer Christi und ein Mensch ohne Tadel sein. Und mit solchen christusförmigen Menschen wie du wird Spanien seine alte Größe seiner Heiligen, Weisen und Helden wiedererlangen.« Escrivás Anhänger bezeichneten das Buch als einen »Klassiker der geistlichen Literatur ..., eine ›Nachfolge Christi der Moderne‹«.[14]

Manche Kritiker behaupteten, das Werk sei »oberflächlich«, was durchaus der Fall sein mag, doch diese Kritik geht am eigentlichen Problem vorbei. *Der Weg* war im Grunde ein Handbuch des autoritären Klerikalismus. Professor José María Castillo ging sogar noch weiter. Er behauptete, das Werk lasse die Frage der »Erkenntnis« unberücksichtigt – ein schwerwiegender Vorwurf, denn in der Theologe ist »unterscheidendes Erkennen« ein Reizwort. »Tatsächlich ist die Erkenntnis der Ausdruck des wahren Gottesdienstes der Christen (Röm 12,1–2), die Verwirklichung ihres Lebenswandels als ›Söhne des Lichts‹ im Gegensatz zu den ›Söhnen der Finsternis‹«, erläuterte Castillo, ein jesuitischer Theologieprofessor an der Universität von Granada.

»Wenn also ein Buch, das *sich als Programm geistlichen Lebens ausgibt*, sich zur christlichen Erkenntnis überhaupt nicht äußert, kann man mit letzter Sicherheit behaupten, daß dieses Buch nur einen oberflächlichen Anstrich evangelischen Geistes besitzt, und darüber hinaus darf man sogar feststellen, daß ein solches Buch in seinem letzten Kern nicht christlich ist«, schrieb Castillo in einem Artikel, der den Zorn des Opus Dei heraufbeschwor. Kurz darauf wurde Castillos theologische Lehrbefugnis widerrufen.

Aber was genau ist »unterscheidendes Erkennen«? Bei diesem Begriff geht es um die Bestimmung der Authentizität besonderer mystischer Erfahrungen – ob sie göttliche Eingebung oder rein menschliche Regungen sind. Ignatius von Loyolas Betrachtungen über das Erkennen stellen einen wesentlichen Aspekt seiner *Exercitia spiritualia (Geistliche Übungen)* dar. Ignatius war so von dem Problem gefesselt, daß er eine Reihe von Regeln für die »Unterscheidung der Geister« (oder »Regungen«)

aufstellte, die er auf sein eigenes spirituelles Erleben anwandte. Ignatius hat allerdings nie behauptet, Gott habe die Societas Jesu erschaffen. Man hätte das unterscheidende Erkennen vermissen können, wenn er es getan hätte. Dieses Interesse an Erkenntnis, so behauptete Castillo, ließ *Der Weg* nicht erkennen. Im Grunde genommen duldet *Der Weg* weder Zweifel noch Kritik. Das Werk betont nachdrücklich, daß wahre Christen eine von Disziplin geprägte Gemeinschaft bilden müssen. In diesem Sinne, urteilte Pater Castillo, liegen die Wurzeln des Fanatismus innerhalb des Opus Dei bereits in den Maximen, die *Der Weg* aufstellt.

Die in einfacher, ungeschliffener Sprache verfaßten Maximen rufen in jedem, der sich mit ihnen identifiziert, ein Gefühl der Überlegenheit hervor. Der Leser erfährt, er könne gar nicht »Dutzendmensch werden. Du – zum großen Haufen gehören, der du zur Führung geboren bist?! Bei uns haben Laue keinen Platz. Sei demütig, und Christus wird aufs neue in dir die Glut seiner Liebe entfachen.« (Maxime 16). Der Geist der Überlegenheit ist auch im Begriff der Heiligkeit, wie das Opus Dei ihn verwendet, enthalten. In Maxime 387 heißt es:»Die Ebene jener Heiligkeit, die der Herr von uns erwartet, ist durch diese drei Punkte zu bestimmen: heilige Unnachgiebigkeit, heiliger Zwang und heilige Unverschämtheit.« In der Überzeugung, im Besitz der unleugbaren Wahrheit zu sein, konstatierte der Vater:»Die Nachgiebigkeit ist ein sicheres Zeichen, daß man nicht in der Wahrheit ist. Wenn ein Mensch in Dingen der Ideale, der Ehre oder des Glaubens nachgibt, dann ist dieser Mensch ein Mensch ohne Ideale, ohne Ehre und ohne Glauben« (Maxime 394).

Da die Frage des unterscheidenden Erkennens ausgeklammert wird, erscheint es unwahrscheinlich, daß die Laienschar des Werkes je eine spirituelle Reife erlangen wird. Wenn sie einen Zustand christlicher Vollkommenheit erreichen wollen, so erfahren sie, müssen sie ihr inneres Selbst aufgeben und an einen Höheren abtreten. Maxime 377 bringt dies klar zum Ausdruck:»Wie soll ich aber ›unsere Formung‹ erwerben, wie ›unseren Geist‹ bewahren? Erfülle die konkreten Normen, die dein Leiter dir gab und erklärte und ans Herz legte. Erfülle sie, und du bist Apostel.« Dieser speziellen Formung sind einzig und allein »wir« teilhaftig. »Unser Geist« besteht in der Erfüllung der spezifischen Normen, die »dein Leiter« diktiert. Mit anderen Worten, man verläßt sich nicht auf die eigene spirituelle Erkenntnisfähigkeit, sondern allein auf seinen geistlichen Führer.

Damit wollte Escrivá wohl sagen, daß der Gehorsam gegenüber dem

Vater, und stellvertretend gegenüber dem geistlichen Leiter eines jeden Mitglieds, der Schlüssel zum Tor des Himmels sei. So lautet auch die Maxime 941: »Gehorchen ..., sicherer Weg. Den Vorgesetzten mit rückhaltlosem Vertrauen gehorchen ..., Weg der Heiligkeit. Gehorchen in deinem Apostolat ..., der einzige Weg; denn in einem Werk Gottes muß dies der Geist sein: daß man gehorcht oder geht.« Gemäß der Maxime 623 muß man in jeder »Kleinigkeit« gehorchen, selbst wenn man einen Auftrag für »fruchtlos oder schwierig« hält – »Führe ihn aus.« Maxime 59 lehrt, daß jeder Führung braucht. »Du solltest dir die bewährte Erkenntnis vor Augen halten, daß der eigene Verstand ein schlechter Ratgeber und ein schlechter Lotse ist, wenn es darum geht, die Seele durch die Böen und Stürme und Klippen des inneren Lebens zu steuern. Deshalb ist es der Wille Gottes, daß ein Kundiger die Führung des Schiffes übernimmt und uns mit seinem Licht und seinem Wissen in einen sicheren Hafen führt.« Diese Führung ist jedoch nicht dem Heiligen Geist zu überlassen. Sie ist auf einen Menschen zu übertragen, den Vater, den einzigen, der gewährleisten kann, daß man Heiligkeit erlangt. »Befolgt meine Worte, und ich verspreche euch den Himmel.«

Wird das unterscheidende Erkennen ausgeklammert, so wird das Evangelium sinnentleert, der Glaube entfremdet und das Individuum erniedrigt. Paulus lehrte die Korinther die rechte Feier des Mahls: »Denn wer davon ißt und trinkt, ohne zu bedenken, daß es der Leib des Herrn ist, der zieht sich das Gericht zu, indem er ißt und trinkt.«[15] Sobald diese Entfremdung einsetzt, ist der Grundstein für einen Kult gelegt. Pater Castillo kam zu dem Schluß: »*Der Weg* mündet zwangsläufig in die Entfremdung der Person und die – schlecht beratene – Komplizenschaft mit der ›Welt‹, die Jesus bekämpft, und von der er auch bekämpft wurde bis hin zum Kreuz.«[16]

8 Fromme Vereinigung

Was auch immer über uns geschrieben wird, wir
dürfen niemals vergessen, daß so wie unsere Feinde
unsere Fehler zu übertreiben gewohnt sind, unsere
Freunde uns in ihrem Lob zu erhöhen pflegen; doch
letztlich sind wir nur das, was wir in den Augen Gottes
sind.

Franz von Assisi, Mission

Es wäre Unsinn zu behaupten, Escrivá interessierte
sich nur für das geistliche Wohl seiner Anhänger und die Art, wie sie ihr
Apostolat ausführten – also dafür, daß sie offen und arglos Verwandten,
Freunden und Kollegen die Frohe Botschaft überbrachten. Escrivá strebte
nach Macht. Er war ein Intrigant. Ein Intrigant Gottes. Er wollte Macht
über Universitäten und später über Ministerien ausüben, um einen Rückfall
in Anarchie, Liberalismus und Marxismus zu verhindern. Die Abwehr
dieses gottlosen Dreigestirns, des »ALM-Komplexes«, stand im
Mittelpunkt der Mission des Opus Dei. Sie war die Voraussetzung dafür,
»Gott ins Angesicht zu schauen«, wie der Vater es formuliert haben
könnte.
Die Behauptung, das Opus Dei verfolge keine politische Mission, entspricht
daher nicht ganz der Wahrheit. Das Werk verfolgte ein politisches
Ziel, und Escrivá selbst nannte den Grund dafür: »Wesentlich besser
scheint mir, daß es viele hochqualifizierte Katholiken gibt, die von verantwortlichen
Stellen aus – wiewohl sie sich nicht mit dem Adjektiv ›katholisch‹
schmücken – mit diesen Instrumenten arbeiten und so eine wahrhaft
katholische Wirksamkeit, getragen von aufrichtiger Liebe zu den
Arbeitskollegen, entfalten.«[1]
Könnte man es deutlicher ausdrücken? Die Mission des Opus Dei bestand
weniger darin, einzelne Seelen zu retten. Es ging darum, Vater Escrivás
Arbeitgeber, die römisch-katholische Kirche, zu retten. Das war der
zentrale Kreuzzug des Opus Dei. Diese Botschaft verkündete das Werk
Gottes jedoch nicht öffentlich. Sie erging nur an die Funktionäre. Die

Öffentlichkeit sollte glauben, das Opus Dei wolle die Botschaft verkünden, daß Heiligkeit durch Arbeit erlangt werden könne, daß Arbeit ein wesentlicher Bestandteil des menschlichen Lebens sei und daher geheiligt werden müsse.

»Was es für mich ausmacht, ob ein Mitglied Minister eines Kabinetts oder Straßenkehrer ist? Mir geht es darum, daß es in der Liebe zu Gott und den Menschen wächst, in seiner Arbeit und durch seine Arbeit«, erwiderte Vater Escrivá, als ihm ein Kardinal 1957 dazu gratulierte, daß zwei seiner »Söhne« zu Ministern ernannt worden waren. Die Bemerkung zitierte Kardinal Albino Luciani, einen Monat bevor er Papst wurde. »Diese Erwiderung sagt uns alles über Escrivá und den Geist des Opus Dei.«[2] In Wirklichkeit besagt dieses Urteil mehr über Lucianis Seelengüte und Naivität. Diese Anekdote, die das Opus Dei immer wieder in Erinnerung rief, vermittelte einen irreführenden, einseitigen Eindruck von der Mission des Opus Dei. Natürlich war Escrivá überzeugt, daß jene Mitglieder, die seiner geistlichen Führung folgten, »in der Liebe zu Gott und den Menschen« wuchsen. Für ihn war das völlig offenkundig. Wenn die Mitglieder ihr Apostolat vollständig erfüllten – die Kirche reinhielten und neue Streiter für die Miliz rekrutierten –, dann pflegte Escrivá ihnen zu versichern: »Ich verspreche euch den Himmel.«[3] Um aber in den Himmel zu kommen, mußten sie *für die Kirche kämpfen*. Das war die andere Seite der Medaille, die verdeckte. Der Kampf für die Kirche hatte natürlich zur Folge, daß Seelen gerettet wurden. Aber die Kirche kam zuerst; die Seelen waren zweitrangig. Und um die Kirche zu schützen, strebte das Opus Dei danach, »eine wirkliche Präsenz des Katholizismus« in der irdischen Welt zu schaffen, indem seine Mitglieder »verantwortungsvolle Positionen« übernahmen. Das war die wesentliche Funktion des Opus Dei nach 1939.

Das Opus Dei könnte behaupten, dies sei ein gehässiger Angriff eines Außenstehenden, der die internen Prozesse einer von Gott geschaffenen Organisation mißdeutet. Seine Funktionäre würden sicherlich darauf verweisen, daß Escrivá selbst der Welt versicherte: »Es gibt keine Seele, die wir nicht lieben.« Hatte er nicht auch erklärt: »Wen nicht dürstet nach allen Seelen, der hat keine Berufung zum Opus Dei. Als Kinder Gottes … müssen du und ich an die Seelen denken, wenn wir die Menschen sehen«?[4]

Zugegeben, der Gründer sagte derlei Dinge. Eines der Probleme beim Zitieren seiner Äußerungen besteht jedoch darin, daß er ein Meister der doppelzüngigen Rede und der doppelten Moral war. In der Öffentlichkeit sagte er das eine, im Kreis seiner »Kinder« das andere. Noch bezeichnender war, daß er der Mehrzahl seiner Kinder etwas völlig anderes erzählte als seinen engsten Mitarbeitern, den sogenannten »Inscritos«. Auch bei seinen Publikationen gab es zwei Schienen: eine für die allgemeine Öffentlichkeit, *Der Weg* zum Beispiel, und eine andere ausschließlich für auserwählte Numerarier. Es wurde befohlen, die Exemplare von *Crónica*, von Monatsschrift für Funktionäre, in den Zentren streng unter Verschluß zu halten.[5]

Gewiß, der Gründer sagte:»Wen nicht dürstet nach allen Seelen, der hat keine Berufung zum Opus Dei.« Er erklärte aber auch:»Wir gehen nicht zum Apostolat, um Beifall zu erhalten, sondern um die Kirche an vorderster Front zu verteidigen, wenn es schwierig ist, Katholik zu sein, und um unbemerkt zu bleiben, wenn der Katholizismus in Mode ist.«[6]

Da das Opus Dei im Jahre 1939 nicht mehr als eine Handvoll Mitglieder, kein Geld, keine Zentrale und nicht einmal eine rechtliche Stellung aufzuweisen hatte, mag das Programm für die folgenden Jahre unerhört ehrgeizig erschienen sein. Allerdings war es nur dem Gründer und einigen seiner Apostel bekannt. Um dieses Programm zu verwirklichen, benötigte man einen Plan. Der meisterhafte Stratege Escrivá war auch ein meisterhafter Planer. Er faßte seine Strategien zu einem Entwurf zusammen, den er als Lebensplan bezeichnete.»Ohne Lebensplan keine Ordnung«, erklärte er in Maxime 76. Als Escrivá nach tausend Tagen Bürgerkrieg nach Madrid zurückkehrte, trug er ein kleines Notizheft in der Tasche. Darin hatte er»Punkt für Punkt seine Projekte der Erneuerung und der Ausweitung des apostolischen Wirkens vermerkt und die erforderlichen Schritte sowie die angestrebten Ziele benannt«.[7] Das war sein Entwurf für »Plan A«.[8] Weil damals die Wolken des Krieges tief über Europa hingen, mußte man sich auf das Inland beschränken. Das Werkzeug Gottes mußte zunächst einmal eine sichere Basis zu Hause schaffen, bevor das Apostolat des Opus Dei auf die übrige Welt ausgedehnt werden konnte.

»Plan A« wurde mehrmals modifiziert, bevor das Opus Dei als säkulare Organisation unter dem Dach der Kirche offiziell anerkannt wurde. Im wesentlichen bestand er aus vier grundlegenden Komponenten. Im Mittelpunkt stand das politische Ziel, ein Bollwerk gegen den »ALM-Komplex« zu errichten. Dazu benötigte das Opus Dei einen Mitarbeiterstab, ein nationales Hauptquartier und eine Organisationsstruktur. Zudem brauchte es Kämpfer – das »Werk von St. Raphael«. Das bedeutete, daß in Madrid und in den Provinzen neue Opus-Dei-Zentren gegründet werden mußten. Strategisches Ziel war die Kontrolle der höheren Bildungseinrichtungen.

Unglaublich? Vermessen? Größenwahnsinnig? Da kam dieser Landpriester ohne eine Pesete in der Tasche, ein Niemand, und glaubte, er könne die Kontrolle über Spaniens Universitäten übernehmen. Doch der Hinterwäldler mit dem Staub Aragons auf der Soutane hatte viel gelernt, seit er aus der Provinz in die Hauptstadt gekommen war. Er hatte die Verfolgung durch die extreme Linke überlebt. Er war der Aufsicht seines Ordinarius entkommen. Er hatte in gewissem Sinne die Normen gesprengt. Er hatte einen sicheren Umgang mit den unfehlbaren Mitteln bewiesen, von denen in Maxime 474 die Rede ist – der Liebe, dem Glauben und dem Kreuz. Doch von nun an standen ihm andere Mittel zur Verfügung, die José Ibáñez Martín, der Mann der Stunde, bereitstellte.

Liebe und Glaube, darin stimmten Escrivás Anhänger überein, waren Kapitalien, die der Vater in übernatürlicher Fülle besaß; sein Kreuz bestand in der Ideologie des autoritären Klerikalismus. All das war indes weder neu noch originell; nichts anderes vertrat die ACNP. Für Escrivá wie auch für Angel Herrera und Ibáñez Martín lag die Wurzel des Übels im ALM-Syndrom. In den zwanziger und dreißiger Jahren hatte es so massiv an Einfluß gewonnen, daß die Liberalen das spanische Bildungswesen vollständig beherrschten. Um den liberalen Einfluß auszuschalten, mußte das Bildungswesen von Grund auf gesäubert werden. Franco teilte diese Überzeugung; mit der Durchführung dieser Säuberung betraute er den eulenhaften Ibáñez Martín, den er im April 1939 zu seinem Bildungsminister ernannte. Mit Hilfe José María Albaredas entwarf Ibáñez Martín einen nationalen Bildungsplan, der vollkommen mit den Absichten und Zielen des Opus Dei übereinstimmte.

Ibáñez Martíns dringlichste Aufgabe bestand darin, neue Professoren zu berufen, um die verwaisten Lehrstühle zu besetzen, und die Referenzen und die »politische Zuverlässigkeit« jener zu überprüfen, die den Bürgerkrieg überstanden hatten. Einhundertfünfzig neue Professoren mußten in den folgenden drei Jahren ernannt werden. Ibáñez Martín krempelte das Berufungsverfahren völlig um und nahm den Universitäten dabei jegliche Autonomie. Die fünfköpfigen Berufungsgremien wurden fortan von ihm besetzt und entschieden nach seinem Ermessen. Zwei Opus-Dei-Mitglieder erhielten sofort einen Lehrstuhl: José María Albareda (Agronomie) und der ehemalige DYA-Student Angel Santos Ruiz (Physik). Dutzende weitere sollten in den nächsten Jahren folgen.

Zu den ersten Schritten von Ibáñez Martín gehörte auch das Gesetz vom 24. November 1939, mit dem der Consejo Superior de Investigaciones Científicas (der Hohe Forschungsrat) ins Leben gerufen wurde, der für das Opus Dei zum wichtigsten Deckmantel beim Angriff auf die Universitäten wurde und der die Ausweitung des Werkes im Ausland mitfinanzierte. Ibáñez Martín ernannte sich selbst zum Präsidenten des Rates. Als Vizepräsidenten berief er den Augustinerpater José López Ortiz, einen der engsten Vertrauten Escrivás: Ortiz und Escrivá hatten sich 1924 an der Universität von Saragossa kennengelernt. Zum Kanzler des Rats ernannte Ibáñez Martín jedoch Escrivás zwölften Apostel. Albareda, bekannt dank seiner Forschungsarbeiten über Bodenchemie, war für den Posten bestens geeignet. Er wurde zum Hohepriester der spanischen Wissenschaft – eine Position, die er bis zu seinem Tod im März 1966 innehatte.

Bei der breitgefaßten Definition des Begriffs »Wissenschaft«, den Ibáñez Martín und Albareda anwendeten, reichten die Zuständigkeiten des Rates von der Theologie bis zur Ökonomie. Um seine Aufgaben zu erfüllen, umgab sich Albareda mit Opus-Dei-Rekruten. Der Consejo Superior de Investigaciones Científicas wurde auch als Nährboden des Opus Dei bezeichnet.[9] Der Rat entschied, wer Stipendien für Aufbaustudien und Promotionsstudien im Ausland erhielt. Er bezahlte die Beihilfen und Reisekostenzuschüsse aus. Ein Studium im Ausland war nur mit Zustimmung des Consejo Superior möglich, und wegen strenger Devisenkontrollen wurden die Auslandsstipendien über offizielle Bankverbindungen ausbezahlt.

Der Wissenschaftsrat verfügte über ein stattliches Budget, das aus Steuergeldern finanziert wurde, und erhielt auch private Spenden, auf deren Verteilung das Opus Dei Einfluß nehmen konnte. Der Rat war nicht der Aufsicht des Generalrevisors unterstellt, sondern beschäftigte eigene Rechnungsprüfer. Seine Ressourcen waren für das damalige Spanien wahrlich enorm. Zwischen 1945 und 1950 erhielt der Consejo Superior de Investigaciones Científicas 259 Millionen Peseten aus staatlichen Mitteln; dagegen flossen ganze 84 Millionen Peseten in den Bau dringend benötigter Grundschulen.[10]

Ibáñez Martín öffnete viele Türen und gewährte Zugang zu akademischen Privilegien, die Escrivás Status als Gründer einer politisch-religiösen

Bewegung Rechnung trugen. Er teilte Pater López mit, daß Escrivá an einer Doktorarbeit schreibe. López Ortiz besuchte Escrivá und erkundigte sich, welche Fortschritte die Dissertation mache. »Sie war praktisch abgeschlossen«, erinnerte sich der Augustiner später. »Der Termin für ihre Verteidigung konnte daher auf Ende Dezember festgesetzt werden ... Ich war mit im Gremium ... Die Arbeit war eine juristische Untersuchung mit einem wahrlich außergewöhnlichen Maß an Schlüssigkeit und Stil. Wir alle, die dem Professoralkollegium angehörten, waren beeindruckt, und die Arbeit erzielte die beste Note.«[11]

Reibungsloser hätte es wohl nicht gehen können. Trotzdem herrschen über Escrivás Promotion in Zivilrecht Unklarheiten. Die Doktorarbeit behandelte die kirchenrechtliche Rahmenordnung, die im Mittelalter für die *prelatura nullius* von Las Huelgas konstruiert wurde. Es ging also überhaupt nicht um Zivilrecht. Zur Klärung dieser Absonderlichkeit forschte ein Reporter der Madrider Zeitung *Cambio 16* nach Vater Escrivás Studienbuch. Die Suche war, wie er berichtete, erfolglos. »Im Ministerium für Bildung und Wissenschaft erfuhren wir: ›Von 1930 bis heute hat es nie einen Universitätsstudenten gegeben, der unter diesem Namen eingeschrieben war.‹ In Saragossa verlief unsere Suche ebenfalls ergebnislos.«[12] War Vater Escrivás erster Doktortitel – Jahre später wurde ihm von der Päpstlichen Lateran-Universität in Rom ein zweiter verliehen[13] – etwa ein Geschenk von Ibáñez Martín?

Um eine junge Elite anzuwerben, mußte das Opus Dei Studentenwohnheime einrichten, und zwar schnell. Ibáñez Martín bereitete ein neues Hochschulgesetz vor. Das neue Gesetz sah vor, daß jeder Student, der sich immatrikulieren wollte, einem *Colegio Mayor* angehören mußte. Diese Wohnheime konnten staatlich oder privat geführt werden. Das Gesetz sollte 1943 in Kraft treten, doch das Opus Dei wollte bereits vorher mehrere Wohnheime eröffnen.

Das erste dieser Häuser war die Jenner-Residenz. Im Juli 1939 unterzeichnete Zorzano einen dreißigjährigen Mietvertrag für drei Wohnungen. Das Gebäude war ansprechend, die Wohnungen waren geräumig. Zwei Wohnungen im dritten Stock wurden miteinander verbunden; in der Wohnung auf der ersten Etage wurden ein Andachtsraum, ein Speisesaal, ein Gemeinschaftsraum, ein Lesesaal und Küchenräume eingerichtet.[14] Der Vater gab den Posten in der Pfarrei Santa Isabel auf und zog im August 1939 mit seiner Familie in das Jenner-Wohnheim. Als das Heim zwei Monate später seine Tore öffnete, übernahmen Doña Dolores, inzwischen als »Großmutter« bezeichnet, und die Schwester Carmen, die die Mitglieder als »Tante« anredeten, die häusliche Versorgung der bis zu vierzig männlichen Studenten. Der Vater bewohnte eine eigene Suite mit Schlafzimmer, Büro und Badezimmer; in letzterem züchtigte er sich mit der Geißel, die er noch peinigender machte, indem er Metallstücke und Rasierklingen in die Hanfstricke einflocht. Er praktizierte diese Selbstkasteiung mit solch grausamer Härte, daß seine Kinder regelrecht zusammenzuckten. Ein neu eingeführter Numerarier, der als Chirurg in einer Madrider Klinik arbeitete, war höchst beunruhigt, als er den Vater blutüberströmt vorfand. Am nächsten Morgen warf er die Geißel in Escrivás Abwesenheit kurzerhand aus dem Fenster.[15]

Mit Zentren in Barcelona, Valencia und Valladolid war Escrivá Ende 1939 geistlicher Aufseher über einhundert Seelen. Er unternahm Exkursionen zu Provinzuniversitäten, oft in Begleitung von José López Ortiz, dem Vizepräsidenten des Consejo Superior de Investigaciones Científicas. Bis zu seiner Ernennung zum Bischof von Tuy-Vigo im Juli 1944 stand Pater López in so engem Kontakt mit Escrivá, daß er eigentlich als Mitglied betrachtet wurde. Seinen eigenen Äußerungen zufolge traf er sich jeden Tag mit Escrivá und kannte die meisten Mitglieder persönlich; Isidoro Zorzano diente er als Beichtvater. Escrivá hatte inzwischen einen Mitarbeiterstab zusammengestellt. Außer Zorzano, seinem Generaladministrator, gehörten dazu weitere sechs der zwölf Apostel: Paco Botella fungierte als Generalsekretär; Alvaro del Portillo war Prokurator; und José María Albareda war Studienpräfekt. José María Hernández de Garnica, Ricardo Fernández Vallespín und Pedro Casciaro waren Konsultoren.

Ein Teil von »Plan A« war das Bestreben, den Gründer mit einem etwas aufgewerteten Stammbaum auszustatten, so als hielte er es für nötig, endlich den Staub Aragons von seiner Soutane abzuschütteln. Er besprach sich mit seiner Schwester und seinem Bruder. Seine Mutter war mit dem Vorhaben offensichtlich nicht einverstanden, denn sie gehörte nicht zu den Unterzeichnern der Petition, die an das Justizministerium geschickt wurde. Der Antrag auf »Änderung unseres Familiennames in Escrivá de Balaguer, um uns von anderen Escrivás zu unterscheiden, indem wir die Anredeform der Vorfahren annehmen«, wurde in jenem Frühjahr vor dem Madrider Zivilgericht angehört. José María, Carmen und Santiago begründeten ihr Ersuchen folgendermaßen: »Escrivá ist in der Levante und Katalonien ein ausgesprochen häufiger Name, was zu nachteiligen und unangenehmen Verwechslungen führen kann. Es ist daher wünschenswert, unserem Familiennamen den Herkunftsort der Familie hinzuzufügen.«

Die Familie war nie in der Levante oder in Katalonien ansässig gewesen, wo der Name Escrivá ohne jeden Zusatz angeblich eine solch unerträgliche Bürde war. Doch das spielte keine Rolle. Die Behörden bewilligten die Namensänderung. Fortan sollte der Gründer des Opus Dei als Dr. José María Escrivá de Balaguer angesprochen werden.

Inzwischen war es höchste Zeit, eine geeignete Zentrale zu erwerben. Das Jenner-Wohnheim erwies sich als so erfolgreich, daß bald eine Warteliste eingeführt wurde. In der Calle Diego de León fand man eine Villa mit einem kleinen Garten. Laut Opus Dei wurde das zweistöckige Haus vom Fomento de Estudios Superiores, vertreten durch Ricardo Fernández Vallespín, für monatlich 13 000 Peseten gemietet – damals umgerechnet etwa 450 DM. Einem Finanzverwalter des Opus Dei zufolge wurde das Anwesen Ende der vierziger Jahre der Marquesa de Rafal schließlich für sechs Millionen Peseten (210 000 DM) abgekauft. Zuerst hieß es, man habe nicht genügend Kapital, um die Heizung zu reparieren oder auch nur Kohle zu kaufen. Wenn das der Fall war, dann deswegen, weil Unsummen in andere Umbauten investiert wurden, zum Beispiel die Umgestaltung eines ovalen Salons in einen üppig ausgestatteten Gebetsraum. Escrivá zog im Dezember 1940 mit seiner Familie ein. Er hatte ein kleines Zimmer im zweiten Stock und neben der Kapelle im ersten Stock ein Büro. Mutter, Schwester und Bruder teilten sich eine Wohnung im Erdgeschoß. Bereits vor Abschluß der Umbauten war das Gebäude zu klein; in den sechziger Jahren wurde es um vier Etagen erweitert.

An dem Gebäude befand sich keinerlei Hinweis, daß es sich um die Zentrale des Opus Dei handelte. Eine Zentrale erforderte jedoch einen Mitarbeiterstab und eine Buchhaltung. Darum sollte sich Isidoro Zorzano kümmern. Der erste Apostel litt an einer nicht diagnostizierten Krankheit, die ihn in den folgenden beiden Jahren zunehmend schwächte. Die Strapazen der vergangenen Jahre hatten auch bei dem Gründer ihre Spuren hinterlassen; im Mai 1944 wurde eine Diabetes bei ihm festgestellt, die fortan tägliche Insulinspritzen notwendig machte.[16]

Dr. Escrivá de Balaguer operierte nun über die Grenzen der Diözese hinaus – doch das schuf Probleme. Es heißt, daß eine Flüsterkampagne gegen ihn gestartet wurde. Das Gerücht ging um, er und seine Anhänger praktizierten Freimaurerriten. Zwei junge Männer, die Interesse an einer

Mitgliedschaft bekundeten, nahmen an einem Dankgottesdienst im Jenner-Wohnheim teil und berichteten, der Gebetsraum enthalte kabbalistische Symbole. Auch die Kapelle im Haus Calle Diego de León spielte bei diesen Beschuldigungen eine Rolle, weil sie eine elliptische Form hatte. Die Dominikaner wurden mit einer Untersuchung beauftragt. Sie entdeckten keine heidnischen Symbole an der Kapelle im Jenner-Wohnheim, und die Kapelle in der Calle Diego de León war elliptisch, weil der Raum zufällig diese Grundform hatte. Es wurde nie bekannt, wer die Gerüchte in Umlauf gebracht hatte. Einige glaubten, die Jesuiten hätten dahintergesteckt, und in der Tat brach Escrivá zu jener Zeit endgültig mit seinem jesuitischen Beichtvater. Der Grund, so hieß es, war dessen mangelnde Überzeugung, daß das Opus Dei die offizielle Approbation durch die Kirche erlangen würde, um die man sich bis dahin allerdings noch gar nicht gekümmert hatte.[17]

Auch López Ortiz wurde wegen seiner Sympathien für das Opus Dei innerhalb der Universität kritisiert. Er hatte seinen Assistenten, den vierundzwanzigjährigen Opus-Dei-Numerarier José Orlandis, für den Lehrstuhl in Rechtsgeschichte an der Universität von Saragossa vorgeschlagen. Orlandis bekam den Posten, trat die Stelle aber nicht an. Im November 1942, mitten im Krieg, reisten er und der Numerarier Salvador Canals nach Rom, um im Vatikan ihre Studien in Kirchenrecht zu vertiefen. Kamen sie in den Genuß von Stipendien des Consejo Superior? Das Opus Dei erklärte, sie hätten Zuschüsse vom Ministerium für Bildung erhalten, was auf dasselbe hinausläuft. In Wirklichkeit waren die beiden von Escrivá de Balaguer instruiert worden, Kontakte zur Römischen Kurie zu knüpfen und diese über das Opus Dei zu unterrichten. Durch ihren Aufenthalt in Rom begründeten die beiden die erste inoffizielle Opus-Dei-Niederlassung im Ausland.

Eines Nachts klingelte weit nach Mitternacht in der Zentrale in der Calle Diego de León das Telephon. Als der Vater den Hörer abnahm, sprach ihn eine Stimme mit dem Vornamen an und zitierte auf lateinisch die Worte Jesu an Simon Petrus: »Simon, Simon, der Satan hat verlangt, daß er euch wie Weizen sieben darf. Ich aber habe für dich gebetet, daß dein Glaube nicht erlischt. Und wenn du dich wieder bekehrt hast, dann stärke deine Brüder.«[18] Allerdings verwendete der Anrufer das lateinische Wort für »Söhne« anstatt für »Brüder«.

Escrivá de Balaguer hatte die Stimme erkannt – es war Leopoldo Eijo y Garay, der Bischof von Madrid-Alcalá. Der Vater verstand den Anruf als

Warnung vor weiteren Verfolgungen. Er behauptete, er hätte Don Leopoldo stets über die Entwicklung des Opus Dei auf dem laufenden gehalten, und weil Eijo y Garay dem Werk seine »mündliche Zustimmung« gegeben habe, sei keine Anerkennung *in scriptus* erforderlich gewesen. In Wahrheit hatte Don Leopoldo dem Gründer schon Monate zuvor geraten, das Opus Dei schriftlich bei der Diözese anzumelden. Escrivá schlug den Rat aus. Er wollte das Opus Dei nicht als »fromme Vereinigung« eingetragen sehen, da dies den Rahmen zu sehr einengen würde. Eine fromme Vereinigung wird definiert als »eine Gemeinschaft von Gläubigen mit einem breiten Auftrag zur Ausübung von Werken der Frömmigkeit oder Wohltätigkeit, die geistliche Begünstigungen und besondere Privilegien erhalten darf«. Dies ist die einfachste Form der kirchlichen Institution, für die nichts weiter als die Billigung des örtlichen Bischofs erforderlich ist. Escrivá jedoch wandte gegenüber Don Leopoldo ein, im Kirchenrecht gebe es keine Bestimmung, die auf das Werk Gottes zuträfe. Damit gab er zu verstehen, daß das Opus Dei sich nicht dem Kirchenrecht anpassen, sondern daß das Kirchenrecht auf das Werk zugeschnitten werden sollte. Er muß eine böse Schelte bekommen haben, denn am 14. Februar 1941 verfaßte er einen Brief, in dem er schließlich doch die Anerkennung als fromme Vereinigung beantragte. Als Zugeständnis versprach Don Leopoldo, die Statuten mit den Regeln, Bräuchen und Zeremonien des Opus Dei im Geheimarchiv des Episkopats unter Verschluß zu halten.

Escrivás Brief ist aus mehreren Gründen bemerkenswert. Es war das erste Mal, daß in einem offiziellen Dokument der Name »Opus Dei« erwähnt wurde. Dreizehn Jahre nach seiner Gründung tauchte Gottes Werk aus seinem Schattendasein auf. Das Schreiben war auch eines der ältesten noch erhaltenen Dokumente, in denen der Gründer seine ersten beiden Vornamen zusammenschrieb – er unterzeichnete das Gesuch mit *Josemaría Escrivá de Balaguer*. Das Opus Dei behauptet, der Gründer habe bereits seit 1936 die Schreibweise »Josemaría« verwendet. Einige frühere Mitglieder bestreiten dies jedoch; sie behaupten, er habe während der vierziger Jahre interne Schreiben mit »Mariano« unterzeichnet, einem Mittelnamen, den er im Bürgerkrieg als Decknamen zu verwenden begann. Sie meinen, »Josemaría« sei erst dann allgemein üblich geworden, als der Gründer bereits in Rom war und über die Nachwelt nachzudenken begann. Man hat darauf hingewiesen, daß das Heiligenverzeichnis des Vatikans zahlreiche heilige Josés aufweist, aber keinen heiligen Josemaría.

Einen Monat nach der Registrierung des Opus Dei erkrankte die »Großmutter« an einer Lungenentzündung und starb. Nach der Beerdigung ließ
Escrivá im Keller des Wohnheims in der Calle Diego de León eine gotische
Krypta errichten und erhielt von der Stadt die Genehmigung, dort seine
Mutter beizusetzen. Dann sorgte er dafür, daß die sterblichen Überreste
seines Vaters an ihrer Seite bestattet wurden, womit die Familieneintracht
in dynastischer Feierlichkeit wiederhergestellt war.

Das Opus Dei war inzwischen bei der Kirche gemeldet, Escrivá de Balaguer jedoch nicht. Obwohl er noch immer als Pfarrer von Santa Isabel
fungierte, war er damals Priester ohne Ordinarius. Dieses Versehen
wurde erst im Februar 1942 behoben, als er in der Diözese von Madrid
inkardiniert wurde. Damit unterstand Escrivá de Balaguer, so wie nun
auch das Werk Gottes, wieder der Aufsicht einer Diözese.

Als Escrivá de Balaguer am Valentinstag 1943 im ersten Frauenwohn-
heim in Madrid die Messe zelebrierte, hatte er abermals eine göttliche
Eingebung: Das Opus Dei müsse das Recht erlangen, Priester weihen zu
dürfen. Dies würde die gottgewollte Organisation des Opus Dei vervoll-
ständigen und mit einem aus den eigenen Mitgliedern gebildeten Klerus
ausstatten.

Für die Gründung einer priesterlichen Gesellschaft war indes die Genehmigung des Vatikans erforderlich. Und so schickte Escrivá de Balaguer im Mai 1943 mit Zustimmung des Bischofs von Madrid Don Alvaro
del Portillo nach Rom, um über den neuen Status zu verhandeln. Inmitten des Zweiten Weltkriegs war ein Flug von Madrid nach Rom ein
gewisses Abenteuer. Don Alvaro konnte aus dem Flugzeugfenster einen
Angriff auf einen Schiffskonvoi der Alliierten mit Kurs auf Malta beobachten. Salvador Canals und José Orlandis holten ihn vom Flughafen ab. Sie
machten ihn mit Erzbischof Arcadio Larraona bekannt, einem spanischen
Claretiner und Freund General Francos. Larraona war Kirchenrechtler
und stellvertretender Sekretär der Kongregation für Ordensleute; dieses
vatikanische Ministerium war zuständig für die Beziehungen zu den
nahezu 1 Million Nonnen und 150 000 Priestern, die religiösen Orden
angehörten (im Gegensatz zu Säkularklerikern beziehungsweise Diözesanpriestern).

In Spanien ist die Tradition der Zünfte – die mittelalterliche Organisations-
form für die Berufsstände – bis heute lebendig geblieben. Im Mittelalter
trugen die Zunftmitglieder Uniformen, die Rang und Erfahrung innerhalb
eines bestimmten Gewerbes zu erkennen gaben. Diese Uniformen waren

bei allen offiziellen Anlässen, wie etwa dem Erscheinen bei Hof und Staatsbanketten, strenge Vorschrift. Dieser Brauch wurde in der Zeit der Republik abgeschafft, doch unter Franco gewannen die Zünfte gewisser Berufsgruppen wieder an Ansehen und Bedeutung. Abgesehen davon entsprachen sie durchaus der Opus-Dei-Doktrin des Berufsstolzes und der Heiligung der Arbeit. Und so trug denn Don Alvaro, als ihm am 6. Juni 1943 seine erste Audienz bei Papst Pius XII. gewährt wurde, die Zunftuniform eines spanischen Bauingenieurs. Der Auftritt dieses prächtig ausstaffierten Gesandten eines unbekannten spanischen Ordens sorgte in den päpstlichen Vorzimmern für beträchtliches Aufsehen.

Don Alvaro überreichte dem Papst das Gesuch zur Gründung einer priesterlichen Gesellschaft. Don Giovanni Battista Montini, der stellvertretende Staatssekretär, und Erzbischof Larraona hatten bereits Vorarbeit beim Heiligen Vater geleistet, und so konnte Don Alvaro nach seiner Rückkehr nach Madrid einen Monat später bekanntgeben, daß die päpstliche Approbation innerhalb weniger Wochen erfolgen würde.

Die päpstliche Anerkennung als priesterliche Gesellschaft bedeutete einen wichtigen Schritt in der Entwicklung des Opus Dei. Die Freude des Vaters sollte indes nicht lange währen. Wenige Tage nach Don Alvaros Rückkehr starb Isidoro Zorzano an der Hodgkin-Krankheit. Er hatte seit Januar im Krankenhaus gelegen. Sein Beichtvater Pater López Ortiz sagte, »er starb einen heiligen Tod«. Man bereitete sich darauf vor, den verstorbenen Zorzano für eine Seligsprechung vorzuschlagen. Der Prozeß wurde durch Kardinal Antonio Bacci im Jahre 1948 offiziell eingeleitet.[19]

Am Tag nach Zorzanos Tod verfaßte Erzbischof Larraona einen Bericht mit der Empfehlung, dem Opus Dei die Ausbildung eigener Priester zu gestatten. Larraona bezeichnete das Werk als »eine neue und moderne Art von Institution, die den Erfordernissen der modernen Gesellschaft bestens entspricht«. Er kam zu dem Schluß: »Es ist äußerst opportun – ich würde sagen, nahezu notwendig – dem Opus Dei, das bereits so viele vorzügliche Initiativen in seiner Bilanz aufweist, so schnell wie möglich die rechtliche Stellung einer Diözesengesellschaft zu verleihen.«[20] In seinem Bericht sprach Larraona dem Werk Gottes das Recht auf Geheimhaltung zu, »um die Welt besser zu durchdringen«.[21]

Nachdem der Vatikan seine Zustimmung erteilt hatte, erließ Bischof Eijo y Garay am 8. Dezember 1943 – dem Tag der Unbefleckten Empfängnis – ein Dekret, durch das die »Priesterliche Gesellschaft vom Heiligen Kreuz« als Unterorganisation des Opus Dei kanonisch errichtet wurde. Die fromme Vereinigung existierte und fungierte wie bisher, doch nun bestand neben ihr eine priesterliche Gemeinschaft. Im Juni des folgenden Jahres weihte Bischof Eijo y Garay persönlich die ersten drei Opus-Dei-Priester – Alvaro del Portillo, José María Hernández de Garnica und José Luis Múzquiz. Alle drei waren Bauingenieure. Das Opus Dei hatte inzwischen die zweite Phase seiner Entwicklung abgeschlossen. Und mit Hilfe seiner frisch geweihten Priester plante Escrivá de Balaguer bereits die nächste Phase – die Ausdehnung des Opus Dei auf mehr als achtzig Länder in fünf Erdteilen.

9   Villa Tevere

Christus fordert Demut.

Josemaría Escrivá de Balaguer

Am Ende des Zweiten Weltkriegs eröffnete das Opus Dei sein erstes Studentenwohnheim außerhalb Spaniens, nämlich in der portugiesischen Universitätsstadt Coimbra. Portugal war das einzige europäische Land, das General Franco mit Wohlwollen begegnete.

Wegen der Unterstützung durch Hitler und die nunmehr besiegten Achsenmächte war Francos Spanien bei den meisten Nationen in Ungnade gefallen. Spanien stand auf der schwarzen Liste der Alliierten und wurde nicht in die Vereinten Nationen aufgenommen; Frankreich riegelte seine Grenze nach Spanien ab, und der Luftraum der Alliierten wurde für spanische Flugzeuge gesperrt.

Trotzdem setzte Escrivá de Balaguer Großbritannien, Frankreich und Irland voller Zuversicht auf die Expansionsliste des Opus Dei. Es war aber offenkundig, daß dem Werk ein eher unfreundlicher Empfang drohte, wenn es in diesen Ländern als spanische Institution auftrat. Escrivá meinte daher, das Opus Dei müsse eine Institution des päpstlichen Rechts werden.

In Rom war das Opus Dei bereits durch Salvador Canals und José Orlandis vertreten. Ihre Zusammenarbeit mit Erzbischof Larraona zielte nun darauf ab, eine neue Apostolische Konstitution zu schaffen, die die fromme Vereinigung in ein Institut verwandeln sollte, das einzig und allein der Jurisdiktion des Heiligen Stuhls unterstand. Dies war ein wichtiger Schritt – ein Schritt, den manche bei einer Gesellschaft mit so wenigen Mitgliedern für ungerechtfertigt gehalten haben mochten.

Der Vater sandte Alvaro del Portillo erneut nach Rom, diesmal als Priester vom Heiligen Kreuz. In seinem Gepäck hatte Don Alvaro ein Dossier mit detaillierten Angaben zur Ausdehnung des Werks über die Grenzen einer einzelnen Diözese, ja sogar eines einzelnen Staates hinaus; ergänzt wurde das Dokument durch Briefe von acht Kardinälen und sechzig Bischöfen, die das Apostolat des Opus Dei würdigten. Don Alvaros

Mission war erfolglos, und so beschloß Escrivá de Balaguer, sich selbst nach Rom zu begeben, um die Widerstände der Kurie aus dem Weg zu räumen.

Man informierte ihn, was ihn dort erwarten würde. Eine halbe Million Italiener war obdachlos. In der Provinz Reggio Emilia hatten umherziehende marxistische Banden seit der Befreiung zweiundfünfzig Priester umgebracht, und in Rom besetzten jeden Abend die Kommunisten den Platz vor dem Lateranpalast und buhlten mit Musik, Reden, Bannern und Essen um die Gunst Tausender Römer. Die italienische Kommunistenzeitung *L'Unità* wetterte gegen die Kirche; ihre bevorzugte Zielscheibe war Giovanni Battista Montini, dem man vorwarf, er mische sich in die Politik ein.

Auf dem Weg nach Rom machten der Vater und Pepe Orlandis zunächst in Saragossa Station, um die Liebe Frau von Pilar um Fürsprache im Himmel und in Rom zu bitten, dann in Montserrat, um zur Schwarzen Madonna zu beten, und schließlich in Barcelona, wo sie Unsere Liebe Frau von der Erlösung anriefen. Nach ihrer Ankunft in Rom mußten sie fünf Tage warten, bis Montini sie empfing. Er überreichte ihnen ein signiertes Foto von Papst Pius XII. und riet ihnen zur Geduld.

Ganz gleich wie man es anstellte – sich mit der Römischen Kurie abzugeben kostete Geld. Das Opus Dei hatte für den Unterhalt von vier Personen in Rom zu sorgen; bald sollten es sechs beziehungsweise sieben sein. Das erforderte Bargeld – keine Peseten, sondern Lire. Wegen der Beschränkungen im Devisenverkehr war es für Spanier indes nicht leicht, sich Lire zu beschaffen. Die römische Delegation schwamm zwar nicht in Geld, doch sie verfügte über ausreichende Mittel – Gelder des spanischen Bildungsministeriums – und konnte daher Larraona gezielt dabei behilflich sein, das Kirchenrecht so zu ändern, daß das Werk Gottes besser darin unterzubringen war: nämlich als neue Gesellschaftsform, die als Säkularinstitut bezeichnet werden sollte.

Vor der Rückkehr nach Madrid erhielt Escrivá de Balaguer päpstliche Anerkennung für seine Bemühungen, und zwar in Form zweier Dokumente. Das eine war ein apostolisches *Cum Societatis*, signiert von Pius XII., das den Mitgliedern des Opus Dei eine Reihe von päpstlichen Privilegien einräumte. Von nun an wurden jedesmal fünfhundert Tage Vergebung gewährt, wenn ein Mitglied »in Andacht« das schlichte Holzkreuz küßte, das am Eingang jeder Opus-Dei-Kapelle angebracht war. Das andere, ein *Brevis sane*, das am 13. August 1946 von Kardinal Lavitrano unterzeichnet wurde, kam einer »Approbation der Ziele des Opus Dei« durch den Heiligen Stuhl gleich, nicht nur in Spanien, »sondern auch in anderen Regionen, in die das Licht und die Wahrheit Christi ausgesandt wird, besonders unter den Intellektuellen«.

Nach seiner Rückkehr nach Madrid gestand Escrivá de Balaguer seinen Kindern, sein erster Kontakt mit der Römischen Kurie habe ihn seiner Unschuld beraubt; er habe auch gelernt, daß zur Förderung von Gottes Werk ein gewisses Maß an frommer Hochstapelei nötig sei. Inzwischen hatte er beschlossen, im November nach Rom zurückzukehren und die letzten Schritte für die Anerkennung des Opus Dei als universaler Institution in Angriff zu nehmen. Gesundheitlich ging es ihm nicht besonders gut; trotz täglicher Insulinspritzen machte ihn seine Zuckerkrankheit müde; er war oft gereizt und nahm zu.

Montini, von dem Escrivá de Balaguer behauptete, er sei die einzige gütige Seele gewesen, der er in der Kurie unter Pius XII. begegnet sei, erteilte ihm Ratschläge, wie er vorgehen solle. Der Vatikan war durch gewisse Ereignisse in Osteuropa wie versteinert. Die Sowjets hatten sehr schnell deutlich gemacht, daß die Kirche vom Frost des kalten Krieges nicht verschont bleiben würde; sie hatten Josef Slipyi, den Metropoliten der Ukrainisch-Katholischen Kirche, wegen seiner Kollaboration mit den Nazi zu lebenslanger Zwangsarbeit verurteilt. Gleichzeitig war die Unierte Kirche, deren Patriarch Slipyi gewesen war (und die dem Vatikan unterstellt waren), zwangsweise in die russisch-orthodoxe Kirche eingegliedert worden. Damit hatte Rom auf einen Schlag acht Millionen Seelen verloren. Später kam es zur Verfolgung der Kirche in Jugoslawien, in der Tschechoslowakei, in Ungarn und Polen.

Escrivá de Balaguer konnte Montini überzeugen, daß das vom Opus Dei verfolgte »Apostolat der Durchdringung« dazu dienen könne, die Ausbreitung des Marxismus zu bekämpfen. Montini benutzte dieses Argument wiederum, um Pius XII. dazu zu bewegen, im Kirchenrecht die Grundlagen für eine Art von Vereinigung zu schaffen, die genau auf das Opus Dei zugeschnitten war.

Im Februar 1947 erließ Papa Pacelli ein Dekret, das nach seinen einleitenden Worten als *Provida Mater Ecclesia* bezeichnet wurde. Es schuf die Voraussetzungen für das sogenannte »Säkularinstitut«, das kirchenrechtlich direkt dem Papst untersteht, und legte eine Apostolische Konstitution fest, die jede Vereinigung künftig übernehmen mußte, um diesen Status zu erhalten. *Provida Mater* erkannte an, daß Laien-Katholiken durch die Säkularinstitute mitten im Alltag der säkularen Welt nach »christlicher Vollkommenheit« streben konnten. In kanonischem Sinne war »christliche Vollkommenheit« im Laufe der Jahrhunderte gleichbedeutend geworden mit einem Leben in einer religiösen Ordensgemeinschaft gemäß den drei kirchlichen Gelübden der Armut, der Keuschheit und des Gehorsams. Die Mitglieder von Säkularinstituten hingegen mußten lediglich private Gelübde ablegen und keinen besonderen Habit tragen oder zurückgezogen in klösterlicher Gemeinschaft leben. Sie konnten weiterhin ihren Beruf ausüben oder ihrem Gewerbe nachgehen, während sie nach christlicher Vervollkommnung strebten. Säkularinstitute wiesen trotzdem gewisse Gemeinsamkeiten mit religiösen Orden auf. Mit ihrer Aufsicht wurde daher die Kongregation für die Ordensleute in Rom betraut.

Escrivá de Balaguer und Don Alvaro del Portillo drängten die Kongregation für Ordensleute, das Opus Dei zum ersten Säkularinstitut der Kirche zu machen. Schon aus Prestigegründen mußte das Opus Dei ein einzigartiges Vorbild sein, denn als Gottes Schöpfung war es unnachahmlich. Drei Wochen nach Veröffentlichung der päpstlichen Bulle erließ die Ordenskongregation ein Dekret mit dem Titel *Primum Institutum seculare*, das das Opus Dei zur ersten Institution dieser Art machte – eine ganz besondere Ehre für eine Körperschaft, die einschließlich aller neun Priester weniger als dreihundert Mitglieder zählte.

Nun brauchte das Opus Dei ein »Hauptquartier« in Rom. Und Escrivá de Balaguer wollte ein ansehnliches. Montini nahm die Sache in die Hand. Über seine Beziehungen zu aristokratischen Kreisen fand man eine Villa im römischen Nobelviertel Parioli. Der Eigentümer der Villa, der nur unter der Bezeichnung *Il Nobile Mario* (Der edle Mario) bekannt war, wollte laut dem Opus Dei schnell verkaufen, und zwar gegen Schweizer Franken. Da Escrivá de Balaguer nicht einmal genug Geld für eine Anzahlung hatte, vertraute er dem edlen Mario als Sicherheit ein paar Goldmünzen an, die er aufbewahrt hatte, um einmal Weihgefäße daraus machen zu lassen. Auf diese Weise, so das Opus Dei, sicherte er sich die Eigentumsurkunde und konnte eine Hypothek aufnehmen, mit der er der Verpflichtung nachkam, innerhalb von zwei Monaten zu bezahlen.[1]

Diese Erklärung klingt nicht nur höchst unglaubwürdig, sondern widerspricht auch den damaligen Gegebenheiten. Keine italienische Bank hätte 1947 eine Hypothek in Schweizer Franken ausgegeben – das verstieß gegen das Gesetz. Genausowenig hätte eine Schweizer Bank damals eine

Hypothek in Italien akzeptiert. Darüber hinaus behauptete das Opus Dei, nicht den vollständigen Namen des Eigentümers gekannt zu haben. Er hieß Conte Mario Mazzoleni.

Das Opus Dei und Conte Mazzoleni schlossen den Handel im Juli 1947. Trotz mangelnder Mittel schmiedete Escrivá de Balaguer bereits Pläne für den Bau eines neuen Flügels, der das Römische Kolleg vom Heiligen Kreuz beherbergen sollte. Mit der Aufsicht über die Bauarbeiten betraute man Miguel Fisac, dessen Architekturbüro in Madrid damals der größte Goldesel des Opus Dei war. Fisac stellte seine planerischen Fähigkeiten zur Verfügung; die Arbeiten selbst wurden durch Spenden von Gönnern in verschiedenen Ländern finanziert. »Der Bau des Zentralsitzes wurde als Aufgabe jedes einzelnen betrachtet«, hieß es in einer Erklärung des Opus Dei.

In Spanien galten Devisenkontrollen bis weit in die achtziger Jahre hinein, in Italien bis Anfang der neunziger Jahre. Daß das Opus Dei 1947 über große Mengen Schweizer Geld verfügte, ist ein Indiz für seine wachsenden Ressourcen. Dies mochte damit zusammenhängen, daß der Consejo Superior 1947 ein Büro in Rom eröffnete, um »dem Fortschritt der spanischen Wissenschaft und Forschung in der Ewigen Stadt Bestand zu verleihen und die Arbeit spanischer Forscher in Italien zu fördern und zu koordinieren«.[2]

Es gab mindestens sechs spanische Forscher in Rom; alle beschäftigten sich mit der Gründung säkularer Institute, und alle waren Mitglieder des Opus Dei. Die materiellen Bedürfnisse des Escrivá de Balaguer und seiner Jünger in der italienischen Hauptstadt wurden immer extravaganter. Die Bauarbeiten an der Villa Tevere wurden unverzüglich in Angriff genommen und sollten die folgenden zwölf Jahre über andauern. Es wurden nie irgendwelche Zahlen veröffentlicht, doch die Gesamtkosten werden auf über fünfzehn Millionen DM geschätzt.

Als nächstes erhielt das Opus Dei die Genehmigung, seine internen Bestimmungen dahingehend zu ändern, daß auch verheiratete, nichtzölibatäre Katholiken dem Werk als »Supernumerarier« beitreten konnten. Getreu der »Strategie der Geheimhaltung« des Werkes bekam Alvaro del Portillo außerdem die Sondererlaubnis, den vollständigen Wortlaut der Konstitution des Opus Dei im Geheimarchiv der Ordenskongregation aufzubewahren. Dort war das Dokument bis in die Mitte der achtziger Jahre unter Verschluß; eine geraubte Kopie wurde allerdings 1970 von dem spanischen Autor Jesús Ynfante in seiner enthüllenden Darstellung über das Opus Dei veröffentlicht. Die Geheimhaltung erfüllte jedoch ihren Zweck, andere kirchliche Gruppierungen davon abzuhalten, Gemeinschaften nach ähnlichen Prinzipien zu bilden. Das geistige Leben der Opus-Dei-Mitglieder wurde ebenfalls dem Gesetz der Geheimhaltung unterworfen, wie die Konstitution zeigt:

>189 – Um diese Ziele in der wirksamsten Weise zu verwirklichen, muß die Gemeinschaft als solche im Verborgenen wirken ...

190 – wegen dieser kollektiven Bescheidenheit, die unserem Institut eigen ist, darf alles, was seine Mitglieder bewirken, nicht ihnen selbst zugerechnet werden, sondern es ist einzig und allein Gott zuzuerkennen. Als Folge davon gilt ergänzend auch für das Institut, daß es nach außen nicht in Erscheinung tritt; den Außenstehenden bleiben die Zahlen der Mitglieder verborgen. Ja, die Unsrigen dürfen über diese Dinge mit Außenstehenden überhaupt nicht sprechen.

191 – ... Deshalb wissen die Numerarier und Supernumerarier sehr wohl, daß sie immer kluges Stillschweigen bezüglich der Namen von anderen Mitgliedern zu wahren haben; und niemandem gegenüber enthüllen sie, daß sie selbst zum Opus Dei gehören ..., ohne daß der örtliche Leiter dies ausdrücklich genehmigt ...[3]

Kurz nach dem Erwerb der Villa Tevere wurde Escrivá de Balaguer zum Hausprälaten des Päpstlichen Hauses ernannt; dies berechtigte ihn dazu, mit »Monsignore« angesprochen zu werden und einen Talar mit einem Hauch Purpur sowie Schnallenschuhe zu tragen. Einer seiner Biographen berichtet, daß der Vater – der seinen eigenen Namen so gewöhnlich fand, daß er ihn durch den Zusatz »de Balaguer« adelte – diese Ehre nur widerstrebend annahm.[4]

Für Escrivá de Balaguers Erhebung in klerikale Würden verwendete sich vor allem Montini, der den Spanier inzwischen auch mit einem aufstrebenden jungen Politiker und zukünftigen Streiter im Kampf gegen den Kommunismus, Giulio Andreotti, bekanntgemacht hatte. Montini und der neunundzwanzigjährige Andreotti kannten sich bereits aus der Vorkriegszeit. Damals war Montini Kaplan der italienischen Föderation katholischer Studentenvereinigungen gewesen, deren Vorsitzender Andreotti war. Pius XII. hatte Montini damit beauftragt, der Katholischen Aktion in Italien politisch den Rücken zu stärken. Die Katholische Aktion hatte bedeutend mehr Mitglieder als die Kommunistische Partei Italiens. Montini bat Andreotti, sich während des Wahlkampfes von 1948 um die Verbindung zwischen der Katholischen Aktion und den Christdemokraten zu kümmern.

Zwei Faktoren prägten den Wahlkampf: erstens die enormen Mittel, die die CIA in die Kampagne investierte; und zweitens die verdeckten Aktivitäten des Vatikans, die Montini koordinierte. Beide Faktoren waren entscheidend für die Niederlage der Kommunisten. Mit CIA-Geldern, die bei der vatikanischen Bank, dem IOR (Istituto per le Opere di Religione), eingezahlt worden waren, inszenierte man im ganzen Land zugkräftige Kundgebungen. Die Katholische Aktion organisierte außerdem einen Jugendkongreß unter dem Motto »Christus besiegt Marx«, dessen Teilnehmer die gesamte Halbinsel täglich mit tausend Wahlplakaten zupflasterten. Die Christdemokraten übertrumpften schließlich mit 48,5 Prozent der Stimmen die Kommunisten, die auf 31 Prozent kamen.

Nach dem Sieg der Christdemokraten entwickelte der Vatikan eine Strategie zur Bekämpfung des Kommunismus, bei der das Opus Dei mit seinen wachsenden finanziellen Ressourcen eine Rolle spielen sollte. Kernpunkt dieser Strategie, die von Montini mit Unterstützung Andreottis festgelegt wurde, war der Aufbau eines säkularen Netzes, das die öffentliche Meinung gegen die marxistische Gefahr mobilisieren sollte. Diese Strategie wurde von der CIA unterstützt und bildete den Beginn der Zusammenarbeit zwischen Opus Dei und CIA. Zur gleichen Zeit ließ Montini den französischen Botschafter wissen, daß der Vatikan hoffe, die drei führenden katholischen Mächte Europas – Italien, Frankreich und Spanien – würden sich zu einer antikommunistischen Union verbünden. Er kritisierte die Entscheidung der Franzosen, ihre Grenze zu Spanien geschlossen zu halten.

Escrivá de Balaguer berichtete unterdessen, das Opus Dei zähle dreitausend Mitglieder, darunter dreiundzwanzig Priester, und über einhundert Zentren in aller Welt. Während die Organisation weiter wuchs, wurde er jedoch unzufrieden mit dem Status des Säkularinstituts und begann auf eine »endgültige Lösung« hinzuarbeiten, die ihn zu einem *prelatus nullius* – einem Bischof ohne Diözese – machen sollte. Er äußerte Enttäuschung darüber, daß Erzbischof Larraona die Idee des Säkularinstituts entwertet habe, indem er siebzig weitere kirchliche Gruppierungen in denselben Stand erhoben hatte. Dies hat er Larraona nie verziehen. Es gab auf der Welt nicht siebzig Institutionen wie das Opus Dei. Das Werk war einzigartig. In *Crónica* behauptete er, dieses Modell habe ursprünglich seinem Opus Dei vorbehalten bleiben sollen – seinem Opus Dei allein.

10 Kalte Krieger

> Der Kommunismus bedeutet die Verfolgung der Kirche und den unaufhörlichen Angriff auf die Grundrechte des Menschen. Gewiß, manche geben Erklärungen gegen die Gewalt ab. Doch diesen Worten folgen keine Taten; und wie jeder sehen kann, wird die Kirche von der einen Gruppe genauso drangsaliert wie von der anderen.
>
> *Josemaría Escrivá de Balaguer,*
> *Brief vom 24. Oktober 1965*

Escrivá de Balaguer, der laut den Sachverständigen der Kongregation für Heiligsprechungen »in der Geschichte der Spiritualität auf einer Stufe mit den legendären Größen« stand, versprach, Pius XII. ein Corps kalter Krieger bereitzustellen, die in zentralen wirtschaftlichen Bereichen und Ministerien in der gesamten freien Welt diskret den Einfluß der katholischen Kirche geltend machen konnten. Dies stellte eine neue Phase in der Entwicklung des Opus Dei dar. Dazu mußte allerdings zuerst ein neuer Menschentyp für das Werk rekrutiert werden: nicht mehr Universitätsgelehrte, sondern Bankiers, Firmenchefs und Verwaltungsbeamte. Hierin zeigt sich, daß die Institution größerer Ressourcen bedurfte, nicht nur um das eigene Überleben zu sichern, sondern auch um ihr Apostolat auf die gesamte Christenheit auszuweiten. Escrivá de Balaguer wußte ganz genau, daß eine Institution mit ein paar Straßenkehrern als Mitgliedern weder zentrale Bereiche der Öffentlichkeit beeinflussen noch das Kapital aufbringen konnte, um all seine Vorhaben zu verwirklichen. Das Opus Dei war also nicht an Straßenkehrern interessiert, und das Gegenteil zu behaupten war schlichtweg heuchlerisch. Angel Herrera – ein politischer Stratege par excellence, der später Kardinal werden sollte – hatte stets betont, daß man Gesellschaft, Staat oder Institutionen nur dann beeinflussen könne, wenn man deren Spitzen beherrschte – ein Rat, den Escrivá de Balaguer eifrig befolgte. Doch Escrivá de Balaguer ging noch weiter als Herrera, indem er sein politisches Programm einem Kult der Geheimhaltung unterwarf.

»Geschwiegen zu haben, wirst du nie bereuen; gesprochen zu haben oft«, riet er in der Maxime 639. Verschwiegenheit kann eine bewundernswerte Eigenschaft sein; wenn daraus aber ein Kult gemacht wird, so verbirgt sich dahinter in der Regel ein Streben nach Macht. Als Escrivá de Balaguer nach Rom zog, waren ihm die Augen geöffnet worden, und er sah die Welt fortan in einem anderen Licht. In Rom erkannte er, wie die Kirche in Wirklichkeit gemanagt wird, und seinen engsten Mitarbeitern zufolge hat ihn dies zutiefst schockiert. Er kam dahinter, daß man, um Macht auszuüben, einflußreiche Positionen erlangen mußte. Die Macht des Opus Dei wuchs, weil seine Mitglieder Zugang zu wichtigen Positionen hatten, sei es im Bildungswesen, in der Finanzwelt oder in der Politik. Juan Bautista Torello, ein führender Opus-Dei-Ideologe, vertrat den Standpunkt, die Eroberung von Schlüsselpositionen sei ein »typisch christlicher Auftrag«.[1]

Seinen Anhängern zufolge lebte Escrivá de Balaguer die Kardinaltugenden – Klugheit, Gerechtigkeit, Besonnenheit und Tapferkeit – mit heroischem Eifer. Er lehrte sie aber auch, daß es legitimer sei, Einfluß auszuüben, als sich herauszuhalten. Andernfalls konnten wichtige Posten an Leute fallen, die der Kirche gleichgültig oder sogar ablehnend gegenüberstanden.

Um sein Apostolat besser erfüllen zu können, mußte die Einflußnahme des Opus Dei verborgen bleiben, damit seine »Feinde« – und davon hatte es bereits einige – über seine wahren Ziele im ungewissen blieben. Um die Kirche zu schützen, mußte das Opus Dei kirchliche Macht ausüben. Dafür, so nahm Escrivá de Balaguer an, würde man ihn zum Bischof machen. Der Öffentlichkeit gegenüber mußte sein Kult der Geheimhaltung jedoch als etwas ganz anderes, nämlich als Ausdruck der Demut dargestellt werden. Dem Feind sagte man dieses und tat dabei jenes. So konnte der Vater mit reinem Gewissen erklären: »Ich spreche nie über Politik. Ich kann nicht gutheißen, daß engagierte Christen in der Welt eine politisch-religiöse Bewegung gründen. Das wäre verrückt, selbst wenn es von dem Wunsch geleitet wäre, den Geist Christi in alle Tätigkeitsbereiche des Menschen hinauszutragen.«[2]

Und dennoch war das Opus Dei ganz offenkundig eine politisch-religiöse Bewegung – Artikel 202 der Konstitutionen von 1950 erbrachte den Beweis: »Das charakteristische Mittel für das Apostolat des Institutes sind öffentliche Ämter, besonders jene mit Leitungsfunktionen.« Einige von Escrivás spanischen Söhnen waren eifrig bemüht, getreu der Linie des

Artikels 202 die Bildung einer politischen »Dritten Kraft« vorzubereiten, die sich von Francos Falange und den neu aufgekommenen Christdemokraten unterscheiden sollte.

Geplant wurde die Dritte Kraft von einem kleinen Zirkel von Intellektuellen innerhalb des Opus Dei, die den spanischen Consejo Superior de Investigaciones Científicas leiteten. Genauer gesagt hatten drei der tüchtigsten Jünger des Vaters den Plan für ein Kulturmagazin entwickelt, das nicht nur als Sprachrohr für die guten Absichten des Consejo Superior im Bereich von Kultur und Wissenschaft dienen sollte, sondern auch als Forum für die politischen Vorhaben des Opus Dei. Rafael Calvo Serer, Raimundo Panikkar und Florentino Pérez-Embid brachten im März 1943 die erste Ausgabe des *Arbor* heraus. Als Monatszeitschrift des Consejo Superior wurde der *Arbor* mit Mitteln des Wissenschaftsrates förmlich überschüttet und entwickelte sich bald zu einer der renommiertesten Publikationen Spaniens.

Von den drei Gründern des *Arbor* war Calvo Serer der offenherzigste. Im Alter von neunzehn Jahren war er als zehnter Apostel dem Opus Dei beigetreten. Mit sechsundzwanzig wurde er Professor für Geschichte in Valencia; später war er Direktor des Spanischen Instituts in London. Die schillerndste Gestalt des Trios war indes Raimundo Panikkar; sein Vater war Inder und seine Mutter Katalanin, er selbst jedoch britischer Staatsbürger. Während des Bürgerkriegs hatte er in Deutschland gelebt, wo sein Vater ein Import-Export-Geschäft betrieb. Raimundo machte in Deutschland das Abitur und kam 1940 nach Barcelona. Er beherrschte ein halbes Dutzend Sprachen und hatte Ende der vierziger Jahre Doktortitel in Chemie, Philosophie und Theologie vorzuweisen. Dies machte ihn zu einem wertvollen Aktivposten für das Opus Dei. 1946, im Alter von achtundzwanzig Jahren, wurde er zum Priester geweiht. Während der fünfziger Jahre galt er als der provokativste Theologe des Opus Dei.

Innerhalb des Opus Dei war den Erzengeln die Rekrutierung von Numerariern und Supernumerariern anempfohlen. Jedem Erzengel wurde sowohl in der Zentrale als auch auf regionaler Ebene ein Fürsprecher zugeteilt, der das »Werk« des jeweiligen Erzengels überwachte. Eine zentrale Rolle im »Werk von St. Raphael« spielte der elfte Apostel, Vicente Rodríguez Casado, der 1942 als Professor für Neue Geschichte an die Universität von Sevilla berufen wurde. Er führte dem Werk mehr als ein Dutzend außergewöhnlich begabte junge Männer zu, darunter auch Florentino Pérez-Embid.

Pérez-Embid gehörte der Falange an, war während des Bürgerkriegs bei Cordoba im Einsatz und wurde für seine Tapferkeit ausgezeichnet. 1946 verlagerte er seine Aktivitäten nach Madrid, geriet in den Bann von Calvo Serer und übernahm die Chefredaktion des *Arbor*, als Calvo Serer nach London ging. 1949 berief man ihn auf den Lehrstuhl für die Geschichte der Entdeckungen an der Universität Madrid. Gemeinsam mit Calvo Serer gründete er den Madrider Verlag Ediciones Rialp, der später zum Eckpfeiler des Verlagsimperiums des Opus Dei wurde.

Für sein Buch *España sin problema*, das 1949 bei Rialp erschien, erhielt Calvo Serer den ersten Francisco-Franco-Literaturpreis. Dieses und ein zweites Werk, *Teoria de la Restauracion*, das Rialp 1952 herausbrachte, enthielt das ideologische Programm des progressiven Flügels innerhalb des Opus Dei. Beide Bücher propagierten, daß sich das Wertesystem Spaniens auf die katholische Kirche gründe. Die Geschichte der Kirche und die Geschichte Spaniens seien auf das engste miteinander verbunden. Die nationale Tradition sei folglich eine religiöse Tradition. Während Europa vor dem Dilemma stand, zwischen dem Amerikanischen Traum und der Sowjetisierung wählen zu müssen, glaubten Calvo Serer und Pérez-Embid, das alte Europa fahre besser mit einer Verbindung von deutscher Effizienz und spanischer Geistlichkeit.[3]

Calvo Serer und Pérez-Embid waren beide der Meinung, in der Zeit nach dem Bürgerkrieg böte sich Spanien eine gottgegebene Gelegenheit, zu dem militanten Katholizismus zurückzukehren, der das spanische Reich im 16. Jahrhundert auf den Gipfel seiner Größe geführt hatte. Die moderne Welt, so argumentierten sie, fröne einem gottlosen Materialismus, ob in der Form des Kapitalismus oder des Kommunismus, doch der Katastrophe könne man nur durch einen neuen Kreuzzug im Geiste Karls V. entgehen – diesmal jedoch nicht mit den Ressourcen einer einzigen Nation, sondern mit Hilfe einer mächtigen, internationalen katholischen Bewegung. Escrivá de Balaguer ermutigte die beiden; seiner Meinung nach war das Opus Dei von Gott erschaffen worden, um den Katholizismus weltweit zu erneuern.[4]

Die Entwicklung einer ideologischen Front innerhalb des Opus Dei hatte zweierlei Auswirkungen. Erstens führte sie zu einer Spaltung unter den Mitgliedern. Nach Ansicht des progressiven Flügels sollte das Opus Dei eine unmittelbare politische Rolle übernehmen, während sich die Traditionalisten ausschließlich auf das geistige Leben der Mitglieder konzentrieren wollten. So wurde Escrivá de Balaguer seine eigene Doppelzüngigkeit zum Verhängnis. Aus dem Zwist hielt er sich jedoch weitgehend heraus.

Eine falsche politische Einstellung war ein ausreichender Grund für einen Ausschluß aus dem Opus Dei. Nur bestimmte politische Kriterien waren für den göttlichen Plan akzeptabel. Dies zeigte sich bald in der zweiten Auswirkung, die das Programm der Dritten Kraft zeitigen sollte und die das Opus Dei in Spanien in direkten Konflikt mit der Falange brachte.

Die Falange war die einzige Partei, die Franco offiziell duldete, doch in dem Maße wie die verschwommenen Dogmen des Nationalen Syndikalismus allmählich aufgegeben wurden, tolerierte er auch andere politische Tendenzen, solange sie keine Organisation als Partei anstrebten. Dies galt vor allem für die Christdemokraten und die Monarchisten. Bevor die Opus-Dei-Technokraten auftauchten, bildeten sämtliche Regierungen Francos fein abgestimmte Mosaiken: Die dominante Farbe war das Blau der Falangisten, von dem sich das blasse Weiß von Francos unpolitischen Getreuen abhob, ergänzt durch ein paar Tupfer Monarchistengold und Christdemokratengrün.

Die Falangisten wachten eifersüchtig über ihre Position als einziger legaler Partei und betrachteten den wachsenden politischen Einfluß des Opus Dei mit Mißgunst. Die Jugendbewegung der Falangisten unterhielt in Madrid ein Studentenwohnheim, das Colegio César Carlos. Dessen Gefolgsleute, allesamt militante junge Agitatoren, wurden aufgestachelt, gegen das Berufungsverfahren von Professoren zu protestieren, da dieses angeblich Opus-Dei-Mitglieder bevorzugte. Die Studenten des César-Carlos-Heimes gingen auf die Straße, und um ihre Proteste noch zu verschärfen, komponierten sie einige amüsante, allerdings wenig schmeichelhafte Couplets über Escrivá de Balaguer, die sofort auf den Spitzenplätzen der studentischen Hitparade landeten. In einer klassischen Replik äußerte Escrivá de Balaguer Zweifel, daß seine begabten Söhne »sich damit abgeben würden, Professuren an obskuren Provinzuniversitäten nachzujagen und ihr ewiges Seelenheil für ein lächerliches Salär aufs Spiel zu setzen«.[5]

Ende der vierziger Jahre war der kalte Krieg in vollem Gange. Jedes weitere Auflodern bestätigte dem Vater, daß der Kommunismus mehr denn je der stärkste Feind der Kirche war. Nach Kardinal Mindszentys dreitägigem Schauprozeß in Budapest erklärte Papst Pius XII. gegenüber dem französischen Botschafter in Rom: »Die Kirche befindet sich mit der Sowjetunion inzwischen in einem Kampf um Leben und Tod; dabei geht es um das Schicksal von 65 Millionen Katholiken – einem Drittel aller Katholiken weltweit –, die in den sowjetischen Satellitenstaaten leben.«[6] Kurz darauf wurde der Primas von Polen, Kardinal Stefan Wyszynski, verhaftet.

Escrivá de Balaguer war entschlossen, das Apostolat des Opus Dei im Kampf gegen den Marxismus auszuweiten. Seine gläubigen Anhänger ließ er jedoch wissen:»Ich will meine Söhne nicht zu Märtyrern machen. Mit Märtyrern kann ich nichts anfangen.« Die Missionare, die er auswählte, waren asketische junge Berufstätige, denen er und seine Apostel geistige Überzeugungskraft antrainiert hatten. Er sandte sie in die Welt, um für Gott zu wirken oder vielmehr Gottes Werk zu verwirklichen, allerdings nicht als gewöhnliche Missionare. Die Bekehrung, wie sie die Jesuiten praktizierten, gehörte seiner Meinung nach der Vergangenheit an. Gottes Werk mußte in Vorstandsetagen, Banken und Ministerien vollbracht werden.

Zunächst mußten die Numerarier und ein paar wohlhabende Mitarbeiter diese Anstrengungen allein bewältigen. Die Numerarier mußten ihre Einkünfte der Opus-Dei-Kasse überlassen und erhielten lediglich ein kleines Taschengeld. Doch es war nicht leicht, die Bilanz auszugleichen, denn Escrivá de Balaguer hatte einen ausgefallenen Geschmack. Und so wurden auch Verheiratete – die Supernumerarier – in das Werk aufgenommen. Sie verbesserten die Finanzlage des Werkes beträchtlich. Die materielle Versorgung der Supernumerarier war, anders als die der Numerarier, nicht Aufgabe des Säkularinstituts. Andererseits konnte man nicht verlangen, daß die Supernumerarier ihre gesamten Einkünfte dem Werk überließen, da sie familiäre Verpflichtungen erfüllen mußten, und so bat man sie um»freiwillige« Beiträge in Höhe von zehn Prozent ihres Jahreseinkommens in monatlichen Zahlungen. Das Ergebnis war nicht unerheblich. Dank des »Werkes von St. Gabriel« floß Kapital in die Opus-Dei-Kasse wie nie zuvor. Dieses Kapital mußte verwaltet werden. Das Werk brauchte eigene Banken und – in einer Zeit strikter Devisenkontrollen – ein paralleles Finanznetz, mit dem die Beschränkungen des Kapitalverkehrs umgangen werden konnten.

III. Teil:
Pillería –
Schmutzige Tricks

11 Spanische Meisterkonstrukteure

> Falls das Opus Dei jemals in der Politik mitgespielt
> hätte – auch nur für einen Augenblick –, hätte ich
> das Werk in jenem Moment des Irrens sofort verlas-
> sen.
>
> *Josemaría Escrivá de Balaguer,*
> *Noticias 1970*

Mit dem Stempel des Vatikans in seinem Paß fühlte sich Escrivá de Balaguer dafür gerüstet, die massivste Ausweitungskampagne in der Geschichte des Opus Dei in Angriff zu nehmen. Er hoffte, daß seine Soldaten – seine *milites Christi* – hinsichtlich ihrer geographischen Verbreitung und ihrer ethnischen Vielfalt genauso universal und weltumfassend sein würden wie die katholische Kirche selbst und daß sein Werk mindestens denselben Rang einnehmen würde wie die Jesuiten und die anderen großen Orden. Im Innersten seines Herzens wußte er allerdings, daß das Werk, weil es von Gott ins Leben gerufen worden war, die anderen Orden auf lange Sicht zwangsläufig überflügeln mußte.

Bei dem Bestreben, die katholische Kirche, das heißt das Opus Dei, an der Spitze der Gesellschaft zu etablieren, war es nach Meinung Escrivás zulässig und oft sogar notwendig, ein gewisses Maß an *pillería* – schmutzigen Tricks – anzuwenden. »Unser Leben ist ein Krieg der Liebe, und in der Liebe und im Krieg ist alles erlaubt.« Diese Argumentation stützte sich auf die Ansicht, daß die erfolgreichsten Praktiker in der Politik und im Big Business auf solch teuflische Taktiken zurückgriffen und daß daher die Anwendung dieser Strategien jenen, denen es allein um die Förderung des Werkes Gottes ging, nicht verwehrt werden durfte.

In den folgenden fünf Kapiteln sollen verschiedene Fälle heiliger *pillería* als Beispiele des sich entwickelnden *modus operandi* innerhalb des Opus Dei untersucht werden. Zunächst soll jedoch nachgezeichnet werden, wie das Opus Dei in den letzten Jahrzehnten des Franco-Regimes das politische Establishment Spaniens zu beherrschen begann. Aufgrund der selt-

137

samen Rechtsstellung, die das Werk sich selbst geschaffen hatte – weder religiös noch weltlich, aber dennoch von Gott inspiriert –, vermochte das Opus Dei in Sphären zu operieren, von denen keine andere kirchliche Organisation auch nur zu träumen gewagt hätte.

Der Gründer wollte das Opus Dei in Lateinamerika genauso stark vertreten sehen wie in Europa. Im Januar 1949 brach der siebte Apostel, Pedro Casciaro, nach Mexico City auf. Der junge Architekt und Theologe hatte kaum Geld in der Tasche, dafür aber ein Keramikabbild von Nuestra Señora del Rocío und eine Liste wohlhabender Kontaktleute. Innerhalb der nächsten Jahre baute er ein solch effizientes Netz auf, daß Mexico nach Spanien und Italien das Land mit der drittgrößten Mitgliederzahl wurde.

Als nächstes kamen die Vereinigten Staaten an die Reihe. Pater José Luis Múzquiz und seine Kollegen, Salvador Martínez Ferigle und José María González Barredo, empfanden die Missionstätigkeit in den Vereinigten Staaten allerdings als ausgesprochen mühsam. Der geistige Boden dort wirkte relativ unfruchtbar, so daß das Opus Dei auch 1990 selbst im Großraum Chicago, der Region mit der größten Konzentration von Anhängern in den Vereinigten Staaten, kaum mehr als fünfhundert Mitglieder zählte.[1] (Pater Múzquiz machte allerdings die Bekanntschaft der Familie Shriver, die er gut zu nutzen wußte. Der Yale-Absolvent R. Sargent Shriver jr. heiratete Eunice Mary Kennedy, ein Mitglied der prominentesten katholischen Familie Amerikas, und spielte eine zentrale Rolle in John F. Kennedys Präsidentschaftswahlkampf; später wurde er erster Direktor des US Peace Corps.)

In Italien war das Terrain um so fruchtbarer. In einem einzigen Monat – im August 1949 – bewarben sich dreißig italienische Studenten um Aufnahme und begannen ihre Intensivausbildung in einer Villa des Heiligen Stuhls unweit des päpstlichen Sommersitzes Castel Gandolfo. An die Stelle des verfallenen Gebäudes, das als Schulungszentrum diente, trat 1959 ein etwas opulenterer Neubau, in dem das Collegium Romanum Sanctae Mariae für Numerarierinnen untergebracht wurde.

Im März 1950 gründete das Opus Dei Zentren in Argentinien und Chile. Im August 1951 entstand ein Zentrum in Venezuela und zwei Monate später eines in Kolumbien. Im Jahr darauf war Deutschland an der Reihe, dann Brasilien, Ecuador, Guatemala, Peru und Uruguay.

Die internationale Ausdehnung machte eine größere Belegschaft im Zentralsitz des Opus Dei notwendig. Im Jahre 1952 wurde María del Carmen

Tapia Privatsekretärin des Gründers. María del Carmen war vier Jahre zuvor von Raimundo Panikkar angeworben worden. Zum Entsetzen ihrer Eltern ließ sie ihren Verlobten sitzen, gab ihre Heiratspläne und das für die Brautleute erworbene neue Heim auf und beschloß, ihr Leben ganz dem Opus Dei zu widmen.

María del Carmen hatte etwa achtzig bis neunzig Hilfsnumerarierinnen aus Spanien unter sich, die als Hausangestellte arbeiteten und die 300 bis 400 männlichen Numerarier, die in der Villa Tevere angestellt waren, verpflegten und versorgten. Die Haushaltshilfen, die dieselben Gelübde abgelegt hatten wie die Vollnumerarier, mußten oft über zwölf Stunden am Tag ohne Pause arbeiten.

Vielleicht aufgrund seiner Bürgerkriegserlebnisse hegte Escrivá de Balaguer eine ständige Angst vor der Polizei und vor staatlichen Behörden überhaupt. Alle Angestellten in der Villa Tevere mußten ihre Pässe María del Carmen aushändigen; die Dokumente wurden im Büro des Vaters unter Verschluß genommen, unter anderem auch, weil sie für die Gesuche um Aufenthaltsgenehmigungen in Italien benötigt wurden. Im Rom der Nachkriegszeit war es nicht leicht, eine Aufenthaltserlaubnis zu bekommen; die Zahl der Nichtitaliener, die ein Unternehmen beschäftigen durfte, war begrenzt. Das Opus Dei verfügte nie über eine ausreichende Anzahl dieser Dokumente, obwohl das Werk durch die Ordenskongregation des Vatikans ein zusätzliches Kontingent erhielt. Die Genehmigungen wurden von der Fremdenpolizei ausgestellt. Der Vater merkte, daß die funkelnden, schiefergrünen Augen von María del Carmen eine unwiderstehliche Wirkung auf junge italienische Polizeibeamte ausübten, und so betraute er sie mit der Beschaffung und Verlängerung von Aufenthaltsgenehmigungen. Außerdem riet er ihr, Pilar Navarro-Rubio mitzunehmen, die damals dem Küchenpersonal vorstand und später Leiterin der weiblichen Abteilung in Italien wurde. Pilar war so elegant, daß die Geschäftsleute sie »Prinzessin« nannten. Escrivá de Balaguer bestand darauf, daß sie auf ihre Missionen im zuständigen Polizeidezernat als unschuldige Bestechung stets ein paar Flaschen Cognac mitnahmen.

Der Vater war nicht nur durch die Kapricen der staatlichen Behörden beunruhigt. Im Sommer 1951 beschlich ihn der Verdacht, daß ein Komplott im Gange sei, um ihn aus der Leitung des Opus Dei zu verdrängen. Im Laufe der Wochen verstärkte sich sein Argwohn, und er beschloß, den Marienschrein in Loreto südlich von Ancona zu besuchen, um den Schutz der Jungfrau zu erbitten. Nach seiner Rückkehr wies er das Küchenpersonal an, fortan alle seine Speisen in seiner Gegenwart vorzukosten – eine Gepflogenheit, die an die Borgias erinnerte.

Im Jahre 1957 erhielt Escrivá de Balaguer den Bescheid, das Opus Dei solle auf Wunsch des Papstes in Peru eine neugegründete *prelatura nullius* betreiben; dadurch sollte geprüft werden, inwieweit sich die autoritär-klerikalen Vorstellungen des Gründers eigneten, das ALM-Syndrom in Ländern der Dritten Welt zu bekämpfen. Die Prälatur von Yauyos mit Sitz in Cañete, 150 Kilometer südlich von Lima, umfaßte eine riesige Bergregion, die ein Drittel der Größe der Schweiz und etwa 300000 Einwohner hatte. Die Operation wurde von dem Hilfswerk Adveniat unterstützt, das durch obligatorische Beiträge deutscher Steuerzahler und freiwillige Spenden der 28 Millionen deutschen Katholiken finanziert wurde. Adveniat konzentrierte sich auf die Unterstützung traditioneller Kirchenarbeit in Lateinamerika, wie etwa die Ausbildung von Priestern, und wurde mit seinen jährlichen Beiträgen in Millionenhöhe zu einem der größten Förderer des Opus-Dei-Apostolats in Lateinamerika. Der Treuhänder der Mittel, der Essener Bischof Franz Hengsbach, stand politisch gesehen rechts von General Franco und hat Escrivá de Balaguer zweifellos bewundert.

Mit Adveniat-Geldern wurde in Cañete ein Radiosender – Radio Estrelle del Sur – installiert, über den religiöse Programme und Nachrichten aus der Diözese ausgestrahlt wurden. Im September 1964 begann ein zweiter Sender, Radio ERPA (Escuelas Radiofónicas Populares Andinas), mit der Ausstrahlung von Schulfunkprogrammen für dreihundert Schulen. Alle fünfundzwanzig Kirchengemeinden, von denen manche nicht einmal über geteerte Straßen zu erreichen waren, hatten Radioverbindung und konnten auf diese Weise Informationen austauschen und soziale Unruhen melden.

Die Methode, die das Opus Dei in Yauyos anwandte, war einfach: Man organisierte das weltliche Leben ganz um die Kirche, die Arbeitsmöglichkeiten und andere Chancen bot und erstmals ein Schulsystem einführte. Die Kirche beherrschte die Medien, überwachte die Aufrechterhaltung der öffentlichen Ordnung und bestimmte in manchen Fällen auch über lokale Investitionen. Das Opus Dei verwendete aber selten eigene Mittel, um diese Werke zu vollbringen, sondern griff auf alle verfügbaren privaten oder öffentlichen Gelder zurück, so zum Beispiel Zuschüsse von privaten Stiftungen oder Einrichtungen wie Adveniat oder US AID.

Im Oktober 1963 belohnte Paul VI. den ersten Prälaten von Yauyos, Don

Ignacio de Orbegozo, indem er ihn zum Titularbischof von Ariasso ernannte. Zum Zeitpunkt seiner Weihe, so konnte er nach Rom berichten, zählte die Prälatur von Yauyos dreißig Seminaristen in Cañete und über tausend Studenten am Landwirtschaftskolleg und an der Handelsschule der Prälatur. Der größte Erfolg, den das Opus Dei in Peru verzeichnete, beruhte jedoch auf dem Einfluß, den der Regionalvikar Manuel Botas auf den päpstlichen Nuntius auszuüben begann: Botas überzeugte den Gesandten, daß dem liberalisierenden Einfluß der Jesuiten im Lande am besten begegnet werden konnte, indem man die verderbtesten Diözesen der Obhut des Opus Dei anvertraute. Innerhalb kürzester Zeit empfingen weitere fünf Opus-Dei-Priester Bischofsmützen.

Spanien konnte in diesen Jahren wenig zur Finanzierung des Opus-Dei-Netzes in Übersee beitragen, denn die Wirtschaft des Landes steckte in einer Krise und stagnierte trotz einer Kabinettsumbildung im Jahre 1951. Das Bildungswesen dagegen erlebte unter dem neuen Minister Joaquín Ruiz Giménez, einem ehemaligen Botschafter beim Heiligen Stuhl, radikale Veränderungen. Daß Ibáñez Martín aus der Regierung ausschied und Botschafter in Portugal wurde, erschien als ein unersetzlicher Verlust für das Opus Dei. Doch der neue Mann aus Francos *Presidencia*, der nun Minister wurde, bot Escrivás Miliz sogar noch besseren Zugang zu den höchsten Ämtern des Landes. Niemand stand dem Caudillo näher als Carrero Blanco, der seit 1941 als Staatssekretär Francos Präsidialkanzlei leitete.

Im Herbst 1950 wurden jedoch Carrero Blancos Eheprobleme zum Gesprächsthema in Francos Entourage. Seine Frau hatte sich mit einem amerikanischen Piloten eingelassen, wodurch das Ehepaar bei Francos Gattin in Ungnade gefallen war. Madame Franco war in solchen Dingen eher prüde und verlangte die Ablösung des Politikers.

Der dreißigjährige Opus-Dei-Numerarier Laureano López Rodó, der dem Justizminister beim Entwurf eines Konkordats mit dem Vatikan half, lernte in dieser Zeit Carrero Blanco kennen. Sie freundeten sich an, und Carrero Blanco weihte den jungen Mann trotz des Altersunterschieds von siebzehn Jahren in seine Eheprobleme ein. López Rodó stellte Carrero Blanco dem Juraprofessor und Opus-Dei-Priester Amadeo de Fuenmayor vor, der daraufhin Carrero Blancos Beichtvater wurde. Mit Takt und Feingefühl gelang es jenem, die zerrüttete Ehe wieder zu kitten. Sobald Francos Gattin besänftigt war, wurde Carrero Blanco zum Minister ernannt. Damit war er nach dem Caudillo der mächtigste Mann im Kabinett.

Zur selben Zeit begann eine Handvoll älterer Opus-Dei-Mitglieder aktiv darauf hinzuarbeiten, daß Spanien nach der Ära Franco wieder eine Monarchie wurde. Trotz Escrivás Beteuerung, daß das Werk sich niemals in die Politik einmischte, wurde nun in einem abgelegenen Anwesen des Werkes in den Bergen von Segovia ein Entwurf für das zukünftige politische System des Landes ausgearbeitet. Escrivá de Balaguer kümmerte sich um sämtliche Aspekte des Plans. Er traf sich sogar mit den verschiedenen Thronanwärtern, um ihre Reaktionen zu prüfen.

Die politischen Energien des Opus Dei teilten sich in zwei unterschiedliche Bahnen. Der sichtbarste und zweifellos aktivste Motor bei den konstitutionellen Veränderungen, die folgten, war die sogenannte »Dritte Kraft« unter Leitung des zehnten Apostels Calvo Serer. Der tiefergehende und beständigere Einfluß ging indes von dem Katalanen López Rodó aus; der erfolgreiche Anwalt und Juraprofessor praktizierte voller Eifer die Opus-Dei-Devise, laut der jeder ein Meister in seinem Beruf sein sollte. Und so betrachtete er den Erfolg der jeweils von ihm geleiteten Abteilung als Zeichen seiner christlichen Vervollkommnung.

Calvo Serer und López Rodó unterschieden sich deutlich, nicht nur hinsichtlich ihres Temperaments, sondern auch in der Wahl ihrer Mittel, selbst wenn sie ähnliche Ziele verfolgten. Calvo Serer war relativ rasch erledigt. Der dezidierte Technokrat López Rodó erreichte schwindelnde Höhen und hinterließ einen bleibenden Einfluß in den Institutionen, die Spanien beherrschen. Er verkörperte alles Edle, wenn auch Elitäre in der Ethik des Opus Dei.

Der zehnte Apostel setzte seine Dritte Kraft in der Absicht ein, engere Verbindungen zwischen den Monarchisten und Franco zu schaffen; er befürwortete eine Restauration der Monarchie unter Don Juan, dem Sohn von Alfons XIII., der im portugiesischen Exil lebte. López Rodó hingegen bevorzugte Don Juans ältesten Sohn Juan Carlos, der auch eher Francos Geschmack entsprach. Auf jeden Fall mußte ein Klima des Vertrauens zwischen dem Caudillo und dem offiziellen Prätendenten Don Juan geschaffen werden.

Im September 1953 veröffentlichte Calvo Serer unter persönlichem Risiko in Paris einen kritischen Artikel über die Falange, die die Restauration der Monarchie und insbesondere Don Juan ablehnte, zumal dessen Mutter Engländerin war und er während des Zweiten Weltkriegs auf der Seite der Alliierten gestanden hatte. In dem Artikel bezeichnete Serer die Falange als verwaltungstechnisch inkompetent, wirtschaftlich ineffizient und in ihren Autarkievorstellungen völlig irrig. Gleichzeitig brandmarkte er die Aussagen der Christdemokraten als leeres Gewäsch und die Bildungspolitik von Ruiz Giménez als unsinnig. Er propagierte ein Programm der Dritten Kraft, das eine strengere Ausgabenkontrolle, eine dezentralisierte Regierung, eine liberalere Wirtschaft und eine »repräsentative« Monarchie vorsah. Der Artikel sorgte für einigen Aufruhr.[2] Erstmals hatte eine Person des öffentlichen Lebens, die bekanntermaßen dem Opus Dei angehörte, politisch Stellung bezogen. Auch innerhalb des Säkularinstituts stießen Calvo Serers Äußerungen auf Kritik. Manche fürchteten, sie könnten den kanonischen Status des Werkes gefährden.

Das Opus Dei war sicherlich nicht an traditioneller Machtpolitik interessiert, das heißt am eigentlichen politischen System mit seinen Parteistrukturen, Interessen und Bündnissen. Gewiß aber verfolgte es die Interessen seines Apostolats, damit Christus jeden Aspekt des menschlichen Strebens beherrschte. Wesentlich war dabei natürlich seine Auffassung davon, *wie* Christus herrschte – eine Auffassung, die sich nicht unbedingt mit der der übrigen Katholiken deckte.

Am Ende ignorierte Franco jedoch die Dritte Kraft, und Calvo Serer geriet auf das politische Abstellgleis. Statt dessen setzte Franco sein Vertrauen in López Rodó.

Das Konkordat mit dem Vatikan wurde im August 1953 unterzeichnet. Es beendete Spaniens diplomatische Isolation. Doch Franco mußte einen Preis dafür bezahlen: Die Kirche wurde von der Steuer befreit und erhielt Mittel zum Bau neuer Kirchen. Die spanischen Bischöfe durften verlangen, daß als anstößig empfundene Publikationen aus dem Handel gezogen und Veröffentlichungen der Diözesen von der staatlichen Zensur ausgenommen wurden. Das Konkordat räumte der Kirche außerdem das Recht ein, Universitäten zu gründen; aus diesem Grund war es für das Opus Dei genauso wichtig wie für Franco.

Als Bildungsminister verhinderte Ruiz Giménez, daß das Opus Dei noch mehr Einfluß auf die Universitäten gewann – Anfang der fünfziger Jahre wurde ein Drittel aller Fakultäten in Spanien von Opus-Dei-Mitgliedern geleitet. Escrivá de Balaguer beschloß daher im Jahre 1952, eine eigene Opus-Dei-Universität zu gründen: Estudio General de Navarra in Pamplona. Zu Beginn verfügte sie nur über eine juristische Fakultät, die jedoch – gemäß einem Gesetz von 1949 über unabhängige höhere Bildungseinrichtungen – keine akademischen Titel verleihen durfte. Dieses Problem wurde gelöst, indem man die Fakultät verwaltungsmäßig an die Universität von Saragossa anschloß. Bald wurde eine medizinische Fakultät gegründet, und später folgten auch Geisteswissenschaften und Journalismus.

Sobald Franco das Konkordat geschlossen hatte, arbeitete das Opus Dei darauf hin, Estudio General in eine päpstliche Universität umzuwandeln. Dieser Absicht wurden jedoch scheinbar »unüberwindbare Hindernisse« in den Weg gelegt. Das Projekt wurde allein durch den neuen päpstlichen Nuntius, Monsignore Ildebrando Antoniutti, gerettet. Dieser trat so entschieden für das Opus Dei ein, daß er ebensogut Mitglied gewesen sein könnte. Alle seine Angestellten, vom Chauffeur bis zu den Putzfrauen, gehörten angeblich dem Werk an, und in Madrid ging der Witz um, daß er nicht der apostolische, sondern der *opustolische* Nuntius sei.[3] Escrivá de Balaguer ging davon aus, daß die Zustimmung des Heiligen Stuhls dank des Gewährsmannes Antoniutti nur eine Frage der Zeit war. Kurz nach der Ankunft des neuen Nuntius in Madrid fing er an, Estudio General als »Universität von Navarra« zu bezeichnen.

Während die Lobby für die Gründung der päpstlichen Universität ihre Bemühungen fortsetzte, ereignete sich in der Villa Tevere ein Wunder, für das die Ärzteschaft keine Erklärung fand. Die Zuckerkrankheit des Gründers hatte sich trotz der täglichen Insulinspritzen zunehmend verschlimmert. An manchen Tagen konnte er nicht einmal aufstehen. Die Sehkraft seines rechten Auges ließ nach. Man verbot ihm den Einsatz der Geißel und des Bußgürtels, weil diese Hautrisse verursachten, die sich leicht entzündeten. Neben seinem Bett hatte man eine Glocke angebracht, so daß er auch nachts die Sterbesakramente anfordern konnte.

Als der Vater am Dienstag, den 27. April 1954 – dem Tag Unserer Lieben Frau von Montserrat –, in seinem privaten Eßzimmer am Tisch saß, brach er plötzlich zusammen. »Es geschah etwas sehr Sonderbares«, berichtete Don Alvaro. »Auf einmal verfärbte er sich: zuerst wurde er dunkelrot, dann purpurrot und schließlich bräunlich gelb. Vor allem aber schien er zu schrumpfen, als er in sich zusammensackte.«[4]

Don Alvaro erteilte ihm die Absolution und rief dann den Arzt. Um die Wirkung des Insulin auszugleichen, gab er dem Vater etwas Zucker in den Mund. Als der Arzt eintraf, war der Vater wieder bei Bewußtsein. Mehrere Stunden lang konnte er nichts sehen. Doch als er seine Sehkraft wiedererlangte, war er nicht mehr zuckerkrank. Er war von der Krankheit geheilt, die ihn mehr als zehn Jahre begleitet hatte. Bald nach seiner Heilung begannen die Menschen ihn als den »Wunderpriester« zu bezeichnen. Wie Don Alvaro bemerkte, gibt es für alles einen Grund. »Alles unterliegt der göttlichen Vorsehung.«[5]

Das entscheidende Ereignis, das die Opus-Dei-Technokraten endgültig in ihre Machtpositionen katapultierte, waren jedoch die Arbeiterunruhen im Januar 1957 in Barcelona. Sie machten die Verschlechterung der wirtschaftlichen Lage deutlich. Die Inflation war nicht zu bremsen, die Zahlungsbilanz war katastrophal. Das Land litt unter einer ständigen Haushaltsüberschreitung und einer planlosen Finanz- und Steuerpolitik. In dem Bemühen, ein Moratorium über Auslandszahlungen und eine massive Abwertung abzuwenden, ordnete Franco eine Kabinettsumbildung an, die einen der großen Wendepunkte in der Entwicklung des Opus Dei darstellte.

Der Urheber der Umbildung war López Rodó. Seine Empfehlungen trugen die Falange zu Grabe. Nach dem Juli 1957 hatte die Falange nur noch drei kleinere Ministerien inne – die Ressorts für Arbeit, Wohnungsbau und das Ministerium für die Falange-Bewegung selbst. Die drei wichtigen Ressorts – die Ministerien des Inneren, des Äußeren und der Armee – waren mit Gegnern der Falange besetzt worden. Und dann kamen die Technokraten, denen es überhaupt nicht um die politischen Machtspiele als solche ging, sondern um die Eingliederung Spaniens in die europäische Wirtschaft. Es war dem Opus Dei – oder zumindest López Rodó – zu verdanken, daß Spanien langsam und unmerklich aus den Reihen der Diktaturen der Welt auszuscheren begann.

López Rodó nannte als erstes Ziel der Regierung die Einführung eines Mindestjahreslohnes von umgerechnet 1000 Dollar für jeden arbeitenden Bürger. »Wenn uns das gelingt, folgt das übrige – sozial und politisch – ganz von selbst«, sagte er voraus.[6]

Wer waren diese Opus-Dei-Technokraten, die sich anschickten, Spanien zu modernisieren? Der neue Finanzminister Mariano Navarro-Rubio, ein 43jähriger Jurist aus dem aragonesischen Teruel, hatte im Bürgerkrieg auf der Seite der Nationalisten gekämpft; er war dreimal verwundet und ausgezeichnet worden. Als Vorstandsmitglied des Banco Popular Español trug er mit seiner Kompetenz und seinem Einsatz zum spektakulären Erfolg dieser Bank bei. Ihm sollte das Verdienst zukommen, eine stabile Geldpolitik in Spanien einzuführen.

Neuer Handelsminister wurde der Numerarier Alberto Ullastres, ebenfalls 43 Jahre alt, Professor für politische Ökonomie und Vizedirektor der Spanischen Hypothekenbank. Er hatte in Frankreich und Deutschland studiert und auf seiten der Nationalisten an der Asturien-Front gekämpft. López Rodó, Navarro-Rubio und Ullastres arbeiteten als Team und verschafften weiteren Opus-Dei-Technokraten wichtige Regierungsposten. Kurz nach der Ernennung des neuen Kabinetts gab die spanische Zentrale des Opus Dei eine Erklärung heraus, in der jegliches politische Engagement des Instituts dementiert wurde. »Seine Aktivitäten sind unmittelbar und ausschließlich apostolischer Art, und wegen seiner dezidierten spirituellen Ausrichtung ist es in die Politik keines einzigen Landes verwickelt.«[7] Genaugenommen stimmte das. Das Opus Dei war keine politische Partei und hegte keinerlei Ehrgeiz, eine zu werden. Trotzdem verfolgte es politische Ziele – allerdings gut getarnt –, die mit seinen geistigen Grundsätzen und seinem Selbstverständnis als Erneuerer des Katholizismus übereinstimmten. Und seinen Mitgliedern, ob Minister oder Firmenchef, wurde ein weitaus größeres Maß an geistlicher Führung auferlegt als jedem anderen katholischen Laien. Diese Führung schließt, wie im 16. Kapitel zu zeigen sein wird, »sämtliche beruflichen, gesellschaftlichen und übrigen Fragen« ein.[8]

Von politischen Erwägungen einmal abgesehen, sollten sich die Grundsätze des Opus Dei für das spanische Volk bald bezahlt machen. In den fünfzehn Jahren von 1960 bis 1975, die oft als *años de desarrollo* – Entwicklungsjahre – bezeichnet werden, wuchs die spanische Wirtschaft so rasant wie keine andere Volkswirtschaft mit Ausnahme der japanischen. 1963 überschritt das Pro-Kopf-Einkommen im Jahr die Fünfhundert-Dollar-Marke; López Rodós magische Zahl von eintausend Dollar pro Jahr wurde im Jahre 1968 erreicht. Als Spaniens erstes Wirtschaftswunder Mitte der siebziger Jahre aufgrund eines weltweiten Konjunkturrückgangs zu Ende ging, war das Land die neuntstärkste Wirtschaftsmacht der Welt. 1957 besaß jeder hundertste Spanier ein Auto, Ende der sechziger Jahre war es bereits jeder zehnte. Fast jeder Haushalt hatte Telephon, jeder zweite besaß Waschmaschine und Kühlschrank. Mitte der siebziger Jahre war die Analphabetenrate auf unter zehn Prozent gesunken; die Zahl der Studenten hatte sich gegenüber 1960 verdoppelt. Die wichtigste Veränderung betraf jedoch die Zukunftsaussichten. Laut Umfragen konnten Arbeiter in den siebziger Jahren weitaus besser bezahlte und qualifiziertere Arbeitsplätze erwarten als ihre Väter. Man könnte also sagen, Spanien verdankte es weitgehend dem Opus Dei, daß das Land Anfang der siebziger Jahre Teil des modernen europäischen Wirtschaftsraums war. Doch mit dem Wohlstand kam die Korruption.

12 Die Matesa-Affäre

*Fürchte die Wahrheit nicht, selbst wenn sie dich in
den Tod führen sollte.*

Maxime 34, Der Weg

Der erste bekanntgewordene Fall, bei dem das
Opus Dei in Finanzgeschäften auf schmutzige Tricks zurückgriff, war
die Matesa-Affäre. Durch Betrug war eine große Geldsumme spurlos
verschwunden, und zwei Bankiers, die direkt oder indirekt in die Geschäfte von Matesa verwickelt waren, kamen ums Leben. In der Öffentlichkeit dementierte das Opus Dei, etwas mit Matesa zu tun zu haben, doch intern sollen einige Mitglieder Witze und Andeutungen gemacht haben, wonach die Kasse des Werkes von den Machenschaften
ordentlich profitierte. Zwei Dinge können mit Sicherheit gesagt werden:
Die Rechnung beglich letztlich der spanische Steuerzahler. Und derjenige, der für den Skandal verantwortlich war, erhielt zu guter Letzt eine
königliche Begnadigung. Sein Name lautete Juan Vilá Reyes. Er war einer
der ersten Absolventen des IESE (des *Instituto de Estudios Superiores de
la Empresa*), der renommierten Wirtschaftsakademie des Opus Dei in
Barcelona.

Im Juli 1956 gründete Vilá Reyes eine Zuliefererfirma für die Textilindu-
strie. Dieser Firma gab er den Namen *Maquinaria Textil del Norte de
España Sociedad Anónima*, abgekürzt *Matesa*. Ende der fünfziger Jahre
waren »Technologie« und »Technokratie« Schlagworte in Spanien geworden. Vilá Reyes erkannte rasch, daß sich für eine Firma, die mit »High-
Tech« zu tun hatte und von vorausblickenden »Technokraten« geleitet
wurde, in einem Land, das nach Exporterfolgen lechzte, große Möglichkeiten boten. Er stattete Matesa mit einem Kapital von 80 000 Dollar aus,
wovon nur ein geringer Teil in die Firma gesteckt wurde, und gab
200 000 Aktien aus, von denen er als Vorstandsvorsitzender die Mehrheit
hielt. Die anderen Anteilseigner waren sein Bruder Fernando, seine
Schwester Blanca und sein Schwager Manuel Salvat Dalmau. Als nächstes
schrieb er sich im Oktober 1958 am IESE in die Kurse für Spitzenmanagement ein. Zu diesem Zeitpunkt war er nicht einmal Mitarbeiter – *coope-*

rador – des Opus Dei; sein Schwager und seine Schwester hingegen waren Supernumerarier.

Für das Verständnis der weiteren Ereignisse ist ein kleiner Exkurs notwendig. Der Erfolg des Opus Dei hing und hängt von der Anwerbung neuer Mitglieder ab. Das Wort »Anwerbung« selbst wird allerdings gerne vermieden. Das Opus Dei behauptet, die Mitglieder würden gar nicht in das Werk rekrutiert. Vielmehr *bitten* sie um Aufnahme, um einer göttlichen Berufung zu folgen, die sie veranlaßt, ihr Leben dem Apostolat zu widmen. Doch trotz der Bemühungen, die Truppen bei der Stange zu halten, ist das auf Expansion bedachte Opus Dei wegen des beständigen Mitgliederschwundes durch Todesfälle und Austritte gezwungen, aktiv neue Mitglieder zu suchen. Im Laufe der Jahrzehnte hat es eine Anwerbemethode entwickelt, die erstaunliche Erfolge zeitigt. Allerdings wird nicht jeder x-beliebige als Mitglied ins Auge gefaßt oder aufgenommen. Es ist eher wie in einem Golfclub oder einem ähnlichen Verein: »… neue Mitglieder können um Aufnahme ersuchen«, kommentierte ein Mitglied, »doch sie müssen sich für die Zwecke des Vereins eignen. Wenn sie sich nur für Schach interessieren oder nur Rumba lernen wollen, wären sie fehl am Platz; es hätte also keinen Sinn, sie aufzunehmen.«

Ein Dossier des ehemaligen Numerariers John Roche beschreibt die Werbepraxis des Opus Dei bis ins Detail. Eine gewisse Vertrautheit mit dem Vokabular des Werkes ist jedoch erforderlich. »Anwerbung« ist gleichbedeutend mit »Bekehrung« *(proselitismo)*, obwohl katholische Glaubensbrüder und -schwestern die Zielgruppe sind. »Berufungen gewinnen« heißt soviel wie »neue Mitglieder anwerben«. In seiner Darstellung führt Roche folgendes aus:

Die allerwichtigste Tätigkeit im Leben eines Opus-Dei-Mitglieds ist die Anwerbung oder »Bekehrung«. Der Gründer, Monsignore Escrivá, hat dies immer wieder betont:

Wir kennen kein anderes als das korporative Ziel: die Bekehrung, das Gewinnen von Berufungen … Bekehrung im Werk ist der richtige Weg, der Weg zur Heiligung. Wenn jemand keinen Bekehrungseifer hat … ist er tot … Leichen vergrabe ich.

(Crónica V, 1963)

Geht hinaus auf die Landstraßen und in die Seitenstraßen und drängt jene, die ihr antrefft, zu kommen und mein Haus zu füllen, zwingt sie zu kommen; nötigt sie ... wir müssen ein wenig verrückt sein ... Ihr müßt euch für die Bekehrung aufopfern ...

(Crónica IV, 1971)

Keines meiner Kinder kann sich zufriedengeben, wenn es nicht jedes Jahr vier oder fünf treue und verläßliche Berufungen gewinnt.

(Crónica VII, 1968)

... Jedes Mitglied soll mindestens fünfzehn »Freunde« haben, wovon jeweils fünf aktiv »bearbeitet« werden, damit sie »pfeifen«. Bemühung und Erfolg beim Bekehren sind so eng mit der Heiligung verknüpft, daß sie für die weniger Erfolgreichen oft zur gravierendsten Ursache für psychischen Streß werden. Die Verpflichtung, Anhänger zu gewinnen, ist streng und unerbittlich.

... Die öffentlich bekannten korporativen Werke des Opus Dei dienen der Bekehrung. Wie der Gründer einst meinte: »Studentenwohnheime, Universitäten, Verlage ... sind das Ziele? Nein, aber was ist das Ziel? Nun, es ist ein doppeltes: Einerseits persönliche Heiligung. Andererseits die größtmögliche Zahl von Seelen in der Welt der Weihe Gottes im Opus Dei zuzuführen ...«

(Crónica V, 1963)

Hauptzweck aller Schulen, Herbergen, Vereine, Kulturzentren, Hauswirtschaftsschulen, Abiturientenkurse, Sommerschulen und internationalen Zusammenkünfte ist die Anwerbung der Teilnehmer als Mitglieder des Opus Dei. Intern werden die Mitglieder oft an dieses vorrangige Ziel erinnert, doch in der Öffentlichkeit beteuerte der Gründer beharrlich, die korporativen Aktivitäten seien in erster Linie »ein uneigennütziger Dienst an der Menschheit«. Deswegen werden diese Aktivitäten häufig mit öffentlichen Mitteln unterstützt.[1]

Das IESE, zu dem Vilá Reyes 1958 zugelassen wurde, war im selben Jahr von zwei Numerariern als Erweiterung ihres Apostolats gegründet worden. Sie erhielten einen Zuschuß von 50000 Dollar vom Banco Popular

Español. Das IESE wurde der Universität von Navarra angegliedert und richtete später seinen Lehrplan nach der Harvard Business School aus, mit der es in Austausch trat. Einige der besten Kader des Opus Dei, aber auch zahlreiche Spitzenmanager Spaniens wurden im Laufe der Jahre am IESE ausgebildet. Das Lehrinstitut verfolgte jedoch ein geheimes Ziel: Man verfolgte die berufliche Laufbahn der Absolventen und förderte sie sogar, falls es angebracht erschien. Auf diese Weise blieben sie dem Werk direkt oder indirekt verbunden. Einige entglitten natürlich seinem Einfluß, auch wenn sie sich höchst bereitwillig und sogar begeistert auf das Ganze einließen, ohne je auf den Gedanken zu kommen, daß sie vielleicht benutzt wurden. Alles wirkte nett und gesellig; nie gab es etwas so Plumpes wie Druck. Schließlich sollten die Leute glauben, sie gehörten einer Elite an. Einer der ersten Abgänger war der spätere spanische Botschafter in Moskau, Juan Antonio Samaranch, der in den achtziger Jahren Präsident des Internationalen Olympischen Komitees wurde und dieses nach den »christlichen und wissenschaftlichen Prinzipien«, die er am IESE kennengelernt hatte, in eine gigantische Geldmaschinerie verwandelte. Und dann gab es schließlich noch einige ganz Ehrgeizige, die genau wußten, was das Opus Dei von ihnen erwartete, die das Spiel voll mitspielten und die Kontakte nutzten, welche das Werk ihnen vermittelte. Einer von diesen letzteren war Vilá Reyes.

Mit den Beziehungen, die Vilá Reyes während seines Studienjahres am IESE geknüpft hatte, konnte er die Entwicklung von Matesa rapide beschleunigen. Nach dem Abschluß des Studiums nahm er sich José Luis Villar Palasí, einen mehrsprachigen Anwalt mit Kanzleien in Madrid, zum Rechtsberater. Villar Palasí stand dem Opus Dei sehr nahe, auch wenn das Werk behauptet, er sei nie Mitglied oder auch nur *cooperador* gewesen.[2] Im Jahre 1962 wurde Villar Palasí vom Handelsminister, dem Opus-Dei-Numerarier Alberto Ullastres, zum Staatssekretär ernannt. Dies hatte zur Folge, daß es mit Vilá Reyes in den folgenden sechs Jahren ständig bergauf ging. Zahlreiche Türen öffneten sich seiner »High-Tech«-Firma, deren einzige »Hochtechnologie« aus einem Telex und einer elektrischen Schreibmaschine bestand.

Matesa erwarb – man weiß nicht genau, wie – ein französisches Patent für einen maschinellen Webstuhl. Das Patent kostete ganze 12000 Dollar.[3] Der Webstuhl trug den Namen »Iwer«, zweifellos nach seinem Erfinder. Vilá Reyes tat so, als handelte es sich um eine technische Neuheit. Er behauptete, der Webstuhl sei revolutionär, weil er ohne Weberschiffchen funktionierte und praktisch jede Art von Material, von Seide bis Fiberglas, weben konnte. Auf der Mailänder Industriemesse von 1959 wurde ein Prototyp ausgestellt, der mäßiges Interesse weckte.

Villar Palasí machte seinen Klienten mit Laureano López Rodó bekannt. Die beiden wurden Freunde. López Rodó wiederum stellte ihn dem Opus-nahen Bankier Juan José Espinosa San Martín vor, der im Juli 1965 Mariano Navarro-Rubio als Finanzminister ablöste. Navarro-Rubio wurde zum Direktor der Bank von Spanien ernannt.

Mit dem »Iwer«-Patent und dem IESE-Zeugnis in der Hand konnte Vilá Reyes genügend Kredit aufnehmen, um in Pamplona ein Montagewerk zu bauen. In Barcelona richtete Matesa eine Forschungsabteilung ein, in der mehrere hundert Ingenieure angestellt wurden. Dann begann die Suche nach Exportmärkten. Als der phantastische »Iwer« potentiellen Käufern in den Vereinigten Staaten, in Lateinamerika und in Europa vorgestellt wurde, führte López Rodó gerade den ersten spanischen Fünfjahresplan ein. Ein besonders wichtiger Aspekt dieses Entwicklungsplans waren die Anreize, die er Exporteuren in Form verschiedener Steuervorteile und staatlicher Subventionen bot.

Matesa, so hieß es, erfülle einen »Exportauftrag«. Juan Vilá Reyes begab sich an den Staatstrog und erntete Einlagerungskredite, Rabatte für Wechsel und einen Revolving-Kredit zur Finanzierung der Exportaufträge. Es war ein Spiel. Von den staatlichen Krediten zweigte Vilá Reyes Spendengelder an das IESE, die Universität von Navarra und einige der Bildungsprojekte des Werkes im Ausland ab. In Spanien herrschten jedoch nach wie vor strenge Devisenkontrollen.

Anstatt den fabelhaften »Iwer« zu exportieren, führte Matesa einen Großteil der Subventionen aus. Vilá Reyes schuf ein Netz ausländischer Scheinfirmen, viele davon im Schweizer Kanton Fribourg mit seiner großzügigen Besteuerung ortsansässiger Holdinggesellschaften. Finanzminister Espinosa San Martín unterhielt ausgezeichnete Kontakte mit der Familie Giscard d'Estaing in Paris und mit Prinz Jean de Broglie, einem Mitbegründer von Giscards Unabhängiger Republikanischer Partei. Valéry Giscard d'Estaing wurde 1956, im Gründungsjahr von Matesa, in die französische Nationalversammlung gewählt. Im Januar 1962 ernannte General de Gaulle Giscard zu seinem Finanzminister. Obwohl er 1966 abgelöst wurde, verblieb er in den Flügeln des Elysée-Palastes und wartete auf seine Chance, Präsident der Fünften Republik zu werden.

Prinz Jean de Broglie war der Mann, der Giscards politisches Programm den aktuellen Entwicklungen anpaßte. Er war Senator, Mitglied des Auswärtigen Ausschusses der Nationalversammlung und ein erfolgreicher Finanzier mit weitreichenden Kontakten in der rechten Paneuropa-Bewegung. 1967 schickte Giscard d'Estaing Jean de Broglie auf eine Mission nach Madrid. Von welcher Art diese Mission war, ist nicht genau bekannt. Während seines Aufenthaltes in der spanischen Hauptstadt wurde de Broglie Juan Vilá Reyes vorgestellt.

Welchen Grund das Zusammentreffen in Madrid auch gehabt haben mochte – nach seiner Rückkehr nach Paris beauftragte de Broglie Raoul de Léon, seine rechte Hand, in Luxemburg eine Holdinggesellschaft, die Sodetex S.A., mit einem eingezahlten Kapital von einer Million französischen Francs (knapp 350 000 DM) für Matesa zu gründen. Das Kapital wurde von Brélic S.A. Fribourg, einer Matesa-Tochter, auf ein Sodetex-Konto in Luxemburg überwiesen. Vorstandsvorsitzender der Sodetex war Prinz Jean de Broglie; und Robert Leclerc, der Chef und Hauptaktionär der Banque de l'Harpe (der späteren Banque Leclerc) in Genf, war eines der Vorstandsmitglieder.

Bis Juni 1968 hatte sich das Kapital von Matesa auf 2,4 Millionen Dollar erhöht. Inzwischen war Matesa ein multinationales Unternehmen, das als Paradebeispiel des neuen spanischen Unternehmergeistes gepriesen wurde. Doch die Absatzzahlen des »Iwer«-Webstuhls waren nie so berauschend, wie immer behauptet wurde. Die Maschine war empfindlich, überteuert und mit Produktionsfehlern behaftet. Die Lieferung war ungewiß. In Spanien konnte man die Käufer des Webstuhls an einer Hand abzählen. Die Angaben über die Auslandsumsätze waren viel zu hoch angesetzt. Eine herrenlose Lieferung von »Iwer«-Webstühlen, die angeblich für New York bestimmt war, wurde in den Docks von Barcelona aufgefunden. Der Zolldirektor Victor Castro Sanmartín, der den Betrug aufdeckte, war Mitglied des Opus Dei.[4] Er wußte wahrscheinlich nicht, wie wichtig Matesa für den finanziellen Zweig des Opus Dei war – schließlich war der Hang zur Geheimhaltung intern genauso stark wie die Verschwiegenheit nach außen –, und so lieferte er seinem Vorgesetzten, dem Finanzminister, einen detaillierten Bericht. Eine Kopie dieses Berichts landete auf dem Schreibtisch von Manuel Fraga Iribarne, dem Informationsminister. Fraga war das dienstälteste Falange-Mitglied im Kabinett und somit ein vehementer Gegner der Opus-Dei-Technokraten. Die Falange hatte das Wachstum von Matesa verfolgt und wollte sich nun für ihre Demütigung durch die Opus-Dei-Technokraten bei der Kabinettsumbildung von 1957 rächen. Die im Amt gebliebenen Falange-Minister sahen in Castro Sanmartíns Bericht eine Gelegenheit, das Monopol des Opus Dei über wichtige Regierungsposten zu brechen. Im Sommer 1969 startete die Falange eine Pressekampagne und machte Andeutungen, wonach die Auslandsbestellungen von Matesa ein Trick waren, um in den Genuß von Exportkrediten zu kommen.

Die Luxemburger Matesa-Tochter Sodetex plante, durch die Banque Leclerc in Genf Obligationen im Wert von fünfzehn Millionen Schweizer Franken aufzulegen, doch die Pressekampagne gegen Matesa griff schließlich auch auf die ausländischen Medien über. Im August 1969 wurde das Obligationsangebot zurückgezogen. Die negative Publicity führte laut Vilá Reyes auch zur Stornierung ausstehender Bestellungen für den »Iwer«-Webstuhl.

Bis dahin hatte Franco den Skandal ignoriert. Als sich der Minister für die Falange-Bewegung, José Solís Ruiz, persönlich bei ihm darüber beklagte, daß die Opus-Dei-Minister alles andere als »wahre Gentlemen« seien, bemerkte der Caudillo schroff: »Was haben Sie gegen die Leute vom Opus? Nur weil sie arbeiten, während Sie bloß herumhuren.«[5]

Im September 1969 war der Wirbel um Matesa selbst Franco zu viel geworden. Besonders empört war er über die ausländische Presse. Vilá Reyes und sein Bruder wurden verhaftet. Untersuchungen ergaben in kürzester Zeit, daß die Gesellschaft insolvent war. Dabei hatte Matesa vom Staat umgerechnet 180 Millionen Dollar Exportfinanzierung erhalten. Wohin war das Geld geflossen? Espinosa San Martín und Fausto García Moncó, ein weiterer Opus-naher Bankier, der Alberto Ullastres 1965 als Handelsminister abgelöst hatte, wußten keine Antwort. Sie traten beide zurück. Trotzdem war Franco nicht besänftigt, doch ironischerweise richtete sich sein Zorn nicht gegen das Opus Dei. Er war aufgebracht über die beiden Falange-Minister Fraga und Solís, weil sie zugelassen hatten, daß die Medien die Realität im Spanien der sechziger Jahre widerspiegelten und von einem Land sprachen, das unter »politischer Stagnation, Monopolwirtschaft und sozialer Ungerechtigkeit« litt.[6]

Es gingen Gerüchte über einen Aderlaß im Kabinett um. Viele glaubten, der Einfluß des Opus Dei innerhalb der Regierung sei im Schwinden begriffen und Franco werde die Technokraten aus Verdruß über die Intrigen allesamt aus ihren Ämtern entfernen. Doch Franco hatte die Falangisten satt, und so triumphierten letzten Endes die Technokraten. Ganz Madrid staunte, als am Abend des 29. Oktober 1969 das Programm des staatlichen Fernsehens zur Bekanntgabe des neuen Kabinetts unterbrochen wurde. Von den neunzehn Ministern waren zehn Mitglieder oder Mitarbeiter des Opus Dei. Die wichtigsten darunter waren López Rodó (Wirtschaftliche Entwicklung), Gregorio López Bravo (Äußeres), Enrique Fontana Codina (Handel) und Alfredo Sánchez Bella (Information und Tourismus).

Von den übrigen Ministern waren fünf angeblich Opus-nah, darunter José Luis Villar Palasí (Bildung und Wissenschaft) sowie Alberto Monreal Luque (Finanzen). Von drei weiteren wußte man, daß sie mit dem Opus Dei zusammenarbeiteten. So blieb nur noch der Ministerpräsident, Luis Carrero Blanco – und wo dessen Sympathien lagen, war allgemein bekannt. López Rodó wurde als Drahtzieher dieses samtpfötigen Putsches bezeichnet. Carrero Blanco war zwar Ministerpräsident, doch im Grunde war es López Rodós Regierung. Manche behaupteten indes, der neue Königsmacher sei Luis Valls Taberner, der Vizedirektor des Banco Popular Español, ein mönchhaft wirkender, geheimnisumwitterter Opus-Dei-Numerarier. Valls Taberner und López Rodó wohnten in derselben Opus-Dei-Residenz in Madrid.

Die neue Regierung setzte eine Untersuchungskommission ein. Diese stellte fest, daß der Großteil der vermißten Gelder ins Ausland geschafft worden war. Sie deckte ebenfalls auf, daß das ausländische Firmennetz der Matesa Spenden an die Universität von Navarra und einen relativ kleinen Beitrag zum Wahlkampf für Präsident Nixon geleistet hatte. Weitere Summen waren an Vilá Reyes' Alma mater, das IESE in Barcelona, gezahlt worden. In dem Bericht nicht erwähnt und von einem Sprecher des Opus heftig dementiert wurden Gerüchte, wonach stattliche Summen über »Hilfsgesellschaften«, das heißt Unterorganisationen, indirekt an das Opus Dei geflossen sein sollen.

Ein Sprecher erklärte: »Das Opus Dei erhielt keinerlei Spenden von Matesa. Vilá Reyes hat der Wirtschaftsakademie IESE mehrere Jahre lang einige *persönliche* Spenden zukommen lassen. Diese beliefen sich auf insgesamt zwei Millionen Peseten (12000 Pfund) und wurden genau belegt. Die Behauptung, er hätte verschiedenen Opus-Dei-Institutionen in Spanien, Peru und in den Vereinigten Staaten 2400 Millionen Peseten (14 Millionen Pfund) gegeben, ist absolut falsch.«[7]

Dieses Dementi ist ein interessantes Beispiel für die Art und Weise, wie das Opus Dei die Wahrheit zurechtbiegt. Zunächst wurde behauptet:»Es muß festgehalten werden, daß Juan Vilá Reyes ... und sein Rechtsberater

José Villar Palasí keine Mitglieder des Opus Dei waren …« Das mag der Wahrheit entsprochen haben, doch sowohl Juan Vilás Schwester als auch sein Schwager waren Mitglieder des Opus und Aktionäre von Matesa. Darüber hinaus wurde in dem Dementi versäumt zu erwähnen, daß ein weiterer Supernumerarier des Werkes, Angel de las Cuevas, Staatssekretär im Finanzministerium und Vizedirektor des Banco de Crédito Industrial – jener staatlichen Bank, die der Matesa die Exportfinanzierung gewährt hatte –, der Mittäterschaft bei dem Betrug bezichtigt wurde.

Aufschlußreicher ist vielleicht, daß ein ehemaliger Finanzverwalter des Opus Dei privat bestätigte: »Mein Büro erhielt nur *kleinere* Beiträge von Matesa«.[8] Selbstverständlich besteht ein Unterschied zwischen »keinerlei Beiträgen« und »kleineren Beiträgen«. Doch selbst das ist längst nicht die ganze Geschichte, denn der Budget-Verwalter hat als erster darauf hingewiesen, daß die internationalen Transaktionen nicht über sein Büro abgewickelt wurden. Sie wurden von Dr. Rafael Termes Carrero, dem damaligen Bezirksdirektor des Banco Popular Español in Barcelona, erledigt. Rafael Termes, ein enger Vertrauter von Luis Valls, war der Architekt der »Umleitung« über Andorra; er hatte den Kauf der Credit Andorra, in deren Verwaltungsrat er saß, eingefädelt. Credit Andorra war die größte und aktivste Geschäftsbank des Fürstentums. Sie wurde 1955 mit Unterstützung des Banco Popular durch die Opus-Dei-Gesellschaft Esfina aufgekauft.[9]

Während des wirtschaftlichen Aufschwungs Ende der fünfziger Jahre finanzierte Spanien fast die Hälfte der weltweiten Operationen des Werkes; und Andorra, das keine Devisenkontrollen kannte, diente als eine der Hauptschleusen für die Ausfuhr von Kapital. Die Gelder wurden dort gesammelt und in jene Finanzzentren weitergeleitet, wo sie am meisten benötigt wurden – im allgemeinen Frankfurt, London oder Zürich. Wenn Geld nach Rom floß, wurde die Villa Tevere mittels einer verschlüsselten Nachricht aus Madrid unterrichtet, in der es zum Beispiel hieß: »heute gehen fünfzehn Kollekten raus«. Eine »Kollekte« entsprach eintausend Dollar; »fünfzehn Kollekten« bedeutete, daß 15000 Dollar von Credit Andorra zum Konto des Opus Dei bei der Vatikanbank IOR unterwegs waren.

Das Opus Dei hat nie verraten, ob es direkt oder indirekt irgendwelche Zahlungen von der Luxemburger Matesa-Tochter Sodetex oder von einer anderen ausländischen Matesa-Tochter erhalten hat. Sodetex ging kurz nach dem Bekanntwerden der Machenschaften in Liquidation. Es wurde nie untersucht, welche Rolle Sodetex beim Verschwinden der 180 Millionen Dollar spielte. Die spanischen Konkursverwalter behaupteten, Sodetex hätte Matesa nur eine Million Dollar geschuldet – eine eher ärmliche Summe verglichen mit den 179 Millionen Dollar, die nach wie vor unausgewiesen blieben.

Die Staatsanwaltschaft entdeckte Hinweise, daß ein kleiner Teil des verschwundenen Geldes nach Andorra transferiert worden war. Im Oktober 1967 befand ein Sondergericht für Devisenkontrollvergehen Juan Vilá Reyes und einen seiner Angestellten für schuldig, über das Fürstentum illegal umgerechnet 2,5 Millionen Dollar ausgeführt zu haben. Das Geld war in Bündeln von Tausend-Peseten-Scheinen per Auto von Madrid oder Barcelona nach Andorra geschafft und bei Credit Andorra eingezahlt worden. Das Gericht folgerte, daß das Geld von Andorra aus in die Schweiz gelangt sei.[10]

Vilá Reyes' Strafe bestand in ein paar Monaten Gefängnis, etlichen weiteren Monaten Hausarrest und einigen Millionen Peseten Gerichts- und Anwaltskosten. Finanziell war er ruiniert. Im Mai 1975 wurde er zu drei Jahren Gefängnis verurteilt. Doch sechs Monate später starb Franco, und Prinz Juan Carlos wurde Staatsoberhaupt. Eine der ersten Amtshandlungen des neuen Königs war die Begnadigung des Exportweltmeisters.

Den Prinzen Jean de Broglie traf die Strafe Gottes. Nach langen Verhandlungen erklärte er sich 1974 bereit, die eine Million Dollar zurückzuzahlen, die Sodetex den spanischen Liquidatoren zufolge der Matesa schuldete. Es wurde vereinbart, daß das Geld einschließlich Zinsen in zwei jährlichen Raten zurückerstattet werden sollte. Am 15. November 1975 wurde die erste Zahlung fällig, doch de Broglie hielt sich nicht an die Abmachung. Vierundzwanzig Tage nach dem Fälligkeitsdatum der zweiten Rate wurde Jean de Broglie in Paris auf offener Straße von einem Profikiller erschossen.

Im Mai 1977 mußte die Banque Leclerc in Genf Konkurs anmelden. Tage später stürzte der Hauptgeschäftsführer der Bank, der Franzose Charles Bouchard, unweit seines Hauses in den Genfer See und ertrank. Seiner Witwe zufolge war er ein ausgezeichneter Schwimmer und bei bester Gesundheit. Noch zwanzig Jahre später behauptet sie, ihr Mann sei ermordet worden.

Einer der Anwälte in der sogenannten Broglie-Affäre war Roland Dumas, der unter Präsident François Mitterrand Außenminister wurde. Dumas beauftragte die Ermittlungsbehörden im Fall de Broglie, die bis dahin verdeckt gebliebenen Verbindungen zwischen Sodetex und Matesa zu untersuchen. Dumas erhob den Vorwurf, der Bericht der französischen Polizei über den Mord an de Broglie habe die Beziehungen zwischen dem Prinzen und Matesa absichtlich vertuscht.

»Eine gründlichere Untersuchung hätte ergeben, daß Matesa ein Instrument des Opus Dei war, das seine Fühler überall in Europa ausgestreckt hat. Diese Verbindung wurde in den strafrechtlichen Ermittlungen [gegen das Matesa-Management], die in Madrid beziehungsweise Luxemburg eingeleitet wurden, nicht untersucht. Der Grund dafür liegt zweifellos in den offensichtlichen Verbindungen zwischen dem Opus Dei und den Unabhängigen Republikanern, deren Führer Freunde von Prinz de Broglie waren«, teilte Dumas einem französischen Journalisten mit.[11]

Robert Leclerc wurde nach dem Zusammenbruch seiner Bank in Genf wegen betrügerischen Bankrotts angeklagt. Vor Gericht behaupteten seine Anwälte, ein Schlaganfall hätte Leclerc der Sprechfähigkeit beraubt. Trotz seines beharrlichen Schweigens wurde er verurteilt und verbüßte eine milde Strafe in einem Gefängniskrankenhaus. Nach der Entlassung erlangte er auf wundersame Weise seine Stimme wieder; er enthüllte jedoch nie, was den Bankrott der Banque Leclerc verursacht hatte. 1993 starb er in hohem Alter.

Trotz der Matesa-Schlappe knüpfte das Opus Dei weiter an seinem Finanznetz außerhalb Spaniens. Durch die Matesa-Affäre hat man eine wichtige Lektion gelernt. Die Theologen des Opus Dei sehen die Welt durch die getönte Brille christlicher Fundamentalisten. Sie glauben, daß Christus gekreuzigt wurde und auferstanden ist, um die Welt von der Herrschaft des Bösen zu befreien, damit sie nach Gottes Plan neu erschaffen werden kann; und für das Opus Dei umfaßt Gottes Plan die ganze Menschheit.

Die Mitglieder des Opus Dei sind zwar felsenfest davon überzeugt, daß Gott zu Moses und auch zu Escrivá de Balaguer gesprochen hat – doch sie sind ebenso überzeugt davon, daß die universelle Sprache die des Geldes ist. Es ist das Ziel des Opus Dei, ein irdisches Reich zum Ruhme Gottes zu schaffen. Die Strategen des Werkes waren sich im klaren darüber, daß dies ein gigantisches Kapital erforderte – mehr als es eine Kirche, ein Königshaus oder ein Bankimperium je angehäuft hatte. Und die Strategen des Opus Dei sind keine Dummköpfe, die sich in einer Welt des Weihrauchs und der Heiligenbilder einschließen. Der Vater und seine Apostel hatten einige der klügsten Köpfe Spaniens für das Werk gewonnen. In den sechziger Jahren verfuhr man in ganz Europa und in ferneren

Ländern nach derselben Methode, zumal das Werk damals bereits in fast dreißig Ländern vertreten war.

Zum ersten Mal überlegte sich eine Handvoll engagierter Menschen, die meisten von ihnen Spanier, wie sich das Finanzestablishment und die Geld- und Währungsordnung dazu einspannen ließen, die Frohe Botschaft zu verbreiten. Sie bildeten eine heilige Verschwörung. Das Opus Dei hat kein finanzielles Apostolat? Das Werk untergräbt seine Glaubwürdigkeit durch die Behauptung, es lebe von der Göttlichen Vorsehung – so als fiele ein monetäres Manna vom Himmel. Ein Professor der Universität von Madrid machte mich in diesem Zusammenhang auf einen Sachverhalt aufmerksam, den ich als »Gesetz der finanziellen Hegemonie« bezeichne. »Die Führung des Opus Dei weiß sehr wohl, daß Geld die Welt regiert und daß die religiöse Hegemonie in einem Land oder auf einem Kontinent davon abhängt, daß man eine finanzielle Hegemonie erlangt«, bestätigte Javier Sainz Moreno.

Teilt man diese Auffassung, so läßt sich einiges von dem, was sich in den folgenden fünfundzwanzig Jahren an der ökonomischen und finanziellen Front abspielte – vom Untergang der Matesa bis zur erzwungenen Auflösung einer Unterorganisation des Werkes, der Fundación General Mediterránea –, mit diesem »Gesetz« erklären. Man muß das »Gesetz« nur auf das Hauptapostolat des Werkes beziehen, das laut *Crónica* darin besteht, »einen Befehl Christi zu befolgen, der uns auffordert: ›Geht hinaus in alle Welt und predigt die Botschaft jeder Kreatur‹ ... das wunderbare Aussäen der Heiligkeit *in alle Gegenden der Welt*«.[12]

Die korporativen Ziele des Opus Dei bestanden Professor Sainz Moreno zufolge darin, erstens die Finanzen des Vatikans zu beherrschen, um den Vatikan selbst zu beherrschen, und zweitens, das größtmögliche Maß an finanzieller Hegemonie zu erreichen. Damit aber Gottes Werk jener Erfolg beschieden war, der Escrivás Statthaltern vorschwebte, mußte eine Möglichkeit geschaffen werden, vagabundierendes Kapital abzuschöpfen und einzusetzen.

Das fruchtbarste Terrain zur Erzeugung von »sauberem« Geld ist der internationale Handel. Durch den Austausch von Gütern und Dienstleistungen zwischen Ländern mit unterschiedlichen Steuer- und Rechtssystemen lassen sich auf einfache Weise versteckte Profite erzielen. Die ausländischen Transaktionen von Matesa hatten dies bewiesen. Koffer voller Banknoten über Grenzen zu schaffen war überholt. Neue Wege eröffneten sich durch das Unterzeichnen von Verträgen, mit denen Profite, Kommissionen oder Provisionen aus anonymen Beteiligungen und versteckten Kapitalanlagen in ferne Länder transferiert werden konnten. Von diesen Depots aus konnten die Gelder dann herumgeschoben und dort eingesetzt werden, wo sie am dringendsten benötigt wurden. Etwa zu dieser Zeit wurde das Opus Dei einer der größten Akteure auf dem Eurodollarmarkt – einem Markt, der in den sechziger und siebziger Jahren ein exponentielles Wachstum erzielte.

Wenn das Opus Dei in ein neues Land vordringt, konzentriert sich sein weltlicher Zweig auf die Gründung ausländischer Handelsniederlassungen – besonders für den Handel zwischen Staaten, in denen sich die Kinder Escrivá de Balaguers bereits in der Regierung eingenistet haben. Als das Opus Dei 1993 beispielsweise ein neues Zentrum in Indien eröffnete, wurde unter anderem ein Numerarier, ein spanischer Wollhändler, nach Delhi geschickt, um eine Firma für den Handel zwischen Indien und Europa zu gründen. Aus dieser Sicht wird verständlich, wie wichtig das Matesa-Experiment war. In gewissem Sinn markierte der Untergang von Matesa den Beginn einer neuen Wachstumsära.

13 Das Zweite Vaticanum

*In meinem Leben habe ich etliche Päpste, viele
Kardinäle und unzählige Bischöfe kennengelernt.
Was aber Gründer des Opus Dei betrifft, so gibt es
nur einen!*

Josemaría Escrivá de Balaguer,
Crónica I, 1971

Während seiner Jahre in Rom entwickelte Escrivá
de Balaguer eine höchst eigenwillige Sicht des Papsttums. Pius X., den
Papst seiner Kindheit, schätzte er sehr; er hielt ihn für den gerechtesten
Papst der neueren Zeit. Gegen Pius XII. hingegen hegte er eine tiefe
Abneigung; er hat diesem Papst nie verziehen, daß er ihm dreimal die
Bischofsmütze vorenthielt.

Als Angelo Roncalli, der Patriarch von Venedig, im Oktober 1958 zum
neuen Papst gewählt wurde, sorgte er gleich für eine Überraschung,
indem er den Namen Johannes annahm, den seit über sechshundert
Jahren kein Papst mehr geführt hatte. Die nächste Überraschung bestand
darin, daß er sein Birett, die rote Kardinalsmütze, auf das Haupt von
Alberto Di Jorio setzte, der Sekretär des Konklave, aber auch Chef der
Vatikanbank gewesen war. Dieser Akt erhob Di Jorio augenblicklich in
den Kardinalsrang.

Die Welt wußte relativ wenig über den 76jährigen Roncalli. Er war das
dritte von dreizehn Kindern einer einfachen Bauernfamilie aus Bergamo.
Den größten Teil seiner kirchlichen Laufbahn hatte er im diplomatischen
Dienst des Vatikans in Ländern wie Rumänien und der Türkei sowie als
Nuntius in Paris verbracht. Nur beim Opus Dei erinnerte man sich, daß
Roncalli im Juli 1954, dem Jahr nach seiner Ernennung zum Patriarchen
von Venedig, eine Pilgerreise nach Saragossa und Santiago de Compostela
unternommen hatte. In beiden Städten war er in Opus-Dei-Residenzen
abgestiegen. Dies deutete darauf hin, daß der freundliche Patriarch mit
einigen der offenkundigeren Seiten des Säkularinstituts vertraut gewesen
sein dürfte.

Johannes XXIII. interessierte sich jedoch kaum für das Opus Dei. Sein vorrangiges Anliegen war es, das Kardinalskollegium zu verjüngen. Nach seiner Krönung verteilte er innerhalb weniger Tage dreiundzwanzig weitere rote Mützen. Auf seiner Liste standen unter anderem auch die ersten Kardinäle auf den Philippinen, in Japan, Mexiko und Afrika. Die Liste wurde angeführt von Giovanni Battista Montini, der inzwischen Erzbischof von Mailand war, und Domenico Tardini, den Johannes zu seinem Staatssekretär machte. Ein Jahr darauf nahm er auch einen ehemaligen Opus-Dei-Freund, den 72jährigen Arcadio Larraona, in die Liste auf.

Im Januar 1959 kündigte Johannes XXIII. an, daß er das erste Ökumenische Konzil seit neunzig Jahren einberufen werde. Wenige Monate später wurde unter Kardinal Tardini, dem Protektor des Opus Dei in der Kurie, die Kommission für Konzilsvorhaben gebildet. Er ernannte den Generalsekretär des Opus, Alvaro del Portillo, zum Vorsitzenden einer der »Vorbereitenden Kommissionen«. Trotzdem mußte Escrivá de Balaguer fast achtzehn Monate auf seine erste Audienz beim neuen Papst warten. Diese Audienz dauerte weniger als dreißig Minuten. Der Vater, begleitet von Don Alvaro, wollte dem Papst darlegen, daß sich das Opus Dei im Gewand eines Säkularinstitutes nicht mehr wohl fühle. Innerhalb von zehn Jahren war es von 3000 auf 30 000 Mitglieder, einschließlich 307 Priestern, angewachsen. Die spanischen Prälaten unterbreiteten den Antrag, das Opus Dei in eine *prelatura nullius* umzuwandeln. Dies hätte dem Gründer Escrivá de Balaguer die Bischofsmütze beschert, die ihm so sehr am Herzen lag.

Papst Johannes XXIII. wußte nicht, was er vom Opus Dei halten sollte. Er wartete fast zwei Jahre lang mit einer Antwort auf das Gesuch – auch dies ein Affront sondergleichen. Im Mai 1962 ließ er dem Gründer des Opus Dei schließlich durch Kardinal Amleto Cicognani, der nach dem unerwarteten Tod Tardinis dessen Nachfolger im Amt des Staatssekretärs geworden war, ausrichten, daß die Umwandlung des Instituts in eine *prelatura nullius* »beinahe unüberwindliche juristische und praktische Schwierigkeiten« bereite, weswegen das Gesuch abgelehnt werde.[1]

Innerhalb von drei Wochen verschaffte sich Escrivá de Balaguer Zutritt zu den päpstlichen Gemächern, um seine »tiefe Enttäuschung« zu bekunden. Seit dem Vorjahr arbeitete einer seiner führenden Kirchenrechtsexperten, Professor Pedro Lombardía Díaz von der Universität von Navarra, an der Definition einer »beweglichen Diözese«, die die meisten Eigenschaften mit der späteren sogenannten Personalprälatur aufwies. Papa

Roncalli riet zur Geduld, zumal das Zweite Vatikanische Konzil in jenem Herbst die Arbeit aufnehmen und einer der Programmpunkte die Schaffung einer neuen Rechtsstruktur für Mischorganisationen von Laien und Klerikern wie dem Opus Dei sein sollte. Escrivá de Balaguer war alles andere als zufrieden. Seit dem Zusammentreffen empfand er eine »tiefe Abneigung« gegenüber Papst Johannes, wie es manche ehemalige Kinder ausdrückten. In Augenblicken der Wut pflegte er Roncalli als »Bauer mit Körpergeruch« zu titulieren.[2]

Einer der engsten Mitarbeiter Escrivás in jener Zeit[3] berichtete, der Gründer sei von der Vorstellung besessen gewesen, Päpste könnten von außerhalb des Kardinalskollegiums bestimmt und durch Akklamation auf Petri Stuhl erhoben werden. Sein siebenter Apostel Pedro Casciaro war überzeugt, daß dies geschehen könne, und vertraute einem hochrangigen spanischen Mitglied an, daß das nächste Konklave für eine große Überraschung sorgen werde. Aufgrund seines hohen Alters galt Roncalli als reiner Übergangspapst.

Im dritten Jahr des Pontifikats von Johannes XXIII. bemühte sich Escrivá de Balaguer um engere Kontakte zu dem freimütigen Genueser Kardinal Giuseppe Siri. Escrivá wußte, daß Siri es bereute, mit seiner Stimme dem rundlichen Roncalli auf den Papstthron verholfen zu haben. Escrivá de Balaguer wollte Siri zu verstehen geben, daß sie ähnlicher Auffassung waren. Er war überzeugt, daß im Namen der Reform böse Kräfte die Kirche von innen aushöhlten, und sah in Siri einen möglichen Verbündeten im Kampf gegen diesen Verfall.

Siris Erzdiözese Genua zählte eine Million Katholiken und war eine der reichsten Diözesen des Christentums. Er hatte eine Verwaltungsabteilung aufgebaut, die sich um die Finanzen kümmerte; mit der Leitung des erzbischöflichen Schatzamtes hatte er den jungen Investmentmakler Orazio Bagnasco betraut, der später einer der Protegés von Giulio Andreotti wurde. Andreotti, Siri und die beiden spanischen Prälaten sahen eine Gefahr in der diplomatischen Öffnung gegenüber der kommunistischen Welt, wie Johannes XXIII. sie betrieb. Siri bezeichnete das Pontifikat von Johannes XXIII. als »die größte Katastrophe in der jüngsten Kirchengeschichte«. Mit »jüngst«, so Peter Hebblethwaite, meinte Siri die letzten fünfhundert Jahre.[4] Siri und Escrivá de Balaguer betrachteten das Zweite Vatikanische Konzil angeblich als unnötige Randepisode, die nur die Arbeit des Nachfolgers erschweren würde.

Es war kein Kinderspiel, das Zweite Vaticanum in Gang zu bringen. Papa

Roncalli brachte deutlich zum Ausdruck, daß er seine Pforten allen Religionen zu öffnen gedenke – ein revolutionärer Schritt. Außerdem stellte er die Verfahrensregeln auf den Kopf.

In seiner Eröffnungsrede erklärte Papst Johannes Ziel und Zweck des Zweiten Vatikanischen Konzils: Es sollte gewährleisten, daß »das heilige Pfand der christlichen Doktrin – das gemeinsame Erbe der gesamten Menschheit – bewahrt und auf wirksamere Weise gelehrt werde ...« Über einen genaueren Plan verfügte Roncalli jedoch nicht. Dafür hatte Montini einen Plan. Er schlug vor, sich bei dem Konzil auf ein einziges Thema zu konzentrieren: das Wesen der Kirche und ihre Erneuerung *(aggiornamento)* auf dem Weg in das dritte Jahrtausend. Die Väter des Konzils sollten sich mit der Rolle der einzelnen Glieder der Kirche – Bischöfe, Priester, Ordensleute und Laien – befassen. Montini wollte auch den Auftrag der Kirche am Ende des zweiten Jahrtausends zur Diskussion stellen und plante eine Debatte über die Beziehungen der Kirche zu anderen Religionen, einschließlich ihrer traditionellen »Feinde«.

Das Zweite Vaticanum fand unter den Augen der Öffentlichkeit statt. Auch dies widersprach den Prinzipien des Opus Dei. Vor allem fürchtete der Vater, die große Anzahl von Sachverständigen, die Papst Johannes teilnehmen ließ, könnten die weniger intellektuellen Bischöfe an die Wand drücken. Ein Bischof brauchte eine Menge Willenskraft, um nicht zu vergessen, daß seine Autorität seiner mystischen Weihung als Apostel Christi entsprang und nicht etwa den auseinandergehenden Meinungen von Ratgebern, mochten sie auch noch so gelehrt sein. Deswegen seien »die mit der erwähnten ›Offenheit‹ des Pastoralkonzils sich ebenfalls einstellenden Wirkungsmöglichkeiten des Diabolos« durch das Zweite Vaticanum »doch größer gewesen ... als die meisten sich damals vorstellen konnten«, schreibt ein Opus-Dei-Mitglied in seiner Biographie über Escrivá.[5]

Escrivá de Balaguer lehnte es ab, sich an der Arbeit des Konzils zu beteiligen. Es heißt, Papst Johannes wollte ihn zum Konsultor machen, doch er habe sich geweigert. Deswegen ernannte Papst Johannes Don Alvaro del Portillo zum Sekretär der Kommission für Glaubensgehorsam. Während der gesamten drei Jahre, die das Konzil währte, brütete Escrivá de Balaguer in der Villa Tevere vor sich hin und sprach vom »Konzil des Teufels«.

Papst Johannes XXIII. erlebte die Vollendung seines großen Unternehmens nicht mehr. Er starb am 3. Juni 1963. Escrivá de Balaguer war der

Meinung, der »Bauernpapst« hätte mit seinem Unternehmen nur Schaden angerichtet. Kardinal Larraona bemerkte etwas nachsichtiger: »Die Güte und Naivität von Johannes haben ihn in die Irre geführt.«[6] Siri dagegen erklärte unverblümt: »Die Kirche wird vier Jahrhunderte brauchen, um sich vom Pontifikat des Johannes zu erholen.«[7]

Neuer Papst wurde Montini. Der Vater hatte zwar nicht vergessen, daß Montini maßgeblich dazu beigetragen hatte, das Opus Dei von einer Diözesangesellschaft in ein kirchenrechtlich direkt dem Papst unterstehendes Institut zu verwandeln, doch er hielt den ehemaligen Erzbischof von Mailand und jetzigen Paul VI. für schwach im Hinblick auf wichtige Bereiche der Dogmatik. Montini war außerdem ein entschiedener Franco-Gegner.

Escrivá de Balaguer zeigte sich keineswegs erfreut über die Wahl Pauls VI.; er war eher entrüstet, vor allem auch deswegen, weil der neue Papst entschlossen war, die Arbeit des Konzils fortzusetzen. Die zweite Sitzung schloß im Dezember 1963 mit der päpstlichen Promulgation einer neuen Konstitution für die Liturgie, über die Escrivá de Balaguer angeblich vor Wut schäumte. Im September 1964 eröffnete Paul die dritte Sitzung, die bis November dauerte und bei der erstmals Frauen – Ordensmitglieder und Laien – als Gasthörerinnen zugelassen waren.

Bei seinem ersten Zusammentreffen mit Papst Paul drängte Escrivá de Balaguer auf eine Korrektur des rechtlichen Status seines Werkes. Paul riet ihm, bis zum Abschluß des Zweiten Vaticanums zu warten – bis dahin waren es noch fast zwei Jahre. Der Gründer reagierte verärgert, doch Papst Paul blieb hart. Und als im Dezember 1965 schließlich die Pastoralkonstitution *Gaudium et Spes* veröffentlicht wurde, hatte sie auch dem Opus Dei ein paar Perlen zu bieten. Beispielsweise akzeptierte die Kirche zum ersten Mal, daß Arbeit ein Teil des göttlichen Plans war: »Wir glauben, daß der Mensch durch Arbeit, die Gott dargebracht wird, mit dem Erlösungswerk Jesu Christi verbunden wird.«[8] Insgeheim mochte Escrivá de Balaguer das Konzil verflucht haben, öffentlich behauptete das Opus Dei jedoch, die Kirchenkonstitution *Lumen Gentium*, das Dekret über das Laienapostolat und *Gaudium et Spes* fußten allesamt auf seinen Lehren.

Als das Konzil beendet war, begann Papst Paul mit der Umsetzung seiner Beschlüsse. Dies bedeutete für die Kirche eine schwierige Periode der Veränderung. Er führte eine neue Sprache in der Liturgie ein; und im Geist des Ökumenismus hatte er Begegnungen mit dem Erzbischof von Canterbury und dem Patriarchen Athenagorus I. Im Juli 1968 erließ er dann die Enzyklika *Humanae Vitae*, in der künstliche Methoden der Geburtenregelung verurteilt werden.

Die Enzyklika enttäuschte viele, nicht zuletzt deshalb, weil die Mehrheit der päpstlichen Kommission die Geburtenkontrolle unter bestimmten Bedingungen befürwortet hatte. Papst Paul hatte sich über die Auffassung der Mehrheit einfach hinweggesetzt. Er soll zutiefst erschüttert gewesen sein über die kritische Reaktion, die dies in aller Welt auslöste. Escrivá de Balaguer hatte sich voller Entsetzen gegen *Humanae Vitae* gewandt: »zu wenig, zu spät«. Andererseits machte es ihm Mut zu sehen, welche Rolle Kardinal Karol Wojtyla bei der Umstimmung des Papstes gespielt hatte. Es hieß, Wojtyla habe den Papst überredet, Abstand zu nehmen von einer Änderung der kirchlichen Doktrin, die die künstliche Geburtenkontrolle verurteilte.

Escrivá de Balaguer war fest überzeugt, in einer Zeit der Häresie zu leben. Er betrachtete das Opus Dei immer mehr als das Herz der wahren Kirche, einer »schlanken« und stromlinienförmigen Kirche. Seine Söhne waren ihre Hüter, das katholische Pendant zur islamischen *Mutawah*, einer religiösen Polizei, die darauf eingeschworen war, die Disziplin aufrechtzuerhalten und gefährliche Theologen zum Schweigen zu bringen. »Gott«, so glaubte er, »hat das Opus Dei dazu auserkoren, Seine Kirche zu retten.«[9] Innerhalb des Werkes war sein Wort Gesetz. Er erstellte einen Opus-eigenen Index verbotener Bücher, ähnlich jenem, den Paul IV. 1557 geschaffen und den Leo XIII. im Jahre 1900 bestätigt hatte. Er bombardierte seine Regionalvikare mit schriftlichen Direktiven, die im Praxishandbuch eines jeden Zentrums abgeheftet werden mußten. Die Themen reichten von Mahnungen zur Verschwiegenheit – Anmerkung S–4 vom 30. August 1952 etwa warnte in einem einzigen knappen Satz davor, mit Außenstehenden über interne Angelegenheiten des Werkes zu sprechen – bis zur Aufzählung neuer Publikationen, die auf den Index gesetzt wurden.[10]

Ein Thema, das immer wieder auftauchte, war die Wachsamkeit, die erforderlich sei, um den Einfluß des »Philo-Marxismus« auf die Lehre der Kirche zu unterbinden. Escrivá instruierte die Söhne und Töchter des Werkes »auf Regierungs- und Lehrposten« (im Widerspruch zu seinen öffentlichen Statements, wonach man sich niemals in das Berufsleben der Mitglieder einmischte), den marxistischen Einfluß zu bekämpfen. Sechs Monate später erließ der Gründer eine weitere Direktive, die es den

Mitgliedern untersagte, Schriftwerke katholischer Organisationen zu lesen, die er für marxistisch verseucht hielt.

Jahrelang hatten die Numerarier in *Crónica* Aussagen gelesen wie »das Erbe des Himmels erlangen wir durch den Vater«[11] oder hatten von ihren geistlichen Leitern gehört: »... der Wille des Vaters ist der Wille Gottes«.[12] Escrivá de Balaguer glaubte sich im Besitz göttlicher Eingebungen. Diese Eingebungen ließen ihn wissen, daß *Humanae Vitae* die Kirche in ein Chaos gestürzt hatte.

John Roche berichtete: »Die Leitung des Opus Dei in Rom fing an, uns auf ein Schisma vorzubereiten. Man sagte: ›Es gab schon immer Heilige, die sich abspalteten‹. Man bereitete uns auf die Möglichkeit vor, daß wir aus der katholischen Kirche austraten und eine eigenständige Kirche wurden. Daran läßt sich die Paranoia ablesen, die sich Anfang der siebziger Jahre innerhalb des Opus Dei ausbreitete. Ich erinnere mich, wie ich einen unserer irischen Priester fragte, für wen er sich entscheiden würde, falls es zur Spaltung käme, den Papst oder den Vater. ›Für den Vater natürlich‹, erwiderte er.«[13]

Anfang der siebziger Jahre rückte Escrivá de Balaguer vom Gedanken der Abspaltung ab. Ehemaligen Insidern zufolge riet Alvaro del Portillo zu einer subtileren Vorgehensweise bei der Lösung der innerkirchlichen Probleme. Portillo wies darauf hin, daß viele Kardinäle derselben Überzeugung wären wie das Opus Dei, nämlich daß das Pontifikat Pauls VI. ein Desaster sei. Er schlug vor, das Opus Dei solle versuchen, eine gemeinsame Front mit den konservativen Mitgliedern des Kardinalskollegiums zu bilden. Wenige Kardinäle wußten Genaueres über das Innenleben des Instituts. Wenn sich das Opus Dei Gehör verschaffen wollte, dann mußte es sein Apostolat für die Führungsspitze der Kirche öffnen. Portillo empfahl die Einrichtung eines römischen Zentrums für priesterliche Zusammenkünfte – des Centro Romano di Incontri Sacerdotali (CRIS) –, das als Forum dienen sollte, um der Kirchenführung so taktvoll wie möglich Escrivás Besorgnis um die Kirche zu vermitteln. Bevor er diesem Vorschlag zustimmte, wollte der Vater die Jungfrau Maria um Rat und Führung befragen, und so begab er sich auf eine Wallfahrt zu vier Marienschreinen in Spanien, Portugal und Mexiko. Einer der Pilgerorte war Torreciudad, wo er eine imposante Basilika in Auftrag gegeben hatte, die er als »meine letzte Verrücktheit« bezeichnete. Die Bauarbeiten wurden kurz vor seinem Besuch im April 1970 begonnen und dauerten fünf Jahre. Daß der Vater mit dem Entwurf der Basilika nicht Miguel Fisac, sondern das Opus-Mitglied Heliodoro Dols beauftragt hatte, lag daran, daß sich der neunte Apostel von dem Werk abgewandt hatte. Fisac hatte dem Opus Dei neunzehn Jahre lang angehört und in dieser Zeit all seine Einkünfte an das Werk abgeführt – in den spanischen Büchern wurde ein eigenes Einnahmekonto mit der Bezeichnung »Estudio Fisac« geführt. Er war überrascht, wie wenig er nach seinem Austritt mitzunehmen hatte.

»Ich weiß es noch genau: als ich die Residenz Diego de León mit einem sehr kleinen Koffer verließ, sagte ich mir auf dem Weg zu meinem Elternhaus immer wieder: ›Nun, Miguel, wirst du immer die Wahrheit sagen und wirst versuchen, ein guter Mensch zu sein, nichts weiter.‹ Dieser Gedanke war ein deutlicher Ausdruck des moralischen Drucks, unter dem ich stand, angesichts all der Geheimnisse, all der Lügen und auch der Entrüstung über die Regeln und Gebete, die das Leben eines Opus-Dei-Numerariers so einschnüren.«[14]

Fisac verglich seine Beziehung zu Escrivá de Balaguer einmal mit dem Verhältnis eines Dieners zu einer großen Bühnendiva. Der Diener kennt sämtliche Launen und Geheimnisse der großen Dame. »Sie erzählt mir im Vertrauen alles über ihren Agenten, ihre Liebhaber, ihre Kollegen auf der Bühne und ihre Fans. Nun, mit Escrivá war es ganz ähnlich: er teilte mir alles mit … Ich könnte Ihnen bis ins kleinste Detail erzählen, was er über die Leute sagte, die er sehr mochte und die ihn sehr schätzten – Leute wie José Ibáñez Martín oder Ricardo Fernández Vallespín. Doch im Grunde möchte ich nicht, daß Ihnen übel wird … Mit Ausnahme von Alvaro del Portillo hatte er nie ein gutes Wort für jemanden übrig«, schrieb Fisac viele Jahre später in einem Brief an einen Kollegen und Opus-Dei-Numerarier.[15]

Drei Monate nach seinem Austritt aus dem Opus Dei heiratete Fisac eine Architekturstudentin, die nichts mit Geheimorganisationen zu tun hatte. Seine Schwester Lola, die dem Werk kurz nach dem Bürgerkrieg beigetreten war, durfte nicht an der Hochzeit teilnehmen. Antonio Pérez Hernández, der damalige Generalsekretär in Rom, schickte indes ein Telegramm mit Segenswünschen des Papstes.

Die Fisacs hatten drei Kinder, von denen das dritte im Alter von sechs Jahren starb. Am Tag der Beerdigung erhielten Fisac und seine Frau Besuch von Francisco Botella, Fisacs ehemaligem Beichtvater, und Antonio Pérez, der inzwischen wieder als Pfarrer an der St. Michaels-Kirche in Madrid tätig war. Bei ihren Beileidsbezeugungen, so berichtete Fisac, »machten sie schreckliche Gebärden und gaben zu verstehen, daß das eingetretene Ereignis Gottes Strafe für das Ausscheiden aus dem Opus Dei sei.«[16] Fisac wies ihnen die Tür.

Fisac verriet, daß sich der eitle und oft cholerische Gründer bereits zu seinen Lebzeiten aktiv auf den Stand der Heiligkeit vorbereitete. »Escrivá erzählte uns von einer Diskussion mit etlichen Jesuiten, die sich darüber beklagt hatten, daß die ursprünglichen Gefährten des heiligen Ignatius es nicht für wichtig gehalten hatten, die Gegenstände, Gebäude und Stätten zu bewahren, die für Loyolas Laufbahn von Bedeutung gewesen waren. Er fügte hinzu, daß es dumm wäre, wenn wir uns genauso verhielten ... Eines Tages, lange nachdem ich aus dem Opus Dei ausgeschieden war, kam Juan Jiménez Vargas mit einer Sammlung Fotos von unserer Flucht über die Pyrenäen in mein Büro: der freistehende Backofen und die Kapelle [in der Escrivá die Rose fand] und andere Stationen unterwegs. Er erzählte mir, das Opus Dei sei dabei, diese Stätten zu erwerben, um sie als Andenken zu bewahren. Er wollte von mir wissen, ob die Leiter zum Besteigen des Ofens, die auf dem Foto zu sehen war, die Originalleiter war. ... Dabei lebte Escrivá damals noch!«

Auch Torreciudad war als Station auf Escrivás Weg zur Heiligsprechung gedacht. Der Schrein war zwar Unserer Lieben Frau von Torreciudad geweiht, in Wahrheit jedoch war es ein Heiligtum zum ewigen Ruhme des Opus-Dei-Gründers. In gebührender Demut beteuerte Escrivá de Balaguer, die heilige Stätte solle schlicht und einfach der Verehrung Mariens dienen und ein Ort der Bekehrung und der Glaubensstärkung sein. Folglich wurde das Wasser in sämtlichen speziell angelegten Brunnen der heiligen Anlage eindeutig als »Trinkwasser« gekennzeichnet, damit niemand auf die Idee kam, es handle sich um Weihwasser. Escrivá genehmigte auch keinerlei Kioske oder Souvenirstände innerhalb der Weihestätte, nicht einmal ein Restaurant. »Man wird hierherkommen, um zu beten, um die Muttergottes zu verehren und um den Weg zu Gott zu suchen, nicht um Nippes zu kaufen. Ich mag es nicht, wenn aus dem Haus Gottes ein Basar gemacht wird«, erklärte er.

Heliodoro Dols schien die Botschaft nicht ganz verstanden zu haben. Im April 1970 war der Architekt zur Stelle, um dem Vater auf seiner Pilgerreise die Pläne zu erläutern. Dabei ging es unter anderem auch um das Untergeschoß, wo er ein Selbstbedienungs-Café unterzubringen gedachte. Der Vater wollte nichts davon wissen. Er ordnete an, daß dort statt dessen Wandkeramiken mit den Mysterien des heiligen Joseph angebracht werden sollten. »Das wird die Pilger auf die Beichte vorbereiten«, versicherte er. Dols nahm dies zur Kenntnis und meinte, zehn Beichtstühle würden genügen. Der Vater bestand auf vierzig. »Alle gaben ihm zu verstehen, das seien zu viele«, erinnerte sich der Torreciudad-Sprecher Manuel Garrido später. »Im Augenblick mag es als zu viel erscheinen, aber die Zeit wird kommen, da werden es zu wenige sein«, erwiderte der Vater voller Zuversicht.

Escrivá de Balaguer kehrte mit dem Gefühl der Erleichterung nach Rom zurück und schmiedete Pläne für die Einweihung des CRIS in der Opus-eigenen Residenza Universitaria Internazionale im Süden Roms. Diese »Denkfabrik« für die katholische Orthodoxie kam dem Opus Dei in einem Maße zunutze, wie es sich selbst Portillo nicht vorgestellt hatte. Mit der Eröffnung des CRIS begann die Zeit, in der das Opus Dei eine wirkliche Machtposition innerhalb der Kirchenführung einnahm.

Die Vitalität des Opus Dei mußte die Kardinäle, die den Zusammenkünften im Centro Romano beiwohnten, zwangsläufig aufrütteln. Die Konferenzen fanden hinter verschlossenen Türen statt, und die Teilnehmer konnten frei ihre Meinung äußern, ohne befürchten zu müssen, daß etwas nach draußen drang. Hier begegneten die Kardinäle den jungen Opus-Dei-Priestern, die sich mit solch offenkundigem Enthusiasmus der katholischen Orthodoxie verschrieben hatten, daß man einfach beeindruckt sein mußte. Beim Opus Dei schien es einen inneren Zusammenhalt zu geben, an dem es der Kirche als solcher mangelte. Während sich der übrige Klerus durch Austritte dezimiert sah, erfreute sich das Opus Dei eines soliden Wachstums. Das CRIS war ein zweigleisiges Unternehmen: Hier konnten die Kardinäle ihre Ansichten äußern, aber auch die des Opus Dei kennenlernen. Nach einer CRIS-Konferenz hegte niemand mehr den geringsten Zweifel, daß Glaubensverfall, moralische Verwirrung und Gleichgültigkeit gegenüber der gesellschaftlichen Freizügigkeit den Okzident aushöhlten.

Besonders angetan war das Opus Dei von den deutschen Bischöfen, zumal diese jährlich über fünf Milliarden DM an Steuern einnahmen, die sie an katholische Wohlfahrtseinrichtungen und Hilfsorganisationen verteilten. Einer der Hüter des deutschen Schatzkästchens, der Kölner Kardinal Höffner, trat 1971 erstmals im Centro Romano auf. 1972 folgte ihm Franz Hengsbach, der Bischof von Essen, ein scharfer Gegner des Marxismus. Auch Kardinal Casariego aus Guatemala hatte einen denkwürdigen Auftritt: Er warnte vor den Gefahren der Befreiungstheologie und lobte den Gründer des Opus Dei als »den einzigen Priester, der zu seinen Lebzeiten fast eintausend Menschen – Berufstätige aus fünf Kontinenten in den unterschiedlichsten Bereichen der Wissenschaft und der allgemeinen Berufe – zum Priesteramt geführt hat«.

Unter den Kardinälen aus dem Osten galt Karol Wojtyla als der offenste gegenüber dem Opus Dei. Als Wojtyla im Januar 1964 zum Erzbischof von Krakau ernannt wurde, galt er bereits als der wichtigste Bischof Polens. Wojtylas orthodoxe Haltung gefiel dem Vater. Schon vor Wojtylas Ernennung zum Kardinal gingen Gerüchte im Opus Dei um, wonach Wojtyla als assoziiertes Mitglied in die Priesterliche Gesellschaft vom Heiligen Kreuz, die das Centro Romano leitete, aufgenommen worden sei. Er trat dreimal im CRIS auf; seine Ansprachen wurden von einem Opus-Dei-Verlag unter dem Titel *La fede della Chiesa* als Buch veröffentlicht.

Es gelang Escrivá de Balaguer nicht, den Widerstand des Papstes gegen eine Umwandlung des Opus Dei in eine Diözese ohne Territorium zu brechen. Pauls Einstellung gegenüber dem Opus Dei soll durch die Ansichten seines engsten Vertrauten, Erzbischof Giovanni Benelli, beeinflußt worden sein. Benelli entstammte einer Bäckerfamilie aus Pistoia und hatte unter Montini im Staatssekretariat angefangen; 1962 wurde er zur Nuntiatur nach Madrid geschickt. Durch den Posten in Spanien lernte Benelli das Opus Dei kennen. Er mißbilligte nicht nur dessen Geheimniskrämerei, sondern hegte auch den Verdacht, Escrivá de Balaguer wolle eine Kirche in der Kirche schaffen.[17]

Im Jahre 1969 ersetzte Paul seinen alternden Staatssekretär Cicognani durch den kettenrauchenden französischen Kardinal Jean Villot. Gleichzeitig ernannte er Benelli zu Villots Untersekretär. Nach seiner Rückkehr nach Rom wurde Benelli zum freimütigsten Kritiker des Opus Dei innerhalb der Kurie. Seine energische und direkte Art und seine Unbekümmertheit, anderen auf die Füße zu treten, brachten Benelli den Beinamen »Gauleiter« beziehungsweise »Berliner Mauer« ein. Mit Leichtigkeit übertrumpfte er Villot, der ihn nicht ausstehen konnte. Villot und das Opus Dei wurden somit natürlich Verbündete.

Wäre das Opus Dei durch Benellis Unnachgiebigkeit weiterhin behindert worden, so hätte das Werk Gottes möglicherweise seinen Einfluß innerhalb der Kurie eingebüßt und wäre Gefahr gelaufen, an den Rand gedrängt zu werden. Dann hätte sich womöglich gezeigt, daß es eine Erfindung des Menschen war und nicht die Schöpfung Gottes, wie der Gründer behauptete. Damit das Opus Dei auf Erfolgskurs blieb, mußte ein Weg gefunden werden, Benellis Widerstand zu unterlaufen.

14 Nichtige Titel

Ehren, Auszeichnungen, Titel: Luft, Aufgeblasen-
heit, Lügen, Nichts.

Maxime 677, Der Weg

Im Januar 1968 veröffentlichte das *Boletín oficial del Estado* in Madrid folgende Mitteilung des Justizministeriums:

Don José María Escrivá de Balaguer y Albás hat beantragt, den Titel Marqués wiedereinzusetzen, der am 12. Februar 1718 durch Erzherzog Karl von Österreich an Don Tomás de Peralta verliehen worden ist; der genannte José María Escrivá will jetzt den Titel ›Marqués de Peralta‹ annehmen. Da die Bestimmungen in Artikel 4 nach dem Erlaß vom 4. Juni 1948 für die Gewährung des Gesuchs erfüllt wurden, besteht eine Frist von drei Monaten nach Bekanntgabe dieses Edikts für jeden, der seinen Einspruch geltend zu machen wünscht. Madrid, 24. Januar 1968.

Die Mitteilung war unterzeichnet von dem Ministerial-Staatssekretär Alfredo López, einem Supernumerarier des Opus Dei. In derselben Nummer, nur ein paar Absätze weiter unten, beantragte Don Santiago Escrivá de Balaguer y Albás die Wiedereinsetzung der Baronie von San Felipe. Vielen Außenstehenden mag es seltsam vorgekommen sein, daß Escrivá de Balaguer einen alten Titel auszugraben wünschte, jedenfalls untypisch für einen Menschen, dem zwanzig Jahre später als eine seiner größten Tugenden tiefe Demut nachgesagt wurde. Doch in den Augen seiner Kinder zeigte der Vater stets ein untadeliges Verhalten.
Für die Anhänger des Opus Dei war das ungewöhnliche Streben ihres Gründers nach einem »nichtigen Titel« nichts anderes als die Ausübung eines Grundrechts. Escrivá de Balaguer betonte darüber hinaus immer wieder, daß er das Gesuch nicht um seiner selbst willen eingereicht hatte. Er behauptete, der Titel sei für seine Neffen, die Kinder seines jüngeren Bruders Santiago, gedacht. Es hieß, er wolle seine Eltern (die längst tot waren), seine Schwester (auch sie war bereits verstorben) und seinen

Bruder für die Opfer entschädigen, die sie auf sich genommen hatten, damit er das Werk verwirklichen konnte. Der Vater stellte sein Vorgehen somit als »Akt der kindlichen Ergebenheit und der Gerechtigkeit« dar.[1] Laut Recherchen von Ahnenforschern der Universität von Navarra war das Marquisat von Peralta einem entfernten Verwandten Escrivá de Balaguers verliehen worden; der Ahne war nach dem Utrechter Vertrag von 1713 Kriegs- und Justizminister in Neapel gewesen. Auf diese Weise erhielt der Anspruch des Vaters auf den erloschenen Titel den Anstrich der Legitimität. Die Tatsache, daß auf das Beibringen einer adligen Abstammung so viel Mühe verwendet wurde, bezeugt, daß der Vater Gefallen daran fand, gesellschaftliche Auszeichnungen zu erwerben, mochte er dies auch noch soweit von sich weisen. In den Jahren zuvor waren ihm mehrere Orden verliehen worden: das Spanische Großkreuz des heiligen Raimund von Penafort, das Großkreuz Alfons' X., das Großkreuz Isabellas der Katholischen sowie das Kreuz Karls III. Um aber seine Bescheidenheit zu demonstrieren, so wird uns versichert, hat er sie nie getragen. Als ein Offizier ihm zur Verleihung eines begehrten Ehrenzeichens gratulierte, erwiderte er: »Mein Sohn, für euch Burschen vom Militär ist es sehr wichtig, solch einen Orden verliehen zu bekommen. Für mich jedoch nicht. Das einzige wichtige Kreuz für mich – und ich weiß, im Innersten empfinden Sie genauso – ist das Kreuz Christi.«[2] In dieser Bemerkung kommt genau jene Haltung zum Ausdruck, die Escrivá de Balaguer in den sechziger Jahren einnahm, um für das Opus Dei ein neues rechtliches Gewand zu schneidern. Es ging ihm darum, daß die höchsten Instanzen des Heiligen Stuhls das Werk in einer »endgültigen Approbation« als Prälatur der Kirche anerkannten. Dies wurde sein Fenster zur Unsterblichkeit, eine fixe Idee, von der er sich in seinen letzten Lebensjahrzehnten nicht mehr abbringen ließ.

Diese fixe Idee war wie ein Leuchtfeuer, das den Kurs seiner Manöver bei der Kurie leitete. Nichts blieb dem Zufall überlassen. Für alles gab es einen Grund – einen gottgegebenen, wie seine Kinder glaubten. Erst wenn einem Außenstehenden klar wird, wie tief seine treu ergebenen Anhänger ihn verehrten, werden die scheinbar widersinnigen Rechtfertigungen eines so gebildeten und kultivierten Menschen wie Vázquez de Prada einigermaßen verständlich: »Der Vater begehrte nichts für sich. Er erfüllte lediglich eine strenge Familienpflicht.«[3] Dem Außenstehenden mag es als durchschaubare Lüge erscheinen, doch für die Mitglieder, die im hermetischen und sorgfältig überwachten Dunstkreis einer religiösen Sekte lebten, war es nicht nur glaubhaft, sondern Teil des göttlichen Plans, dessen Geheimnisse nicht immer erklärbar waren.

Die Kommentare, die die Mitteilung im *Boletín oficial* in den Madrider Salons und Bars auslöste, waren zum Teil höchst boshaft. Ein Witzbold meinte, *Der Weg* von Josemaría Escrivá würde bald neu aufgelegt werden, und zwar unter dem neuen Titel *Die Schnellstraße*, von Marqués de Peralta.

Doch die Frage war nach wie vor: Wieso setzte sich Escrivá de Balaguer überhaupt solchem Spott aus? Manche sahen darin den Akt eines bußfertigen Sohnes, der den gesellschaftlichen Makel seines Vaters, des bankrotten Ladenbesitzers aus Barbastro, tilgte. Es wurden jedoch mindestens zwei weitere Theorien vertreten. Ende 1966 dürfte Escrivá de Balaguer von seinen Söhnen in der Regierung – insbesondere Laureano López Rodó – erfahren haben, daß Franco im Begriff stand, den 28jährigen Prinzen Juan Carlos zu seinem Nachfolger und zukünftigen König von Spanien zu benennen.[4]

Einer der beiden Theorien zufolge setzte der Gründer den Titel der Peralta wieder ein, weil er erwartete oder hoffte, in der Übergangszeit zwischen Francos Ernennung seines königlichen Nachfolgers und dessen eigentlicher Krönung zum Regenten bestimmt zu werden. Mit dem Titel eines Marqués, so hieß es, glaubte Escrivá de Balaguer die drei Vorzüge zu besitzen, die er für das Amt als erforderlich erachtete: öffentliches Ansehen, Priesterwürde und Adelsstand.[5] Er unterhielt direkten Kontakt mit dem Ministerpräsidenten Luis Carrero Blanco. Als Vorbereitung auf die Restauration traf er sich außerdem mit Don Juan von Bourbon, Juan Carlos' Vater, der damals im portugiesischen Estoril im Exil lebte.[6]

Der anderen These zufolge hatte die Leitung des Opus Dei in Rom erwogen, eine Übernahme des Souveränen Militärischen Ritterordens des Hospitals des Heiligen Johannes von Jerusalem, Rhodos und Malta zu versuchen, da der Orden die einzige kirchliche Einrichtung war, die den Rang eines unabhängigen Staates innehatte. Einige adlige Herren des Opus Dei waren bereits Mitglieder des Ordens. Sein Souveräner Rat in Rom fürchtete einen Putsch. Als Marqués de Peralta dürfte sich Escrivá de Balaguer Hoffnungen auf das höchste Amt des Malteserordens gemacht haben, denn den Ordensregeln zufolge dürfen nur zölibatäre Adlige Großmeister werden. Der Großmeister wird nicht nur wie ein Oberhaupt eines souveränen Staates anerkannt, sondern hat innerhalb der Kirche den Rang eines Kardinals inne. Auch dies dürfte dem frisch geadelten Prälaten zugesagt haben.

Anfang der sechziger Jahre verkehrten einige von Escrivás Kindern in recht illustren Kreisen. Ein Beispiel war Alfredo Sánchez Bella. Zu Beginn der vierziger Jahre hatte er sich vom Werk losgesagt, war aber in den Fünfzigern wieder in den Schoß des Opus Dei zurückgekehrt.[7] Im Jahre 1949, ein Jahr nach der kommunistischen Machtübernahme in der Tschechoslowakei, gründete er gemeinsam mit Erzherzog Otto von Habsburg das Europäische Dokumentations- und Informationszentrum (CEDI), dessen Ziel es war, mit den spanischen Bourbonen als Gallionsfiguren eine Föderation europäischer Staaten zu bilden, die im Christentum und Anti-Kommunismus vereint waren. Das Ganze klang wie ein Comeback des Heiligen Römischen Reiches unter Kaiser Karl V. Die geplante katholische Föderation sollte wie das alte spanische Weltreich über große Satelliten in Lateinamerika und den Vereinigten Staaten verfügen.

CEDI galt als Unterorganisation des Opus Dei.[8] Seine Zentrale befand sich zwar in München, doch seine jährliche Hauptversammlung fand im Kloster Escorial in der Nähe von Madrid statt. Das Zentrum operierte während der gesamten Ära des kalten Krieges. Es weitete seinen Einfluß auf die katholisch-monarchistischen Kreise von ganz Westeuropa aus. Erzherzog Otto, der in Spanien und an der Katholischen Universität von Louvain studiert hatte, wurde, so hieß es, einer der geschätztesten Supernumerarier der alten Garde innerhalb des Opus Dei.[9] So wie das Opus Dei veröffentlichte auch CEDI keine Mitgliederlisten, doch der Präsident des CEDI in Belgien, Chevalier Marcel de Roover, unterhielt bekanntlich enge Verbindungen mit der belgischen Königsfamilie. Erzherzog Ottos Neffe, Lorenz von Habsburg, der Sohn des internationalen Bankiers Karel von Habsburg, heiratete Prinzessin Astrid von Belgien, die Tochter König Alberts II. Astrids Tante, die frühere Königin Fabiola, war über das Haus von Aragon mit den spanischen Bourbonen verwandt. Laut Professor Luc de Heunsch von der Freien Universität Brüssel, einem Kenner der Geschichte des Gottesgnadentums, hat Königin Fabiola, eine Anhängerin Escrivás, »das Opus Dei in den katholischen Adel Europas eingeführt«.[10] Eine Vorstellung von den Kreisen, in denen CEDI verkehrte, gibt die Mitgliederliste einer Schwesterorganisation, der Paneuropa-Union, die ihren Sitz in Zürich hatte und ebenfalls von Otto von Habsburg geleitet wurde. Zu ihren Mitgliedern zählten zwei ehemalige belgische Ministerpräsidenten, ein italienischer Industrieller mit Verbindungen zum Vati-

kan, ein ehemaliger französischer Ministerpräsident sowie dessen Rechtsberater, ein Berater von Valéry Giscard d'Estaing, der Sekretär von Giscards Partei der Unabhängigen Republikaner, ein Theologieprofessor
am Seminar von Fribourg und Geheimer Kämmerer des Päpstlichen
Hauses, der stellvertretende Chef des NATO-Geheimdienstes, ein Leiter
des westdeutschen Geheimdienstes, der spanische Botschafter bei der
Europäischen Gemeinschaft sowie Alfredo Sánchez Bella, der als spanischer Botschafter in Kolumbien, der Dominikanischen Republik und –
während der sechziger Jahre – in Italien tätig gewesen war. Während
seiner Dienstzeit in Rom leitete er Spaniens Auslandsgeheimdienst für
Europa.[11] Franco ernannte ihn 1969 zum Minister für Tôurismus und
Information.

Viele Mitglieder der Paneuropa-Union gehörten einer rechtsgerichteten
Vereinigung an, die – nach dem ehemaligen französischen Ministerpräsidenten Antoine Pinay – als »Pinay-Gruppe« bezeichnet wurde. Diese form-
lose Vereinigung war in gewissem Sinne breiter angelegt als die Union,
da sie nicht auf Katholiken beschränkt war. An ihren Zusammenkünften
nahmen regelmäßig rechtsgerichtete Amerikaner teil, unter anderem der
ehemalige CIA-Chef William Colby, der Bankier David Rockefeller sowie
der PR-Pionier Crosby M. Kelly. Doch im Grunde war die Pinay-Gruppe
eine Lobby der Europäischen Gemeinschaft mit dem Ziel, den Marxismus
zu bekämpfen. Sie unterhielt Kontakte zu praktisch jedem westeuro-
päischen Geheimdienst. Die Gruppe traf sich zwar unter der Schirmherrschaft von Pinay, ihr Koordinator war jedoch Jean Violet, ein rechter Gaullist und Freund Giulio Andreottis.[12] Auch die Pinay-Gruppe
war angeblich eine Unterorganisation des Opus Dei, und deren Haupt-
protagonisten, Pinay und Violet, standen verschiedenen Aussagen zufolge
mit dem Werk in Verbindung.

Aufgrund von Gerüchten über eine Kollaboration mit den Nationalsozia-
listen wurde Violet nach dem Krieg verhaftet, doch bald darauf wieder
freigelassen – »auf Befehl von oben«.[13] Kurz danach bot er seine Dienste
der SDECE an, der französischen Spionageabwehr, die in der Zunft als *La
Piscine* (»das Schwimmbad«) bezeichnet wurde. Violet schloß sich 1955
Antoine Pinays Gefolgschaft an. Zu dieser Zeit pflegte Violet bereits enge
Kontakte zu etlichen Opus-Dei-Persönlichkeiten, darunter Alfredo Sánchez Bella und Otto von Habsburg.

Auf seinen Reisen lernte Violet Pater Yves-Marc Dubois kennen, einen
französischen Dominikaner, der für die internationalen Beziehungen sei-

nes Ordens zuständig war. Dubois vertrat jedoch mehr als nur die außenpolitischen Interessen der Dominikaner von Faubourg Saint Honoré. Er wurde als »Mitglied des vatikanischen Geheimdienstes, wenn nicht sogar dessen Chef« bezeichnet.[14] Von Zeit zu Zeit tauchte er als inoffizielles Mitglied der Delegation des Heiligen Stuhls bei den Vereinten Nationen auf. Wenn er in Paris weilte, wohnte er im Kapitelhaus der Dominikaner in der Rue Faubourg Saint Honoré Nr. 222 im achten Bezirk, unweit von Jean Violets Wohnung in der Rue de Provence Nr. 46 im neunten Bezirk. Dubois machte Violet mit seinem »Schweiz-Korrespondenten« bekannt, Pater Henry Marmier, dem Offizial der Diözese Fribourg und Chefredakteur der Katholischen Internationalen Presseagentur in Fribourg. Pater Marmier und ein polnischer Dominikaner, Pater Josef-Marie Bochenski, gründeten unter der Schirmherrschaft der Universität Fribourg das Institut für Sowjetologie. Zu den außerlehrplanmäßigen Aktivitäten des Instituts gehörte auch die Unterhaltung eines geheimen Netzes, das katholische Gruppierungen hinter dem Eisernen Vorhang, insbesondere in Polen, unterstützte. Finanziert wurde das Institut teilweise durch »das amerikanische Stipendium«, wie Funktionäre in Fribourg es euphemistisch nannten. Dem Immatrikulationsbüro der Universität Fribourg zufolge entsandte das Opus Dei etliche seiner Mitglieder an das Institut.

Ein weiterer Förderer des Instituts war Violets Chef, General Paul Grossin, »Chefbademeister« der *Piscine* von 1957 bis 1962. Gelegentlich pflegte Grossin Beträge, die Violet zustanden, direkt an Pater Marmiers »wohltätige Einrichtungen« in Polen weiterzuleiten.[15] (Violet wurde von General de Gaulle zum Ritter der Ehrenlegion ernannt. Dem englischen Autor Godfrey Hodgson gegenüber behauptete Violet, er sei mit verdeckten politischen Operationen der SDECE betraut gewesen, bis er im Jahre 1970 aus dem aktiven Spionagedienst ausschied.[16] Laut Graf Alexandre de Marenches, dem »Chefbademeister« von 1970 bis 1981, erhielt Violet den Laufpaß, weil er den französischen Staat mehr kostete als jeder andere der unzähligen SDECE-Spione. De Marenches behauptete ferner, Violet sei Dreifachagent gewesen, denn er habe zusätzlich für den Vatikan und den westdeutschen BND gearbeitet. Anderen Quellen zufolge wurde er gefeuert, weil er zu viel über die sexuellen Ausschweifungen einer der ersten Damen Frankreichs wußte.)

An den Treffen der Pinay-Gruppe beteiligten sich des weiteren auch Franz Josef Strauß, Vorsitzender der Christlich-Sozialen Union in Bayern und zeitweiliger Verteidigungsminister in Bonn, der westdeutsche Minister

Dr. Alois Mertes sowie Prinz Turki bin-Faisal, stellvertretender Verteidigungsminister und Chef des saudischen Geheimdienstes. Sowohl Strauß als auch Mertes standen angeblich mit dem Opus Dei in Verbindung, obwohl Mertes dies später leugnete. Prinz Turkis ältere Brüder waren König Faisal und Prinz Sultan ibn Abdul Aziz, der saudische Verteidigungsminister.

Sánchez Bella, Otto von Habsburg und Jean Violet teilten die Überzeugung, daß ein im Kampf gegen den Kommunismus vereintes Europa eine starke Gallionsfigur brauche – etwa König Juan Carlos von Spanien –, einen Fackelträger des Katholizismus, um den sich der gesamte Okzident scharen würde. Doch eine Gallionsfigur mochte über noch soviel moralische Stärke verfügen, sie mußte handlungsunfähig bleiben, wenn ihr die nötigen Ressourcen fehlten, um im selben Maßstab zu agieren wie vom Volk gewählte Regierungen. Die drei waren sich im klaren darüber, daß dies eine finanzielle Flickschusterei gigantischen Ausmaßes erforderte. Im Herbst 1969 begann man bei einem Mittagessen im Brüsseler Hotel Westburg mit der Ausarbeitung eines Plans. An dem Essen nahmen Alain de Villegas, sein Schwager Florimond Damman, ein glühender Anhänger des Erzherzogs, sowie Jean Violet teil. Ob es sich bei dem Plan um ein weiteres Beispiel von *pillería* seitens der Söhne Escrivás handelte, ist eine Frage der Auslegung. Obwohl das Ganze letztlich als Schwindel aufflog, erwies sich der Plan doch als relativ einträglich. Ein Teil der Gelder, die später vermißt wurden, waren bei religiösen Einrichtungen in Spanien gelandet.

Alain de Villegas hatte in Louvain ein Ingenieursstudium absolviert. Er war Umweltschützer, entschiedener Atomkraftgegner und glaubte an fliegende Untertassen. Vor allem aber war er überzeugter Europäer und entschiedener Antikommunist. Villegas war der festen Ansicht, der Menschheit würde das Wasser ausgehen, und er pflegte zu sagen: »Ohne Öl können wir leben, aber nicht ohne Wasser.« Er verriet dem Dreifachagenten Violet, er hätte ein Gerät erfunden, mit dem sich Grundwasser aufspüren ließ. Man mußte Violet nicht extra sagen, daß solch ein Apparat – sollte er den Verheißungen entsprechen – von unschätzbarem Wert sein mußte, besonders in einem Land wie Spanien, dessen Tourismusindustrie unter dem Wassermangel litt, oder in Ländern des Nahen Osten.

Villegas erklärte, er und sein Mitarbeiter, Professor Aldo Bonassoli, hätten einen Niedrigenergie-Entsalzungsprozeß entwickelt, mit dem sich Meerwasser in Trinkwasser umwandeln ließ. Dabei hätten sie ein »Wasserspür-gerät« entdeckt, womit sich, so behaupteten sie, unterirdische Formationen bis in eine Tiefe von sechs Kilometern bestimmen ließen. Villegas zeigte Violet einen Miniatur-Prototyp und überzeugte ihn von der Effektivität des Geräts. Um die Entwicklung eines Prototyps in Originalgröße zu sichern, versprach Violet, mit seinem Freund und Klienten Carlo Pesenti, einem italienischen Industriellen mit Verbindungen zum Vatikan, und mit Crosby Kelly in New York zu reden.

Crosby Kelly machte keinen Hehl aus seiner politischen Einstellung: »Ich bin ein Rechter, ein Konservativer und ein Antikommunist«, eröffnete er Hodgson. Zeitweise soll er auch für die CIA gearbeitet haben. Er hatte die Werbekampagne für das erste Ford-Automobil, das nach dem Zweiten Weltkrieg produziert wurde, entwickelt und war eines von Robert McNamaras »Wunderkindern« bei Ford. Dreizehn Jahre lang hatte er dem Vorstand von Litton Industries angehört. Kelly erklärte Violet, er würde keinen Penny investieren, bevor er nicht überzeugt sei, daß sich mit der Erfindung Wasser aufspüren ließ. Pesenti hingegen streckte gleich Kapital vor. Spaniens neuer Tourismusminister Sánchez Bella stellte dem Team mehrere Testgelände zur Verfügung. Kelly überwachte Villegas' Fortschritte. Hodgson gegenüber gab er zu verstehen, die spanische Regierung hätte die Bohrkosten getragen.[17]

Die Suche nach Wasser ging zwei Jahre lang mit mäßigem Erfolg vonstatten, bis sie durch den Yom-Kippur-Krieg von 1973 jäh unterbrochen wurde; der Konflikt führte zu einem Öllieferungsstop der arabischen Länder, worauf sich die Ölpreise auf dem Weltmarkt vervierfachten. Villegas hielt sein Projekt am Leben, indem er bekanntgab, mit seinen »Spürgeräten« könne man auch Öl auffinden. Pesenti wurde überredet, weitere Mittel zu investieren.

Mit der plötzlichen Verschiebung des globalen geopolitischen Gleichgewichts wurde aus dem Projekt kurzerhand ein Kreuzzug, durch den das christliche Europa aus seiner Abhängigkeit vom islamischen Öl befreit werden sollte. Pesentis Ingenieure rüsteten eine DC-3 mit einem der »Spürgeräte« aus. Sie flogen nach Südafrika und erhielten durch Beziehungen Antoine Pinays die Genehmigung seitens der Regierung, über Zululand Tests durchzuführen. Man entdeckte eine verheißungsvolle Stelle und begann mit den Bohrungen, doch Ende 1975 waren die Kosten so immens angewachsen, daß Pesenti ausstieg. Als das Bohrloch in Zululand schließlich eine Tiefe von sechstausend Metern erreicht hatte, brach die Bohrspitze. Millionen an Bohrkosten förderten nichts weiter als Spuren von Karrubasalt zutage.

An diesem Punkt verloren Violets spanische Geschäftspartner das Interesse. Überhaupt hatte sich mit der Ermordung Carrero Blancos im Dezember 1973 das politische Geschick des Opus Dei gewendet, denn der neue Ministerpräsident entließ die Opus-Technokraten aus der Regierung. Doch diese hatten gute Arbeit geleistet und den Weg für eine Restauration der Monarchie unter Prinz Juan Carlos geebnet – zwei Jahre später, nach Francos Tod, sollte es soweit sein. Mittlerweile gaben sich in Südspanien, nicht zuletzt dank Prinz Turkis, die Mitglieder der saudiarabischen Königsfamilie die Klinke in die Hand. Die Beziehungen zwischen Madrid und Rijad waren so herzlich, daß selbst das Außenministerium in Washington eifersüchtig wurde. Spanien erhielt zu Vorzugsbedingungen langfristigen Zugang zu saudischem Öl.

Ein beliebtes Mittel, um Profite in internationalen Transaktionen zu verlagern, sind sogenannte »Sandwich-Firmen«, welche in Ländern ansässig sind, deren Gesetze eine strenge Geheimhaltung gewährleisten. Wie der Name bereits andeutet, »klemmt« sich eine Sandwich-Firma zwischen die Parteien einer Transaktion, indem sie sich etwa als »Vermittler« tarnt, der zum Beispiel einen Vertrag über einhundert Millionen Tonnen saudiarabischen Rohöls in die Wege leitet. Wenn das Rohöl von der Quelle zum Markt fließt, kassiert die Sandwich-Firma eine Kommission oder liefert die Ware aufgrund von Kompensationsverträgen zu einem geringfügig höheren Preis an den Käufer. Die wirklichen Akteure der Sandwich-Firmen sind selten bekannt, und es ist praktisch unmöglich, den Schleier der korporativen Geheimhaltung zu lüften. Diesen Unternehmen haftet nichts Illegales an, solange sie nicht die gesetzliche Offenlegungspflicht in den betreffenden Staaten verletzen. Auf diese Weise können riesige Summen angehäuft werden, ohne daß irgend jemand außerhalb des innersten Zirkels auch nur das geringste davon erfährt.

Als die Spanier kein Interesse mehr an Villegas' Erfindung zeigten und Carlo Pesentis Taschen leer waren, nutzte Jean Violet seine Kontakte aus der Spionageabwehr, um den französischen Mineralölkonzern ELF für die »Spürgeräte« zu interessieren. Im Mai 1976 unterzeichnete der Vorstandsvorsitzende von ELF in der Zentrale der Schweizerischen Bankgesellschaft in Zürich einen Vertrag mit einer panamaischen Sandwich-Firma namens FISALMA, die angeblich Villegas vertrat. Der Vertrag mit FISALMA räumte ELF für ein Jahr die exklusive Nutzung zweier elektronischer

»Spürgeräte« – Delta und Omega – ein, und zwar gegen eine Zahlung von fünfzig Millionen Dollar.

Der ELF-Chef war kein Narr. Es war sein Verdienst, sowohl die französische Atomindustrie, die zu den technisch fortgeschrittensten der Welt gehörte, als auch die französische Atomstreitmacht aufgebaut zu haben. Die Schweizerische Bankgesellschaft ist die größte Geschäftsbank der Schweiz. Ihr damaliger Präsident war Philippe de Weck; eines ihrer Verwaltungsratsmitglieder war der panamaische Konsul in Zürich, Dr. Arthur Wiederkehr. Die de Wecks sind eine bekannte Patrizierfamilie aus Fribourg. Die FISLAMA war eine Firma, die aus der Anwaltskanzlei von Dr. Wiederkehr hervorging. Zwar fungierte de Weck als Präsident, doch Villegas verfügte über die Anteilsmehrheit.

Im Juni 1976 fing man mit den Tests an. Delta brachte nichts, und so schlug Villegas vor, das Flugzeug mit der potenteren Omega-Version auszurüsten. Mit Omega fand man ein, wie es hieß, größeres Lager bei Montégut in der Languedoc – es war angeblich neun Kilometer lang und einen Kilometer breit und lag 3,9 Kilometer unter der Erdoberfläche. Die Aufregung war groß. Die Bohrungen begannen im Januar 1977. Obwohl man bis zum April noch auf kein Öl gestoßen war, verlängerte ELF den Vertrag mit FISALMA im Juni 1977 für ein weiteres Jahr. Die Bohrung bei Montégut wurde in einer Tiefe von 4485 Metern eingestellt – das Bohrloch war noch immer staubtrocken. Inzwischen hatte man mit Bohrungen an einer neuen Stelle begonnen, wo Omega angeblich eine verheißungsvollere Formation entdeckt hatte.

Im Jahre 1978 wurden die ELF-Vertreter bei einem Treffen in der Konferenzzentrale der Schweizerischen Bankgesellschaft bei Zürich überredet, den Vertrag mit FISALMA ein zweites Mal zu verlängern und die Investitionen zu verdreifachen. Der Vorstandsvorsitzende von ELF erhielt die Genehmigung des französischen Fiskus, die Transaktion vor den staatlichen Rechnungsprüfern geheimzuhalten. Die neuerlichen Zahlungen an FISALMA – mit denen sich die französischen Investitionen auf insgesamt 450 Millionen Schweizer Franken beliefen – sollten durch die Schweizerische Bankgesellschaft in vier Raten zu jeweils fünfzig Millionen Schweizer Franken geleistet werden. Die Schweizerische Bankgesellschaft berechnete der französischen Regierung sechs Prozent Zinsen und hielt staatlich garantierte ELF-Obligationen im Wert von 500 Millionen Schweizer Franken als Nebensicherheit.

Bei dem Treffen zugegen waren drei hochrangige Mitglieder der ELF-Geschäftsführung, die beiden Erfinder, Antoine Pinay, Jean Violet, Philippe de Weck sowie die beiden Priester Dubois und Marmier. De Weck stellte Marmier als einen Diözesanrichter aus Fribourg vor, der sich auf die Annullierung von Eheschließungen spezialisiert hatte. De Weck betonte, daß er Marmiers Anwesenheit ausdrücklich gewünscht habe. Welche Rolle Marmier tatsächlich spielte, ist nicht bekannt – eine Scheidung zwischen ELF und FISALMA konnte jedoch vermieden werden. Der neue Vertrag wurde unterzeichnet.

Valéry Giscard d'Estaing war damals seit sechs Jahren Staatspräsident. Er hatte das Projekt unauffällig verfolgt und war entsetzt, als er erfuhr, daß ELF für die Spürnasen einschließlich Bohrkosten über 200 Millionen Dollar ausgegeben hatte. Nun schaltete er sich direkt in die Angelegenheit ein. Der 88jährige Pinay überredete ihn, einer Vorführung beizuwohnen, die für Anfang April 1979 anberaumt wurde. Philippe de Weck war zugegen. Der Test verlief so negativ, daß Giscard eine sofortige Untersuchung anordnete und jede weitere staatliche Finanzierung unterband.

Der Präsident der Republik war somit in der Lage, in wenigen Minuten einen Schwindel aufzudecken, den die Führungsköpfe des größten französischen Unternehmens in den drei Jahren, in denen sie mit Villegas und Bonassoli zu tun hatten, nicht zu durchschauen vermochten. Auf Giscards Weisung hin wurden die Maschinen beschlagnahmt. Es stellte sich heraus, daß es Attrappen waren (ihre »Decoder« entpuppten sich als zwei Videokameras, die an einen Special-Effects-Generator angeschlossen waren).

Um nicht gerichtlich belangt zu werden, gab die Schweizerische Bankgesellschaft 250 Millionen Schweizer Franken und sämtliche Sicherungsobligationen zurück. Die Liquidatoren pfändeten Villegas' Flotte von »Spürflugzeugen«, die in einem Hochsicherheitshangar auf dem Brüsseler Flughafen standen. Inzwischen bestand die Flotte aus einer Boeing 707, einer Fokker 27 und einem Mystère-20-Privatjet. Durch den Verkauf weiterer Vermögenswerte und die Beschlagnahmung von Bankkonten konnte ELF weitere 41 Millionen Schweizer Franken wiedereinbringen. Villegas und Bonassoli, der lediglich ein Zertifikat als Fernsehtechniker vorweisen konnte, wurden zu keinem Zeitpunkt strafrechtlich verfolgt.

Albin Chalandon, der neue Vorstandsvorsitzende von ELF, erklärte vor einem Parlamentsausschuß: »Wir hatten es nicht mit Gaunern, sondern mit Verrückten zu tun. Ihre Geräte waren Fälschungen, aber sie glaubten an ihre Erfindung. Villegas war ein Mystiker am äußersten Rand der Normalität, und Bonassoli lebte in einer irrealen Welt, so daß er an seine eigenen Phantasien glaubte.« Mit anderen Worten, sie waren auf eine Springquelle intellektueller *pillería* gestoßen. Und die Pinay-Gruppe? Sie kam weiterhin zusammen und verfaßte vertrauliche Dossiers, die sie ausgewählten Ministerien und Geheimdiensten verschiedener Länder zukommen ließ.

Es wurde nie ein detaillierter Nachweis über die Gelder erbracht, die ELF an FISALMA zahlte. Man weiß, daß Villegas etwa 2,8 Millionen Dollar darauf verwandte, den Bau einer neuen Kirche für eine Organisation namens Foyer de Charité in Südfrankreich zu finanzieren. Die Kirche wurde im Juni 1979 der Heiligen Muttergottes geweiht. Villegas stiftete außerdem 52000 Dollar für den Bau einer katholischen Werkstätte für Indianer in der Region Chocó im Norden Kolumbiens. Über eine Stiftung, die in Liechtenstein gegründet wurde, trug er mit weiteren 7 Millionen Dollar zur Finanzierung katholischer Hilfsprojekte in Nigeria, Ruanda, Obervolta und Spanien bei. Zu den Projekten in Afrika gehörte die Anlegung von Brunnen und der Kauf eines kleinen Wagenparks von Sanitätsfahrzeugen, was den Schluß nahelegt, daß der Großteil der Liechtensteiner Stiftungsgelder nach Spanien floß. FISALMA unterhielt auch ein Konto bei der Vatikanbank IOR, das angeblich »für Investitionen in geheime politische Projekte« diente.[18]

ELF erhielt 100 Millionen Dollar zurück. Doch was geschah mit den restlichen 50 Millionen Dollar? Genau wie die 180 Millionen Dollar von Matesa waren sie durch den Einsatz cleverer Verträge und flink operierender Sandwich-Firmen verschüttgegangen. Dank dieser beiden Unternehmen allein – Matesa und FISALMA – vagabundierten nun über 200 Millionen Dollar an spanischen und französischen Steuergeldern auf dem internationalen Geldmarkt umher – Summen, die ohne jegliche Kontrolle jederzeit zu jedem beliebigen Zweck eingesetzt werden konnten, beispielsweise um eine kommunistische Revolte in Lateinamerika niederzuschlagen oder eine strategisch wichtige europäische Bank zu übernehmen.

15 Octopus Dei

Mitglieder des Opus Dei agieren entweder als Einzelpersonen oder in Vereinigungen kultureller, künstlerischer, finanzieller oder anderer Art, welche »Hilfsgesellschaften« genannt werden. In ihrem Geschäftsgebaren sind auch diese Gesellschaften den hierarchischen Strukturen des Instituts untergeordnet.
Artikel 9 der Konstitutionen von 1950

Während Escrivá de Balaguer »nichtige Titel« sammelte, konstruierte das Opus Dei pyramidenartige Firmenstrukturen und entwickelte raffinierte Methoden der Gewinnverlagerung. Mit Hilfe von Anstalten, Stiftungen und ausländischen Scheinfirmen verschleierte der Krake seine zahlreichen Tentakeln. Eine »Stiftung« ist eine Form der Treuhandverwaltung, die in der Schweiz üblich ist und oft für unsolide Finanzgeschäfte benutzt wird. Eine »Anstalt« ist eine Liechtensteiner Spezialität, die meist dem österreichischen Vorbild der »Privatanstalt« nachgebildet ist. Sie verfügt über ein festes Kapital, legt aber keine Anteilsscheine auf. Beide treiben die Vertraulichkeit so weit, daß ihre wahren Eigentümer für Außenstehende absolut nicht erkennbar sind.

Je größer und verzweigter das Opus Dei wurde, desto stärker griff es auf derartige Modelle zurück. Zunächst wurden mit Hilfe gewöhnlicher inländischer Stiftungen die Eigentumsverhältnisse von Vermögenswerten verschleiert, doch Mitte der fünfziger Jahre wurden neue Ebenen eingeführt. Eine der wichtigsten dieser Ebenen schuf der Jurist Alberto Ullastres, bevor er Handelsminister wurde. Die Gesellschaft mit dem Namen »Esfina« verfügte über ein Startkapital von nicht ganz einer Million Dollar. Esfina förderte eine neue Erfindung des Opus Dei, die sogenannten »gemeinschaftlichen Werke«. Diese unterschieden sich deutlich von den »korporativen Werken«, deren Betätigungsfeld sich auf den Bildungsbereich beschränkte und die offen mit dem Opus Dei in Verbindung standen, wie etwa die Universität von Navarra.

Gemeinschaftliche Werke hingegen dienten zwar der Apostolatsarbeit, galten aber als kommerzielle Vehikel, die nach Möglichkeit mit dem

Geld Außenstehender finanziert, aber von Mitgliedern des Opus Dei gemanagt wurden. Viele der Esfina-Beteiligungen gehörten dem »AÖM«-Sektor an, dem sogenannten »Apostolat der öffentlichen Meinung«, das gegründet wurde, um unter Leitung eines Aufsichtsgremiums die öffentliche Meinung zu beeinflussen. In Spanien waren die ersten AÖM-Inspektoren Laureano López Rodó, Alberto Ullastres und Professor Jesús Arellano.

Das AÖM war eine andere Form der Tarnung von *pillería*. Das Opus Dei war und ist eine privilegierte Institution der Kirche, die behauptet – und sogar mit aller ihr zu Gebote stehenden Pietät beteuert –, daß ihr Sinnen und Trachten einzig dem Seelenheil seiner Mitglieder gilt und daß sie sich niemals in deren Privatleben einmischt. Sie beteuert, daß sie nichts besitzt, schon gar keine Bank, und nicht auf der politischen Bühne agiert. Mit seinem AÖM aber wollte das Opus Dei verdeckt die öffentliche Meinung beeinflussen, nachdem es bereits seinen Mitgliedern moralische Werte eingepflanzt hatte, die sich von denen der übrigen Gesellschaft unterschieden.

In einer ersten Phase konzentrierte sich das Apostolat der öffentlichen Meinung auf die Gründung beziehungsweise Übernahme von Aktiengesellschaften in den Bereichen Rundfunk und Printmedien und im Verlags- und Nachrichtenwesen. Eine Mehrheit des Aktienkapitals in jeder dieser Gesellschaften wurde von Numerariern, Supernumerariern oder bewährten Mitarbeitern treuhänderisch verwaltet. In sämtlichen Fällen mußten die Treuhänder undatierte Veräußerungsverträge über die von ihnen verwalteten Anteile ausfertigen, die in den Regionalzentren in einem Safe aufbewahrt wurden.

In Spanien wurden die gemeinschaftlichen Werke durch Esfina finanziert, die sich ihr Kapital von den Familien der Mitglieder und Freunde beschaffte. In jedem einzelnen Fall wurde das auf diese Weise zusammengebrachte Kapital wie ein Sparkonto bei einer Privatbank behandelt: Es gab Zinsen, die etwas höher ausfielen als bei Geschäftsbanken, und jedes Konto wurde individuell, sorgfältig und diskret verwaltet. Außer Steuervorteilen hatten die Spareinleger von Esfina die Genugtuung zu glauben, mit ihrem Geld werde »Gottes Werk« unterstützt.

Der erste Präsident von Esfina war Pablo Bofill de Quadras, ein Opus-Dei-Numerarier, der auch im Vorstand der spanischen Tochter der vom Vatikan kontrollierten Gesellschaft Condotte Española saß. Sein Stellvertreter bei Esfina war José Ferrer Bonsoms, ein junger Bankier und Supernumerarier, dessen Familie große Beteiligungen in Argentinien besaß. Esfina erwarb beziehungsweise gründete mit fremden Geldern unter anderem den Verlag Ediciones Rialp, das Aushängeschild des Opus Dei, Editorial Magistero Español, einen Verlag für Schulbücher höherer Schulen, sowie SARPE, den Eigentümer der konservativen Zeitung *Alcázar*, des Nachrichtenmagazins *Actualidad Español*, der Wirtschaftswochenzeitung *Actualidad Economica*, des populären Frauenmagazins *Telva* und des religiösen Magazins *Mundo Cristiano*.

Diese Publikationen, die überwiegend von Mitgliedern gemanagt wurden, benötigten wiederum eine Presseagentur, und so entstand Europa Press. Ihre Werbung und Verkaufsförderung lag in der Hand einer Esfina-eigenen Agentur, und sie benutzten Druckpressen der Rotopress S.A., ebenfalls eine Tochter von Esfina. Alle hingen von der finanziellen Unterstützung durch das Opus Dei ab, denn oft schrieben sie rote Zahlen, weil sie nicht rein kommerziell tätig waren, sondern für das AÖM arbeiteten.

Im Jahre 1958 stieg Esfina in das Bankgeschäft ein; sie kaufte eine kleine Privatbank in Barcelona, die sie in Banco Latino umbenannte. Monate später kaufte sie Credit Andorra dazu, die größte Bank Andorras. 1959 gründete Esfina die Universal de Inversiones S.A. zur Handhabung ihrer eher spekulativen Investitionen. Der Präsident der Universal war, bis zu seiner Priesterweihe im Jahre 1964, Francisco Planell Fontrodona. Seine rechte Hand war – ebenfalls bis zu seiner Priesterweihe – Alfredo López Rodó, der Bruder von Laureano López Rodó.

Die Falange beobachtete die Aktivitäten von SARPE mit Argwohn. Im Jahre 1962 herrschte nach wie vor eine strenge Zensur. Damals führte die Rivalität zwischen dem Opus Dei und der Falange zu einer entscheidenden Kraftprobe: Der Informationsminister, ein Mitglied der Falange, wollte SARPE mit der Begründung dichtmachen, es handle sich um das Propagandainstrument einer verbotenen politischen Bewegung. Das Opus Dei bestritt, etwas mit SARPE zu tun zu haben, was offenkundig nicht der Wahrheit entsprach. Als eine Enteignung drohte, rief der Regionaladministrator des Opus Dei kurzerhand Navarro-Rubio und Calvo Serer an und informierte sie, daß sie über Nacht Mehrheitsaktionäre bei SARPE geworden seien. Die Falange machte einen Rückzieher. SARPE wurde durch einen Taschenspielertrick gerettet, der sich erübrigt hätte, wenn das Opus Dei das gewesen wäre, was es zu sein vorgab – eine spirituelle Vereinigung, die sich nicht in die Politik einmischt.

Ein wichtiger Förderer des Opus Dei schon in der Zeit unmittelbar nach dem Bürgerkrieg war der katalanische Industrielle Ferran (Fernando) Valls Taberner, der die Einrichtung einer Geschäftsstelle des *Consejo Superior* in Barcelona finanziert und dafür gesorgt hatte, daß sie mit Opus-Dei-Numerariern besetzt wurde. Außerdem hatte er den Banco Popular de los Previsores del Porvenir gegründet, eine Bank, die nach einigen größeren Imagekorrekturen in den fünfziger Jahren zum Eckpfeiler des Finanzgefüges des Opus Dei in Spanien wurde.

Nach Valls' plötzlichem Tod im Jahre 1942 wurde Felix Millet Maristany, ein ultrareligiöser katalanischer Finanzmann, Präsident der Bank. 1947 benannte er sie in Banco Popular Español um und ließ sie an der Madrider Börse notieren. Seine rechte Hand war Juan Manuel Fanjul Sedeño, ein Supernumerarier, der, wie Millet, Ferran Valls sehr nahegestanden hatte. Fanjul hielt die Vollmacht über einen bedeutenden Teil der Bankaktien, die im Besitz der Familie Valls waren.[1] Über Fanjul begann das Opus Dei, Einfluß auf die Geschäftsführung der Bank zu nehmen.

Ferrans ältester Sohn Luis wurde Numerarier des Opus Dei. Im Alter von vierundzwanzig Jahren war er Assistenzprofessor für Recht, zunächst in Barcelona und später in Madrid. 1950 beschlossen seine Superioren im Werk, daß er Fürsprecher des Werks von St. Gabriel werden und sich um die spirituellen Bedürfnisse von Supernumerariern und deren Familien kümmern solle. Doch nachdem er zwei Jahre versucht hatte, den ihm vom Werk des Erzengels auferlegten Pflichten nachzukommen, gestand er seinem geistlichen Leiter, daß er sich nicht zum Seelsorger berufen fühle und lieber Bankier werden wolle. Im Bankgeschäft nahm Luis Valls für das Opus Dei eine Schlüsselstellung ein, wie sie López Rodó im Bereich der Politik innehatte.

Im Jahre 1953 trat er in die Familienbank ein; Mariano Navarro-Rubio nahm ihn unter seine Fittiche. Banco Popular Español hatte die Zentrale inzwischen nach Madrid verlegt. Nach einer Umstrukturierung der Beteiligungen der Familie Valls befanden sich die Anteile der Bank in der Hand von Luis und seinen Brüdern Javier und Felix. Manufacturas Valls, der Textilkonzern der Familie, wurde weiterhin von ihren Onkeln kontrolliert. Trotzdem hielten Luis und Felix, ebenfalls ein Numerarier, weiterhin Anteile an Manufacturas Valls, die bald in die Nukleartechnologie einstieg. Da sich das Opus Dei mehr für Bankgeschäfte als für Textilien interessierte, brachte es den Banco Popular vollständig unter seine Kontrolle. Das Opus Dei war zu keinem Zeitpunkt Eigentümer der Bank, zumindest nicht im rechtlichen Sinne, denn die Verfügungsgewalt wurde letztlich durch eine Reihe ausländischer Treuhandgesellschaften ausgeübt.

Im Grunde bediente sich das Opus Dei der Esfina nach dem Motto: »Wir nehmen das Geld gottloser Seelen und finanzieren damit das Werk Gottes.« Zyniker würden sagen, daß dies ganz und gar der Ethik des Opus Dei entsprach: Da das Geld heiligen Zwecken diente, spielte es keine Rolle, woher es stammte. Escrivá de Balaguer hat dies für durchaus redlich gehalten und sich auch immer wieder dazu bekannt. Andererseits verursachte Esfina einiges Kopfzerbrechen. Es war einigermaßen riskant, mit Hilfe der gemeinschaftlichen Werke politische Ziele zu verfolgen, nämlich die Liberalisierung der Wirtschaft und die Modernisierung der politischen Strukturen Spaniens. Die gemeinschaftlichen Werke stellten auch eine finanzielle Bürde dar. Diese Probleme führten zu einer unerwarteten Reaktion der Opus-Zentrale. Im Jahre 1963 ließ man den Regionaladministrator eines Tages wissen, der Vater in Rom habe verfügt: »Keine gemeinschaftlichen Werke mehr!«

Für einige der wirtschaftlicheren Unternehmen wurden Käufer gefunden, und in ein oder zwei Fällen – bei *Telva* zum Beispiel – finanzierten wohlwollende Banken eine Abfindung der Belegschaft. Doch für die meisten Betroffenen war die Liquidation der gemeinschaftlichen Werke eher eine traumatische Erfahrung. Viele Mitglieder hatten all ihre Hoffnungen und manchmal ihre gesamten Ersparnisse in diese Unternehmen investiert. Sie taten dies in dem Glauben, Gottes Werk zu fördern, bis sie erfahren mußten, daß Gott sich nicht mehr dafür interessierte.

Die Auflösung der gemeinschaftlichen Werke bedeutete indes nicht, daß das Opus Dei das Konzept des Apostolats der öffentlichen Meinung aufgab. Es wurde in anderer Form weitergeführt. Außerdem waren einige der gemeinschaftlichen Werke sozusagen heilig. Dazu gehörten unter anderem das Verlagshaus Rialp sowie Talleres d'Arte Grande, das Opus-Dei-Zentren auf der ganzen Welt mit religiöser Kunst belieferte.

Nach der Abwicklung der gemeinschaftlichen Werke wurde das nun verfügbare Kapital von Esfina auf dem Banksektor investiert. Das erste Objekt war Banco Atlántico, eine kleine Regionalbank, deren Hauptaktionär bei einem Zugunglück ums Leben gekommen war. Mit den Verhandlungen betraute man den Industriellen Casimiro Molins Robit, einen Supernumerarier aus Barcelona, der bei den Käufern und in der Öffentlichkeit den Eindruck erweckte, er handle im Namen des Banco Popular Español. Als der Deal unter Dach und Fach war, wurde Molins neuer

Präsident der Bank; die Geschäftsführung übernahm das Gespann Bofill-Ferrer. Sie bauten die Bank zu einem der zehn führenden Geldinstitute Spaniens aus; dabei änderten sie die Statuten in der Weise, daß fünfzehn Prozent des Gewinns für soziale Zwecke gespendet werden konnten. Als Bofill und Ferrer erfuhren, daß ihr Glaubensbruder, Finanzminister Mariano Navarro-Rubio, ein neues Gesetz vorbereitete, das es Geschäftsbanken möglich machen sollte, sich auf den Zweig des Merchant Banking auszudehnen, planten sie eine Atlántico-eigene Merchant Bank unter dem Namen Bankunión. Sie wollten jedoch ausländische Partner an dem neuen Verband beteiligen. Der Generaldirektor der vom Vatikan beherrschten Condotte d'Acqua S.p.A., Loris Corbi, machte Bofill mit John McCaffery, dem Leiter der römischen Niederlassung der Hambros Bank, bekannt.[2] Bofill bot McCaffery eine Beteiligung an. Doch Hambros hatte sich bereits verpflichtet, eine Merchant Bank mit dem Banco Popular Español zu bilden. McCaffery schlug Bofill und Ferrer deshalb vor, sich an den aufstrebenden Mailänder Finanzier Michele Sindona zu wenden.

Die Bankunión wurde im Oktober 1963 mit einem Aktienkapital von 24 Millionen Dollar eingetragen. Banco Atlántico verwaltete nur zehn Prozent des Kapitals direkt. Es ist ungewiß, ob Sindona dem Konsortium jemals beitrat. Wenn ja, dann beteiligte er sich über eine der anonymen ausländischen Investmentgesellschaften, die Mehrheitsaktionäre der Bankunión wurden. Unter den Investoren waren auch Esfina und Condotte Española.[3] Wie beim Banco Atlántico, so sahen auch die Statuten der Bankunión vor, daß fünfzehn Prozent der Gewinne für soziale Zwecke gestiftet wurden.[4]

Sindona war es mittlerweile gelungen, eine 24prozentige Beteiligung an seiner Banca Privata Finanziaria di Milano an die Continental Illinois Bank & Trust of Chicago zu verkaufen. Die Continental Illinois war zu jener Zeit die siebtgrößte Bank in den Vereinigten Staaten. Der Schritt erwies sich als klug, denn der Präsident der Continental Illinois, ein Mormonenbischof namens David M. Kennedy, wurde später Richard Nixons Finanzminister. Sindona lernte ihn über Paul Marcinkus kennen, einen Priester aus Chicago, der in den diplomatischen Dienst des Vatikans eintrat und »Reiseleiter« Papst Pauls VI. wurde. Sindona wiederum machte Bofill und Ferrer mit David Kennedy bekannt. Sie bewogen den Mormonenpriester, für die Continental Illinois eine 18prozentige Beteiligung am Banco Atlántico zu erwerben. Die Transaktion wurde über eine Schweizer Firma namens Greyhound Finance AG abgewickelt. Ansässig war Greyhound im Zürcher Büro eines der führenden europäischen Spezialisten für vertrauliche Finanzgeschäfte, Dr. Arthur Wiederkehr. Während der Verhandlungen lernten Bofill und Ferrer Dr. Wiederkehr kennen, dessen Talente bei internationalen Kapitalverschiebern sehr gefragt waren. Sindona nutzte Wiederkehrs Dienste und berichtete auch dem Mailänder Bankier Roberto Calvi von den Vorzügen des Zürcher Anwalts. Fast nebenbei machte Sindona Calvi mit dem Madrider Kreis bekannt.

Zu jener Zeit war das Opus Dei dabei, seine Firmenbeteiligungen weltweit nach den in Spanien aufgestellten Richtlinien umzugestalten. Das Eigentum und die Verwaltung von Vermögenswerten wurden im allgemeinen auf zwei getrennte Körperschaften aufgeteilt, die wiederum im Besitz einer oder mehrerer privater Treuhandfonds oder Holdinggesellschaften waren. Damit besaß das Opus Dei ein nahezu undurchschaubares Firmengeflecht, theoretisch aber auch Zugriff auf einen Prozentsatz der Zuschüsse, die einige seiner »Hilfsgesellschaften« beziehungsweise Unterorganisationen erhielten.

In Irland beispielsweise war das Werk seit Juli 1947 vertreten. Seine dortigen Investitionen in Immobilien wurden unter dem Dach von University Hostels Limited getätigt. Die Liegenschaften selbst wurden jedoch von einer anderen Gesellschaft, der Hostels Management Limited, verwaltet. Eine 62prozentige Beteiligung an University Hostels, die ein gewisser Pater Patrick Cormac Burke hielt, wurde auf den Lismullin Scientific Trust übertragen. Die übrigen Anteile der University Hostels gingen in den Besitz des Tara Trust über. Es ist zwar unklar, wer die Eigentümer dieser Trusts waren, doch beide gaben als Adresse Knapton House an, eine Opus-Dei-Residenz in Dun Laoghaire in der Grafschaft Dublin.

Im Jahre 1977 wurde ein Reverend Dr. Frank Planell zum Opus-Dei-Regionalvikar für Irland ernannt. Als Francisco Planell Fontrodona hatte »Frank« dem Opus Dei bereits als Präsident der Esfina-Tochter Universal de Inversiones S.A. gedient. Einer der begabtesten irischen Numerarier unter Planell war Seamus Timoney, Professor für Maschinenbau am University College in Dublin. Wenn er nicht gerade Vorlesungen hielt, bastelte Timoney an komplizierten Waffensystemen; unter anderem entwickelte und patentierte er einen robusten gepanzerten Mannschaftstransportwagen, den »Timoney APC«. Timoney war jedoch kein Marketingexperte. Ist es abwegig zu vermuten, daß Pater Frank die Sache an die Opus-Zentrale weiterleitete, die zufällig wußte, daß die argentinische Armee genau diesen Mannschaftstransportwagen brauchte? Man weiß, daß der Timoney-APC 1978 in Produktion ging und daß eine unbekannte Anzahl an die argentinischen Streitkräfte verkauft wurde.[5] Falls die normalen Vorschriften befolgt wurden, müßten zehn Prozent der Erlöse aus dem Geschäft mit Argentinien an die Opus-Dei-Zentrale geflossen sein. Professor Timoney war ein interessanter Fall. Er stand seit den fünfziger Jahren mit dem Opus Dei in Verbindung und genoß einen internationalen Ruf als Waffenerfinder. 1957 gründete er die Firma Industrial Engineering Designers Limited, die eine Unterorganisation des Opus Dei wurde. Fünf der sechs Gründungsdirektoren von Industrial Engineering Designers waren Opus-Dei-Numerarier. Der Netherhall Educational Trust, die größte Wohltätigkeitsstiftung des Opus Dei in Großbritannien, erhielt eine »Beteiligung als Geschenk«. Diverse prominente Opus-Dei-Mitglieder in Irland und Großbritannien brachten ebenfalls Kapital ein. Dennoch behauptete das Opus Dei, »Professor Timoney hat weder Mittel des Opus Dei erbeten noch je welche erhalten«.[6] Genaugenommen mag das gestimmt haben, aber es hielt Timoney nicht davon ab, im Rahmen seiner diversen Projekte die Ressourcen des Opus-Dei-Netzes in Anspruch zu nehmen und befreundete Ingenieure aus England, Spanien und den Vereinigten Staaten nach Irland zu holen. Die Produktionsanlage der Industrial Engineering Designers Limited, die Advanced Technology Limited, vermutlich ebenfalls ein Hilfsunternehmen, wurde 1975 in Betrieb genommen. Ad Tec, wie die Firma üblicherweise genannt wurde, baute und testete Prototypen des Timoney APC. Eine der größten Bestellungen für das Fahrzeug kam von der belgischen Armee. Es wurde auch in General Pinochets Chile in Lizenz hergestellt.

Wenn man sich schon nicht daran störte, daß ein Opus-Dei-Numerarier, der angeblich nach christlicher Vollkommenheit strebte, in seiner Freizeit gepanzerte Mannschaftstransportwagen und andere Militärmaschinen entwarf, dann mochte es einen auch nicht sonderlich beunruhigen, daß der Numerarier Michael Adams die Bombenanschläge der IRA-Terroristen befürwortete. Adams war Geschäftsführer der Four Courts Press, die Escrivás *Der Weg* in Irland verlegte, und wohnte in der irischen Opus-Dei-Zentrale Harvieston in Dublin. Bekannt wurde er durch seine Äußerung, daß Bombenanschläge in Nordirland vertretbar seien, wenn sie die Engländer an den Verhandlungstisch bringen würden. Er schrieb: »Keinem der Untergrundkämpfer im Norden [d. h. in Ulster] macht es – hoffentlich – Spaß, englische Soldaten zu töten, dennoch werden sie in einer Art bitterer Freude den Tod eines jeden Soldaten feiern, denn jedes Todesopfer verstärkt die einzige Sprache, die die Engländer zu verstehen scheinen ... Es ist ein Jammer, daß englische Familien trauern und leiden müssen ... aber irgend jemand muß sterben, irgend jemand muß leiden. Wenn das ›Leid‹ durch zivilen Ungehorsam erzeugt werden kann, so ist das gewiß besser und ›christlicher‹; aber es ist unwahrscheinlich, daß zum gegenwärtigen Zeitpunkt irgend etwas anderes als Gewalt den Topf am Kochen halten und somit zu fruchtbaren Verhandlungen führen kann ... Bomben scheinen zu wirken.«[7]

Eines der bösesten Gerüchte, das im Zusammenhang mit den heimlichen Aktivitäten der Vatikanbank je aufkam, war die Behauptung, sie unterstütze die IRA. Die ersten Äußerungen in dieser Richtung stammten von einem ehemaligen Mitarbeiter des italienischen Geheimdienstes. Seither ist das Gerücht immer wieder aufgetaucht, ohne daß es je erhärtet worden wäre. Bekannt ist jedoch, daß Johannes Paul II. im Mai 1981 einen seiner Privatsekretäre, Pater John Magee (inzwischen Bischof von Cloyne), auf eine Geheimmission nach Irland schickte, wo Magee mit dem IRA-Aktivisten Bobby Sands zusammentraf, der sich damals in einem Gefängnis in Ulster in einem tödlich endenden Hungerstreik befand. Außerdem erhielt eine panamaische Firma, Erin S.A., deren Eigentümer unbekannt waren, die aber später mit der Vatikanbank in Verbindung gebracht wurde, einen Kredit von fast 40 Millionen Dollar, der über eine peruanische Bank an sie überwiesen wurde. Es besteht keine Verbindung zwischen Erin und der IRA beziehungsweise Ad Tec, doch der Name scheint einiges anzudeuten. Es ist auch nicht bekannt, was aus den 40 Millionen der Erin geworden ist; man kann nur vermuten, daß sie auf dem internationalen Geldmarkt in den Pool vagabundierenden Kapitals geflossen sind.

Das Eigentum des Opus Dei an französischen Vermögenswerten war noch um einiges komplizierter. Pater Fernando Maicas und Alvaro Calleja waren zwar schon im Oktober 1947 nach Paris gekommen, doch das Opus Dei wurde erst im Mai 1966 bei den französischen Behörden angemeldet. Die beiden erschienen mit Stipendien des *Consejo Superior* und einem Stück vom Leichentuch Isidoro Zorzanos – sie hängten es in der Kapelle des Wohnheims auf, das sie am Boulevard Saint Germain im Quartier Latin eröffneten.

Eine erste Holdinggesellschaft wurde 1955 unter dem Namen Association de Culture Universitaire et Technique (ACUT) gegründet. Sie wurde als Wohltätigkeitsstiftung eingetragen und stand unter der Schirmherrschaft dreier berühmter Sorbonne-Professoren, des Vizepräsidenten des französischen Senats, eines ehemaligen gaullistischen Ministers und eines hohen französischen Diplomaten.

Man fragt sich, ob die Herrschaften wußten, wen sie da beschirmten, denn das Opus Dei, das in Frankreich noch nicht amtlich gemeldet war, wurde in den Statuten der ACUT an keiner Stelle erwähnt. Die ACUT erwarb in der Nähe von Soissons nordöstlich von Paris ein Château aus dem 17. Jahrhundert, in dem ein Opus-Dei-Konferenzzentrum eingerichtet wurde. Der Geschäftsführer der ACUT war Augustin Romero, ein 21jähriger Student am Institut für Politikwissenschaft in Paris.

Nach Abschluß des Studiums arbeitete Romero bei der Banque de l'Union Européenne, einer der Korrespondenzbanken des Banco Popular Español.[8] An diesem wenig bekannten Institut besaß auch Banco Ambrosiano di Milano Beteiligungen. Über diese Bank schleuste das Opus Dei Gelder nach Frankreich. Mittlerweile schoß eine Reihe verdeckter Holdinggesellschaften unter solch sonderbaren Kürzeln wie SEPAL, SAIDEC, SOCOFINA, SOFICO und TRIFEP wie Pilze aus dem Boden.

SAIDEC (Société Anonyme d'Investissement pour le Développement Culturel) wurde 1962 mit dem Mindestkapital von 2000 Dollar gegründet. Nicolas Macarez, ein spanischer Staatsbürger, war als Vorstandsvorsitzender eingetragen. Ursprünglich war Romero der größte Einzelaktionär, doch mit nach und nach erfolgender Kapitalerhöhung befanden sich schließlich neunzig Prozent der Aktien in der Hand von TRIFEP.[9] Diese scheinbar klaren Verhältnisse wurden allerdings dadurch verkompliziert, daß SAIDEC neunzig Prozent von TRIFEP besaß und die beiden Gesellschaften auf Verwaltungsratsebene personell verflochten waren.[10]

Das Kapital der SAIDEC erhöhte sich in den folgenden Jahren auf drei Millionen Dollar. 1976 trug die Société Anonyme de Financement pour les Investissements Culturels, eine vollständig anonyme Gesellschaft mit Sitz in Liechtenstein, zu einer beträchtlichen Kapitalerhöhung bei. SAIDEC wurde Eigentümerin des Château sowie eines Gebäudes in der Pariser Rue Ventadour, das als eingetragener Sitz der Gesellschaft genannt war. Die Rue Ventadour, eine Seitenstraße der Avenue de l'Opéra, liegt direkt gegenüber der Banque de l'Union Européenne. Dies erwies sich als äußerst günstig, denn die Banque de l'Union Européenne war die Hausbank der SAIDEC.

Ebenfalls 1962 erwarb Banco Popular Español 34900 Aktien der Banque des Intérêts Français, das heißt 35 Prozent des Aktienkapitals dieser

Pariser Bank. Die Banque des Intérêts Français gehörte der Familie Giscard d'Estaing; ihr Präsident war der Vater des späteren französischen Staatspräsidenten. Rafael Termes Carrero, einer der Vorstandsvorsitzenden des Banco Popular, wurde ins Direktorium der Banque des Intérêts Français berufen; ihm zur Seite stand der Numerarier Andrés Rueda Salaberry, Leiter der Europäischen Abteilung des Banco Popular, der als »unsichtbarer Hüter der Finanzinteressen des Opus Dei in Frankreich« bezeichnet wurde.[11]

In Großbritannien griff das Opus Dei zu ähnlich verwirrenden Methoden. Im Herbst 1946 kam der Chemiker Juan Antonio Galarraga mit einem Forschungsstipendium des *Consejo Superior* auf die Insel. Bis 1950 hatte Galarraga nur einen einzigen Briten für das Werk gewinnen können. Es handelte sich um Michael Richards, einen ehemaligen Offizier, der nach dem D-Day Gefangene verhört hatte, in der Legende des Opus Dei jedoch zum Kriegshelden hochstilisiert wurde. Escrivá de Balaguer bezeichnete ihn als seinen »englischen Schlingel«.[12] Er wurde nach Kenia geschickt, um das Terrain für eine Präsenz des Opus Dei in Ostafrika zu erkunden, worauf der Vater seine späte Berufung erkannte und ihn zum Priester weihen ließ.

Mit ausländischen Geldern erwarb das Opus Dei ein kleines Hotel in Hampstead, das im April 1952 als Netherhall House seine Pforten als Studentenheim öffnete. Aus Spanien wurde eine Gruppe von Hilfsnumerarierinnen geholt, die sich um Haushalt und Verpflegung kümmerten, und plötzlich war das Opus Dei in Großbritannien im Geschäft, obwohl es noch gar nicht behördlich gemeldet war.

Die Eintragung erfolgte erst im April 1954, als John Galarraga und Michael Richards die Wohltätigkeitsstiftung der Priesterlichen Gesellschaft vom Heiligen Kreuz und Opus Dei gründeten. In der Gründungsurkunde hieß es, Zweck der Stiftung sei »die Förderung der römisch-katholischen Religion«. Ihr wirkliches Ziel bestand jedoch darin, das Apostolat des Opus Dei auszuweiten. Die Urkunde räumte den Treuhändern absolute Entscheidungsbefugnis über den Kauf und Verkauf von Eigentum und sämtliche Formen der Sicherheit ein; aus Gründen, die nicht bekannt sind, beantragte die Stiftung erst 1965 offiziell die Steuerbefreiung. Damals waren drei Liegenschaften als Vermögenswerte aufgeführt: das 1959 gekaufte Grandpont House in Oxford, die neue Englandzentrale in Orme Court, Bayswater, und eine Residenz in Manchester. Inzwischen waren die meisten anderen Vermögenswerte des Opus Dei in England auf die

Netherhall Educational Association (NEA) überschrieben worden, die 1964 mit ausländischen Mitteln gegründet worden war.

Drei Opus-Dei-Numerarier kamen im Oktober 1956 in die Schweiz und eröffneten in der wohlhabenden Zürcher Wohngegend Fluntern das erste Zentrum. Zwei der Gründer waren Katalanen. Der Chef war Pater Juan Bautista Torello. Mit von der Partie waren der Architekturstudent Pedro Turull und Hans Rudi Freitag, ein Schweizer Volkswirtschaftler, der in Valencia gearbeitet hatte. 1961 gründeten sie die Kulturgemeinschaft Arbor als Eigentümerin der korporativen Unternehmungen des Werkes in der Schweiz. Zürich wurde eine wichtige Finanzzentrale für das Opus Dei, nachdem die Fundación General Mediterránea (FGM) gegründet worden war, eine »wohltätige« Stiftung, die einen Prozentsatz der Gewinne des Banco Atlántico erhielt. Die FGM hatte zwei öffentlich bekannte Tochterunternehmen, die Fundación General Latinoamericana (Fundamerica) mit Sitz in Caracas und die FGM Foundation in Zürich.[13] Sie scheint aber noch einen dritten Ableger in Argentinien gehabt zu haben, der die Bildung neoperonistischer Kader unter Carlos Menen mitfinanziert hat. Aus der FGM ging die Zürcher Limmat-Stiftung mit einem Startkapital von 42000 Dollar hervor. Das körperschaftliche Konzept der Limmat-Stiftung lieferte die Kanzlei von Dr. Arthur Wiederkehr. Ihre Aktivitäten lagen »ausschließlich im Bereich des öffentlichen Interesses, besonders auf dem Bildungssektor, sowohl in der Schweiz als auch im Ausland«, wodurch ihre Steuerbefreiung gesichert war. Die Limmat-Stiftung erhielt Spenden vom Banco Atlántico und war gleichzeitig Aktionär der Bankunión. Wiederkehr saß im Verwaltungsrat der Limmat-Stiftung.

Dr. Wiederkehr soll auch die Zürcher Nordfinanz Bank an das Opus Dei verkauft haben. Dieses Geldinstitut wurde ein Jahr vor dem Ausbruch des Zweiten Weltkriegs gegründet, als der Zürcher Anwalt gerade seine juristische Laufbahn antrat. Unter dem Namen Verwaltungsbank führte sie ein eher bescheidenes Dasein, bis Wiederkehr im Jahre 1964 achtzig Prozent ihres Kapitals an eine skandinavische Finanzgruppe verkaufte. Laut dem spanischen Sherrymagnaten José María Ruiz-Mateos kontrollierte das Opus Dei die Nordfinanz, wenngleich er nicht erläuterte, wie. Andererseits blieb Dr. Wiederkehr jahrelang Präsident der Bank, bis er den Posten an seinen Sohn, Dr. Alfred Julius Wiederkehr, abtrat.

Arthur Wiederkehr war noch ein junger Mann gewesen, als Lord Selborne, der englische Minister für Kriegswirtschaft, bereits auf seine

Talente aufmerksam wurde. Im Jahre 1942 setzte Lord Selborne den Zürcher Anwalt auf eine vom Kriegsrecht vorgeschriebene Liste von Personen, die unter dem Verdacht standen, mit dem Feind in Geschäftsbeziehungen zu stehen oder als Nazi-Spione tätig zu sein. In der *Daily Mail* vom 25. November 1942 war folgendes zu lesen:

> Verwandte und Freunde von Menschen in besetzten Gebieten werden erpreßt, Tausende von Pfund als Bezahlung für Ausreisegenehmigungen für Menschen unter deutscher Besatzung aufzubringen. Wenn das Geld nicht gezahlt wird, werden die Opfer und manchmal auch ihre Familien ... in Konzentrationslager gebracht.

> Erste Einzelheiten über dieses »Geschäft mit der Freiheit« nannte Lord Selborne, der Minister für Kriegswirtschaft, gestern im Oberhaus ... Zwei Hauptakteure – Dr. Arthur Wiederkehr, ein Schweizer Anwalt, und Anna Hochberg, eine holländische Jüdin – betreiben dieses Geschäft. Beide leben in Zürich ...[14]

Nach dem Krieg erschien Wiederkehr vor einem Disziplinarausschuß der Zürcher Anwaltskammer, der ihn von jeglichen Verfehlungen freisprach. Von 1975 bis 1981, während der Amtszeit von Philippe de Weck als Präsident der Schweizerischen Bankgesellschaft, gehörte Wiederkehr dem Vorstand dieser Bank an. Das Opus Dei wußte seine Dienste sicherlich zu schätzen. Er gründete unzählige Scheinfirmen für das Institut beziehungsweise dessen Partner, darunter auch die Supo Holding S.A., Zürich, mit einem Kapital von einer Million Schweizer Franken. Supo rückwärts buchstabiert ergibt Opus.

Das auffallendste Merkmal der Finanzgeschäfte des Opus Dei war und ist das Element der Geheimhaltung. »Das Opus Dei ist arm. Wir haben kein Geld«, behauptete Andrew Soane, der britische Sprecher des Werkes. Soane ist konzessionierter Buchprüfer, eine ungewöhnliche Qualifikation für einen Pressesprecher, und in einem Gespräch mit ihm versuchte ich etwas über Escrivás einstige Pläne für ein Opus-Dei-College in Oxford zu erfahren. Eine arme Einrichtung hätte sich wohl kaum mit einem solchen Gedanken befaßt. Der Vater hatte jedoch schon ein Wappen und Pläne für das College entworfen. Nach seinen Wünschen sollte es einen Uhrturm haben, gekrönt von einer Marienstatue, die nachts in Flutlicht erstrahlen sollte.[15] Um die Pläne des Vaters zu verwirklichen, legte das Opus Dei den

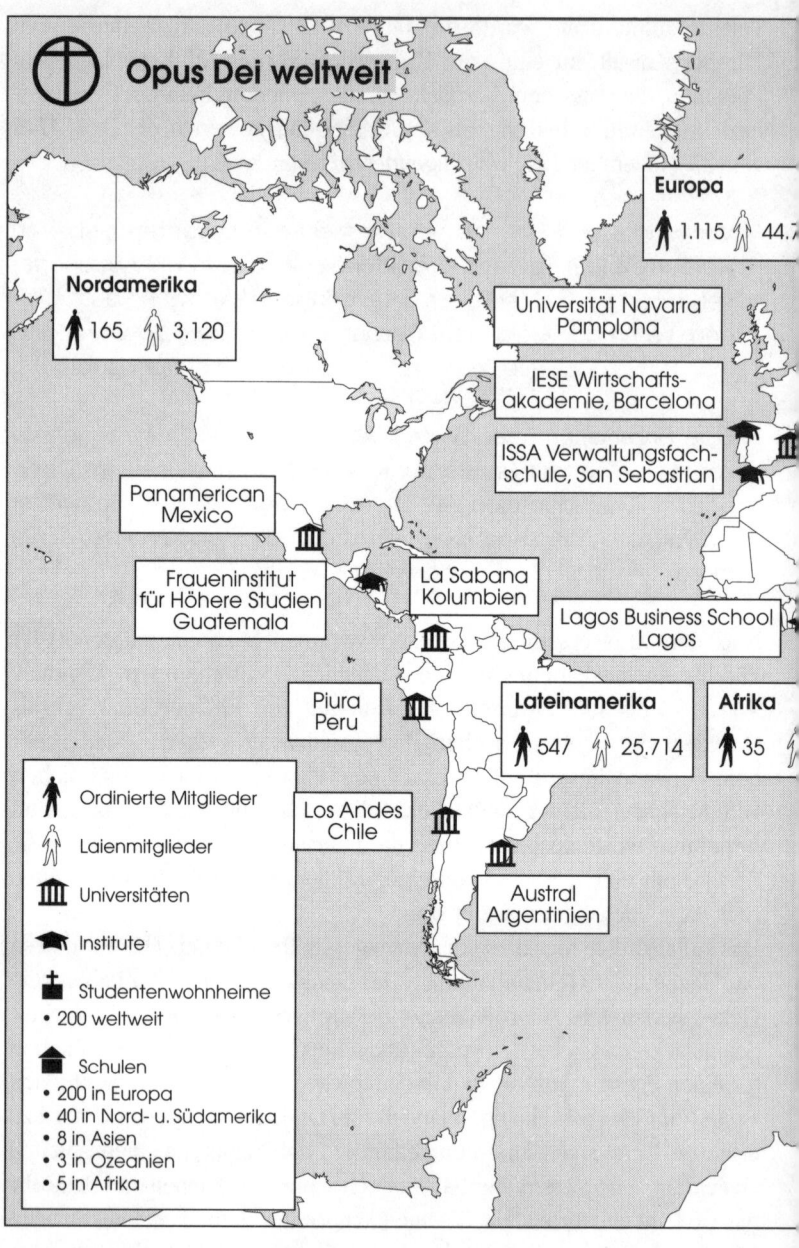

Opus Dei weltweit

Europa
1.115 44.7

Nordamerika
165 3.120

Universität Navarra
Pamplona

IESE Wirtschafts-
akademie, Barcelona

ISSA Verwaltungsfach-
schule, San Sebastian

Panamerican
Mexico

Fraueninstitut
für Höhere Studien
Guatemala

La Sabana
Kolumbien

Lagos Business School
Lagos

Piura
Peru

Lateinamerika
547 25.714

Afrika
35

Los Andes
Chile

Austral
Argentinien

Ordinierte Mitglieder

Laienmitglieder

Universitäten

Institute

Studentenwohnheime
• 200 weltweit

Schulen
• 200 in Europa
• 40 in Nord- u. Südamerika
• 8 in Asien
• 3 in Ozeanien
• 5 in Afrika

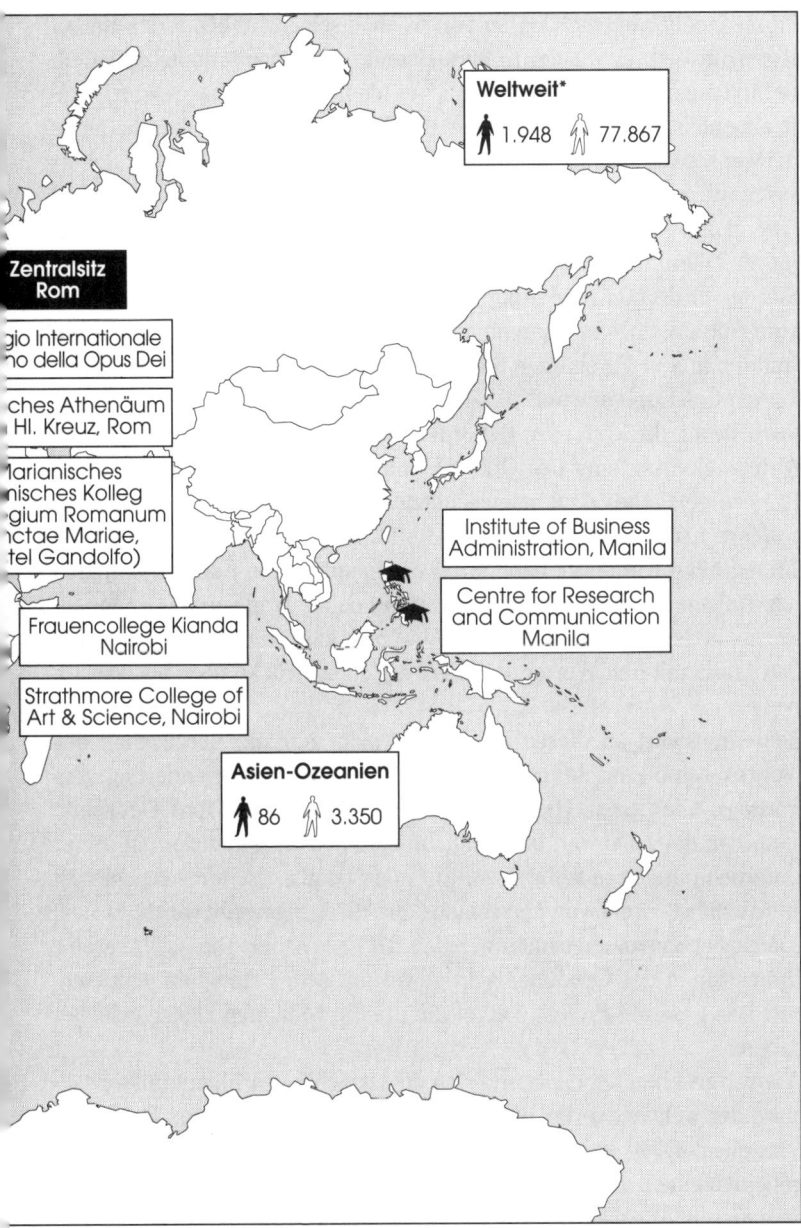

Weltweit*

👤 1.948 👤 77.867

**Zentralsitz
Rom**

...gio Internationale
...no della Opus Dei

...ches Athenäum
... Hl. Kreuz, Rom

...larianisches
...nisches Kolleg
...gium Romanum
...ctae Mariae,
...tel Gandolfo)

Frauencollege Kianda
Nairobi

Strathmore College of
Art & Science, Nairobi

Institute of Business
Administration, Manila

Centre for Research
and Communication
Manila

Asien-Ozeanien

👤 86 👤 3.350

*Quelle: Annuario Pontificio 1995 (alle übrigen Zahlen sind geschätzt)

Diözesanbehörden ein Dossier vor, wonach seine Mitglieder den Kampf gegen die Ausbreitung des Kommunismus in Afrika unterstützten, indem sie afrikanische Studenten in westlicher Ideologie unterwiesen – im Grunde ein politisches Unterfangen von erheblichem Ausmaß. Aber das Opus Dei war schließlich eine spirituelle Organisation. Und so hatte der Rektor des Strathmore College in Kenia, David Sperling – ein Yale-Absolvent und Freund des US-Peace-Corps-Präsidenten Sargent Shriver –, nichts dagegen, daß die amerikanische Botschaft in Nairobi das College, das teilweise von der britischen Regierung finanziert wurde, als »Orientierungszentrum« für afrikanische Studenten benutzte, die sich um Stipendien für ein Studium in den Vereinigten Staaten bewarben. »Orientierungszentrum« war ein CIA-Euphemismus für »Rekrutierungslager«.

Noch bevor die Oxforder Behörden reagierten, erwarb die englische Wohltätigkeitsstiftung des Opus Dei das Grandpont House, ein an der Themse gelegenes denkmalgeschütztes Herrenhaus aus dem 18. Jahrhundert. Escrivás Pläne für ein Oxford-College wurden abgelehnt, was ihm »großen Kummer« bereitete. Er behauptete, die Katholiken hätten sein Anliegen torpediert, und entwarf ein neues Wappen für Grandpont House, in dem sein Kummer zum Ausdruck kam – ein Bildnis der Jungfrau Maria mit den Worten *ipsa duce* auf einer Brücke über blauweißen Wellen.

Bemerkenswert an dieser Episode ist nicht nur die Bereitschaft des Werkes, seine Einrichtungen in Nairobi der CIA als »Orientierungszentrum« zu überlassen. Hier zeigt sich, daß das »arme« Opus Dei schon damals in der Lage war, beträchtliche Summen zur Finanzierung seiner Unternehmungen aufzubringen. Ein noch bombastischeres Beispiel ist die Wallfahrtskirche von Torreciudad, die 1975 eingeweiht wurde. Sie soll ebensoviel Bauvolumen unter wie über der Erde haben. Die – sichtbaren – Dimensionen des Gebäudes sind gewiß mit dem Petersdom vergleichbar. Das gesamte Projekt soll an die dreißig Millionen Dollar gekostet haben.

Wie wir gesehen haben, lassen sich die tatsächlichen Eigentumsverhältnisse der weltweit verflochtenen Vermögenswerte des Opus Dei selten feststellen. Dies ist beabsichtigt. Die Finanzgeschäfte müssen streng geheim bleiben, um dem *mobilen Corps* die größten Erfolgsaussichten zu garantieren. Aus diesem Grund entwickelten die Strategen des Opus Dei außer der Praxis der Gewinnverlagerung ein System der spirituellen Überwachung seines Interessengeflechts. Dieses System ist jedoch keineswegs unfehlbar. Es mußte sogar in wesentlichen Punkten umstrukturiert werden, nachdem ein getreuer Sohn, Gregorio Ortega Pardo, Mitte der sechziger Jahre plötzlich von der Bildfläche verschwand.

Ortega war Regionaladministrator in Portugal. Auch er sammelte »nichtige Titel« – unter anderem den Großen Zivilverdienstorden Spaniens, der ihm verliehen wurde, während Ibáñez Martín Botschafter in Lissabon war – und hatte einen unverbesserlichen Hang zum Luxus. Er erwarb für das Opus Dei die Verfügungsmehrheit über den Banco de Agricultura in Lissabon sowie eine Beteiligung am Banco Comercial de Angola. 1963 gründete er die Firma Lusofin, eine Finanzierungsgesellschaft, die staatliche Unterstützung erhielt. Im Herbst 1965 wurde Ortega Pardo in einem Fünf-Sterne-Hotel in Caracas mit zwei Koffern voller Bargeld im Wert von 225 000 Dollar und Juwelen im Wert von 40 000 Dollar verhaftet, nachdem ihn eine Prostituierte angezeigt hatte. Ibáñez Martín deutete an, daß Ortega Pardo nach Venezuela gereist sei, um eine neue Residenz für das örtliche Opus-Dei-Kapitel zu erwerben. Ortega Pardo wurde auf jeden Fall an Spanien ausgeliefert. Wartende Journalisten konnten ihn zu ihrer Enttäuschung nicht interviewen, denn er wurde auf der Stelle in eine Psychiatrische Anstalt gebracht, die von einem Opus-Dei-Mitglied geleitet wurde. Die gegen ihn erhobene Anklage wurde schließlich fallengelassen. Zwei Jahre später wurde er mit einem Einfach-Ticket nach Argentinien aus dem Werk verbannt.

Um die Ortega-Affäre rankt sich eine Reihe merkwürdiger Widersprüche. Die Organisation behauptet, sie sei arm, obwohl sie doch ganz offensichtlich mittels eines komplizierten Geflechts von Stiftungen und anderen Einrichtungen über eine riesige Menge an Vermögenswerten verfügt, über die sie keine Rechenschaft ablegen muß. Nach außen hin bemüht man sich um ein Image der Güte und Frömmigkeit, doch in Wirklichkeit gibt es innerhalb dieser Vereinigung ein ausgeprägtes Sendungsbewußtsein. Man bestreitet, daß man sich in das Privat- und Berufsleben der Mitglieder einmischt, obwohl offenkundig das Gegenteil der Fall ist – es wird sogar vorgeschrieben, welche Bücher gelesen werden dürfen. Im allgemeinen verfolgt das Werk Gegner oder vermeintliche Schädlinge mit allen verfügbaren Mitteln, einschließlich *pillería* und physischer Gewalt. Vor allem stellt es sich als einen ganz gewöhnlichen Zweig der katholischen Kirche dar, obwohl es einen ausgesprochen sektenhaften Ansatz entwickelt hat: Die Laienbrüder und -schwestern müssen fundamentalistische Lehrsätze verinnerlichen und sich einem lebenslangen

Gehorsam nicht gegenüber der Kirche, sondern gegenüber dem Vater unterwerfen.

Unmöglich, meinen Sie? So etwas würde die Kirche niemals dulden? Das dachte ich auch. Doch am aufschlußreichsten ist wohl die Tatsache, daß während der Anhörungen für die Seligsprechung Escrivás niemand auf die Idee kam, die einfache Frage zu stellen, weshalb der Diener Gottes, der die sieben christlichen Tugenden angeblich so heroisch lebte, unbedingt den erloschenen Titel eines spanischen Granden annehmen mußte.

Als ehemalige Mitglieder ihre Zweifel, Befürchtungen oder Beobachtungen vor dem Seligsprechungstribunal vorbringen wollten, wurden sie systematisch daran gehindert, indem man sie als geistesgestört oder sexbesessen hinstellte. Dabei sind die Behauptungen bisher nie von unabhängiger Seite überprüft worden. Und wie steht es mit dem Vorwurf, die kirchliche Einrichtung mache ihre Mitglieder zu Gefangenen beziehungsweise zu Komplizen ihrer eigenen Freiheitsberaubung? In den folgenden Kapiteln soll das Überwachungssystem des Opus Dei dargestellt werden, denn letztlich ist der Beweis für sein fundamentalistisches Sektierertum nur durch eine Analyse seiner Reglementierungsmethoden zu erbringen.

IV. Teil:
Kontrollgewalt

16 Die Innenwelt des Opus Dei

Wir müssen stets bereit sein, unser Leben für das zu opfern, was Gott von uns verlangt. Er hat uns aufgefordert, unser ganzes Leben dem Werk Gottes zu überlassen. Deshalb müssen wir sehr nah bei Gott, bei der Muttergottes und dem Werk leben, das so sehr auf unsere Unterstützung angewiesen ist.

Josemaría Escrivá de Balaguer,
Crónica I, 1971

Die meisten Mitglieder treten dem Opus Dei aus Liebe zu Gott bei. Die meisten, die wieder austreten, tun dies aus demselben Grund. Sobald sie der Organisation angehören, erkennen sie, daß die Liebe zu Gott zweitrangig ist gegenüber der Liebe zum Vater, der vollkommen ist, weil er der Sohn Gottes ist. Wer nicht bereit ist, Gott durch Gehorsam gegenüber dem Vater zu dienen, steigt aus. Vladimir Felzmann, der das Opus Dei nach dreiundzwanzig Jahren verließ und Priester der Diözese Westminster in London wurde, erklärte seinen Austritt folgendermaßen: »So wie Gott mich in das Opus Dei einführte, so führte Seine Liebe mich auch wieder heraus. Sobald ich erkannt hatte, daß ich gehen konnte, ohne mein Wort gegenüber Gott zu brechen, ging ich. Ich brauchte jedoch viele, viele Stunden des Gebets, bis … mir klar wurde, daß das Werk Gottes nicht dasselbe ist wie Gott.«[1]
Felzmann meint, daß Menschen, die eine Zeitlang dem Opus Dei angehören, durch die »Abtötung des Intellekts« so konditioniert sind, daß sie emotional abhängig werden und sich völlig der Organisation ausliefern. Dies beginnt im Augenblick ihrer Aufnahme und wird verstärkt durch die »Mittel der Formung«, denen sie sich fortan unterwerfen müssen. Diese Faktoren bilden ein wirksames System mentaler Kontrolle, das der Behauptung des Opus Dei, es mische sich nie in das private oder berufliche Leben seiner Mitglieder ein, geradezu Hohn spricht. Auf diese Weise werden hochintelligente Menschen dazu gebracht, ihre moralische Ur-

Der Aufbau des Opus Dei

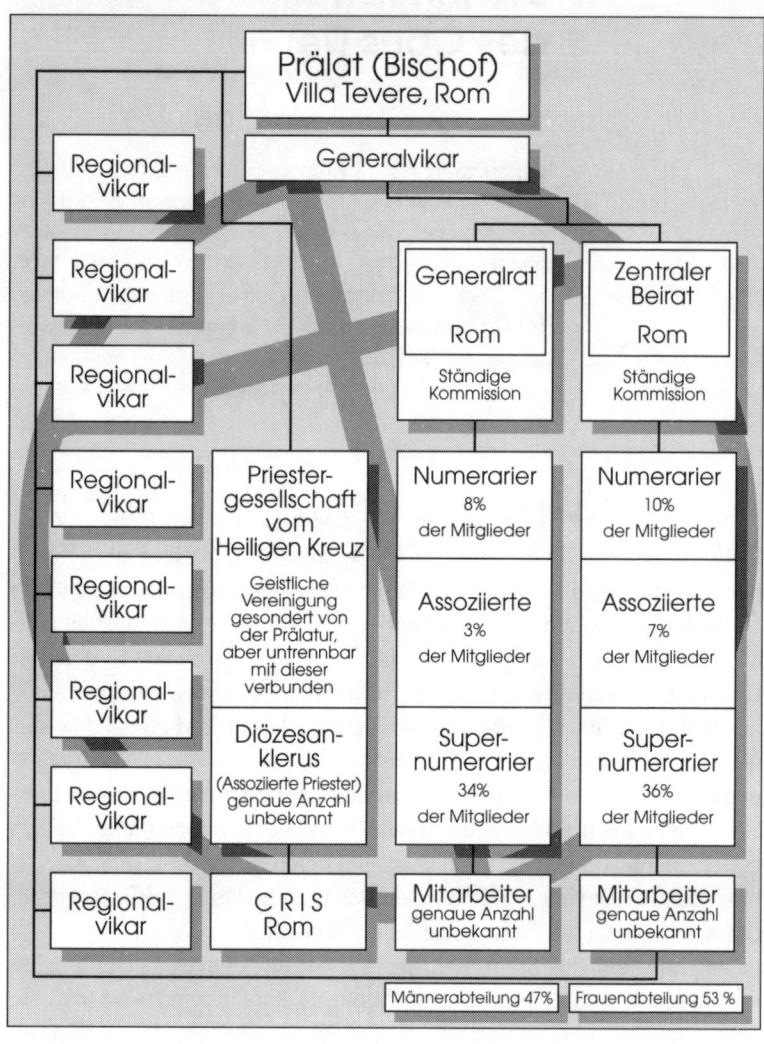

Prälat (Bischof)
Villa Tevere, Rom

Generalvikar

Regional-vikar

Regional-vikar

Regional-vikar

Regional-vikar

Regional-vikar

Regional-vikar

Regional-vikar

Regional-vikar

Priester-gesellschaft vom Heiligen Kreuz

Geistliche Vereinigung gesondert von der Prälatur, aber untrennbar mit dieser verbunden

Diözesan-klerus

(Assoziierte Priester) genaue Anzahl unbekannt

C R I S
Rom

Generalrat
Rom

Ständige Kommission

Zentraler Beirat
Rom

Ständige Kommission

Numerarier
8%
der Mitglieder

Numerarier
10%
der Mitglieder

Assoziierte
3%
der Mitglieder

Assoziierte
7%
der Mitglieder

Super-numerarier
34%
der Mitglieder

Super-numerarier
36%
der Mitglieder

Mitarbeiter
genaue Anzahl unbekannt

Mitarbeiter
genaue Anzahl unbekannt

Männerabteilung 47% | Frauenabteilung 53 %

teilsfähigkeit an eine übergeordnete Autorität abzutreten und in manchen Fällen jegliche moralische Verantwortung für ihr Verhalten in der säkularen Welt abzutreten. Es lohnt sich, die »Mittel der Formung« des Opus Dei eingehend zu betrachten, denn durch sie werden die Rekruten zu christlichen Fundamentalisten gemacht.

Nach einer fünfjährigen Bewährungszeit muß ein Kandidat, um als Numerarier aufgenommen zu werden, eine Treueformel sprechen, und zwar in Gegenart des Regionalvikars und zweier Zeugen, von denen einer der geistliche Leiter und unmittelbare Vorgesetzte des Kandidaten ist. Dieses Aufnahme-Versprechen wird in der abgedunkelten Kapelle eines Opus-Dei-Zentrums vor einem schlichten Holzkreuz ohne Abbild des Gekreuzigten abgelegt. Wer die Verpflichtung auf Lebenszeit (»Fidelitas«) eingeht, trägt einen Ring, denn als Numerarier ist man sozusagen verheiratet – nicht mit der Kirche, sondern mit dem Opus Dei. Um diese Ehe zu festigen, muß der Kandidat einen Absatz aus dem Katechismus des Werkes laut vorlesen, wodurch er seine Pflichten gegenüber der Organisation und deren Führung anerkennt.

Innerhalb des Opus Dei hat alles seinen Grund, so auch die Aufnahmezeremonie, die sogenannte »Oblatio«. Zum einen ist das Aufnahmcritual wesentliches Merkmal aller religiösen Sekten, zum anderen ist – dem Soziologen Alberto Moncada zufolge – die Symbolik des leeren Kreuzes besonders wichtig, weil sie das Gefühl der Unzulänglichkeit und der Schuld verstärken soll. Maxime 178 in *Der Weg* bringt dies klar zum Ausdruck: »Wenn du ein armes Holzkreuz siehst, einsam, erbärmlich, wertlos ... und ohne Gekreuzigten, dann wisse, daß dieses Kreuz dein Kreuz ist: das Kreuz ... das auf seinen Gekreuzigten wartet. Dieser Gekreuzigte mußt du sein.«

Das Opus Dei bestreitet, daß sich seine Mitglieder einem Aufnahmeritual unterziehen oder Gelübde ablegen müssen. Im Vokabular des Opus Dei gibt es weder eine Rekrutierung von Mitgliedern noch ein Gelübde. Doch am 5. Juni 1946 erklärte Don Alvaro in einem Brief an die Sacra Penitenzieria Apostolica in Rom, daß Opus-Dei-Mitglieder in der Tat Gelübde ablegen, und zwar vor der Jungfrau Maria, dem heiligen Josef, den drei Erzengeln sowie den Aposteln Petrus, Paulus und Johannes.[2] Darüber hinaus müssen alle Numerarier jedes Jahr am 19. März, dem Tag des heiligen Josef, in einer teilweisen Wiederholung der Oblatio die Gelübde der Keuschheit, der Armut und des Gehorsams erneuern. Diese Praxis wird nach wie vor geübt.

Das Aufnahme-Versprechen
der Opus-Dei-Mitglieder

Der Kandidat erklärt:
Ich, ..., erkläre hiermit in voller Ausübung meiner Freiheit, daß ich den festen Vorsatz habe, all meine Kräfte darauf zu verwenden, nach dem Geist und der Praxis des Opus Dei die Heiligkeit zu suchen und apostolisch tätig zu sein; und ich verpflichte mich, von diesem Augenblick an bis zum nächsten 19. März:

1. mich unter die Jurisdiktion des Prälaten und der übrigen zuständigen Leiter der Prälatur zu stellen, um mich treu all dem zu widmen, was sich auf das der Prälatur eigene Ziel bezieht; und

2. alle für Numerarier des Opus Dei geltenden Verpflichtungen zu erfüllen und den Verordnungen nachzukommen, nach denen die Prälatur sich richtet, sowie die rechtmäßigen Anweisungen des Prälaten und der übrigen zuständigen Leiter zu befolgen in dem, was die Leitung, den Geist und das Apostolat betrifft.

Ein Regionalvikar der Prälatur erklärt in Gegenwart des Kandidaten und zweier Zeugen, von denen mindestens einer Numerarier sein muß:
Ich, ..., in Vertretung des Prälaten, erkläre hiermit, daß das Opus Dei sich verpflichtet, vom Augenblick Deiner Eingliederung in die Prälatur an und solange diese Eingliederung gültig ist:

1. Dir eine unablässige theologische, geistliche, asketische und apostolische Bildung sowie die spezifische pastorale Betreuung durch die Priester der Prälatur zu gewähren und

2. den übrigen Verpflichtungen nachzukommen, die die Prälatur gegenüber ihren Gläubigen hat und die in den Verordnungen festgehalten sind, nach denen die Prälatur sich richtet.

Arten der Mitgliedschaft im Opus Dei

Das Opus Dei unterscheidet vier Arten der Mitgliedschaft, je nachdem wie weit sich der einzelne der Prälatur zur Verfügung stellt:

Numerarier – *Laien, die sich zum Zölibat und zum uneingeschränkten Dienst in der Prälatur verpflichten. Sie wohnen in der Regel in einer Opus-Dei-Residenz. Unter den Numerarierinnen gibt es auch* **Hilfs-Numerarierinnen**, *die sich der praktischen »Verwaltung« der Opus-Dei-Zentren, d. h. den manuellen häuslichen Arbeiten wie Putzen, Waschen und Kochen widmen. Einige der männlichen Numerarier werden zum Priester geweiht und in die Prälatur inkardiniert.*

Assoziierte – *Laien (Männer und Frauen), die sich zwar zum Zölibat verpflichten, im allgemeinen aber nicht in einer Opus-Dei-Residenz wohnen. Männliche Assoziierte können ebenfalls Priester der Prälatur werden.*

Supernumerarier – *Laien (Männer und Frauen, ledig oder verheiratet), die ihrer Berufung zum Opus Dei innerhalb der Einbindung in die Familie folgen.*

Mitglieder der Priestergesellschaft vom Heiligen Kreuz – *die Priester der Prälatur sowie Diözesanpriester, die Mitglieder ihrer Diözesen bleiben (sogenannte Assoziierte-Priester oder Supernumerarier-Priester), die geistliche Formung durch das Opus Dei erhalten wollen und am Apostolat des Werkes teilnehmen. Die Priestergesellschaft verbreitet den Geist des Opus Dei unter dem Klerus, der nicht auf andere Art mit der Prälatur verbunden ist.*

Die Assoziation der **Mitarbeiter** besteht für Personen, die zwar nicht Mitglieder sind, das Werk aber mit ihren »Gebeten, Spenden, Almosen und anderen Mitteln« unterstützen. Die Mitarbeiter des Opus Dei können – was für eine katholische Organisation ungewöhnlich ist – jeder Religion angehören.

Wichtig für den Sektencharakter des Opus Dei sind nicht nur die Aufnahmezeremonie und die Erneuerung der Treueformel, sondern auch die sechs »Mittel der Formung« – die »Brüderliche Aussprache«, der »Kreis«, die Gewissensprüfung, die Beichte, die »Brüderliche Zurechtweisung« und die wöchentliche Meditation –, die das Werk Gottes von allen anderen Organisationen der katholischen Kirche unterscheiden. »Die Regeln der Formung sollen dem Mitglied unentwegt das Gefühl der Demut und der Unwürdigkeit geben«, erklärte Felzmann. »Die Normen haben eine positive und eine negative Seite. Sie halten die Selbstzufriedenheit in Schach. Wer selbstzufrieden ist, ist ein gefährliches Tier. Sie verstärken aber auch das Gefühl der Unzulänglichkeit und der Schuld.«

Jedes Mitglied muß sich, unabhängig von seinem Rang innerhalb des Werkes, den Regeln der Formung unterwerfen. Die Konditionierung beginnt bereits bei den Kandidaten und Neuberufenen. Jeder Neuling wird der Aufsicht eines örtlichen Leiters unterstellt, der beobachtet und prüft, wie der Kandidat auf spirituelle Suggestion reagiert. Neue Mitglieder werden außerdem einem Opus-Dei-Priester zugeteilt, durch den sie mindestens einmal pro Woche das Bußsakrament empfangen müssen. Einem Mitglied, das sich mit der »Fidelitas« auf Lebenszeit dem Werk verpflichtet hat, obliegen noch weitere Verpflichtungen. Alle Mitglieder müssen uneingeschränkt an den Aktivitäten des ihnen zugewiesenen Zentrums teilnehmen. Wenn Eheleute Mitglieder sind, werden sie nie demselben Zentrum zugeteilt, denn die Trennung der Geschlechter wird innerhalb des Opus Dei streng eingehalten. Jedes Zentrum dient einer bestimmten Anzahl von Numerariern außerdem als Wohnheim, wodurch eine ständige Vermischung von zölibatären und nicht-zölibatären Mitgliedern gewährleistet ist.

Erste Pflicht eines jeden Mitglieds ist die wöchentliche »Brüderliche Aussprache«. Dies ist ein Gespräch unter vier Augen mit dem persönlichen geistlichen Leiter, der stets ein Laien-Numerarier ist. Es werden bestimmte Themen diskutiert, wobei die Werbung neuer Mitglieder das wichtigste ist. Besprochen werden auch die persönliche und berufliche Lebensführung. Jegliches Fehlverhalten, egal ob selbst eingestanden oder durch andere gemeldet, wird durch die sogenannte »Brüderliche Zurechtweisung« korrigiert, in der der geistliche Leiter zur Sühne eine Strafe verhängt.

Ein Mitglied soll seinem geistlichen Leiter volles »Vertrauen« schenken. Mehrere ehemalige Mitglieder glauben – und haben dies gelegentlich auch öffentlich bekundet –, daß zwischen dem geistlichen Leiter (einem Laien, der nicht an das Beichtgeheimnis gebunden ist), und dem Beichtvater (der ein Opus-Dei-Priester sein muß) geheime Absprachen getroffen werden. Dies ist ein schwerwiegender Vorwurf. Allerdings ist er kaum zu beweisen. Das Opus Dei weist diesen Vorwurf entschieden zurück. Trotzdem – die Möglichkeit mentaler und emotionaler Manipulation ist offenkundig gegeben. Das Opus Dei beteuert deswegen beharrlich, daß die Mitglieder nur die nötige geistliche Führung – und laut Maxime 62 braucht jeder Mensch geistliche Führung – erhalten und weiter nichts. Andererseits ist die berufliche Laufbahn eines jeden Mitglieds die tragende Säule seines persönlichen Apostolats. Sie ist daher von unmittelbarem Interesse für das Werk. Besonders deutlich wird dies im »Kreis«, einer Zusammenkunft, die wie die »Brüderliche Aussprache« wöchentlich stattfindet.

Der »Kreis« ist jener Basismechanismus, durch den das Opus Dei das größte Maß an Kontrolle über seine Mitglieder gewinnt. Es handelt sich dabei um eine Gruppenveranstaltung mit höchstens zwanzig Teilnehmern, die in gesellschaftlicher, intellektueller und beruflicher Hinsicht einen homogenen zellenartigen Kern bilden. Den Vorsitz über den »Kreis« hat der örtliche Leiter inne. Er beginnt mit einer kurzen Ansprache, meist über das Evangelium, gelegentlich aber auch über einen Aspekt des Opus Dei oder die Lehre des Vaters. Anschließend rezitieren die Teilnehmer laut den »Lebensplan«, der ihrem Leben Disziplin und Struktur verleiht. Das vollständige Programm sieht folgendermaßen aus:

I. Anrufung (auf lateinisch) des Heiligen Geistes und der Jungfrau Maria, der Quelle der Hoffnung und dem Sitz der Weisheit.

II. Kommentar des Leiters zum Evangelium.

III. Verlesen der Normen des Lebens (»Lebensplan«) durch den Leiter; alle hören stehend zu. Es folgt ein Kommentar zu einem bestimmten Aspekt der Normen, Gewohnheiten oder Bräuche.

Lebensplan

Täglich: Küssen des Fußbodens und »Serviam«. Stilles Gebet (jeweils eine halbe Stunde morgens und abends). Messe. Kommunionempfang. Besuch beim Allerheiligsten, Lesung des Heiligen Evangeliums und eines geistlichen Buches. Rosenkranzgebet. Gewissenserforschung. »Angelus« bzw. »Regina Coeli«.

Wöchentlich: Sakramentale Beichte. Samstags körperliche »Abtötung« (für Numerarier) unter Rezitieren des »Salve Regina« oder »Regina Coeli«. Betrachtung (Meditation).
Monatlich: Ein Einkehrtag.
Jährlich: Besinnungstage.

IV. Gewissenserforschung. Jedes Mitglied muß sich fragen:

1. Habe ich die Betrachtung unterlassen oder ihre Dauer abgekürzt, außer im Krankheitsfall?
2. Habe ich mich in der Gegenwart Gottes geübt und jeden Tag regelmäßig an meine Gotteskindschaft gedacht?
3. War ich bestrebt, jeden Tag meinen ersten und meinen letzten Gedanken Gott zu weihen?
4. Habe ich das Partikularexamen unterlassen oder die allgemeine Gewissensprüfung allzu eilig vollzogen?
5. Bin ich in der heiligen Messe täglich des Opus Dei und meiner Brüder, vor allem aber meiner Leiter eingedenk gewesen?
6. Habe ich die Widrigkeiten eines jeden Tages richtig ertragen?
7. Habe ich die gewohnten Abtötungen unterlassen?
8. Bin ich bestrebt, mir Bußgeist anzueignen?
9. Habe ich mich um die rechte Absicht bemüht, indem ich mich in allem einzig vom Gedanken an die Ehre Gottes leiten ließ?
10. Habe ich die Gebete des Werkes und die übrigen mündlichen Gebete ruhig und andächtig verrichtet?
11. Habe ich in dem von den Leitern mir übertragenen Apostolat dem Opfergeist nachgelebt?
12. War ich in bezug auf mein geistliches Leben und Apostolat meinen Leitern gehorsam?
13. War ich bei der Erfüllung der mir vom Werk aufgetragenen apostolischen Aufgaben gewissenhaft?
14. Suchte ich im Umgang mit meinen Brüdern Liebe zu üben?
15. War ich beim Erteilen oder beim Hinnehmen der Brüderlichen Zurechtweisung, sooft diese nötig war, insbesondere der Normen der Liebe und der Klugheit eingedenk?
16. Beweise ich durch Taten meinen Eifer, für das Opus Dei neue Mitglieder zu gewinnen?
17. Bin ich mir bewußt, durch meine Gleichgültigkeit, Unbesonnen-

heit, Lauheit oder Lässigkeit in der Ausübung meiner religiösen, gesellschaftlichen oder beruflichen Pflichten dem Opus Dei Schaden zugefügt zu haben?

18. Welche Anstrengungen habe ich bei meiner intellektuellen Entwicklung, die für mein Ziel notwendig ist, bei meinem Studium und bei der optimalen Nutzung meiner Zeit unternommen?

19. Habe ich aus Schwelgerei, Leichtsinn, Eitelkeit, Bequemlichkeit usw. unnötige Ausgaben gemacht?

20. War ich meinen Leitern gegenüber stets vollkommen aufrichtig, habe ich persönliche Initiative und Verantwortung immer mit der Tugend der Demut verbunden und die Hinweise für mein geistliches Leben und mein Apostolat von ganzem Herzen angenommen?

21. Habe ich das Opfer in den Kleinigkeiten des Alltags geringgeschätzt?

22. Habe ich mich bemüht, meine tägliche Arbeit so zu ordnen, daß sie effizienter wird und mehr zur Ehre Gottes gereicht?

23. Arbeite ich, wenn ich arbeiten soll (heute, jetzt), oder täusche ich mich durch Aufschub, was einer Unterlassung gleichkommt?

24. Achte ich darauf, daß ich in meiner äußeren Erscheinung alles vermeide, was befremdlich oder anstößig ist und nicht zu meinen Pflichten und meiner Stellung paßt?

25. Lasse ich mich von Trübsinn beherrschen, ohne zu merken, daß dieser mit dem Feind im Bunde steht?

26. Arbeite ich stets mit der Freude dessen, der weiß, daß er ein Kind Gottes ist?

V. Unsere Hilfe ist im Namen des Herrn.
Von den Fesseln unserer Sünden spreche uns los der allmächtige und barmherzige Gott.
Danach bekennen diejenigen, die vorher die Erlaubnis erhalten haben, kniend nacheinander und einzeln ihre Mängel (nicht ihre Sünden oder Gewissensangelegenheiten, denn diese müssen einem Priester vertraulich gebeichtet werden), indem sie zu Beginn sprechen: »Vor Gott, unserem Herrn, bekenne ich ...« und zum Schluß: »... für diese Schuld bitte ich um Vergebung und Buße.«
Der Leiter legt den einzelnen den Gewohnheiten entsprechend eine Buße auf.

VI. Lesung aus einem geistlichen Buch und Kommentar beziehungsweise Aussprache.

VII. Gespräch über Angelegenheiten des Werkes.

VIII. *Preces* (Gebet).

Der Kreis stellt sozusagen den geistlichen Speiseplan eines jeden Mitglieds zusammen. Er enthält sämtliche Mineralien und Vitamine, die für
eine gesunde Ernährungsweise notwendig sind. Den Mitgliedern wird
versichert, daß jeder, der sich streng daran hält, heilig werden kann.

Ein weiterer wichtiger Punkt des Lebensplans ist die Gewissenserforschung. Dies ist eine Übung, die jeder Numerarier in der Kapelle seiner
Residenz für sich durchführt, in der Regel vor der Schweigezeit, die bis
zum Frühstück währt. In dieser Übung, die zehn bis fünfzehn Minuten
dauert, stellt sich jeder die sechsundzwanzig Fragen der Gewissenserforschung und notiert sich Mängel und Schwächen, die dann in der wöchentlichen Aussprache bekannt oder in der Beichte vorgebracht werden
können. Vier dieser Fragen beziehen sich auf das Berufsleben. Drei
weitere bringen den konditionierenden Geist des Opus Dei deutlich zum
Ausdruck: Die Mitglieder sollen ihren Vorgesetzten gegenüber »gehorsam« sein; sie sollen ihre persönlichen Apostolate mit gebührendem
Eifer ausführen; und sie werden schließlich an den allgegenwärtigen
»Feind« erinnert.

Das letzte Mittel der Formung ist die sogenannte »Betrachtung«. Es
handelt sich dabei um eine Art Meditationsgottesdienst in der Kapelle,
den der zuständige Kaplan leitet. Zweck der Übung ist es, gewisse
Belange des Werkes zu erläutern, beispielsweise eine der Normen oder
auch eine neue Direktive der Opus-Dei-Zentrale. Die Themen werden
stets in einen geistlichen Zusammenhang gestellt, bei dem der Gehorsam
gegenüber dem Vater im Mittelpunkt steht.

Die Lebensstile der Numerarier und der Supernumerarier unterscheiden
sich zwangsläufig. Supernumerarier und Supernumerarierinnen sollen im
Rahmen ihrer Familie ein frommes, diszipliniertes Leben führen. Laien-
Numerarier nehmen nach den Priester-Numerariern den zweithöchsten
Rang in der Hierarchie ein. Der Alltag eines Numerariers ist erfüllt von
geistlichen und anderweitigen Pflichten, die keine Zeit für Müßiggang und
wenig Gelegenheit für Freizeit lassen. Den frommen Gewohnheiten zufolge müssen Numerarier nach dem Aufstehen den Boden küssen; zum
Waschen und Anziehen haben sie eine halbe Stunde Zeit. Es folgen eine

weitere halbe Stunde des stillen Gebets und der Besuch der heiligen Messe in der Kapelle der Residenz. Nach der Messe ist die Zeit des Schweigens beendet. Nach dem Frühstück im Refektorium verlassen diejenigen, die außerhalb der Residenz arbeiten, das Haus. Im Laufe des Tages sollen auch sie das Evangelium oder ein anderes geistliches Buch lesen und den Rosenkranz beten. Mittags sollen sie den Angelus beten. Wenn der Numerarier nach der Arbeit in die Residenz zurückkehrt, setzt er seine geistliche Lesung fort und verbringt eine weitere halbe Stunde im stillen Gebet. Anschließend erfüllt er die apostolische Pflicht, die einem jeden Mitglied auferlegt ist. Die apostolische Pflicht kann zum Beispiel in der Leitung eines »Kreises« bestehen – es gibt drei Arten von »Kreisen«: St. Raphael für anzuwerbende junge Menschen, St. Michael für Numerarier und St. Gabriel für Supernumerarier – oder in einer Sitzung mit dem örtlichen Leiter.

Danach begibt sich der Numerarier zur Gewissenserforschung in die Kapelle. Anschließend kommen die Bewohner einer Residenz zu einer Evangeliumslesung zusammen. Mit der Lesung und den Kommentaren wird jeden Abend ein anderer Numerarier betraut. Der Kommentar muß vorher vom Leiter geprüft werden, damit sichergestellt ist, daß er den richtigen geistlichen Ton trifft und daß keine deplazierten Bemerkungen fallen. Eine Bibelstelle, die häufig Anlaß zur Heiterkeit gibt, ist die Geschichte von den fünf törichten Jungfrauen. Wenn ein Kommentar etwa mit den Worten endet: »Und seid ja nicht wie die törichten Jungfrauen und vergeßt eure Lampe«, kann dies ein Kichern hervorrufen, das die gewünschte Andachtsstimmung zerstört. Nach der Lesung beginnt die Schweigezeit.

Es gehört zu den Bräuchen, daß Numerarier einmal in der Woche auf dem Boden und Numerarierinnen auf Brettern schlafen. Der Gruß der Opus-Dei-Mitglieder lautet *Pax*, die Erwiderung *In aeternum*. Ein weiterer Brauch, der Ende der sechziger Jahre aufkam, ist die sogenannte »Spoliation« (Beraubung). Er wird am Tag des heiligen Franz von Assisi gepflegt und betrifft nur Numerarier. An diesem Tag kann der Direktor das Zimmer eines Numerariers betreten und jeden beliebigen Gegenstand entfernen, an dem der Numerarier nach Meinung des Direktors zu sehr hängt. »Das kann ein Teddybär sein oder ein Paar goldene Manschettenknöpfe, aber wenn es zufällig eine Armbanduhr ist, die die Mutter einem geschenkt hat, dann schmerzt es«, gestand ein ehemaliger Numerarier. Als sich das Mitgliederprofil in den sechziger Jahren durch die verstärkte

Ausrichtung auf professionelle Kriterien veränderte, wurde der Vorwurf laut, das Opus Dei sei von einem extrem kapitalistischen Image geprägt. Wegen der schlechten Presse, die dies nach sich zog, fürchtete die Führungsspitze des Opus Dei um die kirchenrechtliche Stellung des Werkes. Entsprechend richtete das Institut sein Hauptapostolat auf Schulen, Jugendclubs und Sozialeinrichtungen aus, wodurch sich die Missionstätigkeit des Werkes auf Bereiche ausdehnte, die bislang die Domäne der Jesuiten gewesen war.

Das Opus Dei ist nach wie vor elitär ausgerichtet. Die bevorzugte Klientel seiner Schulen und Jugendclubs sind Kinder aus Mittelschichtfamilien, die sich die relativ hohen Schulgelder leisten können und dafür das Privileg erhalten, daß ihre Söhne und Töchter zur Zielgruppe des Opus Dei gehören. Die geistliche Entwicklung der Schützlinge wird von der Einschulung bis zum Schulabschluß verfolgt und gefördert. Gleichzeitig werden in einem Ausleseverfahren die geeigneteren Schüler herausgesucht, die schrittweise auf ihre formale Eingliederung in das Opus Dei vorbereitet werden, vorzugsweise als zölibatäre Mitglieder.

Diese neue Phase begann in den siebziger Jahren. »Sie zielt darauf ab, das Überleben der Institution zu garantieren, indem Jugendliche bereits auf einer frühen Schulstufe rekrutiert werden, wobei das übergeordnete Ziel darin besteht, die Macht im Vatikan in den Händen zu halten«, schrieb Alberto Moncada in einer kontroversen Abhandlung über den Sektencharakter des Opus Dei. Das Anwerben von Kindern unter achtzehn Jahren verstößt jedoch gegen das Kirchenrecht, und das Opus Dei dürfte sich kaum offen über die rechtlichen Vorschriften der Kirche hinwegsetzen.

»Gewiß ist es so«, schreibt Moncada, »daß die allgemeinen Grundsätze des Kirchen- und des Zivilrechts eine Eingliederung unter achtzehn Jahren verbieten. Doch in diesem wie auch in anderen Bereichen seiner Aktivitäten hat das Opus Dei entdeckt, wie man ein nach außen hin demonstriertes Respektieren der Gesetze mit einem funktionellen Pragmatismus verbindet, der es dem Werk zum Beispiel erlaubt, Jugendliche einzufangen und sie dabei emotional zu Mittätern beim Raub ihrer Freiheit zu machen und trotzdem besorgten Eltern gegenüber Neutralität und Rücksicht auf die Unabhängigkeit der betroffenen Kinder vorzutäuschen.«[3]

Das Opus Dei bestreitet, daß es Jugendliche rekrutiert, doch man muß nur das entsprechende Quellenmaterial zu dem Thema heranziehen (das jedoch der allgemeinen Öffentlichkeit und auch vielen Opus-Dei-Mitgliedern nicht zugänglich ist), um zu wissen, welche Bedeutung das Werk jungen Menschen beimißt:

> ... Die Jugend ist die Zeit der Formung. Sie ist eine Zeit, in der ... die Richtung und die Bedeutung des gesamten Lebens festgelegt werden. Sie ist die Zeit der Ideale und der Liebe, die Zeit, in der sich die Seele öffnet und ganz und gar empfänglich ist für das Licht der Lehre ... Sie ist die günstigste Zeit für ein wirksames Säen ...[4]

Mit der Ausweitung seines Einflusses in den Schulen während der achtziger Jahre begann das Opus Dei, weitere zuverlässige und engagierte Mitglieder zu werben, die seit ihrer Kindheit darauf konditioniert worden waren, sich ein Leben lang zur Förderung der weltweiten Strategien und Interessen der Prälatur zu verpflichten.

Die Figur des Vaters in seiner Eigenschaft als Prälat ist der primäre Faktor, der die Mitglieder dazu bewegt, ihre Fähigkeit zu rationalem, analytischem Denken an eine übergeordnete Autorität abzutreten. Diese Autorität konditioniert sie, interne »Normen« zu befolgen, die außerhalb der Vereinigung nicht toleriert werden würden. Wie Moncada bemerkt: »Da man sich dem Vater und seinen Stellvertretern unterwerfen und sogar ›sein Urteilsvermögen aufgeben‹ muß, ist die Aufhebung der Persönlichkeitsrechte offensichtlich.« Solche Autorität mißbilligt jegliche interne Kritik und unterdrückt jede persönliche Meinung über das Apostolat. Unter diesen Umständen werden Glaubensbrüder sogar zu heimlichen Spitzeln.

»Nach dem Eintritt in das Werk«, fährt Moncada fort, »darf das Mitglied bei keinem Priester mehr beichten, der nicht der Vereinigung angehört. Eine umfangreiche Literatur über den ›guten Hirten‹ und die Maxime ›Schmutzige Wäsche wird zu Hause gewaschen‹ rechtfertigt die Isolation der Mitglieder von der Außenwelt und erleichtert die mentale Kontrolle durch die Superioren. Darüber hinaus verwenden Opus-Dei-Priester Informationen, die sie im Beichtstuhl erhalten, um die Taktik zu entwickeln, mit der Kandidaten für die Vollmitgliedschaft geworben werden. Um die mentale Abhängigkeit und die Gruppenloyalität noch zu verstärken, sind alle Mitglieder wöchentlich zu einer beichteähnlichen ›Aussprache‹ mit dem Direktor ihres Hauses oder Zentrums verpflichtet, wobei die größte Offenheit gegenüber einem Menschen ohne jegliche priesterliche Qualifikation verlangt wird.«

Das völlige Abtreten der eigenen Urteilsfähigkeit an einen Vorgesetzten, so wurde verschiedentlich argumentiert, erzeugt ein infantiles Verhältnis zu ethischen Werten. Außerdem verursacht es bei jungen Mitgliedern ein außergewöhnlich hohes Maß an Streß. »Streß ist eine Folge der ständigen Geheimniskrämerei gegenüber der Außenwelt«, schreibt Moncada weiter. »Beispielsweise rät man den Aspiranten, ihren Eltern zu sagen, sie seien keinerlei Verpflichtung gegenüber dem Werk eingegangen. So wird von Anfang an der Sinn für Ehrlichkeit pervertiert.«

Das Opus Dei weist die Behauptung zurück, seine Mittel der Formung führten zu einer kollektiven Verzerrung moralischer Normen. »In die beruflichen, familiären, sozialen, politischen und kulturellen Angelegenheiten seiner Mitglieder greift das Opus Dei nicht ein, und es kann auch gar nicht in sie eingreifen«, wird immer wieder betont. Dennoch ist das Opus Dei stark daran interessiert, die öffentliche Meinung dadurch zu beeinflussen, daß es gewisse Mitglieder auf wichtige Posten in den Medien hievt. Das hat natürlich Vorteile, andererseits steht es im Widerspruch zu der Behauptung, das Werk mische sich nicht in die beruflichen, sozialen oder wirtschaftlichen Verhältnisse seiner Mitglieder ein. Trotzdem leugnet das Opus Dei hartnäckig jede derartige Absicht. Das Opus Dei beherrscht das Leben seiner Numerarier mittels einer subtilen Mischung aus Suggestion und »heiliger Nötigung«. Ein Beispiel für die Methoden der Prälatur und die psychischen Schäden, die dadurch entstehen können, schildert eine ehemalige Numerarierin aus England:

»Von dem Tag an, als ich meinen Brief mit der Bitte um Aufnahme an den Vater schrieb, händigte ich mein Stipendium und sämtliche anderen Einkünfte (z. B. die finanziellen Zuwendungen meiner Familie) aus ... Ich interessierte mich für Country Dance und Gilbert-and-Sullivan-Gesellschaften, doch beides waren Tabus für eine Numerarierin, die kein Theater besuchen oder mit dem anderen Geschlecht verkehren darf, es sei denn, der Beruf erfordert es ... In meinem ersten Jahr als Numerarierin war meine geistliche Leiterin eine junge Portugiesin. Sie redete mir immer wieder ein, ich besäße eine gewisse Begabung, etwas Wertvolles für das Apostolat. Mit ihr führte ich meine vertraulichen ›Aussprachen‹. Die Opus-Dei-Mitglieder führen jede Woche ein Gespräch mit ihrem Leiter oder ihrer Leiterin. Es wird als ›Aussprache‹ bezeichnet und ergänzt die wöchentliche Beichte bei einem Opus-Dei-Priester. Die Aussprache in

Verbindung mit einer vierzehntägigen Unterredung mit dem Priester (die nicht dem Beichtgeheimnis unterliegt) bildet wohl das
wirksamste Mittel der Überwachung innerhalb des Opus Dei. Die
Mitglieder müssen bis ins Detail Rechenschaft ablegen über jeden
Aspekt ihres Lebens: Gebet, Lektüre, Apostolat, Finanzen, Abtötung, Lebensplan und so weiter. Meine geistliche Leiterin sugge-
rierte mir, mit meinen guten Noten in Englisch und meinem guten
Sprachgefühl sollte ich mir überlegen, ob ich nicht Journalistin
werden wolle. (In internen Direktiven, so erfuhr ich später, wurden
die Superioren angewiesen, nach potentiellen Medienfachkräften
Ausschau zu halten ...)«[5]

Diese englische Numerarierin wurde schließlich am Institut für Journalismus an der Universität von Navarra aufgenommen. Als sie nach London
zurückkehrte und eine Stelle suchte, wurde sie auf einen Posten in der
Auslandsredaktion des *Guardian* gehievt. Dabei wollte sie eigentlich
überhaupt nicht als Journalistin arbeiten. Sie hatte gar nichts übrig für
Journalismus. Sie fing an, unter Depressionen zu leiden, und brach eines
Tages in einem nervösen Erschöpfungszustand zusammen. Man gab sie
in die Behandlung eines Opus-Dei-Arztes, der ihr Librium und Tofranil
verschrieb, das sie »aus Gehorsam« einnahm.
Die Depressionen traten immer wieder auf, und sie wurde schließlich als
ambulante Patientin in eine psychiatrische Klinik eingewiesen, wo sie von
einem Psychiater behandelt wurde, der ebenfalls Numerarier war. 1971,
nach vier Jahren medizinischer und psychiatrischer Behandlung durch
Opus-Dei-Mitglieder, trat sie schließlich aus dem Werk aus. Sie verfügte
über ganze hundert Pfund und mußte aus gesundheitlichen Gründen ihre
Stelle aufgeben. Ihr Hausarzt, der sie in den folgenden beiden Jahren
betreute, verglich ihren Zustand mit dem eines ehemaligen Kriegsgefan-
genen. Als sie ihre Freiheit wiedergewonnen hatte, wandte sie sich ihrer
ursprünglichen Berufswahl zu – Tanz und Sprachen.
Ein weiteres Beispiel lieferte ein Mailänder Spitzensyndikus, den die
Arbeitsethik des Opus Dei gelockt hatte. Dann entdeckte er, wie er es
selbst nannte, eine »Komplizenschaft zwischen dem Direktor und dem
Kaplan. Sie mischen sich gemeinsam in deine persönlichen Angelegenheiten ein und drängen dich zu Entscheidungen, die sich auf dein Privat-
und Berufsleben auswirken. ... Es wird alles versucht, um dich spirituell
von der Organisation abhängig zu machen. Du mußt deine Seele öffnen

und vertrauensvoll sein, und allmählich bringen sie dich dazu, dich zu entleeren und anzuerkennen, daß du in geistlichen Fragen wie ein Kind bist, unwissend und hilfsbedürftig. Sobald du den Gedanken akzeptierst, daß du in spirituellen Angelegenheiten ein Kind bist, besteht der nächste Schritt darin, dich zum Gehorsam zu zwingen. ›Gehorche verständig, aber blind‹, pflegte der örtliche Leiter zu betonen.« Unterwerfe dich demütig deinen Vorgesetzen. Das ist der sichere Weg zur Heiligung. Akzeptiere das, und du bist ein Mitglied der Kampftruppe Christi. »Es ist erstaunlich, wie viele willensstarke Menschen sich dieser Vorstellung geistlicher Unreife unterwerfen und sich einreden lassen, sie müßten ihre Seele wie ein Kind dem Vater anvertrauen«, gestand der Mailänder Anwalt. »Man sieht, wie andere es tun – Gleichgesinnte, die man respektiert –, und man sagt sich, ›Wieso nicht auch ich?‹, und schon bald sitzt man in der Falle.« Zu seinem »Kreis« gehörten auch der führende Investment-Banker Italiens, der Geschäftsführer des zweitgrößten privaten Finanz- und Industriekonzerns sowie ein pensionierter Fiat-Direktor.

Elisabeth Demichel ging während ihrer Zeit am Gymnasium im schweizerischen Fribourg »in die Falle«. Das Opus Dei ist seit den sechziger Jahren in der katholischen, 40 000 Einwohner zählenden Universitätsstadt tätig. Nach dem Unterricht besuchte Elisabeth einen Jugendclub des Opus Dei. Sie wollte Simultandolmetscherin werden, und die Leiterin des Clubs schlug ihr vor, einen vierjährigen Sprachkurs in Wien zu absolvieren. Elisabeth war achtzehn Jahre alt und verließ zum ersten Mal ihr Zuhause. Ihre Eltern waren nur allzu froh, als sie erfuhren, daß Elisabeth Unterkunft in einem Studentenwohnheim des Opus Dei gefunden hatte.

In dem Wiener Zentrum herrschte eine freundliche Atmosphäre. Die anderen jungen Frauen dort – die meisten waren in ihrer beruflichen Laufbahn weiter fortgeschritten – unterstützten sie und überschütteten sie mit freundschaftlicher Zuwendung. Als sie der Direktorin mitteilte, sie würde gerne Supernumerarierin werden, erwiderte diese, durch den »Stand der Gnade« spüre sie, wer berufen sei, und sie erkenne in Elisabeth die Berufung zur Numerarierin. Die Direktorin erklärte, daß Numerarier sich zwar zum Zölibat verpflichteten, aber die gleiche Freiheit genossen wie andere Laien. Elisabeth war überrascht über die Offenbarung, daß sie berufen sei, und sie war verwirrt. Die Direktorin schlug ihr vor, sie solle mit ihrem Beichtiger, dem Hauskaplan, darüber sprechen, was sie auch tat. Er zeigte sich verständnisvoll und riet ihr, drei Tage in Klausur zu gehen, um nachzudenken und ihre Seele zu erforschen. Eigentlich widerstrebte ihr dies, doch willigte sie schließlich ein.

Während der Beichte am Ende der »Einkehrtage« meinte der Priester plötzlich: »Nun, du hast dich entschieden, nicht wahr?« Elisabeth hatte eine solch direkte Frage nicht erwartet und erwiderte: »Ja«. Sie hat also im Beichtstuhl »gepfiffen«. Geheime Absprache? Natürlich nicht. Trotzdem erfuhr sie später, daß die Numerarierinnen des Hauses feierten, als sie hörten, sie hätte ihren Brief an den Vater geschrieben.

Nach dem »Pfeifen« wurde Elisabeth weiter mit den Gepflogenheiten des Opus Dei indoktriniert. Man gab ihr den internen Katechismus, ein Buch mit fünfhundert Fragen und Antworten, die Neulinge auswendig lernen müssen. Da sie das Buch jeden Abend im Büro der Direktorin abgeben mußte, konnte sie es – neben ihren Sprachkursen – nur jeweils zwei bis drei Stunden studieren. Sie mußte sich auch mit dem *Vademecum de ceremonias liturgicas* befassen, auch dies ein Geheimdokument, das im Safe des Hauses unter Verschluß gehalten wurde. Dasselbe galt für das Liederbuch des Opus Dei mit den internen Chorliedern, die die Numerarierinnen bei ihren *Tertulias* und anderen Zusammenkünften singen, wie etwa »Der Fischzug« oder »Ich pfeife und du pfeifst auch«. »Fischzug« heißt in der Sprache des Opus Dei »Rekrutieren«. Die Numerarierinnen singen diese Lieder vor potentiellen Kandidatinnen, denen die Bedeutung der Texte allerdings unbekannt ist.

Als Elisabeth ihren Eltern mitteilte, sie hätte sich per »Vertrag« als Opus-Dei-Numerarierin verpflichtet, erklärte sie, es sei nicht definitiv und endgültig, denn es gelte eine fünfjährige Probezeit. Am Ende des vierten Jahres rieten ihr die Eltern, sich zu überlegen, ob sie nicht eine Stelle in der Schweiz suchen wolle. In der Zwischenzeit hatten sie mit der Direktorin des Opus-Dei-Zentrums in Fribourg über die Pflichten von Numerarierinnen gesprochen, und diese hatte ihnen versichert:

(1) Eine Numerarierin pflege denselben Lebensstil wie jeder andere Laie, bestimme selbständig ihre Tätigkeit und arbeite, was und wo sie wolle; (2) keine Gelübde oder Versprechen seien erforderlich, lediglich ein »einfacher Vertrag«, durch den sich das Werk verpflichte, den Numerarierinnen den nötigen geistlichen Beistand, theologische Formung und Führung durch die Priester des Werks zu geben, um ihr Apostolat auszuführen. Dafür verpflichteten sich die Numerarierinnen, unverheiratet zu bleiben, in einer Opus-Dei-Resi-

denz zu wohnen, falls es die Arbeit erlaube, und dem kollektiven Apostolat des Werks ihre freie Zeit zur Verfügung zu stellen; (3) falls eine Numerarierin zu irgendeinem Zeitpunkt feststelle, daß sie nicht für die Missionstätigkeit des Werkes geeignet sei, stehe es ihr frei auszutreten; (4) die Numerarierinnen behielten die vollständige Verfügungsgewalt über persönliches Eigentum und Erbschaften und leisteten nach Belieben Beiträge aus ihrem Einkommen.

Kurze Zeit später schrieb Elisabeth ihren Eltern: »Eine Reise in ein anderes Land kann nur vom Vater genehmigt werden, und eine Reise in eine andere Stadt oder auch nur zu einem anderen Zentrum muß von der örtlichen Direktorin genehmigt werden. Sollte ich daher in die Schweiz zurückkehren, dann nur deswegen, weil der Vater es wünscht und ich dies als den Willen Gottes annehmen werde …«

Die Eltern waren besorgt und nahmen Kontakt mit dem Regionalvikar für die Schweiz auf, der ihnen versicherte, daß er Verständnis für ihre Sorge habe, und versprach, alles in seiner Macht Stehende zu tun, um eine Lösung ganz im Interesse der Familie zu finden. Bald darauf schrieb Elisabeth an ihre Eltern: »Papa wollte doch immer, daß ich den Doktor mache. Genau das werde ich jetzt tun! Ihr wollt auch, daß ich aus Österreich weggehe. Auch das werde ich tun (sobald ich mein Studium abgeschlossen habe)! Monsignore Alvaro will nämlich, daß ich nach Schweden gehe und mich dort an der Universität einschreibe (es ist wichtig, daß es wieder christianisiert wird) … Ich habe mich bereits über die Einschreibebedingungen an der Universität von Stockholm informiert.« Sie bat ihre Eltern, weiterhin ihre Studiengebühren zu bezahlen, und fügte hinzu: »Persönlich sehe ich in diesem Wunsch des Vaters den Willen Gottes, der immer alles zu unserem Besten fügt.«

Ein Psychologe hatte die Eltern gewarnt, daß jeglicher Widerstand gegenüber den Absichten ihrer Tochter dazu benutzt werden würde, die Tochter gegen die Eltern aufzuhetzen. Dann teilte Elisabeth ihrer Mutter mit, daß sie ein Testament zugunsten des Werkes machen werde. »Keine Sorge, es betrifft nur die Kleinigkeiten, die wir in unserem Zimmer haben«, meinte Elisabeth.

Inzwischen hatte ihre Mutter die Konstitutionen gelesen – die die Direktorin Elisabeth übrigens nie gezeigt hatte – und wußte, daß die Sache ernster war. Aber das brachte sie auf eine Idee. Immer wenn von Geld die Rede ist, horcht man beim Opus Dei auf. Sie teilte ihrer Tochter mit, daß sie sich einer schweren Operation unterziehen müsse und ihr Testament ändern wolle. Sie meinte, es sei erforderlich, daß Elisabeth gemeinsam mit ihren Geschwistern die entsprechenden Dokumente unterschreibe, bevor sie nach Stockholm gehe. Elisabeth sprach mit ihrer Direktorin, die ihr erlaubte, über Fribourg nach Stockholm zu fahren. Es wurde ihr jedoch nicht gestattet, zu Hause zu wohnen. Die Mutter äußerte den Wunsch, vor ihrer Operation mit Elisabeth drei Einkehrtage in einem Kloster unweit von Fribourg zu verbringen. Die örtliche Direktorin stimmte zu. Während der Exerzitien erwähnte die Mutter die unethischen Praktiken einer Sekte, von der sie gehört hatte. Elisabeth meinte auch, solch einer Vereinigung könne sie niemals angehören. Dann zeigte die Mutter ihr ein Dossier über das Opus Dei, in dem all das aufgeführt war, wovon sie gesprochen hatte. Elisabeth war bestürzt, denn die Erfahrungen in dem Bericht glichen so sehr ihren eigenen, daß die Aussagen stimmen mußten. Mit dem Gefühl ungeheurer Erleichterung fiel sie ihrer Mutter in die Arme und schluchzte: »Solch einer Organisation kann ich doch nicht angehören, oder?«

Es war gar nicht so leicht, Elisabeth dem Opus Dei zu entreißen. Sie mußte an den Vater in Rom schreiben und um Erlaubnis bitten, aus dem Werk ausscheiden zu dürfen. In der Zwischenzeit hielt sie sich versteckt, denn Numerarierinnen, die sie kannten, warteten auf dem Bahnsteig des Bahnhofs in der Nähe ihres Elternhauses am Rand von Fribourg, um sie abzufangen. Schließlich rief der Regionalvikar bei der Familie Demichel an und beschuldigte sie, ihre eigene Tochter »entführt« zu haben.

Auch der Erstberufene in England, Pater Michael Richards, war bald ernüchtert von den Praktiken des Opus Dei. 1973 beschloß er auszutreten. Aufgewühlt und von Gewissensqualen geplagt nahm er eine Stelle als Kaplan an der Universität von Bangor in Wales an. Er neigte zur Hypochondrie, zog sich immer mehr in sich zurück und setzte seine Medikamente ab. Im August 1977 erlag er einer Hirnblutung. Als Vladimir Felzmann das Werk verlassen wollte, führte ihn der Regionalvikar an Michael Richards' Grab und meinte: »Du siehst, Vlad, was mit Leuten geschieht, die das Werk verlassen.«

Raimondo Panikkar, in den vierziger und fünfziger Jahren einer der begabtesten Söhne des Vaters, war nach Indien geschickt worden, um dort mit Spendengeldern von NSRC ein Opus-Dei-Zentrum zu gründen. Einige Jahre später berief ihn Escrivá de Balaguer als Kaplan an die Residenza Universitaria Internazionale des Opus Dei nach Rom. Doch

Panikkar empfand schon bald, daß Opus Dei ihm keine Freiheiten ließ, und bereitete 1966 seinen Weggang vor. In dieser Zeit erklärte er sich bereit, am Bonner Sacré-Cœur-Kolleg (dem heutigen St.-Adelheid-Gymnasium), wo seine Schwester zur Schule gegangen war, einen Vortrag zu halten. Am Bonner Hauptbahnhof erwarteten ihn zwei ehemalige Kommilitoninnen – abtrünnige Numerarierinnen –, um ihn zur Vorlesung zu begleiten. Noch bevor sie ihn begrüßen konnten, wurde Panikkar jedoch von dem regionalen Vikar, Dr. Alfonso Par und einem weiteren Opus-Dei-Priester abgefangen, die ihn eilig zum regionalen Vikariat nach Köln brachten. Panikkars besorgte Freundinnnen informierten den Kölner Erzbischof, Kardinal Josef Frings. Dieser ließ sofort seinen Sekretär im Opus-Dei-Zentrum anrufen, um mit Panikkar zu sprechen, denn der Kardinal wolle den berühmten Theologen zum Mittagessen einladen. Dort teilte man ihm mit, Panikkar habe seine Pläne geändert und sei auf dem Weg nach Rom.

Panikkar wurde nach Rom eskortiert und zehn Tage lang in einer Opus-Dei-Residenz festgehalten. Escrivá de Balaguer soll über Panikkars vermeintlichen Verrat wütend gewesen sein und verlangt haben, daß der Vatikan ihn laisiere. Papst Paul VI., mittlerweile durch einen gemeinsamen Freund über die grobe Behandlung Panikkars informiert, antwortete, ehe die Kirche einen Priester verliere, solle das Opus Dei Panikkar freigeben. Panikkar wurde ausgestoßen und nur mit einem Flugticket nach Indien, aber ohne einen Pfennig Geld, in ein Flugzeug nach Delhi gesetzt.

Diese Berichte über den Verlust der persönlichen Freiheit, bei dem die Betroffenen oft selbst willige Mittäter sind, stammen von Menschen, die aus der Vereinigung ausgeschieden sind. Welche Ansicht vertreten aber diejenigen, die in ihr verbleiben? Der Pressesprecher der Wallfahrtsstätte von Torreciudad, Manuel Garrido, erklärte, welch »außergewöhnliche Freiheiten« ein Opus-Dei-Mitglied genieße. Auf die Frage, wo für einen Numerarier die Grenze zwischen der geistlichen und der säkularen Welt liege, wich er einer direkten Antwort aus und betonte vielmehr, daß jedes einzelne Mitglied völlige »Freiheit« genieße. Er war ausgesprochen intelligent und sympathisch, und seine Aufrichtigkeit stand außer Zweifel. Man fragte sich jedoch, was passieren würde, falls er den Wunsch hätte, seinen beruflichen Horizont zu erweitern und sich etwa in London weiterzubilden. Stünde es ihm frei, dies zu tun?

»Natürlich«, erwiderte er. Das »Natürlich« wurde allerdings durch einen gravierenden Vorbehalt eingeschränkt. Er müßte nämlich seinen Vorgesetzten einen ausführlichen Antrag mit einer stichhaltigen Begründung seines Vorhabens unterbreiten. Und was würde geschehen, falls seine Superioren nein sagten? Es wäre ihm eine »Freude«, erwiderte er, seine Tätigkeit fortzusetzen, die er seit nahezu zwanzig Jahren ausübe. Er wäre nicht dazu gezwungen, betonte er, sondern er tue es aus »Liebe« zu Gott, zum Vater und zum Opus Dei.[6]

Daß das Opus Dei ein starkes sektenähnliches Gepräge entfaltet hatte, schien den Vatikan nicht sonderlich zu beunruhigen. Das Werk hatte beträchtliche Ressourcen angehäuft und war darauf eingeschworen, die Kirche vor ihren Feinden zu schützen, was jeder Papst zu schätzen wissen mußte. Im Erfolg des Opus Dei zeigte sich eben die Klugheit und Weitsicht seiner zentralen Leitung. Um die Arbeitsweise der Opus-Dei-Zentrale besser zu verstehen, ist ein Blick hinter die massiven schwarzen Türen in der römischen Viale Bruno Buozzi Nr. 73 notwendig.

17 Der Kreml am Tiber

Das Werk ist eine Familie, aber es ist zugleich eine Kampftruppe.

Crónica VII, 1964

Die höchste Autorität des Opus Dei ist der Prälat (früher der Generalpräsident). Intern wird er als »Vater« angesprochen. Das Symbol seiner Nachfolge ist ein Stück des »Wahren Kreuzes«, das er wie ein Amulett um den Hals trägt. Seine Autorität ist absolut. Seine Amtszeit ist unbegrenzt. Bei der Ausführung des göttlichen Willens steht ihm ein Generalvikar zur Seite. Den Statuten nach müssen sowohl der Prälat als auch sein Generalvikar Priester sein; sie müssen mindestens fünf Jahre im Priesterstand und älter als vierzig sein. Ihr Amtssitz ist die Villa Tevere, die auch die Leitungszentrale des Opus Dei beherbergt.

Der Vater regiert mit Hilfe von zwei Verwaltungsgremien, dem Generalrat für die Männerabteilung und dem Zentralen Beirat für die Frauenabteilung. Diese Räte tagen nicht nach einem festgelegten Plan, sondern nach dem Belieben des Vaters. Der Generalrat entspricht einem Kabinett von Ministern. Seine geheimen Sitzungen finden um einen Tisch statt, den ein Heer von Hilfsnumerarierinnen auf makellosen Hochglanz poliert, unter dem Blick der Jungfrau Maria, deren Abbild das Ratszimmer beherrscht. Außer dem Generalvikar sitzen im Generalrat ein Generalprokurator, der gleichzeitig die Beziehungen zur Römischen Kurie unterhält und als »Außenminister« des Opus Dei fungiert, drei stellvertretende Sekretäre, jeder davon ein Fürsprecher für einen der Erzengel, ein Studienpräfekt und ein Generaladministrator, der als »Finanzminister« fungiert. Den Generaladministrator unterstützt die *Consulta Técnica Generale,* der nur *Inscritos* (»Eingeschriebene«, die Elite unter den Numerariern) angehören. Das Kabinett wird ergänzt durch den Priestersekretär, der die Beziehungen zur Frauenabteilung regelt, einen Zentralen Geistlichen Direktor, der die allgemeine geistliche

Führung sämtlicher Mitglieder überwacht, sowie eine Anzahl regionaler Delegierter, die die diversen Regionalvikariate auf der ganzen Welt vertreten.

Der Zentrale Beirat der Frauenabteilung hat lediglich beratende Funktion. Die weibliche Abteilung darf beispielsweise eine Meinung darüber abgeben, wer in ihren Augen Nachfolger des Vaters werden sollte, doch Frauen haben kein Stimmrecht und insgesamt wenig Einfluß auf die Aktivitäten des Werkes. Den Vorsitz über den Zentralen Beirat führt der Vater und dessen Generalvikar sowie der Zentrale Priestersekretär; die Zusammensetzung der Mitglieder des Zentralen Beirats entspricht der des Generalrats.

Die Mitglieder der Leitungszentrale werden für eine jeweils achtjährige Amtszeit ernannt. Dem Rat und dem Beirat steht jeweils eine Ständige Kommission zur Seite, die im Falle der Männerabteilung einem ständigen Innenkabinett gleichkommt. Über die Berufungen in den Rat und den Beirat und die Entwicklungen innerhalb dieser Gremien wird in dem halbjährlichen Mitteilungsblatt *Romana* berichtet, das für die allgemeine Öffentlichkeit per Abonnement zu beziehen ist.

Die Amtsgewalt über die etwa fünfzig Regionen in aller Welt hat der Vater inne. Innerhalb jeder einzelnen Region wird er von einem Regionalvikar vertreten. Die Regionalvikare amtieren nach dem Ermessen des Vaters. Sie müssen ihm über sämtliche wichtigen Entwicklungen innerhalb ihres Gebiets berichten. Jedem Regionalvikar stehen ein Regionalrat und ein Regionaler Beirat der Frauenabteilung zur Seite. Ein Regionalrat besteht in der Regel aus zehn Mitgliedern:

- **Sekretär** – ein Laie, der die Arbeit der Regionalkommission koordiniert;
- **Priesterregionalsekretär** – der Assistent des Regionalvikars ist zuständig für die Verbindung zwischen dem Regionalrat und der Frauenabteilung;
- **Defensor** – ein Laie, der für die ordnungsgemäße Einhaltung der Statuten sorgt;
- **Regionaladministrator** – vergleichbar einem Finanzminister;
- **Fürsprecher von St. Raphael** – überwacht die Rekrutierung und Formung jugendlicher Mitglieder;
- **Fürsprecher von St. Gabriel** – zuständig für das geistliche Wohl der Supernumerarier/innen;

- **Fürsprecher von St. Michael** – sorgt für das geistliche und materielle Wohl der Numerarier/innen;
- **Studiendelegierter** – kümmert sich hauptsächlich um die theologischen und philosophischen Programme des Werkes;
- **Regionaldelegierter** – gehört auch dem Generalrat in Rom an und ist offizieller Verbindungsmann zwischen der Region und der Opus-Dei-Zentrale;
- **Regionaler Geistlicher Leiter** – ein Priester und nicht stimmberechtigtes Mitglied des Regionalrats und des Regionalen Beirats.

In gewisser Hinsicht fungiert der Regionaldelegierte als Kontrollinstanz über den Regionalvikar, denn auch er untersteht, wie der Regionalvikar selbst, direkt der Zentrale in Rom. Der Regionale Geistliche Leiter hat zwar kein Stimmrecht, kann aber ebenfalls als Koadjutor der Opus-Dei-Zentrale dienen und untersteht dann direkt dem Vater oder dem Generalvikar.

Einige Regionen – beispielsweise Spanien, Italien, Mexiko und die Vereinigten Staaten – sind in bezug auf ihre Fläche oder ihre Mitgliederzahl so groß oder bedeutend, daß sie in Unterregionen (Delegationen) aufgeteilt sind. Verwaltet wird jede Unterregion von einem Delegierten Vikar und einem Delegiertenrat, der wie ein Regionalrat aufgebaut ist.

Die dritte Verwaltungsebene des Opus Dei bildet der Örtliche Rat, das Verwaltungskomitee, das die einzelnen Zentren oder Residenzen leitet. Der Örtliche Rat besteht in der Regel aus einem Direktor, seinem Stellvertreter, einem Sekretär und einem Kaplan. Der Direktor, der stellvertretende Direktor und der Sekretär sind stets Laien; der einzige Priester – der Kaplan – ist nicht stimmberechtigt. Weil aber die Laien Mitglieder einer von autoritärem Klerikalismus geprägten Vereinigung sind, sollen sie die Vorschläge des nicht stimmberechtigten Priesters befolgen.

Insgesamt genießen die Regionalvikariate und die örtlichen Zentren wenig Autonomie, denn sie sind an ein »Praxishandbuch« gebunden, das sämtliche Direktiven enthält, die der Generalrat in Rom erläßt. Dieses Handbuch gilt als »Gebrauchsanweisung, die den Opus-Dei-Mitgliedern vermittelt, wie absolut alles gemacht werden muß«; es besteht aus einer Reihe von Loseblatt-Heftern, die regelmäßig auf den neuesten Stand gebracht werden. Früher konnten diese Direktiven in jedem Zentrum eingesehen werden. Inzwischen wurden sie jedoch aus dem Verkehr gezogen, nachdem einige Teile von Aussteigern aus dem Opus Dei kopiert und gegen das Werk verwendet wurden. Zusammen mit Exemplaren von *Crónica* und anderen heiklen Dokumenten müssen die Direktiven neuerdings in den Safes der Zentren unter Verschluß gehalten und dürfen nur mit besonderer Erlaubnis des örtlichen Direktors eingesehen werden.

Das Opus Dei leugnet die Existenz eines Praxishandbuchs. Als ich Andrew Soane darauf ansprach, erwiderte der englische Pressesprecher schnodderig: »Vielleicht können Sie mir Ihr Exemplar schicken, denn *wir* haben keines.« Das Problem könnte darin liegen, daß Soane das Handbuch tatsächlich nicht unter diesem Namen kannte. Sein offizieller Titel lautet *Vademecum de los Consejos Locales* (Vademecum für die Örtlichen Räte). Es besteht aus sieben verschiedenfarbigen Bänden für die einzelnen Bereiche: interne Publikationen (rot), Örtliche Räte (marineblau), Apostolat der öffentlichen Meinung (orange), Liturgie (weinrot), Priester (violett), Leitung der örtlichen Zentren (grün) und Zeremonien (grau).

Das »Vademecum für die Örtlichen Räte« gibt es nur auf spanisch. Es beschreibt in enzyklopädischer Breite alles, was ein Mitglied über Geist, Alltag und Bräuche der Institution wissen muß – angefangen damit, wie der Geburtstag des Gründers zu feiern ist, bis zur Anleitung für die korrekte Abfassung des Testaments, das alle neuen Numerarier handschriftlich aufsetzen müssen, wobei sie das Datum, die Namen der Erben, Vermächtnisnehmer und Testamentsvollstrecker offen lassen. Nichts bleibt dem individuellen Urteil überlassen; alles ist reglementiert, so daß die Numerarier vollständig programmiert sind. Über einen etwas größeren Spielraum verfügen die verheirateten Mitglieder (die Supernumerarier), doch auch sie müssen einen Verhaltenskodex befolgen, den die Opus-Dei-Zentrale in Rom aufstellt.

Die Villa Tevere ist mehr als nur der Sitz der Leitungszentrale des Opus Dei; sie ist die Schaltzentrale eines Imperiums, in der über ein hocheffizientes Datennetz Informationen aus aller Welt eingehen. Ein Heer von Datenanalytikern sichtet die Informationen, wertet sie aus und erstellt Berichte für die Ständige Kommission und in manchen Fällen auch direkt für den Generalvikar. So wie die Direktiven aus Rom niemals auf dem Postweg, sondern stets durch spezielle Kuriere persönlich an die Zentren ausgeliefert werden, so werden auch die vertraulichsten eingehenden Berichte nicht den öffentlichen Post- und Fernmeldediensten anvertraut.

Die Umbauarbeiten an der Villa Tevere dauerten fünfundzwanzig Jahre.

Das Gebäude der ehemaligen ungarischen Botschaft am Heiligen Stuhl wurde zwar auf fünf Etagen aufgestockt, die ursprüngliche Fassade blieb jedoch weitgehend erhalten. Der übrige Komplex macht von außen allerdings einen strengen festungsartigen Eindruck, während das wunderliche Gemisch der architektonischen Stile im Inneren eher an ein diözesanes Disneyland erinnert.

Die Gärten der einstigen Villa mußten einer Masse von Beton und Ziegelstein weichen. Der Innenhof hat ein klassisches florentinisches Gepräge. Zwei neue Flügel wurden angebaut: die Casa del Uffici für die Leitungszentrale der Männerabteilung und die ebenfalls florentinische Villa Sacchetti, die Zentrale der Frauenabteilung mit einem separaten Eingang in der gleichnamigen Seitenstraße. Heute heißt der Gesamtkomplex Villa Tevere, während das ursprüngliche Gebäude als Villa Vecchia bezeichnet wird. Der Eingang zum Innenhof wird von zwei majestätischen Adlern auf steinernen Säulen bewacht. Von der monumentalen Empfangshalle mit ihren bunten Fenstern führt eine Prunktreppe zu den Dienst- und Wohnräumen des Vaters. Im Treppenhaus hängt ein Gobelin aus dem 18. Jahrhundert, der eine biblische Szene darstellt und von einer wohlhabenden Familie aus Rio de Janeiro gestiftet wurde. Das gesamte Mobiliar besteht aus dunklem Massivholz, die Stühle sind mit rotem Samt bezogen. Außer der Hauptbibliothek und den Tresorräumen beherbergt die Villa Vecchia eine wichtige Rechtsabteilung und die Wohnungen des Generalvikars und des Generalprokurators.

Halb mit der Villa Vecchia verbunden ist ein hoher Turm, die sogenannte Casa del Vicolo. Hinter der Villa Sacchetti liegt La Montagnola, ein fünfstöckiges Gebäude mit den Büros des Zentralen Beirats und den Wohnräumen der Leiterin der Frauenabteilung. Sämtliche Fenster im Erdgeschoß der weiblichen Abteilung sind vergittert, was in Rom als kluge Vorsichtsmaßnahme erscheinen mag, doch auch vor den höher gelegenen Fenstern der Casa del Vicolo und einigen in den oberen Etagen der anderen Gebäude befinden sich Gitter.

In dem Komplex befinden sich nicht weniger als ein Dutzend Kapellen, von denen eine der Heiligen Familie von Nazareth und eine dem Heiligen Herzen Jesu geweiht ist. Besonders eindrucksvoll sind die Kapelle der Reliquien und die Kapelle der Kelche. Die inzwischen zur Prälatenkirche bestimmte Kirche Maria vom Frieden ist ganz mit bläulichem Marmor ausgestattet. Von dem nüchternen Hochaltar ragen sechs hohe Kerzenständer auf. Im hinteren Teil der Apsis steht ein thronartiger Sessel für den Vater, zu beiden Seiten flankiert von sechs Sitzplätzen für seine wichtigsten Mitarbeiter. Die Prälaturkirche, die zweihundert Gläubigen Platz bietet, wurde von Miguel Fisac entworfen. Dem Wunsch des Vaters entsprechend wurde die Galerie für die Numerarierinnen mit einem solchen Neigungswinkel angebracht, daß die unten sitzende Gemeinde die Frauen oben nicht sehen kann.

Nach einer zehnjährigen Amtszeit als Leiterin der Frauenabteilung in Venezuela wurde María del Carmen Tapia eines Tages vom Vater in die Opus-Dei-Zentrale zitiert. Ihren eigenen Worten nach hatte das Opus Dei eine religiöse Fanatikerin aus ihr gemacht. Sie hatte sich ganz und gar dem Werk Gottes verschrieben. Während ihrer Jahre in Caracas hatte sie gewissenhaft den geforderten Tribut – zehn Prozent der Einnahmen der venezolanischen Frauenabteilung – auf ein Opus-Dei-Konto bei der Vatikanbank IOR abgeführt, in den Augen der jungen Frau ein beträchtliches Vermögen, das zugegebenermaßen ausschließlich aus den Taschen wohlhabender Familien stammte. Sie dachte, das Geld diene der Ausbildung von Priestern im Römischen Kolleg vom Heiligen Kreuz. Als sie in Rom eintraf, wurde sie in der Villa Sacchetti unter Hausarrest gestellt und völlig von der Außenwelt abgeschnitten. Die Vorwürfe gegen sie wurden nie genau benannt, dennoch wurde sie wiederholt gedrängt, ihre Schuld einzugestehen. Anrufern teilte man mit, sie sei nicht da oder unpäßlich. Sie hatte das Gefühl, ihre Welt sei zusammengebrochen. Die Direktorin war kühl und distanziert. Wochenlang wurde jeder Kontakt zu anderen Menschen unterbunden. Das Haar der Fünfundvierzigjährigen wurde fast über Nacht schneeweiß. Schließlich ließ der Vater ihr ausrichten, daß sie von ihrem Amt zurücktreten müsse, weil sie sich weigerte zu bereuen. Er teilte ihr mit, durch ihre Leitungstätigkeit in Venezuela hätte sie die Einheit des Werkes zerstört. Soweit sie wußte, bezog er sich damit auf ihre Forderung, Numerarierinnen in Venezuela sollten bei einem Opus-Dei-Priester ihrer Wahl beichten dürfen. Nachdem sie zwanzig Jahre ihres Lebens dem Werk gewidmet hatte, stand María del Carmen plötzlich und ohne ersichtlichen Grund vor der Tür der Villa Sacchetti, mit kaum mehr als ihrem Paß und den Kleidern, die sie trug.

Daß sie schmählich fallengelassen worden sei, so beteuerten Sprecher des Opus Dei gegenüber dem Generalrelator der Kongregation für die Seligsprechungen, sei eine reine Lüge. María del Carmen Tapia sei ausgestoßen worden, so behauptete der Postulator, weil sie eine Gruppe von Numerarierinnen verdorben habe, denn sie habe »die schlimmste Form sexueller Verfehlungen« an ihnen begangen. Darüber hinaus habe sie dem Vater solchen Kummer bereitet, daß er sich zu ihrer Seelenrettung zusätzliche Geißelungen auferlegt habe. Und nach all dem Schaden, den sie angerichtet habe, hätte er ihr nach ihrem Ausscheiden auch noch geholfen, eine Stelle zu finden, behauptete der Postulator.

María del Carmen Tapia war nicht die einzige, der solche Wohltätigkeit zuteil wurde. Im Nachbarzimmer in der Villa Sacchetti hielt sich Aurora Sánchez Bella, die Schwester von Alfredo, auf. Sie wollte aus dem Werk austreten und nach Spanien zurückkehren. Das wurde ihr jedoch untersagt. Sie war mit den Nerven völlig am Ende und ging Nacht für Nacht in ihrem Zimmer auf und ab. Auch die Numerarierin Rosario »Piquiqui« Morán machte auf dem Weg von Mexiko nach London Zwischenstation in Rom. Sie war ebenfalls unzufrieden und wollte aussteigen. Nach ihrer Ankunft in London sprang sie aus dem Fenster des obersten Stockwerks der Rosecroft-House-Residenz und brach sich das Becken. Eine der Bewohnerinnen der Rosecroft-Residenz schilderte den Vorfall folgendermaßen:

Während der morgendlichen Betrachtung hörten wir einen fürchterlichen Schrei. Diejenige, die aus dem *Weg* vorlas, las weiter wie eine Marionette – ich sehe sie noch heute vor mir. Es herrschte ein allgemeines Durcheinander. Als wir anschließend zur Feier irgendeines Ereignisses einen Aperitif tranken, teilte eine der geistlichen Leiterinnen mit, falls Mitglieder des Werkes das *Privileg* genossen hätten, Zeugen von irgend etwas zu sein (sie gab diesem »Etwas« nie einen Namen, auch der Priester nicht, der in einer Betrachtung darüber sprach), dann wäre es unsere Pflicht, »heiliges Stillschweigen« zu wahren. Als ich sie schließlich besuchen durfte, lag sie auf einer Kassenstation im Royal Free. Ich weiß noch, wie ich protestierte und ein Privatzimmer für sie verlangte. Ich erinnere mich noch genau, ihre ersten Worte waren: ›Das hat aber lange gedauert, bis du kommst.‹ Doch es versteht sich wohl von selbst, daß ich nie mehr allein mit ihr sein durfte.[1]

Piquiqui Morán blieb Zeit ihres Lebens invalide. Nach Monaten im Streckverband brachte man sie zurück nach Spanien, wo sie an Krebs erkrankte und nach einer Behandlung im Krankenhaus der Universität von Navarra starb.

Abgesehen von den unterschiedlichen baulichen Dimensionen – der Kreml ist etwas größer – ist die äußerliche Ähnlichkeit der beiden Machtzentren verblüffend. Beides sind Labyrinthe von Türmen, Kapellen und weltlichen Gebäuden mit Innenhöfen, Terrassen, überdachten Durchgängen und unterirdischen Tunnelbauten, dicht gedrängt in den engen Begrenzungen eines ummauerten Stadtstaates. María del Carmen Tapia bezeugt, daß »in Rom hinter den Türen der [Villa Tevere] eine Machtzentrale liegt, in der die Superioren des Opus Dei die Fäden ziehen, und in der ganzen Welt Mitglieder, Männer und Frauen, wie Marionetten tanzen lassen ...«[2]

Das »Staatssekretariat« des Opus Dei in der Casa del Uffici wacht über den Strategieplan der Organisation. Die gewöhnlichen Mitglieder wissen gar nichts von der Existenz dieses Plans, der dem Apostolat der Durchdringung Form gibt. Er wird von einem kleinen Corps priesterlicher Technokraten umgesetzt, die der Generalvikar aufgrund ihrer Frömmigkeit und Disziplin auswählt und die ohne jegliche öffentliche Kontrolle hinter verschlossenen Türen operieren.

Dem Opus Dei wurde vorgeworfen, auf dubiose Weise in ungewöhnliche Affären verwickelt gewesen zu sein, angefangen von Staatsstreichen in Südamerika bis zu internationalen Waffenschiebereien. Selbstverständlich streitet das Opus Dei solche Verstrickungen ab. Trotzdem hat eines seiner dienstältesten Mitglieder in Irland einen gepanzerten Mannschaftstransportwagen entwickelt, der in die Waffenarsenale von mindestens drei Armeen Eingang fand. Das Fahrzeug wurde in Chile von Explosivos Industriales Cardoen in Lizenz hergestellt. Cardoen ist eine Firma, die auch 500-Pfund-Streubomben baut. Während des ersten Golfkriegs verkaufte Cardoen ganze Flugzeugladungen seiner Streubomben an den Irak.

Gegen Ende der Amtszeit von Papst Paul VI. entbrannte in der Römischen Kurie ein Kampf zwischen den progressiven und den konservativen Kräften. Der Wortführer der progressiven Fraktion, die strengere Finanzkontrollen forderte und einen größeren Einfluß des Opus Dei ablehnte, war Erzbischof Benelli, der engste Berater Papst Pauls. Sein Verdienst war es, eine der größten Krisen in der nachkonziliaren Kirche bewältigt zu haben – die Spaltung der Societas Jesu, die angeblich von der Villa Tevere aus betrieben wurde. Benelli sorgte dafür, daß die 26 000 Jesuiten unter der Führung eines einzigen Ordensgenerals blieben, damals Don Pedro Arrupe.

Benelli, so hieß es, hat sich angeblich um die Rettung der Societas Jesu bemüht, weil sie das einzige wirksame Gegengewicht zum Opus Dei bildete. Darüber hinaus machte Benelli kein Hehl aus seiner Abneigung gegenüber der merkantilistischen Moral von Bischof Paul Marcinkus, dem Chef der Vatikanbank, den er als Kreatur des Opus Dei betrachtete. Man hätte erwartet, daß Benelli als Staatssekretär Pauls VI. in der Lage gewesen wäre, sich und seinen Ansichten Gehör zu verschaffen. Doch als es schließlich zu einer entscheidenden Machtprobe kam, unterlag Benelli. Im Juni 1977 gab Paul Benelli einen roten Hut und schickte ihn nach Florenz. Der Pontifex sollte nur noch wenig mehr als ein Jahr leben. Es war beinahe so, als hätte die Trennung von Benelli das Feuer in seinem Herzen erlöschen lassen. Ihre Zusammenarbeit hatte über dreißig Jahre gewährt. Doch indem Paul VI. Benelli zum Erzbischof machte und hinaus-schickte, um seelsorgerische Erfahrung zu sammeln, reihte er seinen Lieblingssohn – und das war ihm sicher bewußt – unter die Spitzenkandi-daten für seine Nachfolge ein.

18 Diktatoren und Jesuiten

Falls eines meiner Kinder den Kampf aufgibt, den
Krieg aufhört oder sich abwendet, dann soll es wis-
sen, es verrät uns alle, Jesus Christus, die Kirche, seine
Brüder und Schwestern im Werk; es wäre Verrat, den
winzigsten Akt der Untreue zu billigen.
Josemaría Escrivá de Balaguer, Crónica 1972

In den letzten Jahren der Franco-Ära, als sich die
Regierung in der Hand der Opus-Dei-Technokraten befand, wurde Madrid
zu einem wichtigen Zentrum für die europäischen Investitionen und
politischen Interessen in Lateinamerika. Diese Entwicklung wurde vom
Vatikan und den rechten Christdemokraten in Italien und Spanien unterstützt.

In der Haltung des Westens gegenüber Lateinamerika und insbesondere
Argentinien spiegelten sich die Interessen der antikommunistischen Lobby, ob nun unter Führung der Kirche oder rein weltlicher Kräfte. Das
Hauptanliegen bestand darin, die marxistische Unterwanderung einzudämmen. Zur Stärkung dieser Kräfte entwickelte sich die Freimaurerbewegung in Europa zu einem Sammelbecken konservativer Katholiken,
teils aufgrund einer von Rom gesteuerten Strategie, teils aufgrund gemein-
samer Überzeugungen. Die Drahtzieher hinter dieser Entwicklung waren
Giulio Andreotti und der spanische Außenminister Gregorio López Bravo.
Unterstützt wurden sie von dem einflußreichen vatikanischen Mittelsmann Umberto Ortolani, seinem Handlanger Licio Gelli und dem prominenten Freimaurer Pio Cabanillas, einem der Gründer der spanischen
Alianza Popular.

Von den fünf gab Andreotti in Fragen der Politik den Ton an, da er die
engsten Verbindungen zu den Machtzentren der Kirche und den Regierungen der freien Welt hatte. Andreotti war der engste Vertraute unter
den Laien um Papst Paul VI. und hatte in jeder Hauptstadt des westlichen
Bündnisses seine Freunde und Anhänger. In europäischen Gremien

freundete er sich mit López Bravo an, mit dem er – so gestand er einmal – dieselben religiösen Werte teilte. Andreotti hatte an Exerzitien des Opus Dei auf Schloß Urio am Comer See teilgenommen und war von Escrivá de Balaguer in der Villa Tevere empfangen worden.

Umberto Ortolani, ein römischer Anwalt, war Geheimer Kämmerer des Päpstlichen Hauses und führendes Mitglied des Malteserordens. Er war der älteste der Fünfergruppe und einigen Quellen zufolge der uneheliche Sohn von Kardinal Giacomo Lercaro. Andreotti und Gelli waren beide Jahrgang 1919, López Bravo war sechs Jahre jünger.

Die subversiven Kräfte in Argentinien hatten erkannt, wie wichtig es war, die Investitionspipeline von Europa zu unterbinden. Sie starteten eine Reihe kühner Angriffe gegen ausländische Projekte und dehnten ihren Guerillakampf auf die Geschäfts- und Handelszentren von Buenos Aires aus. Zu ihren schaurigsten Erfolgen gehörte die kaltblütige Ermordung des Finanziers Francisco Soldatti, des Oberhaupts der Schweizer Gemeinde und Patriarchen der reichsten Familie des Landes, sowie des Geschäftsmannes Giuseppe Valori, über den die meisten italienischen Großinvestitionen in Argentinien liefen.

Madrid war in jenen Jahren ein Zufluchtsort für politische Flüchtlinge aus Lateinamerika geworden. Der prominenteste unter ihnen war der einstige starke Mann Argentiniens, Juan Domingo Perón, der 250000 Dollar von seiner Beute aus der argentinischen Staatskasse in eine Luxusvilla am Nordrand der Stadt investiert hatte. Der größere Teil seines Vermögens, einschließlich eines immensen Vorrats an Gold, war als stillschweigende Bedingung für sein Asyl auf der Iberischen Halbinsel in die treuhänderische Verwaltung des spanischen Staates übergegangen.

Obwohl seit Peróns Gang ins Exil Mitte der fünfziger Jahre kein annähernd so übler Schurke auf der politischen Bühne aufgetaucht war, erzeugten sein Charme und sein persönliches Prestige paradoxerweise eine gewisse Sehnsucht nach der »guten alten Zeit«, als argentinisches Fleisch und Getreide auf den Weltmärkten gute Absätze erzielten und das Land eine relative Stabilität erlebte. Die Kreuzritter betrachteten den alternden Anführer der »Hemdlosen« – der argentinischen Arbeiter – als Schlüsselfigur im Kampf gegen die linken Guerilleros und bei der Wiederherstellung des politischen Gleichgewichts in dem Land, dem andernfalls der Bürgerkrieg drohte.

Das Opus Dei war in dieser instabilen Zeit bereits in Argentinien tätig. Seine ersten Emissäre waren 1950 aufgetaucht und hatten Mitte der sechziger Jahre eintausend Mitglieder im ganzen Land rekrutiert. Eines der Mitglieder war General Juan Carlos Onganía. Onganías Putsch im Juni 1966 fand den Beifall der mittelständischen Unternehmer, der Gewerkschaften und des exilierten Perón. Perón bekannte gegenüber Journalisten, die ihn in Madrid besuchten:»Ich betrachte diese [Entwicklung] mit Wohlwollen, denn ... Onganía hat Schluß gemacht mit einer Ära absoluter Korruption. Wenn die neue Regierung die richtigen Schritte unternimmt, wird sie Erfolg haben. Dies ist die letzte Gelegenheit für Argentinien, eine Situation zu vermeiden, in der ein Bürgerkrieg der einzige Ausweg wäre.«[1] Onganías vierjährige Diktatur war, so die amerikanische Autorin Penny Lernoux,»Wegbereiterin der virulent rechten Regime im Argentinien der späten siebziger Jahre«. Als er kurz vor seinem Putsch im Jahre 1966 an Exerzitien in einem Opus-Dei-Zentrum teilnahm, spürte Onganía seine »persönliche Berufung«, die Zukunft des Landes in die Hand zu nehmen, und viele der Generäle und Industriellen, die er in sein Kabinett berief, teilten seine Überzeugung, daß die»christlichen und militärischen Tugenden der spanischen Ritterschaft« – eine Mischung aus autoritärem Klerikalismus und aufgeklärter Diktatur – die geistige, kulturelle, soziale und politische Ordnung in Argentinien wiederherstellen würden.[2] Onganías Vertrauen in ein Elitecorps von Laien – Akademikern und Militärs –, die von Gott dazu berufen sein sollten, dem Land zu dienen, war reines Opus-Dei-Dogma. Er schaffte die politischen Parteien ab und säuberte die Universitäten. Die allgemeine Unzufriedenheit mit seinen konservativen Zielsetzungen spitzte sich Ende 1969 in einer Welle von Guerillaangriffen auf Polizeiwachen, Armeestützpunkte und Banken zu. Mit Onganías zunehmender Handlungsunfähigkeit zeichnete sich eine erste Niederlage für den autoritären Klerikalismus in Argentinien ab.

Im Juni 1970 ergriff General Alejandro Lanusse die Macht und trat in Verhandlungen mit Peróns Kabinettschef José López Rega. Der als »Rasputin der Pampas« beziehungsweise als *El Brujo* (Der Zauberer) titulierte López Rega gehörte einer rechtsgerichteten christlichen Sekte an, von der relativ wenig bekannt ist. Er hatte mit dem Verkauf eines Jugendelixiers in Brasilien ein Vermögen gemacht und war 1966 in Peróns Stab eingetreten. Bald hatte er den Caudillo in seinen Bann gezogen und gleichzeitig dessen Gattin Isabelita für sich eingenommen. Isabelita und López Rega begannen für die Idee zu werben, daß Perón der einzige wäre, der die öffentliche Ordnung in Argentinien wiederherstellen könne. Einer der engagiertesten Befürworter der Rückkehr Peróns war Giancarlo

Elia Valori, der jüngere Bruder des ermordeten Giuseppe Valori. Im Jahre 1960, im Alter von dreiundzwanzig Jahren, war er zum Geheimen Kämmerer des Päpstlichen Hauses ernannt worden und wurde einer von Umberto Ortolanis Protegés. Mitte der sechziger Jahre wurde er Sekretär des neugegründeten Instituts für Internationale Beziehungen, einer etwas straffer organisierten Variante der Pinay-Gruppe. In dieser Eigenschaft kannte er auf drei Kontinenten so gut wie jeden prominenten Antimarxisten. Als Perón nach Rom kam, wohnte er in Valoris Villa. Tagsüber betrieb er seine Geschäfte vom Hotel Excelsior in der Via Veneto aus. Als Perón dem Chef des Banco Ambrosiano vorgestellt werden wollte, wurde dies von Valori in die Wege geleitet. Als er mit dem vatikanischen Staatssekretär konferieren wollte, kümmerte sich Valori darum. Eines Tages rief Ortolani Valori in sein Büro und machte ihn mit Licio Gelli bekannt, der Valori vorschlug, in die Freimaurerloge P2 einzutreten. Valori entschied sich nicht sofort, doch als er im April 1973 an der Universität von Madrid einen Vortrag über »Die Idee des christlichen Staates« hielt, schickte er Gelli eine herzliche Einladung.

Bei Peróns nächstem Besuch in Rom war Valori gar nicht überrascht, Gelli im Foyer des Excelsior herumstreichen zu sehen. Gelli eilte auf Valori zu und bat darum, dem Privatsekretär des Generals, López Rega, vorgestellt zu werden. »Eure Exzellenz«, sagte der höfliche Gelli in perfektem Spanisch, »es heißt, Sie seien ein Mann Gottes.« López Rega hatte das Gefühl, mit dem Erzengel Gabriel persönlich zu sprechen. Gelli zog López Rega in seinen Bann und führte ihn bald darauf in die Loge P2 ein. Perón war in Gellis Augen ein »unverstandenes Genie«.

Anfang der siebziger Jahre war klar, daß der argentinische Staat kollabieren würde, falls das Militär an der Macht blieb. Lanusse wollte die Amtsgeschäfte an einen rechtmäßig gewählten Präsidenten übergeben. Laut einem argentinischen Gesetz durfte Perón jedoch kein öffentliches Amt mehr übernehmen. López Rega und Isabelita rieten Perón, an seiner Statt einen seiner ergebensten Anhänger, Dr. Héctor J. Cámpora, als Präsidentschaftskandidaten aufzustellen, in dem Wissen, daß Cámpora, sollte er die Wahl gewinnen, das Gesetz jederzeit ändern und Neuwahlen ausschreiben konnte.

Lanusse kündigte für Mai 1973 eine Präsidentenwahl an, die Cámpora mühelos gewann. Cámpora folgte dem in Madrid verfaßten Drehbuch, indem er den Bann über Perón aufhob, für den Herbst Neuwahlen ausschrieb und zurücktrat. Es heißt, López Rega habe die Opus-Dei-Technokraten aufgefordert, die Vorbereitungen für das Comeback des Diktators zu unterstützen. Perón benötigte riesige Summen, um die Montoneros-Guerilla zum Stillhalten zu bewegen und um Cámporas und seinen eigenen Wahlkampf zu finanzieren.

Da das Opus-Dei-Mitglied Luis Coronel de Palma Direktor des Banco de España war, dürften die Strategen der Villa Tevere gewußt haben, daß die spanische Regierung die Verfügungsgewalt über die vierhundert Tonnen Gold hatte, die dem argentinischen Ex-Diktator gehörten. Die Konservativen rechneten damit, daß Perón noch immer genügend Charisma besaß, um in einem Land die Ordnung wiederherzustellen, in dem es seit seinem Weggang elf Regierungen und eine galoppierende Inflation gegeben hatte. Allerdings war die Zustimmung der spanischen Regierung erforderlich, um Peróns Gold auf den Markt zu bringen. Geheimdienstquellen in Genf zufolge wurde eine Übereinkunft getroffen, wonach die Erlöse aus dem Verkauf des Goldes einer Stiftung zur Förderung sozialer Anliegen (wie etwa der Ausbildung perónistischer Priester) in Argentinien zufließen mußten.

Peróns vierhundert Tonnen Gold und Silber entsprachen fast den Goldreserven der Bank von England. Nach den damals geltenden Kursen waren sie etwa siebenhundert Millionen Pfund wert. Anfang 1973 wurden sie in einer außerbörslichen Transaktion unter dem Codenamen BOR 1345 zum Verkauf angeboten. Der Verkäufer war nicht bekannt, aber bei der Filiale der Schweizer Kreditbank in Chiasso wurde unter dem Namen VITALITA ein Konto für die Transaktion eröffnet. Der Agent des Verkäufers, ein in Madrid lebender chilenischer Geschäftsmann, bot Vermittlern eine Kommission von zehn US-Cents pro Unze. Die Übergabe besorgte Professor Vincenzo de Nardo, ein Generalinspektor des italienischen Finanzministeriums.

De Nardo bestätigte, daß er an der Transaktion beteiligt war, fügte aber rasch hinzu:»Dieses Geschäft hat nichts mit meiner offiziellen Funktion im italienischen Finanzministerium zu tun. Es ist ein privates Geschäft, und die italienische Regierung ist nicht darin verwickelt.« Er betonte, das Gold sei »ganz normaler« Herkunft gewesen. Ein Zertifikat hätte seine Echtheit bescheinigt. Das Zertifikat sei europäischer Herkunft, sagte er – das Zertifikat, wohlgemerkt, nicht das Gold. Auf die Frage, ob die Ware südamerikanischen Ursprungs sei, erwiderte er ausweichend:»Die Handelsware ist im Besitz einer Regierung. Die Regierung hat sie nicht beschlagnahmt. Diese Regierung kann jederzeit ihre Rechtmäßigkeit bescheinigen. Es handelt sich jedoch nicht um ein kommerzielles Geschäft der betreffenden Regierung, sondern um eine politische Angelegenheit. Ein Verkauf auf dem Goldmarkt erschien der fraglichen Regierung nicht geeignet ... Offiziell werde ich der Verkäufer der Ware sein. Wenn ich von einer großen Schweizer Bank einen Kreditbrief bekomme, schicke ich eine Bestätigung über die Existenz des Goldes. Die Handelsware wird an eine Schweizer Bank geliefert ... Man bat mich, die Transaktion abzuwickeln, denn die betreffende Regierung wollte in dem Verkaufsvertrag nicht erwähnt werden.«

Interessenten mußten einen Brief einer führenden Bank an den Agenten des Verkäufers oder an Professor de Nardo beim italienischen Finanzministerium richten und ihre Kaufabsicht bestätigen.

Ich habe keine Ahnung, was mit dem Gold letztlich geschehen ist. Im Herbst desselben Jahres schoß der Goldpreis in die Höhe, so als wäre eine unsichtbare, aber äußerst wirksame Marktbeschränkung aufgehoben worden. Man hörte zwar nichts weiter über die BOR-1345-Transaktion, doch einer der Passagiere in dem Flugzeug, das Juan Perón, Isabelita und López Rega nach Argentinien zurückbrachte, war Licio Gelli. Nach Peróns Triumph bei den Wahlen im September 1973 wurde der ehrwürdige Meister der Loge P2 zum argentinischen Honorarkonsul in Florenz und zum Wirtschaftsberater der Regierung ernannt.

Im Juni 1974 flog Escrivá de Balaguer auf der zweiten Etappe einer großen Rundreise durch Lateinamerika nach Buenos Aires. Er wohnte in einem Klausurzentrum des Opus Dei und unternahm eine Wallfahrt zum Schrein der Muttergottes von Lujan, der argentinischen Schutzheiligen. Die Menschen kamen von weit her – selbst aus Uruguay und Paraguay –, um ihn zu sehen. Für zwei seiner öffentlichen Auftritte mieteten seine Söhne das Teatro Coliseo im Zentrum von Buenos Aires. Beide Male drängten sich über fünftausend Menschen in den Saal.

Escrivá de Balaguer blieb einen Monat in Buenos Aires und flog dann nach Chile weiter. Zwei Tage später starb General Perón. Isabelita wurde Präsidentin und López Rega ihr Premierminister.

Seit der Eröffnung des ersten Zentrums im Jahre 1950 strömten Chilenen aus der Mittelschicht zum Opus Dei wie Lemminge auf der Suche nach spiritueller Nahrung. Innerhalb kürzester Zeit zählte das Werk eigenen Angaben zufolge 2000 Mitglieder und 15000 Mitarbeiter. Das Opus Dei in Chile war angeblich eine der finanzkräftigsten Filialen des Werkes in Lateinamerika.

Unter den ersten Spaniern, die zur Unterstützung nach Argentinien kamen, war auch der junge Priester José Miguel Ibáñez Langlois, der zum führenden Ideologen des Opus Dei in Lateinamerika avancierte. Zwei seiner ersten Rekruten waren die rechten Aktivisten Jaime Guzmán und Alvaro Pugo. In den sechziger Jahren wurden sowohl Guzmán als auch Puga Redakteure bei *El Mercurio*, der ältesten Zeitung Chiles. Ibáñez Langlois betätigte sich gelegentlich als Literaturkritiker des *Mercurio*.

Der Vatikan hatte ursprünglich den Führer der Christdemokraten, Eduardo Frei, unterstützt, reagierte aber nervös und besorgt auf Berichte, wonach Frei Kontakte zur radikalen Gewerkschaftsbewegung aufbaute. Bis dahin hatte der Vatikan Chile als mögliches Modell des gesellschaftlichen Wandels in Lateinamerika betrachtet. Während beim Vatikan Zweifel aufkamen, beharrten die Jesuiten darauf, daß Frei der einzige sei, der den Marxismus in Chile aufhalten könne.

Diese Auffassung wurde von den politischen Anhängern Ibáñez Langlois' nicht geteilt. Mit dem Wirtschaftswissenschaftler Pablo Baraona – er hatte in Chicago studiert – gründeten sie eine konservative Denkfabrik, das Institute for General Studies, das eine Gefolgschaft von Ökonomen der freien Marktwirtschaft, Anwälten, Publizisten und Technokraten anlockte.

Als der amerikanische Präsident Richard Nixon Einzelheiten über Freis Sozialprogramm erfuhr, sah er rot. Er sorgte dafür, daß die CIA die Finanzierung des Institute for General Studies übernahm, und hoffte, es würde einen Gegenpol zur christdemokratischen Partei bilden. Obwohl Freis Regierung die galoppierende Inflation Chiles fast in den Griff bekommen hatte, verlangte Nixon, daß Frei »erledigt« werden sollte, falls er bei den Wahlen in jenem Monat erneut zum Präsidenten gewählt würde. Die Kandidatur der rechten Extremisten unter Guzmán und Puga spaltete die konservative Wählerschaft, mit dem Ergebnis, daß Salvador Allende mit knapper Mehrheit siegte.

Die Madrider Technokraten waren Gegner Allendes. Der spanische Botschafter in Santiago nahm Kontakt mit seinem US-Kollegen auf, um zu beratschlagen, wie man den Sturz des lächelnden Arztes in die Wege leiten könne. Ein großer Teil der chilenischen Bevölkerung betrachtete Allendes Wahlsieg als Verheißung einer nationalen Erneuerung, doch die radikale Linke wollte nicht warten, bis sie ihre Position verfassungsmäßig durchgesetzt hatte. Sie gründete eine Volksfront mit Arbeiter- und Bauernräten, die die größeren Fabriken und Farmen in Besitz nahmen.

Unter solchen Umständen dauerte es nicht lange, bis die extreme Rechte reagierte. Das von der CIA angeordnete »Vereitelungsmanöver« wurde in den Räumen des Institute for General Studies geplant und führte im September 1973 zum Putsch General Augusto Pinochets. Der Pressesprecher des Diktators war Alvaro Puga, der Mitbegründer des Instituts. Ein weiterer Direktor des Instituts, Herman Cubillos, wurde Pinochets Außenminister; der andere Mitbegründer des Instituts, Pablo Guzmán, entwarf die neue Verfassung. Mindestens zwei Mitglieder der Militärjunta, nämlich Admiral Merino und General Jaime Estrada Leigh, waren angeblich Jünger von Escrivá de Balaguer. Estrada, der zuvor Chef der Atomenergiekommission gewesen war, wurde Wohnungsbauminister.

Guzmán verfaßte Pinochets Grundsatzerklärung, in der versprochen wurde, »unser demokratisches System von den Übeln zu säubern, die seine Zerstörung ermöglichten«. Um das Bildungssystem des Landes kümmerten sich nacheinander drei Minister, die wie der Schulinspektor und der Dekan der Katholischen Universität Mitglieder des Opus Dei waren. Die Opus-Dei-Technokraten um Pinochet lenkten die Geschicke des Landes in ähnlicher Weise wie ihre Kollegen in Spanien. Doch bald kam es in einer Auseinandersetzung um die Aktivitäten von Pinochets Geheimpolizei zu einem Machtkampf zwischen den Technokraten und dem Militär. Die Strategen des Instituts, die aus früheren Erfahrungen in Spanien und Argentinien gelernt hatten, wollten Pinochet auf »sanfte« Weise beseitigen. Pinochet schöpfte Verdacht und entließ Außenminister Cubillos.

Escrivá de Balaguer weilte zehn Tage in Santiago, besuchte den Schrein der Jungfrau Maria in Lo Vasquez unweit der Hauptstadt und reiste weiter nach Lima. Der Bürgermeister von Las Condes, einem wohlhabenden Vorort von Santiago, war von ihm so begeistert, daß er eine Straße nach ihm benannte. Kurze Zeit später veröffentlichte Alvaro Puga mit finanzieller Unterstützung durch die CIA[3] ein Buch über seine Kampagne zum Sturz Allendes. Das Werk mit dem Titel *Dario De Vida de Ud* war der Nachdruck einiger der schärfsten Kolumnen, die Puga während der Ära Allende für den *Mercurio* geschrieben hatte. Im Vorwort weist der *Mercurio*-Redakteur und Opus-Dei-Bruder Enrique Campos Menendez darauf hin, daß in etlichen der Kolumnen wichtige politische Attentate, Allendes Tod und das Datum des Militärputsches präzise vorausgesagt worden waren. Campos kam zu dem Schluß: »Niemand konnte von diesen zukünftigen Ereignissen etwas gewußt haben, außer durch magische Parapsychologie oder göttliche Vorahnung.«[4] Göttliche Vorahnung hatte fast vierzig Jahre zuvor auch der Vater für sich in Anspruch genommen, als er in Burgos den Tod eines nationalistischen Beamten voraussagte, der einen seiner Apostel des Verrats zu beschuldigen drohte. Was Pugas Glaubensbruder Jaime Guzmán betrifft, so wurde dieser des Mordes an einem ehemaligen Generalstabschef, der angeblich eine zu laxe Haltung gegenüber Allende eingenommen hatte, für schuldig befunden, aber nicht verurteilt. Nach seiner Wahl zum Senator wurde Guzmán von marxistischen Terroristen ermordet und ebenfalls mit einer nach ihm benannten Straße geehrt.

Unter Johannes Paul II. wurde das chilenische Episkopat von seinen »weichen« Bischöfen gesäubert und durch Opus-Dei-Prälaten ersetzt. Das Opus Dei gründete außerdem die Universität Los Andes in Santiago. Die Befreiungstheologie – eine Theologie, die »eine praktischere Alternative für die Armen Lateinamerikas« förderte – stand hier nicht auf dem Lehrplan.

Der geistige Vater der Befreiungstheologie war Gustavo Gutiérrez, ein peruanischer Priester, der enttäuscht war von der Gleichgültigkeit und der Korruption bei den sogenannten Christdemokraten Lateinamerikas, die sich mit der Kirche als Komplizin bereicherten, wo sie nur konnten. Um die Ursachen der gesellschaftlichen Unterdrückung besser zu verstehen, wandte sich Gutiérrez dem Marxismus zu. Die marxistische Ideologie lehnte er zwar ab, doch die marxistische Analyse wandte er an, um die Probleme der Armen zu beleuchten. Im Jahre 1968 veröffentlichte er sein Traktat über einen neuen pastoralen Ansatz, der »die Menschen in ihren Bemühungen [unterstützte], ihre eigenen Basisorganisationen für die … Stärkung ihrer Rechte und die Suche nach wahrer Gerechtigkeit zu entwickeln«.[5] Die Befreiungstheologie propagierte das Recht der Armen, sich selbst Gedanken über ihren Glauben und die Entwicklung ihrer Gesellschaft zu machen. Damit stand sie in direktem Gegensatz zum autoritären Klerikalismus. Escrivá de Balaguer lehnte die Befreiungstheologie ab; seine Kampagne zu ihrer Unterdrückung wurde zur ersten großen Schlacht zwischen dem Opus Dei und den Jesuiten.

Angesichts ihrer Wurzeln ist es kaum verwunderlich, daß Escrivá de Balaguer die Befreiungstheologie für gefährlich hielt. Das Opus Dei vertrat die Lehre, daß die Armen arbeiten müssen, um ihr irdisches Los innerhalb der bestehenden gesellschaftlichen Strukturen zu verbessern und sich gleichzeitig durch Hingabe und Gehorsam auf das ewige Seelenheil vorzubereiten. Dies bedeutete, daß sie während ihres irdischen Daseins demütig und arbeitsam bleiben sollten, um die Herrlichkeit des Lebens nach dem Tod im Reiche Christi zu erfahren.

Gutiérrez bezeichnete die Welt der lateinamerikanischen Armen als ein Universum, das von einer Ungerechtigkeit beherrscht war, zu der auch die »Kirche der Reichen« beitrug. Neunzig Prozent aller Lateinamerikaner waren Katholiken, und achtzig Prozent wurden in Armut geboren und starben in Armut. Nicht nur wurden sie der durch Christus verheißenen Erlösung beraubt, sie waren sich dieser Verheißung noch nicht einmal bewußt. »Im Grunde genommen«, schreibt Gutiérrez, »bedeutet Armut den Mangel an Nahrung und Unterkunft, die ungenügende Befriedigung des Bedürfnisses nach Gesundheit und Bildung, die Ausbeutung von Arbeitern, permanente Arbeitslosigkeit, die mangelnde Achtung der Menschenwürde und die ungerechte Beschränkung der Persönlichkeitsrechte im Bereich der Meinungsfreiheit, in der Politik und der Religion. Armut ist ein Zustand, der Völker, Familien und Individuen zerstört ... Elend und Unterdrückung führen zu einem grausamen, unmenschlichen Tod und stehen daher im Widerspruch zum Willen Gottes.«[6]

Der Ordensgeneral der Jesuiten, Pedro Arrupe, forderte seine Truppen zu einem verstärkten Kampf gegen soziale Ungerechtigkeit auf und schloß »eine kritische Zusammenarbeit mit marxistisch geprägten Gruppen und Bewegungen«[7] nicht aus. Alberto Moncada zufolge bedeutete dies für Arrupe zuallererst eine massive Einflußnahme auf die Katholischen Universitäten in Lateinamerika. Den Brennpunkt bildete Piura, eine rasch wachsende Industriestadt tausend Kilometer nördlich von Lima. Die wohlhabende Bourgeoisie von Piura wünschte für ihre Söhne und Töchter eine konservative Universität. Ihrer Meinung nach stand die von den Jesuiten geleitete katholische Universität in Lima viel zu weit links. Daß die Universität von Lima eine Brutstätte der Befreiungstheologie geworden war, ließ sich nicht leugnen. Außerdem waren die Jesuiten gegen eine Eliteuniversität im Norden. Die wohlhabenden Familien in der Region von Piura beschwerten sich beim päpstlichen Nuntius und erklärten sich bereit, die von ihnen gewünschte Art von Universität zu finanzieren. Das Opus Dei unterstützte ihre Forderung und erbot sich, das Projekt in die Hand zu nehmen. Im Sommer 1966 wurden Moncada und der Numerarier Gómez Antón, ein Professor für Verwaltungsrecht, von der Universität von Navarra nach Peru geschickt, um sich darum zu kümmern.

In Peru wurde Moncada mit der – wie er es nannte – »enormen Kluft zwischen den Lehren Escrivá de Balaguers und den krassen Lebensbedingungen der Katholiken in der Dritten Welt« konfrontiert. Nach drei Jahren in Piura trat er aus dem Werk aus. »Das Opus Dei wollte nicht nur die Universitäten beherrschen«, argumentierte Moncada, »sondern auch in den ökonomischen und politischen Überbau in den Ländern Lateinamerikas eingreifen. In Argentinien, Chile und Uruguay hatte es Erfolg damit, aber in Peru, wo es ein Bündnis zwischen Unternehmern und hochrangigen Bürokraten schaffen wollte, gestaltete sich dies viel schwieriger [denn dort regierte eine linksgerichtete Junta], bis der Nuntius überredet wurde, sechs Opus-Dei-Bischöfe zu ernennen.«[8]

Auf die Tatsache, daß das Opus Dei der Befreiungstheologie ablehnend gegenüberstand und die progressiven Katholiken in ihrer Tätigkeit in Lateinamerika zu behindern suchte, machte mich erstmals Pater Giuliano Ferrari aufmerksam. Ende der fünfziger Jahre wurde er Laienassistent von Kardinal Eugène Tisserant, bis er seine Spätberufung erkannte. 1962 wurde er zum Priester geweiht, nachdem er ein Theologiestudium an der Universität Tübingen abgeschlossen hatte. Er faßte den Entschluß, eine kirchliche Dienstleistungsorganisation zu gründen, um unterbesetzte Diözesen in Lateinamerika zu unterstützen. Tisserant förderte Ferrari und schickte ihn auf die Diplomatenschule des Vatikans. Zu jener Zeit nahm diese Akademie nur fünfzehn Kandidaten pro Jahr auf. Jeder hatte »eine Suite mit Badezimmer und einer Bar mit den besten zollfreien Champagnern ... In der Akademie schien es kaum glaublich, daß Jesus Christus in seiner ursprünglichen Inkarnation lediglich Zimmermann gewesen war.«[9] Die Absolventen der Akademie hatten das Recht, sich Monsignore zu nennen.

Als Johannes XXIII. die Priester aufrief, nach Lateinamerika zu gehen, kam Pater Ferrari auf die Idee, die Gesellschaft Gottes für Menschlichkeit zu gründen. Zur Rekrutierung von Freiwilligen ging er auf die Philippinen, die er als Kreuzung zwischen Ost und West betrachtete. In Manila traf er erstmals auf Widerstand: Der irische Priester Pater Eamon Byrne legte Ferrari so viele Hindernisse in den Weg, daß der Nuntius ihn aufforderte, nach Rom zurückzukehren und sich bei Erzbischof Antonio Samoré im vatikanischen Staatssekretariat zu melden. Der konservative Samoré, so meinte Ferrari, beherrschte praktisch die lateinamerikanische Kirche und stand dem Opus Dei sehr nahe. Er war Nuntius in Bogotá gewesen, bevor Johannes XXIII. ihn nach Rom zurückholte. Papst Johannes warf ihm jedoch bald »unsägliches Intrigieren« vor und wollte nichts mehr mit ihm zu tun haben.[10] »Hier befehle ich«, warnte Samoré Ferrari. »Wenn Sie mir nicht gehorchen, lasse ich Sie vom Papst exkommunizieren!«[11]

Ferrari sprach fünf Sprachen und war sehr aufgeschlossen. Da er vor seiner Tätigkeit für Tisserant selbständiger Geschäftsmann gewesen war, verstand er die Gesetze der säkularen Welt besser als die meisten Kleriker. Er engagierte sich leidenschaftlich für die Kirche, und sein kreativer Überschwang paßte irgendwie zu seinen abgewetzten Schuhen und seiner zerknitterten Soutane. Ferraris freier Geist stand gewiß in krassem Gegensatz zu der streng reglementierten Welt des Opus Dei. Mit den Söhnen Escrivá de Balaguers sollte sich Ferrari denn auch genausowenig verstehen wie mit Samoré.

Nachdem Ferrari in Guayaquil, der größten Stadt und dem wichtigsten Hafen Ecuadors, ein Büro zur Durchführung einer statistischen Erhebung für die Diözese eingerichtet hatte, flog er nach Deutschland, um Bischof Hengsbach, den Vorsitzenden des Katholischen Hilfswerks Adveniat, um finanzielle Unterstützung zu bitten. In San Salvador und Guatemala City sollte er ähnliche Umfragen durchführen, doch keine der beiden Erzdiözesen hatte das nötige Geld.

Hengsbach teilte Ferrari mit, er bräuchte die Zustimmung zweier Prälaten, die Adveniat-Projekte in Lateinamerika prüften; der eine war Professor in Louvain, der andere Doktor der Theologie in Madrid. Er sprach mit beiden, erhielt aber keine Antwort. Ferrari folgerte daraus, daß das Opus Dei ein Vetorecht für die Verteilung der Adveniat-Gelder in Lateinamerika besaß.

Samoré schikanierte ihn weiterhin. Im Januar 1969 zog er nach San Salvador, um dort mit der Erhebung zu beginnen. Er mietete ein Haus und stellte eine Bedienstete ein, die ihm von der Erzdiözese empfohlen worden war. Bald darauf litt er unter ständigen Kopfschmerzen und einem gefährlich hohen Blutdruck. Er zog einen Arzt zu Rate, der ihm ein Medikament gegen die Kopfschmerzen verschrieb, doch der Blutdruck blieb abnormal hoch. Seine Finger und Fußgelenke schwollen an. Als er eines Abends vom Tisch aufstehen wollte, wurde ihm schwindelig und er brach zusammen. Drei Tage lang war er teilweise gelähmt.

Pater Ferrari bemerkte, daß die Symptome immer dann abklangen, wenn er außerhalb von San Salvador zu tun hatte. Im Juni 1969 wurde in sein Haus eingebrochen. Die Polizei nahm seine Hausangestellte als Mittäterin fest. Nach drei Tagen wurde sie aus Mangel an Beweisen freigelassen, aber dennoch verzichtete Ferrari fortan auf ihre Dienste. Fast gleichzeitig verbesserte sich sein Gesundheitszustand. Zwei Ärzte untersuchten ihn und kamen zu dem Schluß, daß ihm eine unbekannte, geschmack- und geruchlose Droge – möglicherweise das Glykosid Digitalis – verabreicht worden war. Dies konnte nur in der Absicht geschehen sein, ein Herzversagen auszulösen. Ferrari äußerte den Verdacht, der Versuch der Vergiftung sei das Werk von Samorés Agenten gewesen,[12] auch wenn er keine Beweise dafür hatte.

Im Dezember 1969 ging Pater Ferrari nach Guatemala, wo sich noch in den vierziger Jahren fast 98 Prozent der landwirtschaftlichen Nutzflächen im Besitz von ganzen 140 Familien und ein paar Konzernen befunden hatten. Die Lage war prekär, soziale Veränderungen waren dringend nötig. Nachdem Jacobo Arbenz Guzmán 1950 zum Präsidenten gewählt worden war, führte er eine umfassende Bodenreform durch und enteignete eineinhalb Millionen Quadratkilometer brachliegender Bananenplantagen aus dem Besitz der United Fruit Company. Daraufhin wurde er in einem von der CIA unterstützten Putsch gestürzt, was Guatemala davor bewahrte, »dem internationalen Kommunismus in den Schoß zu fallen«.

Als Pater Ferrari in Guatemala City eintraf, fand er die Erzdiözese in den Händen zugeknöpfter Opus-Dei-Priester. Sie hatten praktisch die Macht über die örtliche Kurie übernommen und managten sie für Kardinal Mario Casariego. Der Kardinal hegte eine ausgesprochene Abneigung gegenüber »marxistisch verseuchten« Bauern. Er bevorzugte die Gesellschaft von Oberst Carlos Arana, dem ehemaligen Militärattaché in Washington und starken Mann von Guatemala, der Tausende »subversiver« guatemaltekischer Bauern niedergemetzelt hatte.[13] Casariego war im Dezember 1964 Erzbischof von Guatemala City geworden. Ende der sechziger Jahre war er so verhaßt, daß etliche hundert Priester und Laien den guatemaltekischen Kongreß ersuchten, ihn ausweisen zu lassen.[14] Doch er genoß die Protektion von Oberst Arana.

Als Papst Paul VI. Samoré zum Kardinal ernannte und ihn mit der Leitung der ersten Sektion des Staatssekretariats betraute, wurden auch noch die letzten Mittel für Ferraris Gesellschaft Gottes für Menschlichkeit in Lateinamerika gestrichen. Er hatte bereits den Großteil seiner Erbschaft aufgebraucht und beschloß daher, die Gesellschaft aufzulösen und nach Rom zurückzukehren. Als Kardinal Tisserant starb, stand Ferrari ohne jeden Fürsprecher da. Er wandte sich schließlich wieder der seelsorgerischen Arbeit in den Slums von Guatemala City zu, doch nur für kurze Zeit. Eines Tages wurde er in die Erzdiözese zitiert, die noch immer von

Opus-Dei-Priestern beherrscht wurde, und mußte sich anhören, daß seine Arbeit in den *favellas* mehr politischer als pastoraler Natur sei und daß er deswegen in Guatemala nicht länger willkommen sei. Er bekam ein einfaches Flugticket in die Schweiz, und zwar für den nächsten Tag. Damit er den Flug auch ja nicht verpaßte, holten ihn zwei Opus-Dei-Priester in seiner Wohnung ab und brachten ihn zum Flughafen. Auf der Fahrt warnten sie ihn davor, jemals wieder nach Lateinamerika zurückzukehren, denn sie würden davon erfahren. Und dann wäre sein Leben in Gefahr.

Als ich Ferrari im Jahre 1978 zum letzten Mal traf, übergab er mir ein Exemplar des Buches, das er über seine Erfahrungen in Lateinamerika geschrieben hatte, und das Werk von Jean-Jacques Thierry über die Finanzen des Vatikans. Er wollte, daß ich darüber schrieb, wie er schikaniert und schließlich aus Lateinamerika vertrieben worden war, weil er die Kirche der Armen unterstützte. Was er über den Mißbrauch vatikanischer Gelder in Rom und in Lateinamerika wisse, würde einen riesigen Skandal auslösen. Ich riet ihm, einige Materialien zusammenzustellen, damit wir das Projekt bei unserem nächsten Treffen weiter besprechen konnten. Doch ich sollte nie wieder von ihm hören. Einige Wochen später fragte ich den Freund, der uns miteinander bekannt gemacht hatte: »Wo ist Giuliano?«

»Hast du es nicht erfahren?«, erwiderte er. »Er wurde in einem Zug zwischen Genf und Paris tot aufgefunden.«

Pater Ferrari war im Alter von achtundvierzig Jahren verstorben – angeblich an einem schweren Herzinfarkt. Soweit sich feststellen ließ, wurde keine Autopsie durchgeführt – zumindest nicht vom Institut für Gerichtsmedizin in Genf. Und sechzehn Jahre später ließ sich in den Archiven der Stadt und des Kantons Genf keine Abschrift seiner Sterbeurkunde mehr finden.

Ferraris Tod ereignete sich wenige Wochen vor den ersten Konklaven des Jahres 1978. Er hatte sich für seine Kirche engagiert und war zutiefst besorgt gewesen über die Probleme des Sittenverfalls, der Armut und der Drogenabhängigkeit. Er war sich aber auch bewußt, daß die Bevölkerung Lateinamerikas innerhalb eines Vierteljahrhunderts von 164 Millionen auf 342 Millionen angewachsen war. Aufgrund seiner Eindrücke und Erfahrungen in San Salvador und Guatemala war er der Überzeugung, daß sich der Kapitalismus nicht um diese Seelen kümmern würde. Wer aber sollte sie dann ernähren?

Das Opus Dei hätte ihm darin beipflichten müssen, daß Sittenverfall und Drogenmißbrauch Werkzeuge des Teufels waren. Doch für die Söhne und Töchter Escrivá de Balaguers war der Kapitalismus dem Marxismus noch immer vorzuziehen. Und die Befreiungstheologie war eine Erfindung Luzifers, der schließlich der erste Revolutionär gewesen war. Mit seiner Auffassung darüber, wie soziale Gerechtigkeit in die Welt zu bringen war, stand das Opus Dei in direktem Gegensatz zur Gesellschaft Jesu. In den folgenden Jahren gerieten die Jesuiten in Lateinamerika zunehmend unter Beschuß: Ihr Einfluß wurde durch eine anonyme Kampagne unter massivem Einsatz von *pillería* ausgehöhlt. Die Fronten für die nächsten Konklaven waren bereits gezogen. Die konservativen Dogmatiker hatten sich gegen die progressiven Kräfte und die Neuen Theologen verbündet, deren Einfluß in der Kirche nach dem Zweiten Vaticanum gewachsen war.

19 Der Tod des Gründers

Wer euch aber ein anderes Evangelium verkündigt, als wir euch verkündigt haben, der sei verflucht, auch wenn wir selbst es wären oder ein Engel vom Himmel.

Paulus, Galater 1,8

Escrivá de Balaguer konnte kaum seine Mißstimmung darüber verbergen, daß Erzbischof Giovanni Benelli versuchte, die Umwandlung des Opus Dei in eine Personalprälatur zu verhindern. Gemeinsam mit Alvaro del Portillo war er fest entschlossen, die Sache zu forcieren. Sie beriefen einen außerordentlichen Generalkongreß von Opus-Dei-Mitgliedern ein, um die Satzungen des Werkes auf die im Zuge des Zweiten Vatikanischen Konzils beschlossenen Dekrete über Personalprälaturen abzustimmen. Der Kongreß ging im September 1970 zu Ende, und während der folgenden beiden Jahre wertete ein Stab in der Opus-Dei-Zentrale seine Ergebnisse aus. Nachdem die Erkenntnisse zu Papier gebracht worden waren, ersuchte Escrivá de Balaguer den vatikanischen Staatssekretär, Kardinal Villot, abermals um eine Audienz beim Papst. Diese fand am 25. Juni 1973 statt. Paul VI. soll bei dieser Gelegenheit aufgeschlossener reagiert haben. Was verbarg sich nun aber hinter dieser scheinbar nachgebenden Haltung?

Für den Vatikan gab es zu jener Zeit eine einzige bedrohliche Wolke am Horizont: die finanzielle Lage. Die Kosten für den Unterhalt der Kurie und die Erhaltung der Pracht des Petersdoms stiegen ins Unermeßliche. Die Vatikanstadt verzeichnete jahrelang empfindliche Haushaltsdefizite, die sie über kurz oder lang an den Rand des Bankrotts führen mußten. Auch wenn keine konkreten Beweise vorliegen, bestehen kaum Zweifel darüber, daß die beiden Opus-Dei-Prälaten bei jener Audienz im Juni 1973 einen Vorschlag auf den Tisch legten, den ich als »Portillo-Plan« bezeichne und der dem Vatikan bei der Lösung seiner Finanzprobleme helfen sollte. Zunächst stieß der Plan auf taube Ohren, doch allmählich fand er

Zustimmung in den päpstlichen Gemächern. Einigen Quellen zufolge wurde schließlich ein Abkommen getroffen, wonach das Opus Dei als Personalprälatur errichtet werden sollte – und zwar als Gegenleistung dafür, daß es die Finanzen des Vatikans in die Hand nahm.

Angeblich wurde ein vorläufiges Protokoll unterzeichnet, in dem die Modalitäten des Portillo-Plans festgelegt waren. Eine Kopie dieses Protokolls tauchte unter den Papieren eines italienischen Parlamentsausschusses auf, der die P2-Affäre (siehe Kapitel 23) untersuchte, verschwand anschließend jedoch wieder. Der Mailänder Bankier Roberto Calvi teilte indes seiner Familie mit, er unterstütze das Opus Dei bei der Ausarbeitung eines Plans, der unter anderem darauf abzielte, dem Werk die Aufsicht über die Vatikanbank IOR zu übertragen. Der Chef der Vatikanbank, Bischof Paul Marcinkus, soll sogar nach Madrid gereist sein, um dort Einzelheiten des Plans mit führenden Opus-Dei-Bankiers zu besprechen. Das Opus Dei bestreitet, daß ein derartiges Abkommen geschlossen wurde, und leugnet die Existenz eines »Portillo-Plans«.

»Der Heilige Vater war erfreut und forderte unseren Vater auf, die Arbeit des Generalkongresses fortzusetzen« – mehr hatte Don Alvaro über die Audienz vom Juni 1973 nicht zu berichten.[1] Vorerst blieb die Frage also »offen«. Eines steht jedoch fest: Portillo nutzte die Zeit, um ein engeres Verhältnis zu Kardinal Villot zu schaffen. Der zunehmend kränkelnde Paul VI. fügte sich immer mehr dem Einfluß von Kardinal Villot. Auch Marcinkus erkannte, daß er im Opus Dei und in Villot Verbündete besaß. Sie alle fürchteten Benelli: Er war mächtiger als Villot, wollte Marcinkus nach Chicago zurückschicken und machte aus seiner Einstellung gegenüber dem Opus Dei kein Hehl.

Die Opus-Dei-internen Beratungen über die Sanierung der Finanzen des Vatikans begannen eigentlich erst im September 1974, als Escrivá de Balaguer und Portillo von der letzten Etappe ihrer triumphalen Rundreise durch Südamerika zurückgekehrt waren. Die Wahl des Zeitpunkts war bedeutsam. Bedauerlicherweise war der treueste Finanzpartner des Vatikans in jener Zeit, Michele Sindona, ein großer Devisenspekulant. Vor dem Yom-Kippur-Krieg vom Oktober 1973 hatte sich Sindona mit Dollars verspekuliert, und als die Terminkontrakte fällig zu werden begannen, brach sein Imperium, das durch ein ungewöhnliches System von Gegensicherungseinlagen gestützt wurde, zusammen.

Im September 1974 wurde Sindonas Mailänder Bank durch eine ministerielle Verfügung liquidiert. Die Verluste betrugen über 386 Millionen

Dollar. Einen Monat später mußte Sindonas Franklin National Bank in New York Konkurs anmelden – es war die bis dahin größte Bankenpleite in der Geschichte der Vereinigten Staaten. Im Januar 1975 schlossen die Schweizer Behörden die Finabank in Genf, an der der Vatikan eine zwanzigprozentige Beteiligung besaß. Sindona hatte sich inzwischen durch Flucht dem Zugriff der italienischen Justiz entzogen.

Laut Prinz Massimo Spada, einem ehemaligen Hauptgeschäftsführer des IOR, erlitt der Vatikan bei dem Zusammenbruch des Sindona-Imperiums einen Verlust in Höhe von 55 Millionen Dollar. Charles de Trenck, der Hauptgeschäftsführer der Finabank, schätzte jedoch, daß sich »der Gesamtverlust des Vatikans bei den Investitionen in der Sindona-Gruppe … auf 240 Millionen Dollar« belief. Wie hoch die Summe auch gewesen sein mochte, Paul VI. soll jedenfalls am Boden zerstört gewesen sein.

Die Vorbehalte gegenüber dem Portillo-Plan begannen zu schwinden. Die Berater des Papstes bestanden jedoch auf gewissen Bedingungen. Sie wollten, daß die Höhe der Einlage des Opus Dei von vornherein festgesetzt wurde. Jedes Protokoll zwischen dem Opus Dei und dem Heiligen Stuhl sollte in den Geheimarchiven des Vatikans verwahrt bleiben. Laut dem verlorengegangenen Dokument des Parlamentsausschusses stellte sich der Papst – oder war es in Wahrheit das Opus Dei? – schützend vor die Präferenzregelung zwischen dem IOR und dem Banco Ambrosiano.[2]

Im Februar 1975, noch während der Verhandlungen, reiste Escrivá de Balaguer erneut nach Venezuela. Sein Besuch war ein weiterer Riesenerfolg. Der Opus-Dei-Zentrale zufolge strömten sechzehntausend Menschen zu seinen vier öffentlichen Auftritten. Manche reisten sogar aus Kolumbien, Ecuador und Peru an. Die Fragen, die sie an ihn richteten, kamen »wie die Blasen in einem kochenden Kessel an die Oberfläche« geschossen.[3]

Einen etwas anderen Bericht lieferte der Anwalt Alberto Jaimes Berti aus Caracas. Mit einem Freund, Pedro José Lara della Pegna, besuchte er den Vortrag, bei dem der Gründer über seine Laufbahn im Dienst der Kirche sprach. Wie Berti erzählt, hatte das Publikum im Anschluß an die nicht ungewöhnliche Ansprache Gelegenheit, Fragen zu stellen. Es folgte ein langes Schweigen. Schließlich fragte Lara della Pegna, der Onkel von Kardinal José Rosalio Castillo Lara, ganz unbefangen, ob das Opus Dei wirklich eine Geheimorganisation sei, wie so oft behauptet würde. Escrivá de Balaguer starrte Lara della Pegna mit eiskaltem Blick an und fragte: »Was sind Sie von Beruf?«

»Ich bin Anwalt«, erwiderte Lara della Pegna.

»Sie müssen ja ein dritt- oder viertklassiger Anwalt sein, um eine solch alberne Frage zu stellen«, bemerkte der Vater schroff. Dann ließ er eine bitterböse Tirade über Lara della Pegna vom Stapel. Sein plötzlicher Wutausbruch löste Entsetzen unter den Zuhörern aus; einige standen auf und gingen. Nicht weit von Lara della Pegna saß der Rektor der Katholischen Universität von Caracas, José Luiz Aguilar Gorrondona. Berti bemerkte, daß Aguilar den Vortrag mit einem Kassettenrekorder aufgenommen hatte. Als die Opus-Dei-Funktionäre erfuhren, daß der Vorfall aufgezeichnet worden war, zwangen sie Aguilar, die Kassette zu löschen. Der Druck wurde so stark, daß der Rektor schließlich nachgab, aber erst nachdem Berti das Band überspielt hatte. Berti berichtet: »Als die Opus-Dei-Leute dahinterkamen, daß ich eine Kopie besaß, die ich nicht aus der Hand geben wollte, überlegten sie, wie sie mich fertigmachen konnten. Doch sie hatten Geduld und warteten auf den richtigen Augenblick. Letzten Endes hätten sie es sogar beinahe geschafft.«[4]

Von Caracas reiste Escrivá de Balaguer weiter nach Guatemala City, wo er ein paar Tage bei Kardinal Casariego verbrachte. Da der Vater sich jedoch nicht wohl fühlte, brach er seine Reise vorzeitig ab und kehrte am 23. Februar nach Rom zurück. Mitte Mai ging es ihm wieder besser, und er begab sich auf seine letzte Reise nach Spanien, wo er die Fortschritte beim Bau der Basilika von Torreciudad in Augenschein nehmen wollte. Während seines Besuchs in Spanien überreichte ihm der Bürgermeister von Barbastro den Schlüssel der Stadt und erkannte ihn damit als den berühmtesten lebenden Sohn Barbastros an. So hatte der Vater schließlich die verlorene Ehre der Familie wiederhergestellt.

Nach der Rückkehr nach Rom besichtigte er den neuen Campus des Römischen Kollegs vom Heiligen Kreuz in Cavabianca. Er bezeichnete es als seine »zweite Narrheit« – die erste war die Villa Tevere, die letzte Torreciudad. Cavabianca war im selben Prunkstil gehalten wie die anderen architektonischen Leistungen des Opus Dei.

Am Dienstag, den 26. Juni 1975, brach er nach dem Frühstück mit Don Alvaro und Don Javier Echevarría nach Castel Gandolfo auf, wo er die Villa delle Rose besuchte. Nach der Ankunft im Zentrum begab er sich in die Kapelle und kniete zum Gebet nieder, wie es von jedem Mitglied bei Betreten und Verlassen eines Opus-Dei-Hauses verlangt wird. Während der anschließenden Unterhaltung mit seinen Töchtern fühlte er sich erneut unwohl. Er wurde sofort in die Villa Tevere zurückgefahren. Als er die Treppe zu seinem Arbeitszimmer hinaufstieg, rief er Don Javier um Hilfe. Noch bevor Don Javier zur Stelle war, brach er tot zusammen. Es heißt, er hätte auf das Abbild der Jungfrau von Guadalupe gestarrt, das man ihm auf seiner Mexiko-Reise im Jahre 1970 geschenkt hatte. Er war dreiundsiebzig Jahre alt.

Die sterbliche Hülle des Vaters wurde in einen mit Mahagoni verkleideten Zinksarg gebettet. Der städtische Amtsarzt stellte den Totenschein aus und erteilte die Genehmigung, den Leichnam unter dem Boden der Prälatenkirche zur letzten Ruhe zu betten. Um sechs Uhr abends wurde eine feierliche Totenmesse zelebriert. Anschließend ließ man den Sarg mit dem Kopfende zum Altar in die Gruft hinab, die mit einer grünlich-schwarzen Marmorplatte verschlossen wurde.

Am folgenden Morgen – es war Samstag, der 28. Juni 1975 – besuchten sechs Kardinäle, ein päpstlicher Legat (Erzbischof Benelli) und ein Heer ziviler Würdenträger, darunter Giulio Andreotti, den Gedenkgottesdienst in der Basilika San Eugenio, deren Bau das Opus Dei mitfinanziert hatte. Don Alvaro hatte Escrivá de Balaguer vierzig Jahre lang zur Seite gestanden; dreißig davon war er sein Beichtiger gewesen. Gemeinsam hatten sie das Opus Dei zu einer straff organisierten Körperschaft gemacht, die weltweiten Einfluß besaß. Gemeinsam hatten sie die Angriffe der liberalen Katholiken und die Anfeindungen aus den Reihen der Kurie abgewehrt. Don Alvaro vermittelte gern den Eindruck, er stehe im Schatten des Vaters. Im Grunde genommen war die sensationelle Entwicklung des Opus Dei jedoch sein Werk. Inzwischen zählte die Vereinigung über 60000 Mitglieder in achtzig Ländern. Für sie alle übernahm Don Alvaro nun die Rolle und den Titel des Vaters. Um den Hals trug der neue Generalpräsident das Stück des Wahren Kreuzes, das dem Wunsch des Gründers gemäß an jeden seiner Nachfolger weitergegeben werden sollte.

Am 15. September 1975 wählte der Generalkongreß des Opus Dei Don Alvaro del Portillo y Diez de Sollano – um ihn mit seinem vollständigen Namen zu nennen – zum zweiten Generalpräsidenten des Werkes. Angeblich gab es nur eine Gegenstimme, nämlich die von Don Florencio Sánchez Bella, dem Regionalvikar für Spanien. Noch im selben Monat degradierte Don Alvaro den unglückseligen Sánchez Bella zum Lehrer an einer Opus-Dei-Grundschule in Mexiko.

General Franco überlebte den Gründer um fünf Monate. Der Caudillo starb im November 1975, und Prinz Juan Carlos von Bourbon bestieg den Thron. Im folgenden Jahr kamen die Generäle in Argentinien durch einen

Putsch erneut an die Macht. Und in Spanien geriet der Opus-Dei-eigene Banco Atlántico in Schwierigkeiten. Die Rettung kam durch José María Ruiz-Mateos, einen geheimen Opus-Dei-Streiter und äußerst erfolgreichen Unternehmer, der es zum reichsten Bürger Spaniens gebracht hatte. Ruiz-Mateos' finanzielles Opfer sollte das Opus Dei in die Lage versetzen, seinen Angriff auf das vatikanische Establishment zu starten und sich am Ende des zweiten Jahrtausends eine Machtposition innerhalb der Kirche zu sichern, wie sie zuletzt die Tempelritter innegehabt hatten.

V. Teil:
Geheime Ziele

20 Rumasa

Bittet den Herrn um Geld, denn wir sind in großer Not. Aber bittet ihn um Millionen! Ihm gehört ohnehin alles. Um fünf Millionen oder fünfzig Millionen zu bitten, erfordert genau dieselbe Mühe; wenn ihr also schon dabei seid ...

Josemaría Escrivá de Balaguer

Die Familie Ruiz-Mateos war seit 1857 in der Sherry-Branche tätig. Das Familienunternehmen hatte sich allmählich vergrößert. Im Jahre 1958 gelang es dem jungen Sherry-Magnaten José María Ruiz-Mateos Exklusivlieferant von Harvey's of Bristol zu werden. Harvey's deckte etwa zehn Prozent des weltweiten Sherryhandels ab. In dem Vertrag mit Ruiz-Mateos verpflichtete sich die Firma in Bristol, 20000 Fässer Sherry pro Jahr zu einem Preis von 200 Pfund pro Faß zu kaufen, was einen jährlichen Bruttoumsatz von 4 Millionen Pfund bedeutete. Der Vertrag sicherte Ruiz-Mateos genügend frei verfügbares Einkommen, um große Summen in seiner spanischen Heimat zu investieren, die sich allmählich aus einer jahrzehntelangen wirtschaftlichen Stagnation herausentwickelte. Und die Geschäftsleitung von Harvey's war mit ihrem Kommissionär so zufrieden, daß sie nach Ablauf des Vertrages denselben um neunundneunzig Jahre verlängerte.

Der Vater hatte dem jungen José María einen ausgeprägten Geschäftssinn eingeimpft, die Mutter dagegen einen gleichermaßen starken Sinn für das Religiöse, vor allem eine tiefe Verehrung der Jungfrau Maria, die eine der prägenden Kräfte in seinem Leben war und blieb. Seine Ehrfurcht vor der Muttergottes verstärkte sich noch, als er Mitte der fünfziger Jahre in das Opus Dei eingeführt wurde. Von nun an besuchte er regelmäßig die sonntäglichen Dankgottesdienste in einem Opus-Dei-Zentrum auf dem Weg zum Flughafen. 1963 beschlossen er und seine Frau, einen Brief an den Vater zu schreiben und um Aufnahme als Mitglieder zu bitten.

Nach der Kabinettsumbildung von 1957 blühte die spanische Wirtschaft förmlich auf. Vor allem die Tourismusindustrie erlebte einen Boom: Mehr als sechs Millionen Urlauber brachten jährlich 300 Millionen Dollar ins

Land; in den siebziger Jahren sollten es sogar über 3 Milliarden Dollar pro Jahr sein. Da die Bristoler »Mine« gute Erträge abwarf, meinte José María, über genügend Kapital zu verfügen, um in andere Branchen einzusteigen. Inzwischen war Luis Valls Taberner, seit kurzer Zeit Vizedirektor des Banco Popular Español, auf ihn aufmerksam geworden. Seit Valls im Spitzenmanagement tätig war, hatten sich die Darlehen und Beteiligungen des Banco Popular innerhalb eines Jahres um dreihundert Prozent erhöht. Um die geschäftlichen Aktivitäten zu erweitern, bat er seinen Assistenten Rafael Termes, ein Treffen mit dem Sherry-Magnaten zu arrangieren. Zum vereinbarten Termin erschien Ruiz-Mateos im Madrider Direktorium des Banco Popular, ohne zu ahnen, daß er innerhalb zweier Jahrzehnte zum erfolgreichsten Unternehmer Spaniens aufsteigen würde.

Zwei unterschiedlichere Charaktere wären kaum denkbar gewesen. Während Luis Valls ernst, reserviert, um nicht zu sagen eiskalt wirkte, war der jüngere Ruiz-Mateos stets zu Späßen aufgelegt – agil und ein Mensch, der die Sonne Andalusiens ausstrahlte. Er kam in Begleitung seines Schwagers Luis Barón More-Figueroa, der wie er Supernumerarier war. Ruiz-Mateos wollte den Banco de Jiménez in Cordoba aufkaufen, doch obwohl sein Sherry-Geschäft expandierte, fehlte ihm das nötige Kapital. Mit Hilfe des Banco Popular erwarb er die kleine Privatbank und benannte sie später in Banco de Jerez um. Anschließend tat sich Ruiz-Mateos mit dem Vorstandsvorsitzenden des Banco Popular, Rafael Termes, und einem weiteren Partner, Paco Curt Martínez (der zwar nicht Mitglied des Opus Dei war, dem Werk angeblich jedoch nahestand) zusammen, um mehrere Projekte zur Entwicklung des Tourismus an der Costa del Sol zu realisieren. Sie gründeten eine gemeinsame Firma unter dem Namen Ruiz-Mateos y Cía.

Luis Valls machte Ruiz-Mateos auch mit Gregorio López Bravo bekannt, einem 37jährigen Schiffbauingenieur, der im Juli 1972 zum Industrieminister und sieben Jahre später zum spanischen Außenminister ernannt wurde. Valls war der Meinung, daß sowohl Ruiz-Mateos als auch López Bravo über außergewöhnliche Eigenschaften verfügten. Über Ruiz-Mateos sagte der Bankier: »Sie sind jemand, der Tausende von Arbeitsplätzen schaffen und erhalten kann.« Zu López Bravo, den er mit »Eure Effizienz« anredete, meinte er: »Sie werden den Motor für das Wirtschaftswachstum Spaniens liefern.«

Im selben Jahr kaufte Ruiz-Mateos einen weiteren Sherry- und Brandy-

Hersteller auf, um sich ausreichende Bestände zu sichern, damit er den Vertrag mit Harvey's erfüllen konnte. Bei Harvey's hatte jedoch der Besitzer gewechselt. Anfang 1966 änderte die Firma ihre Geschäftsstrategie und löste den Vertrag mit Ruiz-Mateos auf. Inzwischen war José María eng in das Opus-Dei-Netz eingebunden und investierte unter den wachsamen Augen von Valls und Termes so eifrig in Winzereien und Konservenfabriken, den Bau- und Tourismussektor, daß er den Rückgang des Geldflusses kaum bemerkte. Darüber hinaus machte die veränderte Strategie von Harvey's aus dem treuen Verbündeten einen bedeutenden Konkurrenten, denn Ruiz-Mateos stieg nun mit seiner eigenen Marke Dry Sack direkt in den internationalen Sherry-Markt ein.

Nachdem er nach Madrid gezogen war, benannte er seine Holdinggesellschaft im Februar 1968 in Ruiz-Mateos Sociedad Anonima um, abgekürzt Rumasa. In den folgenden zehn Jahren wurde Rumasa der größte Privatkonzern Spaniens. José María startete ein rasantes Akquisitionsprogramm und baute das Unternehmen zu einem multinationalen Giganten aus, dem 350 Firmen in den Bereichen Industrie, Transport, Pharmazeutik, Tourismus und Agrarwirtschaft sowie zwanzig Banken angehörten. Der Konzern beschäftigte 40000 Angestellte und war mit seinen Exporten von Gütern und Dienstleistungen im Wert von über 260 Millionen Dollar jährlich einer der produktivsten Devisenbringer Spaniens.[1]

Ruiz-Mateos war ein frommer Katholik und ein zwanghafter Workaholic. Ein Bild der Jungfrau Maria zierte das Foyer eines jeden Rumasa-Gebäudes, und neben dem Sitzungssaal des Vorstands ließ er eine Marienkapelle einrichten. Als Firmenemblem wählte er die Biene, das Symbol des

Das Rumasa-Emblem

fleißigen Arbeiters. Seine Belegschaft bezeichnete ihn als »Bienenkönig«. Auf seinem Schreibtisch befanden sich unter zahlreichen Familienporträts – seine Frau Teresa schenkte ihm sieben Töchter und sechs Söhne – eine kleine Statue der Muttergottes, zwei Kruzifixe und ein ledergebundenes Exemplar von *Der Weg.* Die Berufung zum Werk Gottes bedeutete auch, daß er ein Porträt des Vaters auf dem Nachttisch stehen hatte, einmal in der Woche bei einem Opus-Dei-Priester beichtete, sich mit seinem geistlichen Leiter aussprach, den ihm zugeteilten wöchentlichen Kreis besuchte und durchschnittlich 1,65 Millionen Dollar pro Jahr in die Kasse des Werkes pumpte. »Ich empfing Geld von Gott«, sagte er einmal, »deshalb gab ich Geld an Gott ab.«

Während der Matesa-Chef Vilá Reyes das Opus Dei wegen seiner Kontakte benutzt hatte, war Ruiz-Mateos zutiefst überzeugt von seiner Unentbehrlichkeit für das Werk Gottes. Obwohl er selbst die Fäden in der Hand hielt, ließ er zu, daß die Opus-Dei-Strategen sein Firmenimperium für ihre Zwecke einspannten. Immerhin waren acht der fünfzehn Vorstandsvorsitzenden Mitglieder der Vereinigung. Und weil das Opus Dei ihm »freie« Hand ließ, seine Geschäfte nach eigenem Ermessen zu führen, bemerkte er gar nicht, welches Paradox sich dahinter verbarg, als seine geistlichen Führer verlangten, er solle verschwiegen sein und leugnen, daß er Escrivá de Balaguers »mobilem Corps« angehörte.

Sein geistlicher Leiter, Salvador Nacher March, war laut Ruiz-Mateos »ein Heiliger, ein wunderbarer Mensch«. »Boro« Nacher, ein Laien-Numerarier und Anwalt aus Valencia, wurde sein Alter ego. Ruiz-Mateos vertraute ihm; kein Thema war zu intim, um nicht mit ihm darüber zu sprechen. Im Grunde gab es nur einen Menschen, dem er mehr vertraute, und das war Luis Valls Taberner.

Bei Ruiz-Mateos und Rumasa stoßen wir erneut auf die für das Opus Dei typische Doppelzüngigkeit, denn die Organisation behauptet, sie mische sich nicht in das Berufsleben ihrer Mitglieder ein. So beteuerte etwa der Opus-Dei-Apologet William O'Connor: »Wenn das Opus Dei [seinen Mitgliedern] die geistliche Führung erteilt hat, die sie brauchen, dann ist sein Auftrag beendet. Von da an sind die Mitglieder aus der Sicht der Prälatur *eigenständig* und treffen selbst alle Entscheidungen in beruflichen, familiären, gesellschaftlichen, politischen und kulturellen Angelegenheiten – Angelegenheiten, die die Kirche der freien Entscheidung der Gläubigen überläßt. Das Opus Dei mischt sich nicht ein und kann sich gar nicht einmischen. Selbst ablehnend eingestellte ehemalige Mitglieder geben zu, daß das so ist, nicht nur in der Theorie, sondern auch und immer in der Praxis.«[2]

Das gesamte Statement ist eine Verzerrung der Realität, doch der letzte Satz ist eine besonders gravierende Verdrehung der Fakten. Welche »ablehnend eingestellten ehemaligen Mitglieder« meint O'Connor? Kein einziger wird genannt. Das hat seinen guten Grund. Kein einziger würde solch eine Aussage machen, wenn ihm nicht eine Pistole an die Brust gehalten würde. Was nun die Behauptung betrifft, nach erteilter geistlicher Führung sei der Auftrag erledigt, so ist Ruiz-Mateos ein gutes Beispiel für die möglichen Folgen. Rumasa wurde um so wachsamer observiert, als Ruiz-Mateos die fast ideale Firmenstruktur für die besonderen Bedürfnisse des Opus Dei geschaffen hatte. Erstens befand sich Rumasa im Privatbesitz von Ruiz-Mateos, seinen vier Brüdern (von denen einer Opus-Dei-Priester war) und einer Schwester. Als Familienunternehmen konnte Rumasa Dinge tun, die einer an der Börse notierten Publikumsgesellschaft unmöglich sind. Zweitens war der Rumasa-Konzern mit seinen in- und ausländischen Banken und seinen umfangreichen Devisengeschäften extrem breit gefächert. Dadurch konnte er einerseits zur Tarnung internationaler Transaktionen und andererseits als Goldesel benutzt werden. Drittens war er für das Opus Dei letztlich entbehrlich. In den geldgierigen Augen des Werkes besaß Rumasa somit wichtige Eigenschaften – Vertraulichkeit, Flexibilität, Verfügbarkeit und Entbehrlichkeit – alles wichtige Erwägungen für die Männer, die die Finanzen des Opus Dei verwalteten.

Der geborene Optimist Ruiz-Mateos wurde einer der treuesten, gehorsamsten und gewinnbringendsten Söhne des Vaters. Er wurde umschmeichelt und verwöhnt. Er begann das Werk zu lieben, und das Werk liebte ihn. Wenn man ihn um Hilfe bat – zum Beispiel um eine kränkelnde Unterorganisation des Opus Dei, etwa eine vom Ruin bedrohte Bank, zu übernehmen –, so tat er dies »in freier Entscheidung« und in gutem Glauben. Wenn man darauf zählte, daß er zehn Millionen Dollar für die Universität von Navarra bereitstellte, so kam er diesem Wunsch bereitwillig und gutgläubig nach.

Die finanziellen Anforderungen des Opus Dei waren immens. Mit seinen fünf südamerikanischen Universitäten, die nach dem Vorbild der Universität von Navarra betrieben wurden, einem Dutzend weiterer geplanter oder bereits existierender höherer Bildungseinrichtungen auf der ganzen Welt und dem dreißig Millionen Dollar teuren Bauprojekt in Torreciudad mußte das Werk ein Dutzend Unternehmen wie Rumasa in Anspruch nehmen. Es herrschte ein ständiger Druck, nicht nur neue Mitglieder zu finden, sondern auch neue Geldquellen aufzutun. Angesichts solch hoher Anforderungen waren die Strategen durchaus bereit, einen wichtigen Geldgeber auszunehmen und die Verantwortung gegenüber den Gläubigern auf die betreffende Regierung abzuwälzen. Dies war ein hochriskantes Geschäft, denn wenn das in Konkurs geratene Unternehmen groß genug war, konnten ganze Wirtschaftssektoren gefährdet werden. Es war allerdings unmöglich, sich vorzustellen, daß ein so flexibler Konzern wie die Goldene Biene in Schwierigkeiten geraten könnte. Andererseits war dazu nur eine größere Wirtschaftskrise notwendig – und im Jahre 1974 war es in der Tat soweit. Die Volkswirtschaften der industrialisierten Welt kollabierten beinahe an der Vervierfachung der Ölpreise, ein Ereignis, dessen volle Tragweite erst nach Monaten erkannt wurde – besonders in Rom, wo das Opus Dei um einen stärkeren Einfluß innerhalb der Kurie kämpfte – und dessen Auswirkungen entgegen allen Erwartungen noch ein ganzes Jahrzehnt lang Probleme bereiten sollten.

Ruiz-Mateos war energisch genug, um in seinen Beziehungen zum Werk Gottes ein gewisses Gleichgewicht zu schaffen, was den meisten anderen Glaubensbrüdern nicht gelang. Als die Opus-Dei-Direktoren ihn einst aufforderten, José Ramón Alvarez Rendueles, für den Konzern ein unbeschriebenes Blatt, als Leiter der Rumasa-Bankenabteilung einzustellen, verweigerte Ruiz-Mateos den Gehorsam. Der Bienenkönig sollte es zutiefst bereuen, dieses Ersuchen des Opus Dei abgelehnt zu haben. Das Opus Dei wollte unbedingt sicherstellen, daß Alvarez Rendueles' Karriere steil nach oben ging, und tatsächlich sollte er später einmal Direktor des Banco de España werden.

Ruiz-Mateos war sich durchaus bewußt, daß Gehorsam in jeder Hinsicht unabdingbar für einen guten Sohn des Werkes war. Er sprach von einem »schrecklichen Gehorsam«. Einer seiner früheren Berater, ein enger Freund, der nicht dem Opus Dei angehörte, bemerkte einmal: »Numerarier und Supernumerarier geloben Gehorsam. Das Opus Dei bezeichnet es als ›Versprechen‹, doch es läuft auf dasselbe hinaus. Das geringste Zögern, die kleinste Aufforderung seiner Superioren zu befolgen – ein absolutes Muß –, deutet man als Weigerung, Gott zu gehorchen. Es gilt als Widerstand gegen Gottes Willen. José María, der zwanzig Jahre lang mit seinem Gewissen rang, um die Macht zu rechtfertigen, die das Werk über seine Mitglieder ausübt, sagte über die Leute des Opus Dei: ›Mein

Gott, wenn sie an diesem schrecklichen Gehorsam festhalten, werden sie nichts tun, ohne ihren geistlichen Leiter zu Rate zu ziehen.‹ In einem solchen Regime der Unterwerfung muß ein Mitglied gehorchen, ohne nach Gründen zu fragen. Einen Befehl in Frage zu stellen ist ein schwerwiegendes Vergehen. Wenn ein geistlicher Leiter es für gut befindet, daß ein Mitglied seine Stelle aufgibt und eine andere Arbeit annimmt, muß das Mitglied unverzüglich Folge leisten. Und wenn ein Mitglied aufgefordert wird, in ein anderes Land zu ziehen oder nie mehr in sein Heimatland zurückzukehren, muß es diesen Befehl befolgen, ohne nach einer Erklärung zu fragen. Andernfalls würde es seine Vorgesetzten erzürnen oder sogar den Ausschluß aus dem Opus Dei riskieren.«

Ruiz-Mateos war angeblich zutiefst erschüttert über den Tod des Gründers, dem er alles zu verdanken glaubte. Inzwischen belief sich der Jahresumsatz von Rumasa auf zwei Prozent des Bruttosozialprodukts von Spanien. Es war ein ausgesprochen profitables Unternehmen und konnte durch das Frisieren seiner Bilanzen ganz allein praktisch jedes Opus-Dei-Projekt finanzieren, außer vielleicht den Portillo-Plan. Ruiz-Mateos lieferte gewissenhaft den geforderten zehnprozentigen Anteil aus den Rumasa-Gewinnen ab, indem er vierteljährliche Überweisungen auf Opus-Dei-Konten in der Schweiz tätigte, obwohl in Spanien bis zum Eintritt in den Gemeinsamen Markt im Jahre 1986 strenge Devisenkontrollen herrschten. Die Geschäfte wurden direkt zwischen Carlos Quintas Alvarez, dem Chef der Rumasa-Bankenabteilung, und Juan Francisco Montuenga, dem Opus-Dei-Schatzmeister für Spanien, abgewickelt. Quintas war einer der sieben Topmanager von Rumasa, die keine Opus-Dei-Mitglieder waren, doch seine Frau Mercedes war Supernumerarierin.

Zusätzlich zu diesen regelmäßigen Beiträgen stellte das Opus Dei gelegentlich noch weitere Forderungen, die gravierende Auswirkungen auf die laufende Entwicklung von Rumasa haben mußten. Ruiz-Mateos' bedeutsamster Einsatz war die Rettung des Banco Atlántico durch Rumasa im Jahre 1977. Die Operation erwies sich als kostspielig, sowohl für Rumasa als auch für das Opus Dei.

Die Schwierigkeiten des Atlántico hatten drei Jahre zuvor begonnen. Die weltweite Liquiditätskrise von 1974 hatte sich ungünstig auf die Bank ausgewirkt. Obwohl ihre Einlagen auf 730 Millionen Dollar gestiegen waren, geriet sie 1977 in Zahlungsschwierigkeiten, und ihre Aktien fielen. Die Continental Illinois beschloß, ihre Anteile am Atlántico abzustoßen. Um einen Zusammenbruch abzuwenden, bat die spanische Führungsspitze des Opus Dei den treuergebenen Ruiz-Mateos – hinter dem Rücken der Atlántico-Direktoren –, die Bank zu übernehmen und so vor dem Untergang zu bewahren. Ruiz-Mateos bewerkstelligte eine Übernahme durch den Rumasa-Konzern. Atlántico erhielt eine sofortige Finanzspritze von beinahe 50 Millionen Dollar.

In seinem üblichen Optimismus sah Ruiz-Mateos vor allem die positive Seite des Geschäfts. »Es war wichtig, daß Rumasa über ein starkes Bankennetz verfügte. Atlántico lieferte uns Bestandteile, die uns fehlten. Wir boten der Continental Illinois an, ihre 18 Prozent aufzukaufen, und das war ein attraktives Angebot, denn die Aktien fielen. Rumasa erwarb die Aktien, dann gingen wir hin und erklärten Bofill und Ferrer die Situation.«[3]

Als José Ferrer erfuhr, daß Rumasa das Aktienpaket der Continental Illinois aufgekauft hatte, wurde er kreidebleich und blieb zehn Minuten lang stumm. Ruiz-Mateos wußte, wenn es einem Mann von Ferrers Kaliber so lange die Sprache verschlug, dann hieß das, er war erledigt. Der »schreckliche Gehorsam« dem Opus Dei gegenüber verlangte, daß er die vollendeten Tatsachen akzeptierte, mochten die Konsequenzen auch noch so unangenehm sein.

Um aber die Mehrheitsübernahme des Banco Atlántico unter Dach und Fach zu bringen, verlangten die Opus-Dei-Direktoren, daß Ruiz-Mateos auch den Banco Latino aufkaufte, und zwar zu einem sehr hohen Preis. Banco Latino hatte der Fundación General Mediterránea (FGM) und anderen Opus-Dei-verwandten Konzernen beträchtliche Kredite gewährt, die als uneinbringliche Forderungen verbucht worden waren. »Beim Erwerb des Banco Latino übernahmen wir diese Passiva und schrieben sie ab«, erklärte der Bienenkönig. So pumpte Rumasa weitere 13,5 Millionen Dollar in die Esfina, die Fundación General Mediterránea und den Atlántico selbst, um deren Kapitalbeteiligung am Banco Latino zu erwerben. Zusammen mit der Abschreibung der Darlehen erwies sich die Rettungsaktion als ungeheuer kostspielig. Doch sie ermöglichte es der ehemaligen Atlántico-Tochter FGM, mit einem Kapital von 100 Millionen Dollar weitere sechzehn Jahre im Geschäft zu bleiben. Und durch die Übernahme des Atlántico »erbte« Ruiz-Mateos schließlich auch die Dienste des Zürcher Anwalts Arthur Wiederkehr.

In der Hoffnung, den Schlag für Bofill und Ferrer etwas abzumildern, schob Ruiz-Mateos ihnen während einer ihrer Konferenzen eine Notiz zu. Er hatte ihnen bereits versichert, daß er hoffte, sie würden im Vorstand des Atlántico verbleiben. Die Notiz lautete: »Bei mir werden Sie niemals

Probleme haben.« Der »schreckliche Gehorsam« hatte jedoch andere Pläne mit ihnen. Pablo Bofill wurde als Lehrer für Volkswirtschaft an eine Opus-Dei-Schule nach London geschickt. José Ferrer zog nach Argentinien, wo seine Familie umfangreiche Beteiligungen besaß und sich eine weitere Fundación General Mediterránea befand, die die neoperonistische Bewegung finanzierte.

Bei derartigen Anforderungen an die Rumasa-Kasse war es kaum verwunderlich, daß der Banco de España Ruiz-Mateos 1978 ermahnte, seine Expansion zu bremsen. Darüber hinaus verlangte der Banco des España, daß Rumasa den staatlichen Prüfern testierte Jahresabschlüsse vorlegte, und beauftragte einen stellvertretenden Direktor, Mariano Rubio, für die Erfüllung der Auflage zu sorgen. Zwar befand sich Rumasa vollständig in der Hand der Familie Ruiz-Mateos, doch einige ihrer Tochterunternehmen waren börsennotierte Gesellschaften, deren Aktienkapital von einhunderttausend Minderheitsaktionären gehalten wurde. Ruiz-Mateos war indes nicht bereit, geprüfte Bücher vorzulegen, denn diese hätten die nicht deklarierten Überweisungen von Rumasa an das Opus-Dei-Netz im Ausland enthüllt. Aus Angst vor staatlichen Sanktionen machte er sich mit Hilfe Arthur Wiederkehrs daran, die Vermögenswerte von Rumasa zu streuen, wofür mehrere Bücher erforderlich waren, von denen jedoch nur eines einwandfrei war. Niemand hatte Ruiz-Mateos je vorgeworfen, er wäre dumm. Er war und blieb ein schlauer Fuchs – und er vertraute Luis Valls Taberner.

21 United Trading

Von Ave Marias allein läuft die Kirche nicht.

Erzbischof Paul Marcinkus

Ruiz-Mateos war nicht der einzige, der davon ausging, daß das Opus Dei über ein transnationales Netz von Banken und
Finanzinstituten verfügte. Er glaubte indes, daß zu dem Netz außer
dem Banco Popular Español und dem Credit Andorra auch die Nordfinanz Bank in Zürich gehörte. Man darf jedoch vermuten, daß weitere
Opus-Dei-Banken auch in Argentinien, Peru, Hongkong oder Singapur
existierten – überall dort, wo das Werk tätig war. Das Opus Dei bestand
nicht darauf, die Banken innerhalb seines Netzes durch direkten Besitz
der Aktienmehrheit selbst zu kontrollieren; die Verbindungen blieben
stets gut getarnt und waren meist gar nicht zu erkennen. Im folgenden
soll nun die These geprüft werden, wonach das Opus Dei den Banco
Ambrosiano in Mailand beherrschen wollte, zu beherrschen glaubte oder
tatsächlich beherrschte. Wie immer in solchen Fällen operierte das Opus
Dei mit Hilfe eines engen Kreises von Personen, von denen manche gar
nicht wußten, daß sie benutzt wurden. Und andere, die es vielleicht
vermuteten, erfuhren nie genau, wer wen manipulierte und zu welchem
Zweck.

Eine der Schlüsselfiguren in der Ambrosiano-Affäre war Paul Casimir
Marcinkus, ein Priester aus Chicago, der in Rom als Manipulator bekannt
war. Marcinkus war ehrgeizig; er wollte der erste amerikanische Kurien-
kardinal werden und bei künftigen Papstwahlen mitstimmen. Dies glaubte
er erreichen zu können, indem er die Verwaltung der päpstlichen Finanzen übernahm. Schon früh war der New Yorker Kardinal Francis Spellman
auf ihn aufmerksam geworden. Spellman empfahl Paul VI., den jungen
amerikanischen Prälaten unter seine Fittiche zu nehmen. Der leutselige
Marcinkus – er spielte Golf und rauchte gelegentlich Zigarre – arbeitete
damals als Übersetzer im Staatssekretariat.

Während der Amtszeit Pauls VI. spielten von Anfang an finanzielle Fragen
eine entscheidende Rolle. Die italienische Regierung kündigte eine Ver-
steuerung der vatikanischen Beteiligungen an, worauf die päpstlichen

Geldverwalter nach Möglichkeiten suchten, die Investitionen des Heiligen Stuhls zu streuen. Dies führte dazu, daß die Vatikanbank IOR ihre erlesenste Bankholding, die Banca Cattolica del Veneto, mit Einlagen von 700 Millionen Dollar verkaufte. Eine Option zum Kauf der Bank gewährte man dem Mailänder Anwalt Michele Sindona, der damals als eines der führenden Finanzgenies Italiens galt. Anfang 1969 sickerten Einzelheiten über Sindonas Verhandlungen mit dem Vatikan an die Presse durch, und über Nacht wurde sein Name im ganzen Land bekannt. Einer von Sindonas engsten Freunden in Rom war Mark Antinucci, ein italo-amerikanischer Geschäftsmann und Eigentümer des *Rome Daily American*, einer Zeitung mit Verbindungen zur CIA. Antinucci und Marcinkus spielten im römischen Holy Waters Golf Club zusammen Golf. Bereits 1967 hatte Antinucci seinem Freund Sindona von Marcinkus erzählt.

Als Paul VI. 1963 anfing, die Karriere von Marcinkus zu beobachten, überwachte dieser den Bau der Villa Stritch, des luxuriösesten Priesterwohnheims in Rom. Paul VI. bat den Amerikaner, seinem Privatsekretär Pater Pasquale Macchi bei der Organisation des Eucharistie-Kongresses zu helfen, der Ende des Jahres in Bombay stattfinden sollte. Marcinkus und Macchi kamen blendend miteinander aus. In den folgenden Jahren managten sie praktisch das Päpstliche Haus, und wer auf ein vertrauliches Gespräch mit dem Heiligen Vater hoffte, mußte sich an sie wenden. Marcinkus organisierte die letzten acht Auslandsreisen des Papstes und rettete Paul VI. das Leben, indem er auf dem Flughafen von Manila einen messerschwingenden Attentäter überwältigte.

Nach Spellmans Tod im Dezember 1967 gingen die amerikanischen Beiträge an den Vatikan drastisch zurück. Pater Macchi meinte, Marcinkus sei genau der Richtige, um hier Abhilfe zu schaffen. Dem Papst gefiel der Gedanke, und er versetzte Marcinkus auf einen freien Posten bei der Vatikanbank unter dem achtzigjährigen Kardinal Di Jorio. Marcinkus war ein exzellenter Organisator, hatte aber keinerlei Erfahrung als Bankier. Er ließ sich beurlauben, um einige Banken in bedeutenden Finanzzentren zu besuchen und deren Organisation zu studieren. Er ging – seinen eigenen Worten nach – »für ein oder zwei Tage« zur Chase Manhattan Bank nach New York, »um zu sehen, wie das mit den Aktien und dem Zeugs funktioniert«, und anschließend zur Continental Illinois nach Chicago, wo man ihn in »einen dreitägigen Kurs von A bis Z« steckte.[1] Einen weiteren Tag verbrachte er bei der Continental Finance Corporation in Chicago, um etwas über Trust-Geschäfte zu lernen. Abschließend folgte ein eintägiges Gastspiel bei einer kleinen Regionalbank. In diesen sieben Tagen wurde Marcinkus zum internationalen Bankier und erwarb die Fähigkeit, eine führende Rolle in der Verwaltung der vatikanischen Finanzen zu spielen. Am Heiligen Abend des Jahres 1968 machte Paul VI. ihn zum Titularbischof von Orta, und zwei Wochen später bestätigte er die Ernennung des neuen Bischofs zum Sekretär der Vatikanbank IOR. Marcinkus' Anfangsgehalt betrug umgerechnet 6400 Dollar pro Jahr.

Sindona trat die Banca-Cattolica-Option an Roberto Calvi ab, einen leitenden Manager des Mailänder Banco Ambrosiano. Calvi wurde Sindonas Ersatzmann bei den verdeckten Geschäften, die sich nun zwischen Mailand und dem Vatikan entwickelten. Die beiden hatten sich einige Monate zuvor kennengelernt. Sindona, der selten ein gutes Haar an jemandem ließ, hatte den Eindruck, daß Calvi einige der Offshore-Fonds des Ambrosiano in Joint Ventures mit ihm unterbringen wollte. Sindona nahm an, daß Calvi nicht nur an Geschäften *offshore*, sondern auch *off-the-books* – ohne Bücher – interessiert war. Bald nachdem Calvi Sindona kennengelernt hatte, wurde er zum Hauptgeschäftsführer des Ambrosiano befördert.

In der Satzung des 1896 gegründeten Banco Ambrosiano war festgelegt, daß die geschäftlichen Aktivitäten der Förderung der christlichen Tugenden und der Wohltätigkeit dienen sollten. Es ist schwer zu glauben, daß eine dieser beiden Tugenden im Jahre 1956 zur Gründung einer Liechtensteiner Firma namens Lovelok führte. Der Eigentümer dieses Konzerns, der zum größten Aktionär der Bank wurde, war unbekannt. Möglicherweise handelte es sich um Carlo Canesi, den damaligen Vorstandsvorsitzenden des Ambrosiano und Vorgesetzten Calvis, doch das ist reine Spekulation. Es ist eher wahrscheinlich, daß der Konzern einem verdeckten Partner gehörte, dessen Identität Canesi bekannt gewesen sein könnte oder auch nicht. Wollte man den absurdesten Fall annehmen, so hätte der Schleier der Geheimhaltung um Lovelok bedeuten können, daß der Konzern dem Papst selbst gehörte – oder dem Opus Dei. Ein Jahr später gründete Lovelok die Banca del Gottardo in Lugano und brachte 40 Prozent des Gottardo-Kapitals beim Ambrosiano unter. Zum Kauf weiterer Ambrosiano-Aktien, hauptsächlich von liquiditätsknappen kirchlichen Einrichtungen, gründete Lovelok dann im Mai 1963 eine Luxemburger Tochter namens Compendium S.A., und zwar mit Krediten, die vom Ambrosiano selbst stammten.

Calvi war eine Gestalt wie in einem Roman von Dostojewski. Er war mittelgroß, hatte schütteres Haar und große grüblerische Augen. Er hatte als Kavallerieoffizier an der russischen Front gedient, wo er während der Wintermonate ein lebendes Huhn unter seinem weiten Mantel gehalten hatte, um sich die Hände zu wärmen. Im Jahre 1943 war sein Fronteinsatz beendet; er kehrte nach Hause zurück und fand eine Anstellung bei der Banca Commerciale Italiana, einer staatlichen Bank, bei der sein Vater leitender Angestellter war. Aufgrund seiner Kriegserfahrung sprach Calvi fließend Deutsch. In Englisch und Französisch war er weniger gewandt. In die Auslandsabteilung des Banco Ambrosiano trat er 1947 ein, im selben Jahr, als Marcinkus zum Priester geweiht wurde und Escrivá de Balaguer endgültig nach Rom zog.

Für Clara Canetti war Roberto Calvi der Mann mit dem »Clark-Gable-Schnurrbart«. Sie lernten sich im Sommer 1950 am Strand von Rimini kennen, und Roberto machte Clara den Hof, während ihr zwölfjähriger Bruder den Anstandswauwau machte. Sie fand ihn überhaupt nicht schüchtern, sondern sogar ein wenig dreist und überheblich. Die aus einer wohlhabenden Bologneser Familie stammende Clara war eine außergewöhnlich hübsche junge Frau – ein Plus für jeden aufstrebenden Bankier. Ein Jahr später heirateten sie, und nach ihren Flitterwochen am Fuß des Monte Rosa zogen sie in eine kleine Wohnung im Zentrum von Mailand.

Sie hatten zwei Kinder, Carlo und Anna. Um ihr gutes familiäres Verhältnis wurden sie von so manchem ihrer Freunde beneidet. Oberhalb des Dorfes Drezzo in der Nähe von Como kauften sie einen Landsitz, den Clara als ihren persönlichen Winkel im Paradies betrachtete. Oft sah man die beiden händchenhaltend durch die engen Straßen von Drezzo spazieren, wie in immerwährenden Flitterwochen.

Calvis erste Amtshandlung nach seiner Beförderung zum Geschäftsführer des Banco Ambrosiano bestand darin, die Firma Compendium aus ihrer geheimen Existenz herauszuführen. Er gab dem Unternehmen einen neuen Namen, nämlich Banco Ambrosiano Holding S.A., und machte sie zur Drehscheibe der Offshore-Geschäfte des Konzerns. Dies verlieh Lovelok, dem versteckten Ambrosiano-Partner, eine stärkere Machtposition innerhalb der Firmengruppe. Ob dies Teil eines Plans war, den die wahren Eigentümer von Lovelok billigten oder sogar entwickelten, ist reine Spekulation. Natürlich war allein schon der Name »Banco Ambrosiano Holding« irreführend, da die Firma anfänglich nur zu 40 Prozent im Besitz der vermeintlichen Muttergesellschaft, des Banco Ambrosiano, war. Weitere 20 Prozent hielt die Banca del Gottardo, und die restlichen 40 Prozent wurden von einem weiteren mysteriösen Anteilseigner kontrolliert, der Radowal AG in Liechtenstein, und zwar über ein Konto beim IOR.

Banco Ambrosiano Holding gründete eine Tochterbank auf den Bahamas, die anfangs Cisalpine Overseas Bank hieß, schließlich aber in Banco Ambrosiano Overseas Limited umbenannt wurde. Der Einfachheit halber wollen wir sie Ambrosiano Overseas nennen. Canesi bestätigte Calvis Ernennung zum Präsidenten der Ambrosiano Overseas. Im April 1971 wurde der IOR Minderheitsaktionär bei der Bank auf den Bahamas; er erwarb 32 Prozent ihrer stimmberechtigten Anteile. Inzwischen war Marcinkus als Nachfolger Di Jorios Präsident der Vatikanbank geworden.

So unerschütterlich war das Vertrauen des IOR in diese unerprobte Offshore-Bank, daß er binnen Jahresfrist nicht weniger als 73,5 Millionen Dollar bei ihr eingelegt hatte. Darüber hinaus zeigte sich »Mr. Paul C. Marcinkus« bereit, einer der Direktoren der Ambrosiano Overseas zu werden. Sindona zufolge gefiel es Marcinkus, die Rolle des internationalen Bankiers zu spielen. Es gefiel ihm auch, auf dem Paradise Island Championship Course in Nassau Golf zu spielen. Kurz nach Marcinkus' erster Verwaltungsratssitzung in Nassau übte der Banco Ambrosiano die Option aus, die Verfügungsmehrheit über die Banca Cattolica del Veneto zu erwerben. Dies geschah im August 1971, wurde jedoch erst im folgenden März öffentlich bekanntgegeben.

Wie Calvi die Option auf die Banca Cattolica del Veneto erwarb, ist selbst schon eine interessante Geschichte. Er hatte Sindona aus der Patsche geholfen, indem er ihm für 40 Millionen Dollar eine marode Gesellschaft namens Pacchetti abnahm. Sindona hatte die ehemalige Lederwarenfabrik Pacchetti als wesentlich patenter dargestellt, doch im Grunde war die Firma, herausgelöst aus dem Gesamtverband, nicht einmal ein Viertel dessen wert, was Calvi dafür bezahlte. Um den Handel jedoch zu versüßen, bot ihm Sindona sozusagen als Dreingabe die Option auf 50 Prozent der Banca Cattolica del Veneto für 46,5 Millionen Dollar. Sindona soll Calvi und Marcinkus außerdem 6,5 Millionen Dollar Provision für die Übernahme von Pacchetti gezahlt haben. Durch diese Transaktionen löste der Banco Ambrosiano sowohl bei Sindona als auch beim IOR vorübergehend die Liquiditätsprobleme. Interessant wäre jedoch die Frage, ob der Ambrosiano die Banca Cattolica del Veneto mit IOR-eigenem Geld kaufte. Die Antwort dürfte wohl »ja« lauten, es sei denn – und dies wäre eine weitere

Möglichkeit –, es handelte sich um treuhänderische Gelder, die einem anonymen Auftraggeber gehörten, zum Beispiel Lovelok oder Radowal. Vor Abschluß der Banca-Cattolica-Transaktion bat Calvi Marcinkus, eine Privataudienz beim Papst zu arrangieren. Der Vatikan bestreitet zwar, daß die Unterredung stattgefunden hat, doch in einem aufgezeichneten Gespräch zwischen dem Bankier und einem sardischen Geschäftsmann namens Flavio Carboni – die Aufzeichnung fiel später in die Hände der Mailänder Justiz – erklärte Calvi, er hätte auf einer Unterredung mit dem Papst bestanden, um sicherzugehen, daß der Papst über Marcinkus' Pläne Bescheid wußte. Laut Calvi war der Papst nicht nur informiert, er dankte dem Bankier auch für die Unterstützung seitens des Ambrosiano.

Im Gegensatz zu Sindona und Marcinkus war Calvi sein ganzes Berufsleben lang im Bankgeschäft tätig gewesen, und Carlo Canesi hatte ihn wegen seiner Verschwiegenheit, seines Pioniergeistes und seiner Unbestechlichkeit zu seinem persönlichen Assistenten gemacht. Außerhalb der Bank sprach Calvi selten über geschäftliche Angelegenheiten. Er neigte aber auch nicht dazu, mit der Wahrheit hinterm Berg zu halten. Wenn er seiner Frau erzählte, er habe mit dem Opus Dei zu tun, so glaubte sie ihm. Er hatte ihr jedoch nicht erzählt, wann er diese Kontakte aufgenommen und mit wem er zu tun hatte. Eines ist jedoch gewiß: Ab 1971 reiste Calvi regelmäßig nach Rom, und seine Geschäftsbeziehungen wurden im Winter 1974/75 intensiviert. Unter den Namen, die er erwähnte, waren Dr. Francesco Cosentino, der Generalsekretär der Italienischen Abgeordnetenkammer (der Clara Calvi zufolge ihren Mann in politischen Fragen beriet), Flaminio Piccoli, der Vorsitzende der Christdemokratischen Partei, und Loris Corbi, der Präsident von Condotte d'Acqua. Sowohl von Piccoli als auch von Corbi war bekannt, daß sie dem Opus Dei eng verbunden waren; Corbi verkehrte mit hochrangigen Opus-Dei-Funktionären. Über Cosentino lernte Calvi auch Andreotti, Ortolani und Gelli kennen. Clara Calvi bezeichnete Andreotti als den Großen Intriganten, und die beiden letzteren nannte sie *il Gatto e la Volpe* – nach dem Kater und dem Fuchs, die Pinocchio die Goldstücke stahlen.[2]

Im Jahre 1974 nahm Calvi erstmals – soweit dokumentiert ist – die Dienste der Zürcher Anwaltskanzlei von Dr. Arthur Wiederkehr in Anspruch, als er die panamaische Scheinfirma United Trading Corporation S.A. erwarb. Alles deutet darauf hin, daß Calvi nicht im Namen der Ambrosiano-Gruppe handelte, sondern für einen vertraulichen Kunden des IOR beziehungsweise für den IOR selbst, denn der IOR übernahm das gesamte Aktienkapital von United Trading. Den klarsten Hinweis auf die Identität des geheimen Ambrosiano-Partners liefert indes die Tatsache, daß United Trading die Vermögenswerte von Radowal und Lovelok übernahm, nachdem beide Firmen aufgelöst worden waren.

Interessant ist die Frage, was der IOR mit der United Trading Corporation erreichen wollte, in die Calvi etwa 80 Millionen Dollar an bestehenden Schulden eingebracht hatte. Eine logische Erklärung wäre die, daß dies Schulden waren, die der vertrauliche Kunde des IOR gemacht hatte und für die sich der IOR selbst verbürgt hatte. Wieso sollte die vatikanische Bank sonst auf ein so mieses Geschäft eingehen?

United Trading blieb bis in die achtziger Jahre eines der großen Geheimnisse der Finanzgeschäfte des Vatikans. Bezeichnend ist allerdings, daß das Firmenkonzept aus der Kanzlei von Arthur Wiederkehr stammte, dem Vorsitzenden der Zürcher Nordfinanz Bank, die wiederum eine Drehscheibe für Opus-Dei-Gelder gewesen sein soll. United Trading hatte eine Tochter, die Nordeurop AG, die in Liechtenstein eingetragen war. Schon nach wenigen Jahren schuldete Nordeurop (man beachte die Namensähnlichkeit mit Nordfinanz) der Banco-Ambrosiano-Niederlassung im peruanischen Lima nahezu 400 Millionen Dollar. Nordeurop sollte eine wichtige Rolle bei den Geschäften spielen, die zwischen dem Ambrosiano, dem IOR und dem geheimnisvollen Kunden – der »fehlenden Gegenpartei«, wie Marcinkus es später formulierte – abgewickelt wurden.

Um die Bedeutung von United Trading in einem klareren Licht zu sehen, müssen wir die Vorgänge im globalen Finanzsystem betrachten und berücksichtigen, daß das Jahr 1974 mindestens das fünfte Jahr in Folge war, in dem der Vatikan mit einem Defizit rechnete. Das Jahr hatte durchaus erfreulich begonnen. Wenige Bankiers und Volkswirtschaftler sahen jedoch voraus, welche Folgen die Vervierfachung der Ölpreise durch die islamischen erdölproduzierenden Länder im Dezember 1973 zeitigen sollte. Die Ölpreissteigerung führte zu einer riesigen Dollar-Nachfrage, und die Weltwirtschaft rutschte 1974 von einer jährlichen Wachstumsrate von fünf Prozent auf ein Null- beziehungsweise Minuswachstum und eine Inflation von 12 Prozent.[3] Die Dollarknappheit führte zum Zusammenbruch des Sindonaschen Bankenimperiums und bescherte dem Vatikan einen auf 240 Millionen Dollar geschätzten Verlust, eine Katastrophe gigantischen Ausmaßes. Die Vervierfachung des Ölpreises wurde später sogar als das verheerendste wirtschaftliche Ereignis seit dem Zweiten Weltkrieg bezeichnet, denn die islamischen Erdölproduzenten saugten zusätzliche 80 Milliarden Dollar pro Jahr aus der Weltwirtschaft, was einer Größenordnung von zehn Prozent des weltweiten Exportvolumens entsprach. Zu diesem Zeitpunkt begann der Aufstieg des Islam im Westen.

Vorsichtshalber ließ Calvi die Banca del Gottardo in Lugano einen Management-Vertrag für United Trading aufsetzen. Es handelte sich um einen vorformulierten Standardvertrag, abgesehen von der Feststellung, daß United Trading *auf Anweisung des IOR* gegründet worden sei. Monsignore Donato de Bonis und ein weiterer IOR-Mitarbeiter, Dr. Pellegrino de Strobel, unterzeichneten den Management-Vertrag. Marcinkus behauptete indes später, der Vertrag sei bei der Unterzeichnung undatiert gewesen und von Calvi rückdatiert worden, als er im November 1975 Geschäftsführer wurde. Diese Behauptung wurde von Fernando Garzoni, dem Präsidenten der Banca del Gottardo, und seinem Geschäftsführer scharf zurückgewiesen. Beide versicherten den Mailänder Untersuchungsrichtern, sie hätten den Vertrag bereits unterschrieben und datiert, als Calvi ihn nach Rom mitnahm, und *»der IOR wußte, daß er von jenem Datum an wirksam war«*.

Dies ließ automatisch Zweifel an der Echtheit eines Schreibens aufkommen, das auf dem Briefpapier des Banco Ambrosiano abgefaßt und mit Calvis Initialen (nicht aber seiner Unterschrift) versehen war. In diesem Brief mit dem handschriftlichen Datum »26. Juli 1977« bestätigte Calvi, daß der IOR die United-Trading-Aktien im Namen des Banco Ambrosiano hielt. Der Brief diente dazu, den IOR als treuhänderischen Eigentümer von der Haftung zu entbinden und von jeglicher Verantwortung für die Geschäfte von United Trading freizusprechen. Zu diesem Zeitpunkt hatte der IOR etwa 200 Millionen Dollar an United Trading vorgestreckt.

Im besten Fall zeugte der Brief davon, daß man sich beim IOR darüber im klaren war, daß United Trading ein reines Täuschungsmanöver war. Im schlimmsten Fall war er eine Fälschung, die lange nach den Ereignissen, auf die der Brief sich bezieht, angefertigt wurde. In der Zentrale des Banco Ambrosiano, aus der der Brief angeblich stammte, war keine Abschrift des Dokuments aufzutreiben. Der Brief enthielt grundlegende grammatikalische Fehler, so als sei er von jemandem verfaßt worden, dessen Muttersprache nicht Italienisch war. Die italienischen Gerichte wollten den Brief untersuchen, doch sie waren nicht dazu in der Lage, denn das einzige existierende Exemplar des Dokuments befand sich in der Hand des IOR. Und da sich der Sitz des IOR nicht in Italien, sondern in der

Vatikanstadt befindet, konnte das Dokument nicht für eine genauere Prüfung beschlagnahmt werden.

In einer eidlichen Aussage vor Gericht erklärte der Hauptgeschäftsführer der Banca del Gottardo im Januar 1989 in Mailand: »Marcinkus bestätigte mir gegenüber, daß Calvi vom IOR beauftragt worden war, in seinem Namen [d. h. im Namen des IOR] zu handeln.«[4] Kann es einen schwereren Vorwurf geben? Er hatte keinen Grund, einen Meineid zu leisten. Marcinkus hingegen verweigerte die Zeugenaussage und zog es vor, sich hinter den Leoninischen Mauern des Vatikans zu verbergen.

Außer einem großen Paket Banco-Ambrosiano-Aktien gehörten United Trading eine Palette von südamerikanischen Scheinfirmen, die dem Ambrosiano eine Menge Geld schuldeten. Calvi hätte jedoch kaum eine solch gewaltige Anhäufung ungesicherter Schulden zugelassen, wenn er nicht die Anweisungen des größten Aktionärs und geheimen Partners des Ambrosiano befolgt hätte. Aufgrund der wachsenden Schulden von United Trading tauchten in der zweiten Hälfte des Jahres 1977 die ersten Risse im Firmengefüge des Ambrosiano auf.

Zu jener Zeit saß Sindona, der vor der italienischen Justiz geflüchtet war, in seiner Millionen-Dollar-Suite im New Yorker Hotel Pierre und fragte sich, wie er wohl seine Anwalts- und Prozeßkosten bezahlen sollte. Die Federal Reserve Bank (Zentralbank) von New York hatte 1,7 Milliarden Dollar in seine bankrotte Franklin National Bank gebuttert und in den Sand gesetzt. Dann kam Sindona auf die Idee, Calvi zu bitten, 500 000 Dollar zu seiner Verteidigung beizusteuern. Calvi machte Ausflüchte, mit dem Ergebnis, daß die Angestellten des Banco Ambrosiano am Morgen des 13. November 1977 auf dem Weg zur Arbeit das Mailänder Finanzviertel mit Plakaten vollgepflastert fanden, auf denen ihrem Boß »Betrug, Bilanzfälschung, Verschleierung von Vermögenswerten, illegale Ausfuhr von Zahlungsmitteln und Steuerhinterziehung« vorgeworfen wurde. Auf den Plakaten wurde außerdem behauptet, Calvi hätte zig Millionen Dollar an Schmiergeldern für seine dubiosen Geschäfte mit Sindona erhalten. Calvi schickte ein Aufräumkommando los, das die Plakate entfernte, doch das italienische Nachrichtenmagazin *l'Espresso* bekam eines in die Hände und veröffentlichte die ganze Geschichte.

Hinter diesem Angriff auf Calvis Integrität steckte der als *il Provocatore* bekannte Luigi Cavallo. Er leitete eine Nachrichtenagentur namens *Agenzia A*. Nachdem die Story im *Espresso* erschienen war, schrieb er Calvi und drohte mit weiteren Enthüllungen, falls dieser sich nicht noch einmal überlege, »die Versprechen einzulösen, die Sie vor ein paar Jahren so bereitwillig gemacht haben«. Calvi beschloß, sich mit Sindonas Anwälten in Rom zu treffen, und willigte schließlich ein, die 500 000 Dollar auf ein Nummernkonto in der Schweiz einzuzahlen. Das Geld wurde von einem Konto der United Trading Corporation in Nassau überwiesen.[5] Luigi Cavallos Intrige führte dazu, daß die Bank von Italien eine Buchprüfung beim Banco Ambrosiano anordnete. Im April 1978 erschien Giulio Paladino, ein Inspektor der Bank von Italien, mit einer Mannschaft von fünfzig Revisoren in der Mailänder Ambrosiano-Zentrale. Calvi zeigte sich nicht im mindesten beunruhigt. Nach wochenlangem Graben und Sichten stellte Paladino fest, daß die Inlandsgeschäfte des Ambrosiano insgesamt ordentlich abgewickelt worden waren. Die Auslandsgeschäfte der Bank waren hingegen so verzwickt, daß der Inspektor vermutete, sie sollten die Ausfuhr italienischer Zahlungsmittel tarnen. Paladino stellte Calvi zur Rede. Der Bankier stritt jedes Vergehen ab. Die Revision lieferte jedoch Hinweise auf Verstöße gegen das Devisenkontrollgesetz. Paladino ärgerte sich über Calvis mangelnde Bereitschaft zur Zusammenarbeit und kündigte weitere Untersuchungen an. Calvi ließ sich nicht einschüchtern; voller Zuversicht begab er sich auf eine ausgedehnte Geschäftsreise nach Südamerika.

Während die Untersuchungen der Bank von Italien liefen, war man in der Villa Tevere damit beschäftigt, ein neues Dossier für Paul VI. über die Umwandlung des Opus Dei in eine Personalprälatur auszuarbeiten. Im Juni 1978 »ermutigte« der Papst Don Alvaro del Portillo, ein offizielles Ersuchen um die Gewährung der »gewünschten Rechtsform« einzureichen. Gleichzeitig hatte sich die Finanzlage des Vatikans weiter verschlechtert. Kardinal Villot, der dem Opus Dei inzwischen aktiv zur Seite stand, hatte Papst Paul seit zwei Jahren gedrängt, etwas gegen die Verschlimmerung der Situation zu unternehmen.[6] Doch am 6. August 1978, noch bevor Don Alvaro das Gesuch schreiben konnte, starb Papst Paul VI. Als sich die Kardinäle zum Konklave in Rom einfanden, sorgten die Parteigänger des Opus Dei dafür, daß die Finanzprobleme des Vatikans bei den Beratungen nicht in Vergessenheit gerieten. Nach dem neuen Reglement, das Paul VI. vor seinem Tod erlassen hatte, mußten sich die Kardinäle vor dem Konklave täglich versammeln; diese sogenannten Generalkongregationen tagten unter dem Vorsitz des Camerlengo, der der Kirche vor der Wahl eines neuen Papstes vorsteht. Dem Camerlengo obliegt es, die feierliche Rede *De Eligendo Pontifice* auszuarbeiten, in der die Qualitäten des verstorbenen Papstes gewürdigt und jene Eigenschaften genannt werden, die nach Ansicht der Kardinäle vom neuen Papst verlangt werden. Der Camerlengo nach Pauls Tod war Kardinal Villot. Das Defizit des Vatikans belief sich inzwischen auf 30 bis 40 Millionen Dollar pro Jahr. In der ersten Generalkongregation regte Kardinal Palazzini an, ob nicht der Status des IOR geändert und die Bank einer direkteren Aufsicht durch die Kurie unterstellt werden sollte. Kardinal Villot führte eilig eine Untersuchung durch. Theoretisch mußte sich der IOR vor einer Kommission von fünf Kardinälen verantworten, deren Vorsitzender Villot selbst war. Villot kam in seinem Bericht an die Kardinäle ein paar Tage später zu dem Schluß, daß der unabhängige Status des IOR aufrechterhalten bleiben sollte, daß aber strengere interne Kontrollen erforderlich seien.

Im Laufe der Generalkongregationen stattete Kardinal Wojtyla der Villa Tevere einen Besuch ab.[7] Er suchte die Kirche Maria vom Frieden auf und kniete zum Gebet am Grab des Gründers nieder. Nur eine Woche vor Eröffnung des Konklaves war dies eine ungewöhnliche Geste für einen der wichtigsten Mitglieder des Wahlkollegs.

Ein so deutliches Protestvotum wie die Wahl des Patriarchen von Venedig, Albino Luciani, hatte es in der Geschichte der Papstwahlen selten gegeben. Diese Wahl bedeutete die Ablehnung einer von den Konservativen dominierten Kurie und einer Kirche des Big Business. Der neue Papst war der Sohn eines Maurers, ein stiller, bescheidener Mensch ohne jegliche diplomatische Schulung und kuriale Erfahrung. Als das Wahlergebnis verkündet wurde, äußerte er gegenüber seinen Wählern:»Möge Gott euch vergeben, was ihr mir angetan habt!«

Luciani nahm den Namen Johannes Paul I. an und erklärte, er wolle eher Pastor als Papst sein und auf jeden Pomp verzichten. Er ließ die Römer wissen, daß sein Pontifikat ganz der Umsetzung der Lehren des Zweiten Vatikanischen Konzils gewidmet sein werde. Diese Äußerung, so bemerkte Roberto Calvi später, war an sich schon gefährlich. Innerhalb der Kirche existierte eine zutiefst fundamentalistische Gemeinschaft, die darauf aus war, die Beschlüsse des Zweiten Vaticanums rückgängig zu machen.

Am Sonntag, den 27. August, erschien Luciani auf dem Balkon des Petersdoms und segnete die Menschenmenge auf dem Platz. Anschließend speiste er mit Kardinal Villot. Luciani bat Villot, weiter im Amt des Staatssekretärs zu bleiben,»bis ich meinen Weg gefunden habe«.[8] Seine liberale Einstellung zur künstlichen Geburtenkontrolle hatte die Traditionalisten in der Tat beunruhigt, und er brauchte Villots Rat und Beistand, während er seine neue Administration zusammenstellte.

Die Konservativen reagierten auf die Haltung des neuen Papstes, indem sie den Gläubigen versicherten, er werde auf jeden Fall die Tradition der kirchlichen Obrigkeit wahren. Dabei war Luciani bereits als Bischof dafür eingetreten, daß der Vatikan seine Regeln bezüglich der künstlichen Geburtenregelung lockerte. Insgeheim verfluchten sie natürlich Lucianis Einstellung, und kurz nach seiner Wahl zum Papst machte sich ein Team getreuer Priester aus dem Staatssekretariat daran, die Archive von Dokumenten zu säubern, in denen der neue Papst eine Position verfocht, die nicht mit der ihren übereinstimmte. Einem ehemaligen Diözesanbeamten zufolge entfernten sie aus dem Archiv des Patriarchats in Venedig jedes Schriftstück, in dem Lucianis Haltung zur Geburtenkontrolle zum Ausdruck kam. Insbesondere sollen sie die Notizen zu einem Vortrag mitgenommen haben, den Luciani 1965 während einer Klausur vor Gemeindepriestern der Region Veneto gehalten und in dem er erklärt hatte: »Ich versichere Ihnen allen, daß die Bischöfe mehr als glücklich wären, eine Doktrin vorzufinden, die die Verwendung von Verhütungsmitteln unter gewissen Bedingungen für legitim erklärt ... Wenn es auch nur eine einzige Möglichkeit unter Tausenden gibt, dann müssen wir sie finden und sehen, ob wir mit Hilfe des Heiligen Geistes vielleicht auf etwas stoßen, das uns bisher entgangen ist.«[9]

Einige Monate vor der Veröffentlichung der Enzyklika *Humanae Vitae* hatte sich Luciani auf einer Diözesankonferenz zum Thema Ehe erneut mit dem Problem der Empfängnisverhütung befaßt. Diesmal sagte er: »Wir hegen die Hoffnung, daß der Papst ein erlösendes Wort sprechen wird.« Wochen später bat ihn sein Vorgesetzter, der venezianische Kardinal Giovanni Urbani, einen moderaten Text über künstliche Geburtenkontrolle für Paul VI. auszuarbeiten. Luciani beriet sich mit Ärzten, Eltern und Theologen und verfaßte eine schlüssige theologische Argumentation zugunsten einer Revision des kirchlichen Standpunkts zur Geburtenkontrolle. Kardinal Urbani schickte das Dokument an Papst Paul, bevor die endgültige Fassung von *Humanae Vitae* aufgesetzt wurde. Es bestätigte die Meinung der Mehrheit innerhalb der Expertenkommission, die der Papst eingesetzt hatte, und soll ihn angeblich zu einer liberaleren Haltung in Fragen der Sexualität bewogen haben. Allein Kardinal Wojtylas energisches Einschreiten – er erzwang sich beinahe den Zutritt zu den päpstlichen Gemächern und schrieb einige Passagen von *Humanae Vitae* praktisch eigenhändig um – rettete die Sache der Konservativen. Inzwischen sind jegliche Spuren von Lucianis Text getilgt worden, und der Heilige Stuhl bestreitet heute sogar, daß ein solches Schriftstück jemals existierte.

In dem Manuskript für die Rede zur Annahme der Papstwahl, die das Staatssekretariat für Luciani ausarbeitete, strich dieser sämtliche Verweise auf *Humanae Vitae*. Wenige Monate zuvor hatte das Opus Dei in Mailand einen internationalen Kongreß zur Feier des zehnten Jahrestags der Veröffentlichung der Enzyklika veranstaltet. Luciani hatte sich geweigert, vor dem Kongreß zu sprechen. Wojtyla trat an seine Stelle. Schon in den ersten Wochen seines Pontifikats teilte Luciani Villot die Absicht mit, den amerikanischen Kongreßabgeordneten James Scheuer zu empfangen. Scheuer war Vizepräsident des Bevölkerungsfonds der Vereinten Nationen, der sich für eine weltweite Familienplanung einsetzte. Scheuer bemühte sich um die Unterstützung des Vatikans bei dem Bestreben des UNO-Bevölkerungsfonds, die Weltbevölkerung bis zum Jahre 2050 bei 7,2 Milliarden Menschen zu stabilisieren. Eine Audienz für Scheuer wurde für den 24. Oktober 1978 ins Auge gefaßt.[10] Dies beunruhigte die konservativen Kräfte innerhalb der Kurie. Inzwischen galt das Opus Dei als stärkste konservative Macht innerhalb der Kirche. Es war und ist unerbittlich in seiner Ablehnung jeglicher Form von Familienplanung, außer der natürlichen Rhythmusmethode. Das Opus Dei war entsetzt über Lucianis Ansinnen und scharte alle gleichgesinnten Mitglieder des Kardinalskollegiums um sich, insbesondere Höffner aus Köln, Krol aus Philadelphia, Sin aus Manila, Siri aus Genua, Wojtyla aus Krakau sowie die konservativen Kurienmitglieder Baggio, Oddi, Palazzini, Poletti, Samoré und natürlich Villot. Oddi nahm kein Blatt vor den Mund und meinte, der Heilige Geist hätte einen Fehler begangen, als er Lucianis Wahl stattgab. Roberto Calvi weilte gerade in Montevideo, als ihn die Nachricht von der Wahl Lucianis erreichte. Er dürfte wohl eher erleichtert gewesen sein. Entgegen der allgemeinen Auffassung wollte Calvi die Geschäfte des Ambrosiano mit dem IOR nicht vertuschen. Inzwischen hegte er tiefen Verdruß und war überzeugt, eine Untersuchung würde dazu führen, daß der Banco Ambrosiano jene Sicherheiten erhielt, die er verlangte. Im Grunde betrachtete er Johannes Paul I. als einen der wenigen Menschen, die das dringend nötige Großreinemachen in der Vatikanbank durchsetzen würden.

Calvi bekannte gegenüber seiner Frau und seiner Tochter, daß er Marcinkus nicht mehr traute. Clara Calvi sagte später aus: »Ich weiß, daß er versuchte, mit Hilfe des Opus Dei die Probleme des IOR zu lösen. Eines Tages teilte er mir mit, er wolle nach Madrid reisen. ›Wieso?‹ fragte ich. Er lachte und erklärte, daß das Opus Dei in Spanien sehr viel Macht besitze.«[11]

Abgesehen von der Beendigung der vatikanischen Finanzmisere verfolgte Papa Luciani zu Beginn seines Pontifikats vor allem zwei Anliegen: Er wollte die Enzyklika *Humanae Vitae* revidieren, und er wollte Giovanni Benelli als Staatssekretär gewinnen. Ein solches Manöver bedeutete eine unermeßliche Gefahr für das Opus Dei. Es hieß, Alvaro del Portillo fürchtete Benelli wie keinen anderen innerhalb der Kirche.

22 Putsch im Vatikan

Verzweifelte Situationen erfordern verzweifelte Mittel. *Josemaría Escrivá de Balaguer*

In Begleitung von Giacomo Botta, dem Chef der Auslandsabteilung des Banco Ambrosiano, machten die Calvis auf der ersten Etappe ihrer Südamerikareise Zwischenstation in Montevideo, um sich mit Umberto Ortolani zu treffen. Der große Mittelsmann des Vatikans war kürzlich zum Gesandten des Malteserordens in Uruguay ernannt worden. Ortolani und einer seiner Söhne reisten mit den Calvis und Botta weiter nach Buenos Aires, wo Licio Gelli, dessen Frau Wanda und ihre beiden Söhne sie erwarteten. Angeblich war Calvi in Buenos Aires, um mit den argentinischen Behörden über die Eröffnung einer Banco-Ambrosiano-Niederlassung zu verhandeln. In Wirklichkeit luden Calvi, Gelli und Ortolani den gesamten Generalstab der Marine zum Abendessen ein. Nach dem Diner fragten die Admiräle, wie sie den Kauf von fünfzig AM39-Exocet-Raketen für ihre Marineluftwaffe finanzieren könnten. Eine Exocet-Rakete kostete eine Million Dollar, es ging also um ein Fünfzig-Millionen-Dollar-Geschäft. Die Exocets der französischen Firma Aerospatiale wurden in Lizenz auch in Italien hergestellt, und so hatte Calvi eine einfache Lösung parat. Er arrangierte eine Finanzierung, die vermutlich über das Netz von United Trading abgewickelt wurde, zumal nichts davon in den Büchern des Ambrosiano auftauchte.

Als Clara und Anna Calvi am Morgen des 29. September 1978 in ihrem Hotelzimmer die Fernsehnachrichten sahen, erfuhren sie, daß Papst Johannes Paul I. tot in seinem Bett gefunden worden war. Roberto war verblüfft. Er fand Luciani, wie er Clara schon zuvor gestanden hatte, »äußerst mutig, aufgeschlossen, aber sehr unbesonnen. In einem einzigen Monat hatte er klar zu erkennen gegeben, daß er im Vatikan seine eigene Linie durchsetzen werde. Er hatte seine Kompromißlosigkeit unter Beweis gestellt, und das bedeutete sicherlich, daß Marcinkus bloßgestellt werden würde.«[1] Unter einem neuen Papst war dies nicht mehr so wahrscheinlich.

Calvi hatte Clara erklärt, die Gründe für die Kalamitäten der Vatikanbank seien in den Tresoren der Banca del Gottardo zu finden. Dort wurden nämlich die Buchführungsgeheimnisse des United-Trading-Konzerns aufbewahrt. Der Chefbuchhalter beim IOR, Pellegrino de Strobel, ging später selbst zur Gottardo-Zentrale nach Lugano, um das Ausmaß der offenen Position bei United Trading zu bestätigen. Calvi hatte sich gefragt, was Johannes Paul I. wohl von diesen Geschäften gewußt hatte. Wahrscheinlich nichts, vermutete er.

Luciani hatte die Absicht gehegt, Marcinkus als IOR-Präsidenten ablösen zu lassen. Daß Luciani die Ostpolitik Pauls VI. fortsetzen wollte, schien ebenfalls gewiß. Doch die Öffnung gegenüber Moskau war zum Stillstand gekommen, als der russisch-orthodoxe Metropolit von Leningrad, der 49jährige Nikodim (der allgemein als KGB-Agent galt), unmittelbar vor der Begegnung im Vorzimmer des Papstes an einem akuten Herzinfarkt *(infarto miocardico acuto)* starb.

Eine Woche später fand Papa Luciani auf seinem Schreibtisch ein Exemplar der neusten Ausgabe von Mino Pecorellis römischem Skandalblatt *OP*. Darin wurde enthüllt, daß 121 hochrangige Prälaten Freimaurer waren. Unter den Genannten waren auch die Kardinäle Villot, Poletti und Baggio. Papa Luciani war schockiert und suchte Rat beim einzigen Mitglied der Kirchenführung, dem er traute, nämlich Kardinal Benelli, der inzwischen Erzbischof von Florenz war. Dieser riet zur Vorsicht, denn er hegte den Verdacht, Pecorelli »schärfe für jemand anderen die Axt«. Luciani bat Benelli, sein Staatssekretär zu werden. Benelli war bewegt. Seine Rückkehr in die Kurie hätte eine größere Versöhnlichkeit des Vatikans gegenüber dem Ostblock und eine Lockerung der Haltung gegenüber der künstlichen Empfängnisverhütung bedeutet – zwei Dinge, denen sich die konservativen Kardinäle widersetzten.

Am 28. September 1978 teilte Luciani Villot mit, daß er Marcinkus entlassen werde. Außerdem wolle er Sebastiano Baggio nach Venedig und den Vikar von Rom, Ugo Poletti, nach Florenz schicken. Schließlich forderte er Villot selbst zur Niederlegung seines Amtes auf, das Benelli bekleiden sollte.[2] Luciani konnte allerdings nicht wissen, daß die vier Prälaten, die er aus der Kurie entlassen wollte, wichtige Erfolgsgaranten für die Absichten des Opus Dei waren, nämlich die Kanonisierung des Gründers, die Umwandlung des Säkularinstituts in eine Personalprälatur und die Kontrolle der vatikanischen Finanzen.

In jener Nacht starb Johannes Paul I. nach nur dreiunddreißig Tagen im

Amt. Die Rangeleien um seine Nachfolge erinnerten an einen präzise vorbereiteten Staatsstreich. Sosehr man auch das Gegenteil glauben möchte – der Papst, in den so viele Menschen solch große Hoffnungen gesetzt hatten, kann kaum eines natürlichen Todes gestorben sein. Auch wenn viel über das Thema geschrieben und gesagt wurde, gibt es klare Hinweise darauf, daß die wahre Todesursache von einer Clique im Vatikan vertuscht wurde, welche entschlossen war, die Kirche und ihre heiligen Dogmen zu schützen.

Die Umstände, wie der Tod des Papstes entdeckt wurde, wirken gelinde gesagt bizarr. Sie beweisen, daß der Vatikan anfänglich nicht die Wahrheit bekanntgab und sie vielleicht auch heute noch nicht preisgibt. So versuchte der Vatikan zu vertuschen, daß Schwester Vincenza den Papst gegen fünf Uhr morgens tot vorfand, als sie ihm seine Thermoskanne mit Kaffee brachte. Sie sagte aus, er habe mit verzerrtem Gesicht aufrecht im Bett gesessen. Sie bemerkte, daß er einen Stapel Papiere mit der Hand umklammert hielt. Noch heute wird darüber gerätselt, um welche Art von Papieren es sich dabei handelte, denn die betreffenden Schriftstücke sind verschwunden. Einer Theorie zufolge wollten gewisse Mitglieder der Kurie der Öffentlichkeit verheimlichen, daß sich innerhalb des Vatikans ein Machtkampf abspielte, angezettelt von einem Kreis, der Benellis Rückkehr in die Machtzentrale zu verhindern trachtete. Die Papiere befaßten sich angeblich mit den Veränderungen, die Luciani an eben jenem Tag zu verfügen beabsichtigte. Den offiziellen Verlautbarungen des Vatikans nach hielt er jedoch eine Ausgabe von *De imitatione Christi* in den Händen.

In den folgenden sechs Jahren tauchten immer wieder Gerüchte über die verschwundenen Papiere und weitere Ungereimtheiten im Zusammenhang mit dem Tod Johannes Pauls I. auf. Im Juni 1984 wurde für eine Bischofskonferenz eine unsignierte Mitteilung verfaßt, die die Gerüchte ein für allemal zerstreuen sollte und die die Geschichte von *De imitatione Christi* als reine Erfindung der Presse abtat!

Diese Darstellung war genauso unwahr wie die erste; sie sollte lediglich dazu dienen, die Geschichte umzuschreiben. In jener Mitteilung hieß es, bei den Papieren, die Schwester Vincenza gesehen hatte, hätte es sich um nichts anderes als die Aufzeichnungen des Papstes für seine Predigt bei der Mittwochsaudienz und die Angelus-Ansprache am folgenden Sonntag gehandelt. In dem Bericht wurde jedoch verschwiegen, daß im ursprünglichen Kommuniqué des Vatikans behauptet worden war, der Papst sei von Pater John Magee, einem der beiden päpstlichen Sekretäre, tot vorgefunden worden.

In der Tat hatte Schwester Vincenza Pater Magee herbeigerufen. Dieser hatte als erstes Kardinal Villot aus dessen Wohnung zwei Stockwerke tiefer holen lassen. Villot tauchte kurz nach 5 Uhr im Schlafzimmer des Papstes auf; als Camerlengo nahm er die Sache sogleich in die Hand. Anderen Anwesenden zufolge inspizierte er rasch das Zimmer, insbesondere den Nachttisch und den Schreibtisch des Papstes. Nachdem er das Schlafzimmer betreten hatte, fehlte ein kleines Fläschchen Effortil, ein Medikament gegen niedrigen Blutdruck, das Johannes Paul stets auf seinem Nachttisch stehen hatte. Der Stapel von Aufzeichnungen war ebenfalls verschwunden. Eine Autopsie wurde nicht verlangt, und es gab auch keine gerichtsmedizinischen Untersuchungen.

Der Vatikan-Arzt Renato Buzzonetti traf um 6 Uhr im päpstlichen Schlafgemach ein und untersuchte den Leichnam kurz. Buzzonetti teilte Villot mit, die Todesursache sei ein *infarto miocardico acuto*, ein akuter Herzinfarkt; den Zeitpunkt des Todes schätzte er auf etwa 23 Uhr. Ohne viel Aufheben ordnete Villot die rasche Einbalsamierung des Leichnams an.

Der zweite päpstliche Sekretär, Pater Diego Lorenzi, der bereits in Venedig Lucianis Berater gewesen war, rief unverzüglich den Hausarzt des Papstes, Dr. Antonio Da Ros, an, der Luciani in Venedig über zwanzig Jahre lang betreut hatte. Da Ros war zwei Wochen zuvor in Rom gewesen, hatte seinen Patienten untersucht und ihm mitgeteilt: »*Non sta bene, ma benone*« (»Es geht Ihnen nicht nur gut, sondern ausgezeichnet!«). »Er war schockiert, sprachlos, konnte es einfach nicht glauben. ... Er sagte, er werde sofort ... in ein Flugzeug nach Rom steigen«,[3] berichtete Lorenzi. Als Da Ros wenige Stunden später eintraf, ließ man ihn jedoch nicht einmal in die Nähe des Leichnams.

Benelli wurde gegen 6.30 Uhr telefonisch in Florenz verständigt. Überwältigt von Trauer und ohne seine Tränen zu verbergen, zog er sich in sein Zimmer zurück und begann zu beten. Als Benelli um 9 Uhr wieder aus seinem Zimmer kam, um vor die Presse zu treten, erklärte er: »Die Kirche hat einen Führer verloren, der der richtige Mann im richtigen Augenblick war. Wir sind sehr verzweifelt. Wir stehen unter einem Schock. Der Mensch findet für so etwas keine Erklärung.«[4]

Kurz nachdem Benelli diese Worte vor der Presse geäußert hatte, begann das Informationsbüro des Vatikans die Legende von der schwachen Gesundheit des Papstes zu verbreiten. Doch wenn die Gesundheit des

Vatikanstadt

Hubschrauber-
landeplatz

Mura di
Leone IV.

Radio
Vatikan

Collegio
Etiopico

Bahnhof

Palazzo del Governatorato

Päpstliche
Akademie der
Wissenschaften

Vatikanische
Museen

Sixtinische
Kapelle

Cortile del
Belvedere

Cortile della
Pigna

Audienz-
halle

Palazzo del
Sant'Ufficio

Cortile
San
Damaso

Cortile
San Anna

Via San'Anna

Post-
amt

Piazza del Sant'Ufficio

Piazza di San Pietro

Porta Angelica

Via della Conciliazione

Päpstliche
Gemächer
(3. Stock)

Borgia Turm
IOR-Hauptquartier

Città Leonina

284

Papstes tatsächlich so labil war, wieso fand man dann außer Effortil keinerlei Medikamente in den Räumen des Papstes? Wieso wurde Kardinal Villot nie dazu befragt? Erinnert sei auch daran, daß Edoardo Luciani, der Bruder des toten Papstes, zu Protokoll gab, Albino hätte nie in seinem Leben Herzbeschwerden gehabt.

Die Kontroverse um Papa Lucianis Tod überschattete die Generalkongregationen im Vorfeld des Konklaves. Als Camerlengo wurde Villot von den progressiveren Kardinälen heftig attackiert. Er räumte ein, daß das Pressebüro des Vatikans irreführende Informationen geliefert habe.[5] Die kritischen Kardinäle wollten wissen, wieso keine Autopsie durchgeführt und keine offizielle Sterbeurkunde ausgestellt worden war. Sie drängten auf eine gemeinsame Erklärung zum Tod des Papstes. Die Konservativen lehnten dies ab.

In der Römischen Kurie gab es keine reaktionärere Gestalt als Kardinal Silvio Oddi. Er war der wichtigste Förderer des Opus Dei. Die italienischen Behörden hatten eine Autopsie verlangt, doch Oddi behauptete, er hätte bereits eine Untersuchung für das Kardinalskollegium durchgeführt und dabei keinerlei Unregelmäßigkeiten entdeckt. Daher lehnte er eine Autopsie mit der Begründung ab, dies würde einen Präzedenzfall schaffen[6] – was nicht stimmte, denn in der Vergangenheit waren bereits Obduktionen an Päpsten vorgenommen worden. David Yallop zitiert Oddi mit der Aussage, das Kardinalskollegium werde »die Möglichkeit einer Untersuchung nicht einmal erwägen; es denkt nicht daran, sich von irgend jemandem etwas vorschreiben zu lassen, und es wird über das Thema nicht einmal diskutieren. ... Tatsächlich wissen wir mit Bestimmtheit, daß der Tod Johannes Pauls des Ersten dadurch ausgelöst wurde, daß sein Herz zu schlagen aufhörte, aus rein natürlichen Gründen.«[7]

Als dann am 12. Oktober 1978 das zweite Konklave eröffnet wurde, teilte Pater Panciroli, der Pressesprecher des Vatikans, mit, daß schließlich doch eine Sterbeurkunde ausgestellt worden sei. Die von Professor Mario Fontana, dem Direktor des vatikanischen Gesundheitsdienstes, und seinem Stellvertreter Dr. Renato Buzzonetti unterzeichnete »Urkunde« war jedoch kein offizielles Dokument. Aus gutem Grund. Es bestand lediglich aus fünf maschinegeschriebenen Zeilen, in denen auf italienisch bestätigt wurde, daß der Papst am 28. September 1978 um 23.00 Uhr im Apostolischen Palast an den Folgen eines *morte improvvisa – da infarto miocardico acuto* gestorben sei.[8] Solch ein Dokument wäre in Ländern mit ausgeprägter zivilrechtlicher Tradition nicht durchgegangen.

Zum zweiten Konklave traten Siri und Benelli erneut als Favoriten an. In den ersten Wahlgängen erzielte Benelli beinahe das notwendige Minimum von zwei Dritteln plus einer Stimme.[9] Dann bat Siri auf Drängen von Baggio, Krol, Oddi und Palazzini seine Anhänger, ihre Stimme Karol Wojtyla zu geben. Er meinte, Wojtyla würde einen »guten dogmatischen Papst« abgeben.

In einem anschließenden Kommentar zu den Ereignissen im Konklave brachte Kardinal Enrique y Tarancón seinen Abscheu vor der Politisierung der Papstwahl zum Ausdruck, während Siri schlicht bemerkte: »Verschwiegenheit kann einige äußerst unerfreuliche Dinge verbergen«.[10] Siri hat nie im einzelnen gesagt, worum es sich bei diesen »Dingen« gehandelt haben mag, doch die Wahl des ersten nichtitalienischen Papstes seit 455 Jahren bedeutete, daß der Heilige Stuhl ein apostolisches Programm in Angriff nahm, welches sich radikal von jenem unterschied, das Johannes Paul I. zu formulieren begonnen hatte.

In Erinnerung an den Märtyrer und ersten Krakauer Bischof wollte Wojtyla zuerst den Namen Stanislaus annehmen. Siri empfahl ihm jedoch, sich Johannes Paul II. zu nennen, um die Wunden der Kirche zu heilen. Der venezolanische Anwalt Alberto Jaimes Berti, der Siri seit über zwanzig Jahren kannte, hielt sich zur Amtseinführung des neuen Papstes in Rom auf. Er berichtete, Siri sei begeistert gewesen. »Er erzählte mir, er hätte Wojtyla im Konklave unterstützt, weil er ihn als eine Gestalt betrachtete, die Gott gesandt habe, um den Kommunismus auf der ganzen Welt zu zerstören. ›Wir müssen diesem Papst helfen, seine Mission zu erfüllen. Er wird Geld brauchen, sehr viel Geld‹«, zitierte Berti seinen Freund Siri.

Berti managte damals die Finanzen der Kirche in Venezuela. Während seines Besuchs in Rom, so berichtete er, teilte Siri ihm unter vier Augen mit, die Kirche wolle in Südamerika eine Bank zur Förderung des Handels mit Osteuropa einrichten. Siri betonte, daß die Bank eine solide Kapitalgrundlage brauche und streng geheim operieren müsse.[11]

Laut Berti bestand kein Zweifel, daß es niemals eine Ambrosiano-Affäre gegeben hätte, wenn Johannes Paul I. am Leben geblieben wäre: Er hätte die geheimen Geschäfte des IOR aufgedeckt und ihnen ein Ende gemacht. Andererseits hätte es dann einen IOR-Skandal gegeben, in den nicht nur Marcinkus, sondern auch das Opus Dei, der italienische Militärgeheimdienst SISMI und andere verwickelt gewesen wären. Mit Wojtyla als Papst wurden die Schwierigkeiten des IOR indes vertuscht. Marcinkus blieb weiterhin Präsident der Bank. Villot blieb weiterhin Staatssekretär. Es war kein Geheimnis, daß Villot inzwischen ganz auf der Seite des Opus Dei stand. Und die Flasche Effortil? Laut einer Verschwörungstheorie, die noch heute in den Gängen des Vatikans erörtert wird, war dem Medikament ein farb- und geruchloses Gift beigemengt worden, das dieselbe Wirkung erzielte wie Digitalis, jenes natürliche Gift, das man vermutlich Pater Giuliano Ferrari verabreicht hatte, der nur wenige Monate zuvor an einem akuten Herzinfarkt gestorben war.

Die Wahl Wojtylas hatte außerdem zur Folge, daß Baggio weiterhin Präfekt der Kongregation für die Bischöfe blieb und Poletti sein Amt als Vikar von Rom behielt. Sie wurden gebraucht, um die Seligsprechung des Gründers und die Erhebung des Opus Dei zur Personalprälatur zu sichern. Und es gab keine Papstaudienz für den amerikanischen Kongreßabgeordneten James Scheuer, den Vizepräsidenten des UNO-Bevölkerungsfonds, denn Wojtyla lehnte mit der Unterstützung des Opus Dei jeden Kurswechsel des Vatikans in der Einstellung zur Empfängnisverhütung strikt ab. Bereits in seinem ersten Amtsjahr beauftragte Wojtyla den führenden Theologen des Opus Dei in Lateinamerika, Monsignore Ibáñez Langlois, den chilenischen Diktator Pinochet dazu zu drängen, medizinische Geräte im Wert von einer Million Dollar, welche die Londoner International Planned Parenthood Federation (Internationaler Verband für Familienplanung) für ein Sterilisationsprogramm für Frauen zur Verfügung gestellt hatte, aus dem Land schaffen zu lassen. Falls Pinochet dem Wunsch des Papstes nicht nachkäme, würde Chile die Unterstützung des Papstes im Beagle-Channel-Konflikt mit Argentinien einbüßen. Pinochet kam der Forderung unverzüglich nach.[12]

Lucianis Nachfolger würdigte den verstorbenen Papst nur mit Lippenbekenntnissen. Der IOR wurde nach wie vor von derselben Clique gemanagt und sollte noch in weitere Geldwäscheaffären verstrickt werden. Es gab keine Erneuerung der Kurie. Und die Jesuiten gerieten zunehmend unter Druck: Entweder sie schwenkten auf die konservative Linie ein oder sie würden aufgelöst. Unter Johannes Paul II. wirkte das Opus Dei darauf hin, sämtliche abweichenden Haltungen zur Sexualmoral zu unterdrücken. Mit der Enzyklika *Veritas Splendor* brandmarkte Wojtyla Abtreibung, Sterbehilfe, Empfängnisverhütung und Homosexualität als »in sich sündhaft«. All dies waren Lieblingsphobien des Opus Dei. Dem Werk wurde sogar vorgeworfen, indirekt die Anti-Abtreibungs-Kampagnen finanziert zu haben, die in den neunziger Jahren in Frankreich und den Vereinigten Staaten gestartet wurden.[13]

Roberto Calvi ahnte nichts von dem Machtkampf in Rom. Er setzte seine Reise durch Südamerika fort und besuchte Lima, bevor er zur Jahreskonferenz der Weltbank und des Internationalen Währungsfonds nach Washington flog. In Lima traf Calvi mit dem Wirtschaftsminister und dem Präsidenten des Banco de la Nación zusammen, mit denen er über die Möglichkeit sprach, in Peru eine Bank zu eröffnen. Um die Vorteile einer solchen Einrichtung zu veranschaulichen, sorgte Calvi dafür, daß der Banco Ambrosiano der Peruanischen Zentralbank, deren Direktorium das Opus-Dei-Mitglied Emilio Castañón angehörte, den nötigen Kredit für den Kauf einer italienischen Fregatte einräumte. Die Konzession für die neue Bank wurde binnen Jahresfrist erteilt.

Johannes Paul II. machte Kardinal Oddi derweil zum Präfekten der Kongregation für die Orden. Die Ernennung war strategisch wichtig, denn die Kongregation für die Orden war für die Säkularinstitute und somit für das Opus Dei zuständig. Vielleicht noch aufschlußreicher war jedoch die Ernennung Pietro Palazzinis zum Präfekten der Kongregation für die Heilig- und Seligsprechungen.

Johannes Paul II. war kaum einen Monat im Amt, als er Don Alvaro del Portillo eine freundliche Grußbotschaft anläßlich des fünfzigjährigen Bestehens des Werkes schickte. Das Glückwunschschreiben war einem Brief von Villot beigelegt, in dem es hieß: »Seine Heiligkeit betrachtet die Umwandlung des Opus Dei in eine Personalprälatur als eine Notwendigkeit, die nicht länger hinausgeschoben werden darf.« Aber noch während Don Alvaro eilig darum bemüht war, das *nihil obstat* der betreffenden Kongregationen zu erwirken, starb Kardinal Villot – angeblich im Schlaf (und ohne zu verraten, was er mit dem Effortil gemacht hatte.)[14] Villots Nachfolger im Amt des Staatssekretärs wurde Kardinal Agostino Casaroli.

Unter Wahrung äußerster Geheimhaltung schickte Don Alvaro del Portillo dem Präfekten der Kongregation für die Bischöfe, Kardinal Baggio, ein fünfzehnseitiges Dossier über die Vorteile, die die Kirche aus der Erhebung des Opus Dei zur ersten – und einzigen – Personalprälatur ziehen würde. Das Dokument war ein Meisterwerk bürokratischer Argumentation – präzise aufgebaut und klar formuliert. Ausnahmsweise wurden genaue statistische Angaben gemacht, unter anderem über die Zahl der Opus-Dei-Mitglieder – nämlich 72 375, die 87 Nationalitäten angehörten und von denen etwa zwei Prozent Priester waren. Ferner wurde betont, daß das Opus Dei bereits den hierarchischen Aufbau einer an kein Territorium gebundenen Diözese mit eigenem Ordinarius, eigenem Presbyterium und eigener Kongregation besaß.

Don Alvaro hob hervor, daß das Opus Dei ein neues pastorales Phänomen im Leben der Kirche darstellte, »auf einzigartige Weise vergleichbar mit dem spirituellen Leben und den Apostolaten der Gläubigen – Geistlichen und Laien –, die den ersten christlichen Gemeinden angehörten«.

Ein ganzer Abschnitt der Schrift unterstrich die Tatsache, daß »im wesentlichen alle konstitutiven Merkmale einer Personalprälatur« im Aufbau des Opus Dei bereits gegeben seien. Dann kam das entscheidende Argument: »Die Umwandlung des Opus Dei vom Säkularinstitut zur Personalprälatur … bietet dem Heiligen Stuhl die Möglichkeit zu einem effektiveren Einsatz eines *mobilen Corps* von Priestern und Laien (mit spezieller Ausbildung), die überall als wirkungsvolle geistliche und apostolische Katalysatoren für die christliche Aktion operieren können, vor allem in gesellschaftlichen und beruflichen Bereichen, in denen es heute oft unmöglich ist, mit den derzeit der Kirche zur Verfügung stehenden Mitteln maßgeblich apostolisch tätig zu sein.«[15]

Die Schrift offenbarte auch einige Einzelheiten über die Nebentätigkeiten des Opus Dei: »Die Mitglieder des Opus Dei arbeiten bereits in den folgenden Tätigkeitsbereichen … 479 Universitäten und höhere Bildungseinrichtungen auf fünf Kontinenten; 604 Zeitungen, Magazine und wissenschaftliche Publikationen; 52 Radio- und Fernsehsender; 38 Nachrichten- und Werbeagenturen; 12 Filmproduktions- und Verleihfirmen usw. Darüber hinaus fördern unsere Mitglieder mit Hilfe von normalen Bürgern, Katholiken wie Nichtkatholiken, Christen und Nichtchristen, in 53 Ländern apostolische Unternehmungen pädagogischer beziehungsweise sozialer Art: in Primär- und Sekundärschulen, technischen Lehranstalten, Jugendclubs, Handelsschulen, Hotelfachschulen, Hauswirtschaftsschulen, Kliniken und Krankenhäusern usw. (Siehe Anmerkung 9).«[16]

Aus Anmerkung 9 ging hervor, daß sich die Aufzählung allein auf das »Apostolat der Durchdringung« bezog. Dieses Apostolat wurde von Opus-Dei-Mitgliedern im Rahmen ihrer normalen beruflichen Tätigkeit durchgeführt, indem sie spezielle Ausbildungskurse, kulturelle Austauschprogramme, internationale Kongresse, Konferenzen und Seminare für Führungskräfte aus der Wirtschaft, für Techniker, Lehrer und andere organisierten. Das Apostolat der Durchdringung zielte speziell auf Länder mit »totalitären Regimen, die entweder atheistisch, anti-christlich oder zumindest nationalistisch ausgerichtet sind und in denen es schwierig oder praktisch unmöglich ist, *de jure* oder *de facto* eine missionarische oder religiöse Tätigkeit aufzunehmen und schließlich eine organisierte Präsenz oder Tätigkeit als Institution der Kirche [zu etablieren].«

23 Banco Occidental

Ich stellte in ganz Lateinamerika die Finanzierung für Kriegsschiffe und andere militärische Ausrüstung zur Verfügung, womit der subversiven Tätigkeit gutorganisierter kommunistischer Kräfte begegnet werden sollte. Dank dieser Geschäfte kann sich die Kirche heute in Ländern wie Argentinien, Kolumbien, Peru und Nicaragua einer neuen Autorität rühmen ...

Roberto Calvi, 1982

Javier Sainz Moreno, Jura-Professor an der Universität von Madrid, ist ein scharfer Kritiker des Opus Dei und seiner Methoden, die seiner Meinung nach besser zu einer kriminellen Vereinigung passen würden als zu einem Zweig der katholischen Kirche. »Das Opus Dei unterscheidet zwischen seinen Mitgliedern und dem Rest der Welt. Die Vereinigung scheut sich nicht, mit Personen von zweifelhaftem Ruf, mit ausgemachten Ganoven und selbst mit sozialistischen Politikern zusammenzuarbeiten. Die Führungsspitze des Opus Dei ist jedoch sorgsam darauf bedacht, daß diese Menschen das Werk nicht beschmutzen oder ihm zu nahe treten. Nachdem man sie benutzt hat, läßt das Opus Dei sie fallen, straft sie mit Verachtung und wäscht seine Hände in Unschuld. Die Bedeutung des Opus Dei besteht darin, daß es einen gewaltigen Einfluß geltend macht und seine immensen finanziellen Ressourcen darauf verwendet, sein Apostolat auszuweiten ... Das Opus Dei weiß genau, daß Geld die Welt regiert und daß die religiöse Vorherrschaft in einem Land oder auf einem Kontinent davon abhängt, daß man eine finanzielle Vorherrschaft erlangt. ... Aufgrund seiner Kühnheit wagt das Opus Dei Aktivitäten, von denen andere religiöse Orden niemals träumen würden; es verwendet dieselben Waffen wie seine Feinde. Für diese Zwecke heuert es Leute an, die keinen Respekt zu verdienen scheinen und die seine schmutzige Arbeit erledigen. Auf diese Weise erreicht es seine Ziele, ohne selbst direkt involviert zu sein. Der Zweck heiligt die Mittel. Anschließend bezahlt das Opus Dei diese Leute aus und vergißt sie so schnell wie ein schmutziges Papiertaschentuch, das man in den Mülleimer wirft. Das Opus Dei heuert Anwälte an, die es beraten, wie es um die Steuern herumkommt – und selbstverständlich behauptet das Opus Dei hinterher, das so gewonnene Geld diene dazu, seine religiösen Aktivitäten auszuweiten. Es engagiert Architekten, die Möglichkeiten finden, baurechtliche Beschränkungen zu umgehen und Baugenehmigungen zu erwirken – natürlich sind die Genehmigungen für Schulen und Altenheime gedacht und dienen somit sozialen Zwecken. Es heuert Frauen an, welche für Skandale sorgen und Politiker diskreditieren, die das Werk bekämpfen. Es ist klar, daß diese Politiker aufgrund ihrer niederen Moral in jedem Fall der Versuchung erliegen. Kurz gesagt, es heuert verrufene Leute an, die seine schmutzige Arbeit erledigen.«

Ich dachte lange über diese Worte nach, bevor mir klar wurde, daß Roberto Calvi eines dieser »schmutzigen Taschentücher« war. Seiner Frau Clara gegenüber hatte er stets betont, daß das Opus Dei tief in seine Geschäfte mit dem Vatikan verstrickt war. Als Mittelsmänner konnte er jedoch nur zwei Mitglieder der Kurie namentlich nennen – Kardinal Palazzini und Monsignore Hilary Franco –, die aber beide nicht Mitglieder des Werkes waren. Calvi stand natürlich auch Marcinkus nahe, doch auch der Bankier des Vatikans war kein Mitglied des Opus Dei. Allerdings machte er sich zum Sklaven für einen roten Hut.

Roberto Calvi war zwar nicht streng religiös, doch er achtete die Kirche. Seine Schwäche war – ähnlich wie bei Marcinkus – sein ungeheurer Ehrgeiz. Wenn man die damalige Zeit berücksichtigt, war Roberto Calvi meiner Meinung nach kein unehrlicher Mensch, doch aufgrund seines Ehrgeizes war er offen für gewisse Machenschaften. Calvi hatte indes ein anderes Problem. Als er die Leitung des Banco Ambrosiano übernahm, erbte er von seinem Vorgänger Canesi einen verdeckten Teilhaber. Dieser geheime Partner war beziehungsweise wurde der größte Aktionär der Bank – so absurd dies auch scheinen mag. Ganz gleich, was Calvi auch tat und wie sehr er sich auch bemühte – und er bemühte sich sehr –, er konnte jenen Aktionär nicht loswerden.

Wer dieser geheime Aktionär war, konnte nie eindeutig geklärt werden. Es gibt Hinweise darauf, daß es der IOR oder ein Kunde des IOR war. Doch die Vatikanbank behauptete, sie habe im Namen von Calvi agiert, und legte Kopien von verdächtigen oder zumindest »parallelen« Briefen als »Beweise« vor. Und so wird nach dem derzeitigen Erkenntnisstand – mangels besserer Beweise – angenommen, daß Calvi selbst sein eigener geheimer Teilhaber gewesen sein muß. Ferner wird angenommen, daß er das Geld der Bank benutzt haben muß, um einen solch großen Aktienanteil bei jener Bank anhäufen zu können, bei der er schließlich selbst nur Angestellter war. Somit war er außerdem ein Ganove.

Die Familie Calvi hat über ein Dutzend Jahre versucht, die Öffentlichkeit davon zu überzeugen, daß dies nicht der Fall war. Dieses Unterfangen ist ihr gänzlich mißlungen. Trotzdem entwickelte ich während meiner Recherchen einige Sympathie für ihre Sache. Ich hätte vielleicht eine andere Sicht gewonnen, wenn die Leute, die Calvi als seine Partner bezeichnete, und die Leiter der Vatikanbank durchweg eine überzeugende Darstellung geliefert hätten. Dies war indes nicht der Fall. Es lohnt sich also, den Fall Calvi gründlich zu untersuchen, denn dadurch läßt sich die Glaubwürdigkeit jener Leute prüfen, die im Vatikan die Macht innehaben.

Calvi behauptete, die »Priester« hätten das Kapital des Banco Ambrosiano abgezogen, um ihre verdeckten Geschäfte zu finanzieren, und er hätte sie nicht dazu bringen können, ihre Verbindlichkeiten einzulösen. Wenn das stimmte, dann müssen die »Priester« einen ausgesprochen mephistophelischen Plan verfolgt haben. Im Zuge der Entwicklung dieses Plans wurde Madrid zur Verrechnungszentrale für viele seiner Geschäfte, und dies bedeutete, daß Calvi und seine Logenbrüder Licio Gelli und Umberto Ortolani der spanischen Hauptstadt häufige Besuche abstatteten.

In den sechziger Jahren beschloß die Kirche, ihre Haltung gegenüber den Freimaurern zu lockern. Im revidierten Kodex des Kirchenrechts wurde sie nicht mehr als verbotene Institution genannt. Gewisse Kreise der Kirche fingen sogar an, die Freimaurerei als brauchbare Waffe gegen den Marxismus zu betrachten. Ein Beweis dafür war die italienische Loge Propagande Due (P2), die keine echte Loge im Sinne der Freimaurer war, sondern eine geheime Gruppierung prominenter Persönlichkeiten, die sich der anti-marxistischen Mission der Freimaurer verschrieben und der viele hochrangige Prälaten als Mitglieder angehörten. Die Kirche »infiltrierte« sozusagen die Freimaurerbewegung und »kolonisierte« sie.

Die Loge P2 wurde Ende der sechziger Jahre gegründet, angeblich auf Betreiben von Giordano Gamberini, einem Großmeister der Großloge von Italien und engen Freund Giulio Andreottis. Noch näher stand er jedoch Francesco Cosentino, der ebenfalls im Vatikan ein und aus ging. Entweder Andreotti oder Cosentino oder auch beide sollen vorgeschlagen haben, eine geheime Zelle überzeugter rechtsgerichteter Persönlichkeiten zu gründen, die in wichtigen Sektoren tätig waren, besonders im Bankenwesen, im Geheimdienst und in der Presse, und die das Land vor der »schleichenden Bedrohung durch den Marxismus« schützen sollten.

Mit dem Aufbau der Loge P2 betraute Gamberini einen kleinen Textilfabrikanten aus der toskanischen Stadt Arezzo, der Freimaurer war und bereits nach zwei Jahren den Rang eines Meisters erwarb. Sein Name war natürlich Licio Gelli. Der Oberste an der Spitze der P2-Loge war laut Calvi indes kein Geringerer als Giulio Andreotti, in der Führungshierarchie unmittelbar gefolgt von Cosentino und Ortolani.

Andreotti hat Calvis Aussage stets dementiert. Es bleibt jedoch eine Tatsache, daß Calvi Andreotti mehr fürchtete als Gelli oder Ortolani. Cosentino starb kurz nach dem Beginn der Untersuchungen zur Loge P2.

In Wahrheit, so meinte Javier Sainz, gehörte die P2 einem geheimen Netz rechter Kräfte an, das mit dem Segen des Vatikans als abendländisches Bollwerk gegen den Marxismus errichtet wurde. Die P1 operierte in Frankreich und die P3 in Madrid. Chef der P3 war der ehemalige spanische Justizminister Pio Cabanillas Gallas.

Erklären lassen sich diese Verbindungen durch die Taktik des Opus Dei, die darin bestand, sich zur Erreichung gewisser weltlicher Ziele nötigenfalls fragwürdiger Handlanger zu bedienen. Calvi, Gelli, Ortolani und das Propagandanetz waren aufgrund ihrer ähnlichen politischen Ziele geeignete Instrumente, die eingesetzt und dann fallengelassen werden konnten. Um Gelder in den Kampf gegen die marxistische Unterwanderung in Lateinamerika zu schleusen, war es nach Meinung der Opus-Dei-Funktionäre günstig, ein spanisches Finanzinstitut als Partner für Calvis Banco Ambrosiano zu finden.

Mitte der siebziger Jahre begann Calvi sich für den Banco Occidental zu interessieren, dessen Aktien an der Madrider Börse notiert wurden. Geheimer Inhaber eines Pakets von einhunderttausend Aktien, das zehn Prozent des Bankenkapitals ausmachte, war eine Schweizer Firma namens Zenith Finance S.A. Zu jener Zeit gehörte Dr. Arthur Wiederkehr noch nicht dem Direktorium von Zenith an; erst 1980 trat er ihm bei. Calvi erwarb dieses Aktienpaket für 80 Millionen Schweizer Franken. Das war das *Zehnfache* des aktuellen Marktwerts – eine ungewöhnliche Handlungsweise für einen scharfsinnigen Bankier.[1] Er brachte die Aktien in einer Gesellschaft unter, deren Inhaber United Trading war.

Banco Occidental gehörte Gregorio de Diego, einem wagemutigen Freibeuter, der ursprünglich aus Salamanca stammte. Diego verkörperte alles, was man in Opus-Dei-Kreisen an freiem Unternehmergeist bewunderte.

Er war gerissen, gewinnsüchtig und offenbar hochbegabt bei der Anlockung von Kapital. Im Zweiten Weltkrieg hatte er ein Vermögen gemacht, indem er von Dorf zu Dorf gezogen war und Kaninchenfelle gekauft hatte. Die Felle verkaufte er nach Deutschland, wo sie als Futter für die Winteruniformen der Wehrmacht verwendet wurden. Er handelte auch einen Importvertrag über die Lieferung von Lederstiefeln für deutsche Offiziere aus. Die Deutschen waren jedoch äußerst ungehalten, als sie die doppelte Anzahl von rechten Stiefeln und keinen einzigen linken erhielten. Ihr Mißvergnügen rührte daher, daß sie eine hohe Anzahlung geleistet hatten und den Vertrag nun neu aushandeln mußten. Diego verkaufte ihnen schließlich die entsprechende Anzahl linker Stiefel, allerdings zum doppelten Preis. Mit dem aus dem Verkauf von Fellen und Stiefeln erworbenen Kapital cornerte er den Markt für spanisches Wolfram, ein strategisch wichtiges Mineral, das in Deutschland knapp war. Nach dem Krieg verfügte er über eine Menge Geld, während der Rest des Landes in einem Liquiditätsengpaß steckte. In den sechziger Jahren kaufte er den Banco Peninsular, den er in Banco Occidental umbenannte. In dessen Zentrale an der Plaza de España leuchteten große Buntglasfenster wie in einer Kirche.

Diego starb in den Armen seiner Geliebten an einem Herzinfarkt. Sein Sohn, Gregorio de Diego II., erbte das Familienimperium. Obwohl Diego II. keinerlei Erfahrung im Bankgewerbe hatte, wurde er Vorstandsvorsitzender des Banco Occidental; zum Verwaltungsratspräsidenten ernannte er den Conde Tomás de Marsal, einen spanischen Granden, der wie Ortolani Geheimer Ritter des Päpstlichen Hauses war.

Unter Conde de Marsal stieg Banco Occidental in Wertpapier- und Emissionsgeschäfte ein und übernahm Positionen in Industriekonzernen wie etwa Zementwerken, die gut zu Diegos Unternehmungen im Bereich der Grundstückserschließung paßten. Anfang der siebziger Jahre eröffnete die Bank ein repräsentatives Büro in Rom, vor allem für Tomás de Marsal, der oft den Vatikan besuchte.

Im Jahre 1976 erhielt der Banco Occidental einen Kredit vom Banco Ambrosiano, mit dem die spanische Bank ein Prozent der Ambrosiano-Aktien kaufte. Gleichzeitig erhöhte Banco Ambrosiano seine Beteiligung am Banco Occidental auf 510000 Aktien, wofür er weitere 40 Millionen Schweizer Franken bezahlte. Calvi gehörte fortan dem Direktorium des Banco Occidental an. Außer dem Conde de Marsal, den Insider als religiösen Fanatiker bezeichneten, saß auch Pio Cabanillas, der ehrwürdige Meister der Loge P3, im Direktorium. Wie sein Kollege von der P2 führte auch Cabanillas geheime Akten über die meisten wichtigen Köpfe Spaniens. Und er war ein Freund von Luis Valls Taberner.

Diego scharte zahlreiche Opus-Dei-Mitglieder um sich. In dieser Hinsicht war seine Bank im Grunde genommen eine Opus-Dei-Bank. Sein Adjutant war der Supernumerarier Eloy Ramirez, der langjährige Mexiko-Bevollmächtigte des Banco Español de Crédito (Banesto), der größten Geschäftsbank Spaniens. Diego stellte ihn wegen seiner Kontakte und Geschäftsverbindungen in Südamerika ein. Eloy Ramirez begleitete Diego auf all seinen Auslandsreisen. Wo immer sie auftauchten, besuchte Ramirez seine Glaubensbrüder, die ihm sämtliche Türen öffneten. Die eigentliche graue Eminenz war indes Diegos Schwager Fernando Pérez Minguez, ein Kunstkenner und Antiquitätensammler, der ein Büro in der Bank unterhielt, obwohl er gar nicht bei ihr beschäftigt war. Wie Ramirez und seine Frau waren auch Fernando Pérez und seine Gattin Supernumerarier des Opus Dei.

Banco Occidental konzentrierte sich auf die Erschließung von Anlagemöglichkeiten in Südamerika und Florida; dies geschah durch den Erwerb von Beteiligungen an kleinen Geschäftsbanken und den Kauf von Hotels. Ein Mitarbeiter in der Rechtsabteilung des Banco Occidental vermutete, daß Calvi den Banco Occidental auch als Drehscheibe für Waffengeschäfte mit südamerikanischen Diktaturen benutzte. Im Zusammenhang mit diesen Transaktionen war häufig Calvis Anwesenheit in Madrid erforderlich. Mehrtägige Aufenthalte in der spanischen Hauptstadt hätten jedoch Aufmerksamkeit erregt, und so erwarb United Trading einen Privatjet, mit dem er am selben Tag nach Madrid und wieder zurückfliegen konnte. Die Mitarbeiter von Occidental wurden instruiert, bei Telefonaten mit Ambrosiano-Stellen in Mailand niemals den Learjet zu erwähnen. Vermutlich sollte der Stab in Mailand nichts von der Existenz des Flugzeugs wissen.

In Madrid traf sich Calvi häufig mit Cabanillas, um über die Möglichkeit zu diskutieren, wie man das Mehrheitsstimmrecht über *El País* erwerben könnte. Man fürchtete nämlich, daß sich die auflagenstärkste Zeitung Madrids zu weit nach links entwickeln würde. Dieses Vorhaben paßte gut in das Apostolat der öffentlichen Meinung des Opus Dei und ebenso gut zu den Plänen der P2-Loge und des Vatikans, den *Corriere della Sera*, die führende italienische Tageszeitung, zu übernehmen. Der Madrider Staranwalt Matías Cortés Domíngues, der als unabhängiger Berater des

Banco Occidental fungierte, soll Cabanillas bezüglich der Übernahmepläne beraten haben. Matías' Bruder Antonio, ebenfalls ein Anwalt, gehörte dem Opus Dei als Numerarier an.

Einige Jahre zuvor hatte Umberto Ortolani den Banco Financiero Sudamericano, eine kleine Bank in Montevideo, gekauft und in Bafisud umbenannt. Von da an benutzten Calvi und Diego Bafisud für einige ihrer südamerikanischen Unternehmen. Im Jahre 1976 erwarb Ambrosiano Overseas eine fünfprozentige Beteiligung an Ortolanis Bafisud, und die zum Banco Occidental gehörende Cogebel stieg ebenfalls mit fünf Prozent ein. Ortolani und Diego wurden gute Freunde. Diego bezeichnete Ortolanis Villa in Montevideo als »ein Museum mit der Hälfte der Kunstschätze des Vatikans«.

Im Jahre 1977 gingen Banco Occidental und Rumasa eine Verbindung ein, indem sie eine Reihe von wechselseitigen Einlagen machten. Daß zwischen den drei Bankengruppen – Ambrosiano, Occidental und Rumasa – Verflechtungen bestanden, belegte ein mittelfristiger Kredit in Höhe von 25 Millionen Dollar, den Rumasa im Oktober 1980 aufnahm. Der Kredit wurde im Konsortium gemanagt von der dem Ambrosiano angeschlossenen Schweizer Banca del Gottardo, der Banque de l'Union Européenne (an der der Ambrosiano ebenfalls beteiligt und die eng mit den Unternehmungen des Opus Dei in Frankreich verbunden war) sowie von der First National Bank in Saint Louis, Missouri. Letztere war verknüpft mit der Brauereifamilie Anheuser Busch, die in enger Verbindung mit dem Opus Dei in den Vereinigten Staaten gestanden haben soll.

Mittlerweile beliefen sich die Aufwandzinsen für die Schulden, die United Trading beim Ambrosiano hatte, auf etwa 50 Millionen Dollar im Jahr. Da United Trading seinen Sitz im Ausland hatte, mußte ihr Offshore-Kapital zugeführt werden. Doch je größer die Schulden wurden, desto schwieriger war es für Calvi, genügend Offshore-Kapital zur Deckung zu beschaffen. Italienische Banken brauchten besondere Genehmigungen für die Kapitalausfuhr, und um eine solche zu erhalten, hätte Calvi der Bankenaufsicht die Existenz des United-Trading-Netzes offenlegen müssen. Das wiederum hätte die Enthüllung seiner verdeckten Transaktionen in Südamerika und andernorts bedeutet. Er wurde zum Sklaven der offenen Positionen von United Trading – ein klassischer Beleg für die Richtigkeit des ebenso klassischen Ausspruchs eines brasilianischen Volkswirts: Wenn ein Kunde einer Bank 1 Million Dollar schuldet und diese nicht zurückzahlen kann, dann hat er ein Problem; wenn er der Bank aber

100 Millionen Dollar schuldet und sie nicht zurückbezahlt, dann hat die Bank ein Problem. Calvi hatte ein Problem, und das Problem hieß United Trading.

Calvis Beziehung zum Banco Occidental lieferte einen der Hinweise auf seinen geschäftlichen Verkehr mit Opus-Dei-nahen Personen und Interessengruppen. Sprecher des Opus Dei dementierten jedoch später, daß Calvi direkt oder indirekt irgend etwas mit Mitgliedern des Werkes zu tun gehabt hätte. Ein weiteres Indiz für seine Verstrickung in das Opus-Dei-Netz tauchte auf, als die Offshore-Mittel des Ambrosiano nicht mehr ausreichten, um die Schuldenlast von United Trading zu tragen. Eine Notlösung wurde in einer südamerikanischen Hauptstadt gefunden, in der ein Direktor der Zentralbank und mehrere damalige beziehungsweise spätere Minister Opus-Dei-Mitglieder waren.

Im Oktober 1979 eröffnete Calvi in Lima den Banco Ambrosiano Andino. Die neue Bank verfügte über ein Kapital von 12,5 Millionen Dollar, größtenteils gezeichnetes Kapital der Banco Ambrosiano Holding in Luxemburg, die wiederum selbst teilweise dem United-Trading-Konzern gehörte. Banco Andino wurde nun zum Allerheiligsten des United-Trading-Verbundes. Bereits am Ende des ersten Geschäftsmonats wies die Bilanz des Andino eine Summe von über 435 Millionen Dollar aus, wovon praktisch alles frisierte Kredite waren. Damit sollte die wahre Quelle und der eigentliche Endverbleib der Gelder verschleiert werden, die von United Trading und ihrem Netz von Offshore-Gesellschaften eingesetzt wurden.

Seltsamerweise hielt Calvi das Opus Dei für seinen Verbündeten. Ein verläßlicherer Verbündeter wäre Kardinal Egidio Vagnozzi, der Chef der vatikanischen Präfektur für Wirtschaftsangelegenheiten, gewesen. Vagnozzi war besorgt, weil Opus-Dei-Funktionäre Paul VI. hinter seinem Rücken angeboten hatten, die Verwaltung der vatikanischen Finanzen zu übernehmen. Vagnozzi war dagegen, dem Opus Dei einen noch größeren Einfluß auf die Angelegenheiten des Vatikans einzuräumen. Er mißtraute auch Marcinkus. Er äußerte seine Befürchtungen gegenüber Kardinal Casaroli, dem neuen Staatssekretär. Casaroli, ein Meister der Ambivalenz, gewährte ihm nur wenig Unterstützung. Allerdings befürwortete er Vagnozzis Vorschlag, für den 5. November 1979 eine außerordentliche Versammlung der 123 Kardinäle einzuberufen. Vagnozzi wollte die Alarmglocke anschlagen. Seiner Meinung nach stand der Vatikan kurz vor dem finanziellen Ruin. Die Kardinalsversammlung vom November 1979 war die letzte große Konferenz, über die Vagnozzi den Vorsitz führte. Er starb kurz darauf. Die Untersuchungsakte, die er über Marcinkus angelegt hatte, verschwand.

Etwa zur selben Zeit stellte General Giuseppe Santovito, Chef des italienischen militärischen Nachrichtendienstes SISMI, den jungen Francesco Pazienza als Vatikan- und Palästinaspezialisten ein. Der 1946 im süditalienischen Taranto geborene Pazienza entstammte einer streng katholischen Familie und hatte ein Diplom in »Tiefseephysiologie«. Er beherrschte fünf Sprachen und kannte eine illustre Schar prominenter internationaler Persönlichkeiten, unter anderem Aristoteles Onassis, den NATO-Oberbefehlshaber Alexander Haig, den internationalen Betrüger Robert Vesco, PLO-Chef Yasser Arafat und eine Reihe von saudischen Prinzen. Er hatte auch ausgezeichnete Kontakte in Südamerika, insbesondere in Argentinien; den päpstlichen Nuntius in Argentinien, Erzbischof Pio Laghi bezeichnete er als seinen engen Freund, ebenso wie den ständigen Vertreter des Vatikans bei den Vereinten Nationen, Erzbischof Giovanni Cheli.

Pazienza war fast zwei Jahre für SISMI tätig gewesen, als zwei Mailänder Richter beinahe zufällig eine neue Krise in Italien auslösten. Mitte März 1981 durchsuchten die Justizbehörden im Zuge ihrer Ermittlungen über Sindonas kriminelle Machenschaften Gellis Wohnung und Büro. Neben Fotokopien geheimer Staatsdokumente fand man eine Liste, bei der es sich offensichtlich um die Mitgliederkartei einer geheimen Freimaurerloge handelte. Unter den 962 Personen, die dort aufgeführt waren, befanden sich auch mehrere Minister. Der Rest waren hochrangige Offiziere und Geheimdienstagenten, führende Industrielle, Bankiers, Journalisten, außenpolitische Würdenträger, der Anwärter auf den italienischen Thron und ranghohe Prälaten des Vatikans. Gelli rief aus Südamerika in seinem Büro an, als die Durchsuchung im Gang war, und wurde über die Vorkommnisse unterrichtet. Die Öffentlichkeit erfuhr jedoch monatelang nichts.

Auch Pazienzas Chef, General Santovito, stand auf Gellis P2-Liste. Er mußte zurücktreten. Damit war auch Pazienzas Karriere als SISMI-Agent beendet. Nachdem er in Rom einen eigenen Sicherheitsdienst gegründet hatte, nahm Flaminio Piccoli, der Vorsitzende der Christdemokratischen Partei, Kontakt mit ihm auf. Der Andreotti-Freund Piccoli schlug Pazienza ein Treffen mit Roberto Calvi vor, da der Bankier der Führungsspitze des IOR nicht traute. Pazienza sollte in Calvis Auftrag nach der verschwundenen Akte über Marcinkus fahnden, die der verstorbene Kardinal Vagnozzi angelegt hatte.

Pazienza kannte Senator Mario Tedeschi, der ein rechtsgerichtetes Magazin namens *Il Borghese* herausgab, in dem auch eine Kolumne über den Vatikan erschien. Den vatikanischen Klatsch erfuhr *Il Borghese* größtenteils über den römischen Erpresser Giorgio Di Nunzio. Selbiger Di Nunzio wußte, daß Vagnozzi die Akte über Marcinkus bei dem Zürcher Anwalt Dr. Peter Duft hinterlegt hatte, und erbot sich, sie für eine Menge Geld zu beschaffen.

Calvi wurde zu einem immer wichtigeren Faktor im italienischen Machtgefüge. Seine Bank zählte Vermögenswerte von nahezu 20 Milliarden Dollar und 38000 Aktionäre. Trotz ihrer Liquiditätsprobleme war sie nach wie vor profitabel und weit vom Konkurs entfernt. Calvi bemühte sich jedoch, den Ambrosiano von seiner traditionellen Machtbasis – der katholischen Rechten – abzurücken und in neutralere Gewässer zu manövrieren. Dies hätte gleichzeitig eine Verwässerung des Aktienkapitals seines verdeckten Partners bedeutet – ein gefährliches Unterfangen. Er hatte begonnen, Geschäfte mit der Italienischen Sozialistischen Partei zu machen. Daß er den Sozialisten half, ihre finanzielle Basis zu verbreitern, erregte Giulio Andreottis Mißfallen. Er wollte, daß der Banco Ambrosiano wieder auf den Kurs der rechten Katholiken zurückgebracht wurde. Pazienza sollte helfen, dies zu bewerkstelligen.

Pazienza handelte mit Peter Duft, Vagnozzis »Vertrauensmann« in der Schweiz, den Kauf der Marcinkus-Akte zum Preis von 1,5 Millionen Dollar aus. Die Zahlung erfolgte von einem United-Trading-Konto, wobei ein Viertel an den Anwalt ging und der Rest auf Di Nunzios Schweizer Konto. Pazienza lieferte Calvi das Dokument persönlich. Doch die Wege des Herrn sind wundersam. 1982, während eines Besuchs bei seiner Schweizer Bank, starb Di Nunzio an einem plötzlichen Herzinfarkt.

Calvi hatte sich gemeinsam mit Gelli und Ortolani monatelang um eine Umstrukturierung des Verlagsimperiums Rizzoli bemüht, dem unter anderem der *Corriere della Sera* gehörte. Bis Ende 1980 hatte United Trading insgesamt 40,65 Millionen Dollar an Ortolani-Konten in der Schweiz ausbezahlt, offensichtlich um eine Übernahme von Rizzoli zu deichseln.[2] Calvi vermutete, daß Ortolani für den Vatikan handelte und daß er als Vertreter des Vatikans in den Vorstand von Rizzoli eingetreten war. Im März 1981 beliefen sich die Zahlungen von United Trading an Ortolani und Gelli bereits auf 76 Millionen Dollar. Calvi begann den IOR dazu zu drängen, die offene Position von United Trading zu verringern. Er mißtraute Gelli und Ortolani nicht weniger, als er Andreotti fürchtete. Und weil er glaubte, daß die rechte katholische Allianz, die die traditionelle Basis der Bank bildete, die Expansion des Ambrosiano blockierte, begann er nach neuen Partnern zu suchen. Doch die Rache folgte auf dem Fuß.

Während der Rizzoli-Verhandlungen zog ein Mailänder Gericht aufgrund eines anhängenden Verfahrens wegen illegaler Kapitalausfuhr Calvis Paß ein. Calvi hegte seine Vermutungen, doch er konnte nie mit Sicherheit klären, wer seine Feinde waren. Andreotti war mit Sicherheit darunter. Auch Gelli und Ortolani mißtraute er immer mehr. Er ließ sich von der Undurchsichtigkeit des Vatikans jedoch vollständig täuschen. Das Opus Dei und Kardinal Palazzini betrachtete er als Verbündete. Casaroli, über dessen Privatleben er angeblich einige kompromittierende Dokumente besaß, sah er als Feind an. Und Marcinkus hielt er aufgrund seiner Gier und Inkompetenz für gefährlich.

Um mehr über die vatikanische Fraktion zu erfahren, die ihn seiner Meinung nach bekämpfte, bat Calvi Pazienza – den er für ein Honorar von 500 000 Dollar engagiert hatte –, ein Treffen mit einem Mitglied der Casaroli-Clique zu arrangieren. In der Karwoche des Jahres 1981 machte Pazienza Calvi mit Erzbischof Achille Silvestrini, dem Untersekretär Casarolis, bekannt. Anstatt Silvestrini über seine Geschäfte mit dem IOR zu unterrichten, sprach Calvi über die Rizzoli-Gruppe, doch Silvestrini blieb unverbindlich. Calvi wollte gerne die Rolle Ortolanis in der Rizzoli-Transaktion geklärt wissen. Silvestrini hielt sich indes bedeckt, vielleicht weil er nichts wußte.

Der nächste Schritt bei dem Verkauf von Rizzoli für insgesamt 260 Millionen Dollar erfolgte Ende April: Vom Banco Ambrosiano Andino wurden 95 Millionen Dollar auf das Konto der Zirka Corporation von Monrovia bei der Rothschild Bank in Zürich überwiesen. Dieses Geld war als Kredit an die panamaische Gesellschaft Bellatrix ausgewiesen. Bellatrix war eine Tochter von United Trading. Die 95 Millionen Dollar für Bellatrix landeten in einem Topf mit weiteren 46,5 Millionen Dollar, die Anfang des Jahres von Ambrosiano Services in Luxemburg an die Rothschild Bank überwiesen worden waren, vermutlich für den Kauf eines Pakets von 189 000 Rizzoli-Aktien aus dem Besitz der Rothschild Bank. Der Kaufpreis dieser Aktien lag somit um das *Zwanzigfache* über dem tatsächlichen Kurs. Zu diesen Beträgen kamen noch weitere 8 Millionen Dollar, so daß Bellatrix insgesamt etwa 150 Millionen Dollar erhielt. Dabei waren jedoch einige

Unregelmäßigkeiten im Spiel, die erst im Zuge späterer Ermittlungen ans Licht kamen. Erstens leiteten Ortolani und Bruno Tassan Din, der Vorstandsvorsitzende von Rizzoli, die Geschäfte von Bellatrix, obwohl Bellatrix der United Trading Corporation gehörte. Zweitens behauptete die Rothschild Bank, sie führe kein Bellatrix-Konto. Drittens tauchte der Name Bellatrix im Aktienbuch von Rizzoli nirgendwo auf.

Mittlerweile sammelte Marcinkus alle Kräfte, um sich gegen die Casaroli-Clique zu verteidigen. Noch während er seine Gegenoffensive plante, trat die Katastrophe ein. »Es geschah etwas, das die Machtverhältnisse innerhalb des Vatikans aus dem Gleichgewicht brachte. Am 13. Mai 1981 wurde auf dem Petersplatz ein Attentatsversuch auf Johannes Paul II. unternommen. Solange der Papst im Krankenhaus lag, hatte Casaroli im Vatikan das Sagen. Dies war ein schwerer Schlag für Marcinkus. Casaroli hegte das größte Interesse, ihn vernichtet zu sehen«, erklärte Pazienza.

Johannes Paul II. brauchte vier Monate, um von der Schußverletzung zu genesen. In dieser Zeit wurde Marcinkus' Position durch weiteres Unheil erschüttert. Am 20. Mai 1981 verhaftete die Guardia di Finanza, die italienische Finanzpolizei, Calvi in seiner Mailänder Wohnung wegen illegaler Kapitalausfuhr über das Offshore-Netz des Ambrosiano. Geschäfte auf den internationalen Geldmärkten gehörten zwar zu den Aufgaben eines internationalen Bankiers, doch nach bestehendem italienischem Recht waren Bankiers bei ihren internationalen Transaktionen eingeschränkt; um ihre Auslandsgeschäfte auszuweiten, mußten sie geschickt jonglieren. Calvi war vielleicht ein wenig zu geschickt. Der Hohepriester des italienischen Privatbankwesens verbrachte die folgenden beiden Monate im Gefängnis, wobei er nicht besser behandelt wurde als ein gewöhnlicher Krimineller. So büßte er für den Eifer, mit dem er die Kirche bei ihren heimlichen Finanzgeschäften unterstützt hatte.[3]

Clara Calvi war unbeschreiblich erschüttert über die Inhaftierung ihres Mannes. Bis dahin war sie fest davon überzeugt gewesen, daß Roberto einen Schutzengel hatte. Naiverweise hatte sie geglaubt, ihre Familie sei geschützt vor dem Sumpf von Korruption und Vetternwirtschaft, durch den Italien in eine moralische Krise geriet. Immerhin wurden ihre Kinder wegen der Welle von Entführungen ständig von persönlichen Leibwächtern begleitet. Für wohlhabende Italiener war dies in den siebziger und achtziger Jahren nüchterne Lebensrealität. Als Carlo Calvi sich zu seinem Militärdienst bei einer Einheit des Militärgeheimdienstes melden mußte, wurde er in einer gepanzerten Limousine in die Kaserne chauffiert. Das

Landhaus der Familie in Drezzo befand sich zwar auf einem Hügel, wurde aber dennoch Tag und Nacht von einem privaten Sicherheitsdienst bewacht. Das Maß an Schutz – politischem wie physischem – hing ab von der Stellung einer Familie: je prominenter sie war, desto mehr Schutz benötigte sie.

Doch plötzlich gab es weder Schutz noch Protektion. Italien und Spanien waren die einzigen westlichen Industrienationen, in denen nach wie vor Devisenkontrollen galten. Da dies den Bestimmungen des Gemeinsamen Marktes widersprach, wurden die Beschränkungen bald aufgehoben. Vorläufig aber war die Ausfuhr von Kapital eine strafbare Handlung. Dabei gab es in Italien keinen einzigen Bankier, der diese Restriktionen nicht irgendwann einmal umgangen war, um auf dem internationalen Markt wettbewerbsfähig zu operieren. Calvi war keine Ausnahme, doch sein Vergehen wurde besonders herausgehoben. Sein Prozeß artete in einen wahren Medienrummel aus.

In Calvis Abwesenheit nahm Pazienza das Heft in die Hand. Er sorgte dafür, daß Clara sich bei Giulio Andreotti für ihren Mann einsetzte. Der »Große Intrigant« teilte ihr mit, Roberto müsse zurücktreten. Er – Andreotti – schlage vor, daß die Bank von Italien zwei »freundlich gesinnte« Bevollmächtigte – den Finanzier und Freund Siris, Orazio Bagnasco, und den Präsidenten des Banco Popolare di Novara, einer kleinen Provinzbank, die Bagnasco gehörte – mit der Leitung des Ambrosiano beauftragen solle.

Clara Calvi entnahm Andreottis Reaktion, daß dieser ihren Mann eindeutig dem Lager Casarolis zuordnete, das mittlerweile seine leichte Kavallerie für einen Angriff auf Marcinkus rüstete. Das unterschwellige Kräftespiel innerhalb der Kurie ist jedoch so subtil, daß ein Außenstehender schwerlich einen genauen Überblick gewinnen kann. Andreotti hielt es übrigens mit der sogenannten Rom-Partei, einer dritten Kraft innerhalb des Vatikans, die sich aus Erzkonservativen zusammensetzte und auf der dogmatischen Linie des Opus Dei und des Papstes lag. Marcinkus war noch immer nützlich für sie, doch letztlich wurde auch er ausmanövriert und durch andere Kräfte ersetzt.

Nach Calvis Verhaftung im Mai 1981 befand sich der Banco Occidental in einer Liquiditätskrise und ging Anfang Juli 1981 mit einem Minus von 100 Millionen Dollar in Konkurs. Der Vorwurf des Betrugs wurde erhoben. Banco de España übernahm den bankrotten Banco Occidental durch den Erwerb von 51 Prozent des Kapitals zum symbolischen Preis von

einer Pesete. Banco Ambrosiano Holding verkaufte ihre Occidental-Akti-
en an Banco Vizcaya – eine spanische Regionalbank, die man allgemein
im Umfeld des Opus Dei ansiedelte. Der Preis betrug lediglich 1 Million
Dollar, wodurch der Ambrosiano Holding ein Verlust von 40 Millionen
Dollar entstand. Dann verkaufte Banco de España das, was vom Bankgeschäft des Occidental übriggeblieben war, kurzerhand zum vollen Nenn-
wert an selbigen Banco Vizcaya. Occidental ging somit – befreit von seinen
uneinbringlichen Forderungen – innerhalb des Banco Vizcaya auf, der
bald darauf mit dem Banco Bilbao fusionierte und Banesto als größte
Geschäftsbank Spaniens ablöste. Der damalige Direktor des Banco de
España war zufälligerweise Alvarez Rendueles, der junge Bankier, den
Ruiz-Mateos nicht hatte einstellen wollen.

Ein paar Tage vor der Intervention des Banco de España erhielt Diego II.
von einem hohen Beamten der Zentralbank, der auch Mitglied des Opus
Dei war, folgenden Rat: Falls er einen Teil der Occidental-Verluste durch
eine persönliche Garantie decke – eine Garantie, die, wie beide wußten,
uneinbringlich war –, so dürfe er die Hotelgruppe des Occidental aus den
Anlagen der Bank ausgliedern und in eine getrennte Gesellschaft über-
führen, in der sie vor dem Bankrott gesichert wäre.

Die Occidental-Hotelgruppe besaß zwei renommierte Hotels in Spanien,
eines in Budapest, etwa ein Dutzend in der Dominikanischen Republik,
etliche in Portugal, eines in Venezuela, das Occidental Plaza in Miami, das
Fairmount in San Antonio, Texas, und das Grand Hotel in Atlanta. Diego
erhielt eine Warnung, daß ein Haftbefehl gegen ihn erlassen werden
sollte, und floh nach Atlanta, wo er ein palastartiges Anwesen mit einer
Flotte von Luxusautos, Swimmingpool, Baseballfeld, Tennisplätzen und
Ställen für dreißig Pferde besaß. Ein Jahr später erlitt er im Alter von
fünfundfünfzig Jahren einen schweren Herzinfarkt; er überlebte jedoch
dank einer Notoperation. Occidental Hotels S.A. wurde unter der Leitung
seines Sohnes Gregorio de Diego III. eine der größten Hotelketten Spaniens.

Ortolanis Bafisud überlebte den Untergang des Banco Occidental nicht
lange. Sie ging in Konkurs und wurde von der Zentralbank von Uruguay
übernommen. Im Mai 1983 wurde der Rest von Bafisud für einen Peso an
eine holländische Bank verkauft. Der Präsident der uruguayischen Zentralbank war Ramón Diaz, ein Mitglied des Opus Dei.

24 Tod unter
der Brücke

Hätte mein Mann seine äußerst heiklen Verhandlungen mit dem Opus Dei abschließen können, dann wäre er heute der mächtigste Mann in Italien.

Carla Calvi

Die Familie Calvi war überzeugt, daß Marcinkus den italienischen Behörden Informationen vorenthielt, die Roberto entlastet hätten. Daher wollte sie sich an den Papst wenden. Nach Clara Calvis Treffen mit Andreotti flog Pazienza nach New York, um sich mit Carlo Calvi zu beraten. Der Sohn leitete in Washington die Banco Ambrosiano Service Corporation, deren Büros im Watergate-Komplex untergebracht waren. Pazienza organisierte ein Treffen zwischen Carlo und dem Leiter der diplomatischen Mission des Vatikans bei den Vereinten Nationen in New York, Erzbischof Giovanni Cheli. Pazienza instruierte Carlo vor der Unterredung; dabei deutete er an, daß Cheli es auf Marcinkus' Posten abgesehen habe. Cheli, so nahm man an, mußte also daran interessiert sein, daß die Nachricht der Calvis bis zum Papst durchdrang.[1]
Drei von Pazienzas Freunden begleiteten Carlo zu dem Gespräch: Pater Lorenzo Zorza, Chelis persönlicher Assistent; Alfonso Bove, ein Geschäftsmann aus Brooklyn; und Sebastiano Lustrisimi, ein in New York operierender Agent des italienischen Geheimdienstes. Die drei warteten im Vorzimmer von Chelis Büro bei der UNO, während Carlo allein mit dem Erzbischof sprach. Carlo hielt Cheli für arrogant. Nachdem sich Cheli mit offenkundiger Ungeduld Carlos Bericht über die Geschäfte des Banco Ambrosiano mit dem IOR angehört hatte, meinte er, der »richtige Kanal« für die Übermittlung solcher Informationen nach Rom sei die apostolische Gesandtschaft in Washington. Er arrangierte für Carlo eine Unterredung mit dem ersten Sekretär, Monsignore Eugenio Sbarbaro, und wies Pater Zorza an, ihn zu begleiten.
Als Carlo bei Sbarbaro vorsprach, zeigte dieser sogar noch weniger Interesse als Cheli. Da der IOR jede Kooperation verweigerte, wurde Calvi

des Verstoßes gegen Devisenvorschriften für schuldig befunden und zu vier Jahren Gefängnis und einer Geldbuße in Höhe von 13,5 Millionen Dollar verurteilt. Er konnte gegen das Urteil Berufung einlegen. Der »Bankier Gottes«, wie die Weltpresse ihn nun titulierte, wurde gegen Kaution freigelassen. Er war jedoch noch immer ohne Paß. Auch bedeutete es wenig Trost, daß Johannes Paul II. während Calvis Gefängnisaufenthalt eine Kommission von fünfzehn Kardinälen zur Prüfung der vatikanischen Finanzen eingesetzt hatte. Bei der nächsten Sitzung des Verwaltungsrats begrüßten ihn seine Kollegen mit Standing-ovations. Dann reiste er zur Erholung für ein paar Wochen nach Sardinien.

Ein Dutzend Jahre nach dem Tod des Bankiers gibt es immer wieder neue Hinweise für die These, daß er das Opfer einer Verschwörung wurde, in die die Vatikanbank und der geheime Ambrosiano-Aktionär verstrickt waren. Es wird auch immer offensichtlicher, weshalb die Verschwörer die Identität dieses Aktionärs geheimhalten wollten. Die neuen Enthüllungen beziehen sich unter anderem auf die Existenz einer venezolanischen Connection und die Rolle des italienischen Geheimdienstes, der um die Ereignisse wußte, aber nicht eingriff.

Pazienza, der selbst Berufung gegen eine hohe Gefängnisstrafe für seine Rolle beim nachfolgenden Bankrott des Ambrosiano einlegte, gab zu, daß er sich von den »geheimen Kräften« benutzt fühlte, die sich hinter Calvis Rücken gegen den Banco Ambrosiano formierten. Der Verdacht einer Verschwörung wurde auch von den Richtern ignoriert, vielleicht weil Pazienza rasch von der Bildfläche verschwand, nachdem er Calvi mit dem Mann bekannt gemacht hatte, der zum Koordinator der Verschwörung wurde. Dies war der sardische Baulöwe Flavio Mario Carboni.

Carla Calvi mochte den »freundlichen, zuvorkommenden Mann«. Er war aufmerksam und brachte oft Geschenke wie sardischen Ziegenkäse und Olivenöl mit. Sie fragte sich allerdings, weshalb er immer solch weite Jacketts trug, bis sie eines Abends entdeckte, daß Carboni einen Revolver im Gürtel trug.

Clara vergaß den Vorfall schnell. In den folgenden Wochen unternahmen Roberto und Clara Kreuzfahrten auf Carbonis Yacht. Zu den übrigen Gästen zählten Nestor Coll Blasini, der venezolanische Botschafter beim Heiligen Stuhl, und der venezolanische Volkswirt Carlo Binetti. Coll gehörte der Christdemokratischen Partei Venezuelas (COPEI) an und stand in enger Verbindung zum Opus Dei, wovon die Calvis allerdings nichts wußten. Er hatte das venezolanische Institut für Betriebswirtschaft reformiert und von sämtlichen linken Einflüssen gesäubert. Außerdem war er ein guter Freund des christdemokratischen Bildungsministers und Opus-Dei-Numerariers Enrique Peres Olivares. Coll beobachtete die Urlauber aufmerksam und unterhielt sich ausführlich mit Calvi. Carboni wurde von Manuela Kleinszig, seiner 23jährigen österreichischen Freundin, begleitet. Er hatte außerdem eine Frau und eine römische Geliebte, die jedoch nicht mitreisten.

Mitten in ihrem Urlaub flog Calvi nach Rom zu einer Unterredung mit Marcinkus. Am Abend zuvor hatte Calvi Carboni unter vier Augen mitgeteilt, daß er Ärger mit den »Priestern« hätte. Bei der Begegnung in Rom wollte Calvi Marcinkus überreden, United Trading aufzulösen, weil der Konzern aus dem Ruder gelaufen war.[2]

Calvi mußte also bei Marcinkus die Genehmigung einholen, United Trading aufzulösen – ein klarer Beweis dafür, daß United Trading weder damals noch jemals zuvor dem Ambrosiano gehörte. Bei diesem Treffen konnte Calvi Marcinkus jedoch nur dazu bewegen, zwei »Patronatserklärungen« abzufassen, in denen eingeräumt wurde, daß der United-Trading-Konzern, einschließlich der Mutterfirma, »direkt oder indirekt« vom IOR kontrolliert wurde. Einer der Briefe war an den Banco Ambrosiano Andino S.A. in Lima adressiert, der andere an die Ambrosiano Group Banco Comercial S.A. in Managua. Beide datierten vom 1. September 1981.

Als Gegenleistung unterzeichnete Calvi offenbar eine Schadloshaltungserklärung, und zwar auf neutralem Briefpapier mit einem maschinegeschriebenen Briefkopf der Banco Ambrosiano Overseas Limited. Diese Erklärung datierte vom 26. August 1981, dem Tag seines Besuchs in Rom. Eine Durchschrift davon fand sich weder in den Akten des Ambrosiano noch in Calvis persönlichen Unterlagen. In dem Schreiben wurde erklärt, daß Ambrosiano Overseas den IOR für die Ausstellung der Patronatserklärungen schadlos halten werde. Außerdem wurde darin vereinbart, daß der United-Trading-Konzern keine weiteren Geschäfte mehr tätigen werde und daß seine Beteiligung am IOR – einschließlich einer befristeten Einlage von 200 Millionen Dollar – spätestens am 30. Juni 1982 aufgelöst werden solle. Trotz dieses Briefes verblieben die United-Trading-Aktien – der wahre Nachweis über die Eigentumsverhältnisse – beim IOR in Rom. Dies war an sich schon ein äußerst aufschlußreicher Umstand.

Die Schadloshaltungserklärung sollte die Illusion wecken, daß die Verantwortung für den United-Trading-Konzern letztlich bei Banco Ambrosiano Overseas in Nassau lag. In diesem Fall wäre Calvi ein Narr gewesen, wenn er den Brief unterzeichnet hätte – es sei denn, er befolgte Befehle. Die Bank in Nassau gehörte schließlich zu einem Fünftel dem IOR; der Rest war Eigentum der Banco Ambrosiano Holding in Luxemburg, die – wie wir gesehen haben – zu einem bestimmten Zeitpunkt zu 40 Prozent dem verdeckten Partner, Lovelok, gehörte. Der Brief sollte also möglicherweise zu verstehen geben, daß der IOR oder sein ungenannter Kunde – die »fehlende Gegenpartei« – die United-Trading-Einlage schlicht und einfach von einer Hand zur anderen weiterreichte. Gleichzeitig schützte sich der IOR besser vor der Gefahr, daß die Verbindung zwischen dem United-Trading-Netz und dem Vatikan enthüllt werden würde, falls die Bank von Italien dessen Existenz aufdecken sollte.

In dem Brief wurde ferner zur Bedingung gemacht, daß Ambrosiano Overseas die befristete Einlage von 200 Millionen Dollar bis Ende Juni 1982 zurückzahlte. Der IOR hat sich nie besonders klar zu dieser Einlage geäußert. Einer Theorie zufolge war das Geld Teil eines Gegengeschäfts zwischen dem IOR und dem Ambrosiano, bei dem es um ein venezolanisches Erschließungsprojekt ging, bei dem die neapolitanische Camorra als Investor fungierte. Der IOR ließ Calvi wissen, daß erst nach Auszahlung dieser Einlage »der Rest« – d. h. die Gelder, die United Trading der Ambrosiano-Gruppe schuldete – abgewickelt werden würde.[3]

Als Calvi am selben Abend nach Sardinien zurückflog, erzählte er Clara: »Die Priester werden mich dafür bezahlen lassen, daß ich den Namen IOR zur Sprache gebracht habe. Sie lassen mich bereits dafür bezahlen.«[4]

In dem Maße, wie United Trading nutzlos wurde, begann auch der Einfluß von Marcinkus zu schwinden. Am 29. September 1981 ernannte Johannes Paul II. ihn zum Erzbischof und beförderte ihn zum Gouverneur der Vatikanstadt. Sein Amt als Chef des IOR behielt er, doch er verwandte nun immer mehr Zeit darauf, die Verwaltung und die Einkünfte des Vatikans zu optimieren. Wenn Calvis Vermutung stimmte, so stand das Opus Dei jetzt im Begriff, die Aufsicht über die Vatikanbank zu übernehmen. Sechs Wochen später unterrichtete Johannes Paul II. Kardinal Baggio, er habe beschlossen, das Opus Dei zur Personalprälatur zu erheben.

Calvi sah wenige Alternativen, den Fälligkeitstermin einzuhalten. Die beiden realistischsten Möglichkeiten schienen darin zu bestehen, zehn Prozent des Banco Ambrosiano zu einem überhöhten Kurs von 200 Dollar pro Aktie zu verkaufen oder die 150 Millionen Dollar wieder hereinzuholen, die auf das Bellatrix-Konto bei der Rothschild Bank in Zürich überwiesen worden waren. In den folgenden Monaten verfolgte er beide

Optionen und verließ sich dabei weitgehend auf Pazienza. Anstatt einen Käufer für die Ambrosiano-Aktien aufzutreiben, brachte Pazienza wiederum Flavio Carboni ins Spiel: Er überredete Calvi, Carbonis sardischem Bauunternehmen Prato Verde S.p.A. einen Kredit von 3 Millionen Dollar zu gewähren, wofür Pazienza eine Provision von 250000 Dollar einsteckte.

Als Calvi merkte, daß Pazienza nicht ernsthaft daran interessiert war, einen Käufer für die Ambrosiano-Aktien zu finden, nahm er Verhandlungen mit Carlo De Benedetti auf, dem Mann, der Olivetti vor dem Bankrott bewahrt hatte. De Benedetti willigte ein, Ambrosiano-Aktien im Wert von 1 Million Dollar – das entsprach 2 Prozent des Bankenkapitals – zum Kurs von 43 Dollar pro Stück zu kaufen und dem Direktorium als stellvertretender Vorsitzender beizutreten. Für Calvi war dies ein neuer Anfang. Es war nicht die Welt, doch auf dem Markt wurde es immerhin positiv bewertet. Am nächsten Tag reiste Calvi zu einem wichtigen Termin nach Rom. Zumindest hatte er sich Clara gegenüber so geäußert. Er erzählte jedoch weder ihr noch sonst jemandem, mit wem er sich traf. Könnte es der große Finanzboß des Opus Dei gewesen sein? Clara wußte es nicht. Am selben Tag brachte *La Repubblica* jedoch die Meldung von De Benedettis Einstieg beim Ambrosiano.

Calvi war wütend. De Benedettis Verbindung mit dem Ambrosiano hätte vorläufig geheim bleiben sollen. Calvi wartete zwei Tage, bis er De Benedetti informierte, daß das Interview in *La Repubblica* in Rom auf ein »negatives« Echo gestoßen war. Es ist indes schwer vorstellbar, weshalb ein Mann von De Benedettis Format, nur weil er stellvertretender Vorsitzender eines Verwaltungsrats wurde, ein so negatives Urteil erhielt. Vielleicht deshalb, weil De Benedetti – obzwar ein Gewinn für die Bank – Jude war. Möglicherweise wollten die Leute, mit denen sich Calvi in Rom traf, keinen Juden in einer Führungsposition einer katholischen Bank, die verdeckte Finanzgeschäfte für den Vatikan abwickelte.

De Benedetti gab seine Aktien zurück und stieg aus. Seinen Sitz im Direktorium des Ambrosiano übernahm Orazio Bagnasco, den Andreotti schon sieben Monate zuvor als Ersatz für Calvi vorgeschlagen hatte. Bagnasco hatte ein Vermögen verdient, indem er Anteile an offenen Immobilienfonds verkauft hatte, weswegen Clara Calvi ihn den »Türklinkenfinanzier« nannte.[5] Bagnasco hatte zusammen mit einem Freund an der Börse zwei Prozent der Ambrosiano-Aktien gekauft und verlangte die Aufnahme in den Verwaltungsrat. Der Schluß liegt nahe, daß Bagnasco von der römischen Clique zum Ersatzmann für De Benedetti bestimmt worden war.

Inzwischen wußte Calvi weder ein noch aus. Er glaubte, in De Benedetti einen Verbündeten gewonnen zu haben, doch der wurde nun kurzerhand von einem unbedeutenderen Mann abgelöst, dem er eher mißtraute. Dies veranlaßte Calvi, seine letzte Karte auszuspielen: Er schickte Pazienza nach Zürich, um die Bellatrix-Gelder aufzuspüren. Pazienza bezeichnete seinen Auftrag als »Operation Vino Veronese«, denn eine der Gesellschaften, über die 14 Millionen Dollar des fehlenden Bellatrix-Geldes geflossen waren, hieß Recioto S.A. – ähnlich wie der Richiotta-Wein aus der Gegend von Verona.

Bei der »Operation Vino Veronese« stieß Pazienza auf unüberwindliche Barrieren. Außerdem stieß er auf Jürg Heer, den tausend Geheimnisse umgaben. Er war Leiter der Kreditabteilung der Rothschild Bank. Nach einer Unterredung mit Heer kam Pazienza zu dem Schluß, daß sich die 150 Millionen Dollar in Luft aufgelöst hatten. »Heraus kam eine große Null«, berichtete er. »Dieser Kerl [Heer] wirkte richtig gespenstisch.« Calvi war alles andere als erfreut; die »Operation Vino Veronese« war Pazienzas letzter Auftrag. Damit war der Weg frei für Flavio Carboni, der nun Calvis engster Vertrauter wurde.

Wenige Wochen zuvor hatte Calvi Carboni gebeten, seinen Kontaktleuten im Vatikan auszurichten, daß sowohl der Banco Ambrosiano als auch der IOR den Bach hinuntergehen würden, falls die »Priester« ihren Verpflichtungen nicht nachkamen. Carboni überbrachte diese Mitteilung Kardinal Palazzini. Dies mag sonderbar erscheinen, denn Palazzini hatte nichts mit Finanzen zu tun. Carboni wußte jedoch, daß Palazzini der treueste Anhänger des Opus Dei innerhalb der Kurie war und daß für Calvis Probleme das Opus Dei und nicht Marcinkus verantwortlich war. Von diesem Zeitpunkt an haben der Vatikan und das Opus Dei die Darstellungen der Ereignisse seitens Carbonis und der Familie Calvi bestritten.

Carboni arrangierte ein Treffen zwischen Calvi und Palazzini. Anschließend teilte Calvi seiner Frau mit, daß man ihm eine Geheimaudienz bei Johannes Paul II. gewährt habe. Der Papst wolle seine Hilfe bei der Bereinigung der Probleme des IOR in Anspruch nehmen. Er werde Calvi fürstlich belohnen, falls dieser Erfolg hätte.[6] Voller Mut und Zuversicht faßte Calvi Pläne für eine Umstrukturierung der Banco-Ambrosiano-Gruppe und entwarf einen Vorschlag für eine Neuordnung des IOR, den das Opus Dei, so glaubte er, dem Papst vorlegen werde.[7]

Palazzini meldete sich im März 1982 wieder bei Carboni und teilte ihm mit, der IOR zeige sich »unzugänglich«. Er schlug Calvi vor, sich an Monsignore Hilary Franco zu wenden, der Marcinkus besser kannte, zumal sie beide in der Residenz Villa Stritch wohnten. Ein rascher Blick in den *Annuario Pontifico* ergab, daß Franco – der in der Erzdiözese New York inkardiniert worden war – wissenschaftlicher Assistent bei der Kongregation für den Klerus war. Der *Annuario Pontifico* verriet indes nicht, daß Franco gleichzeitig Palazzinis persönlicher Sekretär war.

Wie Marcinkus strebte auch Hilary Franco eine steile Karriere in der Kurie an. Er war kurz zuvor zum Ehrenprälaten des Päpstlichen Hauses ernannt worden. Diese Anerkennung hob ihn in den Rang eines Unterbeamten ersten Grades innerhalb des geheimnisvollen bürokratischen Apparates des Vatikans. Carboni zufolge willigte Hilary Franco ein, als Mittelsmann zwischen Calvi und dem Opus Dei beziehungsweise dem IOR zu fungieren.

Ende April 1982 wurde Roberto Rosone, der stellvertretende Vorsitzende des Ambrosiano, von einem Mann, der auf dem Soziussitz eines Motorrollers mitfuhr, in die Beine geschossen. Ein Bodyguard feuerte zwei Schüsse ab, die den flüchtenden Killer in den Kopf trafen. Er purzelte tot auf die Straße, doch der Fahrer entkam unversehrt. Der Attentäter entpuppte sich als Danilo Abbruciati, ein Mitglied einer römischen Unterweltorganisation namens *Banda della Magliana*. Er war einige Monate zuvor verschwunden und wollte die Geldwäsche der *Banda della Magliana* von London aus betreiben. Doch wieso stand Rosone auf der Abschußliste der Unterwelt? Pazienza behauptete, Rosone hätte laut einem Polizeibericht angeblich Geld für die Unterwelt gewaschen. Rosone hat dies stets geleugnet, und es wurde nie bewiesen. Innerhalb weniger Tage verbreitete sich jedoch das Gerücht, Calvi hätte den Killer angeworben, weil er glaubte, sein Stellvertreter intrigiere hinter seinem Rücken. Calvi war jedoch zutiefst erschüttert über den Anschlag, den er als Warnung an seine eigene Adresse deutete. Er verfiel ins Grübeln und konnte nicht mehr schlafen.

Zwei Wochen später bat Calvi Hilary Franco brieflich dringend um einen Termin, um nach Möglichkeiten zu suchen, 250 bis 300 Millionen Dollar für den Banco Ambrosiano aufzutreiben. In diesem Brief kroch der Präsident einer 20-Milliarden-Dollar-Bank vor dem vatikanischen Unterbeamten ersten Grades förmlich zu Kreuze. Er muß wohl einen triftigen Grund dafür gehabt haben, etwa Francos enge Beziehungen zum Opus Dei und dem Papst.

Über diesen Prälaten waren die wildesten Gerüchte im Umlauf. Clara Calvi hörte, er sei der Beichtvater des Papstes.[8] Carbonis Assistent Emilio Pellicani glaubte, Franco habe ein Büro in der Opus-Dei-Zentrale. Carboni behauptete, Franco verfüge über ausgezeichnete Kontakte zum Weißen Haus.[9] Er unterhielt auch gute Verbindungen mit Südafrika und dem schwarzen Homeland Bophuthatswana, wo er vatikanisches Kapital in ein Spielkasino und eine Rennbahn investieren wollte. Franco soll außerdem am President Hotel in Kapstadt beteiligt gewesen sein, in dem alljährlich der Miss-Seapoint-Schönheitswettbewerb ausgetragen wurde.[10]

Franco unterrichtete Carboni, daß das Opus Dei bereit sei, der Ambrosia-no-Gruppe einen Kredit vorzustrecken, damit diese die 200 Millionen Dollar pünktlich an den IOR zurückzahlen konnte. »Monsignore Franco weiß alles«, berichtete Carboni zwei Jahre später den Mailänder Richtern; »er weiß, daß ich ihn fragte, ob Calvi vom Opus Dei einen 200-Millionen-Dollar-Kredit bekommen könne … und er versicherte mir, die Sache würde klargehen und in einem oder eineinhalb Monaten wäre alles in Ordnung«.[11]

Obwohl Calvi vor Franco zu Kreuze gekrochen war, klang sein Brief vom 12. Mai 1982, in dem er Franco für seine »geschätzte Vermittlung bei den vatikanischen Behörden« dankte, relativ optimistisch, denn der Bankier hatte endlich das Gefühl, eine Lösung zu sehen. Er erzählte Clara und seiner Tochter, das Opus Dei habe dem Papst einen neuen Plan vorgelegt, wonach das Opus Dei die Leitung des IOR übernehmen sollte. Dieser Plan würde – falls er angenommen wurde – »ein völlig neues Kräfteverhältnis innerhalb des Vatikans« schaffen.[12]

Nach meinen Gesprächen mit Mitgliedern der Familie Calvi bin ich überzeugt, daß der Bankier ernsthaft glaubte, er hätte es mit Vertretern des Opus Dei zu tun. Es ist natürlich möglich, daß er absichtlich irrege-führt wurde. Reale Tatsachen waren indes Calvis Reisen nach Madrid und seine Umstrukturierungspläne für den Ambrosiano, in die er Carlo Pesenti eingeweiht hatte. Und Pesenti war ein Vorstandsmitglied des Ambrosiano mit bekanntermaßen engen Verbindungen zum Vatikan und auch zu Mitgliedern des Opus Dei. Dies alles waren keine Produkte von Calvis Phantasie. Darüber hinaus ließ man ihn glauben, daß er zum Finanzbera-ter des Vatikans ernannt werden würde, falls er aus dem Ambrosiano ausschied.

Calvis Optimismus währte jedoch nur kurze Zeit. Bei seinem nächsten Besuch beim IOR am Dienstag, den 20. Mai 1982, weigerte sich Marcinkus, ihn zu empfangen. Statt dessen sprach Calvi mit seinem Assistenten, Dr. Luigi Mennini. Die Atmosphäre während der Unterredung war eisig. Marcinkus wollte, daß Calvi vor der Kardinalskommission erschien, die die Finanzen des Vatikans prüfte. Laut Aufzeichnungen Calvis, die später in seiner Aktentasche entdeckt wurden, wollte die Kommission wissen, weshalb der Mailänder Bankier ohne vorherige Genehmigung Gelder von United Trading zur Stützung der Ambrosiano-Aktien verwendet hatte.[13] Daß die Kardinäle von der Existenz der United Trading Corporation wußten, ist an sich schon aufschlußreich. Auf jeden Fall vermutete Calvi, daß Marcinkus ein Strafverfahren gegen ihn anstrengen wollte – und dies zu dem Zeitpunkt, als seine Berufung gegen das Urteil wegen Devisenvergehen verhandelt werden sollte. Calvi verlor die Beherrschung. Er schrie Mennini an: »Nehmen Sie sich in acht! Wenn herauskommt, daß Sie *Solidarnosc* Geld gegeben haben, dann wird im Vatikan kein Stein auf dem anderen bleiben.«

Die Einzelheiten dieser Unterredung, die vom Vatikan bestritten wurden, kamen ans Licht, weil Calvi seinem Vertrauten Carboni an jenem Wochenende in Drezzo davon erzählte und Carboni seine Gespräche mit Calvi heimlich aufzeichnete. Calvi hatte Clara inzwischen zu ihrem Sohn Carlo nach Washington geschickt, da er meinte, in Mailand schwebe sie in Lebensgefahr. Anna hatte sich geweigert, ihre Mutter zu begleiten, da sie kurz vor ihren Abschlußprüfungen an der Universität Mailand stand.

Ende Mai schrieb Calvi an Kardinal Palazzini und bat ihn eindringlich, »noch einmal bei jenen zu intervenieren, denen wie Ihnen die Interessen der Kirche am Herzen liegen«. In seinem Brief behauptete er, Beweise in der Hand zu haben, wonach Casaroli und Silvestrini Bestechungsgelder von Sindona angenommen hätten. Er ersuchte Palazzini um eine weitere Audienz beim Papst, damit er das ganze Problem erläutern könne, »vor allem um zu verhindern, daß die Feinde der Kirche mit ihren Plänen … Erfolg haben«.

Am ersten Juniwochenende fuhr Calvi mit Anna nach Drezzo. Da er weder von Palazzini noch von Hilary Franco etwas gehört hatte, verfaßte er einen letzten Brief an den Papst, in dem er die IOR-Bankiers der Fahrlässigkeit und der Mißwirtschaft beschuldigte. In dem Brief hieß es unter anderem:

Die Methode, stets aus dem Dunkel heraus zu arbeiten, die unglaubliche Fahrlässigkeit, die sture Unnachgiebigkeit und die anderen unerhörten Attitüten einiger hochrangiger Vatikanbeamter geben mir die Gewißheit, daß Eure Heiligkeit kaum oder gar nicht über das Wesen der jahrelangen Beziehungen zwischen meiner Gruppe und dem Vatikan informiert gewesen sind ...

Auf das ausdrückliche Ersuchen Eurer verfügungsberechtigten Vertreter hin habe ich Finanzierungen für viele Länder und politisch-religiöse Organisationen im Osten wie im Westen zur Verfügung gestellt. Ich war es, der auf Wunsch der vatikanischen Behörden in ganz Süd- und Mittelamerika die Schaffung zahlreicher Bankunternehmen koordinierte – mit dem Ziel, neben allem anderen das Vordringen und die Ausweitung marxistischer Ideologien einzudämmen.

Nach all dem bin ich nun derjenige, der hintergangen und fallengelassen worden ist von eben jenen Instanzen, denen ich stets den größten Respekt und Gehorsam erwies.

Abschließend erwähnte Calvi, er wolle dem Papst »eine Reihe wichtiger Unterlagen [übergeben], die sich in meinem Besitz befinden und Euch in einfachen Worten erklären, wie es zu diesen Geschäften, über die Ihr sicherlich nicht informiert seid, gekommen ist und kommen konnte«.

Inzwischen war Licio Gelli heimlich nach Europa zurückgekehrt. Anfang Mai wurde er von einem italienischen Geheimdienstagenten in einem Genfer Restaurant zusammen mit Hans Albert Kunz, einem Geschäftspartner Carbonis, gesehen. Kurze Zeit später wandte sich der immer noch mächtige Meister der aufgelösten Loge P2 mit Geldforderungen an Calvi. Der Druck nahm kein Ende. Anna Calvi sah, wie verstört ihr Vater war, und wollte wissen, worum es eigentlich ging. Um die Probleme des IOR zu lösen, so vertraute Calvi ihr an, »haben wir einen Plan entwickelt und vorgelegt, der die direkte Intervention des Opus Dei vorsieht«. Das Opus Dei solle »eine enorme Summe bereitstellen ..., um die offene Position des IOR beim Banco Ambrosiano zu decken«.

Als die Pläne für die Umstrukturierung des Ambrosiano Form annahmen, sagte Calvi zu seiner Frau: »Wenn uns Andreotti in den nächsten Wochen nicht einen Knüppel zwischen die Beine wirft, dann wird alles gut.« Zwei Tage später teilte er Clara mit: »Was mir Andreotti heute zu sagen hatte, war alles andere als erfreulich.« Dann behauptete er, Andreotti hätte gedroht, ihn umzubringen. »Wir lebten in einem Klima immerwährender Angst und ständiger Todesahnungen«, gestand sie. Einer seiner letzten Kommentare war: »Wenn sie mich umbringen, wird der Papst abdanken müssen.«[14]

Am 7. Juni 1982 setzte Calvi den Vorstand des Banco Ambrosiano erstmals davon in Kenntnis, daß bei seinen Geschäften mit dem IOR 1,3 Milliarden Dollar auf dem Spiel standen. Am nächsten Tag schaffte Calvi zwei Kartons voller Dokumente aus der Bank – Unterlagen, die seiner Meinung nach wesentliche Beweismittel dafür darstellten, daß er von den »Priestern« irregeführt worden war – und schickte sie an ein unbekanntes Ziel, möglicherweise nach Drezzo.

Am Abend des 9. Juni – es war ein Mittwoch – flog Calvi nach Rom. Sein römischer Chauffeur Tito Tesauri holte ihn am Flughafen ab und bemerkte, daß Calvis schwarze Aktentasche prallvoll und schwerer als gewöhnlich war. Calvi verbrachte die Nacht in seiner Wohnung in der Altstadt. Am nächsten Morgen teilte er Mennini telephonisch mit, daß er den Termin mit der Kardinalskommission absagen müsse, weil die Dokumente, die er zur Erläuterung seiner Geschäfte mit dem IOR brauche, im Ausland seien und er sie ohne Paß nicht beschaffen könne. Dennoch erklärte er sich bereit, Mennini am Tag darauf zu treffen.

Irgendwann im Laufe seiner diversen Besprechungen an jenem Donnerstag wurde Calvi ein gefälschter Haftbefehl gegen ihn gezeigt. Diese Idee stammte laut einem Undercover-Agenten der Finanzpolizei von Licio Gelli. Der Agent mit dem Decknamen »Podgora« behauptete, Gelli hätte in London unter falschem Namen gewartet. Die italienische Justiz verfügte, wie Calvi bereits mitbekommen hatte, über umfassende Vollmachten zur Inhaftierung. Er hielt den Haftbefehl für echt und hatte nun allen Grund, besorgt zu sein. Noch in derselben Nacht verschwand er.

Carboni zufolge begab sich Calvi in die Wohnung von Emilio Pellicani im römischen Vorort Magliana. Pellicani war Carbonis Putzer. Tito Tesauri wollte Calvi am nächsten Morgen – am Freitag, den 11. Juni 1982 – abholen und zu seiner Besprechung mit Mennini fahren. Der Chauffeur fand die Wohnung leer vor; das Bett war zerwühlt, doch es hatte niemand darin geschlafen. In der Küche fand er eine Notiz, die sein Chef mit zitternder Hand geschrieben hatte: »Ich bin früher als erwartet zurückgekommen.«[15]

Um 13.30 Uhr rief Calvi bei Mennini an. Er entschuldigte sich dafür, daß er den Termin vom Vormittag verpaßt hatte, versprach jedoch, sich in der folgenden Woche mit ihm zu treffen. Dann soll Calvi in Begleitung von

Pellicani mit der Alitalia von Rom nach Venedig geflogen und mit dem Auto weiter nach Triest gefahren sein. Dort sei er der Obhut des Kleinganoven und Schmugglers Silvano Vittor anvertraut worden, dessen Geliebte Michaela die Zwillingsschwester von Manuela Kleinszig war. Vittor sollte in jener Nacht Calvis illegalen Grenzübertritt nach Österreich arrangieren. Die einzige Ungereimtheit bei dieser Darstellung der Ereignisse besteht indes darin, daß Tina Anselmi, die Vorsitzende des parlamentarischen Untersuchungsausschusses zur Loge P2, sowie mehrere andere Personen, die Calvi gut kannten, mit derselben Maschine flogen und daß keiner von ihnen den Bankier an Bord gesehen hat. Also hat er Triest möglicherweise auf anderem Wege erreicht.

Indes behauptete der Bürgermeister von Drezzo, Leandro Balzaretti, Calvi und Carboni seien am Donnerstag spätabends mit dem Auto in Drezzo angekommen. Der Versicherungsmakler Balzaretti kannte Calvi gut. Die Familie Calvi stammte ursprünglich aus der Gegend von Como, und die beiden pflegten sich im heimischen Dialekt zu unterhalten. War Calvi nach Drezzo gekommen, um die beiden Kisten mit Dokumenten abzuholen, die Anfang der Woche dort hinterlegt worden waren?

»Calvi rief mich von seinem Haus aus an«, berichtete Balzaretti, als ich ihn in Drezzo aufsuchte, »und sagte, er wolle gegen Mittag in meinem Büro vorbeischauen und über die Versicherung für eine kleine Bank sprechen, die er im Süden gekauft hatte. Er sagte, anschließend würde er nach Rom fahren und erst am 26. wieder in Drezzo sein. Ich wartete, aber mittags rief er über das Autotelefon an und sagte, er schaffe es nicht. Das war das letzte, was ich von ihm hörte.«[16]

Como liegt 530 Kilometer von Triest entfernt. Mit dem Auto läßt sich die Strecke bequem in sechs Stunden zurücklegen. Calvi und Pellicani trafen am frühen Abend im Hotel Excelsior in Triest ein. Calvi soll nur seine prallvolle Aktentasche bei sich gehabt haben. Doch wenn er von Drezzo kam, dann hatte er wohl sicherlich auch die beiden Kartons mit den Dokumenten dabei.

Ursprünglich hatte Calvi nach Zürich reisen wollen, wo Anna auf ihn wartete und wo er sich bei der Rothschild Bank nach den fehlenden 150 Millionen Dollar erkundigen wollte. Doch die Verschwörer wollten Calvi nicht in Zürich haben. Sie wollten ihn nach London locken. Calvis Anwesen in Drezzo lag fünfzig Meter von der Schweizer Grenze entfernt. Nachdem er Unterlagen und Geld geholt hatte, hätte er also nur durch das Tor spazieren, eine ungeteerte Straße überqueren und den bewaldeten Nordhang des Hügels hinuntergehen müssen, um in das Schweizer Dorf Pedrinate am Rand von Chiasso zu gelangen. Er hätte aber auch die Straße entlanggehen können, denn die Zollstation auf der italienischen Seite der Grenze war unbesetzt. Um in die Schweiz einzureisen, brauchte er als italienischer Staatsbürger lediglich seine Identitätskarte, die er bei sich hatte. Doch Carboni überredete ihn offensichtlich, mit Pellicani nach Triest zu fahren, während Carboni mit seiner privaten Cessna nach Rom zurückflog. Als sie an ihren jeweiligen Zielen ankamen, war die Katze aus dem Sack. Der römische Oberstaatsanwalt, Dr. Domenico Sica, war vom Verschwinden des Bankiers unterrichtet worden. Sica schlug sofort Alarm.

Vittor sorgte dafür, daß ein jugoslawischer Kompagnon Calvi im Laufe der Nacht in das Haus der Kleinszig-Schwestern im österreichischen Klagenfurt brachte. Vittor erklärte, er werde Calvis Aktentasche, und wohl auch die beiden Kartons, auf einer anderen Route über die Grenze schmuggeln, sich in Klagenfurt mit dem Bankier treffen und dort auf Carboni warten. Calvi saß den ganzen Tag lang wie auf Kohlen und wartete darauf, daß der Triester Schmuggler mit seiner dicken Aktentasche und den Kartons voller Unterlagen in Klagenfurt auftauchte.

Vittor ließ sich erst gegen Mitternacht mit der Aktentasche blicken; die beiden Dokumentenschachteln wurden nie wieder erwähnt. Vittors verspätetes Eintreffen bedeutete, daß er 24 Stunden lang uneingeschränkt über die Aktentasche und möglicherweise auch die Kisten verfügte – genügend Zeit, um den Inhalt zu fotokopieren. Man kann nur vermuten, daß sich in der Tasche und den Kartons unter anderem die fehlenden Bücher, Bilanzen und Berichte von United Trading befanden, vielleicht auch die Bücher der aufgelösten Lovelok und Radowal sowie die Vagnozzi-Akte über Marcinkus. Die Abrechnungsunterlagen hätten sicherlich Hinweise auf die wahren Eigentumsverhältnisse des Komplexes aus Lovelok, Radowal und United Trading geliefert und Calvi somit im Falle eines Prozesses entlastet.

Calvi hatte nach wie vor die Absicht, in Zürich mit Anna zusammenzutreffen. Nachdem Carboni mit Calvis beiden Koffern eintraf – sie waren am Wochenende zuvor in Drezzo gepackt und in Mailand an Carboni übergeben worden, bevor Calvi nach Rom fuhr –, wurde beschlossen, daß Vittor Calvi nach Bregenz zur Grenze zwischen Österreich und der Schweiz bringen solle. Carboni, Manuela und ihre Schwester Michaela sollten indes nach Zürich fliegen, um herauszufinden, ob Calvi mit dem gefälschten Paß, den Carboni ihm besorgt hatte, einen Grenzübertritt in die Schweiz wagen könne. In Wirklichkeit traf sich Carboni in Zürich mit zwei weiteren Verschwörern, dem Schweizer Geschäftsmann Hans Kunz und dem römischen Restaurator Ernesto Diotallevi, einem Geschäftspartner des verstorbenen Danilo Abbruciati. Sechs Wochen zuvor hatte Carboni an Diotallevi, der Mitglied der Banda della Magliana war, 530000 Dollar für unbekannte Zwecke gezahlt. In Zürich versprach er nun, Diotallevis Schwiegermutter eine weitere größere Summe zu zahlen.

Von Zürich aus rief Carboni Pellicani in Rom an und bat ihn, sich nach den Flugverbindungen von London nach Caracas zu erkundigen. Anschließend fuhren er und Kunz nach Bregenz, wo sie gegen 21 Uhr eintrafen und eine lange Unterredung mit Calvi hatten. Wir kennen nur ihre Darstellung des Vorfalls, doch die Atmosphäre war sicherlich spannungsgeladener, als Carboni beziehungsweise Kunz zugegeben hätten. Carboni drängte Calvi, 200 Millionen Dollar bereitzustellen, damit das Geld vor Ende des Monats nach Caracas überwiesen werden konnte.

Carboni zufolge teilte Calvi den beiden im Verlauf des Gesprächs mit, er sei aufgefordert worden, »im Namen des Opus Dei und anderer religiöser Orden in Südamerika bis September 1982 ein Bankinstitut zur Finanzierung von Handelsgeschäften zwischen Lateinamerika und den Ostblockländern zu gründen«.[17] Caracas war als Hauptsitz der Bank vorgesehen. Carboni behauptete ferner, Calvi hätte einen Plan entwickelt, wie er innerhalb der nächsten Tage 350 Millionen Dollar aufbringen könne. Calvi sagte, er hätte 150 Millionen Dollar in einem Tresorfach bei der Banque Lambert in Genf und 50 Millionen Dollar bei einer Bank in den Vereinigten Staaten. Weitere 150 Millionen Dollar könne er von einem Partner in London bekommen. Carboni sagte ferner aus, Calvi hätte die Absicht gehabt, nach der Beschaffung des nötigen Geldes nach Caracas zu fliegen. Hatte Carboni sich verplappert und etwas verraten, was er niemals hätte erwähnen sollen? Um die Sache herunterzuspielen, behauptete Carboni, er und der venezolanische Volkswirt Carlo Binetti hätten geplant, nach Caracas zu reisen, und Calvi habe sie dorthin begleiten wollen, weil er nichts Besseres zu tun hatte. Auf jeden Fall war dies das erste Mal, daß von einer Caracas-Connection die Rede war – und diese sollte in Calvis Plänen während der wenigen ihm noch verbleibenden Tage eine unglaublich wichtige Rolle spielen.

Carboni schlug Calvi vor, mit einem privaten Charterflug direkt nach London zu fliegen (private Flüge unterliegen weniger strengen Paßkontrollen). Er selbst wollte nach Genf reisen, um die 150 Millionen Dollar aus dem Tresorfach der Banque Lambert zu holen. Inzwischen wußte er, daß Calvi mehrere Schlüsselbunde mit Tresorfachschlüsseln in seiner Aktentasche hatte. Er vermutete, daß einer davon für den »San Patricio-Brunnen« war, wie er das Depot bei der Banque Lambert inzwischen nannte. Weiterhin schlug er vor, daß Kunz in die Vereinigten Staaten fliegen und die 50 Millionen Dollar besorgen solle.[18] Calvi hätte sich somit ganz dem Mann in London widmen können.

Calvi muß inzwischen gemerkt haben, mit wem er es zu tun hatte. Anscheinend hegte er nicht die Absicht, Carboni den Schlüssel für das Genfer Tresorfach zu übergeben – vielleicht dachte er, dies sei die letzte Versicherungspolice, die er besaß. Statt dessen behauptete er, für den Zugang zu dem Tresorfach sei die Vollmacht seiner Frau nötig. Carboni war alles andere als begeistert. Offensichtlich war er regelrecht darauf fixiert, an 200 Millionen Dollar heranzukommen und unbedingt vor Ende des Monats in Caracas zu sein. Calvi versicherte Carboni, er könne alles von London aus erledigen. Vielleicht erwähnte er, daß Baron Lambert, der Eigentümer der Banque Lambert, einen erstklassigen Anwalt hatte, der den Inhalt des Genfer Schließfachs nach London liefern lassen konnte. Er bat Kunz, sich in London um die Anmietung eines noblen Stadthauses oder einer Luxuswohnung zu kümmern, damit er sich in aller Diskretion mit seiner dritten Kapitalquelle, dem angeblichen Spitzenkontakt, treffen konnte.

Carboni und Kunz kehrten nach Zürich zurück. Am nächsten Morgen ließ Kunz zwei »Fiat-Direktoren« per Privatjet vom Flughafen in Innsbruck abholen und nach London-Gatwick fliegen. Im Gedränge auf dem Londoner Flughafen verfehlten sie den Fahrer eines Mietwagens, der sie abholen sollte, und fuhren per Taxi zum Chelsea Cloisters, einer Apartment-Residenz in der Sloane Avenue, in dem Kunz' Londoner Anwalt unter dem Namen »Vittor und Begleitung« eine Suite reserviert hatte. Calvi war überhaupt nicht zufrieden mit dem Luxusapartment im achten Stockwerk, das er mit seinem Aufpasser teilen mußte. Doch der Bankier war längst nicht mehr sein eigener Herr. Vittor teilte ihm mit, vor Carbonis Eintreffen am folgenden Nachmittag könne nichts unternommen werden.

Am nächsten Morgen nahm Calvi Kontakt mit Alberto Jaimes Berti, einem Freund Kardinal Siris, auf. Seit Mai 1980 hatte Berti die meiste Zeit in London gelebt, wo er eine Wohnung am Hans Place hinter Harrods besaß. Kennengelernt hatte Calvi den Anwalt aus Caracas 1975 oder 1976 bei einem Empfang im Grand Hotel in Rom zu Ehren des venezolanischen Präsidenten Carlos Andrés Pérez.

Berti war bereit, sich am frühen Nachmittag mit Calvi zu treffen. Als er ins Chelsea Cloisters kam, wartete Calvi im Foyer auf ihn. Calvi trug einen dunklen Anzug, eine Krawatte und einen sauber gestutzten Schnurrbart. Sie setzten sich in eine Ecke. Calvi zog aus seiner Aktentasche ein Notizbuch, in das er zu Beginn ihrer halbstündigen Unterredung einen Blick warf. Anscheinend wußte Calvi, daß Berti treuhänderischer Verwalter eines versiegelten Umschlags mit den Aktien einer panamaischen Gesellschaft im Wert von 2,2 Milliarden Dollar war. Diese gehörten sechs Hauptaktionären, zu denen, wie er vermutete, der IOR, der spanische Zweig des Opus Dei, Ruiz-Mateos' Rumasa, der Banco Ambrosiano und möglicherweise die Camorra zählten. Bei seinem letzten Aufenthalt in Rom hatte Berti mit Donato De Bonis, dem Priestersekretär des IOR, gesprochen und dabei erfahren, daß er mit Calvi offen über die Angelegenheit reden könne – was den Eindruck verstärkte, daß IOR und Ambrosiano an der Transaktion nicht unbeteiligt waren.

Berti hegte die Vermutung, daß das Geld als Kapital für die lateinamerikanische Handelsbank gedacht war, von der sowohl er als auch Calvi gehört hatten, wenn auch von unterschiedlicher Seite. Zwischenzeitlich war das Geld in New York in Standardpapieren angelegt worden. Calvi wollte wissen, ob die Wertpapiere als Bürgschaft für einen Kredit verwendet werden könnten. Berti meinte, dies sei möglich, doch aus technischen Gründen würde das einige Tage dauern. Calvi schien erleichtert und bemerkte: »Dann ist die Sache also beschlossen.« Er versicherte Berti, er werde sich wieder melden.

Während Calvi auf die Ankunft Carbonis wartete, rief er Clara an. Sie sagte später, er hätte optimistisch geklungen. »Etwas Verrücktes wird passieren. Es ist wunderbar. Es könnte unser Leben ändern«, tröstete er sie. Vittor beauftragte er, ihm einen Flugplan der British Airways zu besorgen. Carboni trug sich am selben Nachmittag in Begleitung der Kleinszig-Schwestern im Park Lane Hilton ein und rief Calvi kurz nach 18.15 Uhr an. Sie trafen sich gegen 20 Uhr und spazierten die nächsten zwei Stunden zusammen durch den Hyde Park. Auch hier liegt wiederum nur Carbonis Darstellung der Ereignisse vor, doch Calvi muß völlig erschüttert ins Chelsea Cloisters zurückgekehrt sein. Am nächsten Morgen um 7.30 Uhr rief er Anna in Zürich an. Er sagte, sie sei in Zürich nicht mehr sicher und müsse sofort nach Washington aufbrechen. Anna sagte später aus, ihr

Vater habe sehr nervös geklungen: »... er sagte, schreckliche Dinge würden geschehen, wenn ich nicht abreiste.«

Am folgenden Tag – es war der Donnerstag – versuchte Carboni erst am Abend, gegen 23 Uhr, mit Calvi Kontakt aufzunehmen. Er behauptete, Calvi hätte sich geweigert, ihn zu empfangen. Statt dessen kam Vittor in das Foyer hinunter; gemeinsam gingen sie in ein nahe gelegenes Pub, The Queen's Arms, wo die Kleinszig-Schwestern warteten. Als Vittor gegen 1 Uhr früh ins Chelsea Cloisters zurückkehrte, hatte er keinen Schlüssel dabei und mußte vom Nachtportier in das Apartment Nr. 881 eingelassen werden. Der Fernseher war an, aber Calvi war nicht da. Völlig unberührt legte sich Calvis angeblicher Leibwächter schlafen.

Laut eidlicher Aussage eines anderen Bewohners des achten Stockwerks, der erst sieben Jahre später zu diesen Ereignissen befragt wurde, müssen sowohl Vittor als auch Carboni eindeutig gelogen haben. Cecil Coomber, ein südafrikanischer Künstler, der damals Anfang Siebzig war, bewohnte das ebenfalls in der achten Etage gelegene Apartment Nr. 834. Gegen 22 Uhr an jenem Abend beschlossen Coomber und eine Begleitung, zum Essen auszugehen. Am Lift warteten drei Männer. Die beiden jüngeren unterhielten sich auf italienisch, während der dritte – den Coomber als Calvi identifizierte – angespannt aussah und schwieg. Alle fünf fuhren mit dem Lift ins Erdgeschoß. Während Coomber durch das Foyer zum Haupteingang ging, sah er, wie die drei sich zu einem Lieferanteneingang im rückwärtigen Teil des Gebäudes begaben, wo ein anderer Bewohner des Hauses einen schwarzen Wagen mit Fahrer hatte stehen sehen. Coomber war somit der letzte Zeuge, der Roberto Calvi lebend sah. Der Bankier hatte keine Aktentasche bei sich; er hatte eine Krawatte um und trug noch seinen Schnurrbart.

Früh am nächsten Morgen wurde Calvi gefunden. Er hing tot an einem Gerüst unter der Blackfriars Brücke. Er trug einen zweiteiligen grauen Anzug, aber keine Krawatte. Und keinen Schnurrbart. Nur seine Füße hingen im Wasser. Die Flußpolizei barg die Leiche und brachte sie mit einer Barkasse zum Waterloo Police Pier. Die Polizisten fanden vier große Steine in den Taschen des Opfers und einen Backstein, der so grob in den Hosenschlitz gestopft worden war, daß einer der sechs Knöpfe abgerissen war. Die Autopsie, die an jenem Nachmittag durchgeführt wurde, ergab, daß das Opfer gegen 2 Uhr früh an Erstickung durch Erhängen gestorben war. Es wurden keine Verletzungen festgestellt.

Bei der Leiche befanden sich ein gefälschter italienischer Paß auf den

Namen Gian Roberto Calvini, eine Brieftasche mit Banknoten verschiedener Währungen im Wert von umgerechnet siebentausend englischen Pfund, zwei Uhren, vier Brillen, aber keine Schlüssel. In einer Tasche steckten ein Zettel mit der handgeschriebenen Adresse des Chelsea Cloisters, die Geschäftskarte eines Colin McFadyean und eine aus einem Adreßbuch gerissene Seite mit den Telefonnummern von Monsignore Hilary Franco.

Kriminalinspektor John White von der Londoner Polizei wurde gegen 19 Uhr an jenem Abend ins Polizeirevier Snow Hill gerufen. Interpol hatte per Telex angekündigt, daß der römische Staatsanwalt Domenico Sica in Begleitung von drei italienischen Polizeibeamten in London eintreffen werde. Als diensthabender Inspektor in jener Nacht wurde White beauftragt, die Italiener um 3.30 Uhr in Heathrow abzuholen. Er fuhr sie sofort zum Leichenschauhaus. Dr. Sica identifizierte den Toten als Roberto Calvi. Der italienische Staatsanwalt mußte nicht erst überzeugt werden, daß er es mit einem Mordfall zu tun hatte. Er reiste umgehend nach Rom zurück und erließ sofort einen internationalen Haftbefehl gegen den verschwundenen Carboni.

Ohne Whites Wissen hatten Calvis Begleiter das Land bereits verlassen oder standen im Begriff abzureisen. Ausgehend von dem Zettel in Calvis Tasche begab sich White am Samstag vormittag ins Chelsea Cloisters, um nachzuforschen, ob Calvi dort eingetragen war. Er hatte kein Glück. Weil man Calvis Tod als Selbstmord betrachtete, wurde das Gerüst unter der Blackfriars Bridge nicht kriminalistisch untersucht.

Clara Calvi erfuhr am Freitag vormittag vom Tod ihres Mannes. Ihr Bruder, Luciano Canetti, rief sie an, nachdem er im italienischen Radio eine kurze Meldung gehört hatte, daß der verschwundene Bankier tot in London aufgefunden worden sei. Die Nachricht war ein Schock. Clara brach zusammen. Ein Arzt wurde gerufen. Die Familie wußte nicht, was als nächstes geschehen würde.

»Nach dem scharfen, stechenden Schmerz der ersten Tage, als wir unter dem Schutz bewaffneter Wächter im Watergate Zuflucht suchten«, erläuterte Carlo Calvi später, »blieben wir gefaßt. Wir wurden geleitet von einem unerschütterlichen Vertrauen in ihn und von dem festen Entschluß, mit Hilfe der Justiz sowohl in England als auch in Italien die Wahrheit aufzudecken. Es war unsere Pflicht, ungeachtet der Kosten oder der Risiken, denn wir wußten, daß es kein Selbstmord gewesen sein konnte.«

VI. Teil:
Mobiles Corps

Die Calvi-Spur

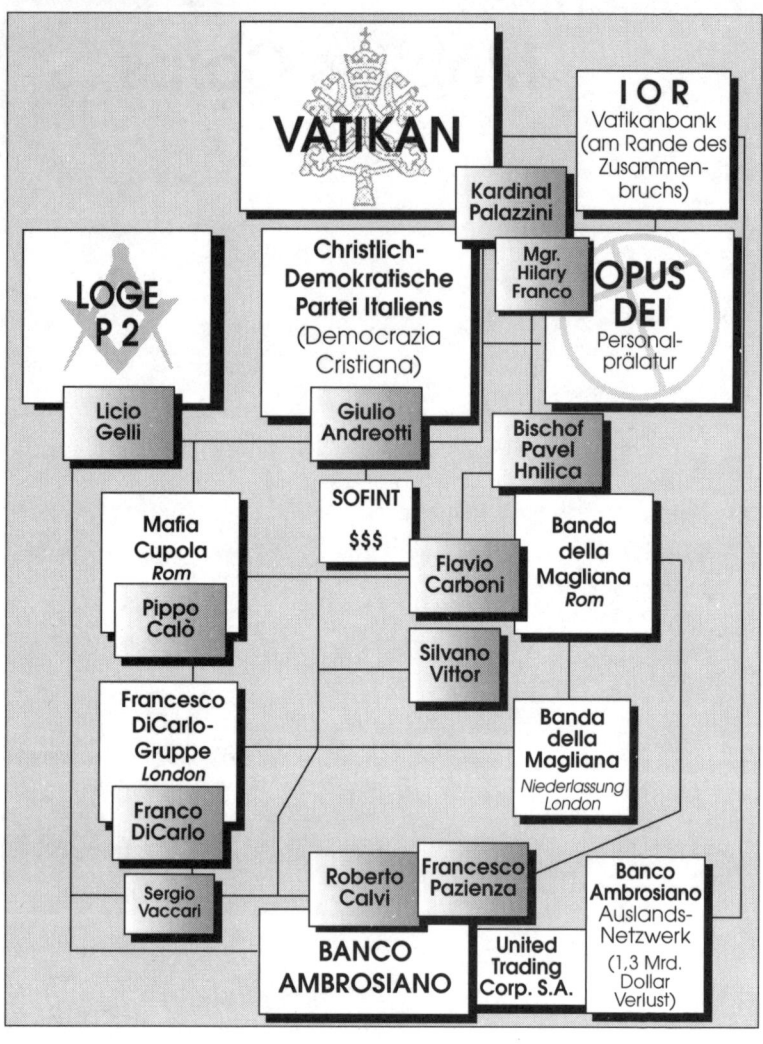

25 »Mit sehr großer Hoffnung«

Nur mit Hilfe von Beelzebub, dem Anführer der
Dämonen, kann er die Dämonen austreiben.
Matthäus 12,24

Daß das »neue Kräftegleichgewicht innerhalb des
Vatikans« tatsächlich zustande kam, wie Calvi es vorausgesagt hatte, das
bestätigten die Ereignisse in Rom während der nächsten drei Jahre. Der
wiederbelebte Banco Ambrosiano wurde neuen Eigentümern unterstellt,
wie Andreotti es gewünscht hatte. Der United-Trading-Konzern erlebte
eine Höllenfahrt, von der er nie wieder auftauchte. Dem IOR wurde aus
der Patsche geholfen, indem Opus-Dei-Sympathisanten die Kontrolle über
die Vatikanbank und die päpstlichen Finanzen übernahmen.

Doch im Laufe dieser Ereignisse zeigte sich deutlicher denn je, daß
Calvi selbst im Tod den Schlüssel zu einer ganzen Reihe von Geheimnis-
sen in der Hand hielt, die nach wie vor eine Bedrohung für die neue
Machtgruppe innerhalb des Vatikans bedeuteten. Die Wahrung dieser
Geheimnisse beziehungsweise ihre partielle Umdeutung mußte um jeden
Preis sichergestellt werden. Die Geheimnisse befanden sich natürlich in
Calvis dicker schwarzer Aktentasche und in den verschwundenen Kar-
tons, die den einzigen Beweis für die Verbindung des toten Bankiers mit
den Mitgliedern der neuen Machtgruppe innerhalb des Vatikans darstellten.

Was den weiteren Verbleib der Aktentasche betrifft, so müssen wir uns
auf einen Bericht des italienischen Geheimdienstes stützen.[1] Diesem
Bericht ist zu entnehmen, daß am selben Tag, an dem Calvis Leiche
gefunden wurde, ein Kurier mit einem Privatjet von Genf nach Gatwick
flog, wo Carboni ihm einen Teil des Inhalts der Aktentasche aushändigte.
Diese Unterlagen wurden nach Genf geflogen und in eine abgelegene Villa
am See gebracht, wo Gelli und Ortolani sie in Empfang nahmen und
studierten. Die Aktentasche selbst – mit den restlichen Dokumenten und
den diversen Schlüsselbunden – wurde am Sonntag ebenfalls mit einem

Privatjet von Edinburgh nach Klagenfurt geflogen, wo sie am Tag darauf in einem Tresorfach der Karmoner Sparkasse hinterlegt wurde.[2]

An jenem Montag versammelten sich einige der Verschwörer in Zürich, um ihre Alibis zu konstruieren. Zu diesem Zweck berieten sie sich telephonisch mit dem römischen Anwalt Wilfredo Vitalone, dem Bruder von Andreottis engstem Vertrauten, Senator Claudio Vitalone. Man beschloß, daß Vittor sich in Triest den Behörden stellen und daß Carboni untertauchen sollte. Zumindest finanziell konnte Carboni es sich leisten, eine Zeitlang Urlaub zu machen. Zwischen Januar und Mai 1982 hatte Calvi eine Reihe von Zahlungen in Höhe von 16,3 Millionen Pfund an Schweizer Konten des sardischen Geschäftsmannes verfügt. Dies war kein schlechtes Einkommen für jemanden, der noch im Oktober zuvor Schecks in Höhe von 352000 Pfund hatte platzen lassen.[3]

Am 2. Juli 1982 hatten die drei Bevollmächtigten, die von der Bank von Italien mit der Leitung des Banco Ambrosiano beauftragt worden waren, eine Besprechung mit Marcinkus in der IOR-Zentrale in Rom. Marcinkus vertrat den Standpunkt, der IOR sei nicht an die beiden Patronatserklärungen gebunden, die die Vatikanbank am 1. September 1981 unterzeichnet hatte. Daher würde der IOR die 1,3 Milliarden Dollar, die er nach der ausdrücklichen Meinung der Bevollmächtigten dem Ambrosiano schuldete, nicht zurückzahlen. Am 13. Juli 1982 versuchte Kardinal Casaroli, die internationale Kritik am skrupellosen Finanzgebaren des Vatikans zu beschwichtigen, indem er einen Rat von »drei Weisen« einsetzte, der die Wahrheit über die Geschäfte zwischen dem IOR und dem Banco Ambrosiano aufdecken sollte. Die drei Weisen waren Philippe de Weck, der ehemalige Präsident der Schweizerischen Bankgesellschaft, der einst in die Affäre um die »Spürgeräte« verwickelt gewesen war; Joseph Brennan, Präsident der Emigrant Savings Bank von New York; und Carlo Cerutti, ein leitender Beamter von STET, der staatlichen italienischen Fernmeldegesellschaft.

Derweil wurde Carboni in der Nähe von Lugano verhaftet. In seiner Aktentasche fanden sich etliche Papiere, die sich in unterschiedlicher Weise auf das Verschwinden Calvis bezogen, und die aufeinander abgestimmten Alibis der wichtigsten Verschwörer für den Zeitraum, in dem der Bankier ums Leben kam. Am selben Tag wurden Marcinkus, Mennini und de Strobel in Mailand vorgeladen. Marcinkus fürchtete, verhaftet zu werden, und zog in den Gouverneurspalast innerhalb der Vatikanstadt. Am 5. August 1982 willigte Johannes Paul II. ein, das Opus Dei zur Personalprälatur zu erheben. Diese Entscheidung wurde allerdings aufgrund starken Widerspruchs innerhalb der Kurie erst zweieinhalb Wochen später öffentlich bekanntgegeben. Dieser Widerstand war ein Beweis dafür, daß es selbst vier Jahre nach der Wahl von Johannes Paul II. eine starke Opposition gegen die Clique gab, die sich für seine Wahl eingesetzt hatte, und daß eine Phase der weiteren Konsolidierung nötig war.

Am 6. August 1982 löste die Bank von Italien den Banco Ambrosiano auf. Der von sieben führenden italienischen Geschäftsbanken gebildete Nuovo Banco Ambrosiano übernahm umgehend die Geschäfte des alten Banco Ambrosiano. Für die verbleibenden Einlagen des Ambrosiano im Wert von 1,46 Milliarden Pfund und das inländische Netz von einhundert Filialen bezahlten die sieben Banken 252 Millionen Pfund. Die ausländischen Filialen, die den Großteil der Verbindlichkeiten auswiesen, wurden von der Mutterfirma abgetrennt und waren daher nicht in der Übernahme eingeschlossen. Die verschiedenen Bestandteile des ausländischen Netzes gingen in jeweils separaten Verfahren in Konkurs. Der neue Ambrosiano öffnete am folgenden Montag seine Schalter, als sei nichts geschehen.

Am 23. August 1982 verkündete der Sprecher des Vatikans, Pater Romeo Panciroli, daß das Opus Dei in eine Personalprälatur umgewandelt werden solle. Panciroli fügte jedoch hinzu, daß die Veröffentlichung des entsprechenden Dokuments – es trug den Titel *Mit sehr großer Hoffnung* – aus »technischen Gründen« verschoben werden müsse. Verschiedene Stimmen im Vatikan behaupteten, der gravierendste dieser »technischen Gründe« sei Kardinal Giovanni Benellis anhaltender und entschiedener Widerstand gewesen.

Während Carboni in Untersuchungshaft saß, kam es unter den Verschwörern zu Differenzen. Die Familie Calvi setzte sich nämlich dafür ein, daß die Einschätzung der Londoner Behörden, es habe sich um »Selbstmord« gehandelt, revidiert wurde. Das Urteil beruhte auf der Behauptung des Gerichtsmediziners, an der Leiche wären keinerlei Spuren von Gewalt zu entdecken gewesen. In Wirklichkeit wies das Gesicht Male und Kratzer auf, die entstanden sein mußten, als dem Bankier von hinten die Schlinge über den Kopf gestreift wurde. Einer der bis dahin ungenannten Verschwörer verlangte nun mehr Geld. Doch bevor entsprechende Maßnahmen erfolgten, beschloß Gelli, dafür zu sorgen, daß er nicht leer ausging. Am 13. September 1982 versuchte er, von seinem Konto bei der Schweizerischen Bankgesellschaft in Genf 30 Millionen Pfund abzuheben – ein nicht gerade unauffälliges Vorgehen. Der Bankbeamte bat seinen Kunden während der Bearbeitung der Abhebung freundlich um Geduld und rief die Polizei. Gelli wurde aufgrund eines italienischen Haftbefehls festgenommen.

Es hieß, daß Licio Gelli und Sergio Vaccari einander kannten. Gelli war ein leidenschaftlicher Sammler, und Vaccari verfügte über ausgezeichnete Kontakte im Londoner Antiquitätengewerbe. Vaccari stammte ursprünglich aus Mailand, beherrschte vier Sprachen und wurde von seinem ehemaligen Vermieter, Bill Hopkins, als elitärer Snob und wahrer Menschenhasser bezeichnet. »Für Geld hätte er jeden Mord begangen, und das war in der Unterwelt bekannt. Gewalt versetzte ihn in Ekstase. Er weidete sich an der Angst anderer Menschen«, behauptete Hopkins. Er hatte solche Furcht vor Vaccari, daß er den »Antiquitätenhändler« aufforderte auszuziehen. Vaccari willigte ein, vorausgesetzt, Hopkins verschaffte ihm eine entsprechende Unterkunft in 68 Holland Park. Beim Auszug hinterließ Vaccari eine ganze Schachtel mit Zeitungsausschnitten über Calvi. Hopkins maß ihr keine Bedeutung bei und warf sie weg. Ein paar Wochen später tauchte Vaccari wieder auf und fragte Hopkins nach den Mietbedingungen für ein Luxusapartment im Chelsea Cloisters, dessen Geschäftsleitung Hopkins kannte.

Laut »Podgora« diente Vaccari als Vorhut. Er brachte Calvi vom Chelsea Cloisters zum letzten Treffpunkt mit seinen Killern. Vaccari war jedoch der Meinung, seine Arbeit verdiene einen besseren Lohn. Anfang September 1982 flog er für ein paar Tage nach Rom. Nach seiner Rückkehr war er laut Hopkins »heiter gestimmt«. Seiner Putzfrau gab er ein paar Tage frei. Als sie am Morgen des 15. September 1982 – zwei Tage nach Gellis Verhaftung in Genf – wieder in die Wohnung kam, fand sie ihren Arbeitgeber auf einem weißen Ledersofa in einer Blutlache liegen. Er hatte achtzehn Stichwunden in Gesicht und Brust. Die Londoner Polizei vermutete, daß Vaccari seinen Mörder gekannt hatte. In der Wohnung waren die Vorhänge zugezogen; auf dem Couchtisch standen drei halbvolle Gläser Whisky und eine Schachtel »After Eight«. Auf einem der beiden Sessel lag eine offene Aktentasche mit dem Dokument einer italienischen Freimaurerloge. In der Küche fand man Spuren von Drogen und eine elektronische Waage. Der Schreibtisch war durchwühlt, zwei Schubladen waren ausgeleert.

Einer von Vaccaris Nachbarn berichtete, er habe etwa zur vermutlichen Mordzeit zwei Männer aus dem Haus gehen sehen. Er glaubte, sie hätten italienisch gesprochen. Unter den Verdächtigen, die die Polizei vernahm, war auch Giuseppe »Pippo« Bellinghieri. Der 36jährige Bellinghieri gab zu, Vaccari gekannt und ihn mehrere Male in dessen Wohnung besucht zu haben. Bellinghieri behauptete jedoch, er sei auf einer Pilgerreise in Polen gewesen, als Vaccari ermordet wurde. Die Ermittlungen wurden eingestellt, das Verbrechen blieb unaufgeklärt.

Da Gelli und Carboni im Gefängnis saßen, Vaccari aus dem Weg geräumt war und die Londoner Polizei an der Selbstmordthese im Falle Calvi festhielt, waren die Verschwörer in Sicherheit. Eine zentrale Taktik der Verschwörung hatte darin bestanden, Roberto Calvi in ein möglichst schlechtes Licht zu rücken. Es wurde behauptet, er hätte Gelder veruntreut, nicht ausgewiesene Provisionen eingesackt, mit Ganoven verkehrt und in Rom eine Nobelmätresse gehabt – mit anderen Worten, er wäre ein Mensch ohne jegliche Moral gewesen. Plötzlich traten auch das Opus Dei und der Vatikan in den Ring und behaupteten ebenfalls, Calvi sei ein Lügner und Betrüger gewesen. Wie könne jemand einem solchen Menschen geglaubt haben? Sein Ansehen wurde gründlich ruiniert, obwohl sich die Familie alle Mühe gab, Calvi zu entlasten. Auch der Leumund der Familie wurde geschädigt. So wurde beispielsweise behauptet, sie sei nur deswegen an einer Revision der Selbstmordthese interessiert, um die Versicherungssumme von 1,75 Millionen Pfund zu kassieren, die beim Tod des Bankiers fällig wurde.

Während die Verleumdungskampagne gegen Calvi in Gang war, lieferten die »drei Weisen« dem Vatikan einen vorläufigen Bericht. Sie räumten selbst ein, daß dieser Bericht »keine endgültige Aussagekraft« besitze, weil sie nicht ungehinderten Zugang zu sämtlichen relevanten Unterlagen gehabt hätten. Abschließend empfahlen sie eine gemeinsame Untersuchung durch vatikanische und italienische Behörden »auf der Grundlage der Dokumente, die sich im Besitz der beiden Parteien befinden und aus denen die logisch erscheinenden Konsequenzen gezogen werden müssen«.[4]

Dies löste eine weitere Flut von Gerüchten aus, die den Vatikan außerordentlich beunruhigten. Er sah sich gezwungen, am 8. Oktober 1982 im *Osservatore Romano* einen Leitartikel zu veröffentlichen, in dem dementiert wurde, daß das Opus Dei beziehungsweise eines seiner Mitglieder irgendwelche Geschäftsbeziehungen mit Calvi oder dem Banco Ambrosiano unterhalten hätten. Am 17. Oktober 1982 wurde im *Osservatore Romano* ferner bestritten, daß der IOR irgendwelche Gelder vom Ambrosiano erhalten habe. Dieses Dementi wurde in der wöchentlichen englischen Ausgabe vom 25. Oktober wiederholt.

I.O.R. – AMBROSIANO

Kürzlich veröffentlichte eine römische Tageszeitung einige Erkenntnisse ... bezüglich der Beziehungen zwischen dem Istituto per le Opere Religiose (IOR) und dem Ambrosiano-Konzern. Sie stellte sie fälschlicherweise dar als die »Ergebnisse der internationalen Expertenkommission, die der Vatikan eingesetzt hatte, um die tatsächliche Beteiligung des IOR an den Aktivitäten des Banco Ambrosiano von Roberto Calvi festzustellen«.

Es handelt sich dabei aber in Wahrheit um die Erkenntnisse einer langen und gründlichen Untersuchung, die vom IOR und seinen Rechtsberatern auf der Grundlage der im Besitz des nämlichen Istituto befindlichen Dokumente durchgeführt und unter Bezugnahme auf gegenteilige Aussagen seitens der Öffentlichkeit und der Behörden zusammengefaßt wurden.

Da diesen Erkenntnissen in den Medien viel Aufmerksamkeit gewidmet wurde und sie Gegenstand zahlreicher Kommentare waren, hält es unsere Redaktion für angebracht, ihren genauen Wortlaut zu veröffentlichen:

1. Das Istituto per le Opere Religiose erhielt weder Gelder vom Ambrosiano-Konzern noch von Roberto Calvi und ist daher nicht verpflichtet, irgend etwas zurückzuerstatten.

2. Die ausländischen Gesellschaften, die Verbindlichkeiten gegenüber dem Ambrosiano-Konzern haben, wurden zu keinem Zeitpunkt vom IOR geleitet, und der IOR hatte keinerlei Kenntnis von den Operationen dieser Gesellschaften.

3. Alle Zahlungen, die der Ambrosiano-Konzern an die erwähnten Gesellschaften leistete, wurden zu einem Zeitpunkt vor den sogenannten Patronatserklärungen geleistet.

4. Diese Briefe hatten wegen ihres Ausstellungsdatums keinerlei Einfluß auf die fraglichen Zahlungen.

5. Sollte eine endgültige Bestätigung erforderlich sein, so wird all dies belegt werden.

Diese Erklärungen waren irreführend. Die Behauptung, der IOR habe keine Gelder vom Ambrosiano-Konzern erhalten und sei daher nicht verpflichtet, irgend etwas zurückzuzahlen, war eindeutig unwahr. Genau zu jenem Zeitpunkt stand der IOR im Begriff, 60 Millionen Pfund in Lira-Einlagen an die Ambrosiano-Gruppe zurückzuzahlen. In dem Statement wurde jedoch beteuert, die Erkenntnisse beruhten auf »einer langen und gründlichen Untersuchung, die vom IOR und seinen Rechtsberatern auf der Grundlage der im Besitz des nämlichen Istituto befindlichen Dokumente durchgeführt … wurden«. Welche Untersuchung, bitte schön? Wieso wurde sie nie veröffentlicht, und wieso wurde sie den drei Weisen nicht zur Verfügung gestellt?

Die Untersuchung war alles andere als exakt. Es wäre daher interessant gewesen, die Dokumente zu sehen, auf die sich die Experten bei ihren Schlußfolgerungen stützten. Waren dies gefälschte Dokumente? Aufgrund der Tatsache, daß der Vatikan neunzehn Monate später eine »moralische Verantwortung in der Angelegenheit« eingestehen sollte, war die Frage der Fälschung nicht von der Hand zu weisen. Die andere wichtige Frage lautete nach wie vor, wer in Wirklichkeit die Geschäfte des IOR betrieb.

Man kann also nur darüber spekulieren, welche Rechtsberater die Untersuchung durchführten und ob sie Mitglieder des Opus Dei waren. Der Wortlaut klang im übrigen nur allzu vertraut. Kardinal Benelli, der zumindest einige der Fakten zur Hand hatte, wußte sicherlich, daß das Statement unwahr war. Im Augenblick konzentrierte sich die Aufmerksamkeit der Römischen Kurie indes auf die Vorbereitungen zur dreijährigen Plenarsitzung des Kardinalskollegiums, die Ende November eröffnet werden sollte.

Am Freitag, den 22. Oktober 1982, erlitt der unnachgiebigste Gegner des Opus Dei innerhalb des Kardinalskollegiums, Erzbischof Benelli von Florenz, einen akuten Herzinfarkt – einen *infarto miocardico acuto*, wie es im ärztlichen Bulletin hieß. Der 62jährige Benelli, ein kräftiger, gesundlebender Toskaner, war jedoch von robuster Natur gewesen, behauptete sein Privatsekretär. Er arbeitete viel und bis tief in die Nacht und schlief selten mehr als vier Stunden. Die ersten Anzeichen von Herzbeschwerden waren erst zwei Tage zuvor aufgetreten. Benelli starb am 26. Oktober 1982. Sein Tod, so hieß es, war ein ebenso bedeutsames Wunder für das Opus Dei wie die unerklärliche Heilung von Schwester Concepción, die den Weg für die Seligsprechung des Gründers ebnete. Benelli hatte in der Kardinalsversammlung Einspruch gegen die Umwandlung des Opus Dei in eine Personalprälatur erheben wollen.

Vier Tage bevor die Versammlung eröffnet wurde, schrieb der Regionalvikar des Opus Dei für Italien, Don Mario Lantini, einen einseitigen Brief an Clara Calvi und ihren Sohn Carlo und beschwerte sich über deren Äußerungen gegenüber der Presse. Der Ton des Schreibens war eher unterwürfig. Man fragt sich, weshalb sich ein Doktor der Theologie und der Philosophie wie Lantini überhaupt solche Mühe machte. Der Grund war offensichtlich der, daß die Familie Calvi durch ihre beharrliche Beteuerung, der Bankier sei ermordet worden, einige Leute in eine peinliche Lage brachte. Nach der Bekundung seines »christlichen Beileides« verwies Lantini auf drei kurz zuvor erschienene Artikel in *Wall Street Journal*, *La Stampa* und *L'Espresso*, in denen die Calvis beteuert hatten, Roberto Calvi habe vor seinem Tod mit dem Opus Dei in Verbindung gestanden. Lantini fuhr fort:

In meiner Eigenschaft als Rat des Opus Dei für Italien möchte ich gerne bestätigen, was bereits überall in der Presse gemeldet und veröffentlicht wurde, nämlich daß kein Vertreter des Opus Dei im Zusammenhang mit Aktiengeschäften mit dem Ambrosiano oder einer anderen Operation (beziehungsweise geplanten Operation) jedweder wirtschaftlichen/finanziellen Art jemals direkt oder indirekt in irgendeiner Verbindung oder in Kontakt mit Roberto Calvi beziehungsweise mit dem IOR stand. Aufgrund dieser absoluten Distanzierung des Opus Dei – und zum Zwecke der vollständigen Aufklärung dieser Angelegenheit – ist es offensichtlich notwendig zu wissen, auf welche Elemente Sie sich beziehen, wenn Sie vom Opus Dei sprechen. Es geht unter anderem darum, Hinweise darauf zu erhalten, wer fälschlicherweise den Namen Opus Dei benutzt oder versucht haben könnte, ihm falsche Absichten zu unterstellen.

Daher möchte ich Sie, Signora und Signore Calvi, bitten, so freundlich zu sein, mir insbesondere Hinweise auf Personen, Fakten und Umstände sowie jegliches anderweitige Material zu nennen, die der Aufklärung der Tatbestände dienen könnten, auf die Sie sich in den zitierten Interviews beziehen.

Lantini freute sich hämisch über die Tatsache, daß er keiner Antwort für würdig befunden wurde, und tat die Aussagen der Witwe Calvi als »emotionale Spekulation« ab. Ihre Aussagen waren jedoch nur eine getreue Wiedergabe dessen, was ihr Mann ihr mitgeteilt hatte. Sie hat nie irgend etwas anderes behauptet. Daher wirkte Mario Lantinis Brief beinahe streitsüchtig. Clara Calvi hatte stets klar und eindeutig ihre Quelle genannt und bei mehreren Gelegenheiten unter Eid darüber ausgesagt. Don Lantini wußte dies. Wieso machte er sich also die Mühe, sie zu behelligen? Der Umstand, daß sie ihm nicht antwortete, war daher weder überraschend noch von Belang. Im Grunde wäre es weitaus angemessener gewesen, wenn Don Lantini seinen Brief an jene Personen gerichtet hätte, die Roberto Calvi den Eindruck vermittelten, er habe es – direkt oder indirekt – mit dem Opus Dei zu tun. Diese Personen waren Flavio Carboni, Hilary Franco und Pietro Palazzini.

Mit Benellis Tod war im Kardinalskollegium der letzte Widerstand gegen die Erhebung des Opus Dei in den Stand einer »Diözese ohne Territorium« beseitigt. Drei Tage nach Abschluß der Versammlung erließen Kardinal Casaroli und Kardinal Baggio im Namen von Johannes Paul II. die päpstliche Bulle *Mit sehr großer Hoffnung*, einschließlich der apostolischen Konstitution *Ut sit*, die die Umwandlung des Opus Dei in eine Personalprälatur besiegelten.

Der Papst erklärte:

> Mit sehr großer Hoffnung richtet die Kirche ihre Aufmerksamkeit und mütterliche Fürsorge auf das Opus Dei, das der Diener Gottes Josemaría Escrivá de Balaguer am 2. Oktober 1928 – durch göttliche Eingebung – in Madrid gründete, auf daß es stets ein geeignetes und wirksames Instrument der Heilsmission sei, die die Kirche zum Wohle der Welt ausführt.

Das Opus Dei war also nicht Escrivá de Balaguers Erfindung, sondern die Schöpfung Gottes. Escrivá de Balaguer war nur der Botschafter des Herrn gewesen. Ebenso bedeutsam war, daß durch *Ut sit* der Status des Opus Dei im kanonischen Recht als »Staat« innerhalb der Kirche rechtsgültig wurde.

Die Bulle *Mit sehr großer Hoffnung* und die apostolische Konstitution *Ut sit* machten nicht nur Don Alvaro del Portillo zum »kleinen Papst« der Villa Tevere, sie bestätigten auch, daß er niemandem Rechenschaft schuldete, außer dem »großen Papst« jenseits des Tiber – wenngleich der »große Papst« weit mehr vom Opus Dei abhängig war, als man auf den ersten Blick meinen mochte. Sollte der Prälat aus irgendeinem Grund keine Befehle vom Pontifex Maximus annehmen wollen, dann wäre er nur vor Gott verantwortlich. Sollte indes der Pontifex nicht auf den Prälaten des Opus Dei hören, lief er Gefahr, finanzielle Einbußen zu erleiden.

Die in der Bulle *Mit sehr großer Hoffnung* enthaltene Bestätigung, daß das Opus Dei »durch göttliche Eingebung« gegründet wurde, lieferte der Prälatur die Rechtfertigung für ihre extreme Arroganz. Denn sie stellte diese Institution über alle anderen Institutionen der Kirche, zumal sie – außer der Kirche selbst – die einzige war, die behauptete, von Gott und nicht vom Menschen geschaffen worden zu sein. Diese »göttliche Lizenz« berechtigte das Opus Dei zu einer Vorgehensweise, die das Werk in gewissen Fällen an den Rand der Legalität und der guten Sitten rückte. Die offizielle Zeremonie, in der das Opus Dei zur einzigen Personalprälatur der Kirche erhoben wurde, fand Mitte März 1983 in San Eugenio statt. Dieser dramatische Höhepunkt, die Krönung eines halben Jahrhunderts der Hoffnung und der Planung, wurde jedoch von einem beunruhigenden Ereignis überschattet. Zwei Wochen zuvor hatte die neugewählte sozialistische Regierung in Spanien die Enteignung und Liquidation des Rumasa-Konzerns verfügt.

26 Paraparal

Treu und fügsam. Das soll unsere Haltung sein. Und
wir geloben Jesus in den Worten des Vaters: »Ja,
Herr ... ich werde treu sein und mich von den Händen meiner Superioren formen lassen, um den besonderen übernatürlichen Schliff unserer Familie zu
erhalten.«
Josemaría Escrivá de Balaguer, »In den Händen
des Töpfers«, Crónica X, 1958

José María Ruiz-Mateos hatte Luis Valls nicht nur
wie einem Bruder vertraut, er hielt ihn auch für einen der führenden
Strategen des Werkes. Doch dafür, daß sie ziemlich ähnliche Ansichten
vertraten, pflegten sie ausgesprochen unterschiedliche Lebensstile. Ruiz-
Mateos war extrovertiert, Valls dagegen in sich gekehrt und fast mön-
chisch. Ruiz-Mateos war für seine Mitarbeiter zugänglich und unterhielt
sich gerne mit ihnen; Valls schottete sich in der zweithöchsten Etage der
neuen *Presidencia* des Banco Popular Español im Madrider Edificio Beatriz ab. Der Name »Banco Popular« erschien weder an der Außenfassade
noch im Foyer des Gebäudes. Das oberste Stockwerk war dem Penthouse
und Dachgarten von Luis Valls vorbehalten. Er war zwar eingeschriebener
Numerarier, hatte sich aber jahrelang geweigert, in einer Opus-Dei-Residenz zu wohnen.
Valls konnte nie verstehen, weshalb Ruiz-Mateos darauf bestand, sein
achteckiges Bienen-Emblem in sämtlichen vierhundert Unternehmen des
Rumasa-Konzerns zur Schau zu stellen. Mit dieser Auffassung stand er
nicht allein. Als Alvaro del Portillo nach Madrid kam, beschwerte er sich
bei Ruiz-Mateos: »Ich sehe zu viele Bienen. Im Ernst, wieso müssen wir
überall diese kleine Biene sehen?« Er wollte damit andeuten, daß Ruiz-
Mateos als Opus-Dei-Mitglied viel zu freimütig, viel zu imagebewußt und
zu wenig gottesfürchtig war.
Dies war eine merkwürdige Überlegung für den Generalprälaten einer
Organisation, die als ungeheuer narzißtisch galt und in dem Ruf stand,
ihre Filialen – ob in Rom, Madrid oder hoch oben in den Anden – unglaub-

lich aufwendig auszuschmücken. In den achtziger Jahren verfügte das Opus Dei in Spanien über einen Jahresetat von 6 Millionen Pfund. Dieser Betrag mag bescheiden wirken, doch er beinhaltete lediglich die Betriebsunkosten für das Regionalvikariat und die neun Provinzdelegationen. In Wirklichkeit nahm das Opus Dei in Spanien durch sein Firmennetz und seine hauptamtlichen Geldbeschaffer im Durchschnitt angeblich 160 Millionen Pfund im Jahr ein.[1] Das war doppelt soviel wie das Jahresbudget der katholischen Kirche in Spanien. Was aber unternahm das *Obra*, das eine rein »religiöse Organisation ohne materielle Vermögenswerte« zu sein vorgab, mit all diesen unausgewiesenen Geldern? Genau das wollte die Sozialistische Partei Spaniens wissen.

Es war schon seit geraumer Zeit klar gewesen, daß aus der für Oktober 1982 geplanten Wahl in Spanien höchstwahrscheinlich die erste sozialistische Regierung seit dem Bürgerkrieg hervorgehen würde. Einige Sozialisten warfen dem Opus Dei vor, den Putschversuch vom 23. Februar 1981 angezettelt zu haben, um auf diese Weise den Machtwechsel zu verzögern. Sie erwarteten, daß der Sozialistenführer Felipe González nun zurückschlug. Luis Valls fürchtete, die Sozialisten könnten versuchen, das Bankgewerbe zu verstaatlichen. Er machte sich zum inoffiziellen Fürsprecher der privaten Geschäftsbanken Spaniens und pochte auf das Recht des freien Unternehmertums.

Die Bedrohung durch die Sozialisten hätte zu keinem ungünstigeren Zeitpunkt auftreten können. Weil die Opus-Dei-Funktionäre davon ausgingen, daß der Heilige Stuhl den Portillo-Plan annehmen würde, hatte das Opus Dei zu dieser Zeit einen immensen Kapitalbedarf. Spanien war wie gewöhnlich führend, wenn es darum ging, Bargeld für Gottes kleinere Bedürfnisse aufzubringen. Ruiz-Mateos vermutete, daß Gregorio López Bravo – der ehemalige spanische Außenminister war inzwischen Vizepräsident von Banesto, der größten Geschäftsbank des Landes – mit der Finanzierung des Portillo-Plans betraut worden war. Doch aufgrund der Geheimniskrämerei innerhalb des Opus Dei hätte López Bravo dies niemals zugegeben, obwohl die beiden eng befreundet waren. Immerhin, im Juni 1980 gründete Gregorio López Bravo das Instituto de Educación e Investigación (IEI), in dem er selbst als Präsident und Enrique Sendagorta Aramburu, ebenfalls ein Supernumerarier, als Vizepräsident fungierten. Sendagorta saß auch im Verwaltungsrat des Banco Vizcaya und war Vizepräsident von Indubán, der Investitionsbank des Banco Vizcaya. Er steuerte persönlich über 1 Million Pfund zur Gründung des Instituts bei.

Ruiz-Mateos war mit einer Sonderzahlung an das IEI in Höhe von 1,5 Milliarden Peseten (7,9 Millionen Pfund) »indexiert«. Man hatte ihm gesagt, das Geld sei für die Universität von Navarra bestimmt, doch er vermutete, daß es in Wirklichkeit dazu diente, die Übernahme des IOR durch das Opus Dei zu sichern.

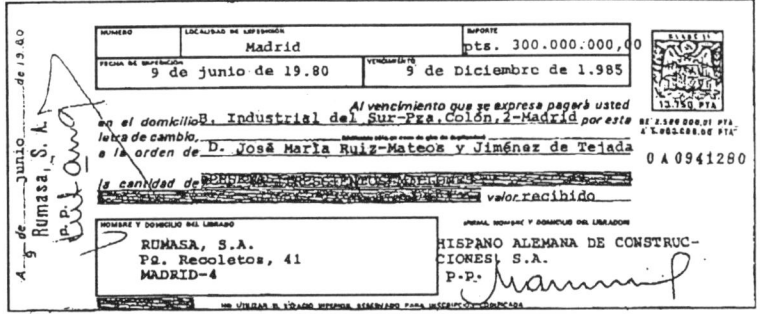

Da Ruiz-Mateos diese Indexierung nicht auf einen Schlag erfüllen konnte – sie lag weit über den zehnprozentigen Quartalsüberweisungen von Rumasa –, schlug er vor, den fälligen Betrag über fünf Jahre verteilt in jährlichen Raten von jeweils 300 Millionen Peseten (1,6 Millionen Pfund) zuzüglich zehn Prozent Jahreszins auf den ausstehenden Betrag zu zahlen. Zu diesem Zweck stellte er auf den 9. Dezember 1980 fünf Schuldscheine an einen Vermittler, die Hispano Alemana de Construcciones S.A., aus, so daß die Wechsel diskontiert werden konnten. Laut den Schuldscheinen war alljährlich zum selben Datum eine Zahlung durch den Banco Industrial del Sur an die Hispano Alemana fällig. Der Wechsel des ersten Jahres enthielt Zinsen in Höhe von 150 Millionen Peseten (789 000 Pfund) und wies somit einen Nennbetrag von 450 Millionen Peseten (2,4 Millionen Pfund) aus. Ferner brachte Ruiz-Mateos den Opus-Dei-Direktoren eine schriftliche Zusicherung bei, diese Abmachung über einen Zeitraum von insgesamt fünfundsiebzig Jahren alle fünf Jahre zu verlängern. In dem Vertrag war festgelegt, daß die Zahlungen an Hispano Alemana auf das Konto des IEI gingen.

Nach der Übernahme des Banco Atlántico durch Rumasa stiegen die Rumasa-Banken – alle zwanzig – gemeinsam in die renommierte Gruppe der führenden acht Geschäftsbanken Spaniens auf und rangierten unmittelbar hinter Luis Valls' Banco Popular Español. Die Chefs der etablierten

Banken fürchteten, daß Ruiz-Mateos ein neues Patent entdeckt hatte und Rumasa zur führenden Bank Spaniens machen würde, wenn man ihn gewähren ließe. Als Reaktion zwang der Banco de España den Rumasa-Konzern, seine Bücher einsehen zu lassen.

Ruiz-Mateos kam zu der Überzeugung, daß die einflußreichste Persönlichkeit im Finanzestablishment Spaniens Luis Valls Taberner war. Er hatte bemerkt, daß die Mehrzahl der Direktoren der Zentralbank »Vallsisten« waren – Leute, die dem Präsidenten des Banco Popular Español Gehorsam schuldeten. Dazu zählten der Präsident der Zentralbank, José Ramón Alvarez Rendueles, und dessen Stellvertreter Mariano Rubio, der dafür sorgen mußte, daß Rumasa sich an die Spielregeln der Zentralbank hielt. Doch wenn Ruiz-Mateos die Inspektoren des Banco de España die Bücher von Rumasa einsehen ließ, würden die unausgewiesenen Übertragungen an das Opus Dei ans Licht kommen, was sowohl dem Werk als auch dem Rumasa-Konzern eine Menge Ärger bescheren mußte. Wenn er sich hingegen weigerte, so riskierte er möglicherweise die Enteignung von Rumasa. Daher beschloß er, sich mit der Sache an Valls zu wenden.

Ruiz-Mateos behauptete, Luis Valls hätte ihm versichert, das Problem mit dem Banco de España »könnte mit Geld gelöst werden, durch die Zahlung von Geld«.[2] Ruiz-Mateos sagte, Valls hätte ihn angewiesen, sich an Antonio Navalón Sánchez, einen Experten für politische Bestechung, und den Anwalt Matías Cortés Domingues zu wenden. »Beides sind Leute, die mein volles Vertrauen genießen«, soll Valls gesagt haben.

»Wieviel Bargeld ist erforderlich?«, wollte Ruiz-Mateos wissen.

»Vorerst eine Milliarde Peseten [5,3 Millionen Pfund]«, erwiderte Valls angeblich.[3]

Matías Cortés war der führende Strafverteidiger in Spanien. Zu seinen Klienten zählten Jean Bedel Bokassa, seines Zeichens Kaiser des zentralafrikanischen Pseudoreiches, der spanische Vertreter der Rothschild Bank, einige der führenden Verleger Spaniens sowie Manuel de la Concha, Präsident der Madrider Börse, der später zusammen mit Mariano Rubio wegen Korruption hinter Gitter kam. Cortés strotzte nur so vor Einfluß; in seinem Notizbuch stand die private Telefonnummer des Königs, und er speiste mit Ministern und Herzögen. Er besaß eine Werbeagentur und ein italienisches Restaurant und tätigte Geschäfte mit der Scheinfirmenmanufaktur von Arthur Wiederkehr. Obwohl er in einem engen Verhältnis zu Valls stand, beschrieb er den Opus-Dei-Bankier und eine andere Person, die lediglich als Pedro bezeichnet wurde, einmal mit den Worten »*soberbio, obsceno y chuleta de barrio*« (arrogant, schamlos und ein Reviergauner).[4]

Im März 1982 stellte Ruiz-Mateos den Experten Navalón als Berater ein. Ruiz-Mateos sagte, er hätte Navalón, der zuvor für Valls Schmiergelder kassiert hatte, ein monatliches Vorschußhonorar von umgerechnet 31 560 Pfund bezahlt, ohne je eine Quittung zu verlangen. Cortés, Navalón und Valls waren Freunde von Pio Cabanillas, dem Notar und Justizminister der Übergangsregierung, die in Spanien die Demokratie einführte. Cortés war ein durch und durch abgebrühter Jurist. Als unabhängiger Berater von Banesto hatte er 1978 bei den Verhandlungen zur Übernahme der Banca Coca mitgewirkt. Ignacio Coca, der unter Franco zu Ruhm und Ansehen gelangt war, verkaufte die Bank für eine beträchtliche Summe Bargeld und eine siebenprozentige Beteiligung am Aktienkapital von Banesto. Erst später kam der Vorstand von Banesto dahinter, daß Coca die Aktiva mit dem plumpen Mittel fiktiver Vermögenswerte und Wertpapierbestände überbewertet hatte. Cortés verlangte, daß Coca das Defizit von 8 Milliarden Peseten (42 Millionen Pfund) deckte. Coca beging Selbstmord.

Bei der Wahl im Oktober 1982 errangen die Sozialisten die absolute Mehrheit. Als González das Amt des Ministerpräsidenten antrat, wollte Ruiz-Mateos von Luis Valls wissen, wie es nun weitergehen werde. Valls soll ihn angewiesen haben, Navalón eine weitere Milliarde Peseten zu zahlen, angeblich um Beamte der Zentralbank beziehungsweise Mitglieder der neuen sozialistischen Regierung zu bestechen. Das Geld wurde von Ruiz-Mateos' Privatsekretär teils in bar, teils per Inhaberscheck ausgehändigt. Navalón bezeichnete die Schmiergelder begeistert als seine »Bonbons«.[5]

Einige Monate später entsandte das Opus Dei zwei Emissäre, um Ruiz-Mateos zu befragen, wer innerhalb des Rumasa-Konzerns von den Überweisungen in die Schweiz wußte. Er teilte den beiden mit, die Transaktionen seien vom Leiter seiner Bankabteilung, Carlos Quintas, abgewickelt worden. Damit schienen sie zufrieden. Doch im nachhinein gewann Ruiz-Mateos den Eindruck, daß die Emissäre genau wußten, was bevorstand, und dafür sorgen wollten, daß Quintas sämtliche Opus-Dei-bezogenen Transaktionen aus den Büchern tilgte. Ebenfalls Anfang 1983 gaben Ruiz-Mateos' angebliche Freunde, der Banco-Popular-Direktor Rafael Termes und Paco Curt Martínez, ihre Anteile an der Rumasa-Tochter Ruiz-Mateos y Cía. zurück. Der nichtsahnende Ruiz-Mateos bezahlte die beiden nach einem großzügig berechneten Buchwert aus. Erst lange Zeit später begriff Ruiz-Mateos, daß er anscheinend der einzige in Madrid war, der nicht wußte, daß die Regierung die Beschlagnahmung des Rumasa-Konzerns plante und daß Luis Valls hinter den Kulissen die Hebel bewegte.

Nach einer Unterredung mit Cortés und Navalón am Morgen des 23. Februar 1983 hoffte Ruiz-Mateos zuversichtlich, daß in Kürze eine Lösung für die Probleme von Rumasa gefunden werden würde. Doch am späten Nachmittag traf sich Cortés mit Petra Mateos, der Ministerialdirigentin des sozialistischen Wirtschafts- und Finanzministers Miguel Boyer Salvador, die ihrem Chef meldete, daß Rumasa sich einer Untersuchung widersetze. Boyer verfügte umgehend, daß die Rumasa-Gebäude in Madrid von einer paramilitärischen Truppe durchsucht wurden. Das Datum war bedeutsam – es handelte sich um den zweiten Jahrestag des fehlgeschlagenen Putsches, der Ruiz-Mateos' Vermutung zufolge von Valls finanziert worden war. Ruiz-Mateos erfuhr an jenem Abend zu Hause durch die Fernsehnachrichten von der Enteignung. Bis zu diesem Zeitpunkt hatte er nicht die leiseste Ahnung, daß das Schicksal von Rumasa längst besiegelt war.

»Ich erfuhr von der Rumasa-Enteignung zur selben Zeit wie das spanische Volk – zu Hause, beim Fernsehen. Seit Tagen hatte ich kein Wort von Valls gehört. Einige Wochen zuvor hatte ich einen mysteriösen Anruf von ihm erhalten; er hatte mir mitgeteilt, daß die Enteignung von Rumasa eine der Alternativen sei, die die Sozialisten in Erwägung zogen, daß ich aber unbesorgt sein solle, da Rom längst nicht verloren war, und aus diesem Grund traute ich ihm nach wie vor«, schrieb Ruiz-Mateos später in einem Brief an Don Alvaro del Portillo.[6]

Navalóns »Bonbons« hatten nichts genützt. Miguel Boyer erklärte dem Volk, Rumasa hätte sich einer staatlichen Überprüfung widersetzt. Boyer äußerte die Befürchtung, daß das Ruiz-Mateos-Imperium aufgrund seiner extremen Expansion zusammenzubrechen drohe. Rumasa, so betonte er, sei zwar eine private Holdinggesellschaft, kontrolliere aber zahlreiche Publikumsgesellschaften und -banken. Falls das Imperium plötzlich zusammenbreche, drohe eine landesweite Krise. Diese Gefahr rechtfertige sein Einschreiten.

Ruiz-Mateos fragte Luis Valls niedergeschlagen: »Und was soll ich jetzt machen?«

»Du hältst den Mund und siehst zu, daß du verschwindest«, soll Valls ihm geraten haben. »Wir werden dir helfen, aber du mußt tun, was Matías Cortés dir sagt.«

Und so verschwand Ruiz-Mateos auf eine Weise, die an Roberto Calvis Flucht aus Italien erinnerte. In Begleitung seines Privatsekretärs Pepe Díaz, des Bankdirektors Carlos Quintas und einer Schar privater Leibwächter traf er in London ein. Er war erschöpft und niedergeschlagen. Man schärfte ihm ein, er dürfe unter keinen Umständen seine Mitgliedschaft im Opus Dei offenbaren. Um sicherzugehen, daß er gehorchte, bedachte man ihn mit einem neuen geistlichen Leiter, Frank »Kiko« Mitjans, einem Katalanen, für den er nie viel Sympathie empfand, und einem ständigen Aufpasser, Benedict Whyte, den Ruiz-Mateos als einen »sehr freundlichen, aber unterwürfigen Menschen« bezeichnete.

Der spanischen Presse blieb Ruiz-Mateos' Aufenthaltsort unbekannt, was zu allen möglichen Gerüchten führte. Man bezichtigte ihn der Unredlichkeit und warf ihm vor, durch kriminelle Machenschaften die Rumasa-Krise verschuldet zu haben. Er fühlte sich an die Wand gedrückt, doch sein Glaube blieb fest. Er besuchte täglich die Messe in Saint Mary's Church in der Codogan Street im Stadtteil Belgravia. Er kam stets in einer schwarzen Limousine, der ein identischer Wagen mit seinen Bodyguards vorausfuhr. Er saß im hinteren Teil der Kirche. Als er die Hochzeit seiner ältesten Tochter feiern wollte, bat man den Pfarrer der Saint Mary's Church, die Kirche zu diesem Anlaß dem Opus Dei zu überlassen.

Die Wochen verstrichen, und Ruiz-Mateos gelangte zu der Überzeugung, daß Valls ihn hintergangen hatte, um den Banco Popular Español vor der Verstaatlichung zu bewahren. Mit jedem Tag stempelten ihn Behörden und Presse mehr zum Halunken ab. Boyer behauptete, Rumasa weise ein Finanzloch von 2 Milliarden Dollar auf. Nach Ruiz-Mateos' Berechnung hätte der Konzern ein Reinvermögen von 3,3 Milliarden Dollar ausweisen müssen. Von London aus beauftragte er einen seiner Anwälte, den Opus-Dei-Numerarier Crispín de Vicente, die Regierung auf Rückgabe seines Eigentums zu verklagen. Die Regierung konterte mit einer Anklage gegen Ruiz-Mateos wegen Betrugs, Bilanzfälschung und illegaler Kapitalausfuhr. Und es wurde ein Haftbefehl gegen ihn ausgestellt.

Die Untersuchungsbeamten stießen auf Kopien von Rumasa-Schuldscheinen zugunsten des IEI in Höhe von 9,3 Millionen Pfund (einschließlich Zinsen). López Bravo bestätigte zwar, daß das IEI – das seiner Aussage nach Studenten und Wissenschaftler finanziell unterstützte – von Ruiz-Mateos 870 Millionen Peseten (4,6 Millionen Pfund) erhalten habe; er bestritt indes, daß das Institut das Geld an das Opus Dei weitergeleitet habe – was natürlich der Wahrheit entsprach, falls das Geld für den IOR bestimmt war. Sprecher des Opus Dei dementierten ebenfalls, daß das Werk *jemals* Gelder von Ruiz-Mateos erhalten habe.[7]

»Ich bin nicht Mitglied des Opus Dei, obwohl ich mit seinen Zielen übereinstimme«, erklärte Ruiz-Mateos gegenüber Stephen Aris von der Londoner *Sunday Times*.[8] Eine Woche später äußerte er gegenüber dem Bankexperten der *Financial Times*: »Ich bin Calvi nie persönlich begegnet, doch manche Leute meinen, ich werde auf dieselbe Weise enden wie Calvi.«[9]

Seine Äußerungen riefen zwei Opus-Dei-Supernumerarier auf den Plan, die ihm nahelegten, den Mund zu halten. Einer der beiden, Luis Coronel de Palma, von 1970 bis 1976 Direktor des Banco de España, ließ durchblicken, die Enteignung sei ein Deal gewesen, um die Verstaatlichung des Banco Popular Español zu verhindern. Der andere war López Bravo. Als Freund von Ruiz-Mateos zeigte sich López Bravo empört. Er hatte Ruiz-Mateos in Andeutungen davor gewarnt, Valls zu vertrauen. Opus-Dei-Mitglieder dürfen nicht schlecht über einander sprechen. López Bravo, dem inzwischen selbst Zweifel an bestimmten ethnischen Grundsätzen des Werkes gekommen waren, versicherte seinem Freund Ruiz-Mateos diesmal: »Luis Valls schuldet dir eine Erklärung.«

In den folgenden vier Monaten rief Luis Valls zweimal an. »Er sagte mir, wenn ich nur Geduld hätte, würde die Zukunft phantastisch werden. Er sagte auch, daß wir uns bald in einem Land, das noch zu bestimmen wäre, mit unseren Brüdern treffen und alles besprechen würden …« Nach einem Besuch von Navalón kam Valls selbst nach London und suchte seinen unglücklichen Freund auf.

»Du hast mich hintergangen«, warf Ruiz-Mateos ihm vor.

»Wovon redest du?« erwiderte Valls.

Valls drückte sich um jede Art von Erklärung. Inzwischen war Ruiz-Mateos überzeugt, daß es zwei *Obras* gab: *Opus Dei*, die makellose geistliche Organisation, die der Gründer ursprünglich im Sinn gehabt hatte, und *Opus Homini*, das Werk, das einige Menschen daraus gemacht hatten. Er beschloß, sämtliche Verbindungen zum *Opus Homini* abzubrechen. Er feuerte Matías Cortés, wollte nichts mehr mit seinem Londoner »Aufpasser« Ben Whyte zu tun haben und ging nicht mehr zu den vertraulichen Aussprachen zu Kiko Mitjans. Die Opus-Dei-Leitung schickte Boro Nacher, der fünfzehn Jahre lang sein geistlicher Leiter gewesen war, nach

London, um ihn zur Räson zu bringen. Doch Ruiz-Mateos weigerte sich, ihn zu empfangen. Denn er hegte den Verdacht, Nacher habe längst gewußt, daß Valls und die Madrider Direktoren ein Komplott geschmiedet hatten, um Rumasa den Sozialisten zu opfern.

Ruiz-Mateos behauptete, er hätte nie etwas von dem venezolanischen Anwalt Alberto Jaimes Berti beziehungsweise dem Immobilien-unternehmen Paraparal gehört. Falls sowohl er als auch Berti die Wahrheit sagten, hatte das Opus Dei schon lange vor der Enteignung hinter seinem Rücken operiert und ohne sein Wissen und Einverständnis Gelder durch den Banksektor des Rumasa-Konzerns geschleust. Berti zufolge war der Agent für diese Transaktion Ruiz-Mateos' Schwager, Luis Barón Mora-Figueroa.

Ruiz-Mateos bezeichnete seinen Schwager als »hundert Prozent Opus Dei. Er ist ein wunderbarer Mensch, aber ein fanatischer Anhänger des Opus Dei. Wenn ich heute mit ihm spreche, ist es, als redete ich gegen eine Wand.« Luis Barón bestritt ebenfalls, daß er Berti je begegnet sei, und Ruiz-Mateos bezweifelte, daß sein Schwager 1980 im Rahmen eines Investitionsauftrags nach Caracas gereist war.

Bis Anfang der achtziger Jahre verwaltete Berti nicht nur die kirchlichen Finanzen in Venezula, sondern diente auch als Rechtsberater der Apostolischen Nuntiatur in Caracas. Über eine Gesellschaft, die er unter dem Namen Inpreclero gegründet hatte, richtete er einen Pensionsfonds für Kleriker ein. Auf Erzbischof Benellis Geheiß benutzte er eine weitere Gesellschaft namens Ineclesia, um Gelder der Kirche anonym in amerikanische Standardwertpapiere oder bestimmte Projekte zu investieren. Zwar war er Vorstandsvorsitzender der beiden Firmen, kontrolliert wurden sie jedoch durch den Finanzausschuß der venezolanischen Bischofskonferenz. Ineclesia besaß testierte Vermögenswerte von 1,4 Milliarden Dollar.

Berti gestand übrigens als erster offen ein, daß er nie besonders viel für Escrivá de Balaguer beziehungsweise die von ihm gegründete Vereinigung übriggehabt hatte. Als Berater der Apostolischen Nuntiatur war Berti im Laufe der Jahre mit einigen recht unangenehmen Aufgaben betraut worden. Die erste dieser Peinlichkeiten ereignete sich 1970, als der Nuntius in Caracas eine Beschwerde von den Eltern zweier halbwüchsiger Jungen aus der Diözese Margarita auf einer Inselgruppe vor der venezolanischen Küste erhielt. Die Eltern drohten, den örtlichen Bischof wegen unsittlicher Belästigung ihrer Söhne anzuzeigen, und der Nuntius fürchtete einen Skandal. Er forderte Berti auf einzugreifen. Der Bischof von Margarita war Francisco de Guruceaga, die erste Berufung des Opus Dei in Venezuela.

Berti flog nach La Asunción auf der Isla de Margarita. Über eine Staatsanwältin verschaffte er sich Zugang zu Guruceagas Akte und vernichtete diese. Dann handelte er eine Zahlung von 160 000 Dollar an die Eltern aus. Der Nuntius schickte Guruceaga auf einen längeren Urlaub nach London, wo er in den folgenden drei Jahren ein säkulares Leben führte.

1973 gab der neue Nuntius, Monsignore Antonio del Giudice, Guruceaga noch einmal eine Chance und ernannte ihn zum Bischof der kleinen Diözese La Guaira im Bundesdistrikt von Caracas. Berti zufolge hielt sich Guruceaga für einen Merkantilprälaten mit der Lizenz, Geld für Gottes Werk zu beschaffen. Unter anderem hatte Guruceaga im Jahre 1975 ein Grundstück im Besitz der Diözese von La Guaria für 2,5 Millionen Dollar verkauft. Das Geld verschwand spurlos. Del Giudices Nachfolger beauftragte Berti mit einer Untersuchung. Berti sagte, er habe das entsprechende Beweismaterial zusammengetragen, und der Nuntius habe seinen Bericht an den Staatssekretär Kardinal Villot nach Rom geschickt. Aber man habe nie wieder etwas in der Sache gehört.

Auf Anordnung Benellis half Inecclesia auch Anhängern der Kirche, anonym Gelder auf den amerikanischen Aktienmärkten zu investieren. Zur Abwicklung dieser Geschäfte verlangte Berti von seinen Klienten jedoch mehrere Empfehlungsschreiben wichtiger Kirchenbehörden oder Organisationen wie dem Malteserorden, dem Berti angehörte. Er instruierte die Klienten, das Geld auf ein Inecclesia-Konto in Panama City zu überweisen. Das Geld wurde dann einer Scheinfirma zugewiesen, in deren Namen die amerikanischen Wertpapiere gekauft wurden. Sobald das Geld vollständig investiert war, lieferte Berti dem Kunden das Inhaberaktien-Zertifikat der panamaischen Gesellschaft.

Dies war die übliche Prozedur, als (laut Berti) auch Luis Barón Mora-Figueroa, der Präsident des Banco del Norte – einer der zwanzig Banken des Rumasa-Konzerns – und Mitglied des Rumasa-Verwaltungsrats, Ende 1980 Kontakt mit Berti aufnahm. Berti sagte, Luis Barón habe ihm mehrere Empfehlungsschreiben des Vatikans und anderer kirchlicher Behörden vorgelegt, unter anderem von Kardinal Casaroli, dem Nachfolger Villots im Amt des Staatssekretärs, und vom IOR-Sekretär Donato de Bonis. Luis Barón teilte Berti mit, er vertrete ein Konsortium von Investoren in einem langfristigen Projekt. Zunächst dachte Berti, das Projekt könnte die lateinamerikanische Bank sein, die Kardinal Siri erwähnt hatte. Erst später, als die Pläne für die Bank auf Eis gelegt wurden, kam Berti der Verdacht, daß es sich um Paraparal, das größte Projekt zur Grundstückserschließung in Venezuela, handelte.

Paraparal sollte eine Stadt mit 14000 Wohnungen am Lago de Valencia werden. Initiiert wurde das Projekt 1976 von dem Bauunternehmer Giuseppe Milone, der ein Jahr zuvor von Neapel nach Venezuela gekommen war. Die Kosten zur Verwirklichung des Paraparal-Projekts wurden auf etwa 2 Milliarden Dollar geschätzt. Berti war Milones venezolanischer Anwalt. Wie Berti betonte, gab es nicht viele Investoren, die 2 Milliarden Dollar einfach so herumliegen hatten. Die Kirche war einer dieser wenigen; die Mafia (beziehungsweise die neapolitanische Camorra) ein weiterer. Über erstere konnte Berti als Verwalter von Kirchenfinanzen sicherlich ein Urteil abgeben. Er war aber auch dahintergekommen, daß Milone bei einigen seiner Projekte Gelder der Camorra zur Verfügung standen.

Luis Barón wußte über die Verteilung der liquiden Mittel innerhalb des Rumasa-Konzerns genau Bescheid. Seine Bank, Banco del Norte, sammelte und verglich die Finanzdaten, die die Bankabteilung des Rumasa-Konzerns dem Banco de España liefern mußte. Außerdem erstellte sie die regelmäßigen Meldungen über die Devisenpositionen des Konzerns für die Währungsbehörden.[10] Berti behauptete, Luis Barón habe der Inecclesia 2 Milliarden Dollar und später weitere 200 Millionen Dollar zur Verwahrung anvertraut. Berti sagte, er habe sich an die übliche Prozedur gehalten. Das Geld wurde in mehreren Raten an eine panamaische Scheinfirma überwiesen und zur Investition an bestimmte Makler in New York transferiert. Das Geld traf allerdings mit einer gewissen Verzögerung ein, so daß die Investitionspläne geändert werden mußten. Während dieser Zeit reiste Berti geschäftlich nach Rom und traf sich mit de Bonis vom IOR. Berti vermutete, daß de Bonis über Baróns Transaktion vollständig im Bilde war. Und weil de Bonis mit der Angelegenheit vertraut zu sein schien, war Berti überzeugt, daß der IOR ebenfalls darin verwickelt war. Darüber hinaus erwähnte de Bonis *laut Berti*, daß Roberto Calvi ebenfalls in die Sache eingeweiht war.[11] Dies schien plausibel, denn Berti hatte bemerkt, daß ein Teil der Gelder über das Ambrosiano-Netz nach Panama gelangt war.

Etwa zur selben Zeit ereignete sich innerhalb der venezolanischen Bischofskonferenz eine Palastrevolution. Francisco de Guruceaga übernahm den Finanzausschuß der Konferenz und brachte Inpreclero und

Inecclesia umgehend unter seine Kontrolle. Berti erhielt sein Mandat von einem sechsköpfigen Verwaltungsrat, in dem er einer der drei Laien war. Guruceaga überging die Direktoren und ernannte sich im Februar 1983 selbst zum Präsidenten beider Gesellschaften, was Berti für gesetzwidrig hielt. Berti weigerte sich, ihm die Bücher auszuhändigen. Im Gegenzug warf Guruceaga ihm vor, bis zu 50 Millionen Dollar aus dem kirchlichen Pensionsfonds veruntreut zu haben.

Die Übernahme der beiden Gesellschaften entsprach ganz und gar der Praxis des Opus Dei, die Verwaltung der Kirchenfinanzen zu monopolisieren – wo und wie auch immer. So sollen Mitglieder des Opus Dei während der Diktatur Pinochets die Finanzen der chilenischen Kirche übernommen haben.[12] Es war aber vor allem die Taktik, die Berti schockierte. »Das Opus Dei verfuhr skrupellos und unmoralisch bei seinem Versuch, mich loszuwerden. Man versuchte, mich zu vernichten. Acht Monate lang setzte man Radio, Fernsehen und Zeitungen in einer perfekt geplanten Kampagne von Lügen und Haß ein, gegen die ich machtlos war.«

Während seiner Auseinandersetzungen mit dem Opus Dei entdeckte Berti Dinge, die seiner Meinung nach zusätzlich belegten, daß die 2,2 Milliarden Dollar für das Paraparal-Projekt bestimmt waren. Er wußte, daß das Projekt 1981 eine seiner zahllosen Liquiditätskrisen erlebte und zu scheitern drohte. Milone bemühte sich damals verzweifelt, weitere 200 Millionen Dollar zu beschaffen. Zu diesem Zeitpunkt, so Berti, wurde Calvi gebeten, in Paraparal zu investieren. Der Ambrosiano steckte wegen seiner offenen Positionen bei United Trading allerdings selbst in Zahlungsschwierigkeiten. Dennoch willigte Calvi ein, doch er verlangte, daß das Konsortium als vertrauensbildende Maßnahme beim Ambrosiano eine Ausgleichseinlage in Höhe von 200 Millionen Dollar vornahm. Dies wurde offensichtlich durch den IOR erledigt, doch Berti kam zu dem Schluß, daß Calvi seinen Teil des Vertrags nicht erfüllte. Berti behauptete nämlich, Calvi habe ihn in Caracas angerufen und gebeten, dafür zu sorgen, daß Milone ihn – Calvi – nicht länger wegen der Zahlung unter Druck setze.

Wegen der eskalierenden Probleme des Ambrosiano konnte Calvi weder die 200 Millionen Dollar aufbringen noch die »Ausgleichseinlage« zurückerstatten. Die Folge davon war, daß das Paraparal-Projekt zu scheitern drohte, sofern nicht andere Mittel aufgetrieben wurden. Für Berti war dies die Erklärung dafür, weshalb er die letzte Rate der 2,2 Milliarden Dollar mit Verspätung erhielt – nämlich erst, als einer von Milones neapolitanischen Sponsoren einsprang, um das Projekt vor dem Ruin zu retten. Wenn es so war, dürfte dies Calvis Schicksal besiegelt haben. Diese Schilderung der Ereignisse klang plausibel, auch wenn Bertis Überlegungen sich nicht so sehr auf harte Fakten, sondern auf Schlußfolgerungen stützten – bis er eines Tages wegen eines Rechtsstreits mit Milone nach Rom reisen mußte und von einem »Mr. Tortola« bedroht wurde, der sich als Camorra-Mitglied zu erkennen gab. Tortola warnte ihn: »Wir haben Calvi in London erwischt, und wir erwischen auch Sie, egal, wohin Sie gehen.«[13]

Berti vermutete, daß die Rumasa-Bücher einen Eintrag zur Barón-Operation enthielten. Damit aber die staatlichen Liquidatoren bei der Enteignung von Rumasa nicht dahinterkamen, wurde die Eigentümerschaft an dem Paraparal-Projekt auf eine neue Gesellschaft namens Cali S.A. übertragen. Diese Gesellschaft wurde am selben Tag in Panama gegründet, an dem Rumasa verstaatlicht wurde, und erwarb die Rechtsansprüche eines Klägers, der eine Klage gegen Paraparal eingereicht hatte. Cali gewann den Prozeß, Paraparal wurde wegen Säumnis verurteilt, und so konnte Cali die Eigentümerschaft übernehmen. »Das war eine äußerst ungewöhnliche Form des Verkaufs«, bemerkte Berti trocken. Nicht nur das – es war auch eine höchst saubere Abwicklung, denn nichts ließ eine Verbindung zwischen Cali und dem ursprünglichen Investorenkonsortium erkennen.

Bertis Darstellung beruhte auf einer Mischung von Mutmaßung und Insiderwissen. Der Vatikan und das Opus Dei hatten eine Verstrickung in Calvis »Mißwirtschaft« ebenfalls strikt geleugnet. Doch gegen Ende des Jahres 1983 begriff der Vatikan, daß er von den Gläubigern des Banco Ambrosiano vor Gericht gebracht werden würde. Dies veranlaßte den Vatikan, die ersten zögerlichen Schritte auf eine Einigung hin zu unternehmen. Im Januar 1984 ließ der Vatikan über einen römischen Anwalt andeuten, daß er zur Regelung der Ambrosiano-Angelegenheit eine Zahlung von 250 Millionen Dollar leisten würde. Solch eine Summe stand dem IOR indes nicht zur Verfügung. Eine Zeitlang erwog man, einen Geschäftskredit von bis zu 90 Millionen Dollar aufzunehmen. Ende Januar, so behauptete Marcinkus, leitete der IOR schließlich »eine anderweitige Finanzierung« in die Wege.[14]

Die Quelle dieser »anderweitigen Finanzierung« ist nie bekannt geworden. Doch am 25. Mai 1984 erklärte sich der IOR bereit, 244 Millionen Dollar zur Abgeltung sämtlicher Ansprüche gegen ihn zu bezahlen.

Addierte man diese Summe zu den Termineinlagen und den anderen verlorenen Vermögenswerten und den zurückgezahlten Lira-Einlagen im Wert von 99 Millionen Dollar, so belief sich der Gesamtverlust des IOR bei dem Ambrosiano-Debakel auf 510 Millionen Dollar.[15] Nach diesem Vergleich war der IOR praktisch bankrott. Dem widersprach Marcinkus. »Wir sind dadurch nicht vollständig blank geworden, wir mußten sozusagen unsere Kapitaldecke senken«, erklärte er.[16] Doch der IOR hatte keine Kapitaldecke, denn er verfügte über kein Stammkapital als solches. Die Vatikanbank mochte Rücklagen besessen haben, und sie hatte Einlagen. Der IOR wurde daher durch die Loyalität seiner Einleger am Leben erhalten. Der größte Einleger war das Opus Dei.

Der Vergleich enthielt einen »Nachtrag«, wonach sich der IOR einverstanden erklärte, den Gläubigern ein Sortiment von Inhaberaktien auszuhändigen, die den Gesellschaften des United-Trading-Konzerns gehörten – jenen, die in den Patronatserklärungen erwähnt waren. Dazu gehörten das gesamte Stammkapital der United-Trading-Mutter selbst sowie 53 300 Aktien beziehungsweise 23 Prozent des Aktienkapitals der Banco Ambrosiano Holding in Luxemburg.

Für den Vatikan erreichte das Jahr 1984 mit den Zahlungen an die Gläubiger des Ambrosiano auf der »Richterskala« finanzieller Erschütterungen definitiv den Wert neun. Woher das Geld stammte, mit dem man dieses gigantische Loch stopfte, darüber erhielten die Kardinäle in einer Versammlung neun Monate später nur äußerst vage Informationen. Man erklärte ihnen, daß die Zahlung des IOR in Höhe von 244 Millionen Dollar »gänzlich durch den [IOR] selbst abgedeckt wurde, ohne Beiträge seitens des Heiligen Stuhls und ohne Rückgriff auf die Mittel, die der Verwaltung des Instituts anvertraut worden sind«.

José María Ruiz-Mateos leugnete noch immer jede Verbindung mit dem Opus Dei. Als der Druck endlich nachließ, gelangte er allmählich zu der Gewißheit, daß er hintergangen worden war. Kurz nachdem er seinen englischen Anwalt gefeuert hatte, verlängerte das britische Innenministerium seine Aufenthaltsgenehmigung nicht mehr, so daß er das Land verlassen mußte. In Frankfurt wurde er schließlich aufgrund eines spanischen Haftbefehls festgenommen und drei Monate lang inhaftiert, bevor er gegen eine Kaution von 2,7 Millionen Pfund freigelassen wurde. Er beantragte politisches Asyl, was jedoch abgelehnt wurde, und wehrte sich die folgenden eineinhalb Jahre gegen eine Auslieferung.

Während dieses Auslieferungsverfahrens, genauer gesagt am 31. Mai

1985, verfaßte Ruiz-Mateos einen 45seitigen handschriftlichen Brief an Don Alvaro del Portillo – einen Brief, der offen, rührend, verletzt, aber keineswegs verbittert klang, wie von einem Sohn, der sich seine Sorgen von der Seele schreibt und vom Vater Verständnis, Rat und irgendeine Form menschlicher Wärme erhofft. Der Brief begann folgendermaßen:

Ich versichere Ihnen, Vater, daß all die Fakten, die ich Ihnen mitteile, wahr sind, und Gott weiß es. Meine einzige Absicht ist es, Sie über die Vorgänge zu unterrichten und, falls es Ihnen beliebt, Ihren Rat zu erhalten. Alles ist mir genommen worden. Man hat nichts geschätzt. Ich wurde entehrt, beruflich diskreditiert und aus Spanien vertrieben. Ich wurde verfolgt und verleumdet. Ich wurde ins Gefängnis gesteckt und von meiner Familie getrennt. Worauf muß ich mich noch gefaßt machen? ...
Ich bitte Sie, Vater, versetzen Sie sich in meine Lage und versuchen Sie, mich zu verstehen. Ich bin sicher, Sie werden Mitgefühl empfinden ... und wenn Sie nur verstehen, was ich erleide, wird dies meinen Schmerz um so vieles erleichtern ...

Ruiz-Mateos führte die gesamte Parade hochrangiger Opus-Dei-Mitglieder auf, die ihn in London und später im Gefängnis in Frankfurt besuchten. Sie hatten ihn alle aufgefordert zu schweigen, doch – so fragte er sich – »wer profitiert eigentlich davon, wenn ich schweige ...? Sie können versichert sein, Vater, daß ich zu keinem Zeitpunkt die Institution hineinziehen wollte, und ich glaube, ich habe dies heldenhaft bewiesen ...« Doch wie war er für sein Schweigen belohnt worden? Er behauptete, der Regionalvikar für Deutschland hätte ihn gewarnt: »Sie könnten morgen an einem Herzinfarkt sterben ...« Weiter schrieb er:

(M)ein persönlicher Anhang ist auf das engste mit dem Werk verbunden: Frau, Kinder, Brüder, Schwager und sogar mein Anwalt (Crispín de Vicente). Wie oft habe ich ihnen gegenüber meine Lage beklagt und nur Grabesstille vernommen, bis ich merkte, daß mir alle mit Zurückhaltung begegneten, und bis ich schließlich erkannte, daß sie kein Verständnis aufbrachten ...

Dann zitierte er aus einem Brief von Luis Valls, der leugnete, auf irgendeine Weise für Ruiz-Mateos' Probleme mit dem Banco de España verantwortlich zu sein. »Wenn jemand Dich verraten hat, dann nicht ich«, hatte Valls geschrieben.

Damit sein Brief auch sicher in die Hände des Generalprälaten gelangte, ließ Ruiz-Mateos ihn von seinem ältesten Sohn Zoilo persönlich in die Villa Tevere bringen. Ruiz-Mateos hat nie eine Antwort erhalten. Eines Tages jedoch kam Amadeo de Fuenmayor aus Rom zu Besuch.

»Wie ist es um deine Seele bestellt?« fragte Fuenmayor. »Hast du die Normen befolgt?« Ruiz-Mateos überhörte die Frage und wollte wissen, was mit seinem Brief geschehen sei.

»Welcher Brief?« erwiderte Don Amadeo. »Ist dir klar, daß du heute nacht sterben könntest? An einem Herzinfarkt? Oder an Krebs?«

Im November 1985 folgten die deutschen Behörden dem spanischen Auslieferungsbegehren; Ruiz-Mateos wurde mit einer Militärmaschine nach Madrid geflogen. Die folgenden sieben Wochen verbrachte er in einem Hochsicherheitstrakt des Gefängnisses von Alcalá-Meco, wo er weitere Zeit zum Nachdenken fand. Zu Beginn des neuen Jahres erschien er zu einer gerichtlichen Vernehmung; dabei entkam er aus der Untersuchungshaft, indem er sich auf der Toilette des Gerichts mit falschem Bart, Perücke und Trenchcoat verkleidete. Ein paar Tage später tauchte er auf einer vielbeachteten Pressekonferenz wieder auf und beschwerte sich über seine Haftbedingungen. Danach willigten die blamierten Behörden ein, ihn unter Hausarrest zu stellen.

Inzwischen sah er überhaupt nicht mehr ein, wieso er auch noch der illegalen Kapitalausfuhr beschuldigt werden sollte, solange jene, die ihn dazu genötigt hatten, nicht mit ihm angeklagt wurden. Und so unterrichtete er die Madrider Untersuchungsrichter, daß drei spanische Leiter des Opus Dei – Alejandro Cantero, Juan Francisco Montuenga und Salvador Nacher – ihn nicht nur genötigt hätten, enorme Beiträge an das Opus Dei zu leisten, sondern auch das Geld für sie zu waschen. Er sagte, er hätte aus dem Cashflow von Rumasa fast 40 Millionen Pfund an das Opus Dei im Ausland abgezweigt. Seine Behauptungen wurden von der spanischen Opus-Dei-Zentrale prompt bestritten, auch wenn inzwischen eingeräumt wurde, daß Ruiz-Mateos doch Mitglied des *Obra* gewesen sei.

Im Mai 1986 stellte die spanische Opus-Dei-Leitung Ruiz-Mateos ein Ultimatum und drohte ihm mit Ausschluß, falls er seine Vorwürfe gegen die drei Leiter nicht zurücknehme. Anstatt einen Rückzieher zu machen, legte Ruiz-Mateos fünfzehn Fotokopien von Transaktionen vor, bei denen Rumasa über die Nordfinanz Bank in Zürich Überweisungen an ein

»River-Invest«-Konto bei der Schweizerischen Bankgesellschaft in Genf getätigt hatte. Während die Staatsanwaltschaft nicht wußte, was sie tun sollte – der Staatsanwalt Francisco Jiménez Lablanca war ein Mitglied des Opus Dei –, besaßen die Opus-Dei-Funktionäre die Chuzpe zu leugnen, daß das Werk in irgendeiner Weise in Ruiz-Mateos' geschäftliche Aktivitäten verwickelt war. Als Antwort auf die negative Presse erschien ein achtseitiges Interview mit Tomás Gutiérrez Calzada, dem Regionalvikar für Spanien. Das Interview in der Zeitschrift *Epoca* trug die Überschrift »Die Feinde der Freiheit greifen uns an«. »Freiheit« war im Sprachgebrauch des Opus Dei gleichbedeutend mit »Kirche«. Bei den »Feinden« der Kirche, so war der nächsten Zeile zu entnehmen, handelte es sich um Ruiz-Mateos, denn er »drohte uns mit einem öffentlichen Skandal«.[17]

Als Ruiz-Mateos merkte, daß er nun weit vom Weg abgewichen war, begann er um sein Leben zu fürchten.[18] »Ich bin mir nicht nur bewußt, daß mir etwas zustoßen könnte, ich wundere mich sogar, daß es nicht schon längst geschehen ist. Viele Spanier sind für viel weniger auf mysteriöse Weise umgekommen, und die Geschichte ist voll von Verbrechen, die im Namen Gottes begangen wurden«, bekannte er 1986 in einem Interview.[19] Drei Monate zuvor war Michele Sindona in einem Mailänder Gefängnis gestorben, nachdem er eine Tasse vergifteten Kaffee getrunken hatte. Dieser Vorfall, wie auch der Mord an Calvi, war Ruiz-Mateos höchst gegenwärtig.

Nachdem eine erste Anklage wegen Betrugs aus Mangel an Beweisen fallengelassen wurde, entließ man ihn aus dem Hausarrest. Sein Rumasa-Imperium war inzwischen jedoch liquidiert worden. Die staatliche Vermögensverwaltung verkaufte den Banco Atlántico zu einem Spottpreis an einen arabischen Konzern, worauf eine Zeitung in Barcelona behauptete, die Abwicklung von Rumasa hätte den spanischen Steuerzahler mehr als doppelt soviel gekostet wie die 1 Milliarde Dollar, um die Ruiz-Mateos laut Staatsanwaltschaft den Staat betrogen hatte. Verfahren wegen weiterer Anklagepunkte waren noch anhängig.

Inzwischen hatte man den Eindruck, daß Felipe González es gerne gesehen hätte, wenn die Rumasa-Affäre vergessen und begraben gewesen wäre. Dies sollte Ruiz-Mateos jedoch zu verhindern wissen. In einer Gegenklage forderte er 842 Millionen Pfund Schadenersatz vom Staat. Er berief Pressekonferenzen vor Regierungsgebäuden ein, auf denen er als Pirat oder Superman verkleidet erschien und wichtige Argumente zu seiner Verteidigung vorbrachte. Dies war seiner Ansicht nach die einzige Möglichkeit, dafür zu sorgen, daß die Öffentlichkeit seinen Fall nicht aus dem Blick verlor.

Im Juni 1989 erhielt er vorübergehende Immunität vor der Strafverfolgung, als er in das Europäische Parlament gewählt wurde. Bevor er seinen Sieg feiern konnte, mußte er jedoch ins Krankenhaus eingeliefert werden, wo man ihm aufgrund einer Mesenterialthrombose einen Meter seines Darms entfernen mußte. Diese Art von Thrombose, die gewöhnlich tödlich verläuft, entsteht nur durch eine Gefäßverstopfung, den Verzehr eines giftigen Fisches, den Biß einer Spinne oder durch Gift. Zur Genesung nach der Operation begab sich Ruiz-Mateos in die Mayo-Klinik. Die dortigen Ärzte hielten es für wahrscheinlich, daß er vergiftet worden war. Auf der Grundlage ihrer Berichte erhob er nach seiner Rückkehr nach Madrid Anklage gegen Unbekannt wegen versuchten Mordes.

Die Entscheidung über die Rechtmäßigkeit der Rumasa-Verstaatlichung wurde dem spanischen Verfassungsgericht vorgelegt. Dem Gericht gehören elf Richter und ein Präsident an, dessen Stimme doppelt zählt. Nach langwierigen Abwägungen stimmten sechs Richter gegen die Rechtmäßigkeit des Gesetzes; fünf stimmten dafür. Der damals fast achtzigjährige Präsident Manuel García-Pelayo beschloß – nach einem Telefonanruf von Felipe González –, mit der Minderheit zu stimmen. Zwei Jahre später ging García-Pelayo in den Ruhestand. Bevor er einem Herzinfarkt erlag, erklärte er, daß beim Rumasa-Urteil die Integrität des Verfassungsgerichts verletzt worden sei.

Ruiz-Mateos legte beim Europäischen Gerichtshof in Straßburg Berufung gegen das Urteil ein. Die Straßburger Richter bestätigten, daß die spanische Regierung zunächst verfassungswidrig gehandelt und ihm dann einen fairen Prozeß verwehrt habe. Das Straßburger Gericht hielt sich jedoch nicht für zuständig, über seinen Anspruch auf Schadenersatz zu entscheiden.

Zwölf Jahre nach der Rumasa-Enteignung war Ruiz-Mateos noch immer kein fairer Prozeß gewährt worden – ein Prozeß, der, wie manche Experten fürchteten, Jahre in Anspruch nehmen und für das Opus Dei ausgesprochen peinlich ausfallen könnte. Auf die Frage, wer für seinen Ruin verantwortlich war, erwiderte er: »Ich glaube, dieselben Leute, die den Putsch anzettelten, organisierten auch die Enteignung von Rumasa.« Wer aber waren diese Leute, fragte ich.

»*Los ›Vallses*‹«, antwortete er.[20]

27 Der Bischof von Rusado

Wenn das Opus Dei schuldig ist, dann ist es die gesamte Kirche.
William O'Connor

Der Verdacht eines Mordkomplotts ergab sich aus der Auflistung der Telefonate, die Carboni in der Zeit führte, als er Calvi auf dessen Reise von Triest nach London beschattete. Das Verzeichnis dieser Telefongespräche, das von den Hotels erstellt wurde, in denen Carboni abgestiegen war, diente bei der zweiten Untersuchung in London als Beweismaterial. Die Telefonatsliste belegte, daß Carboni täglich mit Hilary Franco, dem römischen Anwalt Wilfredo Vitalone und der Telefonzentrale des Vatikans in Kontakt gestanden hatte. Es schien kein Zweifel zu bestehen, daß die Anweisungen aus Rom gekommen waren.

Der nächste Durchbruch bestand darin, daß die Anwälte der Familie Calvi auf Strafverfahren in Triest aufmerksam wurden, bei denen es darum ging, daß Silvano Vittor versucht hatte, dem Agenten »Podgora« einen Teil des Inhalts von Calvis verschwundener Aktentasche zu verkaufen. Der Undercover-Agent, dessen wahrer Name Eligio Paoli lautete, arbeitete in Triest für die Finanzpolizei und wahrscheinlich auch für den Militärgeheimdienst SISMI. Er war nur einer von mindestens vier Agenten verschiedener italienischer Behörden, die über Calvis Flucht detailliert unterrichtet waren. »Podgora« war es, der dahinterkam, daß Sergio Vaccari als Helfer beim Mord an Calvi angeheuert worden war.

Gelli hatte mittlerweile das Gefühl, daß er lange genug gesessen hatte. Er konnte einen Wärter bestechen, ihn in einem Wäschekorb aus dem Gefängnis zu schmuggeln. Wenige Tage nach seiner Flucht lag im Haus von Ferdinando Mor, dem italienischen Generalkonsul in Genf und ehemaligen P2-Logenbruder, ein spanischer Paß für ihn bereit.[1] Ein paar Tage darauf setzte sich Gelli nach Südamerika ab. Er legte einen Zwischenstop in Madrid ein, wo er Unterredungen mit Gregorio López Bravo gehabt haben soll.[2]

Nach Calvis Tod hatte Francisco Pazienza der Witwe Calvi versichert, wenn sie Hilfe brauche, könne sie sich jederzeit an zwei seiner engsten Freunde in New York wenden, nämlich Pater Larry Zorza und Alfonso Bove. Sie betrieben gemeinsam ein Bestattungsunternehmen in Brooklyn. Bove besaß außerdem zwei Reisebüros in Manhattan. Er rief ein paarmal an und fragte Carlo nach Überweisungen von Sizilien nach Nassau auf den Bahamas. In ihren Gesprächen machte Bove keinerlei Versuche, seine Connections mit der Mafia zu verheimlichen.

Pater Zorza mußte von seinem Posten als Assistent Erzbischof Chelis bei den Vereinten Nationen zurücktreten: Er war verhaftet worden, weil er gestohlene Gemälde in die Vereinigten Staaten geschmuggelt hatte. Auf dem Weg zu seiner Vernehmung sagte er zu einem amerikanischen Zollbeamten: »Ich hoffe, es dauert nicht lange. Ich muß um fünf die Messe lesen.« Zorza erklärte dem Richter, daß es sich um ein Mißverständnis handelte. »Ich tat es ehrlich, um jemandem zu helfen, aber jetzt tut es mir schrecklich leid. ... Ich habe eine Menge daraus gelernt.« Er erhielt drei Jahre auf Bewährung. Kurz darauf wurde er abermals festgenommen, als er versuchte, Eintrittskarten für den Broadway-Hit *Les Miserables* im Wert von 40000 Dollar an die Theaterkasse zurückzuverkaufen, aus der sie gestohlen worden waren. »Meine Freunde haben mir wohl nicht alles über diese Tickets erzählt«, versicherte er dem Richter diesmal. Während der Richter noch über das Urteil nachdachte, wurde Zorza ein drittes Mal verhaftet, diesmal wegen seiner Verstrickung in die zweite Pizza-Connection, die sizilianisches Heroin in die Vereinigten Staaten schmuggelte.

Pazienza dagegen wurde in New York aufgrund eines italienischen Haftbefehls wegen seiner Verwicklung in den betrügerischen Bankrott des Banco Ambrosiano festgenommen. Die Polizei schnappte ihn, als er »höchst wertvolle Informationen über Terrorismus und andere Dinge« an US-Geheimdienstagenten übermittelte. Ein amerikanischer Zollbeamter sagte zu seinen Gunsten aus; er erklärte, Pazienza sei vor seinen Geschäften mit dem Banco Ambrosiano einer der Topagenten seines Landes gewesen, und eine »unbekannte Gruppierung« wolle ihn erledigen.

Während seiner Inhaftierung in New York machte Pazienza einige verblüffende Enthüllungen, die möglicherweise etwas mit den Attentatsdrohungen gegen ihn zu tun hatten. Er behauptete, die Ambrosiano-Gelder, die an den United-Trading-Konzern gezahlt worden waren, seien für diverse Projekte des Vatikans bestimmt gewesen. Ferner sagte er aus, daß ein Drittel des Geldes durch Mittelsmänner gestohlen wurde – er meinte Gelli, Ortolani und Tassan Din. Ein weiteres Drittel diente dazu, die

Kontrolle des IOR über den Ambrosiano zu stärken. Das letzte Drittel, beteuerte er, floß in die geheimen politischen Unternehmungen des Vatikans. Es handelte sich dabei um jeweils rund 450 Millionen Dollar. Und was waren diese »Unternehmungen des Vatikans«? Pazienza erwähnte natürlich die polnische *Solidarnosc* und die Irisch-Republikanische Armee sowie diverse Gruppierungen und Diktaturen, die die Ausbreitung des Marxismus und der Befreiungstheologie in Lateinamerika bekämpften.

Bei der nachfolgenden Umstrukturierung des vatikanischen Finanzinstituts wurde ein neues fünfköpfiges Aufsichtsgremium aus Laien berufen. Dessen Präsident war Angelo Caloia, der Chef des Mediocredito Lombardo. Vizepräsident war Philippe de Weck. Die anderen drei Mitglieder waren Dr. José Angel Sánchez Asiain, der ehemalige Präsident des Banco Bilbao, Thomas Pietzcker, ein Direktor der Deutschen Bank, und Thomas Macioce, ein amerikanischer Geschäftsmann. Neuer Vorstandsvorsitzender wurde Giovanni Bodio, ebenfalls vom Mediocredito Lombardo.

Caloia und Bodio unterhielten beide Geschäftsbeziehungen mit Giuseppe Garofano, dem ehemaligen Präsidenten von Montedison und Spitzenmanager von Ferruzzi Finanziaria S.p.A., Italiens zweitgrößtem privatem Industriekonzern nach Fiat. Der Opus-Dei-Supernumerarier Garofano saß mit Caloia zusammen in der Ethik- und Finanzkommission des Vatikans, bis er 1993 im Zusammenhang mit einer politischen Schmiergeldaffäre verhaftet wurde – es ging um 94 Millionen Dollar, wovon ein beträchtlicher Teil im Namen der »Sankt Serafino Stiftung« über das Ferruzzi-Konto beim IOR geflossen war. Sánchez Asiain wurde von Ruiz-Mateos als einer der »Vallsisten« bezeichnet. Er war ein enger Vertrauter von Alvaro del Portillo und ein Jugendfreund von Javier Echevarría. Das Opus Dei bestritt jedoch, daß er Mitglied war.

Die Zeit des Großreinemachens war gekommen. Calvi war tot, Ruiz-Mateos diskreditiert und Berti aus dem Verkehr gezogen – der Geheimapparat hatte also gesiegt. In Italien begann im Zusammenhang mit der Ambrosiano-Affäre und der P2-Affäre – eine »IOR-Affäre« gab es nicht (!) – eine endlose Reihe von Prozessen, wie die Republik sie noch nie erlebt hatte. Sie werden wahrscheinlich nicht vor dem Ende des Jahrtausends abgeschlossen sein. In Spanien gab es nichts Neues, es war still an der gerichtlichen Front, doch in den oberen Rängen des *Opus Homini* herrschte dicke Luft.

Zur selben Zeit war eine Neuordnung des spanischen Bankgewerbes in die Wege geleitet worden. Die viertgrößte Bank des Landes, Banco Bilbao, plante die Übernahme der größten Bank, Banesto. Der stellvertretende Vorsitzende von Banesto, López Bravo, wehrte sich mit Unterstützung seines Freundes und Investitionspartners Ricardo Tejero Magro und eines weiteren Geschäftspartners, des Stahlmagnaten José María Aristrain Noain, erfolgreich gegen den Zusammenschluß. Statt dessen fusionierte die kleinere Bilbao mit dem Banco Vizcaya unter dem Namen Banco Bilbao-Vizcaya zur größten Geschäftsbank Spaniens; Banesto rutschte auf den dritten Rang ab, gefolgt vom Banco Popular Español.

Professor Sainz Moreno zufolge steckte López Bravo damals gerade in einer Gewissenskrise. Nach mehr als dreißig Jahren getreuer Mitgliedschaft wollte er aus dem Opus Dei aussteigen. »Er hatte endlich begriffen, daß das Opus Dei keine geistliche Organisation war, sondern ein multinationales Finanzunternehmen, und er stand in schwerem Konflikt mit Luis Valls«, kommentierte Sainz Moreno. Doch López Bravo kannte viele der dunkelsten Geheimnisse des Werkes. Seine Ernüchterung in Sachen Opus Dei begann im Grunde kurz nachdem er Ende August 1983 in Madrid mit Licio Gelli zusammentraf, der gerade auf der Flucht nach Montevideo war. Was hatte Gelli ihm erzählt? Und wen hatte Gelli sonst noch in Madrid gesehen? Sowohl schweizerische als auch französische Geheimdienstquellen berichteten, er hätte »Freunde aus dem Opus Dei« getroffen.[3]

Hatte Gelli etwas von den Geheimnissen offenbart, die Calvis verschwundene Aktentasche barg? Oder etwas über den Mord an Sergio Vaccari? Merkwürdigerweise hatte die italienische Staatsanwaltschaft erfahren, daß sich zum Zeitpunkt von Calvis Tod ein hochrangiges Opus-Dei-Mitglied aus Spanien in London aufhielt. In diesem Zusammenhang wäre es interessant zu wissen, ob López Bravo über seine Anliegen auch mit Ricardo Tejero und José Maria Aristrain, damals seine engsten Vertrauten, gesprochen hat. Tejero hatte, soweit bekannt war, keine besonderen Verbindungen zum Opus Dei, aber er war einer der wenigen spanischen Bankiers, die Luis Valls die Stirn zu bieten wagten.

Was auch immer die Gründe für seine Ernüchterung waren – am 19. Februar 1985 plante López Bravo eine Geschäftsreise nach Bilbao. Er hatte eine Reservierung für die erste Klasse des 9-Uhr-Fluges der Iberia. Er traf verspätet am Flughafen ein, lediglich mit einer Aktentasche, und war der letzte, der in das Flugzeug einstieg. Die Boeing 727 startete mit fünfzehn Minuten Verspätung in Madrid. Als die Maschine bei schlechtem Wetter den Flughafen Sandica in Bilbao anflog, explodierte sie mitten in der Luft und stürzte ab. Keiner von den 148 Passagieren und Besatzungsmitgliedern überlebte.

In den ersten Meldungen war von einer ETA-Bombe die Rede. Die Kommission, die den Absturz später untersuchte, stellte jedoch fest, daß die Maschine vom Kurs abgekommen war und die Fernsehantenne auf dem Berg Oiz gestreift hatte. In der Presse wurde behauptet, der Pilot habe laut Augenzeugen vor dem Start getrunken. Der Absturz wurde auf das Versagen des Piloten zurückgeführt. Seltsam schien jedoch, meinte Professor Sainz Moreno, daß López Bravo das einzige Opfer war, von dem keinerlei Überreste gefunden wurden. »Nicht einmal seine Rolex-Uhr.«

Acht Minuten nach dem Start des Iberia-Fluges in Madrid verließ Ricardo Tejero seine Wohnung und ging in die Tiefgarage direkt gegenüber vom Edificio Beatriz, dem Sitz der *Presidencia* des Banco Popular Español. Als er die Tür seines Wagens aufschloß, kamen zwei Männer auf ihn zu und schossen ihn in den Kopf. Die Attentäter entkamen unerkannt. Die Polizei bestätigte, daß es das Werk des Madrider Kommandos von ETA Militar gewesen sei. Diese Annahme stützte sich offenbar auf die Tatsache, daß die Mörder sich beim Portier des Gebäudes mit veralteten Abzeichen der Dirección General de Seguridad ausgewiesen hatten. Ähnliche Kennzeichen waren ein paar Wochen zuvor von einer Antiterroreinheit in einem Unterschlupf der ETA in Frankreich gefunden worden.

La Vanguardia in Barcelona war die einzige Zeitung, die die beiden Vorfälle miteinander in Verbindung brachte. Der *Vanguardia*-Reporter, der über das Attentat auf Tejero berichtete, besichtigte die Garage und ging anschließend in die gegenüberliegende *Presidencia* des Banco Popular, in der Hoffnung, dem Präsidenten der Bank ein paar Kommentare zu entlocken. Man sagte ihm, Luis Valls habe die Räume der Bank verlassen und sei in seine Wohnung einen Stock höher gegangen. Als der Reporter den Bankier schließlich zu Gesicht bekam, sagte dieser zu ihm: »Wir sind alle völlig erschüttert. Es hätte auch mich treffen können.« Luis Valls parkte seine beiden Sportwagen in derselben Garage.

Der dritte Partner der baskischen Reederei, die López Bravo und Tejero aufgebaut hatten, war José María Aristrain. Er und seine Frau sollen Supernumerarier des Opus Dei gewesen sein.[4] Doch Aristrain wurde angeblich aus dem Werk ausgeschlossen, weil er seine Gattin verlassen hatte, um mit der bezaubernden Anja Lopez, der Frau des führenden französischen Operettenkomponisten, zusammenzuleben. Aristrain überlebte seine beiden Freunde um kaum mehr als ein Jahr.

Aristrain und Anja Lopez verbrachten ihr letztes gemeinsames Wochenende beim Grand Prix von Monte Carlo im Mai 1986. Sie mieteten einen Hubschrauber, der sie zum Mandelieu-Flughafen in Cannes zurückbringen sollte, wo Aristrains Privatflugzeug wartete. Der Helikopter, ein viersitziger Squirrel, umflog das Cap d'Antibes mit Kurs auf den Golf de Juan, begann noch in Sichtweite der Croisette zu trudeln und explodierte beim Aufprall auf das Meer. Keiner der Insassen überlebte. Der Staatsanwalt von Grasse leitete sofort Ermittlungen ein. Augenzeugen berichteten, daß der hintere Rotor ausgefallen sei, bevor der Helikopter ins Meer stürzte. Der rückwärtige Rotor ist der Teil des Squirrel, der sich am besten für Sabotageakte eignet. In einigen Meldungen wurde die ETA verantwortlich gemacht.

Sechs Wochen vor dem Zwischenfall in Cannes tauchte Roberto Calvis schwarze Aktentasche auf mysteriöse Weise in einem Mailänder Fernsehstudio auf. Diese Mediensensation war das Werk des sardischen Bauunternehmers Flavio Carboni, der sich nun als Fürsprecher der vatikanischen Interessen darstellte. Carbonis Art von Fürsprache kostete indes Geld – eine Menge Geld. Natürlich hatte er auch sehr hohe Anwalts- und Prozeßkosten zu bestreiten.

Nach seiner Verhaftung in Lugano wurde Carboni Ende Oktober 1982 an Italien ausgeliefert und zur Untersuchungshaft in das Gefängnis von Parma eingeliefert. Er blieb bis August 1984 zur »Sicherheitsverwahrung« in Parma; danach wurde er unter Hausarrest innerhalb der Stadtgrenze gestellt. Darauf mietete er eine Suite im Maria Luigia Hotel. Nachdem er zwei Jahre hinter Gittern verbracht hatte, vergeudete er nun keine Minute und machte sich an die Arbeit.

Im Mai 1984 hatte Luigi D'Agostino, Carbonis römischer Anwalt, Vorarbeit geleistet und Kontakt mit einem polnischen Jesuiten im Dienst des Vatikans aufgenommen. D'Agostino bat Pater Kazimierz Przydatek, Carboni im Gefängnis von Parma »aus seelsorgerischen Gründen« zu besuchen. D'Agostino unterhielt ausgezeichnete Verbindungen zum Vatikan, denn er hatte Carboni ursprünglich die Kontakte mit Kardinal Palazzini und Monsignore Hilary Franco verschafft. Interessanterweise beschloß Carboni offenbar, Hilary Franco nicht in seine neue Mission einzuweihen und sich statt dessen an einen polnischen Priester zu wenden, der nur gebrochen Italienisch sprach.

Carboni teilte Pater Kazimierz mit, er brauche keinen Beichtvater, sondern wolle die Kirchenführung wissen lassen, daß er wichtige Dokumente zu verkaufen habe. Carboni drückte es nicht so direkt aus, doch die Absicht war offenkundig. »Carboni stellte sich als Verteidiger der Kirche dar«, berichtete der polnische Priester. »Er sagte, er wolle eine internationale Pressekampagne starten, die den Namen des Vatikans in der Ambrosiano-Affäre reinwaschen würde, denn er wisse, wo die Dokumente Calvis versteckt seien. Er versicherte mir, die Unterlagen bewiesen die Unschuld des Vatikans und er könne ihren Verkauf in die Wege leiten.«[5]

In Rom sprach Pater Kazimierz mit Bischof Pavel Hnilica, der sein Beichtvater und die eigentliche Adresse für Carbonis Plan war. Hnilica galt als der engste Berater des Papstes zu kirchlichen Angelegenheiten in Osteuropa. Er stammte aus Trnava im Herzen der katholischen Slowakei und war 1950 heimlich als Jesuit ordiniert worden – in einer Zeit, als die tschechoslowakischen Behörden Priester als Verräter verfolgten. Paul VI. beförderte ihn heimlich zum Bischof der nichtexistenten Diözese von Rusado (im ehemaligen Mauritania Caesariensis und heutigen Algerien). Nachdem Hnilica auf dem Höhepunkt des kalten Krieges nach Rom übersiedelt war, wurde er Leiter der Organisation Pro Fratribus, die Finanzhilfen und Bibeln hinter den Eisernen Vorhang schmuggelte und katholische Flüchtlinge unterstützte.

Hnilica schickte Pater Virgilio Rotondi, der ebenfalls ein enger Berater des Papstes gewesen sein soll, zu einem Treffen mit Carboni nach Parma. In den folgenden zwei Monaten planten Carboni und Rotondi auf der Grundlage bestimmter Dokumente aus Calvis Aktentasche eine internationale Kampagne zur Sympathiewerbung für den Vatikan. Diese Kampagne sollte unter dem Decknamen »Operation S.C.I.V.« laufen – so die Abkürzung für den italienischen Namen des vatikanischen Stadtstaates. Carboni verlangte jedoch vorab fast zwanzig Millionen Pfund. Er behauptete, das Geld sei nötig, um die Calvi-Dokumente zu erwerben und um Politiker, Journalisten, Verleger und Staatsanwälte zu bestechen. Darüber hinaus forderte er 6 Millionen Pfund, um »anstehende Ausgaben und Zahlungen« zu decken.[6] Rotondi unterbreitete Hnilica dieses Angebot. Anschließend berieten sich die beiden mit ihren Vorgesetzten.

Zur ersten Begegnung zwischen dem Bischof von Rusado und Carboni kam es im November 1984, nachdem die Bedingungen für Carbonis Hausarrest so weit gelockert worden waren, daß er wieder in seine Villa nach Rom zurückkehren konnte. Hnilica erklärte, er sei von seinen

Vorgesetzten ermächtigt, Carbonis Vorschlag weiter zu prüfen. Als vertrauensbildende Maßnahme übergab Carboni dem Bischof drei Briefe – zwei davon waren Originale –, die der Turiner Erpresser Luigi Cavallo 1980 an Calvi geschrieben hatte. Er teilte Hnilica mit, er wisse, wo sich weitere Unterlagen befänden; um sie zu beschaffen, benötige er jedoch Geld.

Die Briefe Cavallos warfen zwar kein sonderlich gutes Licht auf Calvi, sie waren jedoch kaum als stichhaltige Beweise für die Unschuld des Vatikans in der Ambrosiano-Affäre zu verwerten. Ein weiteres Zusammentreffen mit Pater Rotondi wurde für Anfang Januar 1985 geplant. Bei dieser Gelegenheit legte Carboni Kopien zweier Briefe vor, die Calvi geschrieben hatte – der eine war mit dem Datum des 30. Mai 1982 an Kardinal Palazzini adressiert, der andere datierte vom 6. Juni 1982 und war an Monsignore Hilary Franco gerichtet. Weiterhin präsentierte Carboni ein etwas zerschnittenes Dokument, das mit den Worten begann: »Monsignore Marcinkus wirft mir vor …«[7] Für diese drei Dokumente erhielt er von Pater Rotondi einen Scheck über 190000 Pfund.[8]

Um Hnilica davon zu überzeugen, daß bei dem Geschäft alles seine Richtigkeit habe, verbündete sich Carboni mit Giulio Lena, einem Unterweltboß mit höchst einnehmenden Manieren. Carboni teilte Hnilica mit, Lena hätte das Geld vorgestreckt, um einen Teil der Calvi-Papiere zu beschaffen. Lena war einer der erfindungsreichsten Rauschgifthändler Roms. Das wußte der Bischof von Rusado allerdings nicht. Im Gegenteil, er fand Lena charmant und kultiviert. Um einen Prozentsatz bei der Aktion abzusahnen, kaufte sich Lena regelrecht in Carbonis Geschäft ein. Die 600000 Pfund, die er Carboni zahlte, waren eine schwere Bürde für Lena, denn seine eigene Finanzlage war alles andere als rosig.

Im Mai 1985 übergab Lena Hnilica einen undatierten und von Calvi unterzeichneten Brief, auf dem der Name des Empfängers getilgt worden war. Das Schreiben war aber sicherlich an jene Person gerichtet, von der Calvi glaubte, sie könne – wie Beelzebub, der Fürst der Unterwelt –, die Dämonen austreiben. In diesem Schreiben kritisierte Calvi die Herren Gelli und Ortolani, die er als Handlanger des Teufels bezeichnete. Er sei überzeugt, so schrieb er, ein Zusammenbruch des Ambrosiano würde zum Zusammenbruch des Vatikans führen, und fügte hinzu:

Da mich jene, die ich für meine verläßlichsten Verbündeten hielt, im Stich gelassen und verraten haben, muß ich mich zwangsläufig an die Operationen erinnern, die ich im Namen der Vertreter von St. Peter durchführte ... Ich stellte in ganz Lateinamerika die Finanzierung für Kriegsschiffe und andere militärische Ausrüstung zur Verfügung, womit der subversiven Tätigkeit gutorganisierter kommunistischer Kräfte begegnet werden sollte. Dank dieser Geschäfte kann sich die Kirche heute in Ländern wie Argentinien, Kolumbien, Peru und Nicaragua einer neuen Autorität rühmen. ...

Der Brief endete folgendermaßen:

Ich bin müde, wirklich müde, viel zu müde ... Die Grenze meiner großen Geduld ist weitgehend überschritten ... Ich bestehe darauf, daß sämtliche Transaktionen bezüglich der politischen und wirtschaftlichen Expansion der Kirche zurückerstattet werden; ich verlange die 1 000 000 Millionen Dollar, die ich auf ausdrücklichen Wunsch des Vatikans zugunsten von *Solidarnosc* bereitstellte; ich verlange die Rückzahlung der Gelder, mit denen in fünf südamerikanischen Ländern Finanzzentren und politische Machtzentralen organisiert wurden und die sich auf insgesamt 175 Millionen Dollar belaufen; (ich verlange,) daß ich zu Bedingungen, die noch festgelegt werden müssen, aufgrund meiner Tätigkeit als Vermittler in vielen osteuropäischen und lateinamerikanischen Ländern weiterhin als Finanzberater beibehalten werde; mein Seelenfrieden muß wiederhergestellt werden ...; daß Casaroli, Silvestrini, Marcinkus und Mennini mich in Ruhe lassen! Um die anderen Verpflichtungen werde ich mich selbst kümmern!!![9]

Nach der Aushändigung dieses Briefes stellte Hnilica Carboni zwei IOR-Schecks über insgesamt 61 000 Pfund aus. Da Lenas Finanzlage Grund zur Sorge gab, schlug Carboni ihm vor, Andreotti um ein Darlehen zu bitten. Carboni und sein Bruder Andrea hatten zuvor schon beratschlagt, ob sie nicht einige der Dokumente aus Calvis Aktentasche direkt an Palazzini und über Senator Claudio Vitalone auch an Andreotti weiterleiten sollten.[10]

Lena erfuhr, daß Schwester Sandra Mennini, die Tochter des IOR-Direktors Dr. Luigi Mennini, Andreotti ein Empfehlungsschreiben für seine Person übergeben hatte. Sandra Mennini leugnete dies später. Auf jeden Fall erhielt Lena wenige Tage nach Zustellung des Schreibens bei der

Römischen Sparkasse ein viermonatiges Darlehen über 400 Millionen Lire (168000 Pfund). Um den Kredit zu decken, übergab Hnilica ihm am 15. November 1985 zwei vom Bischof unterschriebene Blankoschecks des IOR mit der Anweisung, sie so lange einzubehalten, bis man ihm mitteilte, über welchen Betrag er sie einlösen könne. Ein paar Wochen später wurde Lena angewiesen, den Betrag von jeweils 600 Millionen Lire (252000 Pfund) einzufügen und die Schecks im Abstand von zwanzig Tagen zur Auszahlung einzureichen.[11]

Lenas Freude währte indes nur kurz, denn beide Schecks wurden zurückgewiesen. Als der Bischof von Rusado davon erfuhr, war er außer sich. Er versicherte Carboni, daß die Schecks gedeckt seien und daß der IOR sie aus politischen Gründen gesperrt habe. Carboni akzeptierte diese Erklärung, verlangte aber neue Schecks von Hnilica. Und so stellte der Bischof Ende März 1986 weitere zwölf Schecks über insgesamt 458000 Pfund aus, gezogen auf verschiedene Konten bei verschiedenen Banken. Bei einer späteren Befragung sagte Hnilica aus, Carboni habe ihm versprochen, daß »die berühmte Aktentasche Calvis, die er mir bereits präsentiert hatte«, in der Fernsehsendung SPOT TV der Öffentlichkeit gezeigt werden sollte. »Carboni sagte mir, er müsse die Aktentasche nach der Sendung der Mailänder Staatsanwaltschaft übergeben.«[12] SPOT war ein politisches Magazin, das von Enzo Biagi moderiert wurde.

Sobald Carboni die neuen Schecks von Pro Fratribus in Händen hielt, versicherte er Hnilica, daß die SPOT-Übertragung ein Triumph für den Vatikan sein werde – sie würde belegen, daß der Vatikan vom Gespenst Roberto Calvis nichts zu fürchten habe. Vor laufender Kamera stellte Enzo Biagi seinen Zuschauern den neofaschistischen Senator Giorgio Pisano als den Mann vor, der die Aktentasche entdeckt habe. Pisano, der ein Buch mit dem Titel *Der Calvi-Mord* geschrieben hatte, behauptete, er hätte sie bei einer nächtlichen Begegnung mit zwei Unbekannten für 20000 Pfund erworben. Sein Interesse an der Sache bestehe darin, daß dieses wichtige Beweisstück in die Hände der Behörden gelange. Carboni und Silvano Vittor waren ebenfalls im Studio anwesend und bestätigten, daß es sich um dieselbe Mappe handelte, die sie in London in Calvis Besitz gesehen hatten. »Er hielt sie fest, wie sich ein Ertrinkender an einen Rettungsring klammert«, erinnerte sich Carboni feinfühlig.

Was Calvis römischer Chauffeur als eine »prallvolle und ungewöhnlich schwere« Tasche bezeichnet hatte, wirkte vor den Kameras eher flachbrüstig. Als die Tasche geöffnet wurde – angeblich zum ersten Mal seit ihrem

Verschwinden –, holte die Kamera ihren Inhalt in einer Naheinstellung heran.

Erwartungsgemäß enthielt sie kein Notizbuch, keinen Kalender, kein Adreßbuch und keine Schlüsselbunde für Bankschließfächer. Sie enthielt Calvis Führerschein, einen nicaraguanischen Paß auf seinen Namen und die Schlüssel zu Calvis Wohnung in Mailand und dem Haus in Drezzo. Sie barg außerdem acht Dokumente – nicht gerade die Munition, die der »Bankier Gottes« gegen die Dämonen Beelzebubs hätte einsetzen können. Es handelte sich um folgende Schriftstücke:

1. Brief von Calvi an Kardinal Palazzini, datiert vom 30. Mai 1982
2. Brief von Calvi an Monsignore Hilary Franco, datiert vom 6. Juni 1982
3. Brief von Carboni an Calvi, datiert vom 6. Juni 1982
4. Undatierte Mitteilung: »Monsignore Marcinkus wirft mir vor ...«
5. Undatierte Aktennotiz mit der Überschrift: »Betr.: Gespräch mit Roberto Calvi, Bankier des Ambrosiano und Geldwäscher ...«
6. Brief von Luigi Cavallo an Calvi, datiert vom 9. Juli 1980: »Wie Sie sich vielleicht vorstellen können ...«
7. Brief von Luigi Cavallo an Calvi: »Unter den Stämmen Ugandas ...«
8. Brief von Luigi Cavallo an Calvi: »Vor ein paar Tagen war ich auf Urlaub am Meer ...«

Daß das staatliche Fernsehen allein aus Profit- und Prestigegründen und in Anwesenheit zweier Hauptverschwörer im Fall Calvi in der Aktentasche eines Toten herumschnüffelte, bildete den Gipfel des schlechten Geschmacks. Allerdings ereignete sich das Ganze auch am 1. April 1986. Die Öffentlichkeit wußte indes nichts von den geschäftlichen Beziehungen zwischen Carboni und dem Bischof von Rusado. Diese kamen erst zwei Jahre später ans Licht, als die Zollbehörde vor der italienischen Küste eine Yacht unter königlich-spanischer Flagge enterte. Die Zollpolizei fand an Bord der Yacht 1,8 Tonnen libanesisches Haschisch. Der Konsignatar war Dr. Giulio Lena. Leiter der Ermittlungen war der römische Untersuchungsrichter Dr. Mario Almerighi, der einen Haussuchungsbefehl für Lenas Villa in den Albaner Hügeln außerhalb Roms in der Hand hatte.

Almerighi stieß nicht nur auf Beweismittel für die Aktivitäten eines großen Drogenrings und die Fälschungen von Banknoten der Zentralafrikanischen Republik, sondern deckte auch die Geschäfte zwischen Lena und dem Bischof von Rusado auf. Daraufhin durchsuchte die Staatsanwaltschaft die Büroräume von Pro Fratribus. Hnilica leugnete zunächst alles, doch die Beweislast war erdrückend. Die bei Pro Fratribus gefundenen Dokumente belegten, daß Hnilica mit Wissen der höchsten Instanzen des Vatikans gehandelt hatte. Allerdings hatte der Vatikan seine finanzielle Unterstützung während der Aktion eingestellt, wodurch Hnilica gezwungen wurde, sich an Kredithaie aus der Unterwelt zu wenden, um die Summen zu beschaffen, die Carboni forderte.

Unter den Beweisstücken, die bei Pro Fratribus beschlagnahmt wurden, befanden sich eine SISMI-Akte über Flavio Carboni, zwölf Calvi-Dokumente und eingelöste Schecks in Höhe von 1,5 Millionen Pfund. Das belastendste Indiz war indes ein Brief von Kardinal Casaroli, in dem der zweite Mann des Vatikans offenbarte, daß er den Papst über die jüngsten Entwicklungen unterrichtet habe. In Casarolis Brief hieß es:

Ehrwürdigste Exzellenz,

Ihren Brief vom 25. August betreffs Ihrer Bemühungen bezüglich der Probleme des IOR habe ich erhalten und mit großer Aufmerksamkeit gelesen.

In Anerkennung des Ernstes der von Ihnen geschilderten Situation hielt ich es für wichtig, den Heiligen Vater zu informieren, bevor ich Ihnen antworte.

In seinem Namen kann ich Ihnen versichern, daß die Mitteilungen in Ihrem Brief große Besorgnis und Bekümmerung ausgelöst haben. Weder der Heilige Vater noch der Heilige Stuhl wußten etwas von den Aktivitäten, die Sie skizzieren.

Um jedes Mißverständnis auszuräumen, muß zunächst einmal festgehalten werden, daß Ihre Bemühungen ohne Auftrag, Genehmigung beziehungsweise Gutheißung seitens des Heiligen Stuhls unternommen wurden.

Ferner läßt sich nicht leugnen, daß die denkwürdige finanzielle Lage, in die der Heilige Stuhl – mit seinem erheblichen Defizit – geraten ist, es jedenfalls ausgesprochen schwierig machen dürfte, auf die von Ihrer Exzellenz formulierte Forderung einzugehen und so den Heiligen Stuhl und Sie selbst von der Bürde der immensen Schuld zu befreien, die Sie uns offenbart haben. In bezug auf die

Motive und Modalitäten Ihrer Bemühungen, Licht auf diese offen-
kundige Verschuldung zu werfen, ist es natürlich notwendig, die
rechtlichen Konsequenzen abzuwägen, die Ihre von den lauter-
sten Absichten getragene Intervention haben könnte.
Ich möchte die Gelegenheit dieses Briefes nutzen, Sie der ausgesprochenen Hochachtung zu vergewissern, die wir vor Unserem
Herrn für Sie empfinden.

Ein höchst merkwürdiger Brief für einen vatikanischen Staatssekretär,
würde man meinen. Der Brief sollte den Heiligen Stuhl von den Unternehmungen Hnilicas distanzieren. »Wir hatten keine Ahnung …« Wollte man
sich mit dieser Behauptung nach außen hin absichern, zumal der Staatssekretär über die juristischen Konsequenzen von Hnilicas Initiative besorgt war? Der Brief ließ ferner darauf schließen, daß Rotondis ursprüng-
licher Scheck über 190 000 Pfund direkt aus der Kasse des Vatikans
stammte. Auffälliger war indes die Tatsache, daß der Brief keinerlei
Anweisung zur Unterlassung enthielt, lediglich die Ermahnung, mit
äußerster Vorsicht vorzugehen, den Heiligen Stuhl aus dem Spiel zu
lassen und nur auf die Mittel zurückzugreifen, die Hnilica selbst auftreiben
konnte – allerdings mit der »ausgesprochenen Hochachtung« der beiden
höchsten Instanzen der katholischen Kirche. Casarolis Brief gab Hnilica
also grünes Licht, mit seiner Aktion fortzufahren, wenn auch auf eigenes
Risiko.
Casarolis Brief warf eine Reihe von Fragen auf:

1. Angesichts der »Hochachtung« des Papstes und des Staatssekretärs vor den Resultaten, die Hnilica bereits erzielt hatte, erhob sich
   die Frage, welche weiteren Dokumente der Bischof von Rusado
   von Carboni erworben hatte. Almerighi war sich ziemlich sicher,
   daß Carboni für die 1,5 Millionen Pfund, die der Vatikan und Pro
   Fratribus bereits gezahlt hatten, mehr geliefert haben mußte, als
   Hnilica bereit war, zuzugeben. »Hnilica«, meinte Almerighi vertraulich, »hat nicht die *ganze* Wahrheit gesagt.«
2. Was geschah mit den United-Trading-Unterlagen? Calvis geheime Buchführung für den United-Trading-Konzern bildete seine
   erste Verteidigungslinie. Der Bankier hatte klar zu verstehen gegeben, daß er sich nur mit diesen Dokumenten gegen Marcinkus'
   Vorwurf der Unredlichkeit gegenüber dem IOR verteidigen könne.

365

Eine aktuelle Buchführung für United Trading existierte. Carlo Calvi hatte seinen Vater daran arbeiten sehen. Carlo Calvi sagte aus: »Ich erinnere mich, gesehen zu haben, wie mein Vater im März 1982 in seinem Arbeitszimmer in Drezzo an der Buchführung für 1982 arbeitete ... Diese Aufstellungen sind nie gefunden worden, weder in dem Haus in Drezzo noch in der Wohnung in Mailand noch sonst irgendwo. Mein Vater hatte diese Geschäftsbücher immer dabei. Wir können annehmen, daß er sie auf seiner letzten Reise nach London in seiner Aktentasche bei sich hatte. ... Ich erinnere mich sogar daran, gesehen zu haben, wie mein Vater diese Aufstellungen in seine Aktentasche steckte. ...«[13]

3. Aus welchen Gründen sabotierte der IOR Hnilicas Initiative? Hatte das Direktorium des IOR vielleicht einen separaten Deal mit Carboni ausgehandelt, um die verschwundenen Geschäftsunterlagen in die Hand zu bekommen? Das Fehlen dieser Dokumente legt den Schluß nahe, daß der IOR – der, wenn wir Calvis letzten Äußerungen glauben können, inzwischen vom Opus Dei kontrolliert wurde – tatsächlich eine separate Abmachung getroffen hatte.

4. Die Verstrickung des Vatikans in diese Machenschaften war moralisch zutiefst beunruhigend. Hatte der Heilige Stuhl solch schreckliche Dinge zu verbergen, daß er auf Carbonis Dienste angewiesen war? In seinem Brief vom 5. Juni 1982 an den Papst erwähnte Calvi seine Rolle bei der Finanzierung von Kriegsschiffen für lateinamerikanische Diktaturen und bei der Bereitstellung finanzieller Unterstützung für *Solidarnosc* und andere Dissidentengruppen in Osteuropa. Calvi hätte diese Behauptung nicht aufgestellt, hätte er die entsprechenden Belege nicht in der Hand gehabt. Was ist mit diesen Dokumenten geschehen?

5. War sich der Staatssekretär darüber im klaren, daß er Hnilica durch die ihm erteilte Abfuhr regelrecht zwang, sich mit Kredithaien aus der Unterwelt einzulassen? Auf Carbonis Druck hin beauftragte Pro Fratribus am 17. März 1987 einen gewissen Vittore Pascucci, einen sechsmonatigen Kredit über 10 Millionen Dollar aufzunehmen. Pro Fratribus erhielt von Pascucci eine Vorauszahlung von 1,26 Millionen Pfund zu Wucherzinsen. Einem Geheimbericht der Finanzpolizei zufolge war Pascucci der »Dominus« hinter Eurotrust Bank Limited in Crocus Hill, der Hauptstadt des abtrünnigen Insel-

staates Anguilla auf den Kleinen Antillen. Obwohl die Eurotrust Bank keine Lizenz für Auslandsgeschäfte hatte, unterhielt sie unter dem Namen Eurotrust S.p.A. eine Geschäftsstelle in Rom. Gegen die Eurotrust Bank wurde wegen des Verdachts ermittelt, für die Mafia Drogendollars zu waschen.[14]

6. Das Wichtigste aber war: Wieviel wußte der Papst? Ließen ihn seine zum Opus Dei gehörenden Berater, die Männer, die laut Calvi und anderen die Finanzen des Vatikans verwalteten, absichtlich im unklaren? Laut Hnilica wurde die Post des Papstes vom Staatssekretariat gefiltert. Auch andere Quellen haben angedeutet, daß der Papst nur das erfuhr, was er nach Meinung seiner Berater erfahren sollte.

In der Hoffnung, Antworten auf einige dieser Fragen zu finden, ließ Almerighi Monsignore Hilary Franco vorladen. Almerighi war dahintergekommen, daß Francos wahrer Taufname Ilario Carmine Franco lautete und daß er nicht in New York, sondern in Kalabrien geboren worden war. Er verhörte Franco eine Dreiviertelstunde lang, bevor er aufgab. Er empfand den Unterbeamten ersten Grades der Römischen Kurie als »aalglatt und unaufrichtig«.

Das Opus Dei in Rom hatte inzwischen eine weitere Erklärung veröffentlicht, worin erneut beteuert wurde, die Prälatur habe »absolut keine Verbindung mit der Calvi-Affäre« und Hilary Franco sei »nie in irgendwelchem Kontakt zum Opus Dei beziehungsweise zu einem seiner Mitglieder« gestanden. Dies erscheint höchst unwahrscheinlich – nicht zuletzt deswegen, weil Franco der Kongregation für den Klerus angehörte, in dem Alvaro del Portillo als Konsultor und das Opus-Dei-Mitglied Alberto Cosme do Amaral, seines Zeichens Bischof von Leira, als leitendes Mitglied vertreten waren.

In der Erklärung wurde auch die inzwischen sattsam bekannte Phrase aufgetischt, daß Don Mario Lantini, der Regionalvikar für Italien, die Witwe Calvi per Einschreiben »ersucht« hatte, »in allen Einzelheiten die Grundlage zu erhärten, auf die sich ihre Behauptungen stützten«, ihr Mann hätte geschäftliche Beziehungen zum Opus Dei unterhalten. »Er wartet noch immer auf eine Antwort.«

Es bestand kein Zweifel, daß Carboni über den Inhalt von Calvis Aktentasche nach freiem Ermessen verfügte. Einerseits entnahm er Dutzende Dokumente daraus und ließ nur jene darin, die seiner Meinung nach seinem Plan dienlich waren, andererseits fügte er Unterlagen hinzu, die sich ursprünglich gar nicht in der Tasche befunden hatten. Es ist beispielsweise kaum verständlich, weshalb Calvi auf seiner letzten Reise Unterlagen über seinen angeblichen Verrat an Sindona bei sich gehabt haben sollte. Genausowenig dürfte er das Dokument »Gespräch mit Roberto Calvi, Bankier des Ambrosiano und Geldwäscher« mitgeführt haben.

Daß sich solcherlei Unterlagen in seiner Tasche befanden, als diese vor den Fernsehkameras gezeigt wurde, diente logischerweise den Zielen Carbonis und jener Instanzen, die es vorteilhaft fanden, Calvi als einen Mann ohne jede Moral und Glaubwürdigkeit erscheinen zu lassen – einen Mann, dessen Behauptung: »Das Opus Dei kontrollierte den IOR« keinerlei Glauben zu schenken war. »Das Ziel war es, Calvis Ruf zu ruinieren … und ihn als Nummer Eins unter den Schädigern der Vatikanbank hinzustellen«, resümierte Almerighi.[15]

Almerighi plädierte dafür, daß Carboni, Lena und Hnilica nach Artikel 648 des Strafgesetzbuchs vor Gericht gebracht wurden. Artikel 648 bezieht sich auf das relativ leichte Vergehen des Handels mit gestohlenen Gütern, wofür es eine Höchststrafe von fünf Jahren Gefängnis gibt. Es war nicht viel, doch es war ein Anfang. Im März 1993 wurden alle drei für schuldig befunden. Das Urteil wurde später jedoch aufgrund von »Verfahrensfehlern« aufgehoben.

28 Bereicherungstheologie

Wenn wir nicht schuldig sind, zahlen wir auch nicht.

Erzbischof Paul Marcinkus

Das Opus Dei ist eine arme Familie mit vielen Kindern. Die Anhänger der Prälatur hören diese Phrase mit der Regelmäßigkeit eines Mantras. Das Opus Dei hat kein Geld. Es weigert sich, Bilanzen zu veröffentlichen, obwohl die *Consulta Técnica* alle drei Monate eine Bilanz für den Bischof der Prälatur und seinen internen Rat erstellt. Im Jahre 1992 war das Opus Dei so knapp bei Kasse, daß die zu Escrivá de Balaguers Seligsprechung geladenen Mitglieder zusätzlich zu den Reisekosten einen Beitrag von 3000 Dollar pro Person entrichten mußten. Ein Opus-Dei-Priester in Argentinien, der eine Einladung erhalten hatte, wollte der Zeremonie unbedingt beiwohnen und bat seine Familie in Venezuela, ihm das Geld vorzustrecken. Der Anweisung folgend schickte die Familie einen Scheck an eine Unterorganisation. Überglücklich plante der Priester seine Reise so, daß er bei seiner Rückkehr in Caracas Zwischenstation machen und seine Eltern besuchen konnte. Der Vorgesetzte des Priesters hielt dies jedoch für unangemessen – die Einladung wurde zurückgezogen. Selbstverständlich hat die Unterorganisation das Geld nicht wieder zurückgezahlt, und die Familie hat es nicht zurückgefordert, um sich Ärger zu ersparen. Selbst wenn man die Zahl der Pilger bei der Seligsprechung niedrig ansetzt, so läßt sich leicht errechnen, daß das Opus Dei bei der Ausstattungsrevue inklusive Papstaudienz mit 3000 Dollar pro Kopf mindestens 450 Millionen Dollar einstrich.

Dies war ein leuchtendes Beispiel für die besondere Kombination aus kapitalistischem Ethos und orthodoxem Religionsverständnis, die das Opus Dei mit Erfolg zur Bekämpfung der Befreiungstheologie einsetzt. Diese Kombination ließe sich als Bereicherungstheologie bezeichnen. Sie bestätigt eindeutig, daß es dem Opus Dei nicht ausschließlich um die Errettung von Seelen geht, sondern auch um Finanzbusineß im großen Stil.

Das Opus Dei wird geprägt durch seinen *modus operandi*, der die Prälatur mit den nötigen Mitteln zu ihrer Expansion versorgt. Der Erfolg des

Werkes beruht jedoch vor allem auf seiner einzigartigen rechtlichen Stellung. Trotz jüngster Änderungen stützt sich der *Codex Iuris* des Vatikans nach wie vor auf die gregorianischen Kanons aus dem 13. Jahrhundert – einer Zeit, in der Handel und Bankwesen längst nicht so entwickelt waren, als Johannes Gutenberg die beweglichen Lettern noch nicht erfunden hatte und als es noch zweihundert Jahre dauern sollte, bis Machiavelli sein Handbuch über menschliche List als Werkzeug der Verwaltung und der Diplomatie veröffentlichte.

Das Opus Dei operiert in einem beinahe mittelalterlichen Vakuum. Natürlich ist der Vatikan aufgrund der Unzulänglichkeit seiner Institutionen nicht dafür gerüstet, ein weltweites Konglomerat zu lenken. Das Kirchenrecht war niemals dafür gedacht, eine Organisation zu beherrschen, von deren vielfältigen Aktivitäten selbst ein Großteil ihrer Mitglieder nichts weiß. Der Mangel an Überblick innerhalb des Vatikans bietet dem Opus Dei unbeschränkte Freiheit; sein rechtlicher Status als Institution des päpstlichen Rechts liefert die notwendige Voraussetzung dafür, daß das Werk innerhalb anderer Rechtssysteme operiert, ohne sich ganz oder auch nur teilweise den Gesetzen und Bestimmungen dieser Rechtssysteme zu unterwerfen.

Dadurch ist das Opus Dei genauso gefährlich wie einmalig. Es ist gefährlich, weil es so tut, als glaubten seine Mitglieder, sein oberster Chef sei Gott, der der Vereinigung das göttliche Recht verleihe, ihren Status zwischen den Gesetzen einzelner Länder und den Bestimmungen des Kirchenrechts anzusiedeln. Das Opus Dei ist weniger eine »Diözese ohne territoriale Grenzen« als vielmehr ein kompakter merkantilistischer Staat mit seinen eigenen Räten, eigener Außenpolitik, eigenem Finanzministerium, eigener Staatsreligion und sogar mit eigenem Territorium – den ihm anvertrauten Diözesen. All dies könnte man durchaus als Donquichotterie abtun, wenn den Mitgliedern des Opus Dei nicht alles mögliche vorgeworfen worden wäre – Betrug, die Entwicklung komplizierter Waffensysteme, die Beteiligung an Staatsstreichen, Umgang mit Ganoven und Kollaboration bei militärischen Operationen zur Niederschlagung von Aufständen. Das Opus Dei ist gefährlich, weil es nichts offenlegt, weil es einen aggressiven Kurs verfolgt und weil es zu einem hohen Prozentsatz aus Fanatikern besteht. Der innerste Kreis der eingeschriebenen Numerarier sieht sich moralisch im Recht, glaubt sich im Besitz der theologischen Wahrheit und betrachtet sich als Wächter des christlichen Bewußtseins. Josemaría Escrivá de Balaguer versprach den Opus-Dei-Mitgliedern die Erlösung, wenn sie seine Gesetze und Normen befolgten. Die interne Publikation *Crónica*, zu der einfache Supernumerarier keinen Zugang haben, zitiert aus dem Liber Ecclesiasticus (Jesus Sirach 44,20–21) eine Stelle, die auf den seligen Josemaría bezogen wird: »In der Prüfung wurde er treu befunden. Darum hat ihm Gott in einem Eid zugesichert, durch seine Nachkommen die Völker zu segnen …« Der Abschnitt bezieht sich natürlich auf Abraham, doch die Verfasser von *Crónica* schämen sich nicht, Bibelstellen in Prophezeiungen über das Geschick des Opus Dei umzumünzen. Neuen Mitgliedern wird eingeimpft, das Opus Dei sei Gottes vollkommenes Instrument, frei von Sünde und unfehlbar, und sie seien dazu berufen, Gottes Plan auszuführen und die Kirche zu schützen.

Bei den abendlichen Betrachtungen in den Opus-Dei-Residenzen steht das Wort des Vaters an erster Stelle. Seine Worte werden häufiger zitiert als das Evangelium, das ohnehin frei interpretiert wird. So lehrte der Vater einst seine Kinder: »Es ist verständlich, daß der Apostel schreibt: ›Denn alles gehört euch … ihr aber gehört Christus, und Christus gehört Gott‹ (1 Korinther 3,21–23). Wir haben hier eine aufsteigende Bewegung, die der Heilige Geist, der unsere Herzen erfüllt, von dieser Welt ausgehen lassen will, von der Erde aufwärts zum Ruhme des Herrn.«[1]

Das Opus Dei bildet eine »aufsteigende Bewegung«; seine Mitglieder sind die Soldaten Christi, und alles, was sie tun, dient dem Ruhm des Vaters. Dem Vater ist somit alles erlaubt. Wie John Roche berichtete, sprachen die Opus-Dei-Numerarier während seines Aufenthalts an der Universität von Navarra im Jahre 1972 noch immer über die Matesa-Affäre, bei der 180 Millionen Dollar spurlos auf dem internationalen Geldmarkt verschwanden – ein Meisterwerk der Finanzverschleierung. Roche meinte: »Die Mitglieder konnten in der ungesetzlichen Aneignung dieses Geldes nichts Unrechtes sehen. Sie fanden die Sache clever. Dem Opus Dei mangelt es weitgehend an sozialer und geschäftlicher Moral.«

Die Funktionäre des Opus Dei scheuen sich nicht, Mitglieder zu entführen (Raimundo Panikkar) oder der Freiheit zu berauben (María del Carmen Tapia, Gregorio Ortega Prado), Priester zu bedrohen, die vermeintlich mehr politisch als pastoral tätig sind (Giuliano Ferrari), nicht linientreue Anhänger zu tyrannisieren oder zum Lügen zu zwingen (José María Ruiz-Mateos) und die Eltern junger Mitglieder über die wahren Absichten des Werkes zu täuschen (Elisabeth Demichel). Wieso sollten sie also vor Bestechung und Korruption zurückschrecken?

Ein Redakteur der Katholischen Internationalen Presseagentur erklärte unter Berufung auf Informationen von »oben« – d. h. von Bischof Pierre Mamie –, die Opus-Dei-Priester, die bei den Bischöfen anklopften und um Bittgesuche zugunsten von Escrivá de Balaguers Seligsprechung anfragten, hätten klar zu verstehen gegeben, daß das Opus Dei im Falle einer positiven Resonanz ein würdiges Projekt der Diözese nach freier Wahl des örtlichen Bischofs unterstützen würde – und zwar in Form eines Schecks. Ein volles Drittel des Weltepiskopats zögerte nicht, das gewünschte Schreiben zu verfassen.

Das Opus Dei ist eine arme Familie mit vielen Kindern. Trotzdem investierte das Opus Dei 300000 Dollar, um die Kosten für den Prozeß der Seligsprechung zu decken, die dem Generalpostulator zufolge ohnehin eine Kleinigkeit waren. Man fragt sich, ob diese Summe auch die milden Gaben für die guten Werke jener Bischöfe abdeckte, die die Erhebung Escrivá de Balaguers zu Ehren der Altäre befürworteten. Waren in dieser Summe auch die Kosten für die medizinische Untersuchung enthalten, mit der die wundersame Heilung von Schwester Concepción Boullón Rubio bestätigt wurde?

Unter den nicht zur Kasse gebetenen Pilgern auf dem Petersplatz, die Escrivá de Balaguers Seligsprechung beiwohnten, befanden sich Monsignore Wolfgang Haas, der kurz zuvor zum Bischof von Coire, der größten Schweizer Diözese, ernannt worden war, Monsignore Kurt Krenn, den Johannes Paul II. zum Bischof von Sankt Pölten in der Nähe von Wien gemacht hatte, und Monsignore Klaus Küng, der Bischof im ebenfalls österreichischen Feldkirch. Küng ist ein Opus-Dei-Prälat; Haas und Krenn engagieren sich so sehr für die Prälatur, daß man sie für assoziierte Numerarier halten muß. Jede der drei Ernennungen löste einen Proteststurm unter den Gläubigen aus.

Als Johannes Paul II. im Dezember 1986 Klaus Küng, den damaligen Opus-Dei-Regionalvikar für Österreich, zum Bischof von Feldkirch berief, war das öffentliche Aufbegehren so stark, daß der Vatikan die Ernennung aussetzen mußte. Der Papst wartete zwei Jahre, in der Hoffnung, daß sich der Sturm legen würde, bevor er Küngs Ernennung bestätigte. Während seiner Weihe marschierten jedoch 5000 Gläubige schweigend durch die Straßen von Vorarlberg. 1991 kam es zu landesweiten Protesten, als Küngs Freund und Vertrauter Kurt Krenn, der nach eigenen Worten »überzeugt hinter dem Opus Dei« steht, zum Weihbischof von Wien ernannt wurde. Zu seinem Studentenkaplan machte Krenn umgehend den neuen Regionalvikar des Opus Dei, Monsignore Ernst Burkhardt.

Krenn wurde vorgeworfen, den Dialog zu verweigern, zu viel Geld für persönlichen Komfort auszugeben und Gegner zu verleumden. Als er im österreichischen Fernsehen gefragt wurde, weshalb er nicht zurücktrete, erwiderte er: »Wenn ich das täte, dann müßte Gott selbst zurücktreten, da ich nur die Wahrheit vertrete, die Gott uns eingibt.« Fünfzehntausend Demonstranten versammelten sich in Sankt Pölten und forderten Krenns Absetzung. Auf ihren Spruchbändern hieß es unter anderem: »Geh, damit Gott bleiben kann« und »Wir wollen einen Hirten, keinen Diktator«. Einer Meinungsumfrage der Wochenzeitung *News* zufolge meinten schätzungsweise 66 Prozent der österreichischen Katholiken, Krenn solle zurücktreten, und 82 Prozent glaubten, seine Arroganz schade dem Ansehen der Kirche.[2]

Von den Diözesen in der Neuen Welt beschäftigte den Papst kaum eine so sehr wie die von San Salvador. Hier hatte man 1975 versucht, den liberalen Schweizer Priester Giuliano Ferrari zu vergiften. Fünf Jahre später, am 24. März 1980, wurde Erzbischof Oscar Romero von den Todesschwadronen des Obert D'Abuisson ermordet. Im Dezember 1981 wurden die Gläubigen der Gemeinde El Mozote niedergemetzelt. Im Jahre 1989 wurden sechs Jesuitenpriester der Katholischen Universität von San Salvador ermordet, und im Juni 1993 wurde der Vikar der salvadorianischen Armee, Bischof Joaquín Ramos Umana, durch Kopfschüsse getötet.

Nachfolger Oscar Romeros wurde der Salesianer Arturo Rivera Damas, der nach Romeros Tod als apostolischer Administrator fungierte. Trotz des Widerstands seitens der Konservativen, die ihn für zu linksgerichtet hielten, wurde Rivera Damas im Jahre 1983 zum Erzbischof ernannt. Bei den Konservativen galt er bald als »unbequem«, weil er sich im Namen der Kirche gegen den Machtmißbrauch des Militärs aussprach. Im November 1994 wurde Rivera Damas nach Rom bestellt. Johannes Paul II. war damals im Begriff, dreißig neue Kardinäle zu küren. Einige meinten, Rivera Damas wäre einer davon. Es sollte jedoch anders kommen: Er erlitt einen Herzinfarkt und starb auf der Stelle. In seinem letzten Interview am Tag davor teilte der »unbequeme« Bischof mit, daß er einige Monate zuvor Morddrohungen erhalten habe, und zwar von »jenen Gruppierungen, die als Dinosaurier bezeichnet werden, weil sie die Friedensvereinbarung mit den linken Guerilleros nicht akzeptieren«.

Als der Interviewer ihn fragte, ob die Befreiungstheologie tot sei, erwiderte Rivera Damas: »Zu der Erlösung, die unser Herr gebracht hat, gehört auch die Befreiung von jeglicher Unterdrückung. Diese grundlegende Vision der Erlösung dürfen wir nie vergessen. Deswegen glaube ich, daß diese Form der Theologie nicht überholt ist, sondern noch einiges zu sagen hat.«[3] Johannes Paul II. ignorierte die Wünsche der Diözese, wonach Rivera Damas' Stellvertreter dessen Nachfolge antreten sollte, und ernannte fünf Monate später den salvadorianischen Militärbischof und Opus-Dei-Numerarier Fernando Saenz Lacalle zum neuen Erzbischof von San Salvador.

Unterweltbosse und gewisse Prälaten innerhalb der Kirche folgen zwar unterschiedlichen »Theologien«, sie begegneten sich jedoch häufig in einer Sphäre des Zwielichts, in der die Grenze zwischen christlicher Moral und korruptem Machtanspruch verwischt wird. Dies wurde deutlich im Fall von Erzbischof Cheli, einem der Leiter des Beraterstabes des Päpstlichen Hauses, dessen Assistent bei den Vereinten Nationen in die Affäre der Pizza Connection verstrickt war und nebenbei Geldwäsche betrieb. Cheli selbst verkehrte mit Geheimdienstagenten. Der Fall Calvi mit all seinen Facetten ist ebenfalls ein gutes Beispiel für die Kumpanei von Macht, Priestertum und organisiertem Verbrechen. Inzwischen ist bekannt, daß hohe Beamte des Vatikans über die Verschwörung gegen Calvi unterrichtet waren und sich trotzdem weiterhin mit Flavio Carboni und seinesgleichen abgaben.

Die »Theologie des organisierten Verbrechens« war das einzige, was Francesco Marino Mannoia je gelernt hatte. Mit den Sakramenten der Schwarzen Hand war er bestens vertraut. Er kannte sich auch in der Chemie aus, denn er verstand sich bestens darauf, Rohopium zu Heroin zu destillieren. Er war einer derjenigen, die im Zuge der Ermittlungen vor dem ersten Pizza-Connection-Prozeß 1985 in New York verhaftet wurden. Die Pizza Connection war ein Mafiaring, der sizilianisches Heroin über amerikanische Pizzerien verkaufte. Um nicht den Rest seines Lebens hinter Gittern zu verbringen, wurde Mannoia Kronzeuge. Im Juli 1991 flogen fünf italienische Justizbeamte nach New York, um seine Aussage anzuhören.

Mannoia zufolge hatte der »Finanzminister« der Mafia, Pippo Calò, erfahren, daß Calvi »unzuverlässig« geworden sei. Calò managte die Verbindungen zwischen der Mafia und der Camorra; Carboni und Gelli kannte er gut. Ab diesem Zeitpunkt lag die Verschwörung in den Händen von drei Männern. Gelli war das Gehirn, Carboni das Nervensystem, und Calò stellte den Muskelapparat zur Verfügung. Aus strategischen Gründen, so dachte Calò, sei London für ihr Vorhaben sicherer als Italien. Mit der Ausführung des Plans beauftragte er Francesco Di Carlo.

Für seine Nachbarn im südenglischen Woking war Frank Di Carlo ein freundlicher Geschäftsmann, der täglich nach London pendelte, wo er in der Nähe von King's Cross ein kleines Hotel mit Reisebüro und Wechselstube betrieb. In Sizilien war er indes als »Schlächter von Altofonte« bekannt. Und für die Zollinspektoren Ihrer Majestät war er die größte Belohnungsprämie der »Operation Devotion«, bei der im Mai 1985 in den Docks von Southampton sechzig Kilogramm reines Heroin ins Netz gingen. Im März 1987 wurde Di Carlo zu fünfundzwanzig Jahren Gefängnis verurteilt. Während des Prozesses saß auf der Zuschauergalerie Pippo Bellinghieri, einer von Di Carlos Kurieren und einer der Verdächtigen in dem unaufgeklärten Mordfall Sergio Vaccari.

Nach Mannoias Enthüllungen besuchte Kriminalkommissar White von der Londoner Polizei Di Carlo im Gefängnis. Di Carlo sagte, er hätte ein hieb- und stichfestes Alibi für die Nacht, in der Calvi ermordet wurde. Doch würde er alles sagen, was er über den Tod des Bankiers wußte, wenn man ihn in ein italienisches Gefängnis verlegte. Der Wunsch wurde den entsprechenden Stellen vorgetragen, aber die italienischen Strafvollzugsbehörden zeigten kein Interesse.

Aufgrund von Mannoias Aussagen beschlossen Carlo Calvi und seine Mutter, eine internationale Agentur von Privatdetektiven mit weiteren Ermittlungen zu beauftragen. In New York machte Carlo die Bekanntschaft von Steven Rucker, einem Geschäftsführer von Kroll Associates Incorporated. Die Firma bezeichnet sich selbst als »ein Ermittlungs- und Beratungsunternehmen mit über zweihundert Mitarbeitern und neun Geschäftsstellen weltweit«. Kroll verlangte vorab eine Summe von 1 Million Dollar und teilte Calvi mit: »Wir haben ein kleines Heer von Informanten, die die Straßen von London abgrasen und für Sie arbeiten können.« Calvi griff ohne Zögern nach seinem Scheckbuch. Mit den Ermittlungen betraute Kroll Jeffrey M. Katz, einen ehemaligen Nachrichtenoffizier der amerikanischen Luftwaffe, der mit Hilfe eines Teams Recherchen anstellte und zehn Jahre nach dem Verbrechen herausfand, daß Beweismittel im Besitz der Polizei vernichtet oder verlegt worden waren.

Katz vermutete, daß Silvano Vittor das schwächste Glied im Fall Calvi war. Krolls Informanten berichteten, Vittor beteilige sich am Waffenschmuggel nach Kroatien – einem Land am Rand des »Spirituellen Vorhangs«, in dem das Opus Dei seit neuestem seine Aktivitäten entfaltete. Katz entdeckte in den Unterlagen von Calvis Anwälten auch ein Anmeldeformular eines Schweizer Hotels, das vermutlich Hans Albert Kunz ausgefüllt hatte, als er am 20. Juni 1982, zwei Tage nach dem Mord an Calvi, zu einem Treffen mit Carboni im Holiday Inn am Zürcher Flughafen abstieg.

Hans Albert Kunz war nie ausführlich von der Polizei vernommen worden. Er kannte Ernesto Diotallevi von der Banda della Magliana, soll zusammen mit Licio Gelli Geschäfte mit Waffenhändlern abgewickelt haben und Berater von Carbonis Firma Sofint in Rom gewesen sein. Seine Frau übergab Anna Calvi, als diese in Zürich auf ihren Vater wartete, 14500 Pfund, so daß sie an dem Morgen, an dem Calvi tot aufgefunden worden war, nach Washington fliegen konnte.

Das Anmeldeformular trug zwar den Namen Kunz, doch offensichtlich war es von jemand anderem ausgefüllt worden. Das Geburtsdatum von Kunz war der 14. Februar 1923, auf dem Formular war jedoch der 10. Dezember 1923 angegeben. Die Unterschrift stammte nicht von Kunz. Und als Wohnort war eine Adresse in London genannt; Kunz wohnte dagegen in einem Vorort von Genf. Die Anschrift lautete 80 Grove Park Road, London SE 9. Katz ging der Sache nach, doch die Familie, die er am genannten Ort antraf, hatte noch nie etwas von einem Hans Albert Kunz gehört. Katz entdeckte eine weitere Grove Park Road, und zwar in Strand-on-the-Green im Londoner Stadtteil Chiswick. Die Hausnummern endeten jedoch bei 78. Dort, wo die Nr. 80 gewesen wäre, befand sich eine Helling zur Themse. Strand-on-the-Green lag zwanzig Autominuten vom Chelsea Cloisters entfernt. Katz fuhr mit einem Boot von Chiswick flußabwärts, und zwar unter ähnlichen Gezeitenverhältnissen wie in der Nacht des 17. Juni 1982. Die Fahrt gegen die Flut dauerte zwei Stunden. Calvi war gesehen worden, wie er gegen 22 Uhr das Chelsea Cloisters verließ. Wenn man eine Stunde für die Autofahrt nach Chiswick und das Umsteigen in das Boot veranschlagt, dann mußte er zu dem Zeitpunkt, den der Gerichtsmediziner als Zeitpunkt seines Todes angab, unter der Blackfriars Bridge angekommen sein.

Kroll Associates betrauten Dr. Angela Gallop, die ehemalige Leiterin des Labors für Forensische Untersuchungen beim britischen Innenministerium, mit einer gerichtsmedizinischen Prüfung der vorliegenden Indizien. Dr. Gallop wurde unterstützt von ihrem Mitarbeiter Dr. Clive Candy, dem jahrelangen Forschungsleiter des Forensischen Labors der Londoner Polizei. Die beiden kamen zu dem Schluß: »Die These, daß Roberto Calvi ermordet wurde, scheint unabweislich.«

Eine exakte Untersuchung von Calvis Kleidern und Schuhen ergab, daß er nicht über das Gerüst gegangen sein konnte, wie die Polizei vermutet hatte. Dies bedeutete, daß er in einem Boot dorthin gebracht und bereits tot an dem Gerüst aufgehängt worden war. Die Flecken am Rücken seiner Kleidung deuteten darauf hin, daß er auf eine feuchte Fläche gelegt worden war, bevor er an das Gerüst gehängt wurde. Dr. Gallop wies außerdem darauf hin, daß der Pathologe, der die erste Autopsie vorgenommen hatte, »die Kratzer an Calvis Wangen nicht bemerkt« hatte. Als diese in einer zweiten Autopsie in Mailand untersucht wurden, gelangte Professor Fornari zu der Auffassung, sie seien vor Eintritt des Todes entstanden, vielleicht durch die Fingernägel derjenigen Person, die Calvi die Schlinge über den Kopf zog. Entscheidende kriminalistische Indizien fehlten, etwa die mikroskopischen Proben der grünen Farbe, die von Calvis Schuhsohlen gekratzt worden waren. Die einzigen Farbspuren, die zehn Jahre später noch an den Schuhen zu finden waren, hatten eine andere Farbe als der schmale grüne Streifen auf einigen der Gerüststangen. Diese Stangen waren größtenteils orange gestrichen und verrostet, wovon die Schuhe allerdings keine Spuren zeigten. Woher stammte die grüne Farbe dann? Diese Frage wird unbeantwortet bleiben müssen, denn die vorhandenen Spuren sind zu dürftig für eine exakte Analyse.

Die forensische Untersuchung zum Tod Roberto Calvis kostete die Familie Calvi über 150 000 Pfund. Sie erbrachte den Beweis, daß die Londoner Polizei keinerlei gerichtsmedizinische Ermittlungen am betreffenden Ort durchgeführt hatte. Vor allem aber stellte die Untersuchung auf diplomatische Weise die These der Polizei bloß, wonach Calvi, ein 62jähriger Bankier, der körperlich nicht gerade fit war und Medikamente gegen Schwindelanfälle einnahm, aus selbstmörderischem Antrieb heraus seinen Gürtel und seine Krawatte – die nie gefunden wurden – abnahm, den Schlüssel zu seinem Hotelzimmer wegwarf, sich mitten in der Nacht den Schnurrbart abrasierte, sich 5,4 Kilogramm schwere Steine in die Taschen und einen Ziegelstein, den er vermutlich auf einer nahe gelegenen Baustelle aufgesammelt hatte, in den Hosenschlitz stopfte, mehr als hundert Meter weit den Paul Walk entlangging, über ein hohes Geländer kletterte, auf einer Metalleiter etwa drei Meter zu den dunklen Strudeln des Flusses hinabstieg, über einen meterbreiten Spalt auf ein wackeliges Gerüst sprang, sich schwankend bis zu dessen Ende vortastete, ein drei Meter langes Seemannstau herauszog, das er zufällig in der Tasche hatte, sich eine Schlinge um den Hals legte, das andere Ende des Seils durch eine

Öse in einen der Gerüsthalter steckte und dann in den Fluß sprang, um so auf eine höchst unwürdige Weise zu sterben.

Die Behauptung, Roberto Calvi sei nicht ermordet worden, spottete jeder Logik. Sie ließ auch einen Mangel an Vertrautheit mit der Zeichensprache der Mafia und der italienischen Logenbrüder erkennen. Steine in den Taschen eines Toten sind eine Warnung an andere, daß gestohlenes Geld den Tod bringt. Ein Backstein im Schritt ist der Lohn für Verrat. Die römische Justiz hatte versucht, die betörende 41jährige Brasilianerin Neyde Toscano, die Calvis römische Mätresse gewesen sein soll, ausfindig zu machen. Sie war die ehemalige Geliebte von Nunzio Guida, einem neapolitanischen Unterweltboß, und stand bekanntermaßen in Verbindung mit der Banda della Magliana und der Camorra. Roberto Calvi war jedoch nicht dafür bekannt, daß er Geld hinauswarf, um in römischen Nightclubs Kurtisanen auszuhalten. Es ist möglich, daß die hübsche Signorina Toscano in seine Arme oder sogar in sein Bett gelotst wurde, um ihn später zu erpressen, doch die Polizei konnte sie nie vernehmen. Sie verschwand spurlos.

Carlo und seine Mutter schickten eine Kopie des forensischen Untersuchungsberichts an den britischen Innenminister, damals Kenneth Clarke. In ihrem Begleitschreiben vermerkten sie, jüngste Erkenntnisse im Zusammenhang mit dem Fall wiesen darauf hin, daß neuerliche Bemühungen seitens der Polizei einen wichtigen Durchbruch erzielen könnten. »Wir glauben, wenn jetzt weitere offizielle Ermittlungen folgen …, wird es möglich sein, eine ausreichende Zahl von zulässigen Indizien zu sammeln, um selbst nach zehn Jahren die Mörder vor Gericht zu bringen.«

Drei Wochen später teilte ihnen der Innenminister brieflich mit, er hätte »keine Befugnis, in diese Angelegenheiten einzugreifen«. Carlo Calvi war fassungslos über Kenneth Clarkes Reaktion. Wenn der Innenminister nicht befugt war, in polizeilichen Angelegenheiten zu intervenieren, wer dann?

Das Opus Dei hat weltweit 80000 Mitglieder. Laut Professor Sainz Moreno verläßt es sich bei der praktischen Umsetzung seiner geheimen Pläne je nach den Umständen auf »Vertrauensmänner« oder sogenannte »schmutzige Taschentücher«. Dies ist die Praxis, auf der die Bereicherungstheologie beruht. Zu den »Vertrauensmännern« des Opus Dei in Italien gehörten Giulio Andreotti, Flaminio Piccoli und Silvio Berlusconi. Berlusconis Verlagshaus Mondadori – das größte in Italien – brachte eine auflagenhohe Ausgabe von *Der Weg* heraus; seine Fernsehsender strahlten zur

Hauptsendezeit Dokumentationen des Opus Dei aus; und Berlusconi spendete selbst großzügige Mittel, im Jahre 1994 zum Beispiel 20000 Pfund für ein Opus-Dei-eigenes theologisches Institut für Frauen. Bevor Berlusconi Ministerpräsident wurde, war Giulio Andreotti der stärkste politische Förderer des Werkes. Andreotti brüstete sich, er habe als erster dem damaligen Papst Paul VI. die Heiligsprechung Escrivá de Balaguers vorgeschlagen. Das war 1975, im Todesjahr des Gründers. Andreotti beteuerte, in seiner vier Jahrzehnte umfassenden politischen Laufbahn hätte er nie seine christlichen Grundsätze verraten. Auf Andreottis Nachttisch lag stets eine Ausgabe von *Der Weg*. Er besuchte die zentrale Klausurstätte des Opus Dei in Italien. Er war mit drei Päpsten befreundet – Pius XII., Paul VI. und Johannes Paul II. –, die allesamt seiner Karriere förderlich waren. Er war Minister in dreißig italienischen Regierungen und siebenmal Ministerpräsident. Andreottis Charme und Verschlagenheit waren bekannt. Bettino Craxi, der Chef der Sozialistischen Partei und Gegenspieler Andreottis in der Abgeordnetenkammer, titulierte ihn als den Beelzebub der italienischen Politik.

Nach Meinung Clara Calvis war Andreotti in der Tat Beelzebub. In den Jahren ununterbrochener Anspannung war bei ihr die Parkinson-Krankheit ausgebrochen, und sie konnte fast nicht mehr gehen. Mit gekrümmten Händen saß sie jeden Tag stundenlang auf einem der großen Sofas in ihrem Wohnzimmer, studierte die italienische Presse und sammelte sämtliches Material, das sich in irgendeiner Weise auf den Tod ihres Mannes bezog. Sie umgab sich mit Erinnerungen an glücklichere Zeiten – Fotos von ihr und Roberto und den Kindern, im Urlaub am Meer, bei Diners in Mailand und Weihnachtsfeiern in Drezzo. Sie schien innerlich nicht zur Ruhe zu kommen. Als ich sie fragte, wer ihrer Meinung nach für den Tod ihres Mannes verantwortlich war, erwiderte sie, ohne zu zögern: »Beelzebub.«

Die Manipulation politischer Macht in Italien mittels Bestechung und Korruption erforderte zum einen ein paralleles Wirtschaftssystem, das von Intrigen und doppelter Buchführung geprägt war, und öffnete zum anderen dem organisierten Verbrechen die Tür zur Zusammenarbeit mit Politikern des staatlichen Verwaltungsapparates. Für Carlo Calvi waren der Untergang des Banco Ambrosiano und der Tod seines Vaters die ersten sichtbaren Anzeichen dieses Trends. Carlo fragte sich, ob die Anti-Korruptions-Ermittlungen, die Anfang der neunziger Jahre im Rahmen der Aktion »Saubere Hände« (*»mani puliti«*) in Italien einsetzten, nicht bereits zehn Jahre früher aufgenommen worden wären, wenn sein Vater den »okkulten Kräften« hätte trotzen können, anstatt von ihnen vernichtet zu werden.

Andreotti, so schien es, war mit der italienischen Bestechungskrankheit – dem *Bustarella*-Syndrom – sicherlich wohlvertraut. Bei den *Mani-puliti*-Ermittlungen kam der Verdacht auf, er hätte zur Vertuschung eines größeren Kreditbetrugs, in den der italienische Sparkassenverband verwickelt war, 1 Million Dollar erhalten. Mino Pecorelli, der Herausgeber des römischen Skandalblatts *OP*, ließ Andreotti wissen, ihm lägen Beweise vor, daß das Geld über Carbonis Firma Sofint gewaschen wurde. Dies werde er in der nächsten Ausgabe von *OP* publik machen. Er hatte nicht mehr die Gelegenheit dazu. Am Abend des 20. März 1979 fand man ihn hinter dem Steuer seines Wagens mit vier Schüssen im Kopf.

Im Jahre 1994 wurde der Andreotti-Freund und ehemalige Außenhandelsminister Claudio Vitalone – der Bruder des Anwalts Wilfredo Vitalone, mit dem Carboni während der Überwachung von Calvis Flucht nach London in beinahe stündlicher Telefonverbindung gestanden hatte – der Anstiftung zum Mord an Pecorelli angeklagt. Mitangeklagt waren die Mafiabosse Gaetano Badalamenti und Pippo Calò. Andreotti, der Freund dreier Päpste, der in seiner langen Laufbahn als Staatsdiener angeblich nie seine christlichen Grundsätze verraten hatte, stand in der mündlichen Verhandlung ebenfalls vor Gericht. Er wurde beschuldigt, den Auftrag für den Mord an Pecorelli erteilt zu haben. Die Richter in Palermo hatten die Welt bereits in Staunen versetzt, denn sie bezichtigten »Onkel Giulio« der »Begünstigung und Zusammenarbeit mit der Cosa Nostra« – als Gegenleistung für die Wahlkampfunterstützung, durch die sich die Christdemokratische Partei und Andreotti über drei Jahrzehnte lang an den Schaltstellen der italienischen Politik halten konnten.

»Das ist wirklich eine Blasphemie, die ausgemerzt werden muß«, teilte Andreotti Reportern mit.

Eine Blasphemie, die Aufmerksamkeit verdiente, beging auch der Schweizer Bankier Jürg Heer. Er war Leiter der Kreditabteilung bei der Rothschild Bank in Zürich und verantwortlich für die Verwaltung des Bellatrix-Kontos, bis er von seinen Vorgesetzten gefeuert wurde. Aus Verärgerung über diese unfreundliche Behandlung öffnete Heer die Büchse der Pandora. Er behauptete, 1982 hätte ihn Licio Gelli angerufen und verlangt, daß er einen Koffer mit 5 Millionen Dollar in Banknoten fülle und an zwei Männer übergebe, die mit einem gepanzerten Mercedes vor

der Bank vorführen. Heer sagte, er hätte später eine Erklärung verlangt. »Das Geld war für die Mörder von Calvi«, teilte man ihm mit.
Wie wir uns erinnern, war es die Rothschild Bank, bei der die 150 Millionen Dollar landeten, die vom Offshore-Netz des Banco Ambrosiano an die United-Trading-Tochter Bellatrix überwiesen wurden. Weniger als zwanzig Prozent dieser Summe wurden von den Liquidatoren des Ambrosiano wieder aufgetrieben. Heers Enthüllung warf eine interessante Frage auf: Wurden Calvis Mörder mit Geldern bezahlt, die United Trading gehörten? Heer wurde in Zürich von einem Untersuchungsrichter vernommen und verschwand danach spurlos. Zuletzt wurde er um Weihnachten 1992 in Madrid gesehen. Er kaufte ein Flugticket nach Thailand; dort setzten die Belastungen seines Kreditkartenkontos einige Monate später endgültig aus. Bei den Ermittlern, die den Fall Calvi bearbeiteten, weckten Heers Enthüllungen großes Interesse. Sie würden den Bankier gerne weiter befragen, doch es steht ernstlich zu befürchten, daß er nicht mehr lebt.
Wie Ruiz-Mateos bereits über zehn Jahre zuvor in London geäußert hatte, war dies erst der Anfang eines sehr langen Films. Die Urteile gegen Carboni, Lena und Hnilica in der Affäre um Calvis Aktentasche wurden aufgrund von »Verfahrensfehlern« aufgehoben. Inzwischen wurde auch Lena, genau wie die hübsche Toscano und Heer, vermißt und für tot gehalten. Richter Almerighi hatte gehofft, alle drei als erhebliche Zeugen bei den neu aufgenommenen Ermittlungen im Mordfall Calvi zu vernehmen. Almerighi setzte Gelli, Carboni, Pippo Calò und Frank Di Carlo davon in Kenntnis, daß sie offiziell als Verdächtige galten. Er war jedoch fassungslos, als er erfuhr, daß die italienischen Strafvollzugsbehörden Di Carlos Verlegung in ein italienisches Gefängnis als »nicht der Gerechtigkeit dienlich« ablehnten.[4] »Es gibt noch immer Leute in diesem Land, die nicht wollen, daß Roberto Calvis Mörder vor Gericht gestellt werden«, kommentierte Almerighi.[5]
Eine der seltsamsten Ungereimtheiten deutete indes Pazienza an. Er behauptete, der Banco Ambrosiano sei gar nicht bankrott gewesen, als im Jahre 1982 die Kommissare der Bank von Italien anrückten. »Banco Ambrosiano mag in Liquiditätsproblemen gesteckt haben, aber es gab kein ›schwarzes Loch‹. Das war Unsinn! Als die Liquidation verfügt wurde, war Ambrosiano nach wie vor existenzfähig. Wie kann eine Bank, die angeblich pleite war, ein Jahr später einen Gewinn von 300 Millionen Dollar ausweisen?« fragte er.
Gelli hatte sich mittlerweile den Schweizer Behörden gestellt, allerdings

unter der Bedingung, daß er umgehend an Italien ausgeliefert wurde, wo sich noch mehr als fünf Jahre später sämtliche Urteile gegen ihn in Revision befanden. Seine Rückkehr nach Italien und Andreottis Niedergang markierten das Ende einer Ära. Die Generation der kalten Krieger, der sie angehörten, war überholt und überflüssig geworden. Der Okzident hatte es mit einer neuen Kräftekonstellation zu tun, die neue Köpfe verlangte. Am Ende des zweiten Jahrtausends klangen die Worte André Malraux' wohl prophetischer denn je: »Das 21. Jahrhundert wird ein Jahrhundert der Religion sein oder gar nicht stattfinden.«

VII. Teil: Gerechter Krieg

29 Operation Polen

Eine Miliz, so alt und so neu wie das Evangelium,
erhebt sich mit dem göttlichen Befehl, die christliche
Vollkommenheit unter Menschen aller sozialen
Schichten zu verbreiten.

Crónica VIII, 1959

Soweit bekannt ist, wandte das Opus Dei seine Strategie der »Durchdringung« erstmals in Polen an. Die Operation setzte ein, als Banco Ambrosiano in Mailand sein Offshore-Netz aufzubauen begann, und gewann nach der Gründung von United Trading an Dynamik. Das Vorgehen belegte auf einzigartige Weise Escrivá de Balaguers Behauptung, das Opus Dei sei eine »unorganisierte Organisation«. Er meinte damit nicht eine unstrukturierte Organisation, denn mit seinen Praxishandbüchern, Normen und Bräuchen, Konstitutionen und Kodices war das Opus Dei in einer Weise durchstrukturiert, die einem beinahe die Luft zum Atmen raubte. Doch in seinen Reaktionen auf Bedrohungen für die Kirche blieb das Werk stets flexibel, mobil und wachsam.

Das Vordringen des Opus Dei nach Osteuropa soll von Laureano López Rodó initiiert worden sein, der von 1972 bis 1974 spanischer Botschafter in Wien war. Seine Aktivitäten gingen der Gründung der unabhängigen polnischen Gewerkschaft *Solidarnosc* um sieben oder acht Jahre voraus. Aus diesem Grund wurde die österreichische Hauptstadt für die Streiter Christi zum wichtigsten Tor nach Osteuropa. Auch heute noch ist das Opus Dei in Wien präsent und aktiv. Die führenden Köpfe sind der Psychologe Monsignore Juan Bautista Torello, der Politologe Martin Kastner und Dr. Ricardo Estarriol Sesera, der Auslandskorrespondent der Barcelonaer Zeitung *La Vanguardia*. Estarriol und Kastner bemühten sich intensiv um die Rekrutierung von Mitgliedern aus der polnischen Exilgemeinde im Umfeld des Instituts für Humanwissenschaften, das während López Rodós Amtszeit als Botschafter von zwei der engsten Krakauer Freunde Karol Wojtylas, nämlich Krzysztof Michalski und Pater Josef Tischner, gegründet wurde. Wojtyla selbst stattete der österreichischen Hauptstadt Mitte der siebziger Jahre häufige Besuche ab.

Wien war auch dem Bischof von Rusado, Pavel Hnilica, bestens vertraut, denn es war der westliche Endpunkt der Route, auf der Pro Fratribus Bibeln nach Südpolen schmuggelte. Hnilica, der in den achtziger Jahren das Vertrauen des Papstes genoß, wurde mit der Zeit zum Rivalen des Opus Dei, da das Werk seinen Einfluß innerhalb der päpstlichen Verwaltung immer mehr ausbaute. Einigen Vatikan-Experten zufolge könnte dies zu Hnilicas Verstrickung in Flavio Carbonis hinterlistige Operation S.C.I.V. geführt haben.

In den sechziger Jahren spielte Polen in den politischen Überlegungen des Opus Dei noch gar keine Rolle. Dies sollte sich in den siebziger und achtziger Jahren entscheidend ändern. Als Johannes Paul II. Polen im Juni 1979 zum 900. Jahrestag des Martyriums des heiligen Stanislaus erstmals als Papst besuchte, wurde er von einem Stab von Opus-Dei-Funktionären begleitet, wozu auch sein persönlicher Sekretär, Pater Stanislaw Dziwisz, zählte. Zum Gefolge des Papstes gehörte auch der *Vanguardia*-Korrespondent Estarriol, der über den begeisterten Empfang berichtete, den mehr als eine Million Polen dem Papst bei seiner Ankunft bereiteten.

Die Streiter Christi des Opus Dei lieferten die finanziellen Mittel zur Bildung eines katholischen Untergrunds, der zwar nicht direkten Widerstand leisten, aber doch zumindest als Gegenpol zur Regierung fungieren sollte. Man verfolgte zwei Ziele: Es sollte eine starke katholische Presse geschaffen und ein Netz von Intellektuellen und Fachkräften als Führer einer nationalen Erneuerung aufgebaut werden. Nur wenige dieser Sympathisanten wurden tatsächlich Mitglieder des Werkes, doch alle galten als dogmatisch zuverlässig. Einer von ihnen war der junge Elektriker bei der staatlichen Lenin-Werft in Danzig, Lech Walesa. Aus dem Kreis dieser Sympathisanten entstand das Komitee zur Gesellschaftlichen Selbstverteidigung (KOR) unter Leitung von Jacek Kurón. Das Komitee wurde mittels anonymer Beihilfen aus dem Westen finanziert und unterstützte die Familien von Arbeitern, die inhaftiert oder von der Regierung entlassen worden waren. Eine Schlüsselrolle spielte dabei Estarriol, der ihre Bitten um Unterstützung nach Rom weiterleitete.

Ende der siebziger Jahre war Polen mit 14 Milliarden Dollar bei westlichen Banken verschuldet und nicht mehr in der Lage, seine Zinsen zu zahlen. Die polnische Wirtschaft kam förmlich zum Stillstand. Im August 1980 hob der Staat die Nahrungsmittelsubventionen auf, wodurch die Preise über Nacht um vierzig Prozent stiegen. In Danzig besetzten Arbeiter die Werften und bildeten ein verbotenes Streikkomitee mit dem Na-

men *Solidarnosc*. Überall im Land fand *Solidarnosc* Unterstützung, wodurch die Regierung gezwungen war, das Danziger Abkommen zu schließen. Estarriol war zur Stelle und lieferte während der dreiwöchigen Krise detaillierte Berichte. Er wurde als erster informiert, als die Regierung sich auf Verhandlungen mit *Solidarnosc* einließ. Als die Gespräche fünf Tage später unterbrochen wurden, brachte seine Zeitung ein Exklusivinterview mit Walesa, und Ende August konnte Estarriol berichten, daß die Behörden den Forderungen der Arbeiter nachgegeben hatten. Er machte auch publik, daß die Kirche unter Kardinal Wyszynski in der letzten Phase der Verhandlungen eine entscheidende Rolle gespielt hatte. Das Danziger Abkommen räumte den Arbeitern verschiedene Zugeständnisse ein, unter anderem das Recht, unabhängige Gewerkschaften zu gründen, eigene Vertreter zu wählen, Forderungen mittels Streiks durchzusetzen und Gewerkschaftszeitungen ohne staatliche Zensur herauszugeben. *Solidarnosc* plante unverzüglich, eine eigene landesweite Wochenzeitschrift zu publizieren. Doch es fehlte an Geld und an Druckereien. Das Kapital für den Kauf von Druckpressen und Zeitungspapier und für die Bezahlung von Gehältern mußte von anderer Stelle kommen. Estarriol soll auch die Bedürfnisse von *Solidarnosc* nach Rom gemeldet haben. *Solidarnosc* revolutionierte die Politik Polens. Walesa erklärte indes: »Nichts wäre möglich gewesen ohne die Wahl von Papa Wojtyla, seine Reise nach Polen und die fortwährende, beharrliche und clevere Arbeit der Kirche. Ohne die Kirche wäre nichts geschehen.«[1] Jerzy Turowicz, der Herausgeber der einflußreichen katholischen Wochenzeitung *Tygodnik Powszechny* meinte, aufgrund des Besuchs von Johannes Paul II. »fühlte sich das polnische Volk zum ersten Mal stark«.
Als Walesa im Januar 1981 besorgt nach Rom reiste, wurde er von Estarriol begleitet. Die Mitglieder der *Solidarnosc* verweigerten dem Zentralrat den Gehorsam und waren nicht mehr zu bändigen. Die Sowjets waren beunruhigt. Estarriol hatte bereits Wochen zuvor gemeldet, daß Leonid Breschnew die Mitglieder des Warschauer Pakts zu einer geheimen Konferenz nach Moskau einbestellt hatte. Walesa fürchtete, die Sowjets würden eingreifen und *Solidarnosc* zerschlagen. Er soll in Rom mit ranghohen Opus-Dei-Funktionären und CIA-Strategen zusammengetroffen sein. Drei Wochen später – am 9. Februar 1981 – kam General Wojciech Jaruzelski in Warschau an die Macht und machte Anstalten, das Danziger Abkommen außer Kraft zu setzen. *Solidarnosc* plante einen landesweiten Proteststreik, der zu einem Volksaufstand zu eskalieren drohte. Darauf gab

Breschnew Befehl zu einem Einmarsch der Sowjets. Als der Papst davon erfuhr, rief er im Kreml an und teilte Breschnew mit, der Streik würde abgesagt, wenn er den Einmarsch abblase. In einem Bericht der »Abteilung 20« des ostdeutschen Ministeriums für Staatssicherheit hieß es: »... innerhalb einer Stunde teilte Breschnew dem Papst mit, es werde keine militärische Intervention geben.« Johannes Paul II. telefonierte mit dem damals schwerkranken Kardinal Wyszynski. Wyszynski rief Walesa an sein Krankenbett und beschwor ihn, dem Befehl des Papstes Folge zu leisten. Ohne Absprache mit der Solidarnosc-Zentrale sagte Walesa den Streik ab. So soll Johannes Paul II. Polen vor einem sowjetischen Einmarsch bewahrt haben.[2]

Die Stimmung in den Fabriken des Landes verschlechterte sich zusehends. Die Versorgung mit Nahrungsmitteln und Heizmaterial für den bevorstehenden Winter schien ungewiß. Die Arbeiter organisierten Sit-ins. Als sich die Lage zuspitzte, verhängte Jaruzelski im Dezember 1981 das Kriegsrecht. Aufgrund des Drucks von Moskau war er fest entschlossen, die Streikbewegung zu brechen. Um zu zeigen, daß er es ernst meinte, ließ er über Nacht fünftausend Solidarnosc-Aktivisten verhaften.

Die Finanzierung der Solidarität lag ursprünglich in der Hand von United Trading und wurde über das Offshore-Netz des Banco Ambrosiano abgewickelt. Mittlerweile aber lief die Sache im Grunde auf eine Subventionierung der gesamten polnischen Wirtschaft hinaus. Das Opus Dei wandte sich deshalb an Washington. Etwa zu dieser Zeit soll das Werk engere Kontakte zu William J. Casey, dem Geheimdienstchef Präsident Reagans, gesucht haben. Der gerissene irisch-amerikanische Katholik aus Queens war einer der einflußreichsten außenpolitischen Berater Reagens. Im Zweiten Weltkrieg hatte er sich beim Office of Strategic Services (OSS) mit dem Absetzen von Fallschirmagenten über Deutschland ausgezeichnet. Nach dem Krieg stieg er in New York in eine Anwaltskanzlei ein und hatte sich mit vierzig die erste Million an der Wall Street verdient. Damit qualifizierte er sich unter Präsident Nixon als Leiter der Securities & Exchange Commission. Unter Reagan wurde Casey damit beauftragt, die Reaktion Washingtons auf die Krise in Polen zu koordinieren.

Als allererstes flog Casey nach Rom und beriet sich mit dem Papst. Casey und zwei weitere Mitglieder von Reagens engstem Stab, Alexander Haig und Vernon Walters, waren Ritter des Malteserordens, was ihnen sofortigen und vertraulichen Zutritt zu den päpstlichen Gemächern verschaffte. Doch als sich die Krise in Polen legte, zog der Geheimdienstausschuß des

US Senats Caseys moralische Eignung als Chef der CIA in Zweifel, und Casey mußte in Washington bleiben. Er schickte General Walters an seiner Statt. In den folgenden fünf Monaten stattete Walters dem Vatikan ein Dutzend Besuche ab.

Walters' Pendeldienst bereitete den Weg für eine Begegnung zwischen Reagan und Johannes Paul II., die am 7. Juni 1982 stattfand. Der Präsident der Vereinigten Staaten erklärte sich bereit, die Pläne des Vatikans zur Rettung der *Solidarnosc* zu unterstützen. Dank dem Opus Dei hatte die Kirche bereits Millionen für *Solidarnosc* aufgebracht – 1 Milliarde Dollar, wenn man Calvi glauben will; etwas weniger als 450 Millionen Dollar nach Auskunft von Pazienza; 40 Millionen Dollar laut dem linken amerikanischen Magazin *Mother Jones*.[3] Während der Präsident und der Papst über die Lage in Polen diskutierten, berieten in einem anderen Winkel der Papstgemächer Reagans Außenminister Alexander Haig und sein Sicherheitsberater William Clark mit Kardinal Casaroli und Erzbischof Silvestrini über Osteuropa und den Nahen Osten.

Vatikanischen Quellen zufolge hatte ursprünglich auch Casey dabeisein wollen, doch er mußte im letzten Moment wegen einer dreifachen Geheimdienstkrise absagen. Am 6. Juni 1982 marschierte Israel im Libanon ein. Einen Tag darauf ergriff im Tschad der Oppositionsführer Hissan Habré die Macht; damit glückte eine lang geplante CIA-Operation, die Gaddafis Einfluß einen Riegel vorschieben sollte. Die CIA rechnete außerdem damit, daß der Iran innerhalb weniger Tage einen Angriff auf Bagdad starten und möglicherweise die Gründung eines fundamentalistischen schiitischen Staates im Südirak initiieren würde. Die amerikanische Regierung war beunruhigt über den radikalen Islam. In den Gesprächen mit Casaroli und Silvestrini ging es daher hauptsächlich um die Frage, wie die islamische Bedrohung zu bannen wäre, auch wenn dies in keiner Meldung erwähnt wurde.

Abgesehen von der informellen Übereinkunft bezüglich Polens war Reagans Besuch im Vatikan aus zwei weiteren Gründen bedeutsam. Erstens war der Besuch durch den wachsenden Einfluß des Opus Dei in Washington sowie an den politischen Schalthebeln innerhalb des Vatikans zustande gekommen. Das Opus Dei hatte die Reaktion des Vatikans auf die Ereignisse in Polen entscheidend mitgeprägt, was zu einer beinahe byzantinischen Rivalität zwischen Portillo und Casaroli führte. Zweitens wurde durch das Treffen klar, daß sich das Augenmerk der amerikanischen Außenpolitik auf die Auseinandersetzung mit dem radikalen Islam verlagert hatte, während der Papst noch ganz auf Polen fixiert war. Gewiß machten sich die Reagan-Anhänger Gedanken über die letzten Zuckungen des sowjetischen Imperialismus – der Kreml drohte mit einem Einmarsch in Polen und machte ähnliche Drohungen in Afghanistan wahr –, besorgter waren sie jedoch über die Sicherheit der Ölfelder im Nahen Osten, falls diese den islamischen Extremisten in die Hände fielen.

Zu den Beratern Reagens gehörte damals auch Dr. Carl A. Anderson, der im Weißen Haus als Verbindungsmann zu speziellen Interessengruppen – beispielsweise dem Opus Dei – fungierte. Anderson war Mitglied des Opus Dei. Sein Apostolat bestand darin, Leute aus seinem Umfeld in das Werk einzubinden. Er war wahrscheinlich nicht das einzige Opus-Dei-Mitglied innerhalb der Reagan-Administration, auch wenn das Werk Auskünfte über solche Angelegenheiten verweigerte. Auf jeden Fall nahm die CIA unter der Leitung von Casey den Kampf gegen die Befreiungstheologie in Lateinamerika mit neuer Entschiedenheit auf. Außerdem unternahm der führende Osteuropa- und Nahostexperte Reagans selten eine Reise in die entsprechenden Regionen, ohne vorher zu einem Meinungsaustausch mit dem Papst nach Rom zu fliegen.[4]

Der außenpolitische Fokus veränderte sich mit dem Sturz Schah Mohammed Reza Pahlevis, des wichtigsten Verbündeten der Vereinigten Staaten in der Golfregion, aus der der Westen siebzig Prozent seines Öls bezieht. Die Absetzung des Schahs und die Machtergreifung von Ayatollah Ruhollah Khomeini, der wie der Papst über keinerlei Panzerdivisionen, Phantom-Geschwader und Kampfflotten verfügte, bedeutete einen dramatischen Wendepunkt für den modernen Islam. Solange der kalte Krieg wütete, war der Kommunismus der gemeinsame Feind des Westens. Die wenigsten politischen Kommentatoren nahmen das Wort des Propheten überhaupt ernst. Doch sie täuschten sich. Das neue Selbstbewußtsein des radikalen Islam wurde zwei Jahre später ein zweites Mal unter Beweis gestellt, als eine weitere Gruppe von Fundamentalisten – ermutigt durch denselben Ayatollah Khomeini – den ägyptischen Präsidenten Anwar Sadat ermordete und beinahe dafür gesorgt hätte, daß aus Amerikas zweitwichtigstem Verbündeten in der Region eine antiwestliche islamische Theokratie wurde. Diese Entwicklung des radikalen Islam verlieh McNamaras Dominotheorie eine völlig neue Perspektive. Reagens Berater fürchteten, falls Ägypten in die Hand islamischer Extremisten fiel, würden Saudi-Arabien und die anderen Golf-Emirate in Bälde folgen. Die Opus-Dei-Führung dürfte zumindest durch Carl Anderson über die

Besorgnis der Amerikaner unterrichtet worden sein. Und die Opus-Dei-Zentrale mit ihren Geheimdienstkontakten in ganz Europa hat sicherlich sofort darauf reagiert, wenn sie sich der extremistischen Gefahr nicht schon längst bewußt war. Es dauerte in der Tat nicht lange, bis Estarriol in Moskau war und über Breschnews Absichten bezüglich Afghanistans berichtete. Der spanische Botschafter in Moskau, der Supernumerarier Juan Antonio Samaranch, dürfte das Opus Dei über die Aktivitäten der Sowjets jedenfalls auf dem laufenden gehalten haben.

Nach dem Übereinkommen mit dem Vatikan, so hieß es, war Casey »absolut begeistert von der Aussicht, Polen mit teuren Geräten und billigen Agenten zu überschwemmen. Er folgte entzückt dem Rat von Kardinal John J. Krol [dem polnisch-amerikanischen Erzbischof von Philadelphia], in Polen Priester zur Unterwanderung einzusetzen.«[5] Casey hörte auch auf den New Yorker Kardinal Terence Cooke und den einstigen Spitzenmann des Vatikans in Buenos Aires und neuen Apostolischen Gesandten in Washington, Erzbischof Pio Laghi – allesamt eifrige Anhänger des Opus Dei. Cooke war außerdem Großprotektor und Geistlicher Rat des Malteserordens. 1977 war er nach Polen gereist, um mit dem Erzbischof von Krakau über die Nachfolge Pauls VI. zu sprechen.

Nach dem Papstbesuch in Polen machten sich die Streiter Christi vom Opus Dei daran, Ausbildungskurse, Konferenzen und Diskussionen für polnische Intellektuelle zu veranstalten. Im Jahre 1986 richtete das Werk den ersten Studentenaustausch zwischen Polen und dem Westen ein. In jenem Sommer schickte das in Wien ansässige und mit dem Opus Dei verbundene Europäische Studentenforum vierhundert Studenten aus zehn europäischen Ländern nach Polen, wo sie an einem halben Dutzend Kirchenneubauten mitarbeiteten. Die Freiwilligen nahmen in Polen an einer Reihe von Seminaren zum Thema »Europa 2000 – Ein neues Menschenbild« teil.

Im Juni 1989 erlitt die Kommunistische Partei Polens bei den ersten freien Wahlen des Landes seit dem Zweiten Weltkrieg eine Niederlage. Die Rückkehr Polens zur Demokratie signalisierte das Ende des Kommunismus in ganz Osteuropa. Einen Monat später nahm Warschau wieder diplomatische Beziehungen mit dem Vatikan auf, und das Opus Dei eröffnete offiziell ein Regionalvikariat in der polnischen Hauptstadt.

Nach dem Fall der Berliner Mauer im November 1989 beschleunigte das Opus Dei seinen Vormarsch in Osteuropa. An die Stelle der verdeckten Tätigkeit trat nun die offizielle Präsenz. Am 15. April 1990 besuchte Alvaro del Portillo Warschau. Am Flughafen begrüßten ihn sein Regionalvikar Esteban Moszoro – ein argentinischer Elektroingenieur, der acht Jahre zuvor von Johannes Paul II. im Petersdom geweiht worden war – und der jüngst ernannte Nuntius, Monsignore Joseph Kowalczyk. Am folgenden Tag traf der Prälat des Opus Dei mit dem neuen Primas von Polen, Kardinal Jozef Glemp, zusammen.

Danzig hatte inzwischen eine eigene Moschee, und in Bialystok rechnete man zum 600. Jahrestag der Besiedlung durch die Tataren mit der Genehmigung für den Bau eines islamischen Zentrums mit Moschee, das mit saudiarabischen Mitteln finanziert werden sollte. In der Region lebten etwa zwanzigtausend Nachfahren der Tataren.

Polen war schon einmal Ziel der osmanischen Expansion gewesen. Am Ende des zweiten Jahrtausends erweckte das Land erneut das Interesse des Islams, diesmal aber aus anderen Gründen. Nach dem Zusammenbruch des Warschauer Pakts wurde die polnische Hauptstadt zur Schaltzentrale eines internationalen Basars, auf dem die Überschüsse des sowjetischen Waffenarsenals fleißig an die Truppen Allahs verschachert wurden. Die Waffen waren in erster Linie für die islamisch-fundamentalistischen Gruppierungen in Nordafrika, im Nahen Osten, am Horn von Afrika und in Bosnien bestimmt.

Laut Yvon Le Vaillant war das Opus Dei bis über die Ohren in Spionageaktivitäten verwickelt.[6] Und in dem spanischen Magazin *Tiempo* hieß es, Spionage – und insbesondere der »konterrevolutionäre« Zweig der spanischen CESID – sei »das *pretty girl* des Opus Dei«.[7] Die Opus-Dei-Zentrale war daher bestens in der Lage, den internationalen Waffenhandel zu überwachen. Etwa in dieser Zeit soll das Werk auch seine Fühler zu gemäßigteren islamischen Kreisen ausgestreckt haben.

Kurz nach der Wiedervereinigung Deutschlands richteten die Söhne Escrivá de Balaguers Zentren in Prag, Brünn, Budapest, Riga und Stettin ein. Besonders besorgt war die Prälatur über die Entwicklungen auf dem Balkan. Das erste Opus-Dei-Zentrum in der Balkan-Region hatte Pater Stanislav Crnica in Zagreb gegründet. Die Entfernung zwischen Rom und der kroatischen Hauptstadt beträgt ganze 535 Kilometer. Das Chaos auf dem Balkan drohte Italien mit Flüchtlingen zu überschwemmen, was zwangsläufig zu Konflikten führen mußte, zumal die Versorgung vor Ort an ihre Grenzen stieß. Eine schrumpfende Versorgungsbasis schafft Unsicherheit, und Unsicherheit führt zu Konflikten. Diese Regel hatte sich am Horn von Afrika bestätigt. In den neunziger Jahren wurde diese

Dynamik vom Sudan auf den Balkan übertragen, wo sämtliche Voraussetzungen für den Sturz in ein fundamentalistisches Inferno gegeben waren – drei Religionen, die sich traditionell mit Haß beäugten. Die ersten Scharmützel des nächsten Kreuzzugs hatten also schon begonnen.

Bevor die Kirche einen neuen Kreuzzug ausrufen konnte, mußten die moralischen Richtlinien der Doktrin vom Gerechten Krieg erfüllt sein. Der Westen hatte sich allerdings seit der Schlacht von Lepanto im 16. Jahrhundert nicht mehr auf die Lehre vom Gerechten Krieg berufen. In der Reagan-Ära begannen die »unerbittlichen Husaren« des Papstes, die in Bagdad einen eigenen Gesandten und in verschiedenen Teilen der arabischen Welt Beobachter stationiert hatten, die Doktrin vom Gerechten Krieg wieder aufzufrischen. Mit dem Ausbruch der Konflikte auf dem Balkan wurde dieses Bestreben um so zwingender. Bevor man sich jedoch auf die Doktrin berufen konnte, mußte die Kirchenführung sie in einer modernisierten Version absegnen. Nach der Seligsprechung des Gründers und der Übernahme der Kontrolle über die vatikanischen Finanzen wurde dies zum dringlichsten Anliegen des Opus Dei.

30 Moraldebatte

Der islamische Fundamentalismus ist eine aggressive
revolutionäre Bewegung, die genauso militant und
gewalttätig ist, wie die Bewegungen der Bolschewi-
sten, Faschisten und Nazis es waren.
*Professor Amos Perlmutter, American University,
Washington, DC*

Kaum war Bill Casey zum Chef der CIA ernannt
worden, kam er auf die Idee, den radikalen Islam gegen den sowjetischen
Einmarsch in Afghanistan einzuspannen, und er überredete die Saudis,
den Plan zu finanzieren. Casey hätte sich nie träumen lassen, daß die
undisziplinierten Extremisten die Kommunisten tatsächlich zum Rückzug
zwingen würden; er hatte lediglich gehofft, daß sie den Feind in den
Bergen des Hindukusch in Schach halten würden. Indem Casey die
fanatischen Randgruppen des Islam in dieser seiner Meinung nach endlosen Mission einsetzte, wollte er die Fundamentalisten davon abhalten,
jene arabischen Staaten in der Region zu unterwandern, die mit dem
Westen verbündet waren.

Casey besaß mehrere päpstliche Auszeichnungen und dürfte dieselbe
Haltung gegenüber dem Islam eingenommen haben wie der Papst. Der
verschlagene CIA-Chef schien jedoch nicht berücksichtigt zu haben, daß
es dem Islam seit seiner Entstehung im 7. Jahrhundert wie keiner zweiten
Kraft in der Geschichte gelungen ist, Menschen dazu zu bringen, um ihres
Glaubens willen zu töten oder sich töten zu lassen.

Die Extremistenführer waren nur allzugern bereit, saudiarabische Petro-
dollars und amerikanische Logistik zu nutzen, um ein stark motiviertes
Heer von Streitern aufzubauen. Die *Mudschahedin-i Islam*, die Krieger des
Islam, brachten den Sowjets in Afghanistan Verluste bei, die in entschei-
dender Weise – und ihrer Meinung nach stärker als der christliche Papst –
zum Zerfall des sowjetischen Imperiums beitrugen. Kaum waren sie aber
von der Leine gelassen, waren sie nicht mehr zu bändigen. Das *Evil
Empire*, das »Reich des Bösen«, war verschwunden, die »Mobile Armee
des Islam« suchte ihre Schöpfer jedoch nach wie vor heim.

Für das Christentum besteht einer der gefährlichsten Glaubenssätze des radikalen Islam darin, daß Allah seinen Anhängern Europa als *Dar al-Islam*, das Land des Islam, versprochen habe. Sie betrachten die Niederlage, die Karl Martell den Mauren im Jahre 732 bei Poitiers bereitete, nur als vorläufigen Rückschlag. Dem anglo-islamischen Autor Ahmad Thomson zufolge glauben die Ultraradikalen, daß die Truppen Allahs im Begriff stehen, endlich die Früchte der göttlichen Verheißung zu ernten.

Mit seinem fast zweitausend Jahre zurückreichenden Gedächtnis dürfte der Vatikan kaum vergessen haben, daß ganze hundert Jahre vor Karl Martels Sieg bei Poitiers die alte römische Provinz Syrien eine der reichsten christlichen Regionen war. In den Städten begegnete man prächtigen Kirchen und einem wohlhabenden Klerus. Landwirtschaft und Gewerbe wurden jedoch immer abhängiger von Wanderarbeitern, die niedere Arbeiten verrichteten, ähnlich wie im heutigen Deutschland mit seinen 3,5 Millionen Gastarbeitern und deren Familien. Die Wanderarbeiter um das Jahr 600 waren meist Araber, die kaum besser behandelt wurden als Sklaven. Sie wurden immer unzufriedener und merkten gleichzeitig, daß sie mit zunehmender Zahl eine eigene soziale Größe bildeten.

An einem Augusttag des Jahres 636 tauchte plötzlich ein Haufen von sechstausend säbelschwingenden Reitern aus der Wüste auf und besiegte die beste Armee der Welt, das fünfzigtausend Mann starke byzantinische Heer unter Kaiser Heraklius. Innerhalb eines Jahrzehnts war das Christentum in der Region so gut wie verschwunden.

Nach allem, was man über das Opus Dei weiß, beschäftigt man sich in der Villa Tevere heute wohl am meisten mit der Frage, ob dem Westen ein ähnliches Schicksal droht. Bei einem Klausurseminar des Opus Dei in der Nähe von Barcelona gelangte man zu folgendem Schluß: »... es besteht eine Parallele zwischen der gegenwärtigen Situation im Okzident und dem Untergang des Römischen Reichs, dessen Bürger sich ihrer eigenen Dekadenz nicht bewußt waren.«[1] Das war natürlich eine höchst schwarzseherische Einschätzung, um nicht zu sagen reine Panikmache. Sie entsprach jedoch völlig dem Opus-Dei-typischen Einsatz der Psychologie der Angst.

Für eine religiöse Autokratie herrscht in der Vatikanstadt eine überraschend breite Meinungsvielfalt. Der Gehorsam gegenüber dem Papst ist zwar absolut, doch man bemerkt schnell, daß der päpstliche Absolutismus verschiedene Grade aufweist und unterschiedliche Wege einschlägt. Wenn ein Papst einmal gewählt ist, regiert er, bis er stirbt oder abdankt.

Dasselbe gilt für den Prälaten des Opus Dei. Dies bedeutet, daß die beiden mächtigsten Religionsführer im Westen politische Strategien über viel längere Zeiträume – bis zu zehn oder zwölf Jahre, wenn nötig – entwickeln können, ein Luxus, den sich kein gewählter Politiker leisten kann. Eine langfristige Perspektive war ganz offensichtlich notwendig, um die Römische Kurie dazu zu bewegen, die modernisierte Doktrin vom Gerechten Krieg anzunehmen. Bevor das Opus Dei aber die Politik des Vatikans direkt beeinflussen konnte, mußte es erst seine Machtbasis innerhalb der Kurie ausbauen.

Ehemalige Numerarier betonen, daß es zur Methode des Opus Dei gehört, bei seinen Truppen ständig für ein Gefühl der Angst zu sorgen. »Das Opus Dei gewinnt die Loyalität seiner Mitglieder weder durch Liebe noch durch die Zugehörigkeit zu einer engen Gemeinschaft«, bestätigt Pater Felzmann, »sondern durch den Faktor Angst. Angst kontrolliert besser als Liebe, besser als Geld, besser als Glaube. Das Element Angst und das Opus Dei vertragen sich bestens.«

Die Angst um das Überleben der Kirche spielte bei der Gründung des Opus Dei im Spanien vor dem Bürgerkrieg sicherlich eine große Rolle. Die Angst um die Zukunft der Kirche blieb auch während des Kalten Krieges bestehen. Auch nach dem Fall des Kommunismus blieb die Angst ein bestimmender Faktor in der geistigen Kultur des Werkes. Nach der Wahl von Johannes Paul II. begann das Opus Dei, die Römische Kurie in derselben Weise zu konditionieren wie seine eigenen Mitglieder. Das Opus Dei hämmert seinen Anhängern ein, die Kirche sei von innen und von außen bedroht, und sie seien zu einem fortwährenden Kreuzzug aufgerufen. Ein Beobachter bezeichnete das Pontifikat von Johannes Paul II. als Rückkehr zum »Ultramontanismus«, jener extrem konservativen Gesinnung, die die Kirche zur Zeit des Ersten Vatikanischen Konzils beherrschte. »Die zentrale Führung der Kirche glaubt, sie verteidige noch immer eine Glaubensfestung gegen die herandrängenden Kräfte der Barbarei«, stellte ein Kommentator fest.[2]

Vom Standpunkt des Opus Dei aus beweist die Geschichte, daß sich nichts besser eignet als eine Bedrohung von außen, um jene »echte Begeisterung« zu wecken, die die Gläubigen an die Wurzeln ihres Glaubens zurückführt. Gewiß glaubt jeder denkende Christ, das Christentum müsse dem militanten Islam mit einer ausgewogenen, moralisch angemessenen christlichen Reaktion begegnen. Doch worin besteht eine moralisch angemessene Reaktion? Das Opus Dei ist sicherlich eine der wenigen Instanzen, die sich intensiv mit dieser Frage befaßt. Im Grunde läuft der Unterschied zwischen Recht und Unrecht, zwischen einem »gerechten« und einem ganz normalen Krieg auf die Frage der moralischen Autorität hinaus. Verfügt das Opus Dei aber über genügend moralischen Rückhalt, um die Reaktion des Christentums auf den radikalen Islam zu beeinflussen?

Wie wir gesehen haben, agiert die Führung des Opus Dei durchweg so, als halte sie alle Mittel für angemessen. Dazu gehören Lügen, Urkundenfälschung und Desinformation, Imagekorrekturen, Drohungen und tätliche Gewalt. Ein Beispiel ist der Fall von John Roche, der das Opus Dei auf Erstattung von Geldern verklagte und vor Gericht mit gefälschten Dokumenten konfrontiert wurde. Raimundo Panikkar berichtete einem jesuitischen Redakteur in Zürich, ein hochrangiges Mitglied der Römischen Kurie habe zwei Priester aus der Villa Tevere in den Archiven seiner Kongregation dabei ertappt, wie sie Dokumente über das Opus Dei beziehungsweise seinen Gründer entfernten oder austauschten.

»In der Kongregation für die Ordensleute sind gewisse Briefe und Dokumente über das Opus Dei nicht mehr aufzufinden, obwohl wir wissen, daß sie dort sein müßten. In manchen Fällen existieren nur noch leere Aktenhüllen«, berichtet der Vatikan-Experte Dr. Giancarlo Rocca. »Etliche Male stießen wir auf Akten, aus denen das ursprüngliche Dokument entnommen und durch ein anderes ersetzt wurde. ... Die Sache ist sehr ernst. Ihre Art, Geschichte zu schreiben, ist unseriös.«

Wir haben auch gesehen, daß nicht alle Mitglieder des Opus Dei vollständig über den Aufbau des Werkes informiert sind. Der *Codex Iuris Particularis Operis Dei* von 1982, kurz *Statuten* genannt, wird im allgemeinen nicht an einfache Mitglieder ausgehändigt.[3] Diese Untergebenen bilden ein Heer von Berufstätigen, die das Werk aufgrund ihrer Disziplin, ihrer positiven Ausstrahlung und ihres aufrichtigen Glaubens in Regierungsämtern, Gefängnisverwaltungen, bei Steuerbehörden, beim FBI und im Amt des französischen Staatspräsidenten bestens einsetzen kann. Man sagt, die Numerarier bildeten eine ideale Tarnung für die speziellen »apostolischen Aufgaben« des Werkes, wie sie von der zentralen Leitung verfügt und in den internen Statuten gebilligt werden.[4] Ach ja, die Statuten. Selbst hier herrscht einige Verwirrung.

Hat der *Codex Iuris* die weitaus detaillierteren und immer noch geheimen Konstitutionen von 1950 abgelöst?[5] »Die Konstitutionen von 1950 sind natürlich nicht mehr in Kraft«, versicherte Andrew Soane. »Sie wurden durch die Statuten von 1982 vollständig ersetzt.«[6] Doch ist dies wirklich der Fall? In Artikel 172 der Konstitutionen von 1950 heißt es: »Diese Konstitutionen bilden die Grundlage unseres Instituts. Aus diesem Grund müssen sie als heilig, unantastbar und unablösbar betrachtet werden ...« Gegenüber Numerariern wie John Roche wurde beteuert, daß die Konstitutionen von 1950 wie die Zehn Gebote *in aeternum* gültig seien. Diese Sicht legt auch der zweite Absatz der Abschließenden Verfügungen des *Codex Iuris* nahe. Dort heißt es:

> Dieser Codex, der allen Mitgliedern des Opus Dei bekanntgegeben werden soll – Priestern und Laien wie auch den Priestern, Assoziierten und Supernumerariern, der Priesterlichen Gesellschaft vom Heiligen Kreuz – tritt am 8. Dezember 1982 in Kraft. Für alle Mitglieder gelten nach wie vor dieselben Pflichten und Rechte wie unter der bisherigen Rechtsordnung, es sei denn, die Bestimmungen dieses Codex verfügen ausdrücklich etwas anderes, oder sie leiten sich aus Normen ab, die durch die neuen Statuten außer Kraft gesetzt werden.

Dies ist eine in der Rechtspraxis ungewöhnliche und unübliche Erklärung. Da der *Codex* von 1982 keinen einzigen Artikel der Konstitutionen von 1950 nennt, scheint er auch keinen von ihnen außer Kraft zu setzen.

Es sei eine Verleumdung, das Opus Dei als eine Geheimorganisation zu bezeichnen, behaupten die Sprecher der Prälatur. Sie verweisen auf die Untersuchung, die der italienische Innenminister Dr. Oscar Luigi Scalfaro, der spätere Präsident der Republik, im Jahre 1986 durchführte. Scalfaro wurde als »strenger und fundamentalistischer Katholik« bezeichnet und der Mitgliedschaft im Opus Dei »verdächtigt«.[7] Nach achtmonatiger Überlegung kam er zu dem Schluß, daß das Opus Dei keine Geheimorganisation sei, und begründete sein Urteil mit Zitaten aus dem *Codex Iuris* von 1982. »Der Minister [Scalfaro] zitierte ausführlich aus jenen Statuten, von denen die Kritiker behauptet hatten, es seien die geheimen Regeln des Opus Dei ... Um jedoch zu beweisen, daß es nichts zu verbergen gab, wandte sich die Prälatur des Opus Dei mit der Bitte an den Vatikan, die Statuten veröffentlichen zu lassen. Der Vatikan stimmte zu, und so wurden Kopien zugänglich gemacht. Keiner der Kritiker nahm das Angebot wahr, sie zu prüfen«, behauptete ein Opus-Dei-Apologet.[8]

Vatikanischen Quellen zufolge hat Don Alvaro del Portillo nicht darum gebeten, sondern war von Staatssekretär Casaroli angewiesen worden, dem Parlamentsausschuß Kopien der Statuten zur Verfügung zu stellen. So sollte verhindert werden, daß das Werk als Geheimorganisation abgestempelt wurde, denn dies hätte ein schlechtes Licht auf die Kirche geworfen. Die Sprecher des Opus Dei erwähnten allerdings nie das Urteil, das das oberste Gericht der Schweiz – das Schweizer Bundesgericht in Lausanne – am 19. Mai 1988, also zwei Jahre nach Scalfaros »Untersuchung«, in der Sache Verein Internationales Tagungszentrum (eine Unterorganisation des Opus Dei) gegen Tagesanzeiger Zürich erließ. Darin wird das Opus Dei als eine »Geheimorganisation« bezeichnet, die »verdeckt« operiert und ihre Angelegenheiten weitestgehend verschleiert.

Die Drohungen, mit denen Opus-Dei-Mitglieder arbeiteten, waren alles andere als subtil. (»Sie könnten heute nacht an einem Herzinfarkt sterben«, hatte man Ruiz-Mateos mitgeteilt.) Ihre Anwerbepraktiken sind scharf angegriffen worden. Und ihre Finanzgeschäfte sind bekanntermaßen unmoralisch und undurchsichtig.

So stand es also um die Moral jener Männer, die das ideologische Rüstzeug bereitstellten, um das Christentum für die Auseinandersetzung mit dem radikalen Islam zu wappnen. Um aber zu gewährleisten, daß die Doktrin von der Römischen Kurie und den führenden Politikern des Abendlandes angenommen wurde, mußten diese Männer zuerst ihre Machtbasis innerhalb des Vatikans ausbauen.

31 Machtausbau

Religionsfreiheit ist der Grundstein jeder Form von
Freiheit. *Johannes Paul II.*

Im Mai 1984 wurde die Leitung des Päpstlichen
Rates für die sozialen Kommunikationsmittel, wie die offizielle vatikanische Presse- und PR-Abteilung heißt, dem 49jährigen amerikanischen
Prälaten und Erzbischof John Patrick Foley anvertraut. Dies markierte die
letzte Phase der Palastrevolution, die im Herbst 1978 begonnen hatte. Es
war eine Phase der Konsolidierung, durch die die führenden Strategen
des Opus Dei in das Zentrum der Macht vordrangen und ungehinderten
Zugang zu den Papstgemächern im *terzo piano* des Apostolischen Palastes
erhielten.

In Rom wußte man nur wenig über den glatzköpfigen und dicklichen
Monsignore Foley. Er galt als Medienexperte, der aus der Neuen Welt
geholt worden war, um die Öffentlichkeitsarbeit des Vatikans gründlich
zu überholen. Der Protegé des erzkonservativen Bischofmachers Kardinal Krol war seit 1970 Chefredakteur von *Standard and Times*, der Zeitung
der Erzdiözese Philadelphia.

Im Dezember 1984 erklärte Foley in einem Artikel für den Internationalen
Katholischen Presseverband, katholische Journalisten »sollten wie Ker-
zen sein, die das Licht der Wahrheit Christi und die Wärme der Liebe
Christi aussenden und im Dienste an Gott verzehrt werden«.[1] Im selben
Monat wurde Pater Romeo Panciroli, der Sprecher des Vatikans und
bekannte Opus-Dei-Kritiker, aus Rom verbannt und in die Wildnis Liberias
geschickt. An seine Stelle trat Dr. Joaquín Navarro-Valls. Inzwischen war
sich die Römische Kurie absolut sicher, auf welcher Seite des Tiber die
Sympathien von Erzbischof Foley lagen.

Navarro-Valls' Berufung war die erste Säuberungsmaßnahme des dyna-
mischen Monsignore Foley. Der neuernannte Gebieter über die *Sala
Stampa*, das Pressebüro, hatte jahrelang als Rom-Korrespondent der
Madrider Tageszeitung *ABC* gearbeitet und war der erste professionelle
Journalist auf diesem Posten.

»Er wurde seinen Kollegen als ein moderner Leonardo da Vinci vorgestellt, denn er war Arzt und hatte eine Lehre als Stierkämpfer absolviert«, berichtete Peter Hebblethwaite. »Die große Neuerung, so beteuerte man uns, bestand jedoch darin, daß Navarro-Valls der erste Laie war, der das Pressebüro des Vatikans leitete. Verschwiegen wurde indes, daß Navarro-Valls Mitglied des Opus-Dei ist. Der Versuch, ihn als ›gewöhnlichen Laien‹ zu verkaufen, ging schlicht daneben. Kein gewöhnlicher Laie muß seinem ›Leiter‹ (Opus-Dei-Bezeichnung für Vorgesetzter) regelmäßig Rechenschaft ablegen. Und kein gewöhnlicher Laie darf nur zu einem Opus-Dei-Priester zur Beichte gehen. ... Daß Navarro-Valls charmant ist, was gegenüber Panciroli eine gewaltige Verbesserung darstellt, und mit Terminen umzugehen versteht, mag an sich wunderbar sein, es ändert jedoch nichts an der Tatsache, daß er wahrscheinlich nicht zur Wahrheitsfindung im Vatikan beiträgt.«[2]

Alvaro del Portillo war Konsultor im Päpstlichen Rat für die sozialen Kommunikationsmittel. Der Assoziierte Enrique Planas y Comas, ein Diözesanpriester aus Avila, wurde in den Rang eines Ehrenprälaten des Heiligen Stuhls erhoben und zu einem der Chefassistenten Foleys ernannt. Im Juni 1988 wurde Foleys Rat umstrukturiert. Auf Befehl von oben wurde die *Sala Stampa* zu einem »Sonderbüro« des Staatssekretariats gemacht – eine bedeutsame Aufwertung. Damit war der Rat für die sozialen Kommunikationsmittel in erster Linie für das audio-visuelle Image des Papstes verantwortlich. Foleys Stern war etwas verblaßt. Der Einfluß des »gewöhnlichen Laien« nahm dagegen zu. Navarro-Valls fand Gehör beim Papst und hatte die besten Aussichten, zu einem der einflußreichsten Männer in der vatikanischen Verwaltung mit vertraulichem Zugang zum *terzo piano* zu werden.

In dem Maße, wie sich Johannes Paul II. mit professionellen Imagemachern umgab, veränderte sich die gesamte Aura des Papsttums. Natürlich waren diese Imagemacher Opus-Dei-Anhänger. Sie hatten bei ihrem Apostolat der öffentlichen Meinung das stolzeste Ziel erreicht, denn nun lag die PR für den Papst in ihren Händen. Ende der achtziger Jahre überwachten die Spezialisten des Apostolats der öffentlichen Meinung unter anderem Radio Vatikan, *L'Osservatore Romano* sowie das vatikanische Verlagshaus und planten als viertes Standbein in der Medienpalette des Heiligen Stuhls einen vatikanischen Fernsehsender. Foley selbst wurde Chef der Filmoteca Vaticana, dem offiziellen Film- und Videoarchiv, auch wenn Monsignore Planas y Comas es für ihn verwaltete.

Johannes Paul II. äußerte stets unverblümt seine Ansichten über die

Pflichten der Katholiken hinsichtlich der Verteidigung ihres Glaubens. Im Jahre 1976, als er noch Erzbischof von Krakau war, hatte er – eine Ohrfeige für die zivilen Behörden – eine Prozession von der Kathedrale zum Rynek, dem zentralen Platz der Stadt, angeführt. Der Platz füllte sich mit weit mehr Gläubigen, als in die Kathedrale gepaßt hätten. In prasselndem Regen hielt er die feurigste der vier Homilien jenes Tages – Thema war der Mut zum Glaubensbekenntnis –, die das Opus Dei später in seiner CRIS-Reihe veröffentlichte. »Die Frage der geistigen Freiheit des Menschen, seine Gewissensfreiheit, seine Religionsfreiheit, ist das größte aller menschlichen Anliegen«, erklärte er. Fünf Jahre später ließ sich Papa Wojtyla in seiner Friedensbotschaft zum Neujahrstag über dasselbe Thema aus, diesmal vor einem weltweiten Publikum. Christen, so betonte er, seien nach dem Gesetz der Moral dazu verpflichtet, sich gegen das Böse zu wehren. »Selbst wenn die Christen danach streben, jede Form von Krieg zu vermeiden und zu verhindern, haben sie das Recht und sogar die Pflicht, ihre Existenz und Freiheit mit angemessenen Mitteln gegen einen ungerechten Aggressor zu verteidigen«, erklärte er.[3]

Nachdem der Kommunismus besiegt war, lenkte Papa Wojtyla seine Aufmerksamkeit auf die Rechte der Christen in den Ländern an der islamischen Front. Laut seinem Sprecher war der Papst besorgt über das Erstarken des islamischen Fundamentalismus nach dem zweiten Golfkrieg. Ein konkretes Beispiel war etwa der Widerstand gegen den UNO-Einsatz in Somalia. Im Juli 1993 fürchtete er, der Kampfeinsatz der US-Marines in Mogadischu würde die Gewaltbereitschaft der radikalen Islamisten schüren. Sechs Monate nach einem amerikanischen Hubschrauberangriff, bei dem sechzehn Somalis getötet wurden, flog die katholische Kathedrale in Mogadischu in die Luft. Der letzte Bischof von Mogadischu, Pietro Salvatore Colombo, war im Juli 1989 vor der Kathedrale niedergeschossen worden. Aufgrund der gewaltsamen Reaktionen der radikalen Islamisten konnten die Christen in der einst so europäisch geprägten Stadt am Indischen Ozean ihren Glauben nicht mehr praktizieren.

Die Unterdrückung der Christen in Ländern der islamischen Front bereitet dem Vatikan auch kurz vor der Jahrtausendfeier große Sorge, zumal die Feier der Welt zeigen soll, daß der christliche Glaube als einzige Religion in der Lage sei, das Heilsmysterium der gesamten Menschheit zu offenbaren. »Diese Frohe Botschaft zwingt die Kirche zum Missionieren«, beteuerte der Papst seinen Bischöfen in Manila. Mit anderen Worten, die Kirche kann sich nicht von ihrer Pflicht lossagen, Christus allen Völkern zu verkünden. Der Papst betont zwar immer wieder, »Aufgabe und Bestimmung der Kirche ist es, den Menschen zu retten, den ganzen Menschen«, er erklärte aber auch, »die Bekehrung zum Christentum darf nie mit Gewalt erfolgen. Sie erfordert Liebe und Respekt gegenüber den zu Bekehrenden. ... Die Katholiken müssen jeden Verdacht des Zwangs oder der Täuschung unbedingt vermeiden.«[4] Auf dem Balkan war von christlicher Liebe und Güte wenig zu spüren. Johannes Paul II. hatte wiederholt gewarnt, daß die Ausweitung des Balkankonflikts eine Katastrophe für den Westen bedeuten könnte. Er forderte die »Entwaffnung des Angreifers«. Er betonte vielfach, die Verteidigung gegen jegliche Aggression sei eine christliche Pflicht. »In der Lehre der Kirche wird jeder militärische Angriff als moralisches Unrecht verurteilt. Rechtmäßige Verteidigung hingegen ist zulässig und manchmal sogar geboten«, meinte er.[5]

Ein nicht namentlich genannter päpstlicher Berater – einigen Quellen zufolge soll es Navarro-Valls gewesen sein – teilte ergänzend mit, der Vatikan unterstütze »präzise, angemessene und überzeugende« Militäraktionen in Bosnien, um die Aggression zu stoppen. Der Sprecher erklärte jedoch, solch eine Intervention müsse der kirchlichen Lehre vom Gerechten Krieg Rechnung tragen.[6] Das Etikett des Gerechten Krieges wurde nun auf den Markt geworfen, ähnlich wie das »grüne Etikett« für naturbelassene, ökologisch gesunde und biologisch reine Nahrungsmittel. Der »Operation Wüstensturm« unter Präsident Bush war das Label verweigert worden, vielleicht weil noch die letzten ideologischen Retouchen notwendig waren oder vielleicht weil der Vatikan, dessen Nuntius in Bagdad ein treuer Opus-Dei-Anhänger war, die Reaktion der Alliierten auf den irakischen Einmarsch in Kuwait für nicht genügend »präzise« und »angemessen« hielt.[7] Jedenfalls wurde etwas mehr als drei Jahre nach dem Überfall des Irak auf seinen ölreichen Nachbarn und erstmals seit den mittelalterlichen Kreuzzügen die Lehre vom Gerechten Krieg in modernisierter Form der Öffentlichkeit präsentiert und auf dem spirituellen Markt zur Schau gestellt.

Aufgrund der großen Bedeutung, die es der universellen Liebe beimaß, hat das Christentum stets seine Probleme mit dem Phänomen des Kriegs gehabt. Nachdem Konstantin der Große im 4. Jahrhundert das Christentum eingeführt hatte, lieferte der heilige Augustinus von Hippo (354–430) als erster einige eingeschränkte Argumente zugunsten militärischer

Maßnahmen. Der nordafrikanische Bischof billigte Kriege, die unter gewissen Umständen auf Befehl Gottes geführt wurden. Er schrieb: »Krieg sollte nur aus Not geführt werden und nur zu dem Zweck, daß Gott die Menschen aus der Not errettet und sie in Frieden bewahrt.« Achthundert Jahre später nannte der heilige Thomas von Aquin seine drei Bedingungen für einen Gerechten Krieg:

- Der Kampf muß von einer kompetenten Regierung oder Obrigkeit geführt werden;
- der Kampf muß einer gerechten Sache dienen;
- er muß von der »rechtschaffenen Absicht« geleitet sein, das Gute zu fördern.

Nachfolgende Theologen haben weitere Definitionen geliefert, etwa daß der Krieg ein »letzter Ausweg« sein solle und daß die erwarteten positiven Ergebnisse das dabei entstandene Leid überwiegen müssen. Überlagert wurden diese Vorstellungen durch die Doktrin Johannes' XXIII. von der »Vermeidung des Krieges«. Im Jahre 1994 wurde die Idee der Vermeidung jedoch zugunsten einer umformulierten Doktrin vom Gerechten Krieg fallengelassen.

Der neue katholische Katechismus, der in jenem Jahr herauskam, enthielt eine Definition des Gerechten Krieges, in der es hieß: »Jeder Bürger und jeder Regierende ist verpflichtet, sich für die Vermeidung von Kriegen tätig einzusetzen. Solange allerdings ›die Gefahr von Krieg besteht und solange es noch keine zuständige internationale Autorität gibt, die mit entsprechenden Mitteln ausgestattet ist, kann man, wenn alle Möglichkeiten einer friedlichen Regelung erschöpft sind, einer Regierung das Recht auf sittlich erlaubte Verteidigung nicht absprechen‹«. Vier moralische Bedingungen wurden genannt, die erfüllt sein müssen, damit ein Konflikt als Gerechter Krieg gelten darf:

- »Der Schaden, der der Nation oder der Völkergemeinschaft durch den Angreifer zugefügt wird, muß sicher feststehen, schwerwiegend und von Dauer sein.
- Alle anderen Mittel, dem Schaden ein Ende zu machen, müssen sich als undurchführbar oder wirkungslos erwiesen haben.
- Es muß ernsthafte Aussicht auf Erfolg bestehen.
- Der Gebrauch von Waffen darf nicht Schäden und Wirren mit sich

bringen, die schlimmer sind als das zu beseitigende Übel ...« (Ziffern 2308–2309).

Der nicht genannte päpstliche Berater – d. h. Navarro-Valls – gab zu verstehen, daß es nach der neuformulierten Doktrin nicht nur das Recht einzelner Regierungen sei, ihr Volk vor ungerechten Angriffen zu schützen, sondern daß es die »Pflicht« der Völkergemeinschaft wäre, unter Einhaltung der vier Prinzipien einzugreifen, falls ein Volk, eine Nation oder eine ethnische Minderheit Freiheit und Menschenrechte nicht selbst aufrechterhalten könne. Eine solch breite Palette von Interventionsgründen ließ sich ebenso auf den Schutz des Heiligen Grabes oder des Marienschreins von Medjugorje in Westbosnien anwenden wie auf das Leben unterdrückter Menschen. Der ungenannte Berater deutete gewissermaßen an, daß nach der Doktrin vom Gerechten Krieg alle christlichen Herrscher, die sozusagen als weiße Ritter die Grundrechte sowohl von Mohammedanern als auch von Christen verteidigten, bei ihren militärischen Aktionen der vollen päpstlichen Unterstützung und des Siegels der moralischen Rechtmäßigkeit sicher sein konnten.

Die neuen Parameter für den Gerechten Krieg entstanden vor dem Hintergrund des eskalierenden Nationalismus auf dem Balkan. Im Frühjahr 1990 wurden sowohl in Slowenien (zu 98 Prozent katholisch) als auch in Kroatien (damals zu 75 Prozent katholisch) Mehrparteienwahlen organisiert, die ein Jahr später zur Erklärung der Unabhängigkeit führten. Kaum hatte Franjo Tudjman, der neue Präsident Kroatiens, als kroatische Flagge das schachbrettgemusterte Banner der kroatischen Faschisten aus dem Zweiten Weltkrieg eingeführt, marschierte die jugoslawische Bundesarmee von Stützpunkten in Serbien nach Kroatien ein. Kroatien besaß damals kaum genügend Kriegsgerät, um auch nur ein Bataillon auszurüsten.

Bei den zwei Millionen bosnischen Mohammedanern, die zwischen Kroatien und Serbien eingekeilt waren, entflammten nunmehr eigene nationalistische Bestrebungen. Die Mohammedaner scharten sich um Alija Izetbegovic, einen Philosophen, der kurz zuvor aus dem Bundesgefängnis freigelassen worden war. Izetbegovic war alles andere als ein Fundamentalist. Zwanzig Jahre zuvor hatte er jedoch eine kurze Abhandlung über die Lage des Islam in der Welt geschrieben. Der Essay mit dem schlichten Titel *An Islamic Declaration* (Eine islamische Erklärung) belebte das Interesse am Studium der islamischen Theologie in Bosnien. Mit Hilfe saudiarabischer Unterstützung konnte 1977 eine Fakultät für Islamische Theologie an der Universität von Sarajewo gegründet werden.

Anfang der achtziger Jahre verfaßte Izetbegovic ein weitaus wichtigeres Werk mit dem Titel »Der Islam zwischen Ost und West«. Darin stellte er den Islam als eine tolerante Religion dar, die von den spirituellen Werten des Westens positiv beeinflußt worden sei. Das Christentum bezeichnete er in schmeichelhaften Begriffen als »Beinahe-Synthese aus vollkommener Religion und vollkommener Ethik«.[8] Hätten die Serben auf Izetbegovic gehört, wäre es vielleicht nie zu einem Religionskrieg auf dem Balkan gekommen, und dem übrigen Europa wäre der Schock erspart geblieben, plötzlich am Rande eines neuen Kreuzzuges zu stehen. Statt dessen drohte der Serbenführer Slobodan Milosevic, sowohl Bosnien als auch Kroatien zu annektieren. Als Milosevic die bosnischen und kroatischen Serben bewaffnete, nahm die kroatische Regierung Kontakte zum Warschauer Waffenbasar und zu westlichen Waffenhändlern wie Silvano Vittor auf.

Die erste große Schlacht war die Belagerung der Donaustadt Vukovar, die mit einem Sieg der Serben endete. Sämtliche Häuser wurden dem Erdboden gleichgemacht. Der Franzose David Bourot, der in Pristina als vermeintlicher Spion der Kroaten verhaftet worden war, beschrieb die Taktik der Serben folgendermaßen: »Sie griffen systematisch Kirchen, Krankenhäuser und zivile Objekte an. Sie führten einen Krieg des Terrors gegen die Zivilbevölkerung, nicht gegen die gegnerischen Streitkräfte.«

Im Gefängnis sah Bourot einen Bericht des Belgrader Privatsenders TV-2, in dem es hieß, die Kroaten erhielten Waffenlieferungen, die angeblich vom Vatikan finanziert wurden. Die Dokumentation schilderte eine Drei-Millionen-Dollar-Transaktion, die ein Kroate, der für den serbischen Geheimdienst arbeitete, in Zagreb gefilmt hatte. Bourot war sich zwar bewußt, daß der Äther von Desinformation nur so rauschte, doch er fand den Bericht überzeugend.

Eines der nächsten Ziele der Serben war Banja Luka in Zentral-Bosnien. Die ethnischen Säuberungen, die dort im April 1992 begannen, entsprachen laut einem Offizier der Vereinten Nationen einer »Politik der verbrannten Erde mit dem Ziel, alle Spuren mohammedanischer beziehungsweise kroatischer Kultur in der Region auszulöschen«.

Während der Herrschaft der Osmanen war Banja Luka Sitz der bosnischen Paschas gewesen. In der Stadt gab es zwei Moscheen aus dem 16. Jahrhundert, einen osmanischen Uhrturm, drei weitere Moscheen und einen mohammedanischen Friedhof, die allesamt in einer einzigen

Nacht zerstört wurden. Sämtliche Nicht-Serben wurden aus Banja Luka vertrieben. Von den 47 katholischen Kirchen des Bezirks standen nach einem Jahr nur noch drei.

Die ersten kroatischen Feldzüge gegen die Serben und Mohammedaner waren kaum weniger gewalttätig. Im Dezember 1993 kündigten die kroatischen Behörden an, die militanten Islamisten planten einen totalen Heiligen Krieg gegen den Westen. Die Warnung erfolgte, nachdem moslemische Fundamentalisten in Chiffa-Habril, sechzig Kilometer südwestlich von Algier, zwölf kroatischen Ingenieuren die Kehle durchgeschnitten hatten.[9]

Ein paar Monate zuvor hatten die Kroaten drei gefangengenommene bosnisch-moslemische Soldaten zu wandelnden Bomben gemacht und zu ihren eigenen Linien zurückgeschickt. Einer der Todgeweihten hatte seinen Kameraden zugeschrien, »Nicht schießen, nicht schießen; wir sind Moslems«, als er sich zu den bosnischen Stellungen oberhalb von Novi Travnik schleppte.

Den drei Soldaten waren Panzerabwehrminen auf Brust und Rücken geschnallt worden. Die Arme hatte man ihnen an der Seite mit Seilen festgebunden, vom Rumpf lief ein Draht zurück zu den kroatischen Positionen. Als die drei sich den bosnischen Stellungen näherten, brach dort Panik aus. Ein bosnischer Offizier befahl seinen Männern, das Feuer zu eröffnen, doch sie verweigerten den Befehl. Es gab drei gewaltige Explosionen. Der stellvertretende Kommandeur der Tomasevic-Brigade, einer kroatischen Eliteeinheit, gab später zu, einer seiner Soldaten habe diese scheußliche Greueltat begangen – aus Verzweiflung darüber, daß er seinen Bruder tot zwischen den Linien gefunden hatte.[10]

Die Kroaten hatten ihr Land inzwischen unter den Schutz des Papstes gestellt, so wie Sancho Ramírez von Aragon es im 11. Jahrhundert getan hatte. Der Vatikan hatte als erster die Unabhängigkeit Kroatiens anerkannt, gefolgt von Deutschland und der Europäischen Union. Die diplomatische Anerkennung mag das Ende des Krieges in Kroatien, dem bis dahin mindestens zehntausend Zivilisten zum Opfer gefallen waren, beschleunigt haben, doch sie führte gleichzeitig dazu, daß die Serben ihr Augenmerk nunmehr auf Bosnien richteten.

Der moralisch nicht zu rechtfertigende Angriff der serbisch-orthodoxen Christen auf die Bosnier ließ jahrhundertealte Feindseligkeiten zwischen Moslems und Christen wieder aufflammen. Durch seinen Opus-Dei-getreuen Sprecher ließ der Papst wissen, daß der Westen das Unrecht der

Serben nicht widerspruchslos hinnehmen könne. Unausgesprochen, aber dennoch deutlich spürbar war die Befürchtung, daß ein serbischer Sieg über die bosnischen Moslems die gesamte islamische Welt gegen den Westen aufbringen würde. »Man muß die Reaktion des Islam verstehen«, erklärte ein Militärexperte. »Weil die Amerikaner und Europäer die Religion nicht als Faktor bei der Entwicklung nationaler Politik betrachten, übersehen sie die Tatsache, daß die islamische Welt in der Untätigkeit des Westens in Bosnien den Beweis dafür sieht, daß Christen die Unterdrückung von Moslems durch andere Christen zulassen.« Die Berater des Papstes argumentierten sogar, daß das serbische Massaker an den Bosniern gestoppt werden müsse, damit die militanten Islamisten den Balkan nicht zu einem europäischen Afghanistan machten. Diese Angelegenheit wurde vom Papst aufgegriffen und entwickelte sich zum dringlichsten Anliegen in der Außenpolitik des Vatikans.

Wie gewöhnlich funktionierte der vatikanische Geheimdienst auf dem Balkan erstklassig. Seine Agenten berichteten, Izetbegovic habe seine Strategie für einen unabhängigen moslemischen Staat sorgsam vorbereitet. Bereits im Mai 1991 besuchte er Teheran und knüpfte Verbindungen, die seinen jungen Staat später davor bewahren sollten, von den militärisch überlegenen Serben überrollt zu werden. Anfang 1992 schickte der Iran »humanitäre« Hilfe im Wert von 10 Millionen Dollar über Ungarn und Zagreb nach Bosnien. Weitere Waffenlieferungen waren im Anrollen, und zweihundert Mitglieder der Revolutionsgarde befanden sich, getarnt als Militärberater, bereits im Lande. »Wir haben zwei Aufgaben: die erste ist der *Dschihad*, und die zweite ist *da'awa* – die Ausbreitung des Islam«, äußerte ihr Anführer einem Pressebericht zufolge.[11]

Die Statements, die Navarro-Valls' Pressebüro abgab, erweckten den Anschein, als wäre der Krieg in Bosnien für die Strategen des Opus Dei zu einer Obsession geworden. Ihr Anliegen war es, die Kirche zu schützen. Dazu mußte dem wachsenden Einfluß des Iran in Sarajewo entgegengewirkt werden. Dies war nur durch ein Zurückwerfen der Serben möglich. Die Serben zur Rückgabe bosnischer Gebiete zu zwingen war indes eine Forderung, die die politischen Führer des westlichen Bündnisses nicht so leicht zu akzeptieren bereit waren. Um sie zu überzeugen, mußten die »unerbittlichen Husaren« des Papstes drei Jahre lang »beharrlich und clever« intrigieren.

32 Die »Mantel und Kreuz«-Brigade

Der Papst und seine Medienmänner wollen nichts als soziales Chaos und den dadurch bedingten wirtschaftlichen Kollaps in den islamischen Ländern – wie es im Sudan aufgrund des gesetzlosen Verhaltens der Christen der Fall ist –, um die Situation unter dem Vorwand der »einzigen politischen Aufgabe der Kirche« zur Bekehrung der Moslems auszunutzen. Die Kirche muß ihre Vorliebe für Chaos, Anarchie und wirtschaftlichen Ruin als Mittel der Bekehrung wehrloser Völker aufgeben.

Saudi Gazette, Rijad, 13. Februar 1993

Die Befürworter eines Mittelwegs unter den päpstlichen Beratern hatten von dem Besuch des Pontifex in Khartum im Februar 1993 abgeraten. Sie meinten, bei dem Unternehmen würde niemand etwas gewinnen. Außerdem würde die Anwesenheit des Heiligen Vaters in der sudanesischen Hauptstadt einen der Drahtzieher des internationalen Terrorismus in sicherlich ungebührlichem Maße legitimieren. Laut Monsignore Macram Gassis, dem Bischof von El Obeid, wurde der Besuch von dem Opus-Dei-freundlichen Nuntius in Khartum, Erzbischof Erwin Josef Ender, gegen den Rat des sudanesischen Episkopats vorbereitet. »Er bestreitet dies, und er ist verärgert über mich, weil ich es sage«, berichtete Bischof Gassis. Die anderen Bischöfe stellten sich hinter Gassis. »Vergessen Sie nicht«, ließen sie den Papst auf dem Weg durch Kampala wissen, »an den Händen der Menschen, die Sie in Khartum schütteln werden, klebt Blut.«

Die Opus-Dei-Führer hingegen betrachteten Afrika – einen Kontinent, auf dem Überbevölkerung, Ressourcenknappheit und Umweltzerstörung für Unsicherheit, Konflikte und Abwanderung sorgten – als erstes Schlachtfeld in den religiösen Kriegen. Von Ceuta bis zum Kap der Guten Hoffnung gewann der Islam rapide an Boden. Sie hielten es daher für geboten, daß der politischste Papst der Neuzeit, der geistliche Sieger über den Kommunismus, in Khartum sein Banner aufpflanzte, denn von hier aus wurde der radikale Islam nicht nur in das restliche Afrika, sondern in religiöse Krisenherde auf der ganzen Welt exportiert.

Als Johannes Paul II. in der sudanesischen Hauptstadt eintraf, blickte er bereits auf das dritte Jahrtausend, dessen feierliches Einläuten eines der zentralen Themen seines Pontifikats bildet. Dieses Ereignis sei, wie er sagte, »von einer tiefen Bedeutung für die Christenheit«.[1] Aus seinen Schriften geht klar hervor, daß Johannes Paul II. fasziniert ist von der Rolle der Jahrtausendwende in der Offenbarung des Johannes mit ihrem mystischen Symbolismus: den sieben Schüsseln des Zorns, dem Urteil über die Hure Babylon, der Vernichtung des Tieres und des falschen Propheten und der Gründung des neuen Jerusalem. »Die Welt muß gereinigt werden; sie muß bekehrt werden«,[2] erklärte er, doch für ihn ist der Erlöser Christus der einzige Weg zum Heil. »Der Islam«, so Papa Wojtyla, »ist keine Religion der Erlösung.«[3]

Falls seine Millenniumsfeier die Absicht verfolgte, das Mysterium der christlichen Erlösung der gesamten Menschheit zuteil werden zu lassen, so war dies eine gefährliche Formel. Brennpunkt des großen Jubiläums, das ihm so sehr am Herzen lag, war das Heilige Land, das gemeinsame Erbe der drei großen monotheistischen Religionen. Doch für jeden Bewohner der Region war klar, daß von keinem Anhänger des Islam und keinem Gelehrten des Talmud erwartet werden konnte, der »Reinigung der Welt« im Sinne Johannes Pauls II. anders als mit Ablehnung zu begegnen.

Niemand betrachtete die Formel des Papstes mit größerer Verachtung als Hassan al-Turabi, ein schmächtiger Mann mit dünnem Bart, der überhaupt nicht den Eindruck eines Radikalen machte, sondern eigentlich ausgesprochen vernünftig wirkte. Immerhin hatte er in Khartum, London und an der Sorbonne Internationales Recht studiert. Er war ein charismatischer Redner, der äußerst gewandt Arabisch und fließend Englisch und Französisch sprach. Turabi lehnte das christliche Heilsversprechen ab, denn für ihn gelangten nur die Anhänger des Propheten Mohammed in jenen Garten, der dem christlichen Paradies entspricht.

Mit seiner Ermahnung an das Regime in Khartum, keine Christen mehr zu töten, ließ sich Johannes Paul II. sozusagen auf ein entscheidendes Duell mit dem Islam ein. Der Schuß ging jedoch beinahe nach hinten los. Die Führer des Sudan hatten es darauf angelegt, dem vatikanischen Pressecorps und damit der Welt zu zeigen, daß ihr Regime trotz allem tolerant war. Sie hatten die verfallene Kathedrale von Khartum renoviert und einen großen Platz für eine Papstmesse unter freiem Himmel zur Verfügung gestellt. Die Messe besuchten hauptsächlich Flüchtlinge aus dem Süden, die unter jämmerlichen Bedingungen in Barackensiedlungen am Rand der Hauptstadt hausten und deren Kinder täglich von der Zwangsbekehrung zum Islam bedroht waren.[4]

Der Sudan zählt zwar ganze 25 Millionen Einwohner, erstreckt sich jedoch über ein riesiges Territorium; seine strategische Bedeutung bei der religiösen Eroberung Afrikas ist somit unbestreitbar. Durch die Ausrottung oder Zwangsbekehrung der sieben Millionen Christen und Animisten im Süden konnte die fundamentalistisch-islamische Front, die das Land beherrschte, einen Keil in das Zentrum Schwarzafrikas treiben und so die christlichen Gemeinden im Osten von denen im Westen trennen, wodurch diese Gemeinden politischen Angriffen noch stärker ausgesetzt waren. Nur drei Faktoren hielten die islamischen Kräfte zurück: der Widerstand der Sudanese People's Liberation Army (SPLA), das wirtschaftliche Chaos im Norden und die unwirtlichen Umweltbedingungen im Süden.

Das größte Land Afrikas bietet ein interessantes Bild von einem radikalen Staat. Das jährliche Pro-Kopf-Einkommen beträgt 55 Dollar – der niedrigste Wert weltweit. Die jährliche Inflationsrate beläuft sich auf etwa 120 Prozent.[5] Die chronische Hungersnot in dem Land, durch das der Blaue und der Weiße Nil fließen, ist vom Menschen verursacht und wird als Waffe bei der Unterdrückung und beim Völkermord eingesetzt. Die Auslandsverschuldung ist so hoch, daß die Zinsen sämtliche Devisenerlöse Khartums auffressen. General Bashir reagierte auf diese Probleme, indem er jegliche Opposition unterdrückte, Gewerkschaften verbot und die Presse mundtot machte. Im ersten Jahr nach seiner Machtergreifung richtete der Militärrat fünfmal so viele Menschen hin wie in der gesamten Zeit seit Erlangen der Unabhängigkeit. Auf Dr. Turabis Drängen hin wurde die Scharia, das religiöse Gesetz des Islam, wieder eingeführt – zunächst im Norden und dann im ganzen Land. Der Heilige Krieg gegen den Süden wurde mit iranischer Militärhilfe intensiviert.

Dies war also das Regime, mit dem der Papst einen konstruktiven Dialog suchte. Es spielte kaum eine Rolle, ob er dabei Erfolg hatte. Durch seinen Versuch, mit den islamischen Fanatikern vernünftig zu reden, gewann er moralischen Rückhalt. Er bewies der Welt, daß er es wirklich versucht hatte und daß seine Bemühungen, die Gewalt gegenüber den Christen im Süden zu beenden, fruchtlos gewesen waren – eine der notwendigen

Voraussetzungen für einen Gerechten Krieg. Doch der wichtigste Gesprächspartner des Papstes, Dr. Turabi, war für viele die gefährlichste Gestalt in der heutigen islamischen Welt überhaupt. Für ägyptische Regierungsbeamte war Turabi »der Antichrist« der islamischen Erneuerung. Westliche Geheimdienststellen behaupteten, Turabi und sein Stabschef, der saudiarabische Unternehmer Osama Binladen, finanzierten islamische Extremisten, die in Ägypten regierungsfeindliche Unruhen angestiftet haben sollen. Das amerikanische Außenministerium behauptete ferner, die beiden hätten mit iranischer Unterstützung mehr als ein Dutzend extremistischer Trainingslager im Sudan errichtet und lieferten iranische Waffen über Khartum an Rebellen in Algerien, Ägypten, Eritrea und Uganda.

Osama Binladen, der einer der führenden saudiarabischen Kaufmannsfamilien angehört, folgte 1985 dem Aufruf zum Dschihad und kämpfte zwei Jahre lang in Afghanistan für Allah. Er war nicht nur selbst an der Front, sondern stellte Reisezuschüsse für arabische Freiwillige aus einem halben Dutzend Länder zur Verfügung, die sich den Mudschahedin anschließen wollten. Das waren »nicht Hunderte, sondern Tausende«, sagte Binladen. Im Zazi-Gebirge in der afghanischen Provinz Bakhtiar sprengte er mit dem irakischen Ingenieur Mohammed Saad Tunnel für unterirdische Hospitäler und Arsenale der Mudschahedin und legte den Mudschahedin-Pfad quer durch das Land bis 25 Kilometer vor Kabul an.[6]

Im Jahre 1991 zog Binladen nach Khartum. Seine Bin Laden Company, die Straßen und Flugplätze für das Bashir-Regime baut, ist das größte Bauunternehmen im Sudan. Am Rand von Khartum errichtete er auch ein Gästehaus für Veteranen des Afghanistan-Kriegs. Außerdem hält er Vorträge über den revolutionären Islam.

Mit Binladen als Finanzier unterstützt Turabi eine Gruppierung von Veteranen aus dem Afghanistan-Konflikt, die sich *Gama'a al-Islamiya* (Islamische Gemeinschaft) nennt und verschiedene Attentate auf den ägyptischen Präsidenten Hosni Mubarak und seine Minister versuchte. Die Gruppe hat ihre Aktivitäten inzwischen auch auf Europa ausgedehnt; sie unterhält einen Stützpunkt in Bosnien und eine Operationszentrale in London.[7]

Als der Papst Khartum besuchte, hielt ich mich gerade in Dammam an der saudiarabischen Golfküste auf, um die Auswirkungen von Saddam Husseins Ökoterrorismus zu inspizieren. Die siebenhundert brennenden Ölquellen und die elf Millionen Barrel Rohöl, die in den Golf geflossen waren, hatten ungeahnte Schäden in den Ökosystemen der Region angerichtet. Eine vom Menschen verursachte Katastrophe vergleichbaren Ausmaßes hatte es bisher nicht gegeben. In der Lokalpresse wurde Saddams ökologische Zeitbombe jedoch mit keinem Wort erwähnt. Die Blätter befaßten sich statt dessen mit der Frage, was »dieser Mann aus Rom« wohl in Khartum vorhatte.

Die saudiarabische Reaktion überraschte mich. Schließlich galt Saudi-Arabien im turbulenten Nahen Osten als der stärkste Verbündete des Westens. Saudi-Arabien ist sogar noch größer als der Sudan – wenn auch weitgehend Sandwüste – und verfügt über die größten bekannten Erdölvorkommen der Welt, die dem Königreich jährlich etwa 40 Milliarden Dollar einbringen. Die 17,5 Millionen Einwohner des Landes kennen keine Armut. Doch es gärt unter der Oberfläche der brandneuen industriellen Infrastruktur mit all den technischen Raffinessen, die die Segnungen der westlichen Technologie bereitstellen. Die Unzufriedenheit mit der saudiarabischen Königsfamilie und der Abhängigkeit von westlichen Verbündeten wächst.

»Die Spannungen zwischen dem Islam und dem Westen sind eine Tatsache«, erklärte mir ein saudiarabischer Ingenieur, der an der Ölbeseitigung mitarbeitete. »Viele von uns halten es für falsch, daß der König zu unserer Verteidigung den Westen herbeigerufen hat. Wir gewinnen immer mehr die Überzeugung, daß der Golfkrieg vom Westen inszeniert wurde, um eine ständige Militärpräsenz in Saudi-Arabien zu schaffen. Andernfalls hätte Präsident Bush niemals zugelassen, daß Saddam in Bagdad bleibt. Die Amerikaner brauchen Saddam. Sie halten ihn an der Macht, damit wir uns bedroht fühlen. Doch dann fragen wir uns: Wenn unsere Regierung so viel Geld für die Rüstung ausgibt – 16 Milliarden Dollar im letzten Jahr –, wieso brauchen wir dann die Amerikaner als Schutz vor dem Irak? Viele Freunde an der Universität sind der Meinung, König Fahd hat das heilige Land des Islam durch ausländische Truppen entweihen lassen.«

Ein kurioses Königreich, dieses Saudi-Arabien. Seine Bürger scheinen alles zu haben, was die schnelle Modernisierung bereitzustellen vermag, in Wirklichkeit fehlt es ihnen jedoch an grundlegenden Freiheiten. Bürgerrechtsgruppen werden unterdrückt, es herrscht eine strenge Zensur, und die *Mutawah*, die Religionspolizei, hält überall ein wachsames Auge; sie vertreibt unschicklich gekleidete Frauen von den Straßen und zwingt Kaufleute, während der fünf täglichen Gebetszeiten ihre Läden zu schließen. Doch wenn schon die Saudis nur wenige Freiheiten kennen, so genießen die im Königreich lebenden Ausländer gar keine. In Saudi-Arabien leben fast fünf Millionen Gastarbeiter, technische Berater und wissenschaftliche Experten, von denen immerhin drei Millionen Nicht-Mohammedaner sind. Den Nicht-Mohammedanern ist es nicht erlaubt, ihren Glauben zu praktizieren. Christliche Kirchen sind in Saudi-Arabien verboten. In Rom hingegen finanzierten die Saudis den Bau einer der größten und opulentesten Moscheen außerhalb der islamischen Welt. Im Land des Propheten sind auch keine Bibeln zugelassen, ebensowenig Weihnachtskarten oder Rosenkränze; ein Priester gilt offensichtlich als *persona non grata*. Saudi-Arabien ist noch nie von einem Papst besucht worden. Es ist eines der wenigen Länder, in denen der größte Pilger des Jahrhunderts, Papst Johannes Paul II., nicht niedergekniet ist und den Boden geküßt hat. Man wird ihn wohl auch niemals dazu einladen.

Von einem früheren Besuch wußte ich allerdings, daß der Vatikan über eine Brigade reisender Priester verfügt, die als Geschäftsleute, Bankiers und Chemiker getarnt katholische Haushalte in den Lagern für Ausländer besuchen und dort im geheimen die Messe zelebrieren und die Sakramente spenden. Dies geschieht nie am selben Ort, stets in abgeschlossenen Räumen und hinter zugezogenen Vorhängen, unsichtbar für Spitzel und vor allem für die Glaubenswächter. Wer sich erwischen läßt, wird verhaftet und ausgewiesen.

Damals konnte ich nicht feststellen, ob es sich bei den Priestern dieser »Mantel und Kreuz«-Brigade, die »gekleidet wie alle anderen, aber dennoch anders als alle anderen« nach Saudi-Arabien einreisten, um Männer aus der Villa Tevere handelte. Für viele Ausländer im Land des Propheten war ihre Gegenwart indes ein echter Trost. Später erfuhr ich, daß das Opus Dei tatsächlich »Freunde« hatte, die von Zeit zu Zeit durch das Königreich kamen. Diese Streiter Christi waren in der Tat ein Bekehrungstrupp, den die arabischen Extremisten mit Grund fürchteten. Das Opus Dei war zum christlichen Gegenstück der islamischen *Mutawah* geworden – zum strengen Wächter der katholischen Orthodoxie und zur Geheimpolizei des Papstes.

Der Westen mußte nicht lange warten, bis der radikale Islam auf den neunstündigen Besuch des Papstes in Khartum reagierte. Vierzehn Tage später verübte eine islamische Terrorgruppe einen Bombenanschlag auf das World Trade Center in New York, wobei sechs Menschen ums Leben kamen und eintausend verletzt wurden. Sechs der zwölf Terroristen stammten aus dem Sudan; und der ägyptische Geistliche Scheich Omar

Abdel Rahman, ihr geistiger Anführer, hatte sein Einreisevisum für die Vereinigten Staaten in Khartum erhalten. Von seinem Hauptquartier in einer Moschee in Jersey City aus unterhielt Rahman Verbindungen zu moslemischen Aktivisten von Brooklyn bis St. Louis. Und als ob die Zwillingstürme des World Trade Center nicht genügten, planten seine Anhänger Bombenanschläge auf die Vereinten Nationen, die New Yorker FBI-Zentrale, zwei Autotunnels und die George Washington Bridge.

Es dauerte auch nicht lange, bis die sudanesischen Behörden eine neue Offensive im Süden des Landes starteten. Es war, als hätte der Besuch des Pontifex gar nicht stattgefunden und als hätte der Provinzial der britischen Jesuiten, der ein Jahr zuvor eine Erkundungsreise unternommen hatte, schließlich doch recht behalten. »Bei meinem Besuch in Khartum und Port Sudan bin ich zu der Überzeugung gelangt, daß der Dialog mit einem islamisch-fundamentalistischen Regime eine aussichtslose Sache ist«, hatte Pater Michael Campbell-Johnston erklärt.[8]

Der Papst hatte erneut an die sudanesischen Führer appelliert, ihrem Terror Einhalt zu gebieten. Doch es fruchtete nichts. Der Bischof der südsudanesischen Stadt Rumbek unterrichtete den Heiligen Vater über die Reaktion Khartums: »Mir fehlen die Worte, um die Misere meiner Leute zu beschreiben; ich kann nur sagen – glauben Sie mir –, sie ist apokalyptisch.«[9] Der oberste Vertreter des Vatikans im Süden, Bischof Cesare Mazzolari, enthüllte später, man habe vier Christen aus seiner Diözese »gekreuzigt, weil sie sich weigerten, wieder zum Islam überzutreten, von dem sie sich zwanzig Jahre zuvor abgewandt hatten«.[10]

Im Westen betrachten die meisten Liberalen jeden, der in der Öffentlichkeit über Gott spricht, mit Argwohn. Im Leben der Mohammedaner hingegen nimmt das Wort Allahs eine zentrale Rolle ein. Dies war schon immer so und erklärt daher kaum, wieso die annähernd sechzehn Millionen Moslems in Europa und die sechs Millionen in Nordamerika plötzlich viel bestimmter auftraten. Ein Grund dafür war zweifellos der Sturz des Schahs von Persien.

Im französischen Exil hatte Ayatollah Khomeini erkannt, daß er mit den Neuerungen der modernen Kommunikationstechnologie die irdische und die spirituelle Welt zu einer unschlagbaren Allianz verbinden konnte, die innerhalb eines Jahres zur Absetzung des Schahs führen sollte. Über Audiokassetten, die in den Iran geschmuggelt wurden, erreichte die Stimme Khomeinis das iranische Volk direkt; dabei umging man die

Medienzensur des Schahs und untergrub die Autorität der gebildeten Schichten, die – mit Ausnahme des Klerus – weltlich orientiert waren.

Die audio-visuelle Revolution im Dienste des religiösen Fundamentalismus bereitete den Weg für Khomeinis Rückkehr. Nach vierzehn Jahren im Exil wurde er von Millionen begeisterter Menschen willkommen geheißen. Massen säumten die Straßen zum Märtyrerfriedhof, auf dem er die Gründung einer islamischen Republik ausrief. Denen, die sich ihm widersetzten, wurde mit der »Strafe Allahs« gedroht. In weniger als zwei Wochen war jegliche Opposition verstummt, so daß Khomeini »Shah Mat!« verkünden konnte – was auch als »Schach matt!« verstanden werden kann, auf persisch jedoch »der Schah ist tot« heißt.

Khomeinis Sieg über den Schah – der damit geprahlt hatte, daß der Iran unter seiner Herrschaft zur siebtstärksten Militärmacht der Welt aufgestiegen war – veränderte den Kurs des modernen Islam. Es entstand eine spontane Bewegung zur Umformung der Gesellschaft nach den Lehren und Bräuchen des Korans. Die islamische Erneuerung griff auf die akademische und berufsständische Elite über, die – genau wie ihr Pendant, das Opus Dei – fest entschlossen war, die wissenschaftliche Gelehrsamkeit streng von den Werten einer säkularisierten Gesellschaft zu trennen, um eine soziale Ordnung zu fördern, die sich dem einen wahren Gott unterwirft.

Man könnte sagen, daß auch die katholische Kirche damals ihren Kurs änderte, zumal Karol Wojtyla genau zum selben Zeitpunkt Papst geworden war. Wojtylas Wahl setzte der Unentschiedenheit der nachkonziliaren Zeit ein Ende. Das Opus Dei unterstützte den Plan des Papstes zur Re-Christianisierung des Westens, der in vielerlei Hinsicht der Re-Islamisierung glich. Der Hauptunterschied bestand indes darin, daß das Opus Dei sein Apostolat von oben nach unten ausführte, während die islamischen Bewegungen im allgemeinen von unten nach oben arbeiteten.

Die radikal-islamischen Gruppierungen verfolgen zwar völlig andere Ziele; bezüglich Aufbau und Disziplin gleichen sie jedoch dem Opus Dei und anderen christlich-fundamentalistischen Organisationen. Mitglieder, die sich der Lehre verpflichtet haben, leben in eigenen Gemeinschaften nach den Weisungen des koranischen Gesetzes. Besserverdienende treten ihre Einkünfte an die Bewegung ab. Viele werden zur Arbeit an den Persischen Golf oder nach Europa geschickt, um dort zu missionieren, Mitglieder zu werben und parallele Finanzsysteme aufzubauen. Ihr Ziel ist die Ausmerzung der *Dschahilya* – das arabische Wort bezeichnet den Zustand der

»Unwissenheit« und der »Barbarei«, der vor dem Predigen des Propheten Mohammed in Arabien herrschte, und wird neuerdings auch auf die säkularen Gesellschaften des 20. Jahrhunderts angewandt.[11] Nach Ansicht der Radikalen wurde die moslemische Welt durch die christlichen Kreuzfahrer und später durch die christlichen Missionare in die *Dschahilya* zurückgedrängt. Sie betrachten die Missionare des 20. Jahrhunderts als moderne Kreuzritter, welche bei ihrer Bekehrung physische und seelische Gewalt anwenden, die oft »nicht weniger schrecklich« sei als die Inquisition. »Wir können bedauernd ›nicht weniger schrecklich‹ sagen, weil das Christentum noch immer eine massive und zerstörerische politische Rolle spielt, besonders in Afrika«, behauptete der anglo-islamische Autor Ahmad Thomson.[12] Entscheidend ist jedoch, daß es sehr wohl einen toleranteren Islam gibt – einen Islam, der den Eindruck erwecken möchte, er unterscheide sich so gut wie überhaupt nicht von den Frühformen des Christentums. Daher gebe es auf beiden Seiten des »Spirituellen Vorhangs« Raum für Versöhnung und Zusammenarbeit. Es dient jedoch kaum der Versöhnung, wenn ein Papst behauptet, der Islam sei keine Heilsreligion. Die Mohammedaner sind hier sicherlich anderer Meinung. Dem Islamischen Da'awa-Zentrum in Dammam zufolge verfügt der Islam über einen eigenen Heilsbegriff, der auf den ersten Blick weitaus weniger dogmatisch erscheint: »Jeder der sagt, ›Es gibt keinen Gott, außer Gott‹, und in diesem Glauben stirbt, findet Eingang in das Paradies.«[13] In diesem Gedanken liegt nichts sonderlich Radikales. Dies sollte aber auch nicht heißen, daß der Islam und das frühe Christentum sich auf der ganzen Linie glichen. Indes bot sich hier zumindest eine theologische Grundlage für Dialog und gegenseitiges Verständnis. Irrtum, konterte Johannes Paul II. – »die Theologie … des Islam [ist] sehr weit entfernt von der christlichen«.[14] Dennoch behauptete Johannes Paul II., die Kirche sei nach wie vor offen für den Dialog. Und dies, obwohl es islamische Länder mit fundamentalistischen Regimen gibt, die das Christentum auslöschen wollen. »Die Menschenrechte und das Prinzip der Religionsfreiheit werden leider in einer sehr einseitigen Weise ausgelegt«, urteilt der Papst über diese Länder; »Religionsfreiheit wird verstanden als Freibrief, allen Bürgern die ›wahre Religion‹ aufzuzwingen. Die Lage der Christen in diesen Ländern ist … äußerst beunruhigend. Fundamentalistische Haltungen dieser Art machen gegenseitige Kontakte sehr schwer.«[15]

Der Islam

in Ländern mit einer moslemischen Bevölkerung von über 2 Millionen

	Gesamt-bevöl-kerung 1992	mosle-misch	christ-lich	Jährl. Bevölke-rungs-wachs-tum	Brutto-sozial-produkt pro Kopf
	in Millionen			(gesamt) %	in Dollar
Indonesien	184,3	160,3	16,6	1,9	670
Pakistan	119,3	115,7	1,2	2,7	353
Bangladesch	112,8	98,1	1,1	2,8	155
Indien	883,5	97,2	17,7	2,	330
Iran	64,6	60,0	0,64	2,3	4720
Türkei	58,5	57,9	0,08	2,1	1954
Ägypten	54,8	51,5	2,7	2,6	630
Nigeria	101,9	45,85	48,9	3,0	268
China	1203,1	30,0	12,0	1,04	2500
Algerien	26,4	26,1	0,26	3,0	1832
Marokko	26,3	26,0	0,26	2,5	1036
Usbekistan	23,0	20,5	0,01	2,08	2400
Sudan	26,6	19,4	2,4	2,7	349
Afghanistan	21,6	19,2	–	2,3	218
Irak	19,2	18,6	0,58	3,8	12104
Saudi-Arabien	15,9	15,9	–	4,0	7942
Jemen	13,1	13,1	–	3,1	731
Syrien	13,0	11,8	1,2	3,8	1718
Malaysia	18,6	9,86	1,1	2,0	2790
Tunesien	8,4	8,3	0,08	2,3	1284

	Gesamt-bevölke-rung 1992	mosle-misch	christ-lich	Jährl. Bevöl-kerungs-wachs-tum	Brutto-sozial-produkt pro Kopf
	in Millionen			(gesamt) %	in Dollar
Somalia	8,3	8,3	–	3,2	119
Kasachstan	17,4	8,2	8,0	0,62	3200
Mali	9,0	8,1	0,09	2,9	221
Aserbaidschan	7,8	7,3	0,37	1,3	1790
Senegal	7,8	7,1	0,50	3,1	780
Niger	8,2	6,6	–	3,2	292
Tadschikistan	6,1	5,2	0,35	2,6	1415
Guinea	6,0	5,1	0,48	2,5	510
Vereinigte Staaten	255,4	5,1	224,75	0,9	23 119
Frankreich	57,3	5,0	45,84	0,3	22 300
Libyen	4,9	4,9	–	3,1	5637
Jordanien	3,9	3,7	0,16	3,6	1527
Deutschland	80,5	3,5	74,86	0,6	22 917
Turkmenien	4,0	3,5	0,4	2,0	3280
Kirgisien	4,8	3,3	0,7	1,5	1790
Philippinen	64,2	2,6	56,5	2,7	711
Mauretanien	2,1	2,1	–	3,0	530
Großbritannien	57,7	2,0	52,2	0,2	17 760
Libanon	3,8	2,0	0,9	1,1	1170

Es gibt eine besonders problematische Seite des radikalen Islam: Zwar zollt der Koran »Besitzern der Schrift« besonderen Respekt, wenngleich dieser von einem unterschwelligen Mißtrauen relativiert wird – »Weder Juden noch Christen werden je mit dir zufrieden sein, bevor du dich nicht ihrer Sekte anschließt.«[16] Dennoch behaupten Imams wie Scheich Omar Abdel Rahman unentwegt in ihren Predigten, der Westen sei der Feind des Islam. Der Koran, so Abdel Rahman, »billigt den Terrorismus als eines der Mittel, um den Dschihad im Namen Allahs zu führen, das heißt die Feinde Gottes abzuschrecken. ... Wir müssen heilige Terroristen sein und die Feinde Gottes terrorisieren.«[17]

Der Westen wird zunehmend multikulturell. Sowohl in den Vereinigten Staaten als auch in Frankreich leben islamische Bevölkerungsgruppen von über fünf Millionen Menschen; in Deutschland sind es 3,5 Millionen und in England 2 Millionen. Es wird nicht lange dauern, bis es in Frankreich die ersten Städte mit einer moslemischen Bevölkerungsmehrheit gibt – urbane Trabanten der großen *Umma*, der islamischen Glaubensgemeinschaft, mit eigener Polizei, eigenen Schulen, exorzistischen Imams und islamischen Einrichtungen. Bereits heute begegnet der Besucher im Zentrum der Parfümmetropole Grasse in den französischen Seealpen beinahe ebenso vielen Nordafrikanern wie Franzosen. Und die gotische Altstadt in Kardinal Siris Genua, in der der Vater von Christoph Kolumbus einst ein Geschäft betrieb, ist mittlerweile von maghrebinischen Einwanderern bevölkert, die – meist ohne gültige Papiere – in den ärmlichsten Verhältnissen leben.

Nach Italien, dem NATO-Land mit der längsten Mittelmeerküste, strömen jeden Monat Hunderte von illegalen Einwanderern. Allein in Rom leben 85000 Moslems. 1995 weihte die islamische Gemeinschaft in der Ewigen Stadt nach zwanzigjähriger Bauzeit ihre neue Moschee ein, gar nicht weit von der Viale Bruno Buozzi entfernt. Über die Höhe des Minaretts entbrannte ein regelrechter Streit. Mit der ursprünglich geplanten Höhe von 43 Metern hätte es die Kuppel des Petersdoms überragt, und so mußte es entsprechend gestutzt werden. Das Bauwerk, das »dem Islam in Italien neue Legitimität verleiht«, verschlang 35 Millionen Pfund, wobei 75 Prozent von Saudi-Arabien gespendet wurden. Nach der Vollendung des Werks ließ Kardinal Silvio Oddi eine Reihe böser Kommentare vom Stapel, die die Moslems erzürnten. »Ich betrachte die Existenz einer Moschee und des dazugehörigen Islamischen Zentrums als ein Vergehen an der heiligen Erde Roms«, bemerkte er.[18] Offenbar hatte er vergessen, daß es die Lehren des Zweiten Vaticanums über die Religionsfreiheit waren, die den Weg für den Bau der Moschee geebnet hatten. Wie viele andere wies Kardinal Oddi darauf hin, daß in Saudi-Arabien Kirchen verboten sind und Menschen eingesperrt werden, weil sie die heilige Messe feiern.

Von den etwa 52 islamischen Staaten der Welt ist die Türkei bisher noch der einzige vollständig weltliche Staat mit demokratischen Zügen. Wie lange wird dies noch so bleiben? Bei den Kommunalwahlen von 1994 errang die militante Islamische Wohlfahrtspartei die Mehrheit in den Stadträten von Ankara, Istanbul und siebzig weiteren Gemeinden. Monate später versuchten Extremisten in Istanbul, die orthodoxe Kathedrale, den Sitz des Ökumenischen Patriarchen Bartholomäus, in die Luft zu sprengen. Kurz darauf billigte der Stadtrat einen Antrag auf Abriß der 1600 Jahre alten Theodosianischen Mauer, die sich über fast dreißig Kilometer vom Goldenen Horn zum Marmarameer erstreckt. Zur Begründung hieß es, dieses Bollwerk sei ein Symbol des Christentums. Nach einem Sturm der Entrüstung wurde die Entscheidung widerrufen. Die Wohlfahrtspartei triumphierte erneut bei den Parlamentswahlen im Dezember 1995; sie gewann eine Mehrheit, die kein gutes Omen für die säkulare Zukunft des einzigen islamischen NATO-Mitgliedstaates sein dürfte.

Christliche Gemeinden, die seit Jahrhunderten im Südosten der Türkei existierten und bereits die Schlacht von Mantzikert überlebten, sind heute vom Untergang bedroht. Sie stehen zwischen den Fronten in den jüngsten Kämpfen zwischen der türkischen Armee und den kurdischen Separatisten. Die zunehmenden Schikanen seitens der islamischen Fundamentalisten, besonders in Universitätsstädten, haben zu einem christlichen Exodus geführt, so daß im ganzen Land heute kaum mehr als 80000 Christen leben. Seit dem Golfkrieg dürfen jene türkischen Christen, die im Land geblieben sind, die Bibel nicht mehr verbreiten und keine traditionellen liturgischen Sprachen lernen.

33 Afrika brennt

Ohne Frieden unter den Religionen kann es gar
keinen Frieden geben.

Hans Küng

Es gibt heute Orte, an denen Christen wegen der
Aktivitäten islamischer Extremisten um ihr Leben
fürchten.

George Leonard Carey, Erzbischof von Canterbury

Mitte März 1994 unternahm Alvaro del Portillo eine
Pilgerreise ins Heilige Land. Das Opus Dei übernahm dort eine immer
aktivere Rolle bei der Verteidigung der heiligen Stätten. Der Generalprälat
»folgte den Spuren Jesu Christi. Dort hatte er pastorale Begegnungen mit
zahlreichen Christen, denen er Mut machte, den Frieden zu fördern …«[1]
Das Christentum im Heiligen Land war in Gefahr, und das beunruhigte
das Opus Dei. »In einer Welt, die das Wiedererwachen bisher schlum-
mernder religiöser und ethnischer Identitäten erlebt, ist diese Situation
außergewöhnlich und verdient Aufmerksamkeit«, schrieb Said Aburish,
ein palästinensischer Moslem. Er war der Meinung, »ein Jerusalem ohne
Anhänger Christi wäre weitaus bedenklicher als ein Rom ohne Papst«.[2]
Die christliche Gemeinde hatte schon viele Kreuze getragen. Das jüngste
Kreuz war die Intifada, die palästinensische Rebellion in den von Israel
besetzten Gebieten. Der islamische Extremismus gewann dadurch an
Boden, was nur natürlich schien. Doch dieser Extremismus war so allge-
genwärtig, daß die palästinensischen Christen um ihre Zukunft bangten,
als die Gebiete – vor allem Bethlehem – im Dezember 1995 der Verwaltung durch die Palästinenser unterstellt wurden. Die *Jerusalem Post* meldete »Dutzende Fälle«, in denen christliche Priester von Moslems angegriffen wurden. Man fürchtete, daß die Christen in Bethlehem nach den
ersten palästinensischen Wahlen »Bürger zweiter Klasse ohne Schutz
ihrer religiösen Rechte« werden würden.[3]
Daß das Christentum ohne eine starke Präsenz im Heiligen Land an Boden verloren hätte, war unbestreitbar. Das Opus Dei schien dem Problem

jene Aufmerksamkeit zu widmen, die es Aburish zufolge verdiente: Das Werk eröffnete ein neues Zentrum in Bethlehem. Inzwischen lebten in Jerusalem nur noch viertausend Christen; im ganzen Heiligen Land waren es wohl nicht mehr als 130000. Besitz, der sich jahrhundertelang in christlicher Hand befunden hatte, darunter das Johanneshospiz im christlichen Viertel der Altstadt, war enteignet oder verkauft worden. Der imposanten Anlage Notre Dame (ehemals Notre Dame de France) gegenüber dem Tor von Jaffa drohte wegen der Nichtzahlung von Steuern die Pfändung. Falls der Lösungsvorschlag des Opus Dei zur Behebung der Finanzprobleme dieses Zentrums angenommen wurde, würde die Prälatur zur tonangebenden christlichen Organisation im Heiligen Land aufsteigen.

Diese Pläne sollten jedoch nicht mehr unter dem Prälaten Don Alvaro verwirklicht werden. Zum Abschluß seines einwöchigen Besuchs im Heiligen Land zelebrierte er am Abend des 21. März 1994 im Abendmahlsaal zum letzten Mal die Messe und kehrte am folgenden Tag nach Rom zurück. In jener Nacht erlag er einem Herzinfarkt. Er war achtzig Jahre alt. Der Generalvikar Don Javier Echevarría war an seiner Seite und nahm das Stück des wahren Kreuzes an sich, das der Gründer einst getragen hatte. Innerhalb der nächsten vierundzwanzig Stunden besuchte Johannes Paul II. die Kirche der Prälatur Maria vom Frieden und kniete vor der Totenbahre Don Alvaros nieder. Dieser Verstoß gegen das Protokoll – ein Papst kniet nur vor den sterblichen Überresten eines Kardinals – bedeutete mehr als nur Respekt vor dem Generalprälaten des Opus Dei; es war ein Zeichen treuer Ergebenheit gegenüber der Vereinigung, die alles in ihrer Macht Stehende getan hatte, um ihn auf Petri Stuhl zu heben. Der Papst bestätigte Don Javier umgehend als neuen Prälaten und ernannte ihn binnen acht Monaten zum Titularbischof von Cilibia, einer ehemaligen Stadt in Nordafrika.

Kurz nachdem Tausende von Trauernden in der Basilica Sant'Eugenio Abschied von Don Alvaro genommen hatten, wurde die allererste Synode der afrikanischen Bischöfe in Rom eröffnet. Sprechern des Vatikans zufolge begann die Synode mit »Trommelklang, Liedgesang, Weihrauch und ausdrucksvollem Tanz«. In Wirklichkeit begann sie unter den Salven von Maschinengewehrfeuer, begleitet von Vergewaltigung und Plünderung, nachdem der ruandische Präsident, der Hutu Juvenal Habyarimana, vermutlich durch Tutsi-Rebellen in Kigali ermordet worden war.

Der nigerianische Kardinal Francis Arinze, der vom afrikanischen Animismus zum Katholizismus konvertiert war, bezeichnete die Synode als eine

Gelegenheit zum »Austausch von Geschenken« zwischen der Kirche Afrikas und der Gesamtkirche. Kaum erwähnt wurde der Dialog der Kirche mit dem Islam, obwohl im Vorfeld der Synode deutlich wurde, daß dies eines der wichtigsten Anliegen der Afrikaner war. Einige Beobachter des Vatikans glaubten, Arinze sei instruiert worden, die Spannungen zwischen den Religionen herunterzuspielen, um die sensiblen Kontakte nicht zu gefährden, die damals zwischen den PR-Experten des Vatikans und gewissen islamisch-fundamentalistischen Regimen aufgenommen worden waren. Kardinal Arinze erklärte vor der Eröffnung der Synode, daß die Versammlung der afrikanischen Bischöfe »auf das Jahr 2000 blickt, wenn der Kontinent fast gleichmäßig zwischen Christen (48,4 Prozent) und Moslems (41,6 Prozent) aufgeteilt sein dürfte«. Im Arbeitspapier der Synode wurde der Islam als »wichtiger, aber oft schwieriger Dialogpartner« bezeichnet.[4] Doch das war alles. Ein Vorhang des Schweigens senkte sich über die Frage der christlich-islamischen Beziehungen, so als seien Intrigen im Gange, über die die Gläubigen nichts erfahren sollten.

Mitglieder des Pressecorps beim Vatikan äußerten sich konsterniert darüber, daß der Heilige Stuhl seit der Übernahme des Pressebüros durch das Opus Dei nur noch Meldungen von relativer Belanglosigkeit herausgab. »Dies scheint eine bewußte Taktik von Navarro-Valls zu sein. Das Pressecorps erfährt nichts Bedeutsames darüber, was in den geschlossenen Sitzungen der Synode tatsächlich geschieht«, klagte Pater Nikolaus Klein, der Herausgeber einer jesuitischen Zeitschrift. »Bei Pressekonferenzen sprechen Teilnehmer, die Navarro-Valls ausgesucht hat, weil sie nichts zu sagen haben. Dies war besonders bei der Synode der afrikanischen Bischöfe der Fall«, bemerkte er. Auch wenn das Thema offiziell nicht erwähnt wurde, waren die Beziehungen zum Islam ausführlich erörtert worden, wie Pater Klein von Insidern erfuhr. Lediglich Henri Teissier, der Erzbischof von Algier, war bereit, mit ihm über die Gefahr des radikalen Islam zu sprechen. Der islamische Fundamentalismus sei »das schwerwiegendste Problem der Kirche im heutigen Afrika«.

Die afrikanische Synode von 1994 endete so, wie sie begonnen hatte, nämlich im Zeichen des Todes. In Algier wurden ein französischer Maristenpriester und eine Angehörige der Kleinen Schwestern von der Himmelfahrt, die in der Kasbah eine Bibliothek betrieben, am hellichten Tag erschossen. Erzbischof Teissier nannte dies ein »sinnloses Verbrechen« und erklärte, es sei »wichtiger als je zuvor, mehr Orte zu schaffen, an denen Christen und Moslems sich begegnen, kennenlernen und anfreunden können«. Seine Worte verärgerten die Bewaffnete Islamische Gruppe, deren Führer ihn zum »Feind des Islam« erklärten.

Der Grund, weshalb Navarro-Valls während der afrikanischen Synode die Aufmerksamkeit nicht auf den Konflikt zwischen Christen und Mohammedanern lenkte, wurde im Abschlußdokument der Versammlung erkennbar. Darin hieß es, die Synode habe befürchtet, daß die Bevölkerungskonferenz der Vereinten Nationen, die in jenem September in Kairo stattfinden sollte, uneingeschränkte Abtreibung und Empfängnisverhütung zu propagieren gedenke. In dem Dokument, dem die afrikanischen Bischöfe anscheinend zugestimmt hatten, hieß es: »Wir verurteilen geschlossen diese individualistische und freizügige Kultur, die die Abtreibung liberalisiert und den Tod eines Kindes allein zur Entscheidung der Mutter macht.« Die Bischöfe bezeichneten das Programm der UNO als »Plan gegen das Leben« und appellierten an alle Länder, es abzulehnen. Derweil brannte und blutete Afrika.

Dieser Vorstoß gegen die UNO-Bevölkerungskonferenz zeigte deutlich, daß Johannes Pauls II. Ziele in dieser Frage den Intentionen seines Vorgängers diametral entgegengesetzt waren. Luciani hatte gehofft, eine gemeinsame Strategie mit dem UNO-Bevölkerungsfonds auszuarbeiten, der die Konferenz in Kairo unterstützte. Es hieß, Johannes Paul II. beziehungsweise seine Anti-Abtreibungs-Strategen seien entschlossen gewesen, die Bevölkerungskonferenz der Vereinten Nationen zu torpedieren, falls nicht sämtliche Hinweise auf künstliche Geburtenkontrolle und Schwangerschaftsabbruch aus den Dokumenten der Konferenz getilgt wurden.

Um den UNO-»Plan gegen das Leben« zu durchkreuzen, hielten es die Strategen des Vatikans für clever, allein in diesem einen Punkt eine gemeinsame Front mit den islamischen Fundamentalisten zu bilden. Als souveräner Stadtstaat ist der Vatikan aber der einzige Vertreter einer Weltreligion mit einer ständigen Mitgliedschaft bei den Vereinten Nationen. Er verfügt zwar über keinen Sitz im Sicherheitsrat, doch seine Delegierten können den Sitzungen der Vollversammlung beiwohnen. Dasselbe gilt für Tagungen anderer UNO-Körperschaften wie etwa die Bevölkerungskonferenz. Keine islamische Organisation genießt einen ähnlichen Status. Das bedeutete, daß der Vatikan bei der Bildung seiner einmaligen Allianz direkt mit jenen radikalen islamischen Staaten verhandeln mußte, die Abtreibung und Empfängnisverhütung mit dem gleichen fanatischen Abscheu betrachteten.

Einen Monat vor der Kairoer Konferenz schickte der Heilige Stuhl einen Gesandten nach Teheran, um Unterstützung für seine Position zu gewinnen. Der stellvertretende iranische Außenminister Mohammed Hashemi Rafsanjani zeigte sich kooperativ: »Das Zusammenwirken religiöser Regierungen zur Ächtung der Abtreibung ist ein guter Ausgangspunkt für Überlegungen zur Zusammenarbeit auf anderen Gebieten.«[5]

Eine Woche später reiste der vatikanische Botschafter in Algerien, Monsignore Edmond Farhat, nach Tripolis, um Libyen für die fundamentalistische Allianz zu gewinnen. Der arabischsprechende Libanese Farhat war wenige Wochen zuvor bereits mit dem stellvertretenden Staatssekretär Monsignore Jean-Louis Tauran dort zusammengetroffen. Dieser hatte mit seinen libyschen Gastgebern nicht nur über den UNO-»Plan gegen das Leben« diskutiert, sondern ihnen auch versichert, der Heilige Stuhl sei »gegen die Aufrechterhaltung der wirtschaftlichen und politischen UNO-Sanktionen gegen Libyen«. Navarro-Valls dementierte indes, daß irgendein Abkommen mit den Iranern beziehungsweise mit den Libyern getroffen worden sei. Trotzdem zogen die beiden dogmatischen Regime Propagandavorteile aus der Aufmerksamkeit, die ihnen die päpstlichen Gesandten widmeten. Die offizielle libysche Nachrichtenagentur Jana zitierte Erzbischof Farhat mit den Worten: »Der Dialog zur Findung einer friedlichen Lösung der Lockerbie-Krise wird fortgesetzt.« Er fügte hinzu: »Es zeigte sich eine übereinstimmende Haltung in bezug auf die UNO-Konferenz über Bevölkerung und Entwicklung und insbesondere in bezug auf die Familie.« Die Verknüpfung der UNO-Bevölkerungskonferenz mit der Kontroverse über Libyens angebliche Rolle beim Bombenanschlag auf die Pan-Am-Maschine über Schottland, bei dem 270 Menschen ums Leben kamen, legte die logische Schlußfolgerung nahe, daß trotz allem ein Deal ausgehandelt worden war.

Der Vatikan machte in Bevölkerungsfragen also gemeinsame Sache mit islamischen Extremisten. Dieser opportunistische Plan – die Bildung eines Zweckbündnisses – war, wie Insider in Kreisen der Abtreibungsgegner bestätigten, das Werk des Opus Dei, das aufs neue bewies, daß die Prälatur die Politik des Vatikans zu lenken vermochte.

Entwickelt wurde die Kairoer Strategie innerhalb des Päpstlichen Rates für die Familie, mit Unterstützung der Päpstlichen Akademie für das Leben und des Päpstlichen Instituts für die Familie. Alle drei standen unter dem Einfluß des Opus Dei. Der Leiter des Rates für die Familie war der Opus-Dei-Parteigänger Kardinal López Trujillo; zu den Konsultoren des Rates zählten auch zwei führende Opus-Dei-Priester und deren enge Vertraute, Bischof James Thomas McHugh und Monsignore Carlo Caffarra.

Die Gründung der Päpstlichen Akademie für das Leben im Februar 1994 wurde ermöglicht durch die finanzielle Unterstützung seitens der Prälatur und der Kolumbusritter.[6] Deren oberster Ritter, Virgil Chrysostom Dechant, hatte sich seit Mitte der achtziger Jahre dem Opus Dei angenähert. Mit der Öffentlichkeitsarbeit der Ritter hatte Dechant den hochrangigen Opus-Dei-Supernumerarier Russell Shaw betraut. Als Vorsitzender der größten katholischen Bruderschaft der Welt mit 1,5 Millionen Mitgliedern gönnte sich Dechant selbst ein fürstliches Salär – 1991 gab er ein Einkommen von 455500 Dollar an. Der größte Teil davon, erklärte er, stammte aus dem Versicherungsunternehmen der Kolumbusritter, das Policen im Gesamtwert von über 20 Milliarden Dollar führt. Dieser Reichtum erlaubte es den Rittern, jährlich mehr als 90 Millionen Dollar in katholische Projekte, einschließlich jene des Opus Dei, zu investieren. Beispielsweise unterstützten sie die Anti-Abtreibungs-Kampagne der amerikanischen Bischofskonferenz mit jährlich 3 Millionen Dollar. Neben seinem Amt in der Akademie für das Leben ist Dechant auch Mitglied der Päpstlichen Räte für die Familie und für die sozialen Kommunikationsmittel sowie der Zentraldirektion des IOR; außerdem ist er ehrenamtlicher Konsultor der Päpstlichen Kommission für den Vatikanstaat.

Das Direktorium der Akademie für das Leben wird geleitet von Professor Gonzalo Herranz Rodríguez von der Universität von Navarra. Mitglieder des Direktoriums sind unter anderem Professor Caffarra und Cristina Vollmer, eine aus Frankreich stammende Gräfin und Gattin des venezolanischen Botschafters beim Heiligen Stuhl, sowie Dr. Alberto J. Vollmer Herrera – beide Supernumerarier. Cristina Vollmer leitete die World Organisation for the Family, die 1986 in Paris eine internationale Konferenz zur Förderung der Familie veranstaltete; den Vorsitz über die Konferenz führten Prinzessin Françoise de Bourbon-Lobkowicz und Bernadette Chodron de Courcel, die Gattin des heutigen französischen Präsidenten Jacques Chirac. Gräfin Cristinas Ehemann, ein Laien-Konsultor der Vermögensverwaltung des Apostolischen Stuhls, saß auch im Päpstlichen Rat für die Familie.

Das Päpstliche Institut für die Familie wurde im Oktober 1982 mit Mitteln gegründet, die das Opus Dei beschaffte. Leiter ist Professor Caffarra; Carl Anderson, der ehemalige Berater des Weißen Hauses, ist zugleich Vizepräsident und Direktor des Kollegs, das das Institut in Washington, DC, unterhält. Der Fakultät in Washington gehört auch der Sprecher der Kolumbusritter, Russell Shaw, an.

Die vatikanische Delegation bei der Kairoer Bevölkerungskonferenz war fest in der Hand des Opus Dei. Der dritte Mann war Bischof McHugh, dessen *Pro-Life*-Initiative in den Vereinigten Staaten von den Kolumbusrittern finanziert wird. Bischof McHugh und seine beiden Vorgesetzten fügten sich jedoch Joaquín Navarro-Valls, der seine Aufgaben als Leiter des vatikanischen Pressebüros ruhen ließ, um dafür zu sorgen, daß die Direktiven Roms in Kairo getreu befolgt wurden. Unterstützt wurden McHugh und Navarro-Valls durch Cristina Vollmer von der Akademie für das Leben.

Indem der Vatikan in Kairo die Strategie des Opus Dei übernahm, brach er mit der üblichen Praxis der westlichen Mächte, sich nicht mit Staaten einzulassen, die den internationalen Terrorismus förderten. Manche Katholiken sahen in diesen Beziehungen eine List, die der Teufel ersonnen hatte. Navarro-Valls rechtfertigte dies später mit der Behauptung, in Kairo habe »die Zukunft der Menschheit ... auf dem Spiel« gestanden, was – wie selbst er zugeben dürfte – eine Übertreibung war. Er bestritt, daß der Vatikan die Absicht gehegt habe, einen Konsens in der Frage der Bevölkerungskontrolle zu vereiteln. »Uns ging es um einen Konsens über das wahre Wohl von Männern und Frauen, nicht um einen Konsens über Worte, und noch weniger über Parolen«, erklärte er.

Die Themen, die auf der Kairoer Konferenz behandelt wurden, gingen jeden an. Es wäre unmoralisch gewesen, der Dritten Welt die liberalen Standards der westlichen säkularen Gesellschaften aufzudrängen, besonders in der Frage der Abtreibung. Trotzdem war klar, daß akzeptable Lösungen für das Problem der Bevölkerungsentwicklung gefunden werden mußten. Die Weltbevölkerung könnte innerhalb von zwanzig Jahren von derzeit 5,5 Milliarden auf 10 Milliarden wachsen. Der UNO-Bevölkerungsfonds hatte gehofft, in Kairo würde ein Plan entwickelt werden, wie die Weltbevölkerung bis zum Jahr 2050 bei 7,2 Milliarden stabilisiert werden könne. Anstatt einen konstruktiven Beitrag zu einem akzeptablen Stabilisierungsprogramm zu leisten, war die vom Opus Dei geprägte Strategie des Vatikans jedoch darauf angelegt, den größtmöglichen Schaden anzurichten. Für die empörten Vertreter der Vereinigten Staaten war

das Taktieren des Heiligen Stuhls »die vehementeste und am wirkungs-
vollsten koordinierte diplomatische Kampagne, die der Vatikan in den
vergangenen Jahren gestartet hat, um die internationale Politik zu beeinflussen«.[7]

Das Opus Dei brüstete sich indirekt damit, die Allianz zwischen dem
Vatikan und dem radikalen Islam geschmiedet zu haben. Parallel zur
Konferenz in Kairo veranstalteten die Experten des Apostolats der öffentlichen Meinung Konferenzen mit Mitgliedern lokaler islamischer Gemeinden, die die gemeinsame Anti-Kairo-Linie unterstreichen sollten. Da
sich die Funktionäre des Opus Dei in aller Öffentlichkeit als Teilnehmer
dieser Begegnungen sehen ließen, konnte man sie kaum einer anti-isla-
mischen Haltung bezichtigen.

»Das Werk ist gegen niemanden und wird niemals gegen irgendeine
Religion einen Kreuzzug starten, was immer man unter diesem Wort
versteht«, behauptete Andrew Soane. »Ebensowenig würde es sich an
einem beteiligen. Der selige Josemaría schrieb: ›Die Perspektive eines
christlichen Laien … wird dir erlauben, jegliche Intoleranz, jeglichen
Fanatismus zu meiden. Positiv gesagt, sie wird dir erlauben, mit all deinen
Mitbürgern in Frieden zu leben und dieses Einvernehmen und diese
Harmonie in allen Bereichen des gesellschaftlichen Lebens zu fördern‹
[Gespräche, Nr. 117]. Die Achtung vor der Würde und der Freiheit
anderer Menschen ist elementar für das Opus Dei.«

Fünf Monate nach der Kairoer Konferenz veranstaltete das Opus Dei in
einem seiner Klausurzentren außerhalb von Barcelona ein nichtöffentli-
ches Seminar über die illegale Einwanderung nach Europa. Auf diesem
Seminar wurde eine Position vertreten, die der von Andrew Soane vertre-
tenen Haltung deutlich widersprach. Die Seminarteilnehmer kamen zu
dem Schluß, daß der wachsende Zustrom von Mohammedanern nach
Europa in den kommenden Jahren ernsthafte soziale Konflikte auszulösen
drohe.

»Bis zum Jahr 2000 werden alle europäischen Metropolen multikulturell
sein«, stellte der Erzbischof von Barcelona und Opus-Dei-Verbündete
Kardinal Ricard María Carles fest. »Die traditionelle europäische Bevölkerung wird immer älter, während die Einwanderer jung sind und sich
vermehren.« Solch eine demographische Spaltung könne künftigen Ge-
nerationen nur Instabilität und Konflikte bescheren. Falls diese Entwicklung anhalte, müsse man befürchten, daß die relativ wohlhabende und
verweltlichte europäische Gesellschaft aufgrund ihres moralischen Bank-

rotts nicht in der Lage sein wird, den stärker motivierten, strenggläubigen und entschiedenen Einwanderern die Stirn zu bieten.

»Kardinal Carles zog eine Parallele zwischen der gegenwärtigen Situation in Europa und dem Untergang des Römischen Reiches, dessen Bürger sich ihrer eigenen Dekadenz nicht bewußt waren. In unserer Zeit, so betonte der Kardinal, seien die drei christlichen Tugenden der Arbeit, Freiheit und Liebe völlig verkommen«, hieß es in einem Bericht über das Seminar.[8] Die Teilnehmer des Seminars von Barcelona zeigten sich eindeutig besorgt über die islamische Gefahr für Europa und über die Tatsache, daß der Islam als die dynamischere Religion jedes Jahr Hunderte von Anhängern unter den europäischen Katholiken gewann. Nachdem der Islam den christlichen Glauben in dessen historischer Heimstatt – dem Nahen Osten und Anatolien – unterdrückt hatte, forderte er das Christentum nun in Europa heraus. Und in einer Zeit der weltweiten Rezession war er dabei gar nicht so erfolglos. Für die Beschützer der Kirche waren dies beunruhigende Zeichen.

Kairo bot ein Beispiel dafür, wie das Opus Dei sein Apostolat der öffentlichen Meinung ausführte; Barcelona war ein zweites Exempel. Ein drittes lieferte das Institut für Humanwissenschaften, das unter Wojtylas Anleitung in Krakau gegründet worden war. Später, in der Zeit, als López Rodó spanischer Botschafter in Österreich war, zog das Institut nach Wien um. Nach Wojtylas Wahl zum Papst begann das Institut, regelmäßige Symposien in der päpstlichen Sommerresidenz Castel Gandolfo abzuhalten. Den Vorsitz über diese Diskussionsrunden führte Johannes Paul II. selbst. Im August 1994 veranstaltete das Institut sein viertes Symposium in Castel Gandolfo. Im Brennpunkt der dreitägigen Konferenz stand »der nächste Kreuzzug«, auch wenn die Veranstaltung unter dem allgemeineren Motto »Identität« stand. Der Papst saß etwas abseits an einem kleinen Holztisch und hörte aufmerksam zu. Er plante eine Reise nach Kroatien, und in Vorbereitung auf die Jahrtausendfeier hatte der Vatikan kurz zuvor diplomatische Beziehungen mit Israel aufgenommen.

Der Präsident des Instituts, der Philosoph Krzysztof Michalski, vertrat die Ansicht, daß der Zusammenbruch des Sowjetreichs »die Suche nach einer neuen Ordnung« erforderte. Diese neue Ordnung implizierte, daß der Westen zuallererst die Welle der islamischen Einwanderung eindämmte. Sechs Monate später bekräftigte der NATO-Generalsekretär Willy Claes, daß eine Strategie zum Schutz Europas vor dem radikalen Islam zum primären Anliegen des westlichen Bündnisses geworden sei. Zufall? Weitere Themen, die bei dem Symposium behandelt wurden, waren die Einstellung der islamischen Welt zu ihrer eigenen Identität und die Frage, ob Europa in der Lage sein würde, seine wachsenden islamischen Minderheiten zu integrieren.

Die Teilnehmer kamen zu dem Schluß, daß der Zusammenprall des Westens mit dem Islam die internationalen Beziehungen am Beginn des dritten Jahrtausends beherrschen werde, sofern die jahrhundertealten Feindseligkeiten und Differenzen nicht überwunden würden. Sie bemerkten, es sei modisch geworden, vom Nahen Osten als »Crescent of Crisis« – »Krisenhalbmond« – zu sprechen. Wenn sich nun aber einer der Halbmondstaaten zur Atommacht entwickelte? Oder Algerien wirklich fundamentalistisch wurde? Laut Rabah Kebir, dem im Exil lebenden Präsidenten der Islamischen Heilsfront, ist die islamische Herrschaft in Algerien unvermeidlich. »Die westlichen Nationen müssen einsehen, daß die moslemischen Länder früher oder später von Islamisten beherrscht werden. Dies ist der Wunsch der Menschen«, äußerte Kebir gegenüber der französischen religiösen Tageszeitung *La Croix.*[9] Der bosnische Präsident Izetbegovic hätte dem wohl zugestimmt. Doch zu dem Symposium in Castel Gandolfo waren weder Kebir noch Izetbegovic eingeladen.

Johannes Paul II. glaubte, einen wichtigen Schritt auf einen »Kreuzzug des Verstehens« hin gemacht zu haben, als er sich während des Golfkriegs von 1991 gegen die Politik der Vereinigten Staaten aussprach und sich weigerte, der »Operation Wüstensturm« das Etikett eines Gerechten Krieges zu verleihen, weil sie nicht »die strengen Bedingungen einer moralischen Legitimität« erfüllte. Er war der Meinung, sein Standpunkt habe die islamische Welt beeindruckt. Dies scheint wohl eher fraglich, denn die Islamisten betrachteten ihn nach wie vor als politische Instanz, die – in den Worten Mehmet Ali Agcas, der ein Attentat auf ihn versuchte – zwar »sich als religiöses Oberhaupt tarnt, im Grunde jedoch der wahre Kommandeur des Kreuzzugs ist«.[10] Wie tief der Haß und das Mißtrauen der islamischen Hardliner waren, bewies im Dezember 1994 auf traurige Weise der Mord an vier Missionaren der Weißen Väter – drei Franzosen und einem Belgier – in Algerien. In einem Fax, das die Bewaffnete Islamische Gruppe an Nachrichtenagenturen in Nicosia schickte, hieß es, dieser Mord sei Teil eines Feldzugs »zur Vernichtung und physischen Beseitigung der christlichen Kreuzzügler« in den arabischen Ländern.[11]

34 Die kroatische Kriegsmaschinerie

Ein Krieg gegen Kriege ist ein gerechter und
berechtigter Krieg.

Papst Johannes Paul II.

Das Opus Dei und Papst Johannes Paul II. teilen eine ungewöhnlich tiefe Verehrung für die Jungfrau Maria. Die Prälatur hat den Wahlspruch des Papstes, *Totus tuus* (Alles für dich, Maria), übernommen. Die Mitglieder des Opus Dei tauchen bei allen Auftritten des Papstes mit *Totus-tuus*-Bannern auf. Der katholischen Glaubenslehre zufolge wirkte die Jungfrau bei der Erlösung des Menschen mit, indem sie zur Muttergottes wurde. Papa Wojtyla glaubt, im Tausendjährigen Reich Christi habe sie eine bedeutende Rolle zu spielen und Marienerscheinungen seien ein Zeichen für ihre Reise durch Raum und Zeit auf der Pilgerschaft zu einem zweiten Kommen, das »das Ende der Welt« kennzeichne. Doch vor der zweiten Ankunft, so befahl Christus, müsse allen Völkern das Evangelium verkündet werden; »dann erst kommt das Ende«.[1]

Maria spielte auch eine besondere Rolle bei den Hutu-Rebellen in Ruanda, unter denen einige frisch konvertierte Moslems waren. Bis zum Ausbruch des Bürgerkriegs galt Ruanda als eines der christianisiertesten Länder Afrikas. Damals waren nur zehn Prozent der Bevölkerung Moslems. Die Hutu machten mehr als achtzig Prozent der Bevölkerung aus, doch paradoxerweise gehörte fast die Hälfte des katholischen Klerus in Ruanda dem Stamm der Tutsi an.

»Für Hutu-Extremisten war das unerträglich«, erklärte Pater Octave Ugiras, Tutsi-Priester und Leiter des Christus Centre in Kigali. Während der Unruhen stürmten Hutu-Milizen das Zentrum und töteten siebzehn Priester und Nonnen, weil sie glaubten, die Missionare unterstützten die Patriotische Front der Tutsi, die später im Bürgerkrieg den Sieg davontrug. »Die Männer der Miliz erklärten uns, wir hätten nichts mit Gott zu schaffen. Sie sagten, die Jungfrau Maria sei eine Tutsi-Frau und sie müsse getötet werden.«[2] Daraufhin durchsiebten die Hutu eine Marienstatue mit Gewehrkugeln. Während der vier Wochen, in denen die afrikanische Synode in Rom tagte, töteten die Extremisten mehr als 200 000 Ruander – unter anderem auch den Erzbischof von Kigali, zwei Bischöfe, 103 Priester und 65 Nonnen.

Dreizehn Jahre vor den Massakern von Ruanda war die Jungfrau Maria erstmals in dem bosnisch-kroatischen Dorf Medjugorje in Erscheinung getreten und hatte zu Frieden und Versöhnung aufgerufen. Der darauffolgenden Tragödie nach zu urteilen, verhallte diese Botschaft ungehört. Dennoch wurde Medjugorje zum viertwichtigsten Pilgerort für Christen aller Konfessionen und lockte vor dem Ausbruch des Krieges auf dem Balkan jedes Jahr Hunderttausende von Gläubigen an.

Im Jahre 1986 richtete der Vatikan sein Augenmerk auf Medjugorje und beauftragte die Kongregation für die Glaubenslehre, die »Authentizität« der Erscheinungen zu prüfen. In Medjugorje ging das Gerücht um, der Papst sei selbst gekommen, um sich zu überzeugen. Als der Papst im Januar 1987 von einem italienischen Bischof gefragt wurde, wie man auf die Ereignisse in Medjugorje reagieren solle, erwiderte der Heilige Vater: »Sehen Sie nicht die wunderbaren Früchte, die sie hervorbringen?«[3]

Ein paar Tage später äußerte die Jungfrau durch eines der örtlichen Medien ihre Enttäuschung über die Ereignisse in der Welt. »Ihr habt zugelassen, daß der Satan die Oberhand gewinnt ...«, soll sie gesagt haben. Vier Jahre später entflammte in der Region ein erbitterter Konflikt zwischen den Religionen. Mit ihrer waffenmäßigen Überlegenheit beherrschten die Serben das Schlachtfeld und führten einen mittelalterlich anmutenden Krieg, der Sarajewo in Schutt und Asche zu legen und den Zehnten Kreuzzug auszulösen drohte. Ein Drittel Kroatiens und nahezu drei Viertel Bosniens fielen an die serbischen Invasoren.

Die Serben schienen die »Kroatenlobby« in Rom mehr zu fürchten als die kroatische Armee. Die serbischen Medien brandmarkten die Politik des Vatikans als »unredlich und unglaubwürdig«. Belgrad war überzeugt, die »beharrliche und clevere Arbeit« des Heiligen Stuhls – gesteuert vom Opus Dei und dem kurz zuvor ernannten Nuntius in Zagreb, Erzbischof Giulio Einaudi – würde Kroatien in die Lage versetzen, seine jüngst gebildete nationale Armee mit einem beeindruckenden Arsenal moderner Waffen auszustatten. Serbischen Quellen zufolge soll Pater Stanislav Crnica, der Regionalvikar des Opus Dei in Zagreb, direkten Zugang zu Präsident Franjo Tudjmans Büro gehabt haben.[4]

Erzbischof Einaudi übernahm seinen Posten, sechs Wochen nachdem der Vatikan am 13. Januar 1992 als erste ausländische »Macht« die Unabhängigkeit Kroatiens anerkannt hatte. Zuvor war er Nuntius in Chile gewesen, wo er in den Bann des ehemaligen Regionalvikars Adolfo Rodríguez Vidal geraten war, der zum Bischof von Los Angeles di Chile berufen worden war. Während Einaudis Nuntiatur erhöhte sich die Zahl der Opus-Dei-Bischöfe in Chile auf vier. Einaudi war nicht nur ein Freund der Prälatur, er stimmte in allen wichtigen Fragen völlig mit dem Regionalvikar Crnica überein.

Belgrads Verdacht bezüglich der geheimen Absprachen des Vatikans schien sich zu bestätigen, als serbische Geheimdienstagenten aus den Archiven des kroatischen Finanzministeriums einen Vertragsentwurf über einen Zwei-Milliarden-Dollar-Kredit entwendeten, den der Vatikan angeblich über den Malteserorden eingefädelt hatte. Der Kredit lief über zehn Jahre und war zinsfrei. Das zwölfseitige Dokument war zwar weder datiert noch unterzeichnet, doch der begleitende Schriftwechsel – zwischen der kroatischen Regierung und Monsignore Roberto Coppola, der sich selbst als außerordentlicher Botschafter des Malteserordens auswies – datierte von Anfang Oktober 1990, acht Monate vor der kroatischen Unabhängigkeitserklärung.

Nachdem die serbische Zeitung *Politika* eine Kopie des Kreditvertrags erhalten hatte, warf sie dem Vatikan vor, den Zerfall Jugoslawiens voranzutreiben. *Politika* berichtete, Franjo Kuharic, der Kardinal von Zagreb, habe beim Zustandekommen des Kredits mitgewirkt. Verhandlungspartner auf kroatischer Seite waren Ministerpräsident Josip Manolic, dessen Stellvertreter Mate Babic, Finanzminister Hrvoje Sarinic und ein Ratsmitglied beim französischen Finanzministerium, Madame Mirjana Zelen-Maksa.[5] Eines wußten die Serben jedoch nicht, nämlich daß die Kroaten in all der Eile, mit der sie ihren ersten Waffenkauf im Ausland zu finanzieren suchten, einem Schwindel zum Opfer gefallen waren.

Ein »Monsignore« Coppola war im Jahrbuch des Vatikans nirgendwo erwähnt. Den Malteserrittern war die unerwünschte Publicity peinlich, und so behaupteten sie, das Kreditdokument sei eine Fälschung – der Versuch eines Betrügers, eine Vorauskommission über 200000 Dollar von den Kroaten zu kassieren. Der Schwindel flog rechtzeitig auf, und der Täter, so hieß es, saß in Italien hinter Gittern, obwohl er strafrechtliche Immunität geltend machte, weil er im Besitz von Diplomatenpässen verschiedener östlicher Länder war. Das von Graf José Antonio Linati geleitete Amt für Wirtschaftskriminalität des Malteserordens besaß sogar eine umfangreiche Akte über Roberto Coppola, einen geschäftstüchtigen Neapolitaner, der bereits seit den siebziger Jahren durch Vorspiegelung falscher Tatsachen aufgefallen war. Man hatte die ausländischen Botschaften des Ordens schon vor dem unwürdigen »Monsignore« gewarnt.

Politika wies jedoch darauf hin, daß die vatikanischen Finanziers außerdem die Einrichtung einer Luftfrachtlinie unterstützt hatten, die zwischen dem Adriahafen Split und Malta operierte und damit das Embargo unterlief. Das Geld für die Luftverkehrsgesellschaft erhielten die Kroaten über eine luxemburgische Bank, die früher einige der Transaktionen von United Trading getätigt hatte.

Von den Enthüllungen in *Politika* einmal abgesehen, gab es Indizien dafür, daß das Opus-Dei-Netz – unter Verletzung des 1991 von den Vereinten Nationen verhängten Waffenembargos – den Kroaten wesentlich dabei behilflich war, eine gut ausgerüstete, wirksame Kriegsmaschinerie auf die Beine zu stellen. Zuerst wurde das Image Kroatiens im Westen aufgewertet, um zu erreichen, daß es den internationalen Sanktionen entging. Dann wurden die kroatischen Kontakte mit der Clinton-Administration gefördert. Die Bemühungen um die Aufrüstung Kroatiens begannen bereits vor der Anerkennung der Tudjman-Republik durch den Vatikan.

Als die jugoslawische Bundesarmee 1992 ihre Kasernen in der Umgebung von Zagreb räumte, ließ sie zwei alte MiGs der jugoslawischen Luftwaffe und ein paar unbrauchbare Panzer zurück. Bis September 1993 hatten die Kroaten achtundzwanzig MiG 21 aus den überschüssigen Beständen der Tschechischen Republik gekauft. Die MiGs wurden in Einzelteilen auf Lastwagen durch Ungarn nach Kroatien transportiert. Zagreb konnte sich auch ein Stück vom Kuchen der amerikanischen Auslandshilfe sichern. Die Washingtoner Connections des Opus Dei, die sich inzwischen von der Apostolischen Nuntiatur an der Massachusetts Avenue bis zum Weißen Haus, dem FBI und dem Pentagon erstreckten, verschafften den Kroaten die richtigen Kontakte, so daß sie genau wußten, worum sie bitten und wie sie ihre Wünsche formulieren mußten.[6] Obwohl die Kroaten in Westbosnien selbst Greueltaten begangen hatten, entgingen sie den internationalen Sanktionen, die über Serbien verhängt wurden.

Im Sommer 1993 weilte Alvaro del Portillo mehrere Wochen in der Opus-Dei-Residenz Warwick House in Pittsburgh, was die internationalen Beobachter ausgesprochen verwirrte. Der Leiter des Hauses, der Numerarier John Freeh, war der Bruder von Louis J. Freeh, der unter Clinton

1993 zum Direktor des FBI ernannt worden war.[7] Offiziell hieß es, Portillo halte sich in Pittsburgh auf, um vor prominenten Katholiken zu sprechen. Verschwiegen wurde indes, daß Pittsburgh Zentralsitz der Croatian Fraternal Union of America ist, einer Lebensversicherungsgesellschaft mit einem Vermögen von 150 Millionen Dollar und gleichzeitig die größte kroatische Emigrantenorganisation der Welt. Der Präsident der amerikanischen Sektion, Bernard M. Luketich, genoß in Rom und Washington so hohes Ansehen, daß er zu der offiziellen Delegation des Weißen Hauses gehörte, die Johannes Paul II. bei seinem Besuch in den Vereinigten Staaten im Jahre 1995 empfing.[8]

Für die Pittsburgher Unternehmungen des Opus Dei engagierte sich in den achtziger Jahren der energische junge Priester Ron Gillis, der während seines Jurastudiums in Boston angeworben worden war. Pater Gillis hatte den Gründer in Rom persönlich kennengelernt und einige seiner berühmten Wutausbrüche erlebt. Er berichtete, Escrivá de Balaguer habe Stühle umgeworfen und geschrien, er brauche mehr »Heilige«, das heißt, neue Berufungen. Gillis gestand einem Freund, daß er eigentlich gar nicht Priester hatte werden wollen, doch der Vater habe ihm eingeredet, er müsse unbedingt seiner Berufung folgen. Gillis gab zu, daß das Opus Dei versuchte, innerhalb des Pentagon Mitglieder zu rekrutieren, und daß er selbst regelmäßig Vorträge über »Militärethik« gehalten habe. Kurz darauf verließ er Pittsburgh. 1992, als die Balkankrise eskalierte, war er wieder in Washington.

Im Sommer 1993 wurden die Pläne, Kroatien trotz des UNO-Embargos zu bewaffnen, forciert. Laut dem Institut für Internationale Friedensforschung in Stockholm, das die Waffentransporte in der Region überwachte, baute Kroatien eine eigene Rüstungsindustrie auf und verwertete Geräte, die die jugoslawische Armee zurückgelassen hatte. Weitere Waffen wurden in der katholischen Ukraine gekauft, unter anderem zweihundert T-55 Kampfpanzer, vierhundert gepanzerte Mannschaftswagen, einhundertfünfzig schwere Artilleriegeschütze, fünfunddreißig Mehrfach-Raketenwerfer und fünfundvierzig Kampfhubschrauber. Auf dem Schlachtfeld fehlte es den Kroaten jedoch an grundlegender taktischer Erfahrung.

Im Januar 1994 leistete die Croatian Fraternal Union einen maßgeblichen Beitrag zur Gründung der National Federation of Croatian Americans als einem eingetragenen Interessenverband in Washington. Luketich pflegte im Weißen Haus Kontakte auf höchster Ebene, unter anderem zu Bill

Clinton, Al Gore und Anthony Lake, dem Nationalen Sicherheitsberater.[9] Lake, der sich selbst als »pragmatischen Liberalen« bezeichnete, hatte bereits unter zwei früheren Präsidenten – Richard Nixon und Jimmy Carter – gedient. Der ehemalige Professor für Politikwissenschaft am Holyoke College in Massachusetts hatte seinen Doktorhut in Princeton erworben, wo er unter normalen Umständen dem Opus-Dei-Priester John McCloskey III. begegnet sein müßte. Pater McCloskey war stellvertretender Kaplan der Universität Princeton; 1990 wurde er seines Amtes enthoben, weil er den Studenten von Kursen abriet, die er aus dogmatischen Gründen für gefährlich hielt.

Zwei Monate nach Bildung des kroatischen Interessenverbandes bat Gojko Susak, der Verteidigungsminister in Zagreb, das Pentagon um Unterstützung bei der Ausbildung des kroatischen Generalstabs »in militärisch-zivilen Beziehungen, Programmierung und Finanzplanung«. Susak war im Grunde mitverantwortlich für den Ausbruch des Kriegs auf dem Balkan, indem er eine Intrige spann, die den serbischen Angriff auf Vukovar provozieren sollte. Der extreme kroatische Nationalist stammte ursprünglich aus der Gegend von Mostar und war 1967 aus Jugoslawien geflohen. Mit zwei Brüdern ließ er sich im kanadischen Ottawa nieder, wo er zunächst bei Kentucky Fried Chicken arbeitete. Später übernahm er eine Pizzeria, in der er Libanesen für sich arbeiten ließ, während er all seine Energie darauf verwandte, die kanadischen Kroaten in der Croatian Fraternal Union of America zu organisieren. 1991 war Bruder Susak Präsident des Treuhand-Gremiums der Vereinigung in Ottawa. Im selben Jahr kehrte er nach Zagreb zurück, um die militärische Schlagkraft Kroatiens zu verstärken.

Susak bat die Clinton-Administration insbesondere um die Erlaubnis, eine Gruppe pensionierter Offiziere der US Army anheuern zu dürfen, die von Alexandria, Virginia, aus unter dem Namen Military Professional Resources Incorporated (MPRI) operierte.[10] Einziges Problem war das Waffenembargo, das die Vereinten Nationen 1991 über ganz Jugoslawien verhängt hatten. Dieses Problem konnte jedoch gelöst werden, als Johannes Paul II. im September 1994 zur 900-Jahrfeier des Bistums Zagreb die kroatische Hauptstadt besuchte. Tudjman soll begeistert gewesen sein. Auf einer Pressekonferenz erklärte er, der erste Papstbesuch auf dem Balkan seit dem Jahre 1117 signalisiere die Unterstützung des Vatikans für die Forderung Kroatiens nach Rückgabe der serbisch besetzten Gebiete, die man »notfalls mit Waffengewalt« durchsetzen werde.

»Der Heilige Vater kommt als Apostel des Friedens, als Prediger für Zusammenarbeit und Freundschaft unter den Völkern«, meinte er. »Sein Kommen ... bedeutet moralische Unterstützung seitens der höchsten internationalen Autorität in moralischen Fragen, Unterstützung für den Anspruch Kroatiens auf das Recht, seine Gesetzesordnung in seinem gesamten Gebiet in Kraft zu setzen.« Als Zeichen der »ewigen Dankbarkeit« Kroatiens für die Protektion des Heiligen Stuhls begleiteten zwei geschmuggelte MiG 21 die Maschine des Papstes in den kroatischen Luftraum. Als der Papst auf kroatischem Boden landete, läuteten im ganzen Land die Glocken.

Im Jahre 1519 hatte Leo X. den Kroaten für ihre Verteidigung Europas gegen die Horden aus dem Osten den Titel *Antemurale Christianitas* – Bollwerk des Christentums – verliehen. Fast 480 Jahre später ermahnte Johannes Paul II. die Kroaten erneut, das Christentum zu verteidigen. Wenige Tage nach dem Papstbesuch erhielt MPRI vom amerikanischen Außenministerium grünes Licht, einen Beratervertrag mit dem kroatischen Verteidigungsministerium zu unterzeichnen. Nach Rücksprache mit seinem Nationalen Sicherheitsberater stimmte Clinton der Entscheidung zu. MPRI war nicht irgendeine dubiose Organisation. Sie beschäftigte 140 Mitarbeiter und erzielte einen Jahresumsatz von über 7,5 Millionen Dollar. Mit dem Kroatien-Auftrag – der völlig nichtssagend als »Programm zur Unterstützung des Übergangs zur Demokratie« bezeichnet wurde – befaßten sich unter anderem der ehemalige Stabschef der US Army, General Carl Vuono, der ehemalige Europa-Kommandeur der US Army, General Crosbie »Butch« Saint, sowie der ehemalige Chef des Militärgeheimdienstes, Generalleutnant Ed Soyster.

»Der Auftrag bestand darin, aus ihrer Ostblock-Armee ... eine westliche Armee mit demokratischen Grundprinzipien zu machen«, erklärte Soyster. »Es ging darum, das System vollständig zu ändern und ihr östliches Militär in ein westliches zu verwandeln, mit demokratischen Werten und Methoden.« Die Unterstützung von MPRI »steht in keinerlei Zusammenhang mit dem, was heute auf dem Schlachtfeld geschieht«, fügte er hinzu.[11] Anders gesagt, MPRI half Kroatien dabei, ein professionelles Offizierscorps auszubilden. Leiter des Kroatien-Programms vor Ort war der Generalmajor i.R. Richard B. Griffitts. Seine fünfzehnköpfige Gruppe bestand aus ehemaligen Obersten des Pentagons. Die Kroaten erhielten die Genehmigung des US-Außenministeriums, Spezialkurse in amerikanischen Stützpunkten und Schulen zu besuchen.

Einem separaten Abkommen gemäß leitete Generalmajor i. R. John Sewall, der ehemalige Vize für strategische Planung bei den Vereinigten Stabschefs, die Bemühungen des US-Außenministeriums, die militärische Kooperation zwischen der bosnischen und der kroatischen Regierung sowie der bosnisch-kroatischen Miliz zu verbessern – mit anderen Worten, die drei Kräfte kriegstauglicher zu machen. Sewall übernahm den Posten als Sonderberater der bosnischen und der kroatischen Armeen von General John Rogers Galvin, dem ehemaligen Oberkommandeur der Alliierten in Europa.

Die Amerikaner bestritten es zwar, doch französische und britische Geheimdienstquellen bestätigten, daß die Kroaten moderne amerikanische Computertechnologie und Feuerleitungssysteme erhielten, die ihre Überlegenheit auf dem Schlachtfeld sichern sollten. An die Bosnier wurde dieses Know-how jedoch nicht weitergegeben. Lake hatte Clinton inzwischen geraten, einen Vorschlag Tudjmans vom Frühjahr 1994 stillschweigend zu billigen – nämlich zuzulassen, daß iranische Waffenlieferungen an Bosnien durch Kroatien transportiert wurden.[12] Seither wurde behauptet, Clinton habe durch seine Duldung der iranischen Waffenlieferungen an Bosnien zugelassen, daß Teheran seine Position auf dem Balkan ausbaute. Die Fakten zeigen indes, daß die Iraner in dieser Region längst Fuß gefaßt hatten. Seit 1993 hatten sie ihre Waffen über die kroatischen Häfen Split und Rijeka befördert. Und Zagreb erhob regelmäßig eine »Transitsteuer« auf die Konvois von dreißig bis fünfzig Lastkraftwagen, bevor diese von den Häfen zu ihren Bestimmungsorten im Inneren Bosniens aufbrachen. Die Strategen des Opus Dei hatten eines erkannt: Wenn man den Bosniern nicht ein Minimum an Militärhilfe zu ihrer eigenen Verteidigung gewährte, ohne ihnen allerdings eine Offensivkraft einzuräumen, die Kroatien bedrohen könnte – eine Option, die die Regierung Bush abgelehnt hatte –, dann würden sich auf dem Balkan bald islamische Guerilleros in unkontrollierbarer Zahl tummeln und Bosnien würde endgültig zu einem iranischen Vasallenstaat werden. Wenigstens konnte Kroatien auf diese Weise den Waffenfluß einigermaßen überwachen und gleichzeitig die militärische Überlegenheit Zagrebs gegenüber den bedrängten Nachbarn sicherstellen.

Der Plan ging halbwegs auf. Allerdings ergaben sich unerwartete Komplikationen, als in der Kampfzone amerikanische Militärausrüstung entdeckt wurde. Wie war sie dort hingekommen? Das Rätsel ist nach wie vor ungelöst. Vielleicht hatten die Iraner einige Überbleibsel an amerikanischem Kriegsgerät aus der Zeit des Schahs eingeführt, um die Beziehungen zwischen den Vereinigten Staaten und ihren europäischen Verbündeten zu belasten. Die List hätte beinahe funktioniert, denn die französische und die britische Regierung reagierten ungehalten auf die offensichtliche Verletzung des UNO-Embargos. Ihre Friedenstruppen meldeten, sie hätten bosnisch-kroatische und moslemische Soldaten in amerikanischen Kampfanzügen und mit M-16 Gewehren gesehen. UNO-Vertreter waren sogar davon überzeugt, daß die Vereinigten Staaten NATO-Patrouillen zur Überwachung der Flugverbotszone über Bosnien benutzten, um private Unternehmer zu decken, die auf dem bosnisch besetzten Flughafen von Tuzla illegale Waffenlieferungen absetzten. Die Waffen wurden nachts aus niedriger Flughöhe abgeworfen. Diese Methode war entwickelt worden, als »Butch« Saint Kommandeur der US Army in Europa und Sewall stellvertretender Planungschef waren.

Trotz der Anschuldigungen, die Vereinigten Staaten würden das Waffenembargo verletzen, nahm das FBI keinerlei Ermittlungen auf. Die Engländer und Franzosen legten ihre Beweise für die Verletzung des Embargos dem Vorsitzenden der Vereinigten Stabschefs, General John Shalikashvili, und dem stellvertretenden Staatssekretär für Europafragen, Richard Holbrooke, vor. Doch die Anhänger des Opus Dei waren bestens in der Lage, jede Ermittlung zu blockieren, denn der FBI-Direktor Louis Freeh stand in enger Verbindung zur Prälatur. Freeh und seine Frau Marilyn waren angeblich Supernumerarier; ihre Kinder besuchten die Opus-Dei Schule The Heights in Washington. Weder Opus Dei noch FBI wollten bestätigen, daß Freeh – ein »strenger Katholik« – Mitglied des Werkes war oder daß seine Kinder die genannte Schule besuchten. Das war sicherlich klug, denn die Bombenleger von Scheich Abdel Rahman hatten auch das FBI im Visier, und die Bewaffnete Islamische Gruppe in Frankreich hatte versucht, eine Privatschule in Lyons in die Luft zu sprengen.[13]

Als Johannes Paul II. im Juli 1995 die Verteidigung Bosniens offiziell mit der Lehre vom Gerechten Krieg rechtfertigte, war dem Vatikan klar, daß die serbische Aggression die bislang säkularste islamische Gemeinschaft der Welt – ein Modell der zukünftigen Beziehungen zwischen Christen und Moslems – in eine radikale Theokratie vor den Toren Roms zu verwandeln drohte. Sollte Bosnien radikal moslemisch werden, so war die Existenz der katholischen Kirche in jenem Teil des Balkans gefährdet. Tudjman war also darauf programmiert worden, der Linie des Vatikans zu folgen. Seine Berater schlugen vor, Friedensgespräche mit den Krajina-Serben aufzunehmen. Da diese Gespräche scheitern mußten, waren die Voraussetzungen für die Anwendung der Doktrin vom Gerechten Krieg erfüllt. Mittlerweile trafen der Kommandeur der kroatischen Armee, General Janko Bobetko, und seine amerikanischen Berater die letzten Vorbereitungen für die »Operation Gewittersturm«. Die Serben trugen ihren Teil dazu bei, als sie im Juli 1995 Srebrenica, eine UN-Sicherheitszone in Ostbosnien, eroberten und damit die Weltöffentlichkeit erneut gegen sich aufbrachten. Kurz darauf gaben die Vereinten Nationen die moslemische Sicherheitszone Zepa auf, und Sarajewo geriet unter verstärkten Beschuß. Dann ließ der Serbengeneral Ratko Mladic seine Verbände auf die moslemische Enklave Bihac in Westbosnien vorrücken, in der 180 000 Moslems eingekesselt waren.

Es war vier Jahre her, seitdem die Serben auf kroatischem Gebiet die autonome Republik Srpska Krajina ausgerufen hatten, und es war zu erwarten, daß sie sich gründlich verschanzt hatten und kampfbereit waren. Als Teil von Groß-Serbien glaubten die Krajina-Serben, auf die volle Unterstützung Belgrads rechnen zu können. Der gemeinsame Angriff der bosnischen Serben und der Krajina-Serben auf Bihac lieferte General Bobetko den Vorwand, die »Operation Gewittersturm« einzuleiten. Seine modernisierte, amerikanisierte Armee startete einen Blitzangriff auf die Krajina. Binnen vierundachtzig Stunden fiel die Krajina-Hauptstadt Knin, und der Belagerungsring um Bihac wurde gesprengt.

Die kroatische Kriegsmaschinerie begann durch die Krajina zu rollen. Bei einem Raketenangriff auf Sarajewo – der angeblich auf das Konto der Serben ging – wurden siebenunddreißig Zivilisten getötet. Es kam unverzüglich zu Vergeltungsmaßnahmen der NATO. Innerhalb von zwei Wochen wurden bei 3500 Bombenangriffen (zwei Drittel gingen auf das Konto amerikanischer Kampfflugzeuge) über einhundert strategische Ziele auf serbisch besetztem Gebiet zerstört. Die Serben waren nicht in der Lage, einen Gegenangriff zu starten. In wenigen Tagen hatten sie über dreitausend Quadratkilometer an Terrain verloren, und ihre Straßen wurden von sechzigtausend neuen Flüchtlingen verstopft. Bobetkos Verbände standen kurz vor Banja Luka, als sie eine einseitige Feuerpause ankündigten. Doch Belgrad rührte sich nicht.

Das zeitliche Zusammentreffen des kroatischen Blitzkrieges und der Bombardierung durch NATO-Truppen zwang die Serben, ihre Niederlage einzugestehen. Die Vatikan-Zeitung *L'Osservatore Romano* stellte die

NATO-Luftangriffe als Warnung an die Psychopathen von Pale dar, die »den gepeinigten Menschen [in Bosnien] wieder Hoffnung machen« sollte. Die Bombardierungen seien keine kriegerische Handlung, hieß es in dem vatikanischen Blatt, sie bezeugten vielmehr »die Entschlossenheit, die Rechte dieser Bevölkerung zu schützen, die der Bosnier – Kroaten, Serben und Moslems – und all der anderen ethnischen Gruppen, die in den Wahnsinn dieses langen und grausamen Krieges hineingezogen wurden«.

Der Zagreber Kardinal Kuharic bezeichnete die Operation »Gewittersturm« als »eine legitime Maßnahme Kroatiens, sein eigenes Gebiet zu befreien«. Mit seinem Hinweis darauf, daß die Besetzung der Krajina unrechtmäßig war, daß Knin Tudjmans Angebot zu Verhandlungen abgelehnt hatte, daß ein militärisches Eingreifen daher der letzte Ausweg war und daß die internationale Gemeinschaft die Opfer der serbischen Angriffe nicht schützen konnte, zitierte er die vier Bedingungen, die zur Erteilung des Etiketts eines Gerechten Krieges erfüllt sein mußten.

Vor allem aber torpedierte die Operation »Gewittersturm« einstweilen den Aufruf zu einem totalen Heiligen Krieg, den der radikale Islam nach dem Fall von Srebrenica erlassen hatte. Der iranische Außenminister Ali Akbar Velayati hatte bei einer vertraulichen Begegnung versprochen, den bosnischen Moslems alle nötige Militärhilfe zu gewähren. Gemäßigtere Staaten wie die Türkei, Ägypten, Malaysia und Jordanien, deren Truppen sich an den humanitären Einsätzen der UNO beteiligten, waren nun gezwungen, die bosnische Regierung offen zu unterstützen, damit sich der Iran nicht als einziger Vorkämpfer des Islam profilieren konnte.

Kroatien, militärisch neu erstarkt, war fest entschlossen, einen mäßigenden Einfluß auf seinen Nachbarn auszuüben, und stellte klar, daß eingeschleuste islamische Extremisten nicht geduldet würden. Inzwischen operierten nämlich ein paar Brigaden nicht-bosnischer Moslems – etwa viertausend Streiter, die von US-Offizieren als »Terroristen vom harten Kern« bezeichnet wurden – teils innerhalb, teils neben der bosnischen Regierungsarmee.

Der nach der Niederlage der Serben geschlossene Friedensvertrag von Dayton verlangte, daß sämtliche ausländische Soldaten aus Bosnien abrückten. Vertreter der Verteidigungsministerien räumten jedoch ein, daß sich dies kaum erzwingen ließ, auch wenn Bosnien beteuerte, die ausländischen Söldner würden das Land innerhalb von dreißig Tagen verlassen.

442

»Diese Burschen sind fies. Sie müssen in Schach gehalten werden«, sagte ein amerikanischer Berater der bosnischen Regierung.[14]

Laut einer in Sarajewo erscheinenden Zeitung brachen einige der Freiwilligen nach Tschetschenien auf, wo der Krieg mit Rußland erneut aufgeflammt war. Doch viele verschwanden einfach in den schneebedeckten Bergen der Herzegowina und bereiteten sich auf die nächste Kampfrunde vor. Sie waren sich nur allzu bewußt, daß das Dayton-Abkommen von 1995 die Teilung Bosniens faktisch besiegelt hatte, und das war für sie unannehmbar. Sie empfanden dies als Verrat.

Iranische Ausbilder in einem Trainingslager für »Märtyrer-Kommandos« in Zentral-Bosnien bleuten ihren europäischen Rekruten ein, sie kämpften »in einem Heiligen Krieg, um den Islam und seine geheiligten Prinzipien gegen einen wahnsinnigen, abscheulichen Kreuzzug des Abendlandes zu verteidigen« – so ihre eigenen Worte in einem abgefangenen Bericht an ihre Zentrale in Teheran. Für die Kämpfer des Bataillons »Sucher des Martyriums« hatte der Zehnte Kreuzzug also bereits begonnen. In Westbosnien wehte die kroatische Flagge; es galt nicht der bosnische Dinar, sondern die kroatische Kuna; und die wenigen Einwohner, die geblieben waren, betrachteten die Region als vollständig kroatisch. Außerdem war Medjugorje in der Hand der vom Opus Dei unterstützten und von den Katholiken geführten kroatischen Armee.

Zagreb demonstrierte seine Entschlossenheit, eingeschleuste islamische Extremisten aus der Region zu verbannen. Im September 1995 wurde Scheich Tala'at Fouad Qassem, ein im Exil lebender Anführer der Terrororganisation *Gama'a al-Islamiya*, verhaftet. Scheich Tala'at war so töricht gewesen, kroatisches Gebiet zu durchqueren, als er nach Sarajewo reiste, um der bosnischen Armee weitere freiwillige Mudschahedin anzubieten. Die kroatischen Behörden behaupteten, sie hätten ihn ausgewiesen, doch der Scheich und sein Leibwächter tauchten nicht mehr auf und wurden für tot gehalten.

Wenige Tage später zündete *Gama'a* in Rijeka eine Bombe; dabei kam der Attentäter ums Leben, neunundzwanzig Menschen wurden verletzt. In einer Erklärung, die an die Nachrichtenagentur Reuters gefaxt wurde, hieß es, *Gama'a al-Islamiya* habe ihren ersten Terroranschlag gegen kroatische Interessen ausgeführt. »Diese historische Operation soll den Kroaten klarmachen, daß das Schicksal von Tala'at Fouad Qassem nicht hingenommen wird, ohne daß Ströme von Blut durch die inneren und äußeren Interessen Kroatiens [sic] fließen«, versprach *Gama'a*.

Einen Monat später antworteten die Kroaten auf die Drohung von *Gama'a* mit der Gefangennahme und Hinrichtung von Scheich Anwar Shaaban, dem »Emir der Mudschahedin«, und vier weiteren moslemischen Freiwilligen, die im Dritten Armeecorps der Bosnier dienten. Ein serbischer Beobachter äußerte angesichts des fortdauernden Klimas von Haß und Angst, selbst mit 60 000 NATO-Soldaten als Garanten für die Einhaltung des Dayton-Abkommens werde es »noch auf lange Zeit keinen echten Frieden in Bosnien geben«. Die Pause vor der nächsten Runde gestattete es den heimlichen Kriegern des Papstes, ihre Aufmerksamkeit auf einen anderen Teil des »Spirituellen Vorhangs« zu richten.

35 Aussichtsloser Dialog

Islam und Christentum sind beides missionierende
Religionen ... Können Gläubige, die aus tiefstem
Herzen einem missionarischen Glaubensbekenntnis
anhängen, das die Menschen zur Heiligung und
Wahrheit aufruft, sich wirklich dem Dialog verpflich-
ten?

George Leonard Carey, Erzbischof von Canterbury

Ein ehemaliges hochrangiges Opus-Dei-Mitglied in
Spanien äußerte die Überzeugung, daß der nächste Kreuzzug – der Zehn-
te Kreuzzug – ein kybernetischer sein wird; er wird nicht mit Bomben und
Kanonen geführt werden, auch nicht mit Öl aus dem Nahen Osten,
sondern mit hochmoderner Computertechnologie und elektronischen
Kommunikationsmitteln. Seiner Meinung nach werden die Worte des
Propheten in den Phantasien der Cyberspace-Revolution untergehen, die
vom Westen gelenkt und beherrscht wird. Wenn die moslemischen Massen mit ihrer mangelhaften Bildung und ihrer Abhängigkeit von den
Botschaften ihrer eigenen Medien und Mullahs unbegrenzten Zugang zu
westlicher Information und Kultur und vor allem zur Frohen Botschaft des
Evangeliums bekämen, würden sie befreit von den Fesseln der mittelalterlichen Tyrannei, die sie derzeit den Fundamentalisten in die Arme
triebe.
Diese Auffassung klang auch in gewissem Maße an, als Johannes Paul II.
sich Anfang 1991 zu dem Gedanken äußerte, die Entwicklung eines
Landes lasse sich heute nicht mehr mit dem Stand seiner Industrialisie-
rung messen, sondern nur noch mit der Macht seines Bankensektors –
und in der Zukunft sei die Nutzung fortschrittlicher Kommunikationssy-
steme entscheidend. Der Papst bemerkte lächelnd: »Das ist das Postulat
des Opus Dei.«[1]
Die Führer des radikalen Islam wissen ganz genau, welche Gefahr ihrer
Autorität durch die westliche Technologie des Informationsaustausches
droht. Satellitengesteuerte Fernsehübertragungen setzen die Rechtgläu-
bigen dem westlichen Materialismus und profanen Bildern unverschlei-

erter Frauen aus. Die Freiheit des einzelnen kann durch Gesetze einge-schränkt werden; es gibt jedoch keine Möglichkeit, den dienstbaren Geist der Kommunikationstechnologie wieder in die Flasche zu verbannen, wenn er erst einmal entwichen ist.

Ein theokratischer Staat zeichnet sich unter anderem dadurch aus, daß er zur Sicherung seines Fortbestehens die Grundrechte seiner Bürger be-schneidet und seine Dekrete mittels einer mentalen Tyrannei durchsetzt, die allen Menschenrechten Hohn spricht. Wahlfreiheit ist der Feind des Fundamentalismus in all seinen Formen. Die Propagandisten des Opus Dei beteuern, soziale Gerechtigkeit auf der Welt sei eines der grundlegen-den Anliegen Escrivá de Balaguers gewesen.[2] Er habe gefordert, daß Christen nicht nur soziale Ungerechtigkeit entlarven, sondern auch Lö-sungen finden müßten, die der Menschheit besser dienten, das heißt, ihren unterdrückten Brüdern und Schwestern »in Nationen mit totalitären Regimen, die anti-christlich, atheistisch oder extrem nationalistisch sind«. Diese Sorge um soziale Gerechtigkeit soll dazu geführt haben, daß das Opus Dei in Genf eine eigene nichtstaatliche Menschenrechtsorganisati-on mit Beobachterstatus beim Wirtschafts- und Sozialrat der Vereinten Nationen gründete. Die Organisation sollte den Zugang zu allgemeiner Bildung, wie sie in der Menschenrechts-Charta von Helsinki verankert ist, überwachen. Im Zusammenhang mit der neuen nichtstaatlichen Organi-sation tauchte der Name Opus Dei allerdings nirgendwo auf. Auf diese Weise konnte niemand der Prälatur vorwerfen, sie schüre Feindseligkei-ten gegenüber islamischen Staaten, die natürlich das Hauptziel bei der »Überwachung der Bildungschancen« waren. Die Internationale Organi-sation für die Entwicklung von freiem Zugang zu Bildung wird von einem Opus-Dei-Numerarier geleitet; zu den Mitarbeitern gehören auch Nicht-mitglieder. Unter anderem veröffentlicht die Organisation einen jährli-chen Bericht über die Umsetzung der Helsinki-Charta im Bildungssektor aller UNO-Mitgliedsstaaten. Im Jahre 1995 erteilten die Genfer Behörden der Organisation die Genehmigung, eine »Sommeruniversität für die Menschenrechte« zu veranstalten.

Die Organisation für freien Zugang zu Bildung ist ein weiteres Beispiel dafür, wie das Opus Dei mit der List von Schlangen und der Unschuld von Tauben operiert. Das Interesse der Organisation liegt gewiß nicht in katholischen Ländern, sondern zielt auf die Bildungschancen von Frauen in islamischen Staaten. In Afghanistan, im Sudan und im Jemen beispiels-weise ist der Grad der Alphabetisierung unter Frauen erschreckend niedrig, und die heimische *ulema* – der Klerus, der per Definition männlich ist – wacht darüber, daß sich daran nichts ändert. Durch die Genfer Organisation des Opus Dei läßt sich somit Druck auf die traditionalistischen islamischen Länder ausüben, sich mehr für Veränderungen zu öffnen. Dieses Vorgehen hat auch eine destabilisierende Wirkung. Es ist ein Teil der Strategie, mit der das Opus Dei den Islam bekämpft; eine »weiche« Methode, die aber dennoch – wenn auch versteckt – dieses Ziel verfolgt. Denn das Opus Dei will nicht – und kann tatsächlich nicht – als Feind des Islam »gesehen« werden.

Diese Strategie, die Mohammedaner aufzurütteln und für die Werte des Westens empfänglicher zu machen, entwickelte das Opus Dei bei der vierten UN-Frauenkonferenz in Peking im August 1995. Joaquín Navarro-Valls trat zu Beginn der Konferenz im Fernsehen auf und informierte die Welt, daß es in Peking keine Allianz zwischen dem Vatikan und dem Islam geben werde. Verschwiegen wurde jedoch, daß es zur Doppelstrategie des Opus Dei gehörte, den traditionalistischen Islam mit dem Thema Frauenrechte zu diskreditieren. Die Notwendigkeit, Bildungschancen für Frauen zu verbessern, die Verbindung zwischen mangelnder Bildung und Armut und die Tatsache, daß Frauen schwerer an der Last der Armut tragen, waren programmatische Themen des Vatikans in Peking.

Angesichts der Ablehnung, auf die der Vatikan mit seiner Blockadetaktik in Kairo gestoßen war, änderte er diesmal seine Strategie. Leiterin der vatikanischen Delegation in Peking war Mary Ann Glendon, eine *liberale* Juraprofessorin aus Harvard. Navarro-Valls war jedoch ebenfalls zugegen, und zwar mehr als Verhandlungsführer denn als Sprecher. Als etwa 2000 der 4500 Delegierten eine Petition an die UNO unterzeichneten, um dem Heiligen Stuhl den Status eines ständigen Beobachters abzuerkennen, bemerkte Navarro-Valls nonchalant: »Das wurde bereits im 12. Jahrhundert beschlossen.« Damals war der Höhepunkt der Kreuzzugsbewegung. Die Vertreter des Vatikans betonten, daß sich die Haltung des Heiligen Stuhls gegenüber der Rolle der Frau deutlich von der vieler moslemischer Staaten unterschied. Navarro-Valls zufolge hatte der Vatikan seine Position jedoch abgemildert, weil man meinte, die Themen seien »von peripherer Bedeutung für den zentralen Dialog«. Der Vorstoß der Katholiken kam statt dessen von den lateinamerikanischen und philippinischen Delegationen, die – wenn sie nicht direkt von militanten Opus-Dei-Streitern angeführt wurden – allesamt stark vom Gedankengut der Prälatur geprägt waren. Doch selbst dieses indirekte Vorgehen führte nicht unbedingt zum gewünschten Erfolg. Eine Umfrage, die die Arias Peace Foundation von Costa Rica unter 290 nichtstaatlichen Hilfsorganisationen in Mittelamerika durchführte, ergab folgendes: 71 Prozent bezeichneten das Opus Dei als Organisation religiöser Frömmler, die durchaus mit islamischen Fundamentalisten vergleichbar waren; 80 Prozent meinten, das Werk vertrete nicht die Interessen der Frauen in ihren Ländern; 51 Prozent beklagten, das Werk halte Frauen in untergeordneten Positionen; 78 Prozent erklärten, es zwinge die offiziellen Konferenzdelegationen, in zentralen Fragen, insbesondere der der Fortpflanzung, die Einstellung des Opus Dei zu übernehmen (d. h. empfängnisverhütende Mittel oder Kondome, sei es als Maßnahme der Familienplanung oder bei der Prävention von HIV und AIDS, zu ächten); und 18 Prozent meinten, seine Bestrebungen widersprächen dem Recht auf freie Meinungsäußerung.[3]

Dennoch gibt es viele Christen, die mit dem »weichen« Ansatz des Opus Dei konform gehen. Das vage Bild des Opus Dei als Gegenkraft zum radikalen Islam sichert der Prälatur die Sympathien derjenigen, die eine entschiedenere Reaktion des Westens auf die Fanatiker des Propheten fordern. Im allgemeinen haben Traditionalisten und andere rechte Gruppierungen den Begriff des Gerechten Krieges als letzten Ausweg gegen unbegründete Aggression weitgehend akzeptiert. Die Tatsache, daß das Opus Dei der Hauptbefürworter der wiederausgegrabenen Doktrin vom Gerechten Krieg war, hat ihm sogar eine gewisse Bewunderung eingebracht.

Mit an vorderster Front in den religiösen Kriegen stehen die Philippinen. Von den 65 Millionen Einwohnern sind 84 Prozent katholisch. Die moslemische Minderheit macht sich jedoch zunehmend bemerkbar. Die Geburtenrate liegt knapp über drei Prozent; bis zum Ende des Jahrtausends wird daher mit einer Bevölkerung von 90 Millionen gerechnet. Die Operationen des Opus Dei auf den Philippinen spielen eine wichtige Rolle und genießen die volle Unterstützung von Kardinal Jaime L. Sin, der als Richelieu von Südostasien gilt.

Das erste Opus-Dei-Zentrum auf den Philippinen wurde 1964 in Manila eröffnet. Einige philippinische Studenten waren während ihres Studiums in den Vereinigten Staaten vom Werk angeworben worden und kehrten damals »mit dem Wunsch, an der Verwirklichung der apostolischen Ideale des Opus Dei zu arbeiten«, in ihre Heimat zurück. Ihre »unumgängliche Pflicht …, an den christlichen Antworten auf die sozialen Fragen mitzuarbeiten«, veranlaßte sie zur Gründung des Center for Research and Communication (Zentrum für Forschung und Kommunikation) in Manila, einer höheren Bildungseinrichtung im Wirtschaftsbereich. Hier konnten sich Studenten »wissenschaftlich und praktisch in Volks- und Betriebswirtschaft weiterbilden und zugleich die Grundlagen der Soziallehre der Kirche kennenlernen. Dieses Zentrum soll die wirtschaftliche und soziale Entwicklung der Philippinen in christlichem Geist fördern«, hieß es in einer Publikation des Opus Dei.[4] Es versteht sich von selbst, daß solch ein Ansatz mit den Prinzipien des radikalen Islam unvereinbar ist.

Auf den Philippinen fällt der »Spirituelle Vorhang« irgendwo südlich des Jintotolo-Kanals, der den Archipel etwa in der Mitte teilt. In den siebziger Jahren fielen dem Religionskonflikt im Süden fast 50 000 Menschen zum Opfer. In den Achtzigern hatte die Regierung die Lage mehr oder weniger unter Kontrolle und die Zahl der Morde ging zurück. Doch im Jahre 1991 schlossen sich bislang rivalisierende moslemische Gruppen zu der neuen Organisation »Abu Sayyaf« zusammen, die von Libyen und vom Iran unterstützt wurde. Im April 1995 starteten sie ihre erste größere Offensive, deren Ziel die südphilippinische Stadt Ipil auf der Insel Mindanao war. Dabei kamen einhundert Menschen ums Leben und das Zentrum der 50 000 Einwohner zählenden Stadt wurde in Schutt und Asche gelegt.

»Abu Sayyaf tut alles, was in seiner Macht steht, um eine Atmosphäre zu schaffen, in der sich Christen und Moslems bekriegen …, um dann auf den südlichen Philippinen einen islamischen Staat zu gründen«, erklärte Innenminister Rafel Alunan. Abu Sayyaf, sagte er, gehöre einem globalen Netz an, das vom Nahen Osten ausging und sich bis in die Vereinigten Staaten und nach Asien erstreckte. Seit mindestens vier Jahren hätten die Islamisten sich eine Basis auf den Philippinen geschaffen, denn der Archipel biete sich als Stützpunkt für die Ausweitung auf andere Teile Südostasiens an, fügte Alunan hinzu. »Es ist ein christliches Land, das einzige in Asien. Sie verfolgen ihre Ziele gegen die Interessen der Christen. Sie werfen uns ins Mittelalter zurück. Sie wollen eine Renaissance« des Islamischen Reiches … Sie wollen eine theokratische Herrschaft«, erklärte er.[5]

Abu Sayyaf – arabisch für »Sohn des Henkers« – wurde von dem in Libyen ausgebildeten Lehrer Abdurajak Abubakar Janjalani gegründet. Die Organisation ist überall auf den südlichen Philippinen tätig und hat Dutzende katholischer Priester und Missionare gekidnappt. Laut Rafel Alunan steht sie in enger Verbindung mit einer internationalen Organisation von Fundamentalisten, *Harakat al Islamiya*, über die sehr wenig bekannt ist.

Harakat al Islamiya, so hieß es einmal, sei verbündet mit Scheich Omar Abdel Rahman, dem blinden ägyptischen Priester, der der Anstiftung zu dem Bombenanschlag auf das World Trade Center im Jahre 1993 für schuldig befunden wurde, und mit Ramzi Ahmed Yousef, dem Anführer der Bombenattentäter von Manhattan und Drahtzieher des geplanten Attentats auf den Papst während seines Besuchs in Manila im Januar 1995. Amerikanische und philippinische Behörden warfen Yousef außerdem vor, er sei für den Bombenanschlag auf eine Maschine der Philippine Airlines im Dezember 1994 verantwortlich und habe weitere elf Anschläge auf amerikanische Flugzeuge geplant.

Abu-Sayyaf-Aussteiger enthüllten, daß philippinische Rekruten zur religiösen und militärischen Ausbildung nach Pakistan und Afghanistan geschickt wurden. Die Regierung behauptet, Abu Sayyaf habe auch Kämpfer der Freien Islamischen Armee in seine Reihen aufgenommen. Ein paar Tage nach dem Angriff auf Ipil erfuhr der philippinische Geheimdienst, daß vier Mitglieder von Hamas eingereist seien, um Kontakt mit Abu Sayyaf aufzunehmen.

Während die Abu Sayyaf-Terroristen Ipil verwüsteten, versammelten sich moslemische Vertreter aus achtzig Ländern in Khartum zu einer viertägigen Konferenz, die von Dr. Hassan al-Turabis Arabischer und Islamischer Volkskonferenz veranstaltet wurde. Vertreten waren dort die Islamische Heilsfront, die Bewaffnete Islamische Gruppe, Hamas, Hisbollah, der Islamische Heilige Krieg, Tabligh, die Moslemische Bruderschaft Ägyptens, Gama'a al-Islamiya, die US Nation of Islam und weitere militante Gruppierungen. Zu Beginn der Konferenz warf Turabi der NATO und westlichen Geheimdiensten vor, »einen neuen Kreuzzug gegen den Islam und gegen die Wiedergeburt des Islam anzuzetteln ... Der Westen versucht, das Licht des Islam auszulöschen«.

Turabi hatte indes etwas ganz anderes im Sinn. Er wollte dafür sorgen, daß der Islam wieder eine zentrale Rolle in der Weltpolitik spielt. Dazu brauchte er ein islamisches Forum, das weder an Regierungen noch an politische Richtungen gebunden war. Die Konferenz von Khartum unterstützte ihn mit der Entschließung, die Arabische und Islamische Volkskonferenz durch einen Islamischen Volkskongreß zu ersetzen, der so etwas wie ein Vatikan der islamischen Welt sein sollte.

Mit dem Islamischen Volkskongreß, so argumentierte Turabi, seien die Anhänger des Propheten besser gerüstet, »den Islam vor den Angriffen des Westens zu verteidigen«. Die Saudis und andere traditionelle islamische Mächte stimmten der Entschließung natürlich nicht zu, doch in der veränderten Dynamik der islamischen Welt nach dem Ende des kalten Krieges ging die Führungsrolle von den monarchistischen Autokraten der arabischen Halbinsel auf die radikaleren Mitglieder der Zentralislamischen Achse über. Für die christliche Welt waren dies schlechte Nachrichten.

Sobald die Konferenz die Einberufung des Islamischen Volkskongresses beschlossen hatte, konnte es sich Turabi leisten, Mäßigung zu predigen. In der Schlußresolution der Konferenz wurde für eine Zusammenarbeit mit christlichen Fundamentalisten plädiert, die – so hieß es – den gleichen Standpunkt vertraten wie die islamischen Konservativen. »Die Konferenz unterstützt ... den Dialog mit dem Westen und schlägt vor, daß Moslems sich um einen Austausch mit der christlichen Welt bemühen, als Beginn einer Zusammenarbeit der Gläubigen gegen die Kräfte des korrupten Materialismus«, hieß es in dem Statement.

In der islamischen Welt wurde Turabi mehr denn je zu einer Schlüsselfigur, und die Priester in der »Gemeinde jenseits des Tiber« betrachteten ihn sicherlich als möglichen Partner im christlichen »Dialog« mit dem Islam. Auf einer früheren Pressekonferenz hatte Turabi deutlich gemacht, was in seinen Augen der Grund des Übels war. »Die führenden Politiker des Westens müssen den Islam kennenlernen, direkt ... Der Westen kann nicht die Welt beherrschen. Es gibt keinen Gott namens ›der Westen‹«, erklärte er.

»Die Menschheit ist sehr eng zusammengerückt, und die Kommunikationsmittel sind großartig. Wir sollten ... einen Dialog führen. Laßt uns miteinander reden. Eine oder zwei Sprachen genügen dafür, und jeder soll seinen eigenen Teil, seine eigene Kultur zum gemeinsamen Grundstock der menschlichen Kultur beitragen. Meine Werte gebieten mir, daß ich sogar mit jemandem in Dialog trete, der mir feindlich gesinnt ist. ... Der Koran lehrt mich: ›Sprich mit ihm.‹ Mein religiöses Vorbild ist der Prophet, der den ersten Staat mit einer schriftlichen Verfassung schuf, einen gemeinsamen Staat von Moslems und Juden ... und er gestattete den Christen, in seiner Moschee zu beten. Mein Vorbild, das ich als vollkommen bezeichne, gebietet mir also, mein möglichstes zu tun, um mit meinem Gegner zu reden. Wenn ihr nicht mit mir reden wollt, werdet ihr niemals Arabisch sprechen. Dann lerne ich eben Englisch und Französisch und vielleicht ein bißchen Deutsch und ein wenig Italienisch. Er will nicht mit einem Schwarzen reden, aber ich werde zu ihm sprechen. Er will den Reichtum im internationalen Wirtschaftsaustausch nicht gleichmäßig zwischen Nord und Süd verteilen, aber ich werde versuchen, den menschlichen Reichtum mit ihm zu teilen ... Wenn er aber einen Angriff auf mich verübt, greife ich natürlich zur Gewalt. Der Koran lehrt mich, Gleiches mit Gleichem zu vergelten ...«[6]

Schön und gut, Dr. Turabi, wie aber sieht die Bilanz im Sudan aus? Als der deutsche Botschafter Peter Mende im Oktober 1995 bei den Behörden in Khartum um Auskunft über die Hinrichtung inhaftierter Studenten ersuchte, die sich an regierungsfeindlichen Protesten beteiligt hatten, wurde ihm die Ausweisung angedroht.

Das Opus Dei spricht niemals leere Drohungen aus. Es würde auch nicht zulassen, daß der Papst dies tut. Als Johannes Paul II. seine Gastgeber in Khartum aufforderte, »die schreckliche Ernte des Leids« im Süden des Sudan zu beenden, um nicht den Zorn des Gottes Abrahams zu riskieren, war dies kein Wunsch, sondern ein Machtwort. Sechs Monate nach dem Besuch des Papstes in Khartum drang eine wenig bekannte interkonfessionelle Menschenrechtsorganisation – Christian Solidarity International – in den Süden des Landes vor. Sie brachte nicht nur Hilfe für die dezimierten christlichen und animistischen Gemeinden, sondern mobilisierte auch in den christlichen Nachbarstaaten politische Rückendeckung für die Autonomie des Südsudan, unterstützte eine nationaldemokratische Allianz gegen Khartum und startete in westlichen Hauptstädten eine Kampagne zur Förderung der Autonomiebestrebungen. Die Christian-Solidarity-Mitarbeiterin Caroline Cox, eine ausgebildete Krankenschwester, berichtete nach einem Besuch im Süden des Landes, sudanesische Truppen überfielen regelmäßig Dinka-Dörfer und entführten Kinder und junge Frauen, die zur Arbeit und zur Prostitution gezwungen würden. Manche erhielten moslemische Namen und müßten Koranschulen besuchen, andere würden auf dem Sklavenmarkt von Manyiel in der Provinz Bahr el Ghazal verkauft.

Ein neues Mitteilungsblatt der sudanesischen Christen, *Light and Hope for Sudan*, berichtete im Juli 1995, seit Beginn des zehnjährigen Bürgerkriegs »sind nahezu zwei Millionen Menschen umgekommen, meist durch Hunger und Krankheit, und fünf Millionen sind aus ihrer Heimat geflohen«. Khartum, so hieß es in dem Magazin, nutze die Hungersnot, um »sein Programm der Islamisierung und Arabisierung« zu fördern. Die Christian-Solidarity-Mission rief Menschenrechtsorganisationen dazu auf, sämtliche Regionen des Sudan zu besuchen. Turabi stellte klar, daß dies nicht seinen Vorstellungen von einem Dialog entsprach. Christian Solidarity hatte inzwischen deutlich gemacht, daß im südlichen Sudan alle notwendigen Voraussetzungen für einen »Gerechten Krieg« gegeben waren.

Wochen später waren die sudanesischen Rebellen zu einer disziplinierten Streitkraft geformt worden und starteten ihre erste größere Offensive seit dem Papstbesuch in Khartum. Sie vernichteten eine motorisierte Eliteeinheit; siebentausend Regierungssoldaten wurden getötet beziehungsweise gefangengenommen, die gesamte Ausrüstung fiel in die Hände der Rebellen. Diese setzten erstmals Panzer ein und wurden – wie Khartum behauptete – von regulären Einheiten der Armeen von Uganda und Tansania unterstützt. Trotz Angriffen von Kampfhubschraubern mit iranischen Piloten konnten die Rebellen den Großteil von West- und Ostequatoria zurückerobern.

Die Kampfmoral im Süden hatte sich innerhalb weniger Wochen gewandelt. Wieso hatte sich die Haltung der Truppen geändert? Ich fragte John Eibner, den Einsatzleiter von Christian Solidarity im Sudan, danach. »Weil sie nicht auf sich allein gestellt sind«, antwortete er.

Christian Solidarity ist ein interessantes Beispiel für undurchsichtige Operationen. Über den Ursprung und die Finanzierung der Organisation läßt sich nichts herausfinden. Sie behauptet, ihre Bücher würden von einer anerkannten Wirtschaftsprüfungsfirma – dem Schweizer Partner von Peat Marwick – geprüft und die Jahresabschlüsse seien für jeden einsehbar. Dies ist jedoch nicht der Fall. Die Öffentlichkeit hat Einblick in ein Skelett von einer Bilanz, die nicht einmal unterzeichnet und unklar aufgeschlüsselt ist – die Geldquellen werden nicht konkret angegeben, sondern nur ganz allgemein. Angeblich handelt es sich um die Geschäftsbücher von Christian Solidarity International, doch man gewinnt den Eindruck, nur die Bücher der Schweizer Filiale vor sich zu haben.[7]

Als im Oktober 1994 in Algerien zwei spanische Nonnen ermordet wurden, erklärte der Papst: »Ich halte es für meine Pflicht, alle gutwilligen Menschen daran zu erinnern, daß eine echte Lösung nur zu erreichen ist, indem man sich vom Abgrund der Gewalt abwendet und statt dessen dem Weg des Dialogs folgt ...«[8]

Völlig offengelegt hatte der Papst seinen Standpunkt zum Verhältnis der beiden Religionen in seinem Buch *Die Schwelle der Hoffnung überschreiten*, mit dessen Tantiemen er den Wiederaufbau zerstörter Kirchen in Kroatien zu unterstützen versprach. In dem Buch hatte der Papst erklärt:

»... *der Islam ist keine Religion der Erlösung* ... Jesus wird zwar erwähnt, aber nur als Prophet, der Mohammed, dem letzten Propheten, den Weg bereitet«. Mit seiner Erklärung, zur Jahrtausendfeier das Mysterium des christlichen Heils der gesamten Menschheit bescheren und durch die Bekehrung zum Christentum »die Welt reinigen« zu wollen, übermittelte er dem Islam eine gegenteilige Botschaft: Er gab zu verstehen, daß er gar nicht bereit ist, seine Vision der Erlösung auf dieselbe Stufe zu stellen wie die Lehren des Korans, die laut dem Propheten die völlige Unterwerfung unter das Wort Allahs fordern.

Ein Jahr nachdem sowohl Johannes Paul II. als auch Hassan al-Turabi, jeder auf seine Weise, zum Dialog zwischen den Religionen aufgerufen hatten, war der islamische Heilige Krieg mit Bombenanschlägen und Terrordrohungen nach Kroatien, Frankreich und Deutschland exportiert worden. Die verbotene algerische Bewaffnete Islamische Gruppe brüstete sich in einer Botschaft, die von einer Adresse im kalifornischen San Diego über Internet verbreitet wurde: »... mit Stolz und Kraft hat unser Dschihad militärische Schläge im Herzen Frankreichs verübt ... in seinen größten Städten. Es sei unser Versprechen, daß wir euren Schlaf stören und [euch] vernichten werden, und der Islam wird Frankreich beherrschen.«

»Wir befinden uns im Krieg«, erklärte der französische Innenminister Jean-Louis Debré, nachdem der achte Bombenanschlag im Jahre 1995 Angst und Mißtrauen geweckt hatte. »Das ist der Krieg unseres modernen Zeitalters, und ich versichere Ihnen, die Regierung ist fest entschlossen, diesen Krieg zu gewinnen und keine Kompromisse zu schließen«, erklärte er.

Nachdem die deutsche Polizei einen islamischen Waffenhändlerring aushob und neun Personen verhaftete, warnte Abdelkhadar Sahrauoi, ein angeblich neutraler algerischer Geschäftsmann im Exil, im deutschen Fernsehen: »Wenn wir feststellen, daß ihr Neokolonialisten seid, daß ihr unser Volk vernichten wollt, daß ihr im Mittelmeerraum nicht Partnerschaft, sondern Vorherrschaft wollt, dann werden wir euch bekämpfen.«

Entweder hatten der Papst und Turabi den Gesprächsaufruf der anderen Seite nicht vernommen, oder es mangelte ihnen an Aufrichtigkeit. Die Iraner hingegen sahen gar keine Notwendigkeit zum Dialog, und dies trotz ihrer opportunistischen Allianz mit dem Vatikan während der UN-Bevölkerungskonferenz von 1994. Sie hatten eine viel klarere Sicht der Dinge. »Dem Christentum fehlt es wahrhaftig an göttlicher und religiöser Spiritualität, und es ist eine unfruchtbare und unnütze Bewegung«, verkündete Ayatollah Ahmed Jannati, der zweite Mann in der religiösen Hierarchie des Landes, und verlieh damit der radikalen Stimmung Ausdruck, in der sein Land erstarrt war. Das Christentum, sagte er, habe in der Person des Papstes eine Zentralgewalt geschaffen, der alle Katholiken zu folgen verpflichtet seien. »Damit haben sie jenen leblosen Leichnam am Leben erhalten, wohingegen der Islam so viel Spiritualität, so viel Tiefe besitzt und so viel Kraft, die Welt zu führen.«[9] Und mit einem Leichnam, so betonte Ayatollah Jannati, könne man nun einmal keinen Dialog führen

Die Anhänger des Opus Dei rechnen es dem Werk Gottes als Verdienst an, mit seinem unbeugsamen Dogmatismus die Kirche wiederbelebt zu haben. Kritiker werfen ihm vor, die Kirche gespalten zu haben. Viele Katholiken wollen jedoch gar nichts von den Gefechten wissen, die sich die Progressiven und die Konservativen beziehungsweise die Rom-Partei und die »Ostpolitiker« in der Kurie liefern. Sie wollen in Frieden und im Vertrauen auf ihren Papst ihren Glauben praktizieren. Aber dies wird vielleicht nicht mehr möglich sein, wenn die Jahrtausendfeier näherrückt. Die »clevere und beharrliche« Arbeit der heimlichen Krieger des Papstes droht, eine Polarisierung der Religionen herbeizuführen. Darauf hat Turabi als erster aufmerksam gemacht: »Die islamische Wiedergeburt hat einige Christen, die die Religion vernachlässigt hatten, daran erinnert, daß sie sich in Abgrenzung zu diesem Phänomen definieren müssen. Sie geben sich als Christen aus, auch wenn sie nicht unbedingt besonders religiös sind. Die Gefahr besteht jedoch darin, daß manche Leute versuchen könnten, die Religion ... in den Dienst ihrer eigenen wirtschaftlichen und politischen Interessen zu stellen [und] das Christentum gegen die islamische Wiedergeburt zu mobilisieren. Deswegen, glaube ich, müssen wir miteinander reden.«[10]

Epilog

> Die Beziehung zwischen Christentum und Islam ist ...
> einer der großen Grabenbrüche, die zwischen und
> durch Gesellschaften verlaufen; die häufigen Er-
> schütterungen erinnern uns daran, daß zerstöreri-
> sche Kräfte immer wieder dort hervorbrechen kön-
> nen, wo unter der Oberflächenkruste solch tiefe
> Spaltungen liegen.
> *George Leonard Carey, Erzbischof von Canterbury*

Der Wille des Opus Dei, die römisch-katholische Kirche zu beherrschen, ist von einer Entschiedenheit geprägt, wie es sie seit der Gegenreformation nicht mehr gegeben hat. Aufgrund dieser Entschlossenheit wird die Prälatur – ganz gleich wie sich ihre Entwicklung in den kommenden Jahren gestalten wird – nicht frei von Spannungen sein, weder innerhalb noch außerhalb des Vatikans. Daher geht die Existenz des Opus Dei jeden etwas an, den getauften Katholiken ebenso wie den einfachen Bürger der säkularen Welt.

Das Opus Dei hegt zweifellos den aufrichtigen Wunsch, die Kirche zu schützen. Zu seinen Mitgliedern zählen viele engagierte und vortreffliche Menschen. Seine ursprünglichen Prinzipien, die auf einer christlichen Arbeitsethik beruhen, sind lobenswert. Das Opus Dei hat sich seit 1928 jedoch ständig weiterentwickelt. Weil das Werk bei der Verfolgung seiner Ziele auch vor schmutzigen Tricks nicht zurückschreckt und weil es keiner Offenlegungspflicht und kaum einer Kontrolle unterliegt, haben manche Beobachter es als eine »Mafia in Weiß« bezeichnet.

Alles deutet darauf hin, daß die führenden Strategen des Opus Dei hinter den schwarzen Türen der Villa Tevere fest entschlossen sind, den ihrer Meinung nach zersetzenden moralischen Werten der Gesellschaft und dem religiösen Radikalismus, wo immer er ihre Vision von der Kirche bedroht, mit einer »gerechten und angemessenen« Antwort zu begegnen. Ehemalige hochrangige Mitglieder bestätigen, daß solch eine Reaktion ganz und gar der Weltanschauung und den Zielen der Prälatur entspricht. Der Außenstehende erfährt jedoch nichts Wesentliches über die internen

Ziele und Absichten des Opus Dei. Daher ist es wichtig, daß die Berichte und Zeugnisse ehemaliger Mitglieder publik gemacht werden, zumal sie allein Aufschluß darüber geben, was in den Köpfen der Söhne und Töchter Escrivá de Balaguers wirklich vorgeht.

Das Opus Dei ist eine geheime Sekte, die sich den Kontrollinstanzen der Kirche geschickt entzogen hat. Geheimniskrämerei ist der Feind jeder offenen und demokratischen Gesellschaft. Wenn das Opus Dei nicht geheimnistuerisch ist, wie es immer wieder behauptet, wieso weigert es sich dann, die Berichte über seine apostolische Arbeit zu veröffentlichen, die es nach Artikel VI von *Ut sit* alle fünf Jahre dem Papst vorlegen muß? Die Antwort lautet:»Weder das Opus Dei noch der Heilige Stuhl würden ein Dokument publik machen, das für den Papst erstellt wurde.« Das sagt uns im Grunde alles, was wir über die moralische Autorität des Opus Dei wissen müssen, und damit steht das Werk auf einer ähnlichen Ebene wie die Bewaffnete Islamische Gruppe und der Islamische Heilige Krieg. Das Opus Dei tritt für eine gerechte Sache ein, greift bei der Verfolgung seiner Ziele jedoch zu skrupellosen Methoden.

Das Opus Dei könnte unter anderem im *Vatikanischen Jahrbuch*, im *Adreßbuch für das katholische Deutschland*, im *Catholic Directory for England and Wales*, in Diözesanverzeichnissen auf der ganzen Welt und in den Telefonbüchern der Städte, in denen es operiert, eingetragen sein. Es ist und bleibt jedoch eine Tatsache, daß es seine Aktivitäten hinter einem dichten Schleier verbirgt, der diese jeder öffentlichen Kontrolle entziehen soll. Das Opus Dei will nicht, daß der Rest der Welt weiß, was es tut. Wie Artikel 190 der Konstitutionen von 1950 gebietet,»... darf alles, was seine Mitglieder bewirken, nicht ihnen selbst zugerechnet werden, sondern ist einzig und allein Gott zuzuerkennen«. Artikel 190 verschleiert somit die Rolle, die das Opus Dei beim Schmieden einer aggressiveren vatikanischen Politik spielt.

Ein stärkeres politisches Profil der Kirche bringt anscheinend auch höhere finanzielle Dividenden in Form von Spenden aus der Hand der Gläubigen, denn der Heilige Stuhl erreichte endlich wieder die Rentabilitätsschwelle. Dies bedeutet nicht, daß die finanzielle Unsicherheit der achtziger Jahre gebannt ist, denn ein einziger Rückschlag würde genügen, um den Vatikan wieder in die roten Zahlen zu bringen. Doch dem Rekordminus von 87,5 Millionen Dollar im Jahre 1991, das sich 1992 auf 3,4 Millionen verringerte, folgte 1993 ein schmaler Gewinn von 1,5 Millionen Dollar (der erste seit 1981). Auch 1994 wurde ein geringer Überschuß von

419 000 Dollar ausgewiesen. Für 1995 wurde dann zunächst ein Defizit von 22,5 Millionen Dollar vorhergesagt, was die Kurie erneut um ihre Finanzen bangen ließ. Der Vatikan berichtete später jedoch, der erwartete Verlust sei durch erhöhte Erträge aus Investitionen, größtenteils Anleihen und Immobilien, ausgeglichen worden. Mit anderen Worten, das Opus Dei war wieder einmal zu Hilfe gekommen, wie ein römischer Prälat durchblicken ließ. Für 1996 wird wiederum ein kleines Plus von 330 000 Dollar erwartet.

Der Opus-Dei-Verbündete Kardinal Edmund Szoka, der von der Erzdiözese Detroit nach Rom kam und die Leitung der Präfektur für die Wirtschaftsangelegenheiten des Heiligen Stuhls übernahm, äußerte voller Zuversicht, die Sanierung der vatikanischen Finanzen bedeute, daß das durch den Ambrosiano-Skandal ausgelöste »Image-Problem« überwunden sei. Da aber Andreotti wegen des Verdachts der Verwicklung in ein Mordkomplott und der Zusammenarbeit mit der Mafia vor Gericht stand, waren weitere Enthüllungen zu erwarten, die Szokas Annahme alles andere als gesichert erscheinen ließen. Indem Kardinal Szoka das zentrale »Mysterium« der Kirche mit irdischen Maßstäben maß und den Heiligen Stuhl als multinationales Unternehmen darstellte, bei dem es um Kurs-Gewinn-Verhältnisse und Kapitalfluß-Erfordernisse geht, riskierte er den Irrtum des »Reduktionismus«, ein schwerwiegendes Vergehen in der Theologie.

Einer der größten Vermögenswerte des Vatikans außerhalb von Italien war das Zentrum Notre Dame in Jerusalem. Als der Vatikan 1995 vor einem Betriebsverlust stand, weil er in den vorausgegangenen Jahrzehnten kumulative Defizite in Höhe von 330 Millionen Dollar erwirtschaftet hatte,[1] mußten Vermögenswerte abgestoßen werden, die keine Erträge abwarfen. Das Eigentum beziehungsweise der Nießbrauch an dem Jerusalemer Zentrum wurde laut römischen Insidern schließlich auf das Opus Dei übertragen, wodurch das für 1995 erwartete Defizit abgewendet werden konnte. Mit der Übernahme des riesigen Komplexes von Notre Dame hatte die Prälatur ihren Einfluß bis zur Via Dolorosa und zum Heiligen Grab ausgedehnt, wo sich seit zweitausend Jahren christliche Pilger versammeln, um das Grab des »fleischgewordenen Gottes« zu berühren. Offiziell ist das Opus Dei in Israel jedoch gar nicht präsent: Das Werk ist beim israelischen Ministerium für religiöse Angelegenheiten nicht registriert, denn seine Zentrale im Heiligen Land befindet sich nach wie vor in Bethlehem, das unter palästinensischer Verwaltung steht. Die Aktivitäten des Opus Dei im Heiligen Land stellten sicher, daß die

Pläne für die Jahrtausendfeier vorerst voller Zuversicht vorangetrieben werden konnten. Im September 1995 besuchte der Präsident der Palästinensischen Autonomiebehörde, Yasser Arafat, den Papst in Castel Gandolfo und lud ihn ein, das Jahr 2000 in Jerusalem und Bethlehem zu feiern. Der von Navarro-Valls herausgegebenen Pressemeldung zufolge wollte Arafat dem Papst für die Unterstützung danken, »die der palästinensischen Sache vom Heiligen Stuhl stets gewährt wurde«.[2]

Jerusalem sollte im Brennpunkt der Zweitausendjahrfeier stehen, und das Opus Dei wollte einen Stützpunkt vor Ort einrichten, um die Sicherheit des Papstes zu gewährleisten. Doch Dr. Turabi, die Ayatollahs von Qom, sowie Hisbollah und Hamas standen dem geplanten Besuch zu den Feierlichkeiten angeblich allesamt ablehnend gegenüber. Jerusalem war schließlich die drittheiligste Stätte des Islam, und die radikalen Kräfte sahen keinen Grund für das Eindringen des Papstes. Da man damit rechnen mußte, daß die Anwesenheit des Papstes in der Heiligen Stadt, dem Ziel jedes Kreuzzuges seit dem 11. Jahrhundert, Feindseligkeiten hervorrufen würde, schien das Opus Dei mit dem Erwerb des festungsartigen Notre-Dame-Zentrums weise Voraussicht zu demonstrieren. Dieser Schritt bekräftigte auch die Autorität der Prälatur über das Oberhaupt der Gesamtkirche.

Das Opus Dei leugnet, sich in die Politik einzumischen. Doch kann man ihm glauben? Eine Antwort, die letztlich das Wesen der führenden Sekte der katholischen Kirche offenbart, ergibt sich aus zwei Abschnitten der internen Opus-Dei-Publikation *Crónica*:

- Die Lektion ist klar, kristallklar: Alles ist mir erlaubt, aber nicht alles nützt mir.[3]
- Die schmutzige Wäsche ist zu Hause zu waschen. Das erste Zeichen eurer Hingabe besteht darin, daß ihr nicht die Feigheit besitzt, die schmutzige Wäsche außerhalb des Werkes waschen zu gehen, falls ihr wirklich heilig werden wollt; wenn nicht, seid ihr hier überflüssig.

»Alles ist mir erlaubt« – in diesen fünf Worten drückt sich die ganze Arroganz des Opus Dei aus; gleichzeitig begründet sich darin der Anspruch, Gesetzestexte nach eigenem Belieben auszulegen oder sogar gänzlich zu übergehen. Man möchte meinen, daß es in einer durch »göttliche Eingebung« begründeten Organisation gar keine schmutzige Wäsche gibt. Doch anscheinend kommt dies beim Opus Dei von Zeit zu

Zeit vor. Die strikte Anweisung, die schmutzige Wäsche zu Hause zu waschen, veranschaulicht die Manie der Geheimniskrämerei. Diese Manie muß zwangsläufig zu einer kollektiven »Belagerungsmentalität« führen, wie sie für viele Sekten typisch ist. Das Opus Dei ist aber insofern untypisch, als es seit einem halben Jahrhundert zur Ausführung seines Apostolats eine finanzielle Macht aufgebaut hat, wie sie bisher keine religiöse Einrichtung besessen hat. Keine andere christliche Sekte hat sich auf diesem Gebiet mit solchem Erfolg betätigt.

Die Äußerungen in *Crónica* sind besonders bedeutsam in einer Zeit, da sich das Pontifikat des gegenwärtigen Papstes seinem Ende nähert. Noch nie war die Frage der Nachfolge so entscheidend. Einige Mitglieder der Kurie sind der Meinung, daß die katholische Kirche wieder Macht im weltlichen wie im geistlichen Sinne ausüben muß, wenn sie im 21. Jahrhundert nicht in Bedeutungslosigkeit versinken will. Sie vertreten die Auffassung, daß Religion eine fehlende Dimension im Dialog zwischen den Völkern und Nationen ist. Letzten Endes sind die Prälaten des Opus Dei jedoch alles andere als offen für den Dialog, denn ein sinnvoller Dialog ist gar nicht möglich mit einer Gruppe oder einer Vereinigung, die überzeugt ist, im Besitz der göttlichen Wahrheit zu sein und daher auf alles eine Antwort zu wissen.

In den meisten wichtigen Fragen kann die Prälatur auf die Unterstützung von mindestens sechzig Kardinälen rechnen. Um sich die Sympathien des Episkopats zu sichern, hat sich das Opus Dei für die Gründung einer »unabhängigen« amerikanischen Stiftung – der Wethersfield Foundation in New York – eingesetzt, die afrikanischen Bischöfen Stipendien für ein Studium in Rom finanziert. Ein Großteil der Katholiken lebt in der Dritten Welt. Das Bestreben des Opus Dei, das theologische Niveau wichtiger Prälaten aus der Dritten Welt zu heben, schien daher zugleich großzügig und weise. Interessanterweise wurden die Schecks der Stiftung jedoch nicht an die vom Opus Dei ausgewählten Stipendiaten ausgestellt, sondern direkt an das theologische Institut der Prälatur in Rom, das Ateneo Romano della Santa Croce. Die Idee war im Grunde genial – sie gestattete es dem Opus Dei, die Afrikaner auf Kosten anderer in großzügiger Weise mit geistlicher Speisung zu verkösten. Hinter diesem scheinbar wohltätigen Angebot soll sich jedoch ein weitaus hinterlistigerer Plan verbergen. Da für das Opus Dei feststeht, daß der nächste Papst aller Wahrscheinlichkeit nach ein Spanier sein wird, soll die Prälatur bereits angefangen haben, sich nach dem übernächsten Pontifex umzusehen – und zu diesem

Zeitpunkt könnte es opportun sein, den ersten schwarzafrikanischen Papst zu wählen. So wie ein polnischer Papst nötig war, um das *Evil Empire* des Kommunismus zu besiegen, so dürfte nach Meinung des Opus Dei offensichtlich ein schwarzer Papst vonnöten sein, um den Vormarsch des Islam in Afrika aufzuhalten. Die Bischöfe von heute sind die Kardinäle von morgen. Das Opus Dei sorgt rechtzeitig dafür, daß seine möglichen Kandidaten entsprechend mit der wahren Lehre der Kirche indoktriniert werden.

Abgesehen von ihrem Einfluß auf das Kardinalskollegium (Ende 1995 waren 122 der 165 Kardinäle von Johannes Paul II. ernannt worden), verfügt die Opus-Dei-Zentrale mit den folgenden achtzehn Prälaten und neun Laien – die Liste ist keineswegs vollständig – über eine solide Machtbasis in der Kurie:

- Monsignore Joaquín Alonso Pacheco, Konsultor der Kongregation für die Heilig- und Seligsprechungen;
- Dr. Carl A. Anderson, Vizepräsident des Johannes-Paul-II.-Institutes für die Familie;
- Pfarrer Professor Eduardo Baura, Konsultor der Kongregation für die Evangelisation der Völker;
- Reverend Dr. Cormac Burke, Mitglied des Assessorenkollegiums beim Gerichtshof der Römischen Rota;
- Monsignore Ignacio Carrasco de Paula, Professor am Ateneo Romano della Santa Croce, Mitglied der Päpstlichen Akademie für das Leben, Konsultor der Päpstlichen Räte für die Familie und für die Pastorale im Krankendienst;
- Erzbischof Juan Luis Cipriani, Konsultor der Kongregation für den Klerus;
- Monsignore Professor Lluis Clavell Ortiz-Repiso, Rektor des Ateneo Romano della Santa Croce, Konsultor der Kongregation für das katholische Bildungswesen und Sekretär des Päpstlichen Rates für die Kultur;
- The Honourable Virgil C. Dechant, Vorstandsmitglied des IOR, Mitglied der Päpstlichen Räte für die Familie und für die sozialen Kommunikationsmittel sowie Berater des Vatikanischen Stadtstaates; seine Frau Ann sitzt ebenfalls im Päpstlichen Rat für die Familie;
- Monsignore Stanislaw Dziwisz, *capo ufficio* der ersten Sektion des Staatssekretariats und persönlicher Sekretär des Papstes;

- Pfarrer Professor José Escudero Imbert, Konsultor der Kongregation für die Heiligsprechungen;
- Monsignore Amadeo de Fuenmayor, Konsultor des Päpstlichen Rates für die Interpretation von Gesetzestexten;
- Monsignore Ramón García de Haro, Konsultor des Päpstlichen Rates für die Familie;
- Monsignore José Luis Gutiérrez Gómez, Mitglied des Kollegiums der Relatoren bei der Kongregation für die Heiligsprechungen und Konsultor des Päpstlichen Rates für die Interpretation von Gesetzestexten;
- Dr. John M. Haas, Vorsitzender des Internationalen Institutes für Kultur und Fakultätsmitglied am Johannes-Paul-II.-Institut für die Familie. Die Gründung des Kulturinstituts erfolgte nach dem Aufruf Johannes Pauls II. zur Reevangelisierung der Kultur. Das Institut führt Gruppen prominenter Intellektueller aus Europa und Amerika auf Reisen zu katholischen Stätten in Europa; es arbeitet eng mit der Internationalen Akademie für Philosophie in Liechtenstein zusammen und dient dem Opus Dei zur Rekrutierung auf höherer Ebene.
- Erzbischof Julián Herranz Casado, Konsultor der Kongregation für die Bischöfe, Präsident des Rates für die Interpretation von Gesetzestexten, Mitglied des Obersten Gerichtshofes, der Apostolischen Signatur, und neben den Erzbischöfen Cheli und Foley einer der Vorsitzenden des Beraterstabes des Päpstlichen Hauses;
- Pfarrer Professor Gonzalo Herranz Rodríguez, Leiter der Fakultät für Bioethik an der Universität von Navarra, Präsident des Direktoriums der Päpstlichen Akademie für das Leben und Konsultor der Kongregation für das katholische Bildungswesen;
- Monsignore José Tomás Martín de Agar y Valverde, Richter beim Ordinariatsgericht des Vikariats von Rom;
- Professor Jean-Marie Meyer, Philosoph, gemeinsam mit seiner Frau Anouk Lejeune Mitglied des Päpstlichen Rates für die Familie (Anouk Leujeunes Mutter, Birthe Brinsted Lejeune, ist die Witwe des berühmten Biogenetikers Jérôme Lejeune, der ein menschliches Chromosom entdeckte, das mit geistigen Entwicklungsstörungen zusammenhängt; sie ist Ehrenmitglied der Päpstlichen Akademie für das Leben);
- Alberto Michelini, Abgeordneter im Europaparlament und Medienberater des Vatikans;
- Pfarrer Antonio Miralles, Konsultor der Kongregation für die Glaubens-

lehre und ehemaliger Dekan der Theologischen Fakultät am Ateneo Romano della Santa Croce;

- Monsignore Fernando Ocáriz, der neue Generalvikar des Opus Dei, Konsultor der Kongregation für die Glaubenslehre und ständiges Mitglied der Päpstlichen Kommission »Ecclesia Dei«, die 1988 gegründet wurde, um die Mitglieder der Econe-Bewegung von Erzbischof Lefebvre in den Schoß der Kirche zurückzuführen;
- Monsignore Enrique Planas y Comas, Direktor der Filmoteca Vaticana;
- Professor José Angel Sánchez Asiain, Vorstandsmitglied des IOR;
- Botschafter Alberto Vollmer, Konsultor der Vermögensverwaltung des Apostolischen Stuhls und gemeinsam mit seiner Frau, Gräfin Cristina, Mitglied des Päpstlichen Rates für die Familie;
- Monsignore Javier Echevarría, Großkanzler des Ateneo Romano della Santa Croce und Konsultor der Kongregation für die Heiligsprechungen. Im März 1995 ernannte ihn Johannes Paul II. zum Konsultor der Kongregation für den Klerus, wodurch das Opus Dei weiteren Einfluß auf die Gestaltung der Laufbahn von Diözesanpriestern auf der ganzen Welt erhielt;
- Weitere fünfzig Opus-Dei-Priester tragen den Ehrentitel eines Kaplans des Päpstlichen Hauses beziehungsweise eines Prälaten des Heiligen Stuhls.

Inzwischen sind es nicht einmal mehr fünf Jahre bis zur großen Jahrtausendfeier. Im Leben einiger Schlüsselfiguren dieses endlosen Intrigenspiels haben sich in jüngster Zeit einige beunruhigende Ereignisse zugetragen. Catalina Serus, die Oberin des Karmeliterinnenklosters, in dem Concepción Boullón Rubio lebte, behauptete, sie hätte nicht gewußt, daß Schwester Concepción je krank gewesen wäre; deshalb wundere sie sich, wie sie durch Escrivá de Balaguers Fürbitte geheilt worden sein soll. Diese Enthüllung weckte weitere ernsthafte Zweifel an der Echtheit des Wunders, das die Seligsprechung des Gründers untermauerte, und dürfte auch die Reputation des Generalpostulators Pater Flavio Capucci in Frage stellen.

Der aus dem Opus Dei verstoßene José María Ruiz-Mateos gründete in Spanien eine eigene politische Partei, die sich ganz dem Kampf gegen die Korruption verschrieb. In Spanien waren 22 Prozent der Erwerbsbevölkerung arbeitslos, 8 Prozent lebten unter der Armutsgrenze, und es herrschte eine tiefe Unzufriedenheit. Zur Unterstützung seiner Kampagne kaufte

Ruiz-Mateos einen Madrider Radiosender, Radio Liberty, und moderierte eine tägliche Talk-Sendung mit dem Titel »Der Stich der Biene«. Er richtete auch ein Büro zur Untersuchung von Skandalen ein, auf die seine Hörer ihn aufmerksam machten. Einer der größten Skandale bestand seiner Ansicht nach darin, daß Felipe González 1985 ein uneheliches Kind gezeugt hatte, dessen panamaische Mutter mit einem überführten Bankräuber verkehrte und für ein lateinamerikanisches Syndikat Drogendollars gewaschen haben soll.

Die Korruption hatte den dreizehn Regierungsjahren von Felipe González ihren Stempel aufgedrückt. Ein gutes Beispiel war der Aufstieg des politischen Drahtziehers Antonio Navalón. Doch auch sein Schicksal nahm eine traurige Wendung, als er beschuldigt wurde, Beamte des Finanzministeriums mit drei Millionen Pfund aus der Tasche des gestürzten Banesto-Präsidenten Mario Conde bestochen zu haben. Durch Flucht entzog er sich der spanischen Justiz. Navalón war wenigstens noch am Leben. Einer derjenigen, die er am meisten bewunderte, nämlich der ehemalige Justizminister Pio Cabanillas, soll seine Freunde beim Opus Dei enttäuscht und sich somit den Zorn Gottes zugezogen haben. Als er an einer Sitzung des Europäischen Parlaments in Straßburg teilnahm, wurde er in Begleitung von Transvestiten fotografiert und beschuldigt, einem Verein von Pädophilen anzugehören. Er starb am 10. Oktober 1991 in Madrid an einem Herzinfarkt und wurde beerdigt, bevor sein Sohn aus den Vereinigten Staaten anreisen konnte.

Dann mußte Alfredo Sánchez Bella der Grand Tibidabo Company in Barcelona, die dem Opus Dei inzwischen als Ersatz für Rumasa diente, aus der Klemme helfen. »Ich bin nicht Mitglied des Opus Dei; ich verfüge nicht über die nötigen Verdienste«, erklärte Francos ehemaliger Tourismusminister gegenüber *El País*.[4] Er besaß 18 Prozent der Grand Tibidabo, deren Vorsitzender Javier de la Rosa – ein Finanzberater von König Juan Carlos – wegen Betrugs im Gefängnis saß. De la Rosa war Spanien-Repräsentant des Kuwait Investment Office. Seine Frau, Mercedes Misol, war Supernumerarierin; de la Rosa selbst soll dem Opus Dei zufolge jedoch nicht Mitglied gewesen sein.

Viele glaubten, de la Rosa habe sich zusammen mit einem anderen Berater des Königs, Manuel de Prado, den Zorn des Opus Dei zugezogen. De la Rosa, der viele Projekte des Werkes unterstützt hatte, soll angeblich Befehle nicht befolgt haben. Manuel de Prado, der ehemalige stellvertretende Vorsitzende der Grand Tibidabo, hatte seine Gattin, eine Supernumerarierin, wegen einer anderen Frau verlassen und wurde – zu Unrecht, wie er beteuerte – in den Skandal um de la Rosa hineingezogen. Bei den Ermittlungen im Fall de la Rosa wurde die Behauptung laut, er habe mit 60 Millionen Pfund Schmiergeld aus der Tasche der Kuwaitis den König dazu bewegen wollen, während der Golfkrise die Landung amerikanischer Flugzeuge auf spanischen Stützpunkten zu gestatten. Es war das erste Mal, daß der Name des Königs mit einem öffentlichen Skandal in Verbindung gebracht wurde, doch auch er soll sich aufgrund der Gesellschaft, mit der er sich umgab, den Unwillen des Opus Dei zugezogen haben. Bis der spanische Generalstaatsanwalt beschloß, seine Ermittlungen zur Frage der Bestechlichkeit des Königs einzustellen, ging das Gerücht um, Juan Carlos müsse zugunsten seines Sohnes, Prinz Felipe, abdanken. Felipes Schwester, die Königliche Prinzessin, war mit einem Opus-Dei-Supernumerarier verheiratet.

Die Madrider Tageszeitung *Dario 16* berichtete ohne Angabe von Quellen, der Papst sei ein Komplize der geldgierigen Intriganten des Opus Dei:

»Wieso reisen Sie nach Italien?« wurde de la Rosa einmal im Zarzuela-Palast gefragt.

Der katalanische Promoter senkte mit feuchten Augen den Blick: »Es ist ein Geheimnis ... aber ich finanziere ein Opus-Dei-Krankenhaus für unterprivilegierte Kinder«, erklärte er vertraulich.

In Rom fragte ihn der Krankenhausdirektor nach einer Besprechung des Projekts: »Don Javier, wollen Sie mich zum Vatikan begleiten und sehen, welch großartige Arbeit die Japaner in der Sixtinischen Kapelle vollbringen?«

Don Javier nahm das Angebot an. Als sie im Vatikan eintrafen, sagte der Direktor: »Warten Sie hier einen Moment, ich gehe mir die Hände waschen.«

Er verschwand. Ein paar Minuten später öffnete sich wie durch ein Wunder eine andere Tür, durch die Johannes Paul II. höchstpersönlich trat. Er kam langsam auf Don Javier zu und sprach ihn leise an: »Señor de la Rosa, ich bitte tausendmal um Verzeihung, aber die Wege des Herrn sind unergründlich. Ich sehe, Sie sind ein redlicher und mitfühlender Mensch. In dieser Zeit der Krise ist die Kirche wieder von ernsten Problemen bedroht. Ich rechne auf Ihre Unterstützung.«

Und der Heilige Vater ging seiner Wege ...[5]

Sollte die Amtszeit Papa Wojtylas vor der Jahrtausendwende enden, so wäre derzeitigen Gerüchten zufolge Kardinal Ricardo María Carles von Barcelona Spitzenkandidat des Opus Dei für seine Nachfolge. Aufgrund seines Alters könnte der siebzigjährige Carles nur als Übergangspapst betrachtet werden. Dies würde dem Opus Dei genügend Zeit geben, einen jüngeren afrikanischen Prälaten als Nachfolger des Fischers heranzuziehen. Aber diese Pläne scheiterten, als der italienische Heißgeld-Dealer Riccardo Marocco behauptete, Carles habe mitgeholfen, über die Vatikanbank astronomische Geldsummen für einen internationales Handelsring zu waschen, der unter anderem das Weißwaschen von Drogengeldern für die großen Sydikate besorgte und mit Waffen, kriegswichtigem Material, und Edelmetallen handelte. Zu diesen Handelsgütern gehörte auch eine furchterregende Ware: »Red Mercury« (rotes Quecksilber), das als »kirschrot und sehr gefährlich« beschrieben wird und beim Bau einer neuen Generation von Atomwaffen mit extrem großer Zerstörungskraft eingesetzt wird. Die Justizbehörden von Torre Annunziata, südlich von Neapel, die den Handelsring aufgedeckt hatten, wollten Carles vernehmen, doch die spanische Justiz meinte, die Beweise gegen den Kardinal reichten nicht aus.

Sieben Monate später, im Juni 1996, machten die Ermittlungen mit der Verhaftung von 20 Personen in Italien und dem Erlaß von einem Dutzend internationaler Haftbefehle plötzlich einen großen Sprung. Unter den Verhafteten war auch jemand, der früher für die CIA in Südeuropa als Zahlmeister tätig war und behauptete, von der Verschwörung zur Vergiftung von Johannes Paul I. zu wissen. Die Polizei durchsuchte die Wohnung von Licio Gelli, den mehrere der Angeklagten als einen der Haupt-Geldwäscher identifizierten. Wieder tauchten die Namen der Banda della Magliana un der Camorra auf. Der Waffenhandel betraf vor allem Kroatien, während Libyen mit seinem geheimen Aufrüstungsprogramm zu den Kunden für das Red Mercury zählte.

Die Justizbehörden hielten ihre Vorwürfe gegen den Erzbischof von Barcelona aufrecht, den sie verdächtigten, über die Vatikanbank mindestens 100 Millionen Dollar waschen geholfen zu haben. Doch der erzkonservative Carles, der in der Vergangenheit sozialistische Minister wegen ihrer korrupten Praktiken angegriffen hatte, bestritt, in die Angelegenheit verwickelt zu sein, und behauptete, die Anschuldigungen seien die jüngsten Attacken seitens der Feinde der Kirche. »Es verbergen sich wichtige Finanzinteressen hinter diesen Angriffen von Leuten, die eine Menge

Geld verlieren, wenn die Kirche Ethik, Moral und arme Länder verteidigt ... Die Angriffe zielen stets auf gewisse Kardinäle und haben sich
nachträglich immer als unbegründet erwiesen. Nun bin ich an der Reihe.«[7]
Der Vatikan stellte sich umgehend hinter ihn. Navarro-Valls gab ein
Statement ab, in dem es hieß: »... keinerlei Verbindungen bestanden
zwischen dem Kardinal, dem IOR und den Personen, die in den Ermittlungen [von Neapel] genannt wurden.«[8] War dies ein Dementi von derselben Art wie die Beteuerung, »der IOR erhielt keinerlei Mittel vom Ambrosiano-Konzern beziehungsweise von Roberto Calvi und ist daher nicht
verpflichtet, irgend etwas zurückzuzahlen«? Die Zeit wird es lehren. Kurz
nachdem die Vorwürfe erhoben wurden, trat jedoch der Finanzverwalter
des Kardinals, der Anwalt Abel del Ruste Ribera, von seinem Posten
zurück.

Die Sache war so ernst, daß Johannes Paul II. sich persönlich einschaltete
und versuchte, seinen möglichen Nachfolger von jedem Verdacht reinzu-
waschen. Er empfing Carles in einer Privataudienz, die fast eine Stunde
währte, und berief ihn in das Aufsichtsgremium der Präfektur für die
Wirtschaftsangelegenheiten des Heiligen Stuhls unter Kardinal Szoka.
»Die Begegnung war von großer Bedeutung«, kommentierte die Madrider Tageszeitung *ABC*, »und zwar wegen der hinterhältigen Kampagne,
die gegen den katalanischen Prälaten geführt wurde ... Die Vorwürfe sind
erwiesenermaßen absurd und entbehren jeder Grundlage ...«[9]
Inzwischen hatte sich der Religionskrieg bis nach Genf ausgeweitet. Genf
war die Stadt Calvins, europäischer Sitz der Vereinten Nationen, Geburtsort des Internationalen Roten Kreuzes und neuerdings Standort der Opus-
Dei-eigenen »Universität für Menschenrechte«. Im November 1995 ermordeten Anhänger der *Gama'a al-Islamiya* in einer Genfer Tiefgarage
einen ägyptischen Diplomaten. Kairo behauptete, Ayman Zawahri, der
Kopf der militanten islamischen Killerkommandos in Europa, führe in
einem Schweizer Bergdorf ein sorgloses Leben als bezahlter Under-
coveragent. Die Schweizer Behörden behaupteten indes, seinen Aufenthaltsort nicht bestimmen zu können.

Das FBI schien dagegen besser informiert zu sein. Unter der Leitung des
Opus-Dei-Supernumerariers Louis Freeh untersuchte es die Bombenanschläge in Saudi-Arabien, bei denen 24 Amerikaner getötet und Hunderte
anderer schwer verletzt wurden. FBI-Experten sahen in den Anschlägen
einen Beweis dafür, daß der islamische Fundamentalismus im Nahen
Osten auf dem Vormarsch war. Eine Gruppe, die sich als Islamische

Bewegung für Veränderung bezeichnete, forderte alle amerikanischen und britischen »Kreuzfahrer«-Truppen auf, das heilige Land des Islam zu verlassen, wenn sie nicht zum Ziel eines Dschihad gegen die saudiarabische Königsfamilie und deren Verbündete werden wollten. Freeh teilte einem Gremium des amerikanischen Senats im März 1996 mit, »sensible Quellen« hätten das FBI informiert, die Hamas-Bewegung sammle in den Vereinigten Staaten Mittel für die Finanzierung ihrer Selbstmordkommandos. Freeh wollte nicht sagen, wer seine »sensiblen Quellen« waren, doch man darf sich zu Recht fragen, ob sie nicht mit dem Geheimdienstnetz des Opus Dei in Verbindung gestanden haben mochten.

Nach der Niederlage von Felipe González bei den spanischen Wahlen von 1996 gelangte das Opus Dei unter dem neuen Ministerpräsidenten José María Aznar wieder an die Macht. Zahlreiche Parteifreunde von Aznar aus der Partido Popular waren Mitglieder des Opus Dei und wurden automatisch Kabinettsmitglieder. Sein »Saubermann«, der Supernumerarier Federico Trillo, ein unversöhnlicher Kämpfer gegen sozialistische Korruption, wurde zum Vorsitzenden der Nationalversammlung ernannt. Aber Aznar sorgte auch dafür, daß verdiente Opus-Dei-Mitglieder oder enge Verbündete in Schlüsselpositionen der Verwaltung landeten. So wurde beispielsweise Alberto de la Hera zum leitenden Direktor für Religionsfragen im Justizministerium berufen. In dieser Funktion kontrollierte er sowohl die staatlichen Zuschüsse an religiöse Organisationen als auch allgemein offizielle Regierungskontakte zur kirchlichen Hierarchie. Innerhalb weniger Wochen gerieten auch andere Ministerien unter die Kontrolle von Opus-Dei-freundlichen Verwaltungsbeamten. So war die katholische Allianz Europas, die Pius XII. als Bollwerk gegen den Kommunismus hatte gründen wollen, schließlich Wirklichkeit geworden, denn die Mittelmeerländer Spanien, Frankreich, Italien und Kroatien vereinten sich nun unter dem Einfluß des Opus Dei, um die Welle illegaler Einwanderer abzuwehren und gemeinsam den Terror zu bekämpfen. Das Opus Dei schien aber auch fest entschlossen zu sein, strengere Einschränkungen der freien Meinungsäußerung durchzusetzen; es trat dafür ein, exzessive Gewalt und Blasphemie aus dem staatlichen Fernsehen zu verbannen und die moralischen Werte, die Johannes Paul II. in der Enzyklika *Veritas Splendor* propagiert hatte, durch entsprechende Gesetze zu fördern. Der ehemalige spanische Außenminister Marcelino Orega-Aguirre, ein Mitglied des Opus Dei, wurde zum Überwacher für audiovisuelle Medien bei der Europäischen Kommission in Brüssel berufen. Er tat sofort seine Absicht kund, in den europäischen Programmen einen höheren moralischen Standard einzuführen.[10]

Das Opus Dei war auch auf anderen Gebieten wachsam. Erzbischof Julián Herranz vom Rat für die Interpretation von Gesetzestexten verfügte beispielsweise, daß nach Artikel 66 des Verhaltenskodexes der Kongregation für den Klerus zivile Kleidung für Priester verboten war. In dem Artikel war vorgeschrieben, daß geweihte Mitglieder der Kirche Priestertracht tragen müssen. Eine Woche später hieß es in einer Entscheidung der Kongregation für die Glaubenslehre, zu deren Konsultoren auch der neue Generalvikar des Opus Dei, Fernando Ocáriz, und dessen Berater, der Theologe Antonio Miralles, gehörten, das päpstliche Verbot der Ordination von Frauen sei ein unfehlbarer Bestandteil der katholischen Glaubenslehre und könne weder in Zweifel gezogen noch geändert werden.

»Wir gehören zu den engagiertesten Verfechtern der Auffassung, daß es eine unumstrittene Wahrheit gibt«, behauptete Monsignore Rolf Thomas, der ehemalige Studienpräfekt des Opus Dei, der innerhalb der Prälatur als *Il Gran Inquisitor* bezeichnet wird. Ein ehemaliger Priester vom Heiligen Kreuz, der die Prälatur von innen kennenlernte, meinte, die Prälaten des Opus Dei seien überzeugt, im Besitz der göttlichen Wahrheit und zugleich die »Erben« der Tempelritter zu sein.

»Sie sind sich sicher«, bestätigte Pater Felzmann, »daß das Opus Dei keine gewöhnliche religiöse Organisation ist und daher nicht der Autorität der Kirche untersteht. Dieselbe Arroganz zeichnete die Tempelritter aus – zölibatäre und virile christliche Krieger voller Glaubenseifer. Weil sie fest entschlossen waren, sich jeder Form von Kontrolle zu entziehen, mußten sie mit aller Gewalt materielle Ziele verfolgen. Obwohl sie arm bleiben wollten, erwarben sie große Reichtümer. Aufgrund ihres mönchischen Eifers und Gehorsams wurden sie allmählich aus höchst komplexen Gründen zu einer mächtigen wirtschaftlichen und politischen Kraft.«

»Der Zweite Psalm war die Hymne der Templer. *Warum toben die Völker, warum machen die Nationen vergebliche Pläne?* Jedes zölibatäre Mitglied des Opus Dei, Mann wie Frau, muß jeden Dienstag nach dem Aufstehen den Zweiten Psalm rezitieren. ›Wir sind die Kinder Gottes, und wir singen den Zweiten Psalm.‹ Die Opus-Dei-Streiter singen denselben Psalm wie die Tempelritter. Beim Opus Dei trifft man auf dieselbe elitäre Haltung wie bei den Templern; dies rührt vermutlich von jener Kriegermentalität her, von der Vorstellung eines äußeren Feindes und von jenem verbindenden Corpsgeist. Jene, die zu lange in einer solchen Atmosphäre leben, werden über kurz oder lang paranoid. Sie sind größenwahnsinnig. Sie fühlen sich überlegen. Sie sind die Besten, sie sind einzigartig, und gleichzeitig fühlen sie sich von einem Feind verfolgt. Und weil sie mißtrauisch sind, scheuen sie sich, der übrigen Welt frei und offen zu begegnen.«

»*Deus le volt!* Wir sind von Gott erwählt. Nicht der Gründer hat dies gesagt. Die derzeitigen Opus-Dei-Führer in Rom sagen das. Ich habe vier Jahre lang mit ihnen zusammengelebt. Sie erklärten mir aus tiefster Überzeugung: ›Wir wurden von Gott erwählt, die Kirche zu retten.‹ Einige von ihnen behaupten ganz unverblümt, in zwanzig oder dreißig Jahren wäre das Opus Dei das einzige, was von der Kirche übrigbleiben werde. Die ganze Kirche wird zum Opus Dei werden, denn: ›Wir haben eine orthodoxe Vision, die rein, gewiß, gefestigt und in jeder Hinsicht gesichert ist. Der Gründer wurde von Gott auserwählt, die Kirche zu retten. Daher ist Gott mit uns.‹ – ›*Gott mit uns!*‹ Das war der Schlachtruf der deutschen Kreuzritter.«

Und einmal in der Woche zitiert jeder Opus-Dei-Numerarier, nachdem er den Boden geküßt hat, den Rat des Herrn an die Könige:

Nun denn, ihr Könige, kommt zur Einsicht,
laßt euch warnen, ihr Gebieter der Erde!
Dient dem Herrn in Furcht,
und küßt mit Beben ihm die Füße,
damit er nicht zürnt
und euer Weg nicht in den Abgrund führt.
Denn wenig nur, und sein Zorn ist entbrannt.
Wohl allen, die ihm vertrauen.[11]

Anhang

Anmerkungen

Einführung

1 Alan Cowell, »The Pope's Plea to Sudan«, New York Times Service, *Internatio-nal Herald Tribune*, 11. Februar 1993.
2 Es sind dies Aserbaidschan, Kasachstan, Kirgisien, Turkmenien und Usbeki-stan.
3 Andrew Soane, Leiter des Opus-Dei-Informationsbüros in Großbritannien, 24. März 1995.

1 De Causis Sanctorum

1 In seiner Homilie anläßlich einer Requiemsmesse für Vater Escrivá am 26. Juli 1975 bemerkte Monsignore del Portillo: »Unser Vater ist bei Gott im Himmel.« [Quelle: *Opus Dei Informationsblatt* Nr. 1, S. 4, herausgegeben vom Vizepostu-lator des Opus Dci in Deutschland, Köln 1976, Nachdruck 1982].
2 Das Opus Dei bestritt, von diesem Zwischenfall gewußt zu haben. Auf die Frage, ob eine entsprechende Drohung eingegangen sei, erwiderte der britische Pressesprecher, »die Antwort lautet *wahrscheinlich* [sic], daß es keine derartige Drohung gab«.
3 Patrick Welsh, »Is Sexual Dysfunction Killing the Catholic Church?« *The Washington Post*, 8. August 1993.
4 William D. Montalbano, »Pope to Beatify Controversial Spanish Priest«, *Los Angeles Times*, 16. Mai 1992.
5 Patrice Favre, »Le pape béatifie le Père de l'Opus Dei«, *Le Courrier*, Genf, 16. Mai 1992.
6 Der Artikel erschien am 13. Januar 1992 in *Newsweek*, Kenneth L. Woodward ist der Verfasser des Buches *Making Saints – How the Catholic Church Deter-mines Who Becomes A Saint, Who Doesn't and Why*, Simon & Schuster, New York 1990.
7 Interview in *Il Regno*.
8 »Béatification du fondateur de l'Opus Dei – Toujours des polémiques à propos d'Escrivá de Balaguer«, APIC Bulletin Nr. 357, 23. Dezember 1991.
9 »L'Opus Dei de Belgique réfute les ›déclarations polémiques‹ concernant la béatification de Mgr Escrivá de Balaguer – Une réponse aux assertions cri-tiques du Professor Velasco«, APIC Bulletin Nr. 8, 8. Januar 1992.
10 Salvador Bernal, *Monsignor Josemaría Escrivá de Balaguer – A Profile of the Founder of Opus Dei*, Scepter, London 1977, S. 284. Deutsche Ausgabe; *Monsi-gnore Josemaría Escrivá de Balaguer. Aufzeichnungen über den Gründer des Opus*

475

Dei, Köln 1978. [Die Zitate von Bernal wurden nach dem englischen Wortlaut übersetzt; Seitenangaben beziehen sich auf die englische Ausgabe; *Anm. d. Übers.*]

11 Vladimir Felzmann, »Schaden durch gute Menschen«, Interview mit Felzmann in London; Interviewer Peter Hertel. In Peter Hertel, *Geheimnisse des Opus Dei. Verschlußsachen – Hintergründe – Strategien*, Freiburg, Herder, 1995, S. 53–59.

12 Brief von Kardinal Pietro Palazzini an Monsignore Oscar Buttinelli vom 10. Juni 1986.

13 Brief von Dr. John J. Roche an Monsignore Oscar Buttinelli vom 28. Juli 1986. Escrivá-Zitat aus *Crónica*, Februar 1972, zitiert in Hertel, op. cit., S. 94.

14 Peter Hebblethwaite, »New evidence surfaces in Escrivá canonization«, *National Catholic Reporter*, Kansas City, 22. Mai 1992.

15 »Une béatification au forceps«, *Golias* Nr. 30, Sommer 1992 (Lyons), S. 90.

2 Barbastro

1 Dem *Annuario Pontifico 1992* zufolge umfaßt die Diözese von Barbastro 4397 Quadratkilometer und zählt 31590 Einwohner, von denen 140 nicht katholisch sind.

2 François Gondrand, *At God's Pace*, Scepter, London 1989, S. 30; sowie Andrés Vázquez de Prada, *El Fundador del Opus Dei*, Ediciones Rialp, Madrid 1983, S. 51.

3 Peter Berglar, *Opus Dei – Leben und Werk des Gründers Josemaría Escrivá*, Adamas, Köln, S. 23.

4 Bernal, op. cit., S. 24; sowie Berglar, op. cit., S. 26–27.

5 Berglar, op. cit., S. 19. In der englischen Übersetzung, die 1994 bei Scepter erschien, fehlt dieser Abschnitt. [Der Autor zitiert aus der französischen Ausgabe, die unter dem Titel *L'Opus Dei et Son Fondateur Josemaría Escrivá* 1992 bei MamE, Paris erschien: *Anm. d. Übers.*]

6 Gondrand, op. cit., S. 27.

3 Feinde des Kreuzes

1 Bernal, op. cit., S. 21–22. Siehe auch Vázquez de Prada, op. cit., S. 55, mit einem Zitat aus *Juventud Semanario Literario (Sección de Gacetillas)*, 1. Jahrgang, Nr. 4, 13. März 1914.

2 Edward Gibbon, *Decline and Fall of the Roman Empire* (1776–88), Kapitel 49; *Verfall und Untergang des Römischen Reiches*, übersetzt von Johann Sporschill, Nördlingen, Verlag Franz Greno, 1987.

3 Martin Scott, *Medieval Europe*, Longmans, 1964, S. 15.

4 Steven Runciman, *A History of the Crusades* (1950–54), *Geschichte der Kreuzzüge*, übersetzt von Peter de Mendelssohn, München 1995, zweites Buch.

5 Der Zweite Kreuzzug von 1147 bis 1149 wurde angeführt von König Ludwig VII.

von Frankreich und Kaiser Konrad III. Nach einer erfolglosen Belagerung von Damaskus wurde er aufgelöst.

6 Paul Kennedy, *The Rise and Fall of the Great Powers*, Fontana, London 1989, S. 59.

4 Bankrott

1 Gerald Brenan, *The Spanish Labyrinth*, Cambridge University Press, 1993, S. 23f.

2 Vázquez de Prada, op. cit., S. 56.

3 Gondrand, op. cit., S. 31.

4 Bernal, op. cit., S. 26, 28.

5 Gondrand, op. cit., S. 36.

6 Bernal, op. cit., S. 61.

7 Vázquez de Prada, op. cit., S. 75.

8 Friedrich Nietzsche, *Die fröhliche Wissenschaft* (1881/82, 1886), Fünftes Buch, Alfred Kröner, Stuttgart 1921.

5 »Mach, daß ich sehe«

1 Den Ausdruck »Geschenk Gottes an die Kirche unserer Zeit« prägte einer der Richter der Kongregation, der die Seligsprechung Escrivás befürwortete.

2 Bernal, op. cit., S. 66; sowie Berglar, op. cit., S. 34.

3 *Opus Dei Informationsblatt* Nr. 9, S. 7, »Im Seminar von Saragossa«.

4 Gondrand, op. cit., S. 43; sowie Vázquez de Prada, op. cit., S. 88.

5 Diese Praxis, die aus dem 5. Jahrhundert stammte, wurde 1973 von Papst Paul VI. abgeschafft.

6 Vázquez de Prada, op. cit., S. 107.

7 Vergleiche Markus 10,51–52.

8 Berglar, op. cit., S. 60–61; Zitat aus *Articoli del Postulatore*, Abschnitt 45, Rom 1979.

9 Pedro Rodríguez, *Palabra*, Madrid, Oktober 1967.

10 Thomas von Aquin (um 1225–74) wurde neunundvierzig Jahre nach seinem Tode kanonisiert. Dies war eine sehr kurze Zeit. Die Heiligsprechung des Gründers des Dominikanerordens, Dominikus Guzmán (um 1170–1221) erfolgte allerdings noch schneller, nämlich dreizehn Jahre nach seinem Tod.

11 »Zweiter Oktober 1928«, *Opus Dei Informationsblatt* Nr. 1 (Köln 1976/1982), S. 9; siehe auch Amadeo de Fuenmayor et al., *L'itinéraire juridique de l'Opus Dei – Histoire et défense d'un charisme*, Desclée, Paris 1992, S. 36. Außerdem Berglar, op. cit., S. 66.

12 Berglar, op. cit., S. 84.

13 Ibid, S. 89.

14 Das Zitat entstammt dem 5. Abschnitt des Briefs vom 24. März 1930. [Die

Übersetzung folgt dem Wortlaut des Autors, der diese Stelle aus der französischen Ausgabe von Berglar, op. cit., zitiert; in der deutschen Ausgabe, S. 86, weicht der Wortlaut der Übersetzung von Escrivás Brief ab: *Anm. d. Übers.*]

15 De Fuenmayor et al., op. cit., S. 75–77.

16 *Conversations with Monsignore Escrivá de Balaguer* (Peter Forbath, *Time* Magazine), Scepter, London 1993, S. 62.

17 Giancarlo Rocca, *L›Opus Dei‹ – Appunti e Documenti per una Storia*, Edizioni Paoline, Rom 1985, S. 20; zitiert wird aus dem Dokument *Beatificationis et canonisationis Servi Dei Isidori Zorzano Ledesma viri laici*, unterzeichnet von Kardinal Bacci in Rom, 1946.

18 Gondrand, op. cit., S. 80.

6 Dios y Audacia

1 Harry Gannes und Theodore Repard, *Spain in Revolt*, Victor Gollancz, London 1936, S. 47.

2 Gondrand, op. cit., S. 75.

3 Vázquez de Prada, op. cit., S. 139.

4 Josemaría Escrivá de Balaguer, Maxime 626, *Der Weg* (zehnte Auflage), Adamas Verlag, Köln 1982.

5 Berglar, op. cit., S. 106.

6 Bernal, op. cit., S. 139–140.

7 *Crónica* I, eine interne Publikation für Opus-Dei-Numerarier, Rom 1971.

8 Miguel Fisac, Notizen, 8. Juni 1994.

9 Berglar, op. cit., S. 105.

10 Das Zitat aus *El Debate* findet sich in Gannes und Repard, op. cit., S. 71.

11 Fisac, Notizen, 8. Juni 1994.

12 Miguel Fisac in einem Brief an Luis Borobio vom 18. Februar 1995.

13 Fisac, Notizen, 8. Juni 1994.

14 Gannes und Repard, op. cit., S. 117.

15 Gondrand, op. cit., S. 127–128.

16 Ibid, S. 128.

7 Säbel und Meßgewänder

1 Gabriel Campo Villegas, *Esta es Nuestra Sangre*, Publicaciones Claretianas. Madrid 1992. Einzelheiten zum Martyrium des Bischofs Florentino Asensio entstammen diesem Buch und einem Interview, das der Autor am 22. Juni 1994 in Barbastro mit Pater Campo führte. Die Kongregation für Heiligsprechungen in Rom erwägt die Seligsprechung von Bischof Asensio.

2 Miguel Fisac, Notizen, 8. Juli 1994.

3 Anmerkungen von Miguel Fisac zu Pedro Casciaros Buch, *Soñad y os quedaréis cortos*, November 1994.

478

4 Tagebucheintrag von María Josefa Segovia vom 21. Januar 1938, zitiert von Flavia-Paz Velázquez in *Vida de María Josefa Segovia*, Publicaciones de la Institución Teresiana, Madrid 1964, S. 205.

5 Pater Poveda wurde im Oktober 1993 von Johannes Paul II. seliggesprochen.

6 Die Prälaten waren Antonio de Sentmanat, Patriarch von Indien, Kaplan König Karls IV. von Spanien, Generalvikar der Königlichen Truppen zu Lande und zur See (1743–1806), und Jacobo Cardona y Tur, Patriarch von Westindien, Titularbischof von Zion, Königlicher Oberkaplan und Generalvikar der Armee (1838–1923).

7 Pedro Casciaro, *Soñad y os quedaréis cortos*, Ediciones Rialp, Madrid 1994, S. 162.

8 Miguel Fisac, Notizen, 11. November 1994.

9 Paul Preston, *Franco*, Harper Collins, London 1993, S. 322.

10 Brian Crozier, »Spain under its little dictator«, *The Times* (London) 18. Oktober 1993. Auch Gabriel Campo Villegas, der Bürgerkriegshistoriker von Barbastro, schätzte in einem Gespräch mit dem Autor im Juni 1994 die Zahl der Opfer während des Krieges und der anschließenden Jahre der Unterdrückung auf etwa 750 000.

11 *The Times*, London, 21. April 1939.

12 *ABC*, Madrid, 22. Mai 1939, zitiert in Preston, op. cit., S. 330; sowie *The Times* (London), 22. Mai 1939.

13 Tom G. Burns, »Fresh Thoughts on Franco«, *The Tablet*, 21. November 1992.

14 Vorwort des Herausgebers, *Der Weg*, Köln, Adamas Verlag, 1982.

15 1. Korinther 11,29.

16 José María Castillo, *La Anulación del Discernimiento*. Von Pater Castillo stammt außerdem *El discernimiento cristiano segun San Pablo*, Granada 1975. [Deutsche Zitate nach: José Castillo: *Die »Nachfolge Christi« und der »Weg«. Zum Thema ›unterscheidendes Erkennen‹*, Concilium 11/1978, S. 585–590].

8 Fromme Vereinigung

1 Berglar, op. cit., S. 141; das Zitat entstammt Escrivás Brief »Dei voluntas« vom 16. Juni 1960, Abschnitte 41–42.

2 Cardinal Albino Luciani in einem Artikel, der in *The Universe*, 29. September 1978, nachgedruckt ist.

3 *Crónica* I/71: »Wenn die Jahre verstreichen, werdet ihr nicht glauben, was ihr gelebt habt. Es wird den Anschein haben, ihr hättet geträumt. Wie viele gute und großartige und wundervolle Dinge werdet ihr erleben … Ich kann euch versichern, daß ihr im Glauben treu bleiben werdet, auch wenn ihr bisweilen werdet leiden müssen. Aber: Ich verspreche euch den Himmel.«

4 Beide Zitate stammen aus Escrivás Brief »Divinus magister« vom 6. Mai 1945, Abschnitt 42; zitiert in Berglar, op. cit., S. 180.

5 Das Opus Dei behauptet, die seit 1954 erscheinende *Crónica* sei »eine Zeitschrift von Mitgliedern des Opus Dei aus verschiedenen Teilen der Welt, mit

Artikeln über ihre Arbeit, Aktivitäten, Anekdoten, Erinnerungen usw.« Diese vereinfachende Beschreibung verschweigt indes, daß *Crónica* vor allem dazu dient, zentrale Themen der Dogmatik im Sinne des Opus Dei zu interpretieren und zu kommentieren; die Zeitschrift wird nur an Numerarier verteilt. Das Opus Dei weigerte sich, dem Autor Exemplare von *Crónica* zur Verfügung zu stellen.

6 Escrivás Brief an seine Kinder vom 9. Januar 1932; zitiert in Gondrand, op. cit., S. 170.

7 Vázquez de Prada, op. cit., S. 200.

8 »Plan A« entstammt nicht der Terminologie des Opus Dei; der Autor verwendet den Begriff für die Entwicklungsstrategie des Werkes in den Jahren unmittelbar nach dem Bürgerkrieg.

9 Jesús Ynfante, *La prodigiosa aventura del Opus Dei – Génesis y desarrollo de la Santa Mafia*, Editions Ruedo ibérico, Paris 1970, S. 37; Artigues, op. cit., S. 37, mit einem Zitat aus *Notas sobre la investigación científica en España*, Mañana, November 1965.

10 Ynfante, op. cit., S. 40, 41.

11 Bischof José López Ortiz in *Testimonies to a man of God*, Band 2, S. 5–08, Scepter 1992. Die anderen Mitglieder des Professoralkollegiums waren Inocencio Jiménez, Professor für Straf- und Verfahrensrecht, Alfonso García Valdecasas, Professor für Zivilrecht, und Mariano Puigdollers, Professor für Naturrecht und Rechtsphilosophie. Vorsitzender war ein gewisser Professor Magariños.

12 »The Insignificant Saint«, *Cambio 16*, 16. März 1992. In dem Artikel heißt es unter anderem, Josemaría Escrivá »behauptete, er sei graduierter Jurist. Aber hat er überhaupt seinen Abschluß gemacht? Die autorisierten Biographien lassen keinen Zweifel daran: Er schloß sein Studium in Madrid mit einer Doktorarbeit ab, die er am 18. Dezember 1939 verteidigte, und erhielt die bestmögliche Note, *cum laude*. Der Skeptiker fragt: ›Aber wo ist sein Zeugnis?‹«

13 Dem Opus Dei zufolge wurde er am 20. Dezember 1955 verliehen.

14 Anstelle des Jenner-Wohnheims gründete das Opus Dei 1943 das Colegio Mayor La Moncloa, das erste ständige Studentenwohnheim des Opus Dei, und zwar auf einem Grundstück unweit der Plaza de la Moncloa. Es befand sich im Besitz von Inmobiliaria Urbana de la Moncloa, einer Unterorganisation des Opus Dei.

15 Ynfante, op. cit., S. 16.

16 De Fuenmayor et al., op. cit., S. 185.

17 Im Jahre 1952 teilte Bischof Eijo y Garay dem Kölner Erzbischof, Kardinal Joseph Frings, mit, daß eines Tages ein Jesuit zu ihm gekommen sei und gesagt habe: »Wissen Sie schon, eine neue Häresie hat sich aufgetan, das Opus Dei.«

18 Lukas, 22,31–32.

19 Peter Hebblethwaite, *Paul VI – The First Modern Pope*, Harper Collins 1993, S. 321. Außerdem Rocca, op. cit., S. 20f.

20 De Fuenmayor et al., op. cit., S. 144, 161.

21 Rocca, op. cit., S. 31.

9 Villa Tevere

1 Mitteilung des britischen Informationsbüros des Opus Dei, 30. Oktober 1994.
2 Ynfante, op. cit., S. 44.
3 Opus-Dei-Konstitutionen von 1950, Artikel 189–191; zitiert nach Hertel S. 96–97.
4 Vázquez de Prada, op. cit., S. 249.

10 Kalte Krieger

1 Juan Bautista Torello, *La Espiritualidad de los laicos*, Rialp, Madrid 1965, S. 65.
2 Escrivá de Balaguer, *Christ is passing by*, aus der Homilie »Christ the King« vom 22. November 1970, Four Courts Press, Doublin 1985, S. 245.
3 Artigues, *L'Opus Dei en Espagne*, Editions Ruedo ibérico, Paris 1968, S. 136.
4 Ibid., S. 140.
5 Ibid., S. 145.
6 Anthony Rhodes, *The Vatican in the Age of the Cold War*, Michael Russell, 1992, S. 50.

11 Spanische Meisterkonstrukteure

1 Múzquiz, der ursprünglich aus dem spanischen Badajoz stammte, nahm die amerikanische Staatsbürgerschaft an und amtierte zweimal als Regionalvikar des Opus Dei in den Vereinigten Staaten. Er starb 1983 im Alter von siebzig Jahren in Plymouth, Massachusetts.
2 Calvo Serers Artikel »La Politique Intérieur de l'Espagne de Franco« erschien im September 1953 in den rechtsgerichteten *Escrits de Paris*.
3 Yvon Le Vaillant, *Sainte Maffia – Le Dossier de l'Opus Dei*, Mercure de France, Paris 1971, S. 181.
4 Vázquez de Prada, op. cit., S. 278.
5 Ibid., S. 278.
6 Ernest Milcent, »Ainsi Naquit Opus Dei«, *Notre Histoire* Nr. 46, Paris 1988.
7 *El Correo Catalan*, Barcelona, 13. Juli 1957.
8 Dieses Zitat bezieht sich auf Artikel 58 der Konstitutionen von 1950.

12 Die Matesa-Affäre

1 John J. Roche, »Winning Recruits in Opus Dei: A Personal Experience«, *The Clergy Review* Nr. 10, London, Oktober 1985.
2 Britisches Informationsbüro des Opus Dei, 30. Oktober 1994.
3 Le Vaillant, op. cit., S. 345 (Der erwähnte Betrag bezifferte sich auf 500 000 Peseten bei einem Wechselkurs von 42 Peseten pro Dollar).

Santiago Aroca, »Opus IV – The Occult Children – Politicians, Military, Secret Agents«, *Tiempo* Nr. 219, Madrid, 21. Juli 1986.

5 Preston, op. cit., S. 745f.

6 Ibid., S. 745.

7 William O'Connor, *Opus Dei – an Open Book*, Mercier Press, Dublin 1991, S. 139.

8 Francisco José de Saralegui, Madrid, 24. Februar 1995.

9 Ynfante, op. cit., S. 249.

10 Ibid., S. 250.

11 Thierry Oberlé, *L'Opus Dei – Dieu ou César*, J.-C. Lattès, Paris 1993, S. 220.

12 »Freiheit und Proselytismus«, *Crónica* VIII, 1959 (Hervorhebung durch den Autor).

13 Das Zweite Vaticanum

1 De Fuenmayor et al., op. cit., S. 422.

2 Interview mit Peter Hebblethwaite, Oxford, 5. Oktober 1993.

3 Antonio Pérez Hernández.

4 Peter Hebblethwaite, *John XXIII – Pope of the Council*, Geoffrey Chapman, London 1985, S. 368. Hebblethwaite fügte hinzu: »In seinem Zeugnis für die Seligsprechung von Papst Johannes nahm Siri dieses Urteil zurück und sagte aus, er hätte sich geirrt.«

5 Berglar, op. cit., S. 271.

6 Hebblethwaite, *Paul VI* (op. cit.), S. 320.

7 Ibid., S. 321.

8 *Gaudium et Spes*, Abschnitt 67.

9 *Golias* Nr. 30, S. 65.

10 In Anmerkung S–4 heißt es: »Macht ihnen klar, daß wir die Geheimniskrämerei verabscheuen, aber daß sie den Mund halten müssen: Familienangelegenheiten gehen nur die Familie etwas an.«

11 *Crónica* 1, 1961.

12 María Angustias Moreno, *El Opus Dei – Anexo a una historia*, Editorial Planeta, Barcelona 1976, S. 228.

13 Dr. John Roche, 8. Oktober 1994.

14 Fisac, Aufzeichnungen, 8. Juni 1994.

15 Brief von Miguel Fisac an Luis Borobio vom 18. Februar 1995.

16 Fisac, Aufzeichnungen, 8. Juni 1994; siehe auch Fisacs Brief an den *Scottish Catholic Observer* vom 26. März 1993.

17 Hebblethwaite, *Paul VI* (op. cit.), S. 563.

1 Vázquez de Prada, op. cit., S. 348.

2 Ibid., S. 319.

3 Ibid., S. 348.

4 Am 22. Juli 1969 gab Franco bekannt, daß er Juan Carlos, den Enkel von Alfons XIII. (der im Februar 1941 gestorben war) zu seinem Nachfolger bestimmt habe.

5 »The Double Life of Saint Escrivá – Names, Titles and Ambitions«, *Cambio 16*, Madrid, 30. März 1992.

6 *Arriba*, Madrid, 13. Mai 1967, sowie *El Pensamiento Navarro*, Pamplona, 17. Mai 1967.

7 Ynfante, op. cit., S. 353; ebenso Artigues, op. cit., S. 38 und S. 149. In einer Klage, die der deutsche Zweig des Opus Dei 1985 gegen den Rowohlt Taschenbuch Verlag, den Herausgeber von »Rowohlts Aktuellem Jahrbuch«, erhob, behaupteten die Anwälte der Prälatur *inter alia*: »Alfredo Sánchez Bella ist kein Mitglied des Opus Dei und war kein Mitglied, als er angeblich ein [öffentliches Amt] bekleidete.« Die Entscheidung gegen Welt Aktuell verlangte, daß die Ausgabe des Jahrbuchs für 1986 aus dem Handel gezogen wurde. Dem Autor gegenüber räumte das Opus Dei am 30. Oktober 1994 jedoch ein, daß Alfredo Sánchez Bella tatsächlich Mitglied gewesen sei, allerdings »trennte er sich vom Opus Dei, bevor er ein festes politisches System [sic] oder eine Position im öffentlichen Leben Spaniens innehatte«. María del Carmen Tapia zufolge trat er nach seiner Heirat in London dem Werk als Supernumerarier erneut bei. Die in Barcelona erscheinende Zeitung *La Vanguardia* behauptete in ihrer Ausgabe vom 28. Juni 1995, Alfredo Sánchez Bella sei nach wie vor Mitglied.

8 Jean-Pie Lapierre, »Puissance et rayonnement de l'Opus Dei«, *Revue politique et parlamentaire*, Paris, September 1965. In dem Artikel wird behauptet, CEDI sei ein Instrument des Opus Dei. Wiederholt wurde diese Aussage von Le Vaillant, op. cit., S. 151.

9 »La Maffia blanche«, *Golias* Nr. 30, Lyons, Sommer 1992, S. 168.

10 Professor Luc de Heusch im Gespräch mit dem Autor im Rahmen eines Vortrags über »Monarchy, Spiritual and Temporal« an der Universität von London am 14. Oktober 1993.

11 Ynfante, op. cit., S. 353.

12 Antoine Pinay war bis zum Ende des Zweiten Weltkriegs Mitglied des Nationalrats von Marschall Pétain. Er verhalf General de Gaulle an die Macht; im Jahre 1952 diente er der Vierten Republik als Ministerpräsident. Er starb am 13. Dezember 1994 im Alter von 102 Jahren. Verschiedene Quellen behaupten, Pinay sei Supernumarerier des Opus Dei gewesen, zuletzt Nicolas Dehan in »Un étrange phénomène pastoral: l'Opus Dei«, *Le Sel de la Terre* Nr. 11, Paris, Winter 1994–95, S. 139.

13 Pierre Péan, *V*, Fayard, Paris 1984, S. 41.

14 Ibid., S. 49.

15 Ibid., S. 50.

16 Gespräch mit Godfrey Hodgson am 11. September 1993 in Oxford.
17 Godfrey Hodgsons (unveröffentlichter) »Spürgeräte«-Artikel, S. 24.
18 Péan, op. cit., S. 212.

15 Octopus Dei

1 Ynfante, op. cit., S. 233.
2 Condotte d'Acqua leistete die Wasserversorgung für die Stadt Rom. Condotte war auch ein großes italienisches Hoch- und Tiefbauunternehmen. Es baute Autobahnen und führte die italienische Seite des Mont-Blanc-Tunnels aus. Zu jener Zeit war Condotte im Besitz der APSA, der Administration des Patrimoniums des Apostolischen Stuhls. Condotte d'Acqua wurde in einer komplizierten Operation, in die die Vatikanbank IOR und Sindonas Banca Privata Finanziaria in Mailand verwickelt waren, an den italienischen Finanzmann Michele Sindona verkauft.
3 Ynfante, op. cit., S. 251.
4 Ernesto Ekaizer, *José María Ruiz Mateos – el Ultimo Magnate*, Plaza & Janes, Barcelona 1985, S. 167.
5 Maurice Roche, »The Secrets of Opus Dei«, Magill Magazine, Dublin, Mai 1983.
6 O'Connor, op. cit., S. 152.
7 Michael Adams, Brief an den Herausgeber, *The Irish Press*, 14. September 1971.
8 Dr. Filippo Leoni, Leiter der internationalen Geschäftsbeziehungen des Banco Ambrosiano, in seiner Aussage vor dem italienischen Parlamentsausschuß zur Loge P2, Vol. CLIV, Doc. XXIII, Nr. 2, Ter 7, S. 228.
9 Romero wurde später ordiniert und zum Regionalvikar des Opus Dei für Frankreich ernannt.
10 Oberlé, op. cit., S. 86–87.
11 Ibid., S. 88; Ynfante, op. cit., S. 239; sowie Ekaizer, op. cit., S. 276.
12 Vázquez de Prada, op. cit., S. 302.
13 *Golias* 30, S. 40, S. 133. Einer der Gründungsdirektoren der FGM Foundation in Zürich war Arthur Wiederkehr.
14 Reginald Eason, *Daily Mail* (London), 25. November 1942. In derselben Nummer des *Daily Telegraph* erschien ein weiterer Artikel unter der Überschrift »Allies Stop Nazi Traffic in Exit Permits« (Alliierte unterbinden Nazi-Handel mit Ausreisegenehmigungen).
15 Vázquez de Prada, op. cit., S. 303.

16 Die Innenwelt des Opus Dei

1 Vladimir Felzmann, »Why I left Opus Dei«, *The Tablet*, 26. März 1983.
2 Rocca, op. cit., Dokument 22, S. 154–155.
3 Alberto Moncada, »Catholic Sects: Opus Dei«, *Revista Internacional de Sociología*, Madrid, Dezember 1992.

4 »The Seed Bed of the Work«, Leitartikel in *Crónica* VII, 1962.
5 Eileen Clark, *Opus Dei – An 11-Year Experience of the Women's Section*, Februar 1995, S. 4–5.
6 Manuel Garrido in einem Gespräch in Torreciudad am 21. Juni 1994.

17 Der Kreml am Tiber

1 Eileen Clark, op. cit., S. 12.
2 María del Carmen Tapia, *Hinter der Schwelle – Ein Leben im Opus Dei*, Goldmann Verlag, München 1996, S. 17.

18 Diktatoren und Jesuiten

1 *Primera Plana*, Buenos Aires, 30. Juni 1966.
2 Penny Lernoux, *Cry of the People*, Penguin, New York 1991, S. 160. Auf S. 305 behauptet Lernoux, das Opus Dei habe die Exerzitien veranstaltet.
3 Fred Landis, »Opus Dei: Secret Order Vies for Power«, *Covert Action*, Washington, Winter 1983.
4 Idem.
5 Gustavo Gutiérrez, *A Theology of Liberation*, SCM Press, London, neubearbeitete Auflage, 1988, S. 68.
6 Gutiérrez, op. cit., S. xxi–xxii.
7 Eric O. Hanson, *The Catholic Church in World Politics*, Princeton University Press, Princeton 1990, S. 88–89.
8 Gespräch mit Alberto Moncada, Madrid, 1. März 1995.
9 Giuliano F.G. Ferrari, *Vaticanisme*, Perret-Gentil, Genf 1976, S. 22.
10 Hebblethwaite, *John XXIII* (op. cit.), S. 483.
11 Ferrari, op. cit., S. 89.
12 Ibid., S. 241.
13 Lernoux, op. cit., S. 186–187.
14 Ibid., S. 43.

19 Der Tod des Gründers

1 Alvaro del Portillo, »Transformation of Opus Dei into a Personal Prelature«, Denkschrift, 23. April 1979, Abschnitt 10.
2 José María Bernaldez, »El caso Rumasa salpica al Vaticano y al Opus«, *Tiempo*, Madrid, 1. August 1983.
3 Vázquez de Prada, op. cit., S. 472.
4 Gespräch mit Dr. Alberto Jaimes Berti, London, 6. Dezember 1993.

20 Rumasa

1 Mitteilung über den Rumasa-Konzern von WW Finance S.A., Genf, November 1979, S. 2.
2 O'Connor, op. cit., S. 34.
3 Gespräch mit José María Ruiz-Mateos am 2. März 1995 in Madrid.

21 United Trading

1 John Cornwell, *Wie ein Dieb in der Nacht. Der Tod von Papst Johannes Paul I.*, Zsolnay, Wien/Darmstadt 1989, S. 81.
2 Tagebücher von Clara Calvi, S. 33.
3 Robert Solomon, *The International Monetary System 1945–1981*, Harper & Row, 1982, S. 316.
4 Charles Raw, *The Moneychangers*, Harvill, London 1992, S. 130. Abschriften der protokollierten eidlichen Aussagen von Bolgiani und Garzoni befinden sich im Familienarchiv der Calvi.
5 Raw, op. cit., S. 205–207.
6 Malachi Martin, *The Final Conclave*, Pocket Books, New York 1978, S. 71.
7 Alain Woodrow, »Qu'y a-t-il derrière le changement de statut de l'Opus Dei?« *Le Monde*, Paris, 14. November 1979.
8 David A. Yallop, *Im Namen Gottes? Der mysteriöse Tod des 33-Tage-Papstes Johannes Paul I.*, München, Knaur, 1988, S. 229.
9 Andrea Tornielli, »The Hope of a Pastor«, *30 Days* Nr. 1, Rom 1995.
10 Yallop, op. cit., S. 241.
11 Clara Calvis Aussage vor den Mailänder Richtern Bruno Siclari und Pierluigi Dell'Osso, 25. Oktober 1982, S. 85–86.

22 Putsch im Vatikan

1 Tagebücher von Clara Calvi, S. 29.
2 Yallop, op. cit., S. 295–296.
3 Ibid., S. 306.
4 Ibid., S. 311.
5 P. Hebblethwaite, *The Next Pope*, Fount (Harper Collins), London 1995, S. 64.
6 Tommaso Ricci, »Yallop Debunked«, *30 Days*, Rom, Juni 1988. Ricci zitierte den Schweizer Journalisten Victor Hill, der kurz zuvor ein Buch mit dem Titel *Im Namen des Teufels?* veröffentlicht hatte, in dem Yallops Thesen widerlegt werden. Das Buch wurde von Joaquín Navarro-Valls »gelesen und gutgeheißen«, teilte Willi gegenüber *30 Days* mit. Gegenüber John Cornwell dementierte Navarro-Valls jedoch, daß Kardinal Oddi eine offizielle Funktion als Ermittler oder Sprecher des Vatikans im Zusammenhang mit dem Tod Johannes Pauls I. innehatte (siehe *Wie ein Dieb in der Nacht*, S. 328).

7 Yallop, op. cit., S. 327.

8 Eine Abschrift des Totenscheins wurde von John Cornwell später im Anhang zu *Wie ein Dieb in der Nacht* veröffentlicht.

9 Jan Grootaers, *De Vatican II à Jean-Paul II: Le grand tournant de l'Eglise catholique*, Centurion, Paris 1981, S. 124–133.

10 Hebblethwaite, *The Next Pope*, S. 66–67.

11 Gespräch mit Dr. Alberto Jaimes Berti, London, 24. Februar 1994.

12 Stephen D. Mumford, *American Democracy & the Vatican: Population Growth & National Security*, Humanist Press, Amherst, New York, 1984, S. 196–197.

13 Réseau Voltaire, »Notes d'information« Nr. 15 vom 10. April 1995 und Nr. 23 vom 5. Juni 1995.

14 Cornwell berichtet in *Wie ein Dieb in der Nacht*, S. 96 f., daß er von vertraulicher Quelle im Vatikan erfuhr, Villot sei außerhalb des Vatikans zusammengebrochen und ins Gemelli-Krankenhaus gebracht worden. »Die Vatikaner liefen hin und schnappten sich die Leiche ... Sie gaben vor, er sei noch am Leben, nahmen ihn mit in den Vatikan und verkündeten dann, er sei ganz fromm im Bett gestorben!«

15 »Umwandlung des Opus Dei in eine Personalprälatur«; Denkschrift an den Präfekten der Kongregation für die Bischöfe, Kardinal Sebastiano Baggio, 23. April 1979, Abschnitt 19.

16 Ibid., Abschnitt 20.

23 Banco Occidental

1 Plädoyer des Staatsanwalts Dr. Pierluigi Dell'Osso im Strafverfahren gegen den Banco Ambrosiano, Mailand 1989, S. 376 und 381.

2 Raw, op. cit., S. 292.

3 In einem Gespräch mit dem Autor am 2. Dezember 1993 erklärte Carlo Calvi: »Ich bin nach wie vor davon überzeugt, daß das Verfahren gegen meinen Vater wegen Devisenvergehen von Licio Gelli provoziert wurde, um eine ernste Krise innerhalb des Vatikans auszulösen.«

24 Tod unter der Brücke

1 Giovanni Cheli war einer von sechsundzwanzig Zeugen, die bei der Anhörung im Rahmen der Seligsprechung Escrivá de Balaguers in Rom aussagten. Er kannte den Gründer somit ausgesprochen gut und arbeitete eng mit der Prälatur zusammen. Nachdem er seinen Posten bei der UNO aufgegeben hatte, wurde er eine der treibenden Kräfte in der Römischen Kurie; er fungierte als einer der Leiter des Beraterstabes des Päpstlichen Hauses und als Präsident beziehungsweise Mitglied diverser päpstlicher Beratungsgremien, unter anderem für interreligiöse Angelegenheiten und Lateinamerika.

2 Carbonis Erklärung vor dem Untersuchungsrichter Matteo Mazziotti und dem

Staatsanwalt Renato Bricchetti vor dem Gericht von Parma, 15. Februar 1984, S. 3.

3 Flavio Carbonis protokollierte eidliche Aussage vor Mazziotti und Bricchetti, Parma, 16. Februar 1984 (S. 14 der englischen Übersetzung).

4 Tagebücher der Clara Calvi, S. 61.

5 Ibid., S. 46.

6 Ibid., S. 69.

7 Clara Calvis eidliche Aussage vor dem Untersuchungsrichter Bruno Siclari und dem Staatsanwalt Pierluigi Dell'Osso, 24. Oktober 1982, S. 86.

8 Tagebücher der Clara Calvi, S. 69.

9 Pellicanis Zeugenaussage vor dem parlamentarischen Untersuchungsausschuß zur Loge P2, 24. Februar 1983, Bd. CLV, Dok. XXIII, Nr. 2, Ter 9, S. 344–345 und 643.

10 »Sierra Leone/South Africa: The Strange Story of LIAT«, *Africa Confidential*, London, 24. Juni 1987, Bd. 28, Nr. 13.

11 Aussage von Flavio Carboni vor dem Untersuchungsrichter Mazziotti und dem Staatsanwalt Bricchetti vor dem Gericht von Parma, 16. Februar 1984 (S. 14 der englischen Übersetzung).

12 Zeugenaussage von Anna Calvi vor dem Mailänder Richter Bruno Sicarli und Staatsanwalt Pierluigi Dell'Osso, 22. bis 23. Oktober 1982, EM3 f4, S. 265.

13 Das Schreiben – ohne Datum und Briefkopf – bezieht sich auf »diese Gesellschaften« und den Vorwurf, den Marcinkus vor der Kardinalskommission erhob. Mit »diese Gesellschaften« kann nur der United-Trading-Konzern gemeint sein. [Quelle: *Tribunale di Roma, Sentenza nella causa di primo grado n. 168/92 contro Carboni e altri*, 23. März 1993, S. 102–104.]

14 Zeugenaussage Clara Calvis, 19. bis 26. Oktober 1982, S. 88.

15 Aussage von Tito Tesauri vor der Zentraldirektion der Kriminalpolizei von Rom am 3. Dezember 1991.

16 Gespräch mit Leandro Balzaretti am 10. Februar 1994.

17 Carbonis eidliche Aussage vor dem Mailänder Untersuchungsrichter Mazziotti und Staatsanwalt Dell'Osso im Gefängnis von Parma am 7. April 1984.

18 Einzelheiten zu diesem Plan und zu Calvis beabsichtigter Reise nach Caracas nannte Carboni in seiner eidlichen Aussage vor Mazziotti und Dell'Osso am 7. April 1984 im Gefängnis von Parma; S. 12 und S. 16 der englischen Übersetzung.

25 »Mit sehr großer Hoffnung«

1 Protokollbericht Nr. 22582/IX/04 im Fall Roberto Calvi an das Innenministerium (UCIGOS) und Comando Generale Arma CC., 2 Rep. S.A. – Uff. Operazioni.

2 Mario Almerighi, *Ordinanza de rinvio a guidizio nel procedimento penale contro Flavio Carboni e altri*, Rom, S. 93ff.

3 Carboni wurde am 24. Oktober 1986 vom Gericht in Rom wegen Scheckbetrugs zu neun Monaten Gefängnis verurteilt.

4 Raw, op. cit., S. 13.

1 Santiago Aroca, »El ›Padrino‹ del Opus y sus Hombres de Paja«, *Tiempo* 217, 7. Juli 1986 (bei einem Wechselkurs von 190 Peseten zu 1 Pfund).

2 Offener Brief von Ruiz-Mateos an Luis Valls Taberner vom Februar 1995.

3 Unveröffentlichtes Schreiben vom 2. Februar 1994 in den Akten von Kroll Associates, London, sowie offener Brief von Ruiz-Mateos an Luis Valls vom Februar 1995. Luis Valls bestreitet Ruiz-Mateos' Darstellung der Enteignung. Er räumt zwar ein, Ruiz-Mateos bei vielen Gelegenheiten begegnet zu sein, insbesondere bei »sechs oder sieben Mittagessen«, beteuert aber, nur ein einziges Mal mit ihm über die Probleme von Rumasa gesprochen zu haben, und zwar Anfang 1982 bei einem Empfang, den König Juan Carlos zu Ehren von Prinz Philip von Edinburgh gab. Er sagte, Ruiz-Mateos habe ihn nach einem guten Anwalt gefragt, da er unzufrieden damit war, wie seine Anwälte die Untersuchung durch den Banco de España handhabten. Valls nannte ihm einen – Matías Cortés – und hielt die Sache für erledigt.

4 Eintrag vom 5. August 1983 in Matías Cortés' Notizbuch.

5 »El caso Rumasa salpica al Vaticano y al Opus«, *Tiempo*, Madrid, 1. August 1983.

6 Brief von José María Ruiz-Mateos an Don Alvaro del Portillo vom 31. Mai 1985.

7 »Rumasa – Search and Destroy«, *The Economist*, 16. April 1983.

8 Stephen Aris, »How Mateos Rose and Fell: the End of a Reign in Spain«, *The Sunday Times*, 24. April 1983.

9 »This is only the start of a very long film«, *The Financial Times*, London, 30. April 1983.

10 WW Finance *Memorandum on The Rumasa Group*, Genf 1979, S. 12.

11 Monsignore Donato de Bonis bestritt, Alberto Jaimes Berti jemals begegnet zu sein oder irgend etwas von der »Barón-Operation« gewußt zu haben.

12 »Chile's monetarist model starts to come apart«, *Latin America Economic Report*, 14. Januar 1977.

13 Notiz von Jeffrey Katz zu den Akten von Kroll Associates, London, 16. November 1993.

14 Raw, op. cit., S. 37.

15 Ibid., S. 16.

16 John Cornwell, op. cit., S. 149.

17 *Epoca*, Madrid, 11. August 1986.

18 »Opus Dei in plot to kill me«, *The Sunday Press*, Dublin, 25. Mai 1986.

19 Phil Davison, »A brush with death for ›Superman‹«, *The Independent*, London, 1. Juni 1993.

20 Nachdem Ruiz-Mateos im Februar 1995 einen offenen Brief an Luis Valls veröffentlicht hatte, schickte der Bankier folgende Mitteilung an führende spanische Zeitungs- und Zeitschriftenverleger:
Ruiz-Mateos lügt bereits seit fünf Jahren. Nun hat er zum ersten Mal etwas gefälscht: einen Brief und eine Unterschrift. Inzwischen ist er nicht mehr getarnt. Abgesehen davon hat er eine neue Phase des Informations-Terrorismus eingeleitet. Bisher haben seine Prozesse und Berichte nie Erfolg gehabt.

Seine Anschuldigungen sind glatte Lügen. Trotzdem spielt er dieses Spiel weiter, da er genau weiß, daß der Beklagte keine handfesten Beweise für seine Unschuld hat. Aufgrund dieses *divertimento* wird der Mann auf der Straße völlig verwirrt durch [die] Beschuldigungen einerseits und die Unschuldsbeteuerungen des Beklagten andererseits. Ruiz-Mateos versucht bloß, Zweifel zu säen. Könnten Sie Ihre Redakteure zur Achtsamkeit anhalten, daß sie sich nicht ahnungslos von jenen Erfindungen überrumpeln lassen, die sich Ruiz-Mateos und seine Kumpane in ihrer übersteigerten und niederträchtigen Phantasie ausdenken?

27 Der Bischof von Rusado

1 Aussage von Ferdinando Mor vor dem parlamentarischen Untersuchungsausschuß zur P2-Affäre, Band CLVII, Dok. XXIII, Nr. 2, Ter 13, S. 554–555.

2 Ibid., S. 555.

3 Isabel Domon, »L'arme qui aurait permis à Gelli de quitter la Suisse«, *24 Heures*, Lausanne, 21. Oktober 1983.

4 Sowohl in *Golias* (Nr. 30, Sommer 1992, S. 126) als auch in *Tiempo* (Nr. 218, 20. Juli 1986, S. 32) wird José María Aristrain Noain als Opus-Dei-Mitglied bezeichnet.

5 Almerighi *Ordinanza*, Abschnitt 6.2, S. 141.

6 Ibid., Abschnitt 9.3, S. 226.

7 Ibid., Abschnitt 11.2, S. 283.

8 Ibid., Abschnitt 11.2, S. 278 f. und Abschnitt 11.4, S. 305f.

9 Ibid., Abschnitt 1.3, S. 11–14.

10 Ibid., Abschnitt 2.2, S. 29.

11 Ibid., Abschnitt 12.1, S. 310.

12 Idem.

13 Ibid., Abschnitt 12.2.2, S. 330.

14 Nucleo Centrale Polizia Tributaria della Guardia di Finanza, VII Gruppo, 1° Sezione, Bericht Nr. 1429, Rom, 12. Oktober 1990.

15 Almerighi *Ordinanza*, Abschnitt 12.2.2., S. 328.

28 Bereicherungstheologie

1 Homilie von Josemaría Escrivá de Balaguer auf dem Campus der Universität von Navarra, 8. Oktober 1967.

2 »Church Liberals Protest«, Associated Press, 22. Juni 1993.

3 Andrea Tornielli, »A Troublesome Bishop«, *30 Giorni*, Nr. 1, 1995.

4 Wenige Wochen nach der Wahl Romano Prodis zum neuen italienischen Ministerpräsidenten der Mitte-Links-Koalition änderte die italienische Strafvollzugsbehörde ihre Haltung. Am 13. Juni 1996 wurde Francesco Di Carlo an Italien ausgeliefert und begann, mit der römischen Justiz zusammenzuarbeiten.

Dabei wurde bestätigt, daß der Mitverschwörer Di Carlo ein getreuer Soldat war, der Befehle ausführte, die aus Rom kamen.

5 Nach über zehnjährigem Ringen um Wahrheit mußte die Familie Calvi ihren Kampf schließlich aus Geldmangel aufgeben. Kroll Associates stand angeblich kurz vor einem entscheidenden Durchbruch, stellte jedoch die Ermittlungen in dem Fall ein, weil 3 119 972,52 Dollar an Honoraren und Spesen offen waren. Ein Jahr später verklagte Kroll die Familie Calvi in New York wegen Vertragsbruchs. Kroll verlangte wegen der »höchst heiklen« Natur der Ermittlungen eine nichtöffentliche Verhandlung. Er behauptete, Carlo Calvis Mitteilungen gegenüber dem Autor hätten das Leben eines vertraulichen Informanten gefährdet, der im Laufe der Verhandlungen als »Mr. X« bezeichnet wurde. Kroll forderte ferner, daß den Calvis untersagt werde, ohne Krolls vorherige Erlaubnis mit Journalisten, Fernsehreportern und sonstigen Medienleuten über die Ermittlungen oder den Prozeß zu sprechen. Der Richter gab beiden Anträgen statt und beraubte die Calvis damit des verfassungsmäßigen Rechts auf freie Meinungsäußerung. Der Richter wurde jedoch nicht davon unterrichtet, daß »Mr. X« jederzeit offen mit dem Autor gesprochen und sogar verlangt hatte, daß sein Foto in dem Buch erscheint.

Im August 1995 stieg die renommierte New Yorker Kanzlei Cadwalader, Wickersham & Taft, die die Familie Calvi vertrat, aus dem Verfahren aus. Als die Calvis keine neue Rechtsvertretung benannte, setzte Kroll im Mai 1996 ein Säumnisurteil in Höhe von 3,8 Millionen Dollar durch.

Grant B. Hering von der Kanzlei Cadwalader verweigerte jeden Kommentar über den Rückzug seiner Kanzlei mit dem Argument der Vertraulichkeit zwischen Klient und Anwalt. Die Liste ungelöster Fragen im Fall Calvi wurde dadurch nur noch länger. Man fragt sich unter anderem, weshalb die Agentur Kroll offenbar Calvis Verbindungen in Madrid nicht nachging. Die Firma hat bekanntlich eine Reihe wichtiger Klienten in Spanien. Auch wenn sie keine Niederlassung in Madrid hatte, unterhielt sie ein Betriebsnetz in Spanien, wo es Antworten auf viele ungelöste Geheimnisse im Fall Calvi geben mag.

29 Operation Polen

1 Oriana Fallaci, Interview mit Lech Walesa, Warschau, 23.–24. Februar 1981.
2 Jonathan Luxmoore, »The Pope Saved Poland from Soviet Invasion«, *The Tablet*, London, 15. Oktober 1994.
3 Vierzig Millionen Dollar nennt Martin A. Lee in dem Artikel »Their Will Be Done«, der im Juli 1983 in *Mother Jones* erschien.
4 Carl Bernstein, »Holy Alliance«, *Time*, 24. Februar 1992, und *National Catholic Reporter*, 28. Februar 1992.
5 Peter Hebblethwaite, »Time's Papal Plot«, *The Tablet*, London, 29. Februar 1992.
6 Yvon Le Vaillant, op. cit., S. 135.
7 *Tiempo*, Nr. 219, 21. Juli 1986.

1 »Immigration: le Cardinal de Barcelone craint une prolifération des délits en Europe«, APIC Nr. 40, 9. Februar 1995.

2 Clifford Longley, »Unfinished business«, *The Tablet*, London, 20. Mai 1995, S. 622 (Hervorhebung durch den Autor).

3 Der *Codex Iuris* erschien auf lateinisch in Fuenmayor et al., *El itinerario del Opus Dei. Historia y defensa de un carisma*, Ediciones Universidad de Navarra S. A., Pamplona 1989 und in Pedro Rodríguez et al., *El Opus Dei en la Iglesia*, Ediciones Rialp S. A., Madrid 1993.

4 Dr. Robert Meunier (Physiker), *Remarques concernant l'Opus Dei*, Genf [unveröffentlicht].

5 *El itinerario del Opus Dei* enthält von den zwanzig Abschnitten mit insgesamt 480 Artikeln der Konstitutionen von 1950 nur den ersten Abschnitt mit seinen zwölf Artikeln.

6 Andrew Soane, 9. November 1994.

7 Massimo Olmi, »L'Opus Dei à l'assaut du Vatican«, *Témoinages Catholiques*, Paris, 7. Dezember 1986, S. 9.

8 William J. West, *Opus Dei – Exploding a Myth*, Little Hills Press, Crows Nest, Australien 1987, S. 21–22.

31 Machtausbau

1 Hebblethwaite, *In the Vatican*, Oxford University Press, Oxford 1988, S. 187.

2 Ibid.

3 »Must Defend Rights, Pope Says«, *Boston Globe*, 22. Dezember 1981.

4 *L'Osservatore Romano*, Wochenausgabe, 25. Januar 1995, S. 6.

5 »Pope Warns of Spread of Yugoslav Conflict«, Reuters, 12. Januar 1994.

6 Ibid.

7 Am 9. April 1994 wurde der päpstliche Nuntius in Bagdad und Opus-Dei-Numerarier Bischof Marian Oles als Nuntius für Kasachstan, Kirgisien und Usbekistan in die Kasachische Hauptstadt Alma-Ata versetzt. Kurz nachdem Oles seinen neuen Posten antrat, kündigte der FBI-Direktor Louis J. Freeh an, daß das FBI sein ausländisches Trainingsprogramm auf Kasachstan und Usbekistan ausdehnen werde. Freeh teilte ferner mit, das FBI werde Büros in den baltischen Republiken eröffnen. Kurz zuvor war Erzbischof García Justo Mullor, ein Opus-Dei-Mitglied, zum päpstlichen Nuntius und apostolischen Administrator des Bistums von Tallin, der Hauptstadt Estlands, berufen worden. Von Freeh heißt es, er sei Opus-Dei-Mitglied, was er weder bestritten noch bestätigt hat.

8 Noel Malcolm, *Bosnia – A Short History*, MacMillan, London 1994, S. 221.

9 Empört über die Ermordung der kroatischen Techniker erklärte Johannes Paul II.: »Man kann nur Bedauern empfinden angesichts dieser Verbrechen, die ... anscheinend ein Ausdruck der Feindseligkeit gegenüber Gläubigen – christlichen Gläubigen – sind« [Quelle: »Pope Says Christians Targeted in

Algeria«, Reuters, 22. Dezember 1993]. Der Ort Chiffa-Habril liegt nur wenige Kilometer von dem Trappisten-Kloster Maria vom Atlas entfernt, wo 1996 sieben Mönche entführt und auf dieselbe Weise ermordet wurden. Zu diesem Vorfall erklärte der Papst: »Niemand darf im Namen des Herrn töten.«

10 Anthony Loyd, *The Times*, 24. November 1993.

11 Andrew Hogg, *The Sunday Times* (London), 28. Juni 1993.

32 Die »Mantel und Kreuz«-Brigade

1 Apostolischer Brief *Tertio Millennio Adveniente*, 31; Rom, 10. November 1994 (Hervorhebung im Original).

2 *Tertio Millennio Adveniente*, 18 und 32.

3 Johannes Paul II., *Die Schwelle der Hoffnung überschreiten*, Hamburg, Hoffmann und Campe, 1994, S. 120 (Hervorhebung im Original).

4 »Sudan Forces Christian Youths to Follow Islamic Indoctrination«, Associated Press, 8. Januar 1994.

5 The Economist, *The World in Figures*, 1995.

6 »Anti-Soviet warrior puts his army on the road to peace«, *The Independent* (London), 6. Dezember 1993.

7 Um das Image des Sudan zu reparieren, gab Präsident Al-Bahir im Juni 1996 bekannt, Binladen sei deportiert worden. In *Sudan News & Views* (Nr. 20, Juli 1996) hieß es, Binladen habe im Mai 1996 den Sudan verlassen. Mit einem sudanesischen Diplomatenpaß, der unter einem falschen Namen ausgestellt war, tauchte Binladen auf dem Weg nach Pakistan kurz in London auf. »Meine Ausreise aus dem Sudan wird das, was von der Wirtschaft noch übrig ist, zusammenbrechen lassen«, erklärte er einem ägyptischen Reporter. Die politische Lage in Khartum bezeichnete er als »eine Mischung aus Religion und organisiertem Verbrechen«. Zwei Monate später spürte Robert Fisk vom Londoner *Independent* den islamistischen Zahlmeister in einem abgelegenen Bergdorf im Nordosten Afghanistans auf, wo er von fünfhundert loyalen und schwerbewaffneten arabischen Mudschahedin umgeben war. Binladen erklärte, von seinem neuen Hauptquartier aus plane er den Sturz der saudiarabischen Monarchie und die Einführung eines »wahren islamischen Staates unter traditionellem islamischem Recht«.

8 Michael Campbell-Johnston, »Cross and Crescent in Sudan«, *The Tablet*, 1. Februar 1992.

9 »Bishop Pleads for Pope's Help«, Reuters, 24. Mai 1994.

10 »Four Christians crucified in Sudan, says Bishop«, Reuters, 5. Dezember 1994.

11 Gilles Kepel, *The Revenge of God*, Polity Press, Cambridge 1994, S. 20.

12 Ahmad Thomson, *Blood on the Cross – Islam in Spain in the Light of Christian Persecution through the Ages*, TaHa Publishers, London 1989, S. 346.

13 Abu Ameenah Bilal Philips, *The True Religion*, Islamic Da'awa and Guidance Center, Dammam, S. 8.

14 Johannes Paul II., op. cit., S. 120.

15 Ibid., S. 94.
16 Siehe Sure II.120.
17 Gail Appleson, »Koran Allows Terrorism«, Reuters World Report, 2. Februar 1995.
17 Gabriel Kahn, »Facing East«, *Metropolitan*, Rom, 9. April 1993.

33 Afrika brennt

1 Javier Echevarría, »A Priest and a Father«, *L'Osservatore Romano*, 24. März 1994.
2 Said K. Aburish, *The Forgotten Faithful: Christians in the Holy Land*, Quartet Books, 1994.
3 »Christians fear Muslim takeover«, *The Tablet*, London, 28. Oktober 1995.
4 Kardinal Francis Arinze, »An Agenda for Africa«, *The Tablet*, 9. April 1994.
5 Jim Hoagland, »The Pope Sups with Two Devils«, *The Washington Post*, 23. August 1994.
6 Hebblethwaite, *The Next Pope*, op. cit., S. 119.
7 Alan Cowell, »Vatican Finds Sin in Text for UN Population Session«, *International Herald Tribune*, Paris, 9. August 1994.
8 »Immigration: le Cardinal de Barcelona craint une prolifération des délits en Europe«, APIC Nr. 40, 9. Februar 1995.
9 *La Croix*, Paris, 20. Januar 1995.
10 Frank Brodhead and Edward S. Herman, *The Rise and Fall of the Bulgarian Connection*, Sheridan Square, New York 1986, S. 52.
11 Bei den drei »Kreuzzüglern« handelte es sich um Pater Jean-Marie Chevillard, Pater Charles Deckers und Pater Alain Dieulangard, die 69, 70 bzw. 75 Jahre alt waren. Das vierte Opfer, Pater Christian Chessel, war 36.

34 Die kroatische Kriegsmaschinerie

1 Matthäus 24,3 und 24,14.
2 Edith M. Lederer, »The Church and Rwanda«, Associated Press, 23. Januar 1995.
3 Robert Faricy und Lucy Rooney, *Medjugorje Journal – Mary Speaks to the World*, McCrimmons, Great Wakering, Essex, 1987, S. 146.
4 Berichten aus Zagreb zufolge ist eine der Schwiegertöchter Präsident Tudjmans – Snjezana, die Frau Stjepan Tudjmans – Supernumerarierin des Opus Dei.
5 Radiovoje Petrovic, »The Holy See is providing loans to help Croatia and the break-up of Yugoslavia«, [englische Übersetzung durch das Belgrader Informationsministerium] *Politika*, Belgrad, 2. Februar 1991.
6 Der Nuntius in Washington, Erzbischof Agostino Cacciavillan, begann seine diplomatische Laufbahn 1976 als Nuntius in Kenia, wo er erstmals mit dem

mobilen Corps des Opus Dei in Kontakt kam, das damals eng mit der CIA zusammenarbeitete.

7 John Freeh schied 1994 aus dem Warwick House aus, gab seinen Status als Numerarier auf und heiratete. Alle Bemühungen, mit ihm in Kontakt zu treten, blieben erfolglos; es ist nicht sicher, ob er nach wie vor Mitglied des Opus Dei ist.

8 *The Pittsburgh Post-Gazette*, 1. Oktober 1995.

9 *Zajednicar*, »das offizielle Organ der Croatian Fraternal Union of America«, berichtete am 6. Januar und 3. Februar 1993, Mr. Luketich sei zu einem privaten Abendessen mit Hilary und Bill Clinton sowie Al Gore in das Old State House Building in Little Rock eingeladen worden. Siehe auch *Zajednicar*, 7. April 1993, sowie »Special Report From Washington« in *Zajednicar* vom 8. März 1995 über eine amerikanisch-kroatische Delegation unter Leitung von Luketich, die am 27. Februar 1995 im Weißen Haus mit Anthony Lake und Alexander Vershbow, dem Europa-Experten des Nationalen Sicherheitsrates, zusammentraf.

10 David B. Ottaway, »US General Plays Down Bosnia Role – ›Non-Lethal Advice‹ Is All He's Giving«, *The Washington Post*, 28. Juli 1995.

11 Sean D. Naylor, »Retired Army General Help Balkan Militaries to Shape Up«, *Army Times*, Washington, 12. Juni 1995.

12 James Risen und Doyle McManus, »Despite his public opposition to lifting embargo, Clinton reportedly let shipments go through«, *Los Angeles Times*, 5. April 1996.

13 Der für das FBI Office of Public and Congressional Affairs zuständige Inspektor, John E. Collingwood, erklärte in einer Antwort auf die Fragen, die der Autor an den Direktor gerichtet hatte: »Ich kann Ihre gezielten Fragen zwar nicht beantworten, ich kann jedoch sagen, daß Sie inkorrekt ›informiert‹ wurden, egal wer Ihre Quellen gewesen sein mögen.«

14 Dana Priest, »Foreign Muslims Fighting in Bosnia Considered ›Threat‹ to US Troops«, *The Washington Post*, 30. November 1995.

35 Aussichtsloser Dialog

1 *Le Monde Diplomatique*, Paris, Januar 1995.

2 »CRC: Center for Research and Communication, Manila«, Informationsblatt Nr. 9, herausgegeben vom Vizepostulator des Opus Dei in Deutschland, März 1990, S. 10.

3 »Central American Women – Fundamentalist Bulwark«, Inter Press Service, 4. September 1995.

4 Opus-Dei-Informationsblatt Nr. 9, S. 10–11.

5 Allstair McIntosh, »Extremists Want Philippine Religious War«, Reuters, 8. April 1995.

6 Dr. Hassan al-Turabi auf der Pressekonferenz beim Kongreß über interreligiösen Dialog vom 8. bis 10. Oktober 1994 in Khartum; aus der Internet-Datei »Contemporary Islamic Political Views« unter Ben.Parker@unep.no.

7 Christian Solidarity International mit Sitz in Zürich und Ablegern in 21 Ländern unterstützt angeblich »verfolgte Christen jeder Konfession und in jedem Land durch Gebete, politische Arbeit und praktische Maßnahmen«. CSI wird von der UNO in Genf als nichtstaatliche Hilfsorganisation anerkannt und operiert in religiösen Krisengebieten wie Armenien, Bosnien, Pakistan und dem Irak. Angeblich bezieht sie 90 bis 95 Prozent ihrer Einkünfte von privaten Spendern, der Rest stammt von Kirchen, Stiftungen, Firmen und Regierungen. Leiter ist der reformierte Pastor Dr. Hans Jürg Stückelberger.

8 »We cannot kill others in the name of God«, *L'Osservatore Romano*, 2. November 1994.

9 »Christianity dead, says Iran cleric«, Reuters, 2. Dezember 1994.

10 Dr. Hassan al-Turabi auf einer Pressekonferenz in Khartum, 8. bis 10. Oktober 1994.

Epilog

1 Im Vergleich dazu investierte die Regierung von Saudi-Arabien, wie König Fahd mitteilte, im selben Zeitraum 18,7 Milliarden Dollar in die beiden heiligen islamischen Städte Mekka und Medina; mit dem Ergebnis, daß die Große Moschee in Mekka heute eine Million Gläubige faßt – weit mehr als der Petersdom.

2 Siehe Sala Stampa Bulletin Nr. 319/95 vom 2. September 1995. Zwei Monate später sprach Arafat dieselbe Einladung an die Außenminister von 26 Ländern aus, die an der Konferenz für die Zusammenarbeit im Mittelmeerraum in Barcelona teilnahmen: »Ich lade Sie ein, an diesem großen weltreligiösen und historischen Ereignis teilzuhaben – der Zweitausendjahrfeier der Geburt Unseres Herrn Jesus Christus, Friede sei mit ihm – und Bethlehem zum Leitstern für Frieden und Koexistenz aller Glaubensrichtungen auf der ganzen Welt zu machen.«

3 In dem Leitartikel unter der Überschrift »Die Beichte« in *Crónica* VI, 1962 paraphrasierte Escrivá de Balaguer eine Stelle aus 1 Korinther 6.12, in der Paulus »Jesus Christus, den Herrn« zitiert. Die Formulierung in *Crónica* vermittelt dem Leser den Eindruck, das »mir« beziehe sich auf Escrivá de Balaguer persönlich.

4 *El País*, 17. November 1995.

5 Isabel Durán und José Díaz Herrera, »El Saqueo de España«, auszugsweise abgedruckt in *Diario 16*, 10. November 1995, S. 6–14.

6 »El fiscal de Nápoles admite que no sabe si hay delito, pero insiste en interrogar a Carles«, *El País*, 9. November 1995.

7 »Barcelona cardinal rebuts corruption charges«, *The Tablet*, 18. November 1995.

8 »El Vaticano defiende la inocencia del Cardinal Carles«, *El País*, 10. November 1995, S. 17.

9 »El Papa recibió ayer en audiencia a monseñor Carles«, *ABC*, Madrid, 21. Februar 1996.
10 Réseau Voltaire analysis: »Le dessous des cartes – Depuis un an l'Opus Dei manipule l'opinion publique pour remettre en cause la liberté d'expression«, Paris, April 1995.
11 Psalmen 2,10–11.

Literatur

Aarons, Mark und Loftus, John: *Unholy Trinity – The Vatican, the Nazis and Soviet Intelligence.* New York, St. Martin's Press, 1991

Aburish, Said K.: *The Forgotten Faithful: Christians of the Holy Land.* 1994

Artigues, Daniel: *L'Opus Dei en Espagne – Son évolution politique et idéologique (1928–1957).* Paris, Editions Ruedo ibérico, 1968

Barber, Malcolm: *The Trial of the Templars.* Cambridge University Press, 1993

Berglar, Peter: *Opus Dei – Leben und Werk des Gründers Josemaría Escrivá.* Köln, Adamas Verlag, 1992.

Bernal, Salvador: *Msgr. Josemaría Escrivá de Balaguer. Aufzeichnungen über den Gründer des Opus Dei.* Köln, Adamas Verlag, 1978

Bowers, Fergal: *The Work – An Investigation into the History of Opus Dei and how it operates in Ireland Today.* Dublin, Poolbeg, 1989

Bradford, Ernle: *The Great Siege – Malta 1565.* London, Hodder & Stoughton, 1961

Brenan, Gerald: *The Spanish Labyrinth.* Cambridge University Press, 1993

Brodhead, Frank und Herman, Edward S.: *The Rise and Fall of the Bulgarian Connection.* New York, Sheridan Square, 1986

Bulajic, Milan: *The Role of the Vatican in the Break-Up of the Yugoslav State.* Belgrad, Strucna Knjiga, 1994

Calabro, Maria Antonietta: *Le Mani Della Mafia.* Rom, Edizioni Associate, 1991

Campo Villegas, Gabriel: *Esta es Nuestra Sangre.* Madrid, Publicaciones Claretianas, 1992

Campo Villegas, Gabriel: *Claretian Martyrs of Barbastro.* Quezon City, Philippinen, Claretian Publications, 1992

Carandell, Luiz: *The Life and Miracles of Mgr. Escrivá.* Editorial Laia, 1975

Casciaro, Pedro: *Soñad y os quedaréis cortos.* Madrid, Ediciones Rialp, 1994

Chadwick, Owen: *The Christian Church in the Cold War.* London, Penguin, 1992

Conde, Mario: *El Sistema – Mi experiencia del Poder.* Madrid, Espasa Calpe, 1994

Cornwell, John: *Wie ein Dieb in der Nacht. Der Tod von Papst Johannes Paul I.* Wien, Darmstadt, Paul Zsolnay, 1989

Cornwell, John: *Powers of Darkness Powers of Light – Travels in Search of the Miraculous and the Demonic.* London, Viking, 1991

Cornwell, Rupert: *God's Banker – The Life and Death of Roberto Calvi.* London, Victor Gollancz, 1983

Ekaizer, Ernesto: *José María Ruiz Mateos, el Ultimo Magnate.* Barcelona, Plaza & Janes Editores, 1985

Escrivá de Balaguer, Josemaría: *Gespräche mit Msgr. Escrivá de Balaguer.* Köln, Adamas Verlag, 4. Aufl. 1991

Escrivá de Balaguer, Josemaría: *Christus begegnen.* Köln, Adamas Verlag, 1975

Escrivá de Balaguer, Josemaría: *Freunde Gottes.* Köln, Adamas Verlag, 1979

Escrivá de Balaguer, Josemaría: *Der Weg.* Köln, Adamas Verlag, 10. Auflage 1982

Esposito, John L.: *The Islamic Threat – Myth or Reality?* Oxford, Oxford University Press, 1992

Estruch, Juan: *Saints and Schemers – Opus Dei and Its Paradoxes.* New York, Oxford University Press, 1995

Evans, Joan: *Monastic Life at Cluny – 910–1157.* Hamden, Connecticut, Archon Books, 1968

Faricy, Robert und Rooney, Lucy: *Medjugorje Journal – Mary Speaks to the World.* Great Wakering, Essex, McCrimmons, 1987

Farmer, David Hugh: *The Oxford Dictionary of Saints.* Oxford, Oxford University Press, 1992 (3. Auflage)

Ferrari, Giuliano F.G.: *Vaticanisme.* Genf, Perret-Gentil, 1976

Fontán, Antonio: *Los católicos en la Universidad española actual.* Madrid, Ediciones Rialp, 1961

Fuenmayor, Amadeo de, Gómez-Iglesias, Valentín und Illanes, José Luis: *Die Prälatur Opus Dei: zur Rechtsgeschichte eines Charismas; Darstellungen, Dokumente, Statuten.* Essen, Ludgerus Verlag, 1994

Gannes, Harry und Repard, Theodore: *Spain in Revolt.* London, Victor Gollancz, 1936

Garvey, J.J.M.: *Parents' Guide to Opus Dei.* New York, Sicut Dixit Press, 1989

Gibbon, Edward: *Verfall und Untergang des Römischen Reiches.* Nördlingen, Franz Greno, 1987

Gilson, Etienne: *The Spirit of Mediaeval Philosophy.* Notre Dame, University of Notre Dame Press, 1991

Gondrand, François: *At God's Pace – Josemaría Escrivá, Founder of Opus Dei.* London, Scepter, 1989

Gondrand, François: *Au Pas de Dieu.* Paris, Editions France-Empire, 1991 (3. Auflage)

González Janzen, Ignacio: *La Triple-A.* Buenos Aires, Editorial Contrapunto, 1986

Grootaers, Jan: *De Vatican II à Jean-Paul II: Le grand tournant de l'Eglise catholique.* Paris, Centurion, 1981

Gutiérrez, Gustavo: *Theologie der Befreiung.* Mainz, 1992

Hammer, Richard: *The Vatican Connection – The Astonishing Account of a Billion Dollar Counterfeit Stock Deal Between the Mafia and the Church.* New York, Holt, Rinehart & Winston, 1982

Hanson, Eric O.: *The Catholic Church in World Politics*. Princeton, Princeton University Press, 1987

Hebblethwaite, Peter: *Johannes XXIII. Das Leben des Angelo Roncalli*. Zürich, Benziger, 1986

Hebblethwaite, Peter: *Paul VI – The First Modern Pope*. London, Harper Collins, 1993

Hebblethwaite, Peter: *In the Vatican*. Oxford, Oxford University Press, 1988

Hebblethwaite, Peter: *The Next Pope*. London, Fount Paperbacks, 1995

Heikal, Mohamed: *Illusions of Triumph*. London, Harper Collins, 1992

Helming, Dennis M.: *Fußspuren im Schnee. Josemaría Escrivá, Gründer des Opus Dei; eine Bildbiographie*. St. Ottilien, EOS-Verlag, 1991

Hersh, Seymor M.: *The Price of Power*. New York, Summit Books, 1983

Hiro, Dilip: *Islamic Fundamentalism*. London, Paladin, 1989

Hooper, John: *The Spaniards – A Portrait of the New Spain*. London, Viking, 1986

Johannes Paul II.: *Die Schwelle der Hoffnung überschreiten*. Hamburg, Hoffmann und Campe, 1994

Johnson, Paul: *A History of the Modern World – From 1917 to the 1980s*. London, Weidenfeld & Nicolson, 1983

Kelly, J.N.D.: *The Oxford Dictionary of Popes*. Oxford, Oxford University Press, 1986

Kennedy, Paul: *Aufstieg und Fall der großen Mächte*. Frankfurt/Main, 1989

Kepel, Gilles: *Die Rache Gottes*. München, 1994

Kepel, Gilles: *Der Prophet und der Pharao*. München, 1995

Kepel, Gilles (Hrsg.): *Les politiques de dieu*. Paris, Seuil, 1993

Knight, Stephen: *The Brotherhood*. London, Grafton, 1993

Lacouture, Jean: *Jésuites*. Paris, Seuil, 1991

Lernoux, Penny: *Cry of the People – The Struggle for Human Rights in Latin America – The Catholic Church in Conflict with US Policy*. New York, Penguin, 1991

Le Tourneau, Dominique: *Das Opus Dei. Kurzporträt seiner Entwicklung, Spiritualität, Organisation und Tätigkeit*. Stein am Rhein, Christiana, 1988

Le Vaillant, Yvon: *Sainte Maffia – Le Dossier de l'Opus Dei*. Paris, Mercure de France, 1971

López Novoa, Saturnino: *Historia de Barbastro*. Barcelona, Imprenta de Pablo Riera, 1861 (Nachdruck 1984)

Malcolm, Noel: *Geschichte Bosniens*. Frankfurt/Main, 1996

Magister, Sandro: *La politica Vaticana e l'Italia (1943–1978)*. Rom, Riuniti, 1979

Martin, Malachi: *The Final Conclave*. New York, Stein & Day, 1978

Meissner, W.W.: *Ignatius of Loyola – The Psychology of a Saint*. New Haven, Yale University Press, 1992

Messori, Vittorio: *Der »Fall« Opus Dei*. MM Verlag, 1995

Moncada, Alberto: *Historia Oral del Opus Dei*. Barcelona, Plaza & Janes, 1992

Moreno, María Angustias: *El Opus Dei, anexo a una historia*. Barcelona, Editorial Planeta, 1976

Mumford, Stephen D.: *American Democracy and the Vatican: Population Growth and National Security*. Amherst, New York, Humanist Press, 1984

Oberlé, Thierry: *L'Opus Dei – Dieu ou César?* Paris, Jean-Claude Lattès, 1993

O'Connor, William: *Opus Dei – An Open Book.* Dublin, Mercier Press, 1991

Olaizola, José Luis: *Viaje al Fondo de la Esperanza.* Madrid, Ediciones Rialp, 1992

Opus Dei: *Testimonies to a man of God – Blessed Josemaría Escrivá (Bde. 1 & 2).* London, Scepter, 1992

Paulus-Akademie: *Opus Dei – Stoßtrupp Gottes oder ›Heilige Mafia‹?* Zürich, NZN Buchverlag, 1992

Péan, Pierre: *V – Enquête sur l'affaire des ›avions renifleurs‹ et ses ramifications proches ou lointaines.* Paris, Fayard, 1984

Pérez Pellón, Javier: *Wojtyla, el último cruzado – Un papado medieval en el fin del milenio.* Madrid, Ediciones Temas de Hoy, 1994

Perry, Mark: *Eclipse – The Last Days of the CIA.* New York, William Morrow, 1992

Preston, Paul: *Franco – A Biography.* London, Harper Collins, 1993

Previté-Orton, C.W.: *The Shorter Cambridge Medieval History (Bde. 1 & 2).* Cambridge University Press, 1962

Raw, Charles: *The Moneychangers – How the Vatican Bank Enabled Roberto Calvi to Steal $250 Million for the Heads of the P2 Masonic Lodge.* London, Harvill, 1992

Rhodes, Anthony: *The Vatican in the Age of the Cold War, 1945–1980.* Wilby, Norwich, Michael Russell Publishing Ltd., 1992

Robinson, John J.: *Dungeon, Fire and Sword – The Knights Templar in the Crusades.* New York, M. Evans & Co., 1991

Rodríguez, Pedro; Ocáriz, Fernando und Illanes, José Luis: *Opus Dei in the Church.* Dublin, Four Courts Press, 1994

Rodríguez, Pedro: *Teilkirchen und Personalprälaturen.* Amsterdam, 1987

Ropero, Javier: *Im Bann des Opus Dei. Familien in der Zerreißprobe.* Zürich, Benziger, 1995

Runciman, Steven: *Geschichte der Kreuzzüge.* München, dtv, 1995

Runciman, Steven: *Die Eroberung von Konstantinopel 1453.* München, C. H. Beck, 1990

Sainz Moreno, Javier: *El Holding de las Mil Empresas.* Madrid, 1992

Sastre, Ana: *Tiempo de Caminar – Semblanza de Monseñor Josemaría Escrivá de Balaguer.* Madrid, Ediciones Rialp, 1989

Scott, Martin: *Medieval Europe.* London, Longmans, 1964

Short, Martin: *Inside the Brotherhood.* London, Grafton Books, 1990

Solomon, Robert: *The International Monetary System 1945–1981.* New York, Harper & Row, 1982

Soriano, Manuel: *Sabino Fernández Campo – La Sombra del Rey.* Madrid, Ediciones Temas de Hoy, 1995

Steigleder, Klaus: *Das Opus Dei – Eine Innenansicht.* Zürich, Benziger Verlag, 1983

Tapia, María del Carmen: *Hinter der Schwelle – Ein Leben im Opus Dei.* München, Goldmann, 1996

Thierry, Jean-Jacques: *Les finances du vatican.* Paris, Guy Authier, 1978

Thomas, Hugh: *The Spanish Civil War.* London, Penguin, 1990

Thomson, Ahmad: *Blood on the Cross – Islam in Spain in the Light of Christian Persecution Through the Ages.* London, TaHa Publishers, 1989

Thomson, Ahmad: *Dajjal – The King who has no clothes*. London, TaHa Publishers, 1993

Torello, Juan B.: *La Espiritualidad de los laicos*. Madrid, Ediciones Rialp, 1965

Tosches, Nick: *Geschäfte mit dem Vatikan*. München, Langen-Müller, 1987

Urbano, Pilar: *El hombre de Villa Tevere*. Barcelona, Plaza & Janes, 1995

Valero, Samuel: *Yauyos – Una Aventura en los Andes*. Madrid, Ediciones Rialp, 1992

Vázquez de Prada, Andrés: *El Fundador del Opus Dei – Monseñor Josemaría Escrivá de Balaguer (1902–1975)*. Madrid, Ediciones Rialp, 1983

Velázquez, Flavia-Paz: *Vida de María Josefa Segovia*. Madrid, Publicaciones de la Institución Teresiana, 1964

Walsh, Michael: *Die geheime Welt des Opus Dei*. München, Heyne

Walsh, Michael: *John Paul II*. London, Harper Collins, 1994

West, W.J.: *Opus Dei – Exploding a Myth*. Crows Nest, Australien, Little Hills Press, 1987

Willey, David: *God's Politician*. London, Faber & Faber, 1992

Woodward, Bob: *Geheimcode VEIL*. München, 1987

Woodward, Kenneth L.: *Die Helfer Gottes*. München, Goldmann, 1993

Yallop, David: *Im Namen Gottes? Der mysteriöse Tod des 33-Tage-Papstes Johannes Paul I*. München, Droemer Knaur, 1984

Ynfante, Jesús: *La prodigiosa aventura del Opus Dei – Génesis y desarrollo de la Santa Mafia*. Paris, Editions Ruedo ibérico, 1970

Dokumentationen

Almerighi, Mario: *Ordinanza de rinvio a giudizio nel procedimento penale contro Flavio Carboni e altri*. Rom, 24. März 1992

Calvi, Clara: *Tagebücher, 1950–1982*. (unveröffentlicht)

Casanova, José V.: *The Opus Dei Ethic: The Technocrats and the Modernisation of Spain*. Vortrag beim Seminar über Inhalt und Methode der Sozialwissenschaften, Columbia University, September 1981

Clark, Eileen: *Opus Dei – An 11-year experience of the Women's Section*. (unveröffentlicht) Februar 1995

Fabbri, Gianvittore: *Sentenza nella causa penale di primo grado No. 168/92 contro Flavio Carboni, Giulio Lena e Mario Paolo Hnilica*. Gericht von Rom, Erste Strafkammer, 23. März 1993

Golias (Magazin): *Le monde secret de l'Opus Dei*. Golias Nr. 30, Lyon, Sommer 1992

Kongregation für die Glaubenslehre: *Christliche Freiheit und Befreiung*. Rom, 22. März 1986

Meunier, Robert: *Remarques concernant l'Opus Dei*. (unveröffentlicht)

Moncada, Alberto: *Catholic Sects: Opus Dei*. Revista Internacional de Sociología, Madrid, Dezember 1992

Opus Dei, Pressebüro: *Response to ›The Inner World of Opus Dei‹ by John Roche*. New York (undatiert)

Philips, Abu Ameenah Bilal: *The True Religion*. Islamic Da'awa and Guidance Center, Dammam

Picazo Moya, Francisco: *Informe sobre la colonizacion por el Opus Dei, degeneracion y consiguiente fracaso de Pro Vida*. Monóvar, 1. November 1988

Roche, John J.: *The Inner World of Opus Dei*. Oxford, September 1982

Shaw, Russell: *Working for God the World Over*. US Information Office of Opus Dei, 1981

Wojtyla, Karol (Johannes Paul II.): *L'Evangelizzazione e l'Uomo Interiore*. CRIS Documenti 19, Rom, 1975

Wojtyla, Karol (Johannes Paul II.): *Il Coraggio di Confessare la Fede*. CRIS Documenti 34, Rom, 1977

Enzykliken

Johannes XXIII.: *Pacem in Terris*. 11. April 1963

Paul VI.: *Gaudium et Spes*. 7. Dezember 1965

Paul VI.: *Marialis Cultis*. 2. Februar 1974

Johannes Paul II.: *Redemptoris Mater*. 25. März 1987.

Johannes Paul II.: *Veritatis Splendor*. 6. August 1993

Johannes Paul II.: *Tertio Millennio Adveniente*. 10. November 1994

Dank

Opus Dei ist ein heikles Thema. Menschen, die religiösen Sekten zum Opfer fielen, sind verständlicherweise zurückhaltend. Viele der Personen, deren Erfahrungen und Urteile zu dieser Darstellung der Machtstrukturen und Intrigen innerhalb der katholischen Kirche beigetragen haben, wollen daher ungenannt bleiben. Obwohl ich selbst kein Katholik bin, war ich zutiefst gerührt vom Glauben und von der Offenheit dieser Menschen; ohne ihre Zeugnisse wäre dieses Buch in seiner jetzigen Form nie zustande gekommen. Deswegen bin ich all diesen Menschen dankbar.

Zu jenen, denen ich besonderen Dank schulde und die genannt werden können, gehören mein Agent Gillon Aitken, meine Lektorin bei Doubleday, Joanna Goldsworthy, und der Übersetzer der deutschen Ausgabe,

Harald Stadler. Mein Dank gilt auch Arthur Radley in London, der die Recherchen in Großbritannien organisierte, und meiner Tochter Tamara in Genf, von deren Sprachkenntnissen ich oft profitierte.

Bei dem Hintergrundmaterial, das in fünf Sprachen verfaßt ist, kam mir die übersetzerische Unterstützung von Didier Favre, Petra und José Sánchez und Hugo Valencia sehr entgegen. Danken möchte ich ferner Charles Raw, dem Autor von *The Moneychangers*, einer beispielhaft recherchierten Analyse der Banco-Ambrosiano-Affäre; Carlo Calvi, der mir das Familienarchiv der Calvi zur Verfügung stellte; Godfrey Hodgson, dessen Unterlagen über die Pinay-Gruppe wichtige Erkenntnisse vermittelten; Jeff Katz von Kroll Associates; Andrew Soane vom Opus Dei in London; Fergal Bowers in Dublin; Professor Oldrich Fryc, dem Leiter des Instituts für Gerichtsmedizin in Genf; Marjorie Garvey von Our Lady and St Joseph in Search of the Lost Child in New York; Pater Gabriel Campo Villegas, der die Geschichte der Barbastro-Märtyrer aufarbeitete; und dem Londoner Anwalt Paul Terzeon, dessen Schriftsatz zum Calvi-Mord ausgezeichnete Anhaltspunkte lieferte. Wertvollen Rat erteilten Alberto Moncada, Javier Sainz Moreno, Pilar Navarro-Rubio und Francisco José de Saralegui in Madrid. Erwähnen möchte ich auch die freundliche Unterstützung durch María del Carmen Tapia in Santa Barbara, Kalifornien, John Prewett in Fairbanks, Suzanne Rini in Pittsburgh, Pater Vladimir Felzmann von der Erzdiözese Westminster und Dr. John Roche in Oxford.

Michael Walsh, der Autor von *Die geheime Welt des Opus Dei*, verschaffte mir Zugang zur Bibliothek am Heythrop College, und José Luis, der Archivar von *La Vanguardia* in Barcelona, unterstützte mich bei meinen Nachforschungen.

Mein besonderer Dank gilt Thomson von Stein in Washington, D.C., sowie Michael Bennett und Jacques Wittmer in Genf. Sie wissen, weshalb. Dan Urlich in Leysin installierte die Computersysteme für die Nutzung von Datenbanken und die Datensicherung und half beim Entwerfen der Karten und Tabellen.

Leysin, 24. Januar 1996

Register

504

509